EINKOMMENSTEUERRECHT

2015

Dipl.-Finanzwirt Prof. Dr. Volker Kreft
Richter am Niedersächsischen Finanzgericht

ALPMANN UND SCHMIDT Juristische Lehrgänge Verlagsges. mbH & Co. KG
48143 Münster, Alter Fischmarkt 8, 48001 Postfach 1169, Telefon (0251) 98109-0
AS-Online: www.alpmann-schmidt.de

Zitiervorschlag: Kreft, Einkommensteuerrecht, Rn.

Dipl.-Finanzwirt Prof. Dr. Kreft, Volker
Einkommensteuerrecht
14., überarbeitete Auflage 2015
ISBN: 978-3-86752-407-0

Herausgeber der Steuerrechtsskripten:
Prof. Dr. Heinrich Weber-Grellet

Verlag Alpmann und Schmidt Juristische Lehrgänge
Verlagsgesellschaft mbH & Co. KG, Münster

Unterstützen Sie uns bei der Weiterentwicklung unserer Produkte.
Wir freuen uns über Anregungen, Wünsche, Lob oder Kritik an:
feedback@alpmann-schmidt.de

INHALTSVERZEICHNIS

LITERATURVERZEICHNIS (Auswahl)

Birk, Dieter   Steuerrecht,
                                       17. Auflage 2014
                                       zitiert: Birk, Steuerrecht

Blümich   EStG, KStG, GewStG, Kommentar,
                                       Ergänzungslieferung 125, Stand Oktober 2014,
                                       (Loseblatt)
                                       zitiert: Blümich/Bearbeiter

Frotscher   Kommentar zum EStG,
                                       Lfg. 185, Stand 2015,
                                       (Loseblatt)
                                       zitiert: Frotscher

Harenberg/Zöller   Abgeltungsteuer 2011,
                                       3. Auflage 2010

Herrmann/Heuer/Raupach   Kommentar zur Einkommensteuer und
                                       Körperschaftsteuer,
                                       Ergänzungslieferung 266, Stand Dezember 2014,
                                       (Loseblatt)
                                       zitiert: H/H/R

Hübschmann/Hepp/Spitaler   Kommentar zur Abgabenordnung und
                                       Finanzgerichtsordnung,
                                       Lfg. 230, Stand Dezember 2014
                                       zitiert: Hübschmann/Hepp/Spitaler

Jakob, Wolfgang   Einkommensteuer,
                                       4. Auflage 2008
                                       zitiert: Jakob

Kirchhof/Söhn/Mellinghoff   Kommentar zum Einkommensteuergesetz,
                                       253. Erg. Lfg., Stand Dezember 2014
                                       zitiert: K/S/M-Bearbeiter

Kirchhof, Paul   Kompaktkommentar zum EStG,
                                       14. Auflage 2015
                                       zitiert: Kirchhof/Bearbeiter

Klein, Franz   Kommentar zur Abgabenordnung
                                       12. Auflage 2014
                                       zitiert: Klein/Bearbeiter

Littmann/Bitz/Pust   Das Einkommensteuerrecht,
                                       Lfg. 107, Stand Dezember 2014
                                       (Loseblatt)
                                       zitiert: L/B/P

Schmidt, Ludwig	Einkommensteuergesetz, erläutert von Heinicke, Krüger, Kulosa, Loschelder, Seeger, Wacker und Weber-Grellet, 34. Auflage 2015 zitiert: Schmidt/Bearbeiter (D, G, H, Kr, K, L, S, W, W-G)
Tipke/Kruse	Kommentar zur Abgabenordnung und Finanzgerichtsordnung, Lfg. 138, Stand November 2014, (Loseblatt) zitiert: Tipke/Kruse
Tipke/Lang	Steuerrecht, 22. Auflage 2015 zitiert: Tipke/Lang
Weber-Grellet, Heinrich	Bilanzsteuerrecht 13. Auflage 2015 zitiert: Weber-Grellet, Bilanzsteuerrecht

Einleitung

A. Grundlagen der Einkommensteuer

I. Besteuerung nach der wirtschaftlichen Leistungsfähigkeit

Die Einkommensteuer (ESt) ist die Steuer auf das Einkommen der natürlichen Person (sogenannter Steuerpflichtiger). Sie erfasst die im Rahmen einer bestimmten Zeitspanne ausgewiesene Ertragskraft des Steuerpflichtigen und sollte sich deshalb am Gebot der Besteuerung nach der **wirtschaftlichen Leistungsfähigkeit** orientieren.[1]

1. Steuersystematisch wird diesem Leistungsfähigkeitsprinzip insbesondere bei der Bestimmung der Bemessungsgrundlage für die ESt Rechnung getragen. Sie soll die steuerliche Leistungsfähigkeit der natürlichen Person möglichst genau abbilden und das für die Steuerzahlung disponible Einkommen ausweisen.[2] Das sogenannte dualistische Konzept „Erwerbseinkommen ./. private Abzüge" verwirklicht die beiden Aufgaben, die objektive und die subjektive Leistungsfähigkeit zu messen. Bis zum Gesamtbetrag der Einkünfte (§ 2 Abs. 1 bis 3 EStG) wird die **objektive Leistungsfähigkeit** berücksichtigt. Ausdruck dieser steuerlichen Leistungsfähigkeit sind die vom Steuerpflichtigen erwirtschafteten Nettoergebnisse, also die Unterschiedsbeträge zwischen Erwerbsbezügen und Erwerbsaufwendungen (= Einkünfte).[3] Dieses **objektive Nettoprinzip** ist ein Unterprinzip des Leistungsfähigkeitsprinzips und gebietet die uneingeschränkte Berücksichtigung von Erwerbsaufwendungen.

Nach Auffassung des BVerfG gehört das objektive Nettoprinzip zu den Grundentscheidungen des Einkommensteuerrechts; die Besteuerung nach der finanziellen Leistungsfähigkeit ist verfassungsrechtlich geboten. Ob diesem Prinzip aber Verfassungsrang zukommt, hat das BVerfG bislang ausdrücklich offengelassen.[4]

2. Die durch die persönlichen Verhältnisse des Steuerpflichtigen begründete **(subjektive) Leistungsfähigkeit** wird durch private Abzüge berücksichtigt. Das systemtragende Prinzip der Abziehbarkeit von privaten Abzügen ist das **subjektive Nettoprinzip**; nach diesem Prinzip ist der für den notwendigen Lebensbedarf verwendete und demnach für die Steuerzahlung nicht zur Verfügung stehende Teil des Erwerbseinkommens aus der Bemessungsgrundlage auszuscheiden.[5]

Subjektiv entspricht die Einkommensbesteuerung nur dann dem Leistungsfähigkeitsprinzip, wenn

■ das individuelle bzw. familiäre Existenzminimum steuerfrei bleibt und

1

2

3

---

1 Birk/Desens/Tappe, Steuerrecht, Rn. 600.

2 Tipke/Lang § 8 Rn. 42.

3 Tipke/Lang § 8 Rn. 42.

4 BVerfG v. 09.12.2008 – 2 BvL 1/07, 2 BvL 2/07, 2 BvL 1/08, 2 BvL 2/08, DStR 2008, 2460; für eine verfassungsrechtliche Verankerung: Schmidt/D § 9 Rn. 1; Bergkemper StuW 2006, 311; Lang StuW 2007, 3; Tipke StuW 2007, 201; Lehner DStR 2009, 185; a.A.: Weber-Grellet DStR 2009, 349.

5 Tipke/Lang § 8 Rn. 42.

- bei der Besteuerung des darüber hinausgehenden Einkommens unvermeidbare Sonderbelastungen durch Unterhaltspflichten realitätsgerecht berücksichtigt werden.

Verfassungsrechtliche Maßstäbe des subjektiven Nettoprinzips sind der Gleichheitssatz (Art. 3 Abs. 1 GG) mit dem Leistungsfähigkeitsprinzip als Vergleichsmaßstab, die Unantastbarkeit der Menschenwürde (Art. 1 Abs. 1 GG), das freiheitsrechtlich (Art. 23 Abs. 1, 12 Abs. 1, 14 Abs. 1 GG) begründete Verbot einer Erdrosselungssteuer und das Sozialstaatsprinzip (Art. 20 Abs. 1, 28 Abs. 1 GG).[6] Die Ausweitung des Schutzes auf das familiäre Existenzminimum und das Gebot, Unterhaltspflichten angemessen zu berücksichtigen, gründen sich auf Art. 6 Abs. 1 GG.

Das geltende Recht berücksichtigt die subjektive Leistungsfähigkeit des Stpfl. u.a. durch die Gewährung des Grundfreibetrags (§ 32a Abs. 1 S. 2 Nr. 1 EStG), den Abzug von Sonderausgaben (§ 10 EStG) und außergewöhnlichen Belastungen (§§ 33, 33a, 33b EStG) und vor allem durch die progressive Gestaltung des Einkommensteuertarifs.

Der steuerlichen Belastung durch den Unterhalt der Kinder wird durch Gewährung des monatlichen Kindergeldes (als Steuervergütung) und des steuermindernden Abzugs von bestimmten Freibeträgen (Freibeträge für Kinder, § 32 Abs. 6 EStG; Ausbildungsfreibetrag, § 33a Abs. 2 EStG), Abzugsbeträgen (Entlastungsbetrag für Alleinerziehende, § 24b EStG) und Kinderbetreuungskosten (§ 10 Abs. 1 Nr. 5 EStG) Rechnung getragen.

Unterhaltsleistungen an den geschiedenen oder dauernd getrennt lebenden Ehegatten können im Rahmen des sogenannten Realsplittings gemäß § 10 Abs. 1 Nr. 1 EStG bis zur Höhe von 13.805 € berücksichtigt werden.

II. Rechtsgrundlagen

4 Die **Rechtsgrundlagen** der ESt ergeben sich aus dem EStG,[7] der Einkommensteuer-Durchführungsverordnung (EStDV), der Lohnsteuer-Durchführungsverordnung (LStDV) und weiteren Nebenverordnungen. Darüber hinaus sind bei der Einkommensbesteuerung zahlreiche andere Rechtsvorschriften mit steuerlichem Bezug zu beachten (z.B. AStG, InvZulG, UmwStG).

In der Verwaltungspraxis haben die Einkommensteuer- und Lohnsteuer-Richtlinien (EStR, LStR) und die Hinweise zu den Einkommensteuerrichtlinien große Bedeutung. Die Richtlinien sind **Verwaltungsvorschriften**, die aufgrund der Richtlinienkompetenz der Bundesregierung mit Zustimmung des Bundesrates ergangen sind (vgl. Art. 108 Abs. 7 GG).

III. Systematische Einordnung

5 Die ESt ist gemäß Art. 106 Abs. 3 GG eine Gemeinschaftsteuer, die sogenannte **Steuerertragshoheit** steht also Bund und Ländern gemeinschaftlich zu. Die Gemeinden erhalten nach Art. 106 Abs. 5 GG einen Anteil an dem Aufkommen der ESt, der von den

---

6 Vgl. Tipke/Lang § 8 Rn. 74.

7 Neufassung v. 19.10.2002, BStBl. I 2002, 1209, mit späteren Änderungen.

Ländern an ihre Gemeinden auf der Grundlage der Einkommensteuerleistungen ihrer Einwohner weiterzuleiten ist. Die **Gesetzgebungshoheit** liegt als konkurrierende Gesetzgebung beim Bund (Art. 105 Abs. 2 GG).

Die Verwaltung der ESt obliegt den Landesfinanzbehörden (Art. 108 Abs. 2, 3 GG).

Die ESt ist eine **Personensteuer**, d.h., sie berücksichtigt die persönlichen Verhältnisse des Stpfl. bei der Bemessung der Steuer, wie z.B. Alter, Familienstand, Kinderzahl, Krankheit.

Die ESt ist eine **direkte Steuer**, d.h., der Steuerschuldner und der Steuerträger sind identisch. Der Steuerschuldner hat also auch wirtschaftlich die Steuer zu tragen.

Direkte Steuern sind auch die Lohn- (§§ 38 ff. EStG) und die Kapitalertragsteuer (§§ 43 ff. EStG), denn auch bei diesen beiden Arten der ESt bleibt der Arbeitnehmer bzw. der Gläubiger der Kapitalerträge der Steuerschuldner, während der Arbeitgeber bzw. der Schuldner der Kapitalerträge nur Haftungsschuldner ist.

IV. Erhebungsformen

Die ESt wird in zwei unterschiedlichen Verfahrenstechniken erhoben: **6**

- in Form einer **Abzugssteuer** bei den Einkünften aus nichtselbstständiger Arbeit durch den Arbeitgeber (Lohnsteuer) und bei bestimmten Einkünften aus Kapitalvermögen durch den Schuldner der Kapitalerträge (Kapitalertragsteuer; ab VZ 2009 auch die Abgeltungsteuer gemäß § 32d EStG) oder die Zahlstelle der Kapitalerträge und

- in Form der **Veranlagungssteuer**, also in einem besonderen Festsetzungsverfahren durch das Finanzamt, bei den übrigen Einkunftsarten.

B. Überblick über den Einkommensteuertatbestand

Fall 1: Hans Dampf in allen Gassen

Hans H. (38 Jahre alt, ledig, kinderlos, Wohnsitz in Bielefeld) ist hauptberuflich bei der Stadt Bielefeld angestellt (Bruttoarbeitslohn: 40.000 €; Werbungskosten: 2.000 €). Daneben ist er als Gesellschafter an einer BGB-Gesellschaft beteiligt, die Hausverwaltungsdienstleistungen anbietet (Gewinnanteil: 10.000 €). Ferner ist Hans Eigentümer eines vermieteten Mehrfamilienhauses in Münster (Verlust: 15.000 €). Am 30.12.2014 veräußert Hans das am 30.6.2006 erworbene Mehrfamilienhaus (Veräußerungsgewinn: 30.000 €). Schließlich gehört Hans eine vermietete Ferienwohnung in Scheveningen (NL). Der Vermietungsüberschuss beträgt 5.000 €. Die nachgewiesenen abzugsfähigen Sonderausgaben betragen 5.000 €.

Hans möchte wissen, wie hoch sein zu versteuerndes Einkommen im VZ 2014 ist.

I. Gemäß § 25 Abs. 1 EStG wird ein Steuerpflichtiger (Stpfl.) nach Ablauf des Kalenderjahres (Veranlagungszeitraum = VZ) nach dem Einkommen veranlagt, das er in dem Veranlagungszeitraum bezogen hat. **Veranlagung** ist das Verfahren, in dem die Be- **7** steuerungsgrundlagen ermittelt werden und die ESt festgesetzt wird. Für dieses Verfahren gelten die allgemeinen Vorschriften der AO, insbesondere §§ 85 ff. und 155 ff.

II. Die Festsetzung einer ESt gegen Hans H. kommt nur in Betracht, wenn ein Tatbestand des EStG verwirklicht und ein Steueranspruch entstanden ist (§ 38 AO). Der **Steuertatbestand** des EStG lässt sich – wie alle Steuertatbestände – in folgende Tatbestandselemente untergliedern:

8

1. Hans H. ist als natürliche Person **Steuersubjekt** der ESt (§ 1 Abs. 1 EStG). Bei der Besteuerung werden ihm auch die Gewinnanteile an der BGB-Gesellschaft zugerechnet (§ 18 Abs. 1, Abs. 4 i.V.m. § 15 Abs. 1 S. 1 Nr. 2 EStG). Denn die BGB-Gesellschaft als solche unterliegt nicht der ESt und ist als nichtrechtsfähige Personengesellschaft auch kein Subjekt der KSt (vgl. §§ 1, 3 Abs. 1 KStG). Technisch erfolgt die Zurechnung der Gewinnanteile im Verfahren der einheitlichen und gesonderten Gewinnfeststellung nach § 180 Abs. 1 Nr. 2a AO. Wenn eine solche Feststellung noch nicht erfolgt ist, kann das für die ESt-Festsetzung zuständige Finanzamt (FA) Bielefeld den auf Hans H. entfallenden Gewinnanteil schätzen (§ 162 Abs. 3 AO) und der Besteuerung zugrunde legen (§ 155 Abs. 2 AO).

   Subjektive Steuerbefreiungen, d.h. Befreiungen von der persönlichen Steuerpflicht, sieht das EStG – im Gegensatz zum KStG (vgl. § 5 KStG) – nicht vor. Solche Befreiungen würden dem Gleichheitsgrundsatz, der eine Besteuerung aller natürlichen Personen gebietet, widersprechen.

9

2. Hans H. ist **unbeschränkt einkommensteuerpflichtig** im Sinne des § 1 Abs. 1 S. 1 EStG, denn er hat seinen Wohnsitz auf dem Gebiet der Bundesrepublik Deutschland, in Bielefeld (§ 1 Abs. 1 EStG). Aufgrund der unbeschränkten Steuerpflicht werden auch seine ausländischen Einkünfte bei der Einkommensbesteuerung erfasst (sogenanntes **Welteinkommensprinzip**). Andererseits unterliegt Hans H. mit diesen Einkünften auch dem Besteuerungszugriff des jeweiligen ausländischen Staates. Die damit grundsätzlich bestehende Gefahr der **Doppelbesteuerung** wird in der Regel durch sogenannte Doppelbesteuerungsabkommen (DBA) mit ausländischen Staaten vermieden (vgl. § 34c Abs. 6 EStG).

   Nach dem DBA-Niederlande gilt für Einkünfte aus Vermietung und Verpachtung die sogenannte Freistellungsmethode. Bei Miet- und Pachteinkünften aus Grundbesitz hat der Staat das Besteuerungsrecht, in dem das Vermögen belegen ist (Art. 4 I DBA-Niederlande).

   Die Einkünfte aus der Vermietung der Ferienwohnung in Scheveningen bleiben demnach von der deutschen Einkommensbesteuerung ausgeschlossen.

10

3. **Steuerobjekt** der ESt sind die in § 2 Abs. 1 S. 1 Nrn. 1 bis 7 EStG abschließend aufgezählten Einkünfte. Dazu gehören die von Hans H. erzielten Einkünfte aus nichtselbstständiger Tätigkeit (§ 2 Abs. 1 S. 1 Nr. 4 i.V.m. § 19 Abs. 1 EStG), aus der Beteiligung an der Hausverwaltungs-GbR (§ 2 Abs. 1 S. 1 Nr. 2 i.V.m. § 15 Abs. 1 S. 1 Nr. 2 EStG), aus Vermietung und Verpachtung (§ 2 Abs. 1 S. 1 Nr. 6 i.V.m. § 21 EStG) und aus dem privaten Veräußerungsgeschäft (§ 2 Abs. 1 S. 1 Nr. 7 i.V.m. §§ 22 Nr. 2, 23 Abs. 1 S. 1 Nr. 1 EStG). Die Einkünfte sind bei den Einkünften aus Land- und Forst-

wirtschaft, Gewerbebetrieb und selbstständiger Arbeit der Gewinn (sogenannte Gewinneinkunftsarten), bei den übrigen Einkünften der Überschuss der Einnahmen über die Werbungskosten (§ 2 Abs. 2 EStG; sogenannte Überschusseinkunftsarten).[8] Ergebnis einer Tätigkeit im Rahmen der Gewinneinkunftsarten kann auch ein Verlust sein. Ebenso kann sich bei den anderen Einkunftsarten ein Werbungskostenüberschuss ergeben. Bei der Bildung der Summe der Einkünfte (§ 2 Abs. 3 EStG) werden positive Einkünfte einer Einkunftsart mit negativen Einkünften aus einer anderen Einkunftsart verrechnet (sogenannter vertikaler Verlustausgleich).

4. **Bemessungsgrundlage** der ESt ist das zu versteuernde Einkommen, das nach Maßgabe des § 2 Abs. 3–5 EStG – ausgehend von der Summe der Einkünfte – wie folgt ermittelt wird:

Einkünfte gemäß § 15 Abs. 1 S. 1 Nr. 2 EStG:	10.000 €
Einkünfte gemäß § 19 Abs. 1 EStG:	38.000 €
Einkünfte gemäß § 21 Abs. 1 S. 1 Nr. 1 EStG:	./. 15.000 €
Einkünfte gemäß §§ 22 Nr. 2, 23 Abs. 1 S. 1 Nr. 1 EStG)	30.000 €
= Summe der Einkünfte/Gesamtbetrag der Einkünfte:	63.000 €
./. Sonderausgaben gemäß § 10 EStG:	5.000 €
= Einkommen	58.000 €
= zu versteuerndes Einkommen	58.000 €

11

Ergebnis: Das FA Bielefeld wird die ESt 2014 für Hans H. unter Berücksichtigung eines zu versteuernden Einkommens von 58.000 € (= Bemessungsgrundlage) festsetzen.

---

8 Bei den Einkünften aus Kapitalvermögen ist qua Gesetz der Abzug tatsächlicher Werbungskosten ab dem VZ 2009 ausgeschlossen (§ 20 Abs. 9 S. 1 EStG). Siehe § 2 Abs. 2 S. 2 EStG.

12

Der Einkommensteuertatbestand

I. Steuersubjekt: Natürliche Personen (§ 1 Abs. 1 S. 1 EStG), die entweder unbeschränkt oder beschränkt einkommensteuerpflichtig sind.

1. Unbeschränkt steuerpflichtig sind

- natürliche Personen mit Wohnsitz oder gewöhnlichem Aufenthalt im Inland (§ 1 Abs. 1 EStG) und

- bestimmte deutsche Auslandsbedienstete einschl. deren Angehörige (§ 1 Abs. 2 EStG)

   Folge: Besteuerung des Welteinkommens

- natürliche Personen ohne Wohnsitz oder gewöhnlichen Aufenthalt im Inland auf Antrag unter bestimmten Voraussetzungen (§ 1 Abs. 3 EStG).

   Folge: Besteuerung der inländischen Einkünfte i.S.d. § 49 EStG nach den für die unbeschränkte Steuerpflicht geltenden Regelungen; bei EU-/EWR-Staatsangehörigen zusätzliche Vergünstigungen nach § 1a EStG

2. Beschränkt steuerpflichtig sind

- natürliche Personen, die nicht unter § 1 Abs. 1, 2 u. 3 EStG fallen, wenn sie inländische Einkünfte i.S.d. § 49 EStG haben (§ 1 Abs. 4 EStG).

   Folge: Besteuerung der inländischen Einkünfte

Subjektive Steuerbefreiungen sieht das EStG nicht vor.

II. Steuerobjekt: Die sieben Einkunftsarten (§ 2 Abs. 1 S. 1 EStG)

1. Einkünfte aus Land- und Forstwirtschaft (§§ 13–14a EStG)

2. Einkünfte aus Gewerbebetrieb (§§ 15–17 EStG)

3. Einkünfte aus selbstständiger Arbeit (§ 18 EStG)

4. Einkünfte aus nichtselbstständiger Arbeit (§ 19 EStG)

5. Einkünfte aus Kapitalvermögen (§ 20 EStG)

6. Einkünfte aus Vermietung und Verpachtung (§ 21 EStG)

7. sonstige Einkünfte (§§ 22, 23 EStG)

Objektive Steuerbefreiungen ergeben sich insbesondere aus den §§ 3, 3b EStG.

Der Einkommensteuertatbestand (Fortsetzung)

III. Bemessungsgrundlage ist das zu versteuernde Einkommen, das gemäß § 2 Abs. 5 EStG wie folgt zu ermitteln ist:

Summe der Einkünfte

./. Altersentlastungsbetrag (§ 24a EStG)

./. Entlastungsbetrag für Alleinerziehende (§ 24b EStG)

./. Freibetrag für Land- und Forstwirte (§ 13 Abs. 3 EStG)

= **Gesamtbetrag der Einkünfte (§ 2 Abs. 3 EStG)**

./. Verlustabzug (§ 10d EStG)

./. Sonderausgaben (§§ 10–10c EStG)

= Zwischensumme

./. außergewöhnliche Belastungen (§§ 33–33b EStG)

./. Steuervergünstigungen nach §§ 10e-10i EStG und § 7 FördergebietsG

= **Einkommen (§ 2 Abs. 4 EStG)**

./. Kinder-, Betreuungs-, Ausbildungs- und Erziehungsfreibetrag (§§ 31 und 32 Abs. 6 EStG)

./. Härteausgleichsbetrag (§ 46 Abs. 3 EStG, § 70 EStDV)

= **zu versteuerndes Einkommen (§ 2 Abs. 5, § 32a Abs. 1 EStG)**

IV. Steuertarif: Progressiver Tarif gemäß § 32a EStG

Das Gesetz unterscheidet zwischen

■ Grundtarif und

■ Splittingtarif für zusammenveranlagte Ehegatten und eingetragene Lebenspartner (§§ 2 Abs. 8, 32a Abs. 5 EStG).

Ggf. sind Tarifbesonderheiten (Progressionsvorbehalt, Thesaurierungsbegünstigung, außerordentliche Einkünfte, Abgeltungsteuer) zu beachten.

V. Festzusetzende ESt (§ 2 Abs. 6 EStG)

Tarifliche ESt

./. Entlastungsbeträge nach §§ 35, 35a, 35b EStG

./. anzurechnende ausländische Steuern

./. Steuerermäßigungen

+ Steuern nach § 34c Abs. 5 EStG

+ Zuschlag nach § 3 Abs. 4 S. 2 FSchAusglG

+ Kindergeld bei Verminderung des Einkommens um die Freibeträge nach § 32 Abs. 6 EStG in den Fällen des § 31 EStG

= <u>festzusetzende ESt</u>

./. Anrechnungen (§ 36 Abs. 2 EStG)

= <u>zu entrichtende ESt</u>

1. Abschnitt: Persönliche Einkommensteuerpflicht

13 Der deutschen ESt unterliegen natürliche Personen, die im Inland einen persönlichen oder sachlichen Anknüpfungspunkt gesetzt haben müssen. Personen, die diese Kriterien erfüllen, sind das Steuersubjekt der ESt. Sie sind einkommensteuerpflichtig. Gesetzlich geregelt ist die Einkommensteuerpflicht in § 1 EStG. Dabei unterscheidet das Gesetz zwischen unbeschränkter und beschränkter Steuerpflicht.

A. Unbeschränkte Einkommensteuerpflicht

14 Unbeschränkt einkommensteuerpflichtig sind natürliche Personen, die im Inland ihren Wohnsitz (Definition in § 8 AO) oder ihren gewöhnlichen Aufenthalt (Definition in § 9 AO) haben. Einen Wohnsitz hat jemand gemäß § 8 AO dort, wo er eine Wohnung unter Umständen innehat, die darauf schließen lassen, dass er die Wohnung beibehalten und benutzen wird. Alternativer Anknüpfungspunkt für die unbeschränkte Steuerpflicht ist der gewöhnliche Aufenthalt, den jemand dort hat, „wo er sich unter Umständen aufhält, die erkennen lassen, dass er an diesem Ort oder in diesem Gebiet nicht nur vorübergehend verweilt". Das Gesetz stellt – im Gegensatz zum Wohnsitz – auf ein beabsichtigtes oder zu erwartendes ständiges Verweilen ab.[9] Gemäß § 9 S. 2 AO wird ein gewöhnlicher Aufenthalt unwiderlegbar vermutet, wenn sich eine Person mehr als sechs Monate im Inland aufhält; kurzfristige Unterbrechungen bleiben dabei unberücksichtigt, d.h., die Unterbrechungszeit läuft weiter. Die gesetzliche Vermutung, die nicht für Aufenthalte zu Kur-, Erholungs- und Besuchszwecken unter einem Jahr gilt (§ 9 S. 3 AO), schließt aber nicht aus, dass dies auch bei einem kürzeren Aufenthalt der Fall sein kann. Rechtsfolge der unbeschränkten Einkommensteuerpflicht ist, dass der Steuerpflichtige nicht nur sein im Inland erzieltes Einkommen versteuern muss, sondern sein Welteinkommen (sogenanntes **Welteinkommensprinzip**).[10]

Fall 2: Unbeschränkte Einkommensteuerpflicht bei inländischem Zweitwohnsitz

A ist Italiener und seit 2012 im Inland als Geschäftsführer einer italienischen Firma tätig. Neben seinem (Haupt-)Wohnsitz in Italien haben er und seine Ehefrau eine Wohnung (möblierte Zweizimmerwohnung, 59 qm) im Inland angemietet; die Miete wird von seinem Arbeitgeber übernommen. Die Wohnung lässt von ihrer Ausstattung her die Unterbringung einer weiteren Person zu. Die Ehefrau des A (E) ist in Italien als Lehrerin berufstätig; sie bezieht keine inländischen Einkünfte. Der gemeinsame Sohn geht in Italien zur Schule. Die Familie bewohnt die inländische Wohnung an zwei bis drei Tagen im Monat und während der großen Ferien mit. A ist der Ansicht, dass auch seine Ehefrau einen Wohnsitz im Inland hat und begehrt mit der Einkommensteuererklärung sowohl die Anwendung des Splittingtarifs als auch den Ansatz der vollen Freibeträge für Kinder. Zu Recht?

---

9 Birk/Desens/Tappe, Steuerrecht, Rn. 673.
10 S. hierzu Birk/Desens/Tappe, Steuerrecht, Rn. 1452, 1454.

I. A hat nur dann Anspruch auf Anwendung des Splittingtarifs (§ 32a Abs. 5 EStG) und den Ansatz der vollen Freibeträge für Kinder (§ 32 Abs. 6 S. 2 EStG), wenn die Voraussetzungen für eine Zusammenveranlagung des A mit seiner Ehefrau E vorgelegen haben.

15

II. Gemäß § 26 Abs. 1 S. 1 EStG können Ehegatten zwischen der Einzelveranlagung (§ 26a EStG) und der Zusammenveranlagung (§ 26b EStG) wählen, wenn beide unbeschränkt einkommensteuerpflichtig i.S.d. § 1 Abs. 1 oder 2 EStG oder des § 1a EStG sind, sie nicht dauernd getrennt leben und bei ihnen diese Voraussetzungen zu Beginn des VZ vorgelegen haben oder im Laufe des Veranlagungszeitraums eingetreten sind. Die Zusammenveranlagung kann folglich von A und E gewählt werden, wenn beide unbeschränkt einkommensteuerpflichtig sind. Unbeschränkt einkommensteuerpflichtig sind nach § 1 Abs. 1 S. 1 EStG natürliche Personen, die im Inland einen Wohnsitz oder ihren gewöhnlichen Aufenthalt haben. Einen Wohnsitz hat jemand gemäß § 8 AO dort, wo er eine Wohnung unter Umständen innehat, die darauf schließen lassen, dass er die Wohnung beibehalten und benutzen wird.

1. A und E sind natürliche Personen im Sinne des § 1 Abs. 1 S. 1 EStG. Da Alter und Nationalität nach dem Wortlaut dieser Vorschrift auf die Steuerpflicht keinen Einfluss haben, steht die italienische Staatsangehörigkeit von A und E der unbeschränkten Einkommensteuerpflicht nicht entgegen.

2. A erfüllt auch die Voraussetzungen des § 8 AO, da er die inländische Wohnung bereits seit zwei Jahren tatsächlich bewohnt und dies auch weiterhin beabsichtigt. Fraglich ist allein, ob auch E die inländische Wohnung des A in vorgenanntem Sinne innehatte.

   Die Beurteilung der Umstände des „Innehabens" einer Wohnung liegt dabei weitgehend auf tatsächlichem Gebiet. Es können alle Umstände des Einzelfalls herangezogen werden, die nach der Lebenserfahrung den Schluss erlauben, dass der betreffende Steuerpflichtige die Wohnung beibehält, um sie als solche zu nutzen. Zu bewerten sind also in diesem Zusammenhang alle tatsächlichen Umstände des Sachverhalts.

   a) Das Zeitmoment könnte für ein Innehaben der Wohnung sprechen. Nach der Rspr. des Bundesfinanzhofs (BFH) ist dabei in Anlehnung an § 9 S. 2 AO auf eine Sechsmonatsfrist abzustellen.[11] Ein solches erforderliches hinreichendes Zeitmoment ist gegeben. A hatte die Wohnung – auch für seine Ehefrau E – bereits zu Beginn seiner Tätigkeit im Inland im Jahr 2012 angemietet.

   16

   b) Es ist nicht erforderlich, dass der Steuerpflichtige sich während einer Mindestzahl von Tagen oder Wochen im Jahr tatsächlich in der Wohnung aufhält. Auch unregelmäßige Aufenthalte in einer Wohnung können zur Aufrechterhaltung eines dortigen Wohnsitzes führen.[12] Für die Frage des Innehabens einer Wohnung i.S.d. § 8 AO ist auch unbeachtlich, wer die dafür anfallende Miete trägt.

---

11 BFH v. 30.08.1989 – I R 215/85, BStBl. II 1989, 956.
12 BFH v. 19.03.2002 – I R 15/01, BFH/NV 2002, 1411.

c) Fraglich ist aber, ob es darauf ankommt, dass A und E gleichzeitig auch einen Wohnsitz in Italien haben.

17   Nach der Rspr. des BFH kann ein Stpfl. gleichzeitig mehrere Wohnsitze i.S.d. § 8 AO haben. Diese können im In- und/oder Ausland belegen sein.[13] Da diese Vorschrift ohne weitere Unterscheidung nur das Vorliegen „eines" Wohnsitzes verlangt, geht sie erkennbar von der Gleichwertigkeit aller Wohnsitze einer Person aus. Insbesondere enthält § 8 AO keinen Anknüpfungspunkt für eine Differenzierung zwischen „Hauptwohnsitz" und „Nebenwohnsitz". Vor diesem Hintergrund verbietet sich die Annahme, dass nur ein – in welcher Weise auch immer – „qualifizierter" Wohnsitz zur unbeschränkten Einkommensteuerpflicht führt. Entscheidend ist allein, ob objektiv erkennbare Umstände dafür sprechen, dass der Steuerpflichtige die Wohnung für Zwecke des eigenen Wohnens beibehält. In diesem Zusammenhang kommt es auf einen Vergleich der Wohnung mit einer anderen nach Größe und Ausstattung nicht an. Ein Wohnsitz i.S.d. § 8 AO setzt auch nicht voraus, dass der Steuerpflichtige von dort aus seiner täglichen Arbeit nachgeht.[14]

Der Umstand, dass A und E ihren (Haupt-)Wohnsitz in Italien haben, steht vorliegend einer unbeschränkten Einkommensteuerpflicht im Inland nicht entgegen.

d) Schließlich ist dem Wortlaut des § 1 EStG nicht zu entnehmen, dass nur derjenige Wohnsitz zur unbeschränkten Steuerpflicht führt, der zugleich den Mittelpunkt der Lebensinteressen der betreffenden Person darstellt. Dementsprechend hat der BFH wiederholt entschieden, dass ein inländischer Wohnsitz auch dann zur unbeschränkten Einkommensteuerpflicht eines Steuerpflichtigen führt, wenn der Mittelpunkt seiner Lebensinteressen sich im Ausland befindet.[15] Diese Handhabung ist im Schrifttum ganz überwiegend auf Zustimmung gestoßen.[16]

18   e) Es gibt auch keinen „allgemeinen Grundsatz des internationalen Steuerrechts", nach dem jede Person nur von demjenigen Staat als unbeschränkt steuerpflichtig behandelt werden darf, in dem sich der Mittelpunkt ihrer Lebensinteressen befindet.[17] Die Frage der unbeschränkten Steuerpflicht im Inland ist zu trennen von der Frage, wo eine Person im Sinne eines Doppelbesteuerungsabkommens als ansässig gilt (vgl. etwa Art. 4 Abs. 2 des Abkommens zwischen der Bundesrepublik Deutschland und der Italienischen Republik zur Vermeidung der Doppelbesteuerung auf dem Gebiet der Steuern vom Einkommen und vom Vermögen und zur Verhinderung der Steuerverkürzung vom 18. Oktober 1989).[18] Somit ist auch nicht entscheidend, ob es sich bei dem gemeinsamen Wohnsitz des A und seiner Ehefrau E im Ausland um den „Familienwohnsitz" handelt.

---

13 BFH v. 28.01.2004 – I R 56/02, BFH/NV 2004, 917.
14 BFH v. 19.03.2002 – I R 15/01, BFH/NV 2002, 1411.
15 BFH v. 19.03.2002 – I R 15/01, BFH/NV 2002, 1411.
16 Vgl. etwa Tipke/Kruse § 8 AO Anm. 4; Klein/Gersch § 8 AO Anm. 4.
17 BFH v. 24.01.2001 – I R 100/99, BFH/NV 2001, 1402.
18 BGBl. II 1990, 743; vgl. dazu bereits BFH v. 04.06.1975 – I R 250/73, BStBl. II 1975, 708.

Ergebnis: A und E haben einen inländischen Wohnsitz i.S.d. § 8 AO gehabt und sind damit das ganze Jahr unbeschränkt einkommensteuerpflichtig gewesen. Da die übrigen Voraussetzungen für die Zusammenveranlagung nach §§ 26, 26b EStG vorliegen, haben sie einen Anspruch auf Anwendung des Splittingtarifs (§ 32a Abs. 5 EStG) und Ansatz der vollen Freibeträge für Kinder (§ 32 Abs. 6 EStG).

B. Beschränkte Einkommensteuerpflicht

Beschränkt einkommensteuerpflichtig im Sinne des § 1 Abs. 4 EStG können dagegen nur Steuerausländer mit ihren inländischen Einkünften gemäß § 49 EStG sein. Der abschließende Katalog der inländischen Einkünfte i.S.d. § 49 EStG macht deutlich, dass der deutsche Steuergesetzgeber nur auf solche Einkünfte von Steuerausländern zugreifen will, die ihre Wurzel im Inland haben (sogenanntes **Territorialitäts- oder Ursprungsprinzip**). Da andere Länder nach ähnlichen Besteuerungsprinzipien vorgehen, ergeben sich zwangsläufig Situationen, in denen mehrere Staaten auf eine Einkunftsquelle zugreifen wollen. Es entsteht eine Doppelbesteuerung, die in aller Regel durch völkerrechtliche Abkommen (sogenannte **Doppelbesteuerungsabkommen** = DBA), die das Besteuerungsrecht im Konfliktfall einem Staat zuweisen, vermieden werden (§ 34c Abs. 6 EStG). Aber auch ohne solche bilateralen Abkommen wird die Doppelbesteuerung durch Anrechnung der ausländischen Steuer auf die deutsche ESt oder Abzug der Steuer als Betriebsausgaben oder Werbungskosten (§ 34c Abs. 1–3 EStG) verhindert. Neben den vorgenannten Formen der Steuerpflicht kennt das Gesetz noch die fiktive unbeschränkte Steuerpflicht (§§ 1 Abs. 3, 1a EStG) und als Sonderformen die erweiterte unbeschränkte (§ 1 Abs. 2 EStG) und erweiterte beschränkte Steuerpflicht (§§ 2, 5 AStG).

Fall 3: Fotomodell Heidi Klümchen

Das bekannte Fotomodell Heidi Klümchen, wohnhaft in den USA, reist für die Teilnahme an einer Werbekampagne (Fotoshooting) nach Deutschland ein. Sie erhält von dem Modeverlag ein Tageshonorar (Gesamthonorar) von 8.000 €. Heidi Klümchen, die im Inland weder einen Wohnsitz noch einen gewöhnlichen Aufenthalt hat, fragt nach den Besteuerungsfolgen in Deutschland.

I. Heidi Klümchen ist nicht unbeschränkt einkommensteuerpflichtig i.S.v. § 1 Abs. 1 S. 1 EStG, denn sie hat in Deutschland weder einen Wohnsitz noch einen gewöhnlichen Aufenthalt. **19**

II. Sie könnte allerdings beschränkt steuerpflichtig im Sinne des § 1 Abs. 4 EStG sein, wenn sie inländische Einkünfte gemäß § 49 EStG erzielt.

   1. Heidi Klümchen könnte Einkünfte im Sinne des § 49 Abs. 1 Nr. 2 Buchst. d) EStG erzielen, wenn die Teilnahme an dem Fotoshooting als eine im Inland ausgeübte oder verwertete künstlerische, sportliche, artistische, unterhaltende oder ähnliche Darbietung anzusehen ist. Nach Auffassung der Finanzverwaltung stellt ein Fotoshooting jedoch keine Darbietung in diesem Sinne dar.[19] Das hierfür gezahl-

---

19 BMF v. 09.01.2009 – IV C 3 – S 2300/07/10002, BStBl. I 2009, 362.

te Honorar ist im Ergebnis im Inland nicht steuerpflichtig, da insoweit auch kein weiterer Tatbestand des § 49 EStG einschlägig ist.

2. Soweit Heidi Klümchen aber gegen Entgelt ihre Persönlichkeitsrechte als Modell (zur Verwertung in einer inländischen Betriebsstätte) überlässt, sind die hierfür gezahlten Vergütungen als Einkünfte i.S.d. § 49 Abs. 1 Nr. 2 Buchst. f) EStG (Verwertung von Rechten) zu erfassen.

20

Erhält ein Fotomodell für seine Teilnahme an einer Werbekampagne ein Tageshonorar (Gesamthonorar), werden damit in aller Regel sowohl die aktive Teilnahme an der Werbekampagne (Fotoshooting) als auch die Überlassung der Persönlichkeitsrechte abgegolten. Wegen der unterschiedlichen Besteuerungsfolgen ist deshalb die Vergütung regelmäßig aufzuteilen in einen im Inland steuerpflichtigen Anteil für die Überlassung der Persönlichkeitsrechte und einen nicht der ESt unterliegenden Anteil für die aktive Tätigkeit des Modells. Der auf die Rechteüberlassung entfallende Anteil kann zumeist nur im Schätzungswege bestimmt werden. Aus Vereinfachungsgründen kann nach Auffassung der Finanzverwaltung bei Tageshonoraren bis 10.000 € angenommen werden, dass der Anteil der Rechteüberlassung am Tageshonorar für Honorare bzw. Honorarteile bis einschließlich 5.000 € 20% und für Honorarteile über 5000 € 45% beträgt, wenn nicht im Einzelfall eine andere Aufteilung aufgrund der konkreten Umstände angemessen ist.[20] Beträgt das Tageshonorar mehr als 10.000 € ist in jedem Einzelfall eine Aufteilung unter Berücksichtigung der konkreten Umstände vorzunehmen. In diesen Fällen ist jedoch regelmäßig von einem überdurchschnittlich hohen Bekanntheitsgrad des Modells auszugehen und deshalb ein höherer Anteil der Rechteüberlassung an der Gesamtvergütung anzusetzen.

Unter Berücksichtigung dieser Grundsätze erzielt Heidi Klümchen aus der Überlassung ihrer Persönlichkeitsrechte inländische Einkünfte i.S.v. § 49 Abs. 1 Nr. 2 Buchst. f) EStG i.H.v. 3.600 € (8.000 € x 45%), die der deutschen ESt unterliegen. Sie ist damit beschränkt einkommensteuerpflichtig.

III. Nach § 50a EStG wird die ESt bei beschränkt Stpfl. bei bestimmten inländischen Einkünften i.S.v. § 49 EStG im Weg des Steuerabzugs erhoben. Dazu gehören auch Einkünfte i.S.d. § 49 Abs. 1 Nr. 3 EStG (§ 50a Abs. 1 Nr. 3 EStG). Der Steuerabzug beträgt in diesem Fall 15% der Einnahmen (§ 50a Abs. 2 EStG). Die ESt für Einkünfte, die dem Steuerabzug nach § 50a EStG unterliegen, gilt bei beschränkt Stpfl. grundsätzlich durch den Steuerabzug als abgegolten (§ 50 Abs. 2 S. 1 EStG), sofern nicht die in § 50 Abs. 2 S. 2 EStG im Einzelnen aufgeführten Ausnahmetatbestände gegeben sind. Solche Ausnahmen von der Abgeltungswirkung sind vorliegend nicht gegeben.

Ergebnis: Die Einnahmen aus der Teilnahme an der Werbekampagne unterliegen i.H.v. 3.600 € als inländische Einkünfte aus der Überlassung der Persönlichkeitsrechte der beschränkten Steuerpflicht in Deutschland. Die ESt ist mit dem Steuerabzug von 15% dieser Einnahmen (= 540 €) abgegolten.

---

20 BMF v. 09.01.2009 – IV C 3 – S 2300/07/10002, BStBl. I 2009, 362.

2. Abschnitt: Das Einkünftesystem des EStG

A. Die Einkunftsarten (§ 2 Abs. 1 EStG)

Fall 4: Steuer auf den Friedenspreis des Deutschen Buchhandels?

Schriftsteller S mit Wohnsitz in Köln hat im Jahre 2014 für seine schriftstellerische und Vortragstätigkeit Honorare in Höhe von 98.000 € vereinnahmt. Nach Abzug seiner Betriebsausgaben hat er einen Überschuss in Höhe von 62.000 € ermittelt. S hat darüber hinaus in 2014 den mit 30.000 € dotierten Friedenspreis des Deutschen Buchhandels erhalten. Er bittet um Auskunft, ob er diesen Geldbetrag in seiner Steuererklärung für das Jahr 2014 angeben muss.

I. Als unbeschränkt Stpfl. (§ 1 Abs. 1 EStG) ist S gemäß § 25 Abs. 3 EStG i.V.m. § 56 EStDV **21** verpflichtet, für das abgelaufene Kalenderjahr 2012 eine Einkommensteuererklärung auf amtlich vorgeschriebenem Vordruck (§ 150 Abs. 1 S. 1 AO) abzugeben. Die Voraussetzungen für die **Erklärungspflicht** sind erfüllt, da der Gesamtbetrag der von S bezogenen Einkünfte, die nicht dem Lohnsteuerabzug unterlegen haben, auf jeden Fall mehr als 8.004 € betragen hat (§ 56 Abs. 1 Nr. 2a EStDV).

Nach § 149 Abs. 2 S. 1 AO muss S die ESt-Erklärung bis spätestens fünf Monate nach Ablauf des Kalenderjahres, also bis zum 31.05.2015, abgeben (Erklärungsfrist).

II. Nach dem Inhalt des amtlich vorgeschriebenen Vordrucks ist nicht das Einkommen, sondern sind die im Kalenderjahr bezogenen Einkünfte anzugeben. Das Einkommen ermittelt sich als rechnerische Größe aus dem Gesamtbetrag der Einkünfte, vermindert um Sonderausgaben und außergewöhnliche Belastungen (§ 2 Abs. 4 EStG).

1. Als Einkünfte, die der ESt unterliegen, bezeichnet das Gesetz in § 2 Abs. 1 EStG die **22** nachfolgenden **sieben Einkunftsarten:**

   - ▪ Einkünfte aus Land- und Forstwirtschaft (§ 13 EStG),

   - ▪ Einkünfte aus Gewerbebetrieb (§ 15 EStG),

   - ▪ Einkünfte aus selbstständiger Arbeit (§ 18 EStG),

   - ▪ Einkünfte aus nichtselbstständiger Arbeit (§ 19 EStG),

   - ▪ Einkünfte aus Kapitalvermögen (§ 20 EStG),

   - ▪ Einkünfte aus Vermietung und Verpachtung (§ 21 EStG),

   - ▪ sonstige Einkünfte i.S.d. § 22 EStG.

   Mit der enumerativen Aufzählung der Einkunftsarten hat der Gesetzgeber auf einen allgemeinen Einkommensbegriff verzichtet und das Einkommen **„pragmatisch"** bestimmt.[21]

---

21 Vgl. Tipke/Lang § 8 Rn. 53.

23

Die von der Finanzwissenschaft entwickelten Einkommenstheorien haben sich damit nicht durchsetzen können:[22]

- Nach der sogenannten **Quellentheorie**[23] beruht das Einkommen auf Erträgen aus dauernd fließenden Quellen. Einmalige Vermögensvorgänge, wie z.B. Schenkung und Erbschaft, scheiden aus dem Einkommensbegriff ebenso aus wie Wertveränderungen der Vermögensquelle. Diese Theorie ist schwerlich mit der Gewinnermittlung durch Betriebsvermögensvergleich nach § 4 Abs. 1 EStG vereinbar.

  Die **Reinvermögenszugangstheorie**[24] sah das Wesen des Einkommens im Vermögenszugang innerhalb eines bestimmten Zeitabschnitts, gleichgültig, ob und aus welchen Quellen er stammt. Nach dieser Theorie müssten auch einmalige Vermögenszugänge und Wertveränderungen der Vermögensquellen der ESt unterliegen.

Das geltende Recht verzichtet demgegenüber auf die vollständige Erfassung aller Vermögensänderungen und stellt bei der Ermittlung der Überschusseinkünfte nicht auf einen Vermögensvergleich ab (vgl. § 2 Abs. 2 S. 1 Nr. 2 EStG).

Der gesetzlichen Regelung wird am besten die sogenannte **Markteinkommenstheorie** gerecht.[25] Nach dieser Theorie wird durch die ESt das aus einer Erwerbstätigkeit am Markt erzielte Einkommen erfasst. Nicht am Markt erwirtschaftet wird beispielsweise der Vermögenszuwachs durch Erbschaft oder Schenkung, der deshalb auch nicht unter eine der in § 2 Abs. 1 EStG genannten Einkunftsarten zu subsumieren ist.

2. S muss den Friedenspreis also nur dann in seiner ESt-Erklärung berücksichtigen, wenn dieser Vermögenszufluss einer der sieben Einkunftsarten zuzuordnen ist. Als Schriftsteller erzielt S gemäß § 18 Abs. 1 Nr. 1 EStG Einkünfte aus selbstständiger Tätigkeit. Seine Verlagshonorare und Einnahmen aus Vortragsveranstaltungen sind daher bei der Ermittlung des Gewinns aus selbstständiger Arbeit (vgl. § 2 Abs. 2 Nr. 1 EStG) zu erfassen. Fraglich ist, ob auch der Friedenspreis des Deutschen Buchhandels im Rahmen dieser Einkunftsart zugeflossen ist. Voraussetzung für die Erfassung von Vermögenszugängen ist ein Kausalzusammenhang mit der in § 18 EStG gesetzlich typisierten Leistung („schriftstellerische Tätigkeit"). Zur Frage, wie „dicht" dieser Kausalzusammenhang sein muss, äußert sich das Gesetz nicht. Bei Preisen und Auszeichnungen ist nach h.M.[26] wie folgt zu unterscheiden:

24

- Preise, die für das **Lebenswerk** oder das **Gesamtschaffen einer Persönlichkeit** verliehen werden, sind keiner der in § 2 Abs. 1 EStG typisierten Einkunftsarten zuzurechnen. Zu dieser Kategorie von Preisen gehören der Nobelpreis, der Goethepreis, der Theodor-Wolf-Preis für Journalisten und damit auch der Friedenspreis des Deutschen Buchhandels, weil mit dieser Auszeichnung das Gesamtwerk und die Haltung der Persönlichkeit des Preisträgers gewürdigt werden sollen.

25

- Steht die Auszeichnung dagegen mit einer **bestimmten Leistung** des Stpfl. in Zusammenhang, wird der Preis im Rahmen der jeweiligen Einkunftsart bezogen. Das gilt insbesondere bei Preisen, die im Rahmen von Auslobungen (Prei-

---

22 Vgl. Tipke/Lang § 8 Rn. 51.

23 Vgl. Fuisting, Die Grundzüge der Steuerlehre, 1902, S. 109 ff.

24 Vgl. von Schanz FinArch 13 (1896), 1 ff.

25 Vgl. Ruppe DStJG Bd. 1 (1978), 7 ff., 16; T/L § 8 Rn. 52.

26 Überblick bei Schmidt/Heinicke § 4 Rn. 460 „ Preise" m.w.N. auf die BFH-Rspr.

sausschreiben) oder aufgrund der Präsentation des Werkes auf Ausstellungen verliehen werden. Ist die Preisverleihung von mehreren Voraussetzungen abhängig, genügt bereits die Abhängigkeit von einer einkünftebezogenen Voraussetzung, um die Einnahme als betrieblich/beruflich veranlasst anzusehen.[27] So sind z.B. Preisgelder für die Teilnahme als Kandidat an einer Fernsehshow als sonstige Einkünfte nach § 22 Nr. 3 EStG steuerbar.[28]

Ergebnis: Bei der Ermittlung der in der ESt-Erklärung für 2014 anzugebenden Einkünfte aus selbstständiger Tätigkeit braucht S den Friedenspreis nicht zu berücksichtigen.

Der Katalog des § 2 Abs. 1 EStG wird ergänzt durch § 24 EStG. Diese Bestimmung schafft keinen neuen Besteuerungstatbestand.[29] Sie stellt lediglich klar, dass auch Entschädigungen, Nutzungsvergütungen und nachträgliche Einnahmen als sogenannte **Ersatzeinnahmen** zu den Einkünften im Sinne des § 2 Abs. 1 EStG gehören, sofern die entgangenen „ursprünglichen" Einnahmen im Rahmen einer Einkunftsart erzielt worden wären.

Beispiel 1: Abstandszahlungen, die ein Mietinteressent für die Entlassung aus einem Vormietvertrag an den Vermieter zahlt, unterliegen nach §§ 21, 24 Nr. 1 Buchst. a) EStG als Ersatz für entgehende Einnahmen der ESt.[30]

Beispiel 2: Das Entgelt für ein umfassendes **Wettbewerbsverbot**, das verschiedenen Einkunftsarten zuzuordnende Tätigkeiten betrifft, ist eine Entschädigung i.S.d. § 24 Nr. 1 Buchst. b) EStG.[31]

Fall 5: Liebhaberei

Dipl.-Landwirt L, Erbe eines Millionenvermögens, bewirtschaftet einen Gutshof mit einer Fläche von 400 ha. Er baut Kartoffeln und Getreide an und hält Pferde, Milchkühe und Schweine. Seit Übernahme des Betriebs in 1999 hat L jährliche Verluste von durchschnittlich 20.000 € erwirtschaftet. In den Jahren 1999 bis 2013 hat er die Verluste als negative Einkünfte aus Land- und Forstwirtschaft mit positiven Einkünften aus anderen Einkunftsarten verrechnet. Die entstehenden Verluste nimmt L hin, weil er die Landwirtschaft aus Passion betreibt und über ausreichend hohe andere Einkünfte und Vermögen verfügt. Für das Jahr 2014 will das zuständige Finanzamt die Verluste bei der Ermittlung des Gesamtbetrags der Einkünfte nicht mehr berücksichtigen, nachdem ein Sachverständigengutachten ergeben hat, dass in dem Betrieb des L nach der Art der Betriebsführung auf Dauer keine Gewinne erzielt werden können. Zu Recht?

I. Einkünfte i.S.d. § 2 Abs. 1 EStG sind Reineinkünfte, die das Gesetz als Gewinn oder als Überschuss der Einnahmen über die Werbungskosten definiert (§ 2 Abs. 2 EStG). Die nach dem **„Nettoprinzip"** ermittelten Einkünfte können auch negativ sein und werden dann als Verluste oder negative Einkünfte bezeichnet.   **26**

---

27 BFH v. 14.03.1989 – I R 83/85, BStBl. II 1989, 650.
28 BFH v. 28.11.2007 – IX R 39/06, BStBl. II 2008, 469.
29 Vgl. BFH v. 21.08.1990 – VIII R 17/86, BStBl. II 1991, 76; zur Präzisierung des § 24 Nr. 1 EStG siehe auch Weber-Grellet, DStR 1993, 261 ff.
30 BFH v. 21.08.1990 – VIII R 17/86, BStBl. II 1991, 76.
31 BFH v. 23.02.1999 – IX R 86/95, BStBl. II 1999, 590.

Negative Einkünfte innerhalb einer Einkunftsart können mit positiven Einkünften derselben Einkunftsart ausgeglichen werden (sogenannter **horizontaler Verlustausgleich**), soweit keine besonderen Vorschriften den Verlustausgleich einschränken (z.B. §§ 2a, 15 Abs. 4, 15a, 22 Nr. 3 S. 3, 23 Abs. 3 S. 7 EStG). Der **vertikale Verlustausgleich** (= Ausgleich zwischen Einkünften verschiedener Einkunftsarten) ist grundsätzlich unbegrenzt möglich. Für nicht ausgeglichene Verluste kommt ein periodenübergreifender Verlustabzug nach § 10d EStG in Betracht. Durch die Begrenzung des Verlustvor- und -rücktrags der Höhe nach enthält § 10d Abs. 1 und 2 EStG eine Art Mindestbesteuerung. Diese sogenannte Mindestbesteuerung verstößt jedenfalls nach Auffassung des BFH in ihrer Grundkonzeption einer zeitlichen Streckung des Verlustvortrags nicht gegen Verfassungsrecht.[32]

27 II. Ein Verlustausgleich wäre jedoch grundsätzlich ausgeschlossen, wenn es sich bei den von L erzielten Verlusten nicht um negative Einkünfte aus Land- und Forstwirtschaft (§ 13 EStG), sondern um – einkommensteuerlich unbeachtliche – Liebhaberei handelt. In den Fällen der **Liebhaberei** liegt zwar eine Teilnahme am Marktgeschehen vor, sodass nach dem äußeren Erscheinungsbild der Eindruck einer einkommensteuerlich relevanten Tätigkeit besteht. Es fehlt jedoch an der Gewinn- bzw. Überschusserzielungsabsicht. Als Tatbestandsmerkmal hat der Gesetzgeber die Gewinnerzielungsabsicht nur bei den Einkünften aus Gewerbebetrieb (§ 15 EStG) gesetzlich normiert (vgl. § 15 Abs. 2 S. 1 EStG). Die Gewinn- bzw. Überschusserzielungsabsicht ist jedoch ungeschriebene Voraussetzung auch für alle anderen Einkunftsarten. Das entspricht heute der allgemeinen Meinung in Rspr.[33] und Schrifttum.[34]

Die Abgrenzung zwischen einer mit Einkünfteerzielungsabsicht betriebenen steuerrelevanten Tätigkeit und der Liebhaberei ist äußerst schwierig und ist immer wieder Gegenstand von Streitigkeiten vor den Steuergerichten. Die Rspr. zu den vielen Einzelfallkonstellationen ist dabei teilweise recht unübersichtlich. Folgende Grundsätze lassen sich der Rspr. der Finanzgerichte und des BFH entnehmen:

28 Die Einkünfteerzielungsabsicht ist eine innere Tatsache, die nur anhand äußerer Merkmale beurteilt werden kann. Grundsätzlich spricht aber zunächst ein Beweis des ersten Anscheins (= widerlegbare tatsächliche Vermutung) dafür, dass z.B. bei Neugründung eines Betriebs oder einer auf Dauer angelegten Vermietung der Steuerpflichtige danach strebt, einen sogenannten Totalüberschuss während der gesamten Zeit der Ausübung seiner Tätigkeit (Totalperiode) zu erzielen. Umgekehrt kann aber auch ein Anscheinsbeweis gegen das Bestehen einer Einkünfteerzielungsabsicht bestehen (z.B. bei Verlustzuweisungsgesellschaften).

Einen für die Einkünfteerzielungsabsicht sprechenden Anscheinsbeweis kann das Finanzamt entkräften. Mehrjährige, über die Anlaufphase einer Tätigkeit hinausgehende Verluste und die Feststellung, dass ein Betrieb nach Wesensart und Betriebsführung objektiv nicht geeignet ist, nachhaltig Gewinne zu erzielen, können die An-

---

32 BFH v. 22.08.2012 – I R 9/11, BFH/NV 2013, 161 (Verfassungsbeschwerde eingelegt, Az. des BVerfG: 2 BvR 2998/12).

33 Vgl. insbesondere BFH v. 25.06.1984 – GrS 4/82, BStBl. II 1984, 751 betr. Gewerbebetrieb; BFH v. 11.12.2012 – IX R 14/12, BStBl. II 2013, 279 betr. Vermietung und Verpachtung.

34 Tipke/Lang § 8 Rn. 125; Jakob Rn. 91; Birk, Steuerrecht, Rn. 699.

nahme rechtfertigen, dass die Tätigkeit ohne Einkünfteerzielungsabsicht, also als Liebhaberei, betrieben wird. Allein reicht dies jedoch nicht aus. Hinzukommen muss die anhand weiterer Beweisanzeichen zu treffende Feststellung, dass der Steuerpflichtige die Verlust bringende Tätigkeit nur aus persönlichen Gründen und Neigungen ausübt, die dem Bereich der persönlichen Lebensführung zuzurechnen sind.

Nimmt der Stpfl. dagegen eine Umstrukturierung vor oder bemüht er sich um eine Beendigung der verlustbringenden Tätigkeit, liegen allein wegen der Anlaufverluste noch keine ausreichenden Indizien für eine fehlende Gewinnerzielungsabsicht vor.[35] Eine längere Gewinnphase ist demgegenüber ein „kaum zu widerlegendes Indiz" für das Vorliegen einer Gewinnerzielungsabsicht.[36] Der Beweis, dass ein Steuerpflichtiger nicht mit der Absicht der Gewinnerzielung, sondern aus persönlichen Gründen handelt, kann in der Regel dann als erbracht gelten, wenn feststeht, dass der Betrieb nicht nach betriebswirtschaftlichen Grundsätzen geführt wird und nach seiner Wesensart und der Art seiner Bewirtschaftung auf die Dauer gesehen nicht nachhaltig mit Gewinnen arbeiten kann.[37]

Bleiben nach der gebotenen Sachaufklärung Zweifel an der Gewinnerzielungsabsicht des Stpfl., ist die Verlustverrechnung zu versagen. Denn für das Vorliegen der Einkünfteerzielungsabsicht trägt der Stpfl. die objektive Feststellungslast.

Im vorliegenden Fall steht fest, dass L mit seinem landwirtschaftlichen Betrieb nicht nur Anlauf- oder vorübergehende Verluste erzielt hat, sondern dass nach der Struktur des Betriebs und der Art der Bewirtschaftung auf die Dauer keine positiven Betriebsergebnisse zu erreichen sind. Dabei ist die lange Verlustperiode zumindest ein starkes Indiz für die fehlende Gewinnerzielungsabsicht des L. Nach den Umständen betreibt L die Landwirtschaft aber zudem auch aus persönlicher Passion. Hätte er die ernsthafte Absicht gehabt, mit dem Betrieb Gewinne zu erzielen, so hätte er nach so vielen Verlustjahren den Betrieb entweder umstrukturiert, eingestellt oder veräußert. Diese Umstände rechtfertigen im Ergebnis die Feststellung, dass L die Landwirtschaft ohne die erforderliche Gewinnerzielungsabsicht betrieben hat.

Ergebnis: Die in 2014 bei dem Betrieb des Gutshofs entstandenen Verluste sind dem Bereich der Liebhaberei zuzurechnen und bei der Ermittlung des Gesamtbetrags der Einkünfte nicht zu berücksichtigen.[38]

Liebhaberei hat die Rspr. beispielsweise auch in folgenden Fällen angenommen:[39] Verluste einer Jagdgemeinschaft; Betrieb eines Pferdegestüts; schriftstellerische Tätigkeit eines Rechtsanwalts auf außerjuristischem Gebiet; Erwerb einer Immobilie im Mietkauf-Modell; Amateursportler, der lediglich Aufwendungsersatz erhält; nebenberufliche Konzerttätigkeit; Pferdezucht; Galerie; Modellbaubetrieb; Weiterbetrieb eines Weingutes; Motorsportverein; Gewerbliche Verluste aus dem Betrieb eines Golfhotels; Segeljachtvercharterung; Anerkennung von Verlusten bei der Vermietung von Ferienwohnungen.

29

---

35 BFH v. 16.05.2006 – VIII R 160/05, BFH/NV 2006, 1477.

36 BFH v. 16.03.2000 – IV R 53/98, BFH/NV 2000, 1090.

37 BFH v. 04.06.2009– IV B 69/08, BFH/NV 2009, 1644.

38 So auch BFH v. 21.01.1999 – IV R 27/97, BStBl. II 1999, 638 für den Betrieb eines Hofguts.

39 Die Rechtsprechungsnachweise finden sie bei Schmidt/Wacker § 15 Rn. 40.

30 **Verfahrensrechtlich** ist Folgendes zu beachten: Bei der Gewinnerzielungsabsicht handelt es sich um eine ungewisse Tatsache, deren Vorliegen oder Fehlen regelmäßig erst nach einem längeren Zeitraum im Wege einer Gesamtschau beurteilt werden kann. Deshalb darf das Finanzamt bis zum Wegfall der Ungewissheit **vorläufige Steuerbescheide nach § 165 AO** erlassen und später den vorläufig zugelassenen Ausgleich von negativen Einkünften mangels Gewinnerzielungsabsicht zurücknehmen.[40]

I. Dualismus der Einkünfteermittlung

31 **1.** § 2 Abs. 2 EStG unterteilt die sieben Einkunftsarten „dualistisch"[41] in zwei Gruppen: Einkünfte aus Land- und Forstwirtschaft, Gewerbebetrieb und selbstständiger Arbeit werden als Gewinn (§§ 4–7k EStG), die übrigen Einkünfte als Überschuss der Einnahmen über die Werbungskosten (§§ 8–9a EStG) definiert.[42]

■ Der **Gewinn** wird gemäß § 4 Abs. 1 S. 1 EStG grundsätzlich als Betriebsvermögensdifferenz ermittelt, nämlich als Unterschiedsbetrag zwischen dem Betriebsvermögen am Schluss des Wirtschaftsjahres und dem Betriebsvermögen am Schluss des vorangegangenen Wirtschaftsjahres, korrigiert um Einlagen und Entnahmen.

■ Der **Überschuss der Einnahmen über die Werbungskosten** ist eine „Geldrechnung", die als solche keiner weiteren gesetzlichen Definition bedarf.

Beide Methoden der Einkünfteermittlung lassen sich auf das sogenannte **Nettoprinzip** (Einkünfte als Saldo aus positiven und negativen Größen) zurückführen.[43] Bei der „Überschuss"-Ermittlung ergibt sich das Nettoprinzip schon aus dem Begriff. Aber auch der Gewinn ist – als Vermögensdifferenz definiert – eindeutig eine Nettogröße.

In der Gesetzesbegründung zum EStG 1925[44] wurde das duale System der Einkünfteermittlung damit gerechtfertigt, dass Landwirte, Gewerbetreibende und Selbstständige ihre unternehmerische Tätigkeit regelmäßig nicht ohne ein dieser Tätigkeit gewidmetes Vermögen ausüben könnten. Daher sei bei dieser Gruppe der Unterschied des der Tätigkeit gewidmeten Vermögens am Anfang und Schluss des Steuerabschnitts der für die Besteuerung wichtige Faktor. Bei den übrigen Einkunftsarten fehle entweder ein der Tätigkeit gewidmetes Vermögen (insbesondere bei Einkünften aus nichtselbstständiger Arbeit), oder aber es komme nicht auf die Veränderung der Vermögensgegenstände, sondern deren Erträge (z.B. Kapitalerträge, Mieteinnahmen) an. Daher sei bei dieser Gruppe der Überschuss der Einnahmen über die Ausgaben als Einkommen zu ermitteln.

32 **2.** Die unterschiedliche Art der Einkünfteermittlung wirkt sich vor allem dann aus, wenn das der Einkünfteerzielung gewidmete Vermögen veräußert wird.

---

40 BFH v. 25.10.1989 – X R 109/87, BStBl. II 1990, 278.

41 Vgl. Tipke/Lang § 8 Rn. 181 ff.

42 Besonderheiten gelten bei den Einkünften aus Kapitalvermögen (§§ 2 Abs. 2 S. 2, 20 Abs. 9 EStG).

43 Vgl. Tipke/Lang § 8 Rn. 42 ff., insbesondere 54 ff.

44 RT-Drucks. 3/796.

Fall 6: Betriebsvermögen/Privatvermögen

Der kaufmännische Angestellte A und der Baustoffhändler B haben zum 01.01.2001 jeweils für 300.000 € ein bebautes Grundstück erworben und für 1.000 € monatlich vermietet. A hat den Erwerb durch Einsatz von Bausparmitteln und Bauspardarlehen finanziert; B hat betriebliche Mittel verwendet und das Grundstück in seiner Handelsbilanz aktiviert (Grund und Boden 100.000 €, Gebäude 200.000 €). A und B veräußern ihre Grundstücke am 01.01.2015 für jeweils 550.000 €. In der Bilanz des B zum 31.12.2014 waren der Grund und Boden mit 100.000 € und das Gebäude mit einem Restwert von (200.000 € ./. 14 x 2% jährliche AfA =) 144.000 € erfasst. Welche einkommensteuerlichen Auswirkungen ergeben sich für A und B in 2015?

I. A könnte durch den Veräußerungsvorgang Einkünfte aus Vermietung und Verpachtung (§§ 2 Abs. 1 S. 1 Nr. 6, 21 EStG) erzielt haben. Einkünfte aus Vermietung und Verpachtung werden nach § 2 Abs. 2 S. 1 Nr. 2 i.V.m. §§ 8–9a EStG als Überschuss der Einnahmen über die Werbungskosten ermittelt. Bei dem von A erzielten Veräußerungserlös handelt es sich jedoch nicht um Einnahmen aus der Vermietung oder der Verpachtung des Grundstücks, sondern um eine Einnahme aus der **Veräußerung der Vermögenssubstanz**. Solche Einnahmen werden von der Einkunftsart des § 21 EStG nicht erfasst.[45]

    33

In Betracht kommen ferner Einkünfte aus einem **privaten Veräußerungsgeschäft** (§ 22 Nr. 2 i.V.m. § 23 EStG). Die Veräußerung eines Grundstücks ist jedoch nur dann ein privates Veräußerungsgeschäft, wenn der Zeitraum zwischen Anschaffung und Veräußerung nicht mehr als zehn Jahre beträgt (§ 23 Abs. 1 S. 1 Nr. 1 EStG). Da A das Grundstück vorliegend erst 14 Jahre nach der Anschaffung veräußert hat, liegt kein privates Veräußerungsgeschäft vor.

Aus der Veräußerung des Grundstücks in 2015 ergeben sich somit für A keine einkommensteuerlichen Auswirkungen.

II. B erzielt als Baustoffhändler Einkünfte aus Gewerbebetrieb (§§ 2 Abs. 1 S. 1 Nr. 2, 15 Abs. 1 S. 1 Nr. 1 EStG). Einkünfte aus Gewerbebetrieb werden nach § 2 Abs. 2 S. 1 Nr. 1 i.V.m. §§ 4–7k EStG als Gewinn ermittelt. Gewinn ist nach § 4 Abs. 1 S. 1 EStG der Unterschiedsbetrag zwischen dem Betriebsvermögen am Schluss des Wirtschaftsjahres und dem Betriebsvermögen am Schluss des vorangegangenen Wirtschaftsjahres, vermehrt um Entnahmen und vermindert um Einlagen.

In der Bilanz zum 31.12.2014 war das Grundstück des B mit Beträgen in Höhe von (Grund und Boden 100.000 € + Gebäude 144.000 €) = 244.000 € aktiviert. Die Veräußerung des Grundstücks am 01.01.2015 führte zu einem Zugang auf dem Forderungskonto oder – im Fall der Zahlung – auf dem Bank- bzw. Kassenkonto in Höhe von 550.000 €. Dem steht ein Abgang an Aktiva in Höhe von 244.000 € gegenüber, sodass sich ein „Veräußerungsgewinn" in Höhe von 306.000 € ergibt. Dieser Vermögenszuwachs wirkt sich in der Schlussbilanz 2015 mit dem entsprechenden Betrag gewinnerhöhend aus.

---

45 Vgl. Schmidt/Kulosa § 21 Rn. 1.

Ergebnis: Der von B erzielte Veräußerungsgewinn wird im Rahmen der Ermittlung der Einkünfte aus § 15 Abs. 1 S. 1 Nr. 1 EStG erfasst. A hat dagegen bei der Veräußerung eines Gegenstands des Privatvermögens einen einkommensteuerlich nicht zu berücksichtigenden Vermögenszuwachs erzielt.

---

34   Wertsteigerungen des Vermögens, das der Einkünfteerzielung dient, bleiben, wie das vorstehende Beispiel zeigt, bei der Ermittlung der Überschusseinkünfte grundsätzlich unberücksichtigt. Die Kehrseite ist, dass auch **Wertverluste auf der Vermögensebene** – soweit sie nicht ausnahmsweise im Rahmen der AfA nach § 9 Abs. 1 S. 3 Nr. 7 EStG geltend gemacht werden können – bei der Ermittlung der Überschusseinkünfte grundsätzlich außer Betracht bleiben.[46]

Nach Ansicht von Tipke[47] ist das duale System der Einkünfteermittlung verfassungswidrig. Es verstoße gegen den Gleichheitsgrundsatz, wenn Betriebsvermögen und das der Einkünfteerzielung dienende Privatvermögen ungleich behandelt werden.[48] Teilweise wird in diesem Zusammenhang auch die Existenz eines Überschusserzielungsvermögens bejaht.[49] Der BFH hat dagegen diese Frage bislang immer offengelassen.[50]

II. Konkurrenz der Einkunftsarten

> **Fall 7: Vermietung eines häuslichen Büroraums an den Arbeitgeber**
>
> Steuerberater S ist seit 2010 Geschäftsführer einer Wirtschaftsprüfungsgesellschaft (GmbH). Im Rahmen einer geschäftlichen Neuorganisation mietete die GmbH zum 01.01.2015 den im Keller des im Eigentum des S stehenden Zweifamilienhauses befindlichen Büroraum zu einem Mietzins von monatlich 300 € zuzüglich Mehrwertsteuer; ein privatschriftlicher Mietvertrag wird nicht abgeschlossen. S, der auch über einen eigenen Arbeitsplatz bei der GmbH verfügt, nutzt diesen Raum, um von dort aus die in der räumlichen Nähe ansässigen Mandanten der GmbH zu betreuen. S fragt nach den Besteuerungsfolgen.

35   I. Es ist zu prüfen, **im Rahmen welcher Einkunftsart** die Mieteinnahmen zugeflossen sind. Es könnte sich um Arbeitslohn aus der Tätigkeit als Geschäftsführer handeln, der bei der Ermittlung der Einkünfte aus nichtselbstständiger Arbeit (§ 19 EStG) zu erfassen ist, oder aber um Mieteinnahmen, die nach § 21 Abs. 1 S. 1 Nr. 1 EStG zu den Einkünften aus Vermietung und Verpachtung gehören.

II. Die sieben Einkunftsarten des § 2 Abs. 1 EStG stehen nicht gleichrangig nebeneinander. Unter dem Gesichtspunkt der **Konkurrenz** sind Einkünfte den Einkunftsarten nach folgendem System zuzurechnen:

---

46 Vgl. BFH v. 30.11.2010 – VIII R 58/07, BStBl. II 2011, 491 betr. Währungskursschwankungen.

47 StuW 1990, 246 und Die Steuerrechtsordnung Bd. II, S. 649 ff.; ebenso T/L § 8 Rn. 185.

48 Ähnlich Rademacher-Gottwald, FR 2003, 336, die sich für eine Annäherung der Besteuerung von Arbeitsvermögen an die des Betriebsvermögens ausspricht.

49 Vgl. hierzu Krüger, FR 1995, 633.

50 Vgl. BFH v. 18.09.2007 – IX R 42/05, BStBl. II 2008, 26..

1. Bei den **betrieblichen Einkunftsarten** (§§ 13, 15 u. 18 EStG) gehen § 13 EStG und § 18 EStG der Einkunftsart des § 15 EStG vor. Denn Einkünfte aus Gewerbebetrieb (§ 15 EStG) liegen nur vor, wenn die Betätigung nicht die (zusätzlichen) Voraussetzungen der §§ 13 oder 18 EStG erfüllt (vgl. § 15 Abs. 2 S. 1 EStG).   **36**

2. Einkünfte aus § 19 EStG lassen sich ebenfalls den sogenannten **Haupteinkunftsarten** zuordnen.

3. Einkünfte aus Kapitalvermögen (§ 20 EStG) stehen zu den betrieblichen Einkunftsarten (§§ 13, 15 u. 18 EStG) und den Einkünften aus Vermietung und Verpachtung (§ 21 EStG) im Verhältnis der Subsidiarität: Sind die Einkünfte im Rahmen dieser Einkunftsarten zugeflossen, sind sie dort zu erfassen, auch wenn zugleich die Voraussetzungen des § 20 EStG vorliegen (§ 20 Abs. 8 EStG).

4. Einkünfte aus Vermietung und Verpachtung sind anderen Einkunftsarten zuzurechnen, soweit sie im Rahmen einer anderen Einkunftsart angefallen sind (§ 21 Abs. 3 EStG). Im Verhältnis zu § 20 EStG geht § 21 EStG vor (vgl. § 20 Abs. 8 EStG).

5. Sonstige Einkünfte (§ 22 EStG) treten grundsätzlich hinter alle anderen Einkunftsarten zurück (vgl. §§ 22 Nr. 1 S. 1 und Nr. 3 S. 1, 23 Abs. 2 S. 1 EStG).

III. Vorliegend ist also zunächst zu prüfen, ob die Mieteinnahmen im Rahmen der Einkünfte aus § 19 EStG (Haupteinkunftsart) zugeflossen sind.

1. Einkünfte aus nichtselbständiger Tätigkeit sind nach § 19 Abs. 1 S. 1 Nr. 1 EStG   **37**
Gehälter, Löhne, Gratifikationen, Tantiemen und andere Bezüge und Vorteile, die für eine Beschäftigung im öffentlichen oder privaten Dienst gewährt werden. Ein Vorteil wird „für" eine solche Beschäftigung gewährt, wenn er durch das individuelle Dienstverhältnis des Arbeitnehmers veranlasst ist.[51] Hieran fehlt es, wenn der Arbeitgeber dem Arbeitnehmer Vorteile aufgrund einer anderen, neben dem Dienstverhältnis gesondert bestehenden Rechtsbeziehung – beispielsweise einem Mietverhältnis – zuwendet.[52]

2. Leistet der Arbeitgeber Zahlungen für ein im Haus oder in der Wohnung des Arbeitnehmers gelegenes Büro, das der Arbeitnehmer für die Erbringung seiner Arbeitsleistung nutzt, so ist die Unterscheidung zwischen Arbeitslohn einerseits und Einkünften aus Vermietung und Verpachtung andererseits danach vorzunehmen, in wessen vorrangigem Interesse die Nutzung des Büros erfolgt. Dient die Nutzung in erster Linie den Interessen des Arbeitnehmers, so ist davon auszugehen, dass die Zahlungen des Arbeitgebers (im weitesten Sinne) als Gegenleistung für das Zurverfügungstellen der individuellen Arbeitskraft des Arbeitnehmers erfolgt sind. Die Einnahmen sind dementsprechend als Arbeitslohn zu erfassen. So verhält es sich, wenn der Arbeitnehmer im Betrieb des Arbeitgebers über einen weiteren Arbeitsplatz verfügt und die Nutzung des häuslichen Arbeitszimmers vom Arbeitgeber lediglich gestattet bzw. geduldet wird.[53]   **38**

---

51 BFH v. 16.09.2004 – VI R 25/02, BStBl. II 2006, 10; Schmidt/Kr § 19 Rn. 24.
52 BFH v. 09.06.2005 – IX R 4/05, BFH/NV 2005, 2180.
53 BFH v. 16.09.2004 – VI R 25/02, BStBl. II 2006, 10.

Wird der betreffende Raum jedoch vor allem im betrieblichen Interesse des Arbeitgebers genutzt und geht dieses Interesse – objektiv nachvollziehbar – über die Entlohnung des Arbeitnehmers bzw. über die Erbringung der jeweiligen Arbeitsleistung hinaus, so ist anzunehmen, dass die betreffenden Zahlungen auf einer neben dem Dienstverhältnis gesondert bestehenden Rechtsbeziehung beruhen.[54]

3. Ausgehend von diesen Grundsätzen stellen die als Mietzins bezeichneten Zahlungen der GmbH Arbeitslohn dar mit der Folge, dass S aus der Vermietung des Büroraums keine Einkünfte aus Vermietung und Verpachtung erzielt. Bei Würdigung aller Umstände kann nicht festgestellt werden, dass das eigenbetriebliche Interesse der GmbH an der Anmietung des Büroraums das Interesse des S, einen Teil seiner Arbeitsleistung in einem häuslichen Arbeitszimmer erbringen zu können, überwiegt. Indizien dafür sind der Verzicht auf den Abschluss eines gesonderten Mietvertrags und der Umstand, dass S in den Räumen der GmbH über einen zusätzlichen Arbeitsplatz verfügt.

Ergebnis: S muss also die zugeflossenen Mieteinnahmen als Arbeitslohn im Rahmen der Einkünfte aus nichtselbstständiger Arbeit (§ 19 EStG) versteuern.

III. Zurechnung von Einkünften

Fall 8: Der versteckte Vermieter

Die Ehegatten A und B sind jeweils zu 1/2 an einer Grundbesitz verwaltenden GbR beteiligt und als solche gesamthänderische Miteigentümer eines Mehrfamilienhauses in Dessau. Mit Wirkung ab 01.01.2014 hat B gegen eine Zahlung von 100.000 € dem C mit Einwilligung des A eine Unterbeteiligung in Höhe von 50% an ihrem Gesellschaftsanteil eingeräumt. Die Mieter erhalten von der Unterbeteiligung keine Kenntnis. In der Erklärung zur einheitlichen und gesonderten Feststellung der Einkünfte beantragen A, B und C, die in 2014 erzielten Mieteinkünfte zu 50% dem A und jeweils zu 25% B und C zuzurechnen.

39 I. Gemäß § 180 Abs. 1 Nr. 2 Buchst. a) AO sind einkommensteuerpflichtige Einkünfte und mit ihnen im Zusammenhang stehende andere Besteuerungsgrundlagen gesondert festzustellen, wenn an den Einkünften mehrere Personen beteiligt sind und die Einkünfte diesen Personen steuerlich zuzurechnen sind. C ist demnach nur **Feststellungsbeteiligter**, wenn ihm die erzielten Mieteinkünfte anteilig „zuzurechnen" sind.

II. Einkünfte sind nach § 2 Abs. 1 S. 1 EStG der Person zuzurechnen, die sie erzielt hat. Erzielt hat die Einkünfte derjenige, der den konkreten Tatbestand der Einkunftserzielung erfüllt. Den Tatbestand können auch mehrere Personen gemeinsam erfüllen.

---

54 BFH v. 20.03.2003 – VI R 147/00, BStBl. II 2003, 519.

Begriffsnotwendig ist eine solche gemeinsame Tatbestandserfüllung bei Einkünften aus gewerblicher Mitunternehmerschaft nach § 15 Abs. 1 S. 1 Nr. 2 EStG.

Was zum Tatbestand der Einkünfteerzielung gehört, ergibt sich aus den Tatbestandsvoraussetzungen der jeweiligen Einkunftsart:

1. Bezüge aus einem **landwirtschaftlichen** oder **gewerblichen Betrieb** (§§ 13, 15 EStG) sind demjenigen zuzurechnen, der diese Bezüge als Unternehmer erwirtschaftet.

   Betreiben **mehrere Personen** als Gesellschafter oder Gemeinschafter gemeinsam einen Gewerbebetrieb, sind die Gewinnanteile anteilig den Gesellschaftern/Gemeinschaftern zuzurechnen, die als Mitunternehmer i.S.d. § 15 Abs. 1 S. 1 Nr. 2 EStG anzusehen sind.

   Im Falle der fremdnützigen Treuhand ist der Mitunternehmeranteil (steuerlich) dem Treugeber zuzurechnen. Aufgrund der Zurechnungsvorschrift des § 39 Abs. 2 Nr. 1 S. 2 AO ist auch in anderen Fällen des wirtschaftlichen Eigentums an Gesellschaftsanteilen der Anteil dem wirtschaftlichen Eigentümer zuzurechnen.

2. Bezüge aus **selbstständiger** und **nichtselbstständiger Arbeit** (§§ 18, 19 EStG) sind demjenigen zuzurechnen, der sie durch eigene Arbeit erwirtschaftet hat. Die Einkunftsquelle „Arbeit" ist also mit steuerlicher Wirkung nicht übertragbar.

3. Bezüge aus **Kapitalvermögen** und aus **Vermietung und Verpachtung** (§§ 20, 21 EStG) sind dem zuzurechnen, der die Bezüge aus der Überlassung des Vermögens zur Nutzung erwirtschaftet. Den Tatbestand der Einkunftsart Vermietung und Verpachtung verwirklicht dabei, wer die rechtliche oder tatsächliche Macht hat, eines der in § 21 Abs. 1 EStG genannten Wirtschaftsgüter anderen entgeltlich auf Zeit zur Nutzung zu überlassen. Er muss Vermieter oder Verpächter und damit Träger der Rechte und Pflichten aus den Mietverträgen und Pachtverträgen sein.[55]

   In **Treuhandfällen** werden die Bezüge aus Kapitalvermögen dem Treugeber zugerechnet, wenn er das Treuhandverhältnis „beherrscht".[56] Werden Vermietungsleistungen über einen Treuhänder bewirkt, werden sie nur dann dem Treugeber zugerechnet, wenn er „über den unmittelbar Handelnden das Marktgeschehen beherrscht".[57]

   40

4. **Wiederkehrende Bezüge** (§ 22 Nr. 1 EStG) werden demjenigen zugerechnet, dem sie aufgrund des zugrunde liegenden Rechtsverhältnisses gebühren.

III. Vorliegend stellt sich die Frage, ob der Unterbeteiligte C gemeinsam mit A und B den Tatbestand des § 21 Abs. 1 EStG erfüllt hat. Das ist nicht der Fall. Schließen sich mehrere Personen zusammen, um Einkünfte aus Vermietung und Verpachtung zu erzielen, sind die Einkünfte ihnen zuzurechnen, wenn sie in gesamthänderischer Verbundenheit den Tatbestand der Einkunftsart verwirklichen. Dafür ist jedoch Voraussetzung, dass diese Personen eines der in § 21 Abs. 1 EStG genannten Wirtschaftsgüter anderen Personen entgeltlich auf Zeit zur Nutzung überlassen und **Träger der Rechte und Pflichten** aus einem Miet- oder Pachtvertrag sind. C erfüllt diese Voraussetzungen nicht, weil er nicht Gesellschafter der grundstücksverwaltenden GbR geworden ist und damit nicht nach außen in die Rechtsstellung des Vermieters/Verpäch-

---

55 Sächsisches FG v. 27.02.2013 – 8 K 1409/12.
56 BFH v. 24.11.2009 – I R 12/09, BStBl. II 2010, 590.
57 BFH v. 27.01.1993 – IX R 269/87, BStBl. II 1994, 615.

ters eingetreten ist. Seine Beteiligung erschöpft sich in seiner Rechtsbeziehung zu der Gesellschafterin B.[58]

Ergebnis: Die erzielten Einkünfte aus Vermietung und Verpachtung sind jeweils zu 1/2 A und B zuzurechnen. C ist nicht an den Einkünften beteiligt und daher auch nicht Feststellungsbeteiligter i.S.d. § 180 Abs. 1 Nr. 2 Buchst. a) AO.

B. Einkommensermittlungszeitraum/Veranlagungszeitraum

41 Die ESt ist eine „Jahressteuer" (§ 2 Abs. 7 S. 1 EStG). Sie erfasst periodisch und sukzessiv das innerhalb eines Kalenderjahres bezogene Einkommen. Man spricht deshalb vom Periodizitätsprinzip im ESt-Recht.[59]

I. Einkommensermittlungszeitraum

42 Der Einkommensermittlungszeitraum ist der Zeitraum, für den die Besteuerungsgrundlagen zu ermitteln sind. Er deckt sich grundsätzlich mit dem Kalenderjahr (§ 2 Abs. 7 S. 2 EStG). Auch bei einem Wechsel zwischen der unbeschränkten und der beschränkten Steuerpflicht innerhalb eines Kalenderjahres erfolgt seit 1996 nur eine Veranlagung. Die während der beschränkten Steuerpflicht erzielten inländischen Einkünfte sind mit in die Veranlagung für die unbeschränkte Steuerpflicht einzubeziehen (§ 2 Abs. 7 S. 3 EStG). Dabei werden die während der beschränkten und unbeschränkten Steuerpflicht erzielten Einkünfte jeweils nach den für die Art der subjektiven Steuerpflicht maßgebenden Vorschriften (§ 1 Abs. 4, §§ 49 ff. bzw. § 1 Abs. 1–3, §§ 2 ff. EStG) ermittelt, wobei Ermittlungszeitraum in beiden Fällen das Kalenderjahr ist. Die Überlappung der Ermittlungszeiträume hat im Ergebnis zur Folge, dass es einer exakten Zuordnung von Erwerbsaufwendungen zur beschränkten oder unbeschränkten Steuerpflicht nicht bedarf, d.h., auch Abflüsse außerhalb des Zeitraums der beschränkten Steuerpflicht sind in die Ermittlung der Besteuerungsgrundlagen einzubeziehen, sofern sie dem Kalenderjahr des Wechsels der subjektiven Steuerpflicht zugeordnet werden können.[60]

II. Gewinnermittlungszeitraum

43 Bei den Einkünften aus Land- und Forstwirtschaft und aus Gewerbebetrieb – also bestimmten Einkunftsarten – kann der Gewinnermittlungszeitraum vom Einkommensermittlungszeitraum abweichen. Gewinnermittlungszeitraum ist bei Land- und Forstwirten und bei Gewerbetreibenden das Wirtschaftsjahr (§ 4a Abs. 1 S. 1 EStG), das im Regelfall zwölf Monate umfasst (§ 8b EStDV). Beginn und Ende des Wirtschaftsjahres sind für die beiden Einkunftsarten unterschiedlich geregelt:

- Bei Land- und Forstwirten ist das Wirtschaftsjahr grundsätzlich (zu abweichenden Wahlmöglichkeiten vgl. § 8c EStDV) der Zeitraum vom 01.07.–30.06. Der 30.06.

---

58 BFH v. 03.12.1991 – IX R 155/89, BStBl. II 1992, 459; kritisch: Lang/Seer, FR 1992, 637 ff.

59 T/L § 8 Rn. 44.

60 Vgl. Kreft in H/H/R § 9 Rn. 13.

wurde als Bilanzstichtag gewählt, weil die Vorräte des Landwirts zu diesem Zeitpunkt erfahrungsgemäß am niedrigsten sind und die Inventur für buchführende Landwirte dadurch vereinfacht wird (§ 4a Abs. 1 S. 2 Nr. 1 EStG).

- Bei Gewerbetreibenden sind zwei Gruppen zu unterscheiden:

  - Sofern der Gewerbetreibende mit seiner Firma im Handelsregister eingetragen ist, richtet sich das Wirtschaftsjahr nach dem Zeitraum, für den er regelmäßig Abschlüsse macht (§ 4a Abs. 1 S. 2 Nr. 2 EStG). In der Wahl des Abschlusstermins sind Kaufleute nach den handelsrechtlichen Vorschriften (§§ 242 ff. HGB) frei.

  - Bei anderen Gewerbetreibenden ist das Wirtschaftsjahr mit dem Kalenderjahr identisch (§ 4a Abs. 1 S. 2 Nr. 3 EStG).

Auch wegen der **Zurechnung** des für das abweichende Wirtschaftsjahr ermittelten Gewinns auf das Kalenderjahr als Bemessungs- und Veranlagungszeitraum differenziert das Gesetz zwischen Land- und Forstwirten und Gewerbetreibenden: **44**

- Bei Land- und Forstwirten wird der Gewinn zeitanteilig auf das Kalenderjahr, in dem das Wirtschaftsjahr beginnt, und das Kalenderjahr, in dem das Wirtschaftsjahr endet, aufgeteilt (§ 4a Abs. 2 Nr. 1 EStG).

  Beispiel: Ein Landwirt hat im Wirtschaftsjahr 08/09 einen Gewinn in Höhe von 20.000 € und im Wirtschaftsjahr 09/10 einen Gewinn in Höhe von 30.000 € erzielt.

  Im Kalenderjahr 09 beträgt der Gewinn aus Land- und Forstwirtschaft (1/2 x 20.000 € + 1/2 x 30.000 € =) 25.000 €.

- Bei Gewerbetreibenden greift die unwiderlegbare Fiktion des § 4a Abs. 2 Nr. 2 EStG ein. Danach gilt der Gewinn des abweichenden Wirtschaftsjahres in vollem Umfang als in dem Kalenderjahr bezogen, in dem das Wirtschaftsjahr endet.

III. Veranlagungszeitraum

Veranlagungszeitraum ist der Zeitraum, für den die Veranlagung (= Festsetzung der ESt) vorzunehmen ist. Veranlagungszeitraum ist stets das Kalenderjahr (§ 25 Abs. 1 EStG). **45**

C. Steuerfreie Einnahmen (§§ 3, 3b EStG)

§ 3 EStG enthält einen Katalog „völlig unsystematisch zusammengewürfelter" Steuerbefreiungen.[61] Es handelt sich um objektive (sachliche) Befreiungen, weil sie an die Art des Vermögenszuflusses anknüpfen und nicht die Person als solche von der Steuerpflicht – ganz oder teilweise – freistellen. **46**

Die Befreiungen lassen sich systematisch in zwei Gruppen unterteilen:

- **Konstitutive** Befreiungen liegen vor, wenn die Einnahmen andernfalls bei den Einkünften erfasst werden müssten.

  Beispiel: Trinkgelder, die eine Kellnerin von zufriedenen Gästen neben ihrem normalen Jahreslohn erhält, wären ohne die Befreiungsvorschrift des § 3 Nr. 51 EStG Arbeitslohn i.S.d. § 19 Abs. 1 EStG.

---

61 Schmidt/Heinicke Übersicht zu § 3.

- **Deklaratorische Befreiungen** betreffen Einnahmen, die auch ohne die gesetzliche Regelung nicht im Rahmen einer der Einkunftsarten zufließen würden.

   Beispiele: Erstattungsleistungen der Krankenversicherung (§ 3 Nr. 1 Buchst. a) EStG) lassen sich keiner der Einkunftsarten des § 2 Abs. 1 EStG zuordnen. Gleiches gilt für das Wohngeld, das gemäß § 3 Nr. 58 EStG steuerfrei ist.

47 Nach dem Gegenstand der Befreiung können u.a. folgende Normengruppen gebildet werden:

- Steuerfreiheit für bestimmte Versicherungs-, Versorgungs- und Sozialleistungen (vgl. insbesondere Nr. 1). Nach Nr. 36 sind unter den dort bezeichneten Voraussetzungen auch weitergeleitete Leistungen aus der Pflegeversicherung an Pflegepersonen steuerfrei;

- Steuerbefreiungen für besondere Leistungen an Arbeitnehmer, z.B. Zuschüsse für Fahrten zwischen Wohnung und Arbeitsstätte mit öffentlichen Verkehrsmitteln (Nr. 34), Zukunftssicherungsleistungen (Nr. 62) und Zuschläge für Sonntags-, Feiertags- und Nachtarbeit (§ 3b EStG);

- Steuerbefreiung für bestimmte aus einer Bundes- oder Landeskasse gezahlte Aufwandsentschädigungen (§ 3 Nr. 12 S. 1 EStG;[62] hierunter fallen z.B. Aufwandsentschädigungen ehrenamtlicher Betreuer nach § 1835a BGB;[63]

- Förderung wissenschaftlicher, künstlerischer und gemeinnütziger Tätigkeiten, z.B. Befreiung bestimmter Stipendien gemäß § 3 Nr. 44 EStG; Übungsleiterpauschale in Höhe von 2.100 € im Jahr gemäß § 3 Nr. 26 EStG;

- Vereinfachungsbefreiungen, z.B. Steuerbefreiungen für Umzugs- und Reisekostenvergütungen (§ 3 Nr. 13, 16 EStG).

48 - Durch das Steuersenkungsgesetz 2000 wurde die Auflistung der steuerfreien Einnahmen um eine wichtige Vorschrift, § 3 Nr. 40 EStG, ergänzt. Die Einfügung erfolgte vor folgendem Hintergrund: Nach der bis zum VZ 2001 geltenden Rechtslage wurden Einnahmen nach § 20 Abs. 1 Nr. 1 und 2 EStG (insbesondere Dividenden) in vollem Umfang steuerlich erfasst. Entsprechendes galt für Veräußerungserlöse aus steuerpflichtigen Veräußerungen der in § 20 Abs. 1 Nr. 1 und 2 EStG genannten Anteile an Körperschaften und Personenvereinigungen (insbesondere § 23 EStG). Die damit in Zusammenhang stehenden Aufwendungen wurden grundsätzlich vollumfänglich berücksichtigt. Nach **Abschaffung des Anrechnungs- und Einführung des Halbeinkünfteverfahrens zum 01.01.2002** wurden die Einnahmen bis VZ 2008 nur noch zur Hälfte erfasst, d.h., sie wurden insoweit steuerfrei gestellt. Dem trägt nach der Gesetzesbegründung **§ 3 Nr. 40 EStG** Rechnung. Konsequenterweise wurde mit dieser Neuregelung auch insoweit der Betriebsausgaben- und Werbungskostenabzug auf die Hälfte beschränkt (§ 3c Abs. 2 EStG). Mit der Einführung der Abgeltungsteuer zum 01.01.2009 hat der Gesetzgeber abermals das System umgestellt, und zwar vom Halbeinkünfteverfahren zum sogenannten **Teileinkünfteverfahren**. In diesem Zu-

---

62 Zur Verfassungsmäßigkeit siehe BVerfG v. 11.11.1998, 2 BvL 10/95, BStBl. II 1999, 502; zur Aufteilung der Werbungskosten in diesen Fällen vgl. BFH v. 26.03.2002 – VI R 26/00, BStBl. II 2002, 823.
63 BFH v. 17.10.2012 – VIII R 57/09, BFH/NV 2013, 307.

sammenhang ist der steuerfrei zu stellende Prozentsatz von 50% auf 40% reduziert und entsprechend § 3c Abs. 2 EStG angepasst worden (Betriebsausgabenabzug auf 60% begrenzt). Zu weiteren Einzelheiten in Zusammenhang mit dem Systemwechsel s. Rn. 252, 296, 362 ff.

D. Gewinnermittlungsmethoden

I. Gewinnermittlung durch Betriebsvermögensvergleich nach § 4 Abs. 1 EStG

§ 4 Abs. 1 S. 1 EStG bezeichnet als Gewinn den Unterschiedsbetrag zwischen dem Betriebsvermögen am Schluss des Wirtschaftsjahres und dem Betriebsvermögen am Schluss des vorangegangenen Wirtschaftsjahres, vermehrt um den Wert der Entnahmen und vermindert um den Wert der Einlagen. Daraus ergibt sich folgende **Gewinnformel**:

```
     Betriebsvermögen am Ende des Wirtschaftsjahres
./.  Betriebsvermögen am Schluss des vorangegangenen Wirtschaftsjahres
+    Entnahmen
./.  Einlagen
=    Gewinn
```

49

1. Betriebsvermögen

Der Gewinn wird nach § 4 Abs. 1 EStG als Differenz der zu unterschiedlichen Zeitpunkten zu ermittelnden Betriebsvermögensgrößen definiert. Das Gesetz will damit die betrieblich bedingte Vermögensmehrung im Gewinnermittlungszeitraum als Gewinn erfassen. Betriebsvermögen i.S.d. § 4 Abs. 1 S. 1 EStG ist das um Schulden bereinigte **Betriebsreinvermögen**. Es entspricht begrifflich dem sogenannten **Eigenkapital**.

50

2. Ermittlung des Betriebsvermögens

Der steuerlichen Gewinnermittlung nach § 4 Abs. 1 EStG liegt das handelsrechtliche System der kaufmännischen Erfolgsrechnung zugrunde. Die entsprechenden handelsrechtlichen Vorschriften finden sich im dritten Buch des HGB (Handelsbücher, §§ 238 ff. HGB).

51

a) Inventar

Zu Beginn seines Handelsgewerbes und zum Schluss eines jeden Geschäftsjahres hat der buchführungspflichtige Kaufmann ein Inventar zu erstellen (§ 240 HGB). Das Inventar ist eine zeitpunktbezogene Bestandsaufnahme aller betrieblichen Vermögensgegenstände, und zwar sowohl des Aktivvermögens (z.B. Forderungen, Bargeld, Anlagevermögen) als auch des Passivvermögens (insbesondere Schulden). Das Inventar weist in Form einer **Staffelrechnung** das Betriebsreinvermögen (Betriebsvermögen i.S.d. § 4 Abs. 1 EStG) aus, wenn von dem ermittelten Aktivvermögen das Passivvermögen (Schulden) abgezogen ist.

52

Beispiel:

Aktivvermögen

Grundstücke	100.000	
Forderungen	100.000	
Bargeld	50.000	250.000

./. **Passivvermögen**

Bankschulden	50.000	
sonst. Verbindlichkeiten	100.000	150.000
Betriebsreinvermögen		100.000

(Eigenkapital)

b) Bilanz

53 Das Inventar weist das Vermögen des Kaufmanns differenziert, aber nicht genügend übersichtlich aus. Daher hat sich im Handelsverkehr die Vermögensdarstellung in Form einer Bilanz (von ital. la bilancia = die Waage) entwickelt. Statt im Wege der Staffelrechnung (vertikale Darstellung) wird das Aktivvermögen im Wege einer **horizontalen Darstellung** dem Passivvermögen gegenübergestellt. Die Bilanz weist auf beiden Seiten immer die gleiche Summe aus, da der Differenzbetrag zwischen dem Aktivvermögen und den Schulden als Eigenkapital ausgewiesen wird.

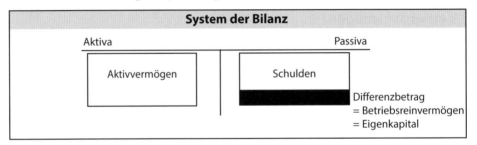

Übersteigen die Schulden das Aktivvermögen, weist die Bilanz auf der Passivseite kein Eigenkapital aus. Der Differenzbetrag wird in diesem Fall auf der Aktivseite als Kapitalfehlbetrag oder **„negatives Kapital"** angesetzt.

c) Bewertung der Wirtschaftsgüter in der Bilanz

54 Das Aktiv- und Passivvermögen müssen in der Bilanz in Euro beziffert werden (vgl. § 244 HGB). Handelsrechtlich sind Vermögensgegenstände (vgl. §§ 246 Abs. 1, 252, 253, 266, 240, 241 HGB), einkommensteuerrechtlich sind Wirtschaftsgüter zu aktivieren (§§ 4, 5, 6

EStG). Die Begriffe Wirtschaftsgut und Vermögensgegenstand sind inhaltlich identisch.[64] **Wirtschaftsgüter** sind Sachen und Rechte i.S.d. BGB, aber auch sonstige Vorteile, konkrete Möglichkeiten oder tatsächliche Zustände (z.B. der Kundenstamm). Voraussetzung für ein Wirtschaftsgut ist, dass sich der Kaufmann die Erlangung etwas kosten lässt und es selbstständig bewertbar ist.[65]

Die Bewertung der zu bilanzierenden Wirtschaftsgüter regelt das Gesetz in §§ 6–7 EStG. Als Wertmaßstäbe kommen nach § 6 EStG in Betracht

■ die Anschaffungskosten,

■ die Herstellungskosten und

■ der Teilwert.

Subsidiär ist der gemeine Wert anzusetzen.[66]

Bei der Bewertung des Aktivvermögens ist vor allem zwischen

■ Wirtschaftsgütern des nicht abnutzbaren Anlagevermögens und Wirtschaftsgütern des Umlaufvermögens einerseits und

■ Wirtschaftsgütern des abnutzbaren Anlagevermögens andererseits

zu unterscheiden.

Wirtschaftsgüter des **nicht abnutzbaren Anlagevermögens** (z.B. Grund und Boden, Beteiligungen, Wertpapiere) und Wirtschaftsgüter des **Umlaufvermögens** (z.B. Roh-, Hilfs- und Betriebsstoffe, flüssige Mittel) sind mit den Anschaffungs- oder Herstellungskosten anzusetzen. Sie dürfen nur dann mit dem niedrigeren Teilwert bewertet werden, wenn die Wertminderung voraussichtlich von Dauer ist (§ 6 Abs. 1 Nr. 2 EStG). **55**

Wirtschaftsgüter des **abnutzbaren Anlagevermögens** sind gemäß § 7 EStG nur dann zu bilanzieren, wenn die betriebsgewöhnliche Nutzungsdauer den Zeitraum von einem Jahr übersteigt.[67] Bilanzierungspflichtige abnutzbare Wirtschaftsgüter des Anlagevermögens sind in der Bilanz mit den Anschaffungs- oder Herstellungskosten, vermindert um die **Absetzung für Abnutzung (AfA)** anzusetzen (§ 6 Abs. 1 Nr. 1 EStG). Die für das Wirtschaftsjahr vorzunehmende Abschreibung mindert das Betriebsvermögen und damit zugleich den Gewinn. Die Funktion der Abschreibung besteht also darin, die bei der Anschaffung oder Herstellung des abnutzbaren Wirtschaftsguts angefallenen Kosten periodengerecht als Aufwand auf die voraussichtliche Nutzungsdauer des Wirtschaftsguts zu verteilen. **56**

Die **voraussichtliche Nutzungsdauer** ist unter Berücksichtigung der besonderen betrieblichen Verhältnisse des Stpfl. zu schätzen. Die Praxis bedient sich als Hilfsmittel der vom BMF unter Beteiligung der Fachverbände der Wirtschaft erstellten AfA-Tabellen.[68]

---

64 BFH v. 26.10.1987 – GrS 2/86, BStBl. II 1988, 348.

65 BFH v. 28.02.1992 – VI R 97/89, BStBl. II 1992, 834.

66 Vgl. im Einzelnen zur Bewertung der Bilanzpositionen: Weber-Grellet, Bilanzsteuerrecht, S. 153 ff.

67 Vgl. BFH v. 26.08.1993 – IV R 127/91, BStBl. II 1994, 232 – sofortiger Abzug der Anschaffungs- oder Herstellungskosten für sogenannte kurzlebige Wirtschaftsgüter.

68 Vgl. BMF v. 15.12.2000 – IV D 2-S 1551-188/00, B/2-2-337/2000-S 1551 A, S 1551-88/00, BStBl. I 2000, 1532 – AfA-Tabelle für die allgemein verwendbaren Anlagegüter (AfA-Tabelle „AV"), Fassung vom: 15.12.2000

57   § 7 EStG unterscheidet folgende **AfA-Methoden**:

■ Bei der **linearen AfA** (§ 7 Abs. 1 S. 1, 2 EStG) werden die Anschaffungs- oder Herstellungskosten gleichmäßig auf die Jahre der voraussichtlichen Nutzungsdauer verteilt.

■ Die **degressive AfA** (§ 7 Abs. 2 EStG), die zunächst nur bis VZ 2007 galt, war nur bei beweglichen Wirtschaftsgütern des Anlagevermögens zulässig. Bei dieser Methode wird die Abschreibung mit einem bestimmten Prozentsatz (höchstens das Doppelte des Satzes, der bei linearer AfA anzusetzen ist, und höchstens 20%) vom jeweiligen Buchwert (Restwert) des Wirtschaftsguts vorgenommen. Die degressive AfA führt in den ersten Jahren zu höheren Abschreibungsbeträgen und trägt damit dem Umstand Rechnung, dass Wirtschaftsgüter häufig in den ersten Jahren ihrer Nutzung einer stärkeren Abnutzung unterliegen oder in dieser Zeit schnell veralten. Für im Zeitraum 31.12.2008 bis 31.12.2010 angeschaffte oder hergestellte bewegliche Wirtschaftsgüter wurde die degressive AfA wieder eingeführt (höchstens das Zweieinhalbfache des Satzes, der bei linearer AfA anzusetzen ist, und höchstens 25%). Für Anschaffungs- oder Herstellungsvorgänge ab 2011 kann die degressive AfA nicht mehr in Anspruch genommen werden.

■ Gemäß § 7 Abs. 1 S. 6 EStG kommt neben der linearen und der degressiven AfA auch noch die in der Praxis wenig gebräuchliche sogenannte **Leistungs-AfA** in Betracht: Die Absetzung bemisst sich nach im Voraus zu schätzenden Leistungseinheiten (z.B. Kilometerleistung eines Lkw) oder Zeiteinheiten (z.B. voraussichtliche Maschinenstunden).

■ Unabhängig von der planmäßigen AfA lässt das Gesetz in § 7 Abs. 1 S. 7 EStG **Absetzungen für außergewöhnliche technische oder wirtschaftliche Abnutzung** zu. Diese Absetzung kommt beispielsweise in Betracht, wenn ein Pkw einen Unfallschaden erleidet oder ein Gebäude mangels Verwertbarkeit abgebrochen werden muss.

58   Besonderheiten gelten für die **Abschreibung von Gebäuden** (§ 7 Abs. 4, Abs. 5 EStG; dazu unten 3. Abschnitt, Rn. 426 ff.). Die Abschreibungsregeln des § 7 EStG werden durch zahlreiche Sondervorschriften ergänzt (§§ 7a bis 7k EStG). Unter anderem hat der Gesetzgeber durch § 7g EStG für kleine und mittlere Unternehmen einen sogenannten Investitionsabzugsbetrag und eine Sonderabschreibung eingeführt.

Geringwertige abnutzbare bewegliche Wirtschaftsgüter des Anlagevermögens, die einer selbstständigen Nutzung fähig sind, können in voller Höhe als Betriebsausgaben abgezogen werden, wenn die Anschaffungs- oder Herstellungskosten, vermindert um einen darin enthaltenen Vorsteuerbetrag (§ 9b EStG), den Wert von 410 € nicht übersteigen (§ 6 Abs. 2 EStG). Beträgt der Wert solcher Wirtschaftsgüter zwischen 150 € und 1.000 €, kann auch nach § 6 Abs. 2a EStG eine sogenannte Poolbildung mit einer Abschreibung über fünf Jahre erfolgen.[69]

---

69   Zu weiteren Einzelheiten siehe BMF v. 30.09.2010 – IV C 6-S 2180/09/10001, 2010/0750885, BStBl. I 2010, 755.

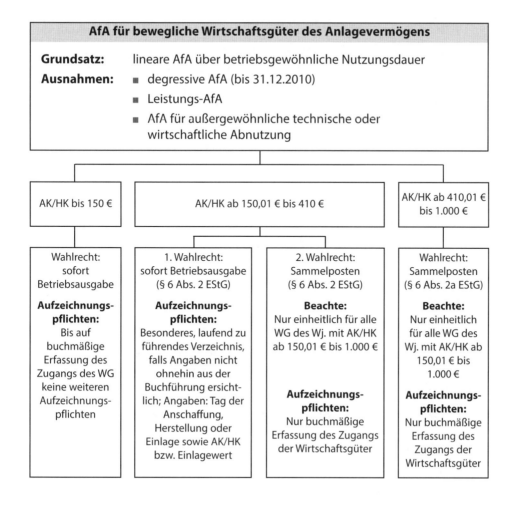

3. Entnahmen

Entnahmen sind nach der Legaldefinition des § 4 Abs. 1 S. 2 EStG alle Wirtschaftsgüter, **59** die der Stpfl. im Laufe des Wirtschaftsjahres dem Betrieb für betriebsfremde Zwecke entnommen hat. Entnahmen müssen beim Betriebsvermögensvergleich gewinnerhöhend hinzugerechnet werden, weil durch diesen außerbetrieblichen Vorgang das auf das Ende des Wirtschaftsjahres ermittelte Betriebsvermögen vermindert worden ist.

4. Einlagen

Einlagen sind Wirtschaftsgüter, die der Stpfl. dem Betrieb im Laufe des Wirtschaftsjahres **60** zugeführt hat (§ 4 Abs. 1 S. 5 EStG). Einlagen sind im Rahmen des Betriebsvermögensvergleichs abzurechnen, weil die auf Einlagen beruhende Mehrung des Betriebsvermögens im Wirtschaftsjahr nicht im Betrieb erwirtschaftet worden ist.

Fall 9: Die richtige Wahl der Gewinnermittlung im Jahr der Praxisgründung

Der ledige Rechtsanwalt R hat am 07.01.2014 in Münster eine Praxis eröffnet. Mit Hilfe eines Darlehens in Höhe von 60.000 € (Zinssatz 8%, beginnend am 01.01.2014) hat er im Januar 2014 verschiedene Einrichtungsgegenstände (Nutzungsdauer 10 Jahre) für 50.000 € erworben. Den Rest zahlte er auf ein Bankkonto ein, von dem die Betriebsausgaben bezahlt und auf das die Honorare überwiesen werden.

Auf dem Bankkonto sind in 2014 folgende Geldbewegungen zu verzeichnen:

Anfangsbestand	10.000 €
Honorareinnahmen	+ 170.000 €
laufende Ausgaben (Personal, Miete, Zinsen usw.)	− 85.000 €
Tilgung Darlehen	− 5.000 €
Entnahmen für private Zwecke	− 35.000 €
Endbestand	55.000 €

Honorarforderungen bestanden Ende 2014 in Höhe von 25.000 €. Die betrieblichen Verbindlichkeiten beliefen sich auf 5.000 €. R möchte zur Sicherung seiner Liquidität eine möglichst niedrige Steuerbelastung erreichen.

I. Als selbstständig tätiger Rechtsanwalt erzielt R Einkünfte aus selbstständiger Arbeit gemäß § 18 Abs. 1 Nr. 1 EStG (Katalogberuf). Die Einkünfte sind gemäß § 2 Abs. 2 S. 1 Nr. 1 EStG der Gewinn.

61 Der Gewinn wird grundsätzlich durch **Betriebsvermögensvergleich** (= Bestandsvergleich) gemäß § 4 Abs. 1 EStG ermittelt. Die für den Vermögensvergleich erforderlichen Bilanzen weisen das Betriebsvermögen (= Kapital) wie folgt aus:

1. Im Fall der Eröffnung eines Betriebs tritt die sogenannte Eröffnungsbilanz an die Stelle der Schlussbilanz des vorangegangenen Wirtschaftsjahres (§ 6 EStDV). Die Eröffnungsbilanz des R lautet wie folgt:

Eröffnungsbilanz 07.01.2014

Einrichtung	50.000 €	Kapital	0 €
Bank	10.000 €	Darlehen	60.000 €
	60.000 €		60.000 €

Die Wertansätze in der Eröffnungsbilanz erfolgen gemäß § 6 EStG. Die Einrichtungsgegenstände sind **Anlagevermögen**, da sie dazu bestimmt sind, dauernd dem Geschäftsbetrieb zu dienen; sie sind deshalb gemäß § 6 Abs. 1 Nr. 1 EStG mit den Anschaffungs- oder Herstellungskosten anzusetzen, also mit 50.000 €. Die Bankforderung dient dem Geschäftsbetrieb nur vorübergehend und wird deswegen dem **Umlaufvermögen** zugerechnet. Sie ist gemäß § 6 Abs. 1 Nr. 2 EStG mit den Anschaffungs- oder Herstellungskosten anzusetzen (10.000 €). Die Verbindlichkeiten (hier das verzinsliche Darlehen) sind gemäß § 6 Abs. 1 Nr. 3 EStG unter sinngemäßer Anwendung des § 6 Abs. 1 Nr. 2 EStG anzusetzen. Danach erfolgt der Ansatz hier mit dem Nominalwert von 60.000 €.

2. Die Schlussbilanz des R zum 31.12.2014 lautet:

Schlussbilanz 31.12.2014

Einrichtung	50.000 €		Darlehen	55.000 €
./. 10% AfA	5.000 €	45.000 €	sonst. Verbindlichkeiten	5.000 €
Honorarforderungen		25.000 €	Kapital	65.000 €
Bank		55.000 €		
		125.000 €		125.000 €

In der Schlussbilanz des R sind die der Abnutzung unterliegenden Wirtschaftsgü- **62** ter des Anlagevermögens (Einrichtungsgegenstände) gemäß § 6 Abs. 1 Nr. 1 EStG nur mit dem um die Absetzung für Abnutzung (AfA) geminderten Wert anzuset- zen (45.000 €). Die Bestände an Honorarforderungen und auf dem Bankkonto sind nach den o.g. Grundsätzen des § 6 Abs. 1 Nr. 1 u. 2 EStG und die Schulden ge- mäß § 6 Abs. 1 Nr. 3 EStG zu ermitteln und anzusetzen. Der Stand des Darlehens (Schuld) hat sich in 2014 verändert, da eine Tilgung in Höhe von 5.000 € erfolgte.

Durch den Betriebsvermögensvergleich ergibt sich folgender Gewinn:

Betriebsvermögen am Ende des Wirtschaftsjahres	65.000 €
./. Betriebsvermögen bei Eröffnung (07.01.2014)	0 €
+ Entnahmen	35.000 €
Gewinn 2014	100.000 €

3. Für R kommt auch die Gewinnermittlung nach § 4 Abs. 3 EStG in Betracht. Danach wird der Gewinn als **Überschuss der Betriebseinnahmen über die Betriebsaus- gaben** ermittelt. Zu dieser Art der Gewinnermittlung sind Stpfl. berechtigt, die nicht aufgrund gesetzlicher Vorschriften verpflichtet sind, Bücher zu führen und regelmäßig Abschlüsse zu machen, und die auch keine Bücher führen und Ab- schlüsse machen.

R ist als Rechtsanwalt nicht nach Handelsrecht verpflichtet, Bücher zu führen; denn er ist nicht Kaufmann i.S.d. HGB, sodass die §§ 238 ff. HGB i.V.m. § 140 AO für ihn nicht gelten. Er ist auch nicht nach Steuerrecht verpflichtet, Bücher zu führen, da § 141 AO eine solche Pflicht nur für Gewerbetreibende und Land- und Forst- wirte, nicht aber für Freiberufler i.S.d. § 18 Abs. 1 Nr. 1 EStG normiert. R ist folglich berechtigt, nicht aber verpflichtet, seinen Gewinn gemäß § 4 Abs. 3 EStG durch Gegenüberstellung der Betriebseinnahmen und Betriebsausgaben zu ermitteln.

Betriebseinnahmen sind alle Zugänge in Geld oder Geldeswert, die durch den **63** Betrieb veranlasst sind. Beträge, die der Stpfl. im Namen und für Rechnung eines anderen vereinnahmt oder verausgabt, werden bei der Gewinnermittlung nach § 4 Abs. 3 EStG als sogenannte **durchlaufende Posten** nicht erfasst (§ 4 Abs. 3 S. 2 EStG).

Unter **Betriebsausgaben** versteht das EStG gemäß § 4 Abs. 4 EStG Aufwendun- **64** gen, die durch den Betrieb veranlasst sind. Die Vorschriften über die Absetzung für Abnutzung sind auch bei der Gewinnermittlung nach § 4 Abs. 3 EStG zu befolgen (§ 4 Abs. 3 S. 3 EStG).

Die Gewinnermittlung gemäß § 4 Abs. 3 EStG durch Ermittlung des Überschusses der Betriebseinnahmen über die Betriebsausgaben entspricht in der technischen Durchführung der Ermittlung der Einkünfte gemäß § 2 Abs. 1 S. 1 Nr. 4–7 EStG durch Ermittlung des Überschusses der Einnahmen über die Werbungskosten (§ 2 Abs. 2 S. 1 Nr. 2 EStG).

Nach einer Überschussrechnung gemäß § 4 Abs. 3 EStG ergäbe sich für R folgender Gewinn:

Betriebseinnahmen:	Honorareinnahmen		170.000 €
Betriebsausgaben:	laufende Kosten (Personal usw.)	./.	85.000 €
	AfA	./.	5.000 €
Überschuss der Betriebseinnahmen über die Betriebsausgaben			80.000 €

Die von R verausgabten **Tilgungsbeträge** sind keine Betriebsausgaben i.S.d. § 4 Abs. 4 EStG. Es liegen keine Aufwendungen vor, weil mit der Rückzahlung des Darlehens zugleich die Forderung erlischt und deshalb lediglich eine Vermögensumschichtung erfolgt.

II. Der gemäß § 4 Abs. 1 EStG durch Betriebsvermögensvergleich ermittelte Gewinn in Höhe von 100.000 € weicht von dem nach § 4 Abs. 3 EStG durch Überschussrechnung ermittelten Gewinn um 20.000 € ab. Diese Differenz entsteht dadurch, dass bei der Überschussermittlung nach § 4 Abs. 3 EStG Bestandsveränderungen nicht berücksichtigt werden und Forderungen und Verbindlichkeiten sich nach dem Zufluss-/Abflussprinzip des § 11 EStG erst im Zeitpunkt der Vereinnahmung bzw. Verausgabung gewinnmäßig auswirken.

Der Differenzbetrag ergibt sich im Einzelnen aus folgenden, bei der Gewinnermittlung nach § 4 Abs. 3 EStG ohne Auswirkung bleibenden Bilanzpositionen:

Honorarforderungen zum 31.12.2014	25.000 €
./. sonstige Verbindlichkeiten	5.000 €
	20.000 €

65 III. Die verschiedenen Gewinnermittlungsmethoden führen in einzelnen Veranlagungszeiträumen zu unterschiedlichen Ergebnissen. Der Gesamtgewinn eines Unternehmens von der Eröffnung bis zur Einstellung (sogenannter **Totalgewinn**) ist jedoch nach beiden Methoden **identisch**. § 4 Abs. 3 EStG eröffnet für den Unternehmer lediglich die Möglichkeit, einen Teil des Gewinns zu verlagern. Spätestens im Falle der Einstellung des Unternehmens wird der einstweilen verlagerte Gewinn versteuert. Denn der Unternehmer muss im Zeitpunkt der Veräußerung/Aufgabe des Betriebs bzw. der Praxis fiktiv von seiner Gewinnermittlung gemäß § 4 Abs. 3 EStG zur Gewinnermittlung durch Bestandsvergleich gemäß § 4 Abs. 1 S. 1 EStG übergehen (§ 16 Abs. 2 S. 2 i.V.m. § 18 Abs. 3 EStG). Dieser Übergangsgewinn ist nicht etwa begünstigt als Veräußerungs-/Aufgabegewinn gemäß § 16 EStG i.V.m. § 34 EStG, sondern laufender Gewinn.[70] Der Vorteil der Gewinnermittlung nach § 4 Abs. 3 EStG ist somit in der Regel ein Liquiditäts- und Zinsvorteil, allerdings nur bei Zuwächsen im Aktivbereich (ausstehende Forderungen, Warenbestand), nicht im Passivbereich (Erhöhung der Schulden).

---

70 BFH v. 13.12.1979 – IV R 69/74, BStBl. II 1980, 239.

IV. Die tarifliche ESt (VZ 2014) errechnet sich je nach Gewinnermittlungsart wie folgt (bei abzugsfähigen Sonderausgaben von 5.000 €):

	§ 4 Abs. 1 EStG	§ 4 Abs. 3 EStG
Einkünfte gemäß § 18 Abs. 1 Nr. 1 EStG	100.000 €	80.000 €
= Gesamtbetrag der Einkünfte:	100.000 €	80.000 €
./. Sonderausgaben	5.000 €	5.000 €
= Einkommen	95.000 €	75.000 €
= zu versteuerndes Einkommen	95.000 €	75.000 €
ESt nach Grundtabelle	31.661 €	23.261 €

Ergebnis: Ermittelt R seinen Gewinn nach § 4 Abs. 3 EStG für das Jahr der Praxiseröffnung, so hat er 8.400 € weniger an ESt für dieses Jahr zu zahlen gegenüber der Gewinnermittlung durch Bestandsvergleich gemäß § 4 Abs. 1 EStG.

Ausübung des Wahlrechts zur Gewinnermittlung nach § 4 Abs. 3 EStG: Für die Einnahmen-Überschussrechnung entscheidet sich ein Stpfl. durch schlüssiges Verhalten, wenn er keine Eröffnungsbilanz und keine Buchführung errichtet, sondern lediglich Betriebseinnahmen und Betriebsausgaben aufzeichnet oder durch eine geordnete Sammlung von Belegen über Einnahmen und Ausgaben.[71] Der Steuerpflichtige muss die dem Finanzamt gegenüber wirksam getroffene Entscheidung, den Gewinn durch Einnahmen-Überschussrechnung zu ermitteln, nicht jährlich wiederholen.[72] Zu den Voraussetzungen der Ausübung des nach § 4 Abs. 3 S. 1 EStG eingeräumten Wahlrechts gehört zwar nicht die Kenntnis aller steuerlichen Folgen der einmal getroffenen Wahl. Erforderlich ist jedoch, dass die entsprechenden Aufzeichnungen in dem Bewusstsein erstellt werden, einen Gewinn aus einer gewerblichen Tätigkeit zu ermitteln. Ohne Ausübung des Wahlrechts der Art der Gewinnermittlung ist der Gewinn nach den Regeln des Betriebsvermögensvergleichs zu schätzen.[73]

Ein nicht buchführungspflichtiger Stpfl. hat dagegen sein Wahlrecht, den Gewinn durch Bestandsvergleich zu ermitteln, erst dann wirksam ausgeübt, wenn er zeitnah eine Eröffnungsbilanz erstellt, eine ordnungsmäßige kaufmännische Buchführung einrichtet und aufgrund von Bestandsaufnahmen einen Abschluss macht.[74]

II. Der Betriebsvermögensvergleich gemäß § 4 Abs. 1 oder § 5 EStG

Während § 4 EStG allgemeine Grundsätze über die Ermittlung des Gewinns i.S.d. § 2 Abs. 2 S. 1 Nr. 1 EStG aufstellt, enthält § 5 EStG Sonderregelungen für die Gewinnermittlung von **Gewerbetreibenden**, die aufgrund gesetzlicher Vorschriften verpflichtet sind, Bücher zu führen und regelmäßig Abschlüsse zu machen oder dies freiwillig tun. Für Land- und Forstwirte und Freiberufler kommt eine Gewinnermittlung nach § 5 Abs. 1 EStG nicht in Betracht. Woraus sich die Buchführungs- und Bilanzierungspflicht des Gewerbetreibenden ergibt (aus §§ 238 ff. HGB oder § 141 AO), ist unerheblich.

66

67

---

71 BFH v. 09.02.1999 – VIII R 49/97, DStRE 1999, 577; BFH v. 10.8.2008 – VIII R 74/05, BStBl. II 2009, 238; aktuell bestätigt durch BFH v. 20.03.2013 – X R 15/11, BFH/NV 2013, 1548.

72 BFH v. 24.09.2008 – X R 58/06, BStBl. II 2009, 368; zum Erlöschen des Rechts zur Wahl einer Gewinnermittlung nach § 4 Abs. 3 EStG s. BFH v. 19.03.2009 – IV R 57/07, BStBl. II 2009, 659.

73 BFH v. 21.07.2009 – X R 28/06, BFH/NV 2009, 1979.

74 BFH v. 19.10.2005 – XI R 4/04, BStBl. II 2006, 509.

Dementsprechend wird der Gewinn ermittelt nach § 4 Abs. 1 EStG für Land- und Forstwirte und Freiberufler und nach § 5 Abs. 1 EStG für Gewerbetreibende, sofern eine Buchführungspflicht besteht oder freiwillig Bücher geführt werden. Liegen die persönlichen Anwendungsvoraussetzungen des § 5 Abs. 1 EStG vor, so schreibt § 5 Abs. 1 EStG den Ansatz des Betriebsvermögens vor, das nach den handelsrechtlichen Grundsätzen ordnungsmäßiger Buchführung anzusetzen ist **(Maßgeblichkeitsgrundsatz)**. Von diesem Grundsatz weicht das Gesetz wegen besonderer steuerlicher Interessen in zahlreichen Einzelbestimmungen ab (vgl. § 5 Abs. 2 bis Abs. 5 EStG).[75]

III. Die Gewinnermittlung nach § 4 Abs. 3 EStG

1. Subjektiver Anwendungsbereich

68   Zur Gewinnermittlung durch Überschussrechnung sind Stpfl. berechtigt, die nicht gesetzlich zur Buchführung und Bilanzierung verpflichtet sind und die auch nicht freiwillig Bücher führen (§ 4 Abs. 3 S. 1 EStG). Nach dieser gesetzlichen Bestimmung kommt die Überschussrechnung nur für folgende Personen in Betracht:

- **Land- und Forstwirte** können den Gewinn nach § 4 Abs. 3 EStG ermitteln, soweit sie nicht nach § 140 AO buchführungspflichtig sind (vgl. §§ 3, 238 HGB) und keine steuerrechtliche Buchführungspflicht nach § 141 AO besteht. Land- und Forstwirte, die gemäß § 13a Abs. 1 EStG der Gewinnermittlung nach Durchschnittssätzen unterliegen, können die Gewinnermittlung nach § 4 Abs. 3 EStG beantragen (§ 13a Abs. 2 EStG).

- **Gewerbetreibende** sind zur Überschussrechnung nach § 4 Abs. 3 EStG berechtigt, wenn sie nicht als Kaufleute (§§ 1 ff. HGB i.V.m. § 140 AO) oder nach Steuerrecht (§ 141 AO) zur Buchführung verpflichtet sind und auch freiwillig keine Bücher führen. Die Überschussrechnung kommt somit für sogenannte Kleingewerbetreibende in Betracht.

- Stpfl. mit **Einkünften aus selbstständiger Arbeit** sind weder nach Handelsrecht noch nach Steuerrecht (§ 141 AO) zur Buchführung und Bilanzierung verpflichtet. Soweit sie keine Bücher führen, können sie daher ohne Rücksicht auf die Unternehmensgröße den Gewinn nach § 4 Abs. 3 EStG ermitteln.

2. Wesen der Überschussrechnung nach § 4 Abs. 3 EStG

69   Die Überschussermittlung nach § 4 Abs. 3 EStG ist eine **Geldverkehrsrechnung**. Sie erleichtert dem Stpfl. die Gewinnermittlung, indem auf die Darstellung von Vermögensumschichtungen verzichtet und an Betriebseinnahmen und Betriebsausgaben, d.h. solche Geschäftsvorfälle angeknüpft wird, die am einfachsten und sichersten zu erfassen sind. Eine periodengerechte Gewinnermittlung ist bei der Überschussrechnung nicht gewährleistet. Das Gesetz nimmt im Gegenteil in Kauf, dass der Stpfl. durch Vorauszahlungen (z.B. Leasingsonderzahlung[76]) und vorgezogene Beschaffungen von Vorratsvermögen oder

---

75   Einzelheiten bei Weber-Grellet, Bilanzsteuerrecht, 1. Abschnitt D. IV.; Birk/Desens/Tappe, Steuerrecht, Rn. 819 ff.

76   Vgl. BFH v. 05.05.1994 – VI R 100/93, BStBl. II 1994, 643.

aufgeschobene Einziehung von Forderungen den Gewinn zeitlich verlagert.[77] Der sogenannte Totalgewinn (Gewinn von der Eröffnung bis zur Veräußerung oder Aufgabe des Betriebs) muss jedoch bei der Gewinnermittlung nach § 4 Abs. 3 EStG dem durch Bilanzierung nach § 4 Abs. 1 EStG ermittelten Totalgewinn entsprechen **(Grundsatz der Gesamtgewinngleichheit)**.[78] Das ist bei der Auslegung des § 4 Abs. 3 EStG und einer ggf. erforderlichen Lückenausfüllung zu berücksichtigen.

3. Betriebseinnahmen und Betriebsausgaben

Fall 10: Gold und Silber lieb ich sehr

Zahnarzt Dr. Z hat in den Jahren 2006–2013 in größerem Umfang von seinen Patienten alte Goldzähne und -füllungen erhalten. Im Jahre 2014 tauschte er das gesammelte Altgold bei der D-AG in Feingold um (üblicher Verkaufspreis 30.000 € einschl. USt). Dr. Z hat die Vorgänge in seinen Überschussrechnungen nach § 4 Abs. 3 EStG nicht erfasst.

I. Als Freiberufler (§ 18 Abs. 1 Nr. 1 EStG) ist Dr. Z weder nach Handelsrecht noch nach   **70**
§ 141 AO verpflichtet, Bücher zu führen. Er kann daher nach § 4 Abs. 3 EStG den Gewinn als Überschuss der Betriebseinnahmen über die Betriebsausgaben ansetzen.

II. Gewinnauswirkung in 2006–2013

   1. Zunächst ist zu prüfen, ob die von den Patienten in den Jahren 2006–2013 erhaltenen alten Goldzähne und -füllungen in diesen Besteuerungszeiträumen als Betriebseinnahmen zu erfassen sind.

   Der Begriff der **Betriebseinnahmen** ist gesetzlich nicht definiert. In Anlehnung   **71**
an den Wortlaut des § 8 Abs. 1 EStG sind als Betriebseinnahmen alle Zugänge in Geld oder Geldeswert zu erfassen, die durch den Betrieb veranlasst sind. Der Begriff der „betrieblichen Veranlassung" wird von der Rspr. des BFH im gleichen Sinn verwendet wie bei den Betriebsausgaben.[79] Zugänge in Geldeswert sind alle nach objektiven Merkmalen in Geld ausdrückbare Vorteile.[80] Betrieblich veranlasst ist die Zuwendung, wenn ein objektiver wirtschaftlicher oder tatsächlicher Zusammenhang mit dem Betrieb besteht.[81] Ein solcher Zusammenhang kann auch bei freiwilligen Zuwendungen[82] oder aus privaten Gründen unangemessen hohen Vergütungen gegeben sein.[83] Betriebseinnahmen können auch dann vorliegen, wenn der Steuerpflichtige als Betriebsinhaber unentgeltliche Zuwendungen erhält.[84]

---

77 Vgl. BFH v. 26.05.1994 – IV R 101/93, BStBl. II 1994, 751 zum Erwerb von Zahngold durch einen Zahnarzt.

78 Vgl. BFH v. 16.01.1975 – IV R 180/71, BStBl. II 1975, 526, 528.

79 BFH v. 01.10.1993 – III R 32/92, BStBl. II 1994, 179.

80 Vgl. BFH v. 26.09.1995 – VIII R 35/93, BStBl. II 1996, 273: Zuwendung einer Schiffsreise.

81 BFH v. 14.03.2006 – VIII R 60/03, BStBl. II 2006, 650.

82 Vgl. BFH v. 01.10.1993 – III R 32/92, BStBl. II 1994, 179.

83 BFH v. 06.09.1990 – IV R 125/89, BStBl. II 1990, 1028.

84 BFH v. 06.09.1990 – IV R 125/89, BStBl. II 1990, 1028.

a) Bei dem alten Zahnersatz handelt es sich um Güter mit Geldeswert. Sie werden als **Sacheinnahmen** bezeichnet.

b) Die Sacheinnahmen sind Dr. Z **zugegangen**, da er wirtschaftliche Verfügungsmacht darüber erlangt hat.

c) Der Zufluss war **betrieblich veranlasst**, denn die Patienten haben Dr. Z die Gegenstände im Zusammenhang mit den von ihm durchgeführten Zahnbehandlungen überlassen. Ob der Vorgang zivilrechtlich als Schenkung oder als zusätzliche Vergütung für die Leistung des Zahnarztes anzusehen ist, kann für das Merkmal der betrieblichen Veranlassung dahingestellt bleiben.[85]

Die Sacheinnahmen sind somit in den Jahren 2006–2013 mit ihrem objektiven Wert (§ 8 Abs. 2 EStG analog) als Betriebseinnahmen zu erfassen.

72   2. Es fragt sich, ob nicht in entsprechender Höhe Betriebsausgaben anzusetzen sind. **Betriebsausgaben** sind Aufwendungen, die durch den Betrieb veranlasst sind (§ 4 Abs. 4 EStG). Unter den Begriff der „Aufwendungen" fallen – im Umkehrschluss aus § 8 Abs. 1 EStG – alle Güter, die in Geld oder Geldeswert bestehen und bei dem Stpfl. abfließen. Die Aufwendungen sind „betrieblich veranlasst", wenn sie **objektiv** mit dem Betrieb zusammenhängen und **subjektiv** dem Betrieb zu dienen bestimmt sind.[86] Die Begriffsbestimmung des Veranlassungsprinzips enthält somit objektive und subjektive Elemente.[87]

Bei sogenannten **Zwangsaufwendungen** (z.B. Unterschlagung durch Angestellte) genügt die objektive Veranlassung durch den Betrieb.[88]

Die als Betriebsausgaben anzusetzenden Aufwendungen können aus eigenen oder fremden Mitteln (z.B. aus einem Kredit) bestritten werden. Hinsichtlich der über viele Jahre in Rspr. und Lit. umstrittenen Fälle des sogenannten **Drittaufwands** hat nunmehr der Große Senat des BFH in vier Beschlüssen eine grundlegende Klärung herbeigeführt.[89] Der Große Senat verneint danach unter Hinweis auf das Leistungsfähigkeitsprinzip/Nettoprinzip grundsätzlich den Abzug von Drittaufwand. Ausnahmen werden aber zugelassen bei der Frage der Zurechnung der Aufwandstragung. In diesem Zusammenhang sind zwei wichtige Fallgruppen zu beachten: **Abkürzung des Zahlungsweges**[90] und **Abkürzung des Vertragsweges** (insbesondere hier bei Bargeschäften des täglichen Lebens;[91] gilt nicht bei Dauerschuldverhältnissen[92]). Dieser Linie ist der BFH im Übrigen auch konsequent in mehreren Entscheidungen bei der Frage gefolgt, ob Drittaufwand zu nachträglichen Anschaffungskosten der Beteiligung bei der Ermittlung des Auflösungsgewinns nach § 17 EStG führen kann.[93]

a) Dr. Z hat für den Bezug des alten Zahnersatzes kein Geld aufgewendet.

---

85 BFH v. 17.04.1986 – IV R 115/84, BStBl. II 1986, 607.

86 BFH v. 04.07.1990 – GrS 2-3/88 – GrS 2/88, GrS 3/88, BStBl. II 1990, 817.

87 A.A. die streng objektive Theorie: z.B. Söhn StuW 1983, 193 ff.

88 Vgl. BFH v. 11.03.2008 – X B 259/07, BFH/NV 2008, 958 betr. Geldverluste bzw. Vermögensverluste durch Straftaten.

89 BFH v. 23.08.1999 – GrS 1/97, BStBl. II 1999, 778; GrS 2/97, BStBl. II 1999, 782; GrS 3/97, BStBl. II 1999, 787; GrS 5/97, BStBl. II 1999, 774.

90 Hierzu: BFH v. 23.05.2006 – VI R 56/02, BFH/NV 2006, 1650.

91 Hierzu: BFH v. 24.02.2000 – IV R 75/98, BStBl. II 2000, 314.

92 Hierzu: BFH v. 25.06.2008 – X R 36/05, BFH/NV 2008, 2093.

93 BFH v. 12.12. 2000 – VIII R 62/93, BStBl. II 2001, 234; VIII R 62/93, BStBl. II 2001, 234; VIII R 36/97, BFH/NV 2001, 761; VIII R 22/92, DStRE 2001, 397; VIII R 52/93, BStBl. II 2001, 286.

b) Er hat jedoch eine Betriebsleistung (Zahnbehandlung) erbracht, die seine Patienten statt mit Geld durch Hingabe von Sachwerten vergütet haben. Für die steuerliche Auswirkung kann es keinen Unterschied machen, ob Dr. Z Geld erhalten und damit Umlaufvermögen (Altgold) angeschafft hätte oder ob ihm statt des Geldes Altgold überlassen wurde. Im Falle einer Vergütung in Geld hätte Dr. Z Betriebseinnahmen in Höhe des Geldbetrags und Betriebsausgaben in Höhe der für das Altgold aufgewendeten Beträge gehabt. Daher ist im Falle der Sacheinnahme von Gegenständen, die zum Umlaufvermögen gehören, eine Betriebsausgabe in entsprechender Höhe anzusetzen.[94]

> Etwas anderes würde nur dann gelten, wenn Dr. Z das Altgold nicht für betriebliche Zwecke erworben hätte und das Gold damit nicht Betriebsvermögen geworden wäre. Dafür bietet der Sachverhalt jedoch keine Anhaltspunkte. Das Altgold wurde im Zusammenhang mit der beruflichen Tätigkeit erworben, und eine Entnahmehandlung ist nicht erkennbar.[95]

Für die Jahre 2006–2013 ergibt sich somit keine Gewinnauswirkung.

III. Gewinnauswirkung in 2014

1. Durch die Veräußerung des zum Betriebsvermögen gehörenden Altgoldes hat Dr. Z eine **Betriebseinnahme** erzielt, da ein durch den Betrieb veranlasster Zugang in Geldeswert vorliegt (10.000 €).

2. Eine Betriebsausgabe ist jedoch nicht anzusetzen, weil der Abfluss von Gütern – Hingabe des Zahngoldes – nicht betrieblich veranlasst ist. Denn Dr. Z hat das Feingold nicht für seine Praxis erworben. Für den Einsatz in der zahnärztlichen Praxis ist Feingold nicht geeignet; dazu benötigt ein Zahnarzt sogenanntes Zahngold, eine Legierung von Gold mit Seltenmetallen. Das Feingold kann auch nicht als sogenannte Finanzanlage anerkannt werden, da Freiberufler nicht uneingeschränkt gewillkürtes Betriebsvermögen bilden können.[96]

Ergebnis: Für 2014 ist der Gewinn aus freiberuflicher Tätigkeit um 30.000 € zu erhöhen.

Fall 11: Unfallschäden als Betriebsausgaben bei Doppelveranlassung

Der Arzt Dr. V charterte für eine Reise zu einer betrieblichen Fortbildungsveranstaltung ein Privatflugzeug. Das von V gesteuerte Flugzeug zerschellte jedoch bei schlechten Witterungs- und Sichtverhältnissen wegen zu geringer Flughöhe an einem Berg. Beim Absturz kamen neben Dr. V auch der Safety-Pilot und sein Freund W, den V aus Gefälligkeit mitgenommen hatte, ums Leben. Das zuständige Zivilgericht sprach den Hinterbliebenen der getöteten Fluggäste wegen des fahrlässigen Verhaltens des Dr. V Schadensersatzansprüche zu, die sich gegen die Ehefrau des Dr. V (Dr. X) richteten.

Kann Dr. X, die die Arztpraxis fortführt, die ihr in 2010 entstandenen Anwalts- und Prozesskosten sowie die Schadensersatzzahlungen an die Witwen des Safety-Piloten und des W als Betriebsausgaben abziehen?

---

94 BFH v. 17.04.1986 – IV R 115/84, BStBl. II 1986, 607.
95 Vgl. BFH v. 18.09.1986 – IV R 50/86, BStBl. II 1986, 907 zu Silberabfällen in der Röntgenarztpraxis.
96 BFH v. 17.04.1986 – IV R 115/84, BStBl. II 1986, 607.

I. Die Ehefrau des verstorbenen Arztes, Dr. X., ist ebenfalls Freiberuflerin im Sinne des § 18 Abs. 1 Nr. 1 EStG und daher weder nach Handelsrecht noch nach § 141 AO verpflichtet, Bücher zu führen. Sie kann daher nach § 4 Abs. 3 EStG den Gewinn als Überschuss der Betriebseinnahmen über die Betriebsausgaben ansetzen.

II. Ein Abzug der gezahlten Anwalts- und Prozesskosten sowie der den Witwen gegenüber erbrachten Schadensersatzleistungen hat nach § 4 Abs. 4 EStG zur Voraussetzung, dass sie durch den Betrieb, d.h. durch die ärztliche Praxis des Dr. V, veranlasst waren.

1. Schadensersatzleistungen können betrieblich veranlasst sein und führen dann zu Betriebsausgaben. Dabei kann die Ursache auch in einer zum Schadensersatz verpflichtenden Handlung des Betriebsinhabers liegen. Dazu genügt jedoch nicht, dass die Handlung in irgendeinem Zusammenhang mit der betrieblichen oder beruflichen Betätigung des Inhabers steht. Vielmehr muss das die Schadensersatzpflicht auslösende Ereignis im Wesentlichen unmittelbare Folge der betrieblichen oder beruflichen Betätigung sein. Dies beurteilt sich danach, ob die den Schadensersatz verursachende Handlung noch im Rahmen der beruflichen Aufgabenerfüllung lag oder aber auf privaten, den betrieblichen Zusammenhang aufhebenden Vorgängen beruhte.[97]

   Dabei gilt zwar der Grundsatz, dass Unfallschäden steuerrechtlich das Schicksal der Fahrt oder Reise teilen, auf der sie entstanden sind.[98] Auf einer betrieblichen Reise eingetretene Schäden können jedoch dann nicht zu Betriebsausgaben führen, wenn der Zusammenhang mit der betrieblichen Tätigkeit zu lose und entfernt ist, als dass er eine betriebliche Veranlassung begründen könnte.

2. Ein steuerrechtlich anzuerkennender wirtschaftlicher Zusammenhang der Schadensersatzleistungen mit den Einkünften des Dr. V aus selbstständiger Arbeit wäre danach zu bejahen, wenn der Flugzeugabsturz als **„auslösendes Moment"** zu Aufwendungen geführt hat, die der einkommensteuerrechtlich relevanten Erwerbssphäre zuzuweisen wären.[99] Ergibt diese sogenannte zweistufige Prüfung des Zurechnungszusammenhangs betrieblich oder beruflich veranlasster Aufwendungen, dass diese nicht nur in unbedeutendem Maße auf privaten, der Lebensführung des Steuerpflichtigen zuzurechnenden Umständen beruhen, so sind sie wegen § 12 EStG nicht als Betriebsausgaben (oder Werbungskosten) abziehbar.

3. Beruht danach eine Reise, wie im Fall des Dr. V, bereits als solche auf einer **doppelten Veranlassung**, weil Dr. V einerseits eine berufliche Veranstaltung (Kongress) besucht, andererseits aber Mitreisenden eine private Gefälligkeit erweist, so mag die private Mitveranlassung der Aufwendungen von untergeordneter Bedeutung sein, solange die Reise planmäßig verläuft. Tritt allerdings ein unvorhergesehenes Ereignis, wie der vorliegende Unfall, auf dieser Reise ein und werden

---

97 BFH v. 01.12.2005 – IV R 26/04, BFH/NV 2006, 429.
98 BFH v. 04.07.1986 – VI R 227/83, BStBl. II 1986, 771.
99 BFH v. 01.12.2005 – IV R 26/04, BFH/NV 2006, 429.

dann gerade aufgrund der privaten Mitveranlassung erhebliche Kosten ausgelöst, die bezogen auf die gesamte Reiseaufwendungen nicht mehr von untergeordneter Bedeutung sind, so führt dies zu einem Abzugsverbot für diese privat veranlassten Aufwendungen, das die betriebliche Veranlassung der übrigen Aufwendungen jedoch unberührt lässt.[100]

Ergebnis: Dr. X kann die ihr entstandenen Kosten nur insoweit als Betriebsausgaben abziehen, als diese nicht mit dem aus Gefälligkeit mitgenommenen Freund W in Zusammenhang stehen.

Vorweggenommene oder vorab entstandene Betriebsausgaben: Betriebsausgaben können bereits anfallen, bevor im Rahmen einer Einkunftsart Einnahmen erzielt werden.[101] Die Aufwendungen können auch dann abziehbar sein, wenn es entgegen den Planungen des Steuerpflichtigen nicht zu den Einnahmen kommt, sofern nur eine erkennbare Beziehung zu den Einkünften besteht. Voraussetzung ist allerdings, dass mit den Aufwendungen nicht nur irgendeine noch unsichere Einkommensquelle angestrebt wird, vielmehr muss zwischen den Aufwendungen und einer bestimmten Einkunftsart eine klar erkennbare Beziehung bestehen.[102]   **73**

4. Abgrenzung zwischen privat und betrieblich veranlassten Schuldzinsen (§ 4 Abs. 4a EStG)

Ein bedeutendes Sonderproblem in der steuerrechtlichen Praxis ist die Abgrenzung   **74**
zwischen privat und betrieblich veranlassten Schuldzinsen.

a) Grundsatz der Finanzierungsfreiheit

Schuldzinsen sind als Betriebsausgaben oder Werbungskosten abziehbar, wenn sie im   **75**
Rahmen der entsprechenden Einkunftsart angefallen sind. Privat veranlasste Schuldzinsen (z.B. Schuldzinsen für ein Darlehen zur Anschaffung von Wirtschaftsgütern des privaten Lebensbedarfs) sind dagegen weder bei einer der Einkunftsarten noch als Sonderausgaben abziehbar. Den bis zum Veranlagungszeitraum 1973 zulässigen Sonderausgabenabzug hat der Gesetzgeber abgeschafft.[103]

Die Nichtabziehbarkeit privat veranlasster Schuldzinsen hat in der Praxis dazu geführt, dass Stpfl. ihren Fremdfinanzierungsbedarf in den betrieblichen/beruflichen Bereich verlagern und die vorhandenen Eigenmittel vorrangig im Privatbereich einsetzen. Im Rahmen des **Zwei- bzw. Dreikontenmodells** wurden planmäßig Betriebseinnahmen angesammelt und für private Zwecke entnommen, um dann anschließend den auf betrieblicher/beruflicher Ebene entstehenden Finanzierungsbedarf durch Fremdkapital auszugleichen. Der GrS des BFH[104] hat solche Modelle mit der Begründung anerkannt, dass der Stpfl. sein Eigenkapital aus dem Betrieb entnehmen und grundsätzlich frei entscheiden könne, ob er im betrieblichen Bereich Eigen- oder Fremdmittel einsetze.

---

100 BFH v. 01.12.2005   IV R 26/04, BFH/NV 2006, 429.
101 BFH v. 22.09.2004 – III R 38/03, BFH/NV 2005, 202.
102 BFH v. 22.09.2004 – III R 38/03, BFH/NV 2005, 202.
103 Zur Verfassungsmäßigkeit der derzeitigen Rechtslage vgl. BFH v. 29.07.1998 – X R 105/92, BStBl. II 1999, 81.
104 BFH v. 08.12.1997 – GrS 1-2/95, GrS 1/95, GrS 2/95, BStBl. II 1998, 193.

b) Einschränkende Maßnahmen des Gesetzgebers

76 Der Gesetzgeber hat diese Entscheidung des BFH zum Anlass genommen, den Betriebsausgabenabzug von Schuldzinsen gesetzlich zu regeln (§ 4 Abs. 4a EStG). Diese Regelung dient der Absonderung und genauen Ermittlung der durch Entnahmen veranlassten Schuldzinsen von den betrieblich veranlassten Schuldzinsen.[105]

Das gesetzgeberische Konzept lässt sich vereinfacht wie folgt zusammenfassen:[106] Solange ein Unternehmer Teile seines Eigenkapitals (Gewinne und Einlagen) entnimmt und durch Kredit ersetzt, sind die Kreditzinsen weiterhin als Betriebsausgaben absetzbar. Nichtabziehbar werden sie erst dann, soweit seine Entnahmen höher sind als die Summe seiner Gewinne und Einlagen (= **Überentnahme**).

77 Zur Verwirklichung dieses Konzepts enthält § 4 Abs. 4a EStG eine unwiderlegbare Vermutung, dass im Fall von sogenannten **Überentnahmen** betrieblich veranlasste Schuldzinsen insoweit privat veranlasst sind. Die nicht abzugsfähigen Schuldzinsen werden danach also pauschal ermittelt, und zwar in der Weise, dass Schuldzinsen für den Sollsaldo des Kontos in Höhe der Überentnahmen privat veranlasst sind. Das Gesetz unterscheidet somit zwischen Unter- und Überentnahmen. Überentnahmen führen zu nicht abzugsfähigen Schuldzinsen, und zwar typisiert in Höhe von 6% der Überentnahme. Dieser so ermittelte Betrag ist dem Gewinn hinzuzurechnen. Der Hinzurechnungsbetrag ist aber der Höhe nach begrenzt auf die tatsächlich angefallenen Schuldzinsen – ohne Berücksichtigung der Schuldzinsen für Darlehen zur Finanzierung von Anschaffungs- oder Herstellungskosten von Wirtschaftsgütern des Anlagevermögens – abzüglich 2.050 €. Der Abzug von Schuldzinsen für Darlehen zur Finanzierung von Anschaffungs- oder Herstellungskosten von Wirtschaftsgütern des Anlagevermögens bleibt unberührt (§ 4 Abs. 4a S. 5 EStG). Die sogenannten **Unterentnahmen** sind für die folgenden Wirtschaftsjahre aufzuzeichnen und fortzuführen. Die Ermittlung der Über- bzw. Unterentnahmen erfolgt nach dem Gesetzeswortlaut nach folgendem Schema:[107]

Gewinn

+ Einlagen

./. Entnahmen

= Differenz negativ = Überentnahme

= Differenz positiv = Unterentnahme

78 Die Begriffsdefinitionen (Gewinn, Einlage, Entnahme) ergeben sich aus § 4 Abs. 1, Abs. 3 EStG. Der Rechtsbegriff „Gewinn" ist in § 4 Abs. 1 S. 1 EStG definiert. Er ist auch maßgeblich für die Anwendung des § 4 Abs. 4a EStG.[108] In § 4 Abs. 4a S. 3 EStG ist nun klargestellt, dass bei der Ermittlung der Überentnahmen vom Gewinn ohne die sich durch die Anwendung der Regelung ergebenden – den Gewinn erhöhenden – nicht abzugsfähigen Schuldzinsen auszugehen ist.

Beispiel: Ein Einzelunternehmer erzielt in 2014 einen Gewinn von 80.000 €. Die Einlagen belaufen sich auf 15.000 €, die Entnahmen auf 30.000 € (Alternativ: 150.000 €). Nach dem o.g. Schema ergibt sich im

105 Zur Verfassungsmäßigkeit des § 4 Abs. 4a EStG s. BFH v. 07.03.2006 – X R 44/04, BStBl. II 2006, 588; v. 30.08.2012 – IV R 48/09, BFH/NV 2013, 187.
106 Vgl. Jakob Rn. 795.
107 Zum ausführlichen Ermittlungsschema der Überentnahmen siehe Schmidt/Heinicke § 4 Rn. 531.
108 BFH v. 07.03.2006 – X R 44/04, BStBl. II 2006, 588.

Grundfall eine Unterentnahme von 65.000 €. Folge: Die Schuldzinsen 2014 sind in voller Höhe abzugsfähig. Da zukünftige Überentnahmen mit Unterentnahmen vorangegangener Wirtschaftsjahre ausgeglichen werden dürfen, sind die Über- und Unterentnahmen wirtschaftsjahrübergreifend fortzuführen.

In der Alternative (Entnahme: 150.000 €) führt die Berechnung zu Überentnahmen von 55.000 €. Der Gesetzgeber unterstellt in diesem Fall unwiderlegbar, dass betrieblich veranlasste Schuldzinsen bezogen auf diese Überentnahme privat veranlasst und somit auch nicht abzugsfähig sind. Ein Betrag in Höhe von 6% der Überentnahme ist dem Gewinn hinzuzurechnen.

5. Abzugsverbote für Betriebsausgaben (§§ 4 Abs. 5, 4 Abs. 5b, 4 Abs. 6, 4 Abs. 9, 4h EStG)

In § 4 Abs. 5 EStG hat der Gesetzgeber in den Nummern 1 bis 13 einen Katalog von Aufwendungen aufgenommen, die nicht oder nur beschränkt als Betriebsausgaben abziehbar sein sollen. Dabei handelt es sich um betriebliche Repräsentationsaufwendungen, die zwar Betriebsausgaben sein können, aber zugleich wegen ihrer Art und Höhe auch die private Lebensführung und damit den grundsätzlich steuerlich irrelevanten Bereich betreffen.[109] Zweck der Vorschrift ist damit die Verhinderung des steuermindernden Abzugs unangemessener betrieblicher Repräsentationsaufwendungen.[110] Folgende Aufwendungen sind betroffen: **79**

a) Aufwendungen für **Geschenke** sind nicht abziehbar, wenn der dem Empfänger im Wirtschaftsjahr zugewendete Geschenkwert 35 € übersteigt (§ 4 Abs. 5 S. 1 Nr. 1 EStG). Der Geschenkbegriff des § 4 Abs. 5 S. 1 Nr. 1 EStG entspricht dem bürgerlich-rechtlichen Schenkungsbegriff in § 516 BGB und umfasst auch Sachleistungen, z.B. in Form der Zuwendung einer Reise.[111] Keine Geschenke sind sogenannte Zugaben, die Kunden mit der eingekauften Ware ausgehändigt werden.[112] In einschränkender Auslegung des § 4 Abs. 5 S. 1 Nr. 1 EStG ist das Abzugsverbot auch nicht auf solche Geschenke anzuwenden, die vom Empfänger ausschließlich betrieblich genutzt werden. Denn bei derartigen Zuwendungen ist weder die Lebensführung des Stpfl. noch die anderer Personen berührt (Beispiel: Ein Pharmaunternehmen schenkt einem Arzt einen Notfallkoffer).[113] Geschenke an Arbeitnehmer sind vom Regelungsbereich des § 4 Abs. 5 S. 1 Nr. 1 EStG ausgeschlossen, weil sie im Zweifel als Arbeitslohn besteuert werden.[114] **80**

Zu den Anschaffungs- oder Herstellungskosten eines Geschenks zählen auch die Kosten einer Kennzeichnung des Geschenks als Werbeträger sowie die Umsatzsteuer (§ 9b EStG), wenn der Abzug als Vorsteuer ohne Berücksichtigung des § 15 Abs. 1a UStG ausgeschlossen ist; Verpackungs- und Versandkosten gehören nicht dazu. Übersteigen die Anschaffungs- oder Herstellungskosten eines Geschenks an einen Empfänger oder, wenn an einen Empfänger im Wirtschaftsjahr mehrere Geschenke gegeben werden, die Anschaffungs- oder Herstellungskosten aller Geschenke an diesen Empfänger die Freigrenze gemäß § 4 Abs. 5 S. 1 Nr. 1 EStG, entfällt der Abzug in vollem Umfang (vgl. R 4.10 Abs. 3 EStR).

---

109 Birk/Desens/Tappe, Steuerrecht, Rn. 621.
110 BFH v. 30.07.1980 – I R 111/77, BStBl. II 1981, 58.
111 BFH v. 23.06.1993 – I R 14/93, BStBl. II 1993, 806.
112 BFH v. 21.09.1993 – III R 76/88, BStBl. II 1994, 170.
113 Vgl. Littmann/Bitz/Pust §§ 4, 5 Rn. 1675.
114 Littmann/Bitz/Pust §§ 4, 5 Rn. 1677.

81   **b) Bewirtungsaufwendungen aus geschäftlichem Anlass** sind nicht abziehbar, soweit sie unangemessen sind oder der nach § 4 Abs. 5 S. 1 Nr. 2 S. 2 u. 3 EStG erforderliche Nachweis nicht vorliegt. Die verbleibenden angemessenen Bewirtungsaufwendungen sind nur in Höhe von 70% der Aufwendungen abziehbar.

Bewirtungsaufwendungen sind **Aufwendungen für den Verzehr** von Speisen, Getränken und sonstigen Genussmitteln sowie die zwangsläufig anfallenden Nebenkosten (R 4.10 Abs. 5 S. 3, 4 EStR).

Ein **geschäftlicher Anlass** besteht für die Bewirtungsaufwendungen, wenn Geschäftsfreunde oder Besucher im Rahmen der Öffentlichkeitsarbeit bewirtet werden. Reine Arbeitnehmerbewirtungen, z.B. bei Betriebsfesten, fallen nicht unter das Abzugsverbot des § 4 Abs. 5 S. 1 Nr. 2 EStG (R 4.10 Abs. 7 S. 1 EStR).

Zu den **angemessenen** Bewirtungsaufwendungen, die zu 70% abzugsfähig sind, gehören auch die Aufwendungen für den Eigenverzehr des bewirtenden Stpfl. und für die Bewirtung teilnehmender Arbeitnehmer (R 4.10 Abs. 6 S. 7 EStR). Aufwendungen für die Bewirtung in bordellartigen Betrieben sind ihrer Art nach unangemessen und fallen daher in vollem Umfang unter das Abzugsverbot des § 4 Abs. 5 S. 1 Nr. 7 EStG.[115]

Zu den nach § 4 Abs. 5 S. 1 Nr. 2 S. 2, 3 EStG erforderlichen **Nachweisen** gehören insbesondere schriftliche Angaben zu den Namen der bewirteten Personen und – bei Gaststättenbewirtungen – die Gaststättenrechnung. Die Rechnung muss den Anforderungen des § 14 UStG genügen und maschinell erstellt und registriert sein (Einzelheiten in R 4.10 Abs. 8 EStR).

82   **c)** Bei betrieblichen **Gästehäusern** ist der Abzug der Aufwendungen ausgeschlossen, sofern das Gästehaus außerhalb des Orts des Betriebs gelegen ist (§ 4 Abs. 5 S. 1 Nr. 3 EStG). Keine Gasthäuser im Sinne dieser Vorschrift sind Ferienhäuser für Arbeitnehmer.[116]

83   **d)** Aufwendungen für **Jagd, Fischerei und ähnliche Zwecke** (§ 4 Abs. 5 S. 1 Nr. 4 EStG) sind regelmäßig schon nach § 12 EStG vom Abzug ausgeschlossen.[117]

Die Abzugsverbote zu b)–d) gelten nicht, soweit die dort bezeichneten Zwecke Gegenstand einer mit Gewinnabsicht ausgeübten Betätigung sind.[118]

Beispiel: Ein Unternehmer unterhält ein Gästehaus, das die Besucher entgeltlich versorgt und einen Überschuss erwirtschaftet.

84   **e)** Für **Mehraufwendungen für Verpflegung** werden nur für die Dauer der Abwesenheit gestaffelte Pauschalen gewährt (§ 4 Abs. 5 S. 1 Nr. 5 i.V.m. § 9 Abs. 4a EStG).

85   **f)** Aufwendungen für ein **häusliches Arbeitszimmer** sind grundsätzlich nicht abzugsfähig (§ 4 Abs. 5 S. 1 Nr. 6b EStG). Ausnahmsweise sind die Kosten vollständig abzugsfähig, wenn das Arbeitszimmer den Mittelpunkt der gesamten betrieblichen und beruflichen Betätigung bildet. Bis zur Höhe von 1.250 € sind Arbeitszimmerkosten abzugsfähig, wenn für die Betätigung kein anderer Arbeitsplatz zur Verfügung steht.

---

115   BFH v. 16.02.1990 – III R 21/86, BStBl. II 1990, 575.
116   Vgl. BFH v. 09.04.1997 – I R 20/96, BStBl. II 1997, 539.
117   Schmidt/Heinicke § 4 Rn. 567; Littmann/Bitz/Pust §§ 4, 5 Rn. 1703.
118   BFH v. 03.02.1993 – I R 18/92, BStBl. II 1993, 367.

Fall 12: Kellerraum als häusliches Arbeitszimmer?

A ist selbstständiger Arzt. Zusammen mit seiner Ehefrau ist er Eigentümer eines Wohnhauses mit einer Gesamtwohnfläche von 250 m². Das Haus enthält im ersten und im zweiten Geschoss jeweils eine abgeschlossene Wohnung. Die Wohnung im ersten Stock wird von den Eheleuten genutzt. Die Wohnung im zweiten Stock ist vermietet. Im Keller des Hauses befinden sich die Heizungsanlage, eine Waschküche mit zwei Waschmaschinen, eine Toilette, ein Abstellraum und ein ausgebautes Zimmer, das von A als Arbeitszimmer genutzt wird. Das Arbeitszimmer ist nur über ein auch von fremden Dritten benutztes gemeinsames Treppenhaus zugänglich. A meint, die anteiligen auf den betrieblich genutzten Kellerraum entfallenden Hauskosten seien in voller Höhe als Betriebsausgaben abzugsfähig, weil es sich nicht um ein häusliches Arbeitszimmer handele. Zu Recht?

I. Nach § 4 Abs. 5 S. 1 Nr. 6b S. 1 EStG kann ein Steuerpflichtiger Aufwendungen für ein häusliches Arbeitszimmer nicht als Werbungskosten abziehen. Dies gilt nach § 4 Abs. 5 S. 1 Nr. 6b S. 2 EStG dann nicht, wenn für die betriebliche oder berufliche Tätigkeit kein anderer Arbeitsplatz zur Verfügung steht. In diesem Fall wird nach § 4 Abs. 5 S. 1 Nr. 6b S. 3 EStG die Höhe der abziehbaren Aufwendungen auf 1.250 € begrenzt. Die Beschränkung der Höhe nach gilt nicht, wenn das Arbeitszimmer den Mittelpunkt der gesamten betrieblichen und beruflichen Betätigung bildet.

II. Da die Arztpraxis und nicht der häusliche Kellerraum den Mittelpunkt der betrieblichen Betätigung darstellt und einem selbstständig tätigen Arzt für die Erledigung der in einem häuslichen Arbeitszimmer ausgeübten Arbeiten regelmäßig ein anderer Arbeitsplatz in den Praxisräumen zur Verfügung steht,[119] kommt ein Betriebsausgabenabzug nur in Betracht, wenn es sich bei dem betrieblich genutzten Kellerraum nicht um ein unter die Abzugsbeschränkung fallendes häusliches Arbeitszimmer handelt.

1. Der Begriff des häuslichen Arbeitszimmers ist im Gesetz nicht definiert. Es handelt sich um einen Begriff, der durch die Rspr. des BFH geprägt worden ist. Die Beschränkung des Werbungskostenabzugs für ein häusliches Arbeitszimmer dient der typisierenden Begrenzung von Aufwendungen, die eine Berührung mit dem privaten Lebensbereich des Steuerpflichtigen aufweisen und in einer Sphäre anfallen, die einer sicheren Nachprüfung durch Finanzverwaltung und Finanzgericht entzogen ist. Ein Arbeitszimmer weist eine derartige Berührung mit dem privaten Lebensbereich des Steuerpflichtigen auf, wenn es in die häusliche Sphäre eingebunden ist. Das ist regelmäßig dann der Fall, wenn das Arbeitszimmer sich in einem Raum befindet, der zur privat genutzten Wohnung bzw. zum Wohnhaus des Steuerpflichtigen gehört. Dabei gehört ein Raum nicht nur dann zur Wohnung, wenn er Teil der eigentlichen Wohnräume ist; vielmehr kann er sich auch in den Zubehörräumen (Abstell-, Keller- und Speicherräumen) befinden.[120] Arbeitszimmer in auch vom Steuerpflichtigen genutzten Mehrfamilienhäusern, die nicht

---

119 BFH v. 07.04. 2005 – IV R 43/03, BFH/NV 2005, 1541.
120 BFH v. 20.06.2012 – IX R 56/10, BFH/NV 2012, 1776.

zu seinen Zubehörräumen zählten, sind als häusliche Arbeitszimmer angesehen worden, wenn sie unmittelbar an die von diesem genutzte Wohnung angrenzten oder sich jedenfalls auf derselben Etage befanden;[121] sie werden hingegen als außerhäusliche Arbeitszimmer qualifiziert, wenn eine solche innere Verbindung zur privat genutzten Wohnung fehlt (so für den Fall von einem Dritten angemieteter Kellerräume, für den Fall einer abgeschlossenen Dachgeschosswohnung; für den Fall eines nicht von der Wohnung des Steuerpflichtigen erreichbaren Büroraumes im Keller).[122]

Ob ein Arbeitszimmer nach dem Gesamtbild der Verhältnisse als in die häusliche Sphäre eines Steuerpflichtigen eingebunden oder als von diesen losgelöst anzusehen ist, ist durch wertende Betrachtung der Umstände des Einzelfalles im Wege der Tatsachenfeststellung und -würdigung zu entscheiden.[123]

2. Das von A genutzte Arbeitszimmer stellt bei wertender Betrachtung aller Umstände des Einzelfalles ein häusliches Arbeitszimmer dar, da die dafür genutzten Räumlichkeiten als Zubehörraum der von A genutzten Wohnung anzusehen sind. Wohnungen in Mehrfamilienhäusern, die unterkellert sind und deren Keller neben Räumen für Heizung, Waschküche etc. weiteren Raum bietet, wird in der Regel ein als Abstellraum nutzbarer Kellerraum zugewiesen. Solche der Wohnung zugewiesenen Keller sind – im Gegensatz zu darüber hinaus angemieteten Kellern anderer Nutzer des Hauses – Zubehörräume der Wohnung. Dem steht auch nicht der Umstand entgegen, dass der Zugang zum Arbeitszimmer nur über ein auch von fremden Dritten benutztes gemeinsames Treppenhaus möglich ist.[124]

Ergebnis: Da der von A betrieblich genutzte Kellerraum ein häusliches Arbeitszimmer i.S.d. § 4 Abs. 5 S. 1 Nr. 6b EStG darstellt und die Ausnahmen vom Abzugsverbot nicht erfüllt sind, scheidet ein Betriebsausgabenabzug dem Grunde und der Höhe nach aus.

---

86 **g) Unangemessene Repräsentationsaufwendungen** (§ 4 Abs. 5 S. 1 Nr. 7 EStG)

> **Fall 13: Ein Orientteppich im Chefbüro**
>
> Unternehmensberater S berät Großunternehmen bei der Einstellung von Führungspersonal. Am 02.01.2014 hat er für sein Chefbüro zwei Orientteppiche zum Kaufpreis von insgesamt 20.000 € zuzüglich 3.800 € USt erworben. S fragt, wie er die Aufwendungen steuerlich geltend machen kann.

I. Die Aufwendungen für die Anschaffung der Teppiche sind durch den Betrieb veranlasst, weil die Teppiche zur Nutzung innerhalb des Betriebs bestimmt sind. Als Gegenstände des Anlagevermögens sind die Teppiche in der Bilanz zu aktivieren (§ 6

---

121 BFH v. 26.02.2003 – VI R 125/01, BStBl. II 2004, 72.

122 BFH v. 20.06.2012 – IX R 56/10, BFH/NV 2012, 1776.

123 BFH v. 04.05.2010 – VIII B 63/09, BFH/NV 2010, 1444.

124 FG Berlin-Brandenburg v. 17.10.2012 – 12 K 12095/09, EFG 2013, 109.

Abs. 1 Nr. 1 EStG). Die Anschaffungskosten (20.000 €) können daher nur im Wege der Abschreibung als Betriebsausgaben abgesetzt werden. Bei einem Orientteppich ist es vertretbar, die Abschreibung nach einer betriebsgewöhnlichen Nutzungsdauer von 15 Jahren zu bemessen.

II. Zu prüfen ist, ob der Abzug der jährlichen AfA-Beträge nicht ganz oder teilweise nach § 4 Abs. 5 S. 1 Nr. 7 EStG ausgeschlossen ist.

1. Aufwendungen i.S.d. § 4 Abs. 5 S. 1 Nr. 7 EStG sind alle Wertabflüsse, die nicht Entnahmen sind. Dazu gehören auch die Absetzungen für Abnutzung.[125]

2. Die Aufwendungen müssen die **„Lebensführung des Stpfl. oder anderer Personen berühren"**. Eine solche Berührung ist insbesondere bei betrieblichem Repräsentationsaufwand anzunehmen.[126] Die Auslegung von Orientteppichen dient der Repräsentation und gehört daher zu den betrieblichen Aufwendungen, bei denen die Angemessenheit der Betriebsausgaben zu prüfen ist.

3. Ob der Aufwand **angemessen** ist, richtet sich nach den Umständen des Einzelfalls. Neben der Größe des Unternehmens, der Höhe des Umsatzes und des Gewinns sind vor allem die Bedeutung des Repräsentationsaufwands für den Geschäftserfolg nach der Art der ausgeübten Tätigkeit und seine Üblichkeit in vergleichbaren Betrieben als Beurteilungskriterien heranzuziehen. Auch spielt der Grad der Berührung der privaten Lebenssphäre eine Rolle.[127]

Bei Anwendung dieser Grundsätze ergibt sich Folgendes: S berät Großunternehmen und hat persönlichen Kontakt mit Führungspersonal. Geschäftliche Kontakte mit diesem Personenkreis werden regelmäßig in einem repräsentativen äußeren Rahmen abgewickelt. Als Unternehmensberater muss S – will er erfolgreich sein – sein Büro so gestalten, wie es den Maßstäben seiner Klienten entspricht. Eine Büroausstattung mit wertvollen Orientteppichen ist danach zweckmäßig, üblich und angemessen.[128] Der Abzug der AfA ist somit nicht nach § 4 Abs. 5 S. 1 Nr. 7 EStG ausgeschlossen.

Ergebnis: S kann in 2014 die AfA in Höhe von (20.000 € : 15 =) 1.333 € als Betriebsausgaben ansetzen.

---

§ 4 Abs. 5 S. 1 Nr. 7 EStG wird insbesondere auch bei der **Anschaffung luxuriöser Verkehrsmittel** herangezogen: Aufwendungen für ein Geschäftsflugzeug sind nicht unangemessen, wenn sie nicht in krassem Missverhältnis zu Betriebsgröße und Betriebsergebnis stehen, das Unternehmen in einer Branche (hier: Werbung) tätig ist, in der auf Repräsentation besonderer Wert gelegt wird und sich der durch das firmeneigene Flugzeug erzielte Prestigegewinn positiv auf Vertragsabschlüsse und Geschäftszahlen ausgewirkt hat.[129] Ob die Anschaffungskosten für ein betrieblich genutztes Fahrzeug der Luxusklas- **87**

125 BFH v. 20.08.1986   I R 80/83, BStBl. II 1986, 904.
126 BFH v. 20.08.1986 – I R 80/83, BStBl. II 1986, 904.
127 BFH v. 20.08.1986 – I R 80/83, BStBl. II 1986, 904.
128 BFH v. 20.08.1986 – I R 80/83, BStBl. II 1986, 904.
129 FG Baden-Württemberg v. 23.07.2007 – 6 K 16/05, EFG 2007, 1627.

se (teilweise) unangemessen sind, hängt ebenfalls von den Umständen des Einzelfalls ab, z.B. der Größe des Unternehmens und der Bedeutung des Repräsentationsaufwands für den Geschäftserfolg.[130]

88 **h) Geldbußen, Ordnungsgelder** und **Verwarnungsgelder** sind nach § 4 Abs. 5 S. 1 Nr. 8 EStG nicht abzugsfähig (zu Einzelheiten siehe R 4.13 Abs. 1 EStR).

Bei sogenannten **vorteilsabschöpfenden Geldbußen** gilt das uneingeschränkte Abzugsverbot gemäß § 4 Abs. 5 S. 1 Nr. 8 S. 4 EStG nur dann, wenn bei der Bemessung der Geldbuße die auf den wirtschaftlichen Vorteil entfallende Steuer berücksichtigt worden ist.[131]

Für **Geldstrafen** ergibt sich das Abzugsverbot aus § 12 Nr. 4 EStG. § 4 Abs. 5 Nr. 8a EStG begründet ein Abzugsverbot für **Zinsen auf hinterzogene Betriebssteuern** nach § 235 AO.

89 **i)** § 4 Abs. 5 S. 1 Nr. 9 EStG, der über § 8 Abs. 1 KStG auch (und vorrangig) auf Körperschaften Anwendung findet, enthält ein Abzugsverbot für sogenannte **Ausgleichszahlungen** in Fällen der körperschaftsteuerlichen Organschaft.

90 **j) Bestechungs- und Schmiergelder** sowie damit zusammenhängende Aufwendungen sind nicht als Betriebsausgaben abziehbar (§ 4 Abs. 5 S. 1 Nr. 10 EStG). Dies gilt, wenn mit der Zuwendung von Vorteilen objektiv gegen das Straf- oder Ordnungswidrigkeitenrecht verstoßen wird; auf ein Verschulden des Zuwendenden, auf die Stellung eines Strafantrags oder auf eine tatsächliche Ahndung kommt es nicht an (vgl. R 4.14 EStR).

91 **k)** Einschränkungen des Betriebsausgabenabzugs bei **Tonnage-Gewinnermittlungen** nach § 5a EStG ergeben sich aus § 4 Abs. 5 S. 1 Nr. 11 EStG.

92 **l)** Durch § 4 Abs. 5 Nr. 12 EStG werden ab VZ 2007 **Zuschläge nach § 162 Abs. 4 AO** (Sanktionen der Finanzverwaltung bei Verstoß gegen die Vorlage von Aufzeichnungen nach § 90 Abs. 3 AO) wegen des Sanktionscharakters in den Katalog der nicht abzugsfähigen Betriebsausgaben aufgenommen. Das Abzugsverbot des § 4 Abs. 5 S. 1 Nr. 13 EStG betrifft Jahresbeiträge nach § 12 Abs. 2 des Restrukturierungsfondsgesetzes.[132]

93 **m)** Mit der Unternehmensteuerreform 2008 wurde der Grundsatz der Abziehbarkeit von Betriebsausgaben durch weitere Sonderregelungen durchbrochen: So wurde neben dem Abzugsverbot für die **Gewerbesteuer** einschließlich der darauf entfallenden Nebenleistungen **(§ 4 Abs. 5b EStG)** auch ein Abzugsverbot für Zinsaufwendungen (sogenannte **Zinsschranke**) in **§ 4h EStG** eingeführt. Durch das Abzugsverbot für die Gewerbesteuer soll – neben der Erreichung fiskalischer Ziele – die wechselseitige Beeinflussung von Einkommen- und Gewerbesteuer beseitigt und damit die Ermittlung der Gesamtsteuerbelastung vereinfacht werden. Die Verfassungsmäßigkeit des Abzugsverbots für die Gewerbesteuer ist umstritten.[133]

---

130 Thüringer FG v. 07.12.2005 – IV 148/02, EFG 2006, 713 betr. Anschaffungskosten eines Mercedes 420 CL ; s. auch BFH v. 19.03.2002 – IV B 50/00, BFH/NV 2002, 1145 betr. kurz aufeinanderfolgende Anschaffung und gleichzeitige Unterhaltung von sechs Pkw der Oberklasse, namentlich eines Ferrari, Porsche Turbo, Bentley, Jaguar und Range Rover.

131 Vgl. dazu BFH v. 09.06.1999 – I R 100/97, BStBl. II 1999, 658.

132 S. hierzu Schmidt/Heinicke § 4 Rn. 615.

133 Vgl. BFH v. 16.01.2014 – I R 21/12, BStBl. II 2014, 531; Verfassungsbeschwerde eingelegt, Az. des BVerfG: 2 BvR 1559/14.

n) Parteispenden (und Mitgliedsbeiträge an Parteien) sind als unentgeltliche Aufwen- **94** dungen zur Förderung staatspolitischer Zwecke i.S.v. § 10b Abs. 2 EStG durch § 4 Abs. 6 EStG ausdrücklich vom Abzug als Betriebsausgaben ausgenommen.

o) Gesonderte Aufzeichnung in den Fällen des § 4 Abs. 5 S. 1 Nr. 1–4, 6b u. 7 EStG: So- **95** weit die dort bezeichneten Betriebsausgaben nicht ohnehin vom Abzug ausgeschlos- sen sind, können sie nur berücksichtigt werden, wenn sie einzeln und getrennt von den sonstigen Betriebsausgaben aufgezeichnet sind (§ 4 Abs. 7 EStG). Aus der Gesetzesfor- mulierung in § 4 Abs. 7 S. 2 EStG ergibt sich, dass die Beachtung der dort genannten be- sonderen Aufzeichnungspflicht materiell-rechtliche Voraussetzung für die Anerken- nung als Betriebsausgaben ist.[134] Der Pflicht zur getrennten Aufzeichnung ist nur ge- nügt, wenn diese Aufwendungen jeweils von Anfang an, fortlaufend und zeitnah, ge- sondert von sonstigen Betriebsausgaben schriftlich festgehalten werden.[135] Aufzeich- nungen i.S.d. § 4 Abs. 7 EStG können auch im Rahmen der Gewinnermittlung nach § 4 Abs. 3 EStG nicht durch die geordnete Ablage von Belegen ersetzt werden, wiewohl eine Belegsammlung auch im Allgemeinen zulässig sein mag.[136]

p) Abzugsverbot für Erstausbildungs- und Erststudienkosten: Als Reaktion auf die **96** geänderte Rspr. des BFH, wonach Aufwendungen für eine erstmalige Berufsausbildung und ein Erststudium ungeachtet der Regelung in § 12 Nr. 5 EStG und § 10 Abs. 1 Nr. 7 EStG als vorab entstandene Werbungskosten anzuerkennen sein können,[137] hat der Ge- setzgeber in § 4 Abs. 9 EStG für Betriebsausgaben sowie § 9 Abs. 6 EStG für Werbungs- kosten Abzugsverbote eingefügt. Danach sind Aufwendungen des Steuerpflichtigen für seine erstmalige Berufsausbildung oder für sein Erststudium, das zugleich eine Ers- tausbildung vermittelt, weder Betriebsausgaben noch Werbungskosten. Die Verfas- sungsmäßigkeit dieser Abzugsverbote ist umstritten.[138] Darüber hinaus hat der Gesetz- geber über den neu in die Vorschrift aufgenommenen Verweis auf § 9 Abs. 6 S. 2 bis 5 EStG (§ 4 Abs. 9 S. 2 EStG) mit Wirkung ab VZ 2015 gesetzlich festgelegt, unter welchen Voraussetzungen eine Berufsausbildung als Erstausbildung gilt und damit der diesbe- züglich bürgerfreundlichen Rspr. des VI. Senats des BFH[139] den Boden entzogen.

6. Besonderheiten der Gewinnermittlung nach § 4 Abs. 3 EStG

a) Darlehensaufnahmen und **Darlehensrückzahlungen** sind keine Betriebseinnah- **97** men bzw. Betriebsausgaben.[140] Darlehenszinsen und ein Damnum sind allerdings Be- triebsausgaben.

Wird eine Darlehensforderung uneinbringlich, so liegen in Höhe des Ausfalls Betriebs- ausgaben vor.

---

134 BFH v. 27.03.2007 – I B 125/06, BFH/NV 2007,1305.

135 BFH v. 13.05.2004 – IV R 47/02, BFH/NV 2004, 1402.

136 BFH v. 13.05.2004 – IV R 47/02, BFH/NV 2004, 1402.

137 BFH v. 28.07. 2011 – VI R 5/10, BStBl. II 2012, 553; VI R 7/10, BStBl. II 2012, 557; VI R 38/10, BStBl. II 2012, 561; s. dazu Berg- kemper, DB 2011, 1947 und v. 27. 10. 2011 – VI R 52/10, BFH/NV 2012, 323.

138 Vgl. aktuell Vorlagebeschlüsse des BFH v. 17.07.2014 – VI R 61/11, VI R 2/12, VI R 8/12, VI R 38/12, VI R 2/13, 72/13, etwa BFH/NV 2014, 1954 sowie DStR 2014, 2216; Az. des BVerfG: 2 BvL 22 ff./14; hierzu ausführlich Kreft, SteuerStud 2014, 599 sowie Bergkemper in Herrmann/Heuer/Raupach § 9 Rn. 708 ff. u. Kreft in Herrmann/Heuer/Raupach § 9 Rn. 9.

139 BFH v. 28.02.2013 – VI R 6/12, BFH/NV 2013, 1166.

140 BFH v. 23.11.1978 – IV R 146/75, BStBl. II 1979, 109; vgl. auch BFH v.07.02.2008 – VI R 41/05, BFH/NV 2008, 1136 zur Ab- ziehbarkeit von Studienkosten und BAföG-Rückzahlungen.

98   **b)** Die **Umsatzsteuer** wird – anders als beim Bestandsvergleich – bei der Rechnung nach § 4 Abs. 3 EStG nicht erfolgsneutral behandelt. Die für Leistungsabgaben vereinnahmte Umsatzsteuer ist Bestandteil der Betriebseinnahme, die für Leistungsbezüge aufgewandte Umsatzsteuer Bestandteil der Betriebsausgabe. Der Saldo von Umsatzsteuer und Vorsteuer wird als sogenannte Zahllast an das FA abgeführt (vgl. §§ 16–18 UStG). Die Zahlung an das FA ist Betriebsausgabe, ein eventueller Vorsteuerüberschuss Betriebseinnahme.

Die **Umsatzsteuer auf Umsätze**, die Entnahmen sind (vgl. insbesondere § 3 Abs. 1b Nr. 1 UStG), und Vorsteuerbeträge, die nach § 15 Abs. 1a UStG vom Vorsteuerabzug ausgeschlossen sind, fallen unter das Abzugsverbot des § 12 Nr. 3 EStG. Dementsprechend darf die Umsatzsteuer im Zeitpunkt der Zahlung nur gekürzt um die Umsatzsteuer auf Entnahmen als Betriebsausgabe angesetzt werden.[141]

99   **c) Geldentnahmen** und **-einlagen** haben, bedingt durch die Besonderheit der Gewinnermittlungstechnik, keine Gewinnauswirkung.[142] Dagegen sind **Sachentnahmen** als fiktive Betriebseinnahmen, **Sacheinlagen** als fiktive Betriebsausgaben anzusetzen.[143]

100   **d) Erwerb von Wirtschaftsgütern des Anlagevermögens:** Für Wirtschaftsgüter des Anlagevermögens enthält § 4 Abs. 3 S. 3, 4 EStG Sonderregelungen, die entgegen dem Grundprinzip des § 4 Abs. 3 EStG eine periodengerechte Gewinnermittlung gewährleisten sollen.

- Bei Wirtschaftsgütern des **abnutzbaren** Anlagevermögens sind gemäß § 4 Abs. 3 S. 3 EStG die Vorschriften über die Absetzung für Abnutzung oder Substanzverringerung zu befolgen. Wie bei der Gewinnermittlung durch Bestandsvergleich können somit die Anschaffungs- oder Herstellungskosten nur in Form der AfA als Betriebsausgaben geltend gemacht werden.

- Bei Erwerb von **nicht abnutzbarem** Anlagevermögen sind die Anschaffungs- oder Herstellungskosten gemäß § 4 Abs. 3 S. 4 EStG erst im Zeitpunkt der Veräußerung oder der Entnahme als Betriebsausgaben zu berücksichtigen.

101   **e)** Der **Erwerb von Wirtschaftsgütern des Umlaufvermögens** berechtigt auch dann zum sofortigen Abzug der entsprechenden Betriebsausgaben, wenn der so erworbene Vorrat einige Jahre reicht, in absehbarer Zeit jedoch ein Verbrauch zu erwarten ist.[144]

102   **f) Forderungsausfälle** wirken sich gewinnmäßig nicht aus, weil nach § 4 Abs. 3 EStG nur der Zufluss – zu dem es nicht kommt – erfasst wird. **Forderungsverzichte** aus betrieblichen Gründen führen nicht zum Gewinn; auch hier mangelt es am Zufluss.

103   **g)** Bei **Verlust von Wirtschaftsgütern** ist zu unterscheiden:

- **Geldverluste** durch Diebstahl oder Unterschlagung sind Betriebsausgaben, wenn zwischen dem Verlust des Geldes und dem Betrieb ein objektiver wirtschaftlicher oder tatsächlicher Zusammenhang besteht.[145] Die betriebliche Zuordnung eines – entwendeten – Geldbetrags kann sich beispielsweise aus der Aufbewahrung des Geldes im betrieblichen Bereich oder der nachweislichen Bereithaltung des Betrags zur Begleichung von Betriebsschulden ergeben.[146]

---

141   Vgl. Birk/Desens/Tappe, Steuerrecht, Rn. 950.

142   Schmidt/Heinicke § 4 Rn. 349.

143   Vgl. Birk, Steuerrecht, Rn. 950.

144   BFH v. 12.07.1990 – IV R 137-138/89 – IV R 137/89 – IV R 138/89, BStBl. II 1991, 13.

145   BFH v. 06.05.1976 – IV R 79/73, BStBl. II 1976, 560; BFH v. 22.10.1991 – VIII R 64/86, BFH/NV 1992, 449.

146   BFH v. 28.11.1991 – XI R 35/89, BStBl. II 1992, 343.

- Bei Verlust von **nicht abnutzbarem Anlagevermögen** sind die ungekürzten Anschaffungs- oder Herstellungskosten als Betriebsausgaben zu berücksichtigen (arg. § 4 Abs. 3 S. 4 EStG).

- Der Verlust eines Wirtschaftsguts des **abnutzbaren Anlagevermögens** berechtigt zur Vornahme einer außerordentlichen AfA nach § 7 Abs. 1 S. 6 EStG und damit zu einer entsprechenden Betriebsausgabe.

- Der Verlust von **Umlaufvermögen** hat keine Gewinnauswirkung, da die Anschaffungs- und Herstellungskosten bereits bei der Bezahlung zu Betriebsausgaben geführt haben.

h) Durchlaufende Posten (§ 4 Abs. 3 S. 2 EStG) sind im Namen und für Rechnung eines anderen vereinnahmte oder verausgabte Gelder. Sie werden bei der Gewinnermittlung nicht als Betriebseinnahmen/Betriebsausgaben erfasst, weil sie wirtschaftlich nicht zu Änderungen des Betriebsvermögens führen, selbst wenn die Zahlung betrieblich veranlasst ist.

104

Beispiel: Ein Notar führt ein sogenanntes Anderkonto, auf dem die Zahlung eines Grundstückskäufers eingeht, die erst nach Eintragung einer Auflassungsvormerkung an den Verkäufer weitergeleitet werden soll.

IV. Durchschnittsbesteuerung nach § 13a EStG

Für nicht buchführungspflichtige Land- und Forstwirte, die folglich nicht die Grenzen des § 141 AO übersteigen dürfen, wird der Gewinn gemäß § 13a EStG nach Durchschnittssätzen ermittelt. Unter diese Regelung fallen land- und forstwirtschaftliche Betriebe bis zu einer Größe von 20 ha.

105

E. Ermittlung der Überschusseinkünfte

Einkünfte aus nichtselbständiger Arbeit, aus Vermietung und Verpachtung sowie sonstige Einkünfte (§ 2 Abs. 1 S. 1 Nr. 4, 6, 7 EStG) werden als Überschuss der Einnahmen über die Werbungskosten ermittelt (§ 2 Abs. 2 S. 1 Nr. 2 EStG). Bei den Einkünften aus Kapitalvermögen tritt § 20 Abs. 9 EStG (Abzug eines Sparer-Pauschbetrags bei Ausschluss des Abzugs tatsächlich höherer Werbungskosten an die Stelle der §§ 9, 9a EStG (Werbungskosten, -Pauschbetrag).

106

I. Begriff der Einnahmen (§ 8 EStG)

Nach der Definition des § 8 Abs. 1 EStG sind Einnahmen alle Güter, die in Geld oder Geldeswert bestehen und dem Stpfl. im Rahmen einer der Einkunftsarten des § 2 Abs. 1 S. 1 Nr. 4–7 EStG zufließen. Einnahmen, die nicht in Geld bestehen (sogenannte Sachbezüge), werden mit ihrem Geldwert angesetzt (§ 8 Abs. 2 EStG).

107

II. Werbungskosten und Werbungskosten-Pauschbeträge (§§ 9, 9a EStG)

Als **Werbungskosten** bezeichnet das Gesetz „Aufwendungen zur Erwerbung, Sicherung und Erhaltung der Einnahmen" (§ 9 Abs. 1 S. 1 EStG). „Werbungskosten" ist also die Abkürzung von „Erwerbungskosten" oder „Erwerbskosten". Die Generalklausel des § 9 Abs. 1 S. 1 EStG wird ergänzt durch die Einzelregelungen in § 9 Abs. 1 S. 3 Nr. 1–7 EStG, die teilweise klarstellenden Charakter haben, teilweise auch den Werbungskostenab-

108

zug begrenzen. Die in § 9a EStG geregelten **Werbungskosten-Pauschbeträge** dienen der Vereinfachung des Besteuerungsverfahrens. Das Gesetz unterstellt, dass Werbungskosten in Höhe der Pauschbeträge anfielen, und erspart dem Stpfl. ihren Nachweis. Höhere Werbungskosten dürfen nicht neben, sondern nur anstelle der Pauschbeträge geltend gemacht werden.

Die Finanzverwaltung hat weitere Werbungskosten-Pauschalen durch Verwaltungsvorschriften, insbesondere die LStR, geschaffen. Es handelt sich um sogenannte generelle Schätzungen, die ihre Rechtsgrundlage in § 162 AO finden und um der Gleichmäßigkeit der Besteuerung willen auch von den Finanzgerichten beachtet werden müssen.[147]

Fall 14: Brandstiftung beim Staatsanwalt

Staatsanwalt S hat (erfolgreich) die Ermittlungen gegen eine Bande von Autodieben geführt. In der Nacht nach der Hauptverhandlung wird sein auf der Straße abgestellter Pkw durch Brandstiftung völlig zerstört. Aufgrund vorangegangener Drohbriefe bestehen keine Zweifel, dass die Brandstiftung durch ein Mitglied der Diebesbande erfolgt ist. Staatsanwalt S möchte den Schaden (11.000 €) bei seiner Einkommensteuerveranlagung als Werbungskosten bei der Ermittlung des Überschusses der Einkünfte aus nichtselbstständiger Arbeit geltend machen.

I. Als Staatsanwalt bezieht S **Einkünfte aus nichtselbstständiger Arbeit**. Denn sein Gehalt wird ihm für eine Beschäftigung im öffentlichen Dienst gewährt (vgl. § 19 Abs. 1 S. 1 Nr. 1 EStG). Seine Einkünfte aus nichtselbstständiger Arbeit werden daher als Überschuss der Einnahmen über die Werbungskosten ermittelt.

II. Es fragt sich, ob der S entstandene Schaden den **Werbungskosten** zuzuordnen ist.

109   **1. Aufwendungen**

Werbungskosten setzen begrifflich Aufwendungen voraus. Aufwendungen sind Abflüsse von Gütern in Geld oder Geldeswert, die zu einer Minderung des Vermögens führen.[148] Aufwendungen sind nicht nur im Falle einer freiwilligen Aufgabe von Vermögenswerten gegeben. Daher können **auch unfreiwillige Vermögensminderungen** zu Werbungskosten führen.[149] Im vorliegenden Fall ist durch die Zerstörung des Pkw ein geldwertes Gut aus dem Vermögen des S ausgeschieden. Es liegen daher Aufwendungen vor, auch wenn S keine Ausgaben zur Anschaffung eines neuen Pkw tätigt.

110   **2. Veranlassungszusammenhang**

Nach der Legaldefinition des § 9 Abs. 1 S. 1 EStG müssen die Aufwendungen „zur Erwerbung, Sicherung und Erhaltung der Einnahmen" angefallen sein. Die Auslegung dieser Tatbestandsvoraussetzung ist umstritten:

■ Der Wortlaut des § 9 Abs. 1 S. 1 EStG spricht für einen finalen Werbungskostenbegriff.[150] Nach dieser Begriffsbestimmung ist zweifelhaft, ob der erlittene Schaden

---

147   BFH v. 25.10.1985 – VI R 15/81, BStBl. II 1986, 200.

148   BFH v. 31.01.1992 – VI R 57/88, BStBl. II 1992, 401.

149   Schmidt/Loschelder § 9 Rn. 55; Kreft in Herrmann/Heuer/Raupach § 9 Rn. 139.

150   So Kruse, FR 1981, 473 ff.

oder die Aufwendungen des S zur Beseitigung des Schadens als Werbungskosten geltend gemacht werden können. Denn mit der evtl. Neuanschaffung eines Pkw verfolgt S nicht ausschließlich berufliche Zwecke.

■ Die h.M.[151] vertritt demgegenüber einen vom Veranlassungsprinzip geprägten Werbungskostenbegriff. Danach ist – entsprechend der gesetzlichen Definition der Betriebsausgaben (§ 4 Abs. 4 EStG) – maßgebend, ob die Aufwendungen durch Erzielung steuerpflichtiger Einnahmen veranlasst sind. Wie bei der Definition der Betriebsausgaben verwendet der BFH bei der **Definition der Veranlassung** eine Formel, in der auf **objektive und subjektive Momente** abgestellt wird: Die berufliche Veranlassung der Aufwendungen ist gegeben, wenn die Aufwendungen objektiv mit dem Beruf zusammenhängen und subjektiv zur Förderung des Berufs gemacht werden.[152] Der BFH räumt jedoch ein, dass die subjektive Förderung kein notwendiges Merkmal ist und auch unfreiwillige Ausgaben und Zwangsaufwendungen Werbungskosten sind, wenn sie beruflich veranlasst sind. Eine ausreichende berufliche Veranlassung ist danach allerdings nur gegeben, wenn der Verlust des Wirtschaftsguts entweder bei der beruflichen Verwendung[153] oder die Einwirkung aus in der Berufssphäre liegenden Gründen eingetreten ist.[154]

Vorliegend handelt es sich bei dem Schaden des S um beruflich veranlasste, dem Arbeitnehmer aufgezwungene Aufwendungen. Der Schaden ist nicht lediglich „anlässlich" der Berufsausübung entstanden. Letzteres ist beispielsweise der Fall, wenn unbekannte Besucher den Pkw eines Arbeitnehmers, der auf dem Gelände des Arbeitgebers eine Dienstwohnung bewohnt und dort seinen privaten Pkw abgestellt hat, beschädigen. Der S entstandene Schaden erfolgte demgegenüber „aus in der Berufssphäre liegenden Gründen". Denn die Beschädigungen wurden von Dritten herbeigeführt, die sich damit für berufliche Handlungen des geschädigten Arbeitnehmers rächen wollten. Daher liegen auch nach der Formel des BFH Werbungskosten vor. Die Höhe der Werbungskosten bemisst sich nach dem Unterschiedsbetrag zwischen dem Zeitwert des Fahrzeugs vor und nach der Beschädigung.[155]

Ergebnis: S kann den eingetretenen Schaden als Werbungskosten geltend machen.

---

151 Vgl. z.B. BFH v. 13.12.1994 – VIII R 34/93, BStBl. II 1995, 457; BFH v. 11.12.2012 – IX R 28/12, n.v.; Schmidt/Loschelder § 9 Rn. 7; ausführlich zum Veranlassungszusammenhang: Kreft in Herrmann/Heuer/Raupach § 9 Rn. 115 ff.; Jakob Rn. 199; Frotscher § 9 Rn. 11 ff.

152 Z.B. BFH v. 11.12.2012 – IX R 28/12, BFH/NV 2013, 914.

153 Vgl. BFH v. 25.05.1992 – VI R 171/88, BStBl. II 1993, 44: Diebstahl des für eine Dienstreise verwendeten „privaten" Pkw des Arbeitnehmers; BFH v. 30.06.1995 – VI R 26/95, BStBl. II 1995, 744: Diebstahl ausreichend gesicherten Reisegepäcks während einer Dienstreise.

154 BFH BStBl. II 1989, 382; DB 2008, 734: Verlust eines aus beruflichen Gründen dem Arbeitgeber gewährten Darlehens.

155 Vgl. BFH v. 19.03.1982 – VI R 25/80, BStBl. II 1982, 442.

111   Weitere **Einzelheiten zum Werbungskostenbegriff:**

1. Für die Anerkennung von Werbungskosten ist grundsätzlich unerheblich, ob die Ausgaben **notwendig, zweckmäßig und üblich** sind.[156] Denn der erforderliche wirtschaftliche Zusammenhang mit der auf Einnahmeerzielung gerichteten Tätigkeit wird nicht beseitigt, wenn das Handeln des Stpfl. unwirtschaftlich ist.[157]

2. Werbungskosten können vor Erzielung der Einnahmen entstanden sein. Für diese Gruppe hat die Rspr. zur besonderen Kennzeichnung den Begriff **„vorab entstandene Werbungskosten"** (früher: vorweggenommene Werbungskosten) entwickelt.

Diese Begriffsbestimmung wird jedoch in der steuerrechtlichen Lit. kritisiert, da sie lediglich den Entstehungszeitpunkt berücksichtigt, die entscheidende Beziehung zwischen Aufwendungen und der steuerrelevanten Betätigung, den Veranlassungszusammenhang, jedoch außer Acht lässt. Terminologisch präziser wäre daher die Kennzeichnung **„vorab veranlasste Werbungskosten"**.[158]

Voraussetzung für den Abzug dieser Aufwendungen ist, dass sie bereits bei Verausgabung durch eine auf Einnahmeerzielung gerichtete Handlung veranlasst sind.[159] Maßgebend ist also allein, ob die Aufwendungen in einem hinreichend konkreten, objektiv feststellbaren Zusammenhang mit künftigen steuerbaren Einnahmen aus der angestrebten Erwerbstätigkeit stehen.[160] Den Steuerpflichtigen trifft insoweit die Feststellungslast.[161]

Beispiel 1: Die beim Erwerb eines Bauplatzes angefallenen Zinsen sind vorab veranlasste Werbungskosten, wenn der Stpfl. seine Bauabsicht und damit die Absicht zur Erzielung von Einnahmen aus Vermietung und Verpachtung nachdrücklich verfolgt hat.[162]

Beispiel 2: Kosten für Stellensuche.

Zu einem ganz kritischen Bereich der vorab veranlassten Erwerbsaufwendungen zählen die Kosten für Studium und Berufsausbildung.

112   **3.** Auch Aufwendungen, die erst nach der Aufgabe der auf Einnahmeerzielung gerichteten Tätigkeit angefallen sind, können als sogenannte **nachträgliche Werbungskosten** abzugsfähig sein, wenn sie noch in wirtschaftlichem Zusammenhang mit der früheren Einnahmeerzielung stehen.[163] Entfallen die Aufwendungen dagegen noch auf die Zeit der Einnahmeerzielung, so handelt es sich um schlichte **Nachzahlungen** von Werbungskosten, deren steuerlicher Abzug unproblematisch ist.[164]

Beispiel: Die Zahlungen eines ehemaligen Geschäftsführers (Arbeitnehmers) einer aufgelösten GmbH aufgrund seiner Inanspruchnahme als Lohnsteuerhaftungsschuldner sind als nachträgliche Werbungskosten abziehbar, auch wenn kein Arbeitsverhältnis mehr besteht.[165]

---

156   H.M.: z.B. BFH v. 17.07.1992 – VI R 12/91, BStBl. II 1992, 1036; Schmidt/Loschelder § 9 Rn. 20 ff.; Kreft in Herrmann/Heuer/Raupach § 9 Rn. 201; Frotscher § 9 Rn. 24.

157   BFH v. 12.01.1990 – VI R 29/86, BStBl. II 1990, 423.

158   So mit Recht: Kreft, Vorab veranlasste Erwerbsaufwendungen im EStR, Diss. 2000, 5 f.; Kreft in Herrmann/Heuer/Raupach § 9 Rn. 162; zustimmend: Niedersächsisches FG, Urt. v. 08.12.2000 – 7 K 232/97.

159   Schmidt/Loschelder § 9 Rn. 35; Frotscher § 9 Rn. 27.

160   So BFH v. 27.05.2003 – VI R 33/01, BStBl. II 2004, 884.

161   BFH v. 19.08.2004 – VI R 103/01, BFH/NV 2005, 48.

162   BFH v. 04.06.1991 – IX R 30/89, BStBl. II 1991, 761.

163   Vgl. Kreft in Herrmann/Heuer/Raupach § 9 Rn. 170; Frotscher § 9 Rn. 32.

164   BFH v. 14.10.2003 – IX R 18/01, BStBl. II 2004, 263.

165   BFH v. 14.10.1960 – VI 45/60 U, BStBl. III, 1961, 20. Zu weiteren Beispielen aus der Rspr. s. Kreft in Herrmann/Heuer/Raupach § 9 Rn. 172.

Zahlreiche **Besonderheiten** ergeben sich bei den Einkünften aus Vermietung und Ver-   113
pachtung.[166] Umstritten ist in diesem Zusammenhang z.B. die Frage, ob **Schuldzinsen**
auch nach Veräußerung des Einkünfteerzielungsvermögens (z.B. die vermietete Immobilie) noch als nachträgliche Werbungskosten abzugsfähig sind.

Fall 15: Schuldzinsen nach Veräußerung eines Mietobjekts

A erwarb im Jahr 2006 ein Wohngebäude, um damit Einkünfte aus Vermietung und
Verpachtung zu erzielen. Die Anschaffungskosten finanzierte er über Darlehen bei
der X-Bank. Mit notariell beurkundetem Kaufvertrag vom 31.12.2014 veräußerte A
das Objekt. Unter Berücksichtigung des erzielten Veräußerungspreises und der Veräußerungskosten ergab sich ein Veräußerungsverlust i.S.d. § 23 Abs. 3 S. 1 EStG. Der
aus der Veräußerung des Objekts erzielte Erlös reichte nicht aus, um die im Veräußerungszeitpunkt noch bestehenden Darlehen abzulösen. A möchte wissen, ob die für
die – nach vollständiger Verwendung des Veräußerungserlöses zur Schuldentilgung
– noch verbliebene Darlehensschuld aufgewandten Schuldzinsen i.H.v. 20.000 € als
Werbungskosten bei den Einkünften aus Vermietung und Verpachtung geltend gemacht werden können.

I. Fraglich ist, ob die Schuldzinsen auch nach Veräußerung des Vermietungsobjektes
    noch als Werbungskosten abgezogen werden können.

1. Werbungskosten sind nach § 9 Abs. 1 S. 1 EStG Aufwendungen zur Erwerbung, Si-
    cherung und Erhaltung der Einnahmen. Hierzu zählen auch Schuldzinsen, soweit
    diese mit einer Einkunftsart, vorliegend den Einkünften aus Vermietung und Ver-
    pachtung i.S.d. § 21 Abs. 1 S. 1 Nr. 1 EStG, im wirtschaftlichen Zusammenhang ste-
    hen (§ 9 Abs. 1 S. 3 Nr. 1 S. 1 EStG).

    a) Als maßgebliches Kriterium für einen steuerrechtlich anzuerkennenden wirt-
        schaftlichen Zusammenhang zwischen Aufwendungen und einer Einkunftsart
        werden die wertende Beurteilung des die betreffenden Aufwendungen „aus-
        lösenden Moments" sowie dessen „Zuweisung zur einkommensteuerrechtlich
        relevanten Erwerbssphäre" angesehen.[167] Bei Einkünften aus Vermietung und
        Verpachtung kommt einerseits dem mit der Schuldaufnahme verfolgten
        Zweck, welcher auf die Erzielung von Einnahmen aus Vermietung und
        Verpachtung gerichtet sein muss, und andererseits der zweckentsprechenden
        Verwendung der Mittel entscheidende Bedeutung zu. Der notwendige Ver-
        anlassungszusammenhang von Schuldzinsen mit Einkünften aus Vermietung
        und Verpachtung ist danach als gegeben anzusehen, wenn ein objektiver
        Zusammenhang dieser Aufwendungen mit der Überlassung eines Vermie-
        tungsobjektes zur Nutzung besteht und subjektiv die Aufwendungen zur För-
        derung dieser Nutzungsüberlassung gemacht werden. Mit der erstmaligen
        Verwendung einer Darlehensvaluta zur Anschaffung eines Vermietungsobjek-

---

166 Hierzu systematisch: Kreft in Herrmann/Heuer/Raupach § 9 Rn. 170.
167 BFH v. 21.09.2009 – GrS 1/06, BStBl. II 2010, 672.

tes wird die maßgebliche Verbindlichkeit diesem Verwendungszweck unterstellt.[168]

b) Nach den bisher in der Rspr. vertretenen Grundsätzen besteht der Zweck, sofern das Darlehen nicht vorher abgelöst wird, jedenfalls solange fort, bis die Vermietungsabsicht aufgegeben wird und die Vermietungstätigkeit bzw. das Rechtsverhältnis im Sinne der Einkunftsart endet mit der Konsequenz, dass die auf das Darlehen gezahlten Schuldzinsen nach § 9 Abs. 1 S. 3 Nr. 1 S. 1 EStG zwar in dem genannten Zeitraum als Werbungskosten bei den Einkünften aus Vermietung und Verpachtung berücksichtigt, nach Ende der Vermietungstätigkeit jedoch grundsätzlich nicht mehr als solche anerkannt wurden – und zwar auch dann nicht, wenn der Erlös aus der Veräußerung eines zuvor zur Vermietung genutzten Grundstücks nicht ausreichte, um das ursprünglich zur Anschaffung des Grundstücks aufgenommene Darlehen abzulösen.[169]

Etwas anderes galt mit Blick auf die Regelung in § 24 Nr. 2 EStG für rückständige Zinsen, die auf die Zeit der Vermietung entfielen, jedoch erst nach Beendigung der Vermietungstätigkeit geleistet wurden.[170]

Zudem hat die Rspr. nach Aufgabe der Vermietungstätigkeit gezahlte Schuldzinsen dann als nachträgliche Werbungskosten bei den Einkünften aus Vermietung und Verpachtung berücksichtigt, wenn mit dem Kredit Aufwendungen finanziert worden sind, die während der Vermietungstätigkeit als sofort abziehbare Werbungskosten zu beurteilen waren.[171]

c) An den unter b) genannten Rechtsprechungsgrundsätzen hat der BFH nach Verlängerung der „Spekulationsfrist" i.S.d. § 23 EStG von 2 auf 10 Jahren ab VZ 1999 in seiner aktuellen Rspr. jedoch nicht mehr festgehalten. Schuldzinsen, die auf Verbindlichkeiten entfallen, welche der Finanzierung von Anschaffungskosten eines zur Erzielung von Einkünften aus Vermietung und Verpachtung genutzten Wohngrundstücks dienten, können danach auch nach einer gemäß § 23 Abs. 1 S. 1 Nr. 1 EStG **steuerbaren Veräußerung der Immobilie** weiter als (nachträgliche) Werbungskosten abgezogen werden, wenn und soweit die Verbindlichkeiten durch den Veräußerungserlös nicht getilgt werden können.[172] Kein fortdauernder Veranlassungszusammenhang von nachträglichen Schuldzinsen mit früheren Einkünften i.S.d. § 21 EStG besteht allerdings, wenn der Steuerpflichtige zwar ursprünglich mit Einkünfteerzielungsabsicht gehandelt hat, seine Absicht zu einer (weiteren) Einkünfteerzielung jedoch bereits vor der Veräußerung des Immobilienobjekts aus anderen Gründen weggefallen ist.

---

168 Vgl. BFH v. 27.10.1998, IX R 44/95, BStBl. II 1999, 676; Bergkemper in Herrmann/Heuer/Raupach § 9 EStG Rn. 362; Blümich/Thürmer § 9 EStG Rn. 203.

169 Vgl. u.a. BFH v. 25.01.2001 – IX R 27/97, BStBl. II 2001, 573.

170 Z.B. BFH v. 23.01.1990 – IX R 8/85, BStBl. II 1990, 464; Blümich/Thürmer § 9 EStG Rn. 600 „Zinsen".

171 Z.B. BFH v. 12.10.2005 – IX R 28/04, BStBl. II 2006, 407.

172 BFH v. 20.06.2012 – IX R 67/10, BStBl. II 2013, 275; ähnlich bereits zuvor die Rechtsprechungsänderung zu nachträglichen Schuldzinsen nach Veräußerung einer wesentlichen Beteiligung: BFH v. 16.03.2010 – VIII R 20/08, BStBl. II 2010, 787; vgl. auch BFH v. 14.05.2014 – VIII R 37/12 BFH/NV 2014, 1883.

d) Schuldzinsen, die auf Verbindlichkeiten entfallen, welche der Finanzierung von Anschaffungskosten eines zur Erzielung von Einkünften aus Vermietung und Verpachtung genutzten Wohngrundstücks dienten, können auch **nach einer nicht steuerbaren Veräußerung der Immobilie** grundsätzlich weiter als (nachträgliche) Werbungskosten abgezogen werden, wenn und soweit die Verbindlichkeiten durch den Veräußerungserlös nicht getilgt werden können.[173]

e) Auch auf ein **Refinanzierungs- oder Umschuldungsdarlehen** gezahlte Schuldzinsen können im Einzelfall durch die (frühere) Einkünfteerzielung veranlasst sein.[174]

II. Vorliegend handelt es sich gemäß § 23 Abs. 1 S. 1 Nr. 1 EStG um eine steuerbaren Veräußerung der Immobilie, denn die Veräußerung erfolgte weniger als zehn Jahre nach der Anschaffung. A hat den Veräußerungserlös vollständig zur Schuldentilgung eingesetzt und seine Einkünfteerzielungsabsicht auch nicht vor der Veräußerung aufgegeben. Damit erfüllt er die Voraussetzungen, die der BFH nach der geänderten Rspr. an den Abzug der Schuldzinsen als nachträgliche Werbungskosten stellt.

Ergebnis: Unter Berücksichtigung der neuen Rechtsprechungsgrundsätze sind die Schuldzinsen, die A ab 2015 für das verbliebene Restdarlehen aufgewendet, als Werbungskosten abziehbar.

---

4. Hängen Werbungskosten **mit mehreren Einkunftsarten** nach Maßgabe der Veranlassungsgrundsätze wirtschaftlich zusammen, so sind sie vorrangig – ggf. im Schätzwege – den einzelnen Einkunftsarten anteilig zuzuordnen.[175] Ist eine Aufteilung nicht möglich, sind die Aufwendungen nach h.M. bei der Einkunftsart zu berücksichtigen, mit der sie nach Grund und Wesen die engere Beziehung haben.[176] **114**

Beispiel: Aufwendungen für Fahrten zwischen Wohnung und erster Tätigkeitsstätte sind vorrangig durch die Arbeitnehmertätigkeit verursacht. Sie sind (im Rahmen der Höchstbeträge) bei den Einkünften aus nichtselbständiger Arbeit abzusetzen. Die durch die entgeltliche Mitnahme von Kollegen verursachten Mehraufwendungen sind als Werbungskosten bei den sonstigen Einkünften zu berücksichtigen.

5. Die Aufwendungen dürfen **nicht die Vermögensebene** betreffen.[177] So ist z.B. der Kaufpreis für eine vermietete Immobilie nicht als Werbungskosten bei den Einkünften aus Vermietung und Verpachtung abzugsfähig. Der Gesetzgeber lässt hier allerdings den Werbungskostenabzug über die Gebäudeabschreibung (AfA; §§ 9 Abs. 1 S. 3 Nr. 7, 7 Abs. 4, 5 EStG) zu. **115**

Dennoch können Vermögensschäden und Vermögensverluste, die anlässlich der Erwerbstätigkeit eintreten, zu Werbungskosten führen, z.B. bei Beschädigung oder Ver-

---

173 BFH v. 08.04.2014 – IX R 45/13, BFH/NV 2014, 1151.

174 BFH v. 08.04.2014 – IX R 45/13, BFH/NV 2014, 1151.

175 BFH v. 02.05.2001 – VIII R 32/00, BStBl. II 2001, 668.

176 BFH v. 02.05.2001 – VIII R 32/00, BStBl. II 2001, 668; Schmidt/Loschelder § 9 Rn. 80; Kreft in Herrmann/Heuer/Raupach § 9 Rn. 236.

177 Zu Kursverlusten bei Fremdwährungsdarlehen vgl. BFH v. 22.09.2005 – IX R 44/03, BFH/NV 2006, 279; hierzu ausführlich Kreft in Herrmann/Heuer/Raupach § 9 Rn. 184 ff.

lust eines Arbeitsmittels oder bei Beschädigung eines privaten Pkw, der auf einer Dienstreise eines Arbeitnehmers eingesetzt wird.[178]

116   **6.** Die Anschaffungs- oder Herstellungskosten für abnutzbare Wirtschaftsgüter mit einer Nutzungsdauer von mehr als einem Jahr sind jährlich in Höhe der **AfA** zu berücksichtigen (§ 9 Abs. 1 S. 3 Nr. 7 EStG).[179]

Beispiel: Ein Arbeitnehmer erwirbt im Januar 2015 einen Schreibtisch für 1.500 €. Er nutzt den Schreibtisch (Nutzungsdauer zehn Jahre) ausschließlich für berufliche Zwecke. Als Werbungskosten sind von 2015 bis 2025 jährlich 150 € anzusetzen.

117   Sonderzahlungen, die bei Leasingbeginn für einen beruflich genutzten Pkw gezahlt werden, sind demgegenüber als Mietvorauszahlungen sofort abzugsfähig.[180] Denn es handelt sich nicht um Anschaffungskosten für den Erwerb eines (obligatorischen) Nutzungsrechts.

118   **7.** Auch **vergebliche** Aufwendungen sind Werbungskosten, wenn sie mit einer bestimmten Einkunftsart in wirtschaftlichem Zusammenhang stehen. Von besonderer praktischer Bedeutung ist in diesem Zusammenhang die Rspr. des BFH zu erfolglosen Aufwendungen zur Anschaffung oder Herstellung von Grundstücken und Gebäuden.[181]

Beispiele:

Sind Anzahlungen auf ein Gebäude infolge Insolvenz des Lieferers verloren, so können sie, wenn die Vergeblichkeit der Aufwendung feststeht, sofort als Werbungskosten abgezogen werden.[182] Auch Architektenhonorare für nicht erbrachte Gegenleistungen können Werbungskosten sein.[183]

119   **8.** Problematisch ist auch die Beurteilung des Werbungskostenabzugs bei **Unterbrechung der Einkunftserzielung** (z.B. bei leer stehendem Mietobjekt oder bei Arbeitslosigkeit). Solange die Unterbrechung nur vorübergehend ist, kommt weiterhin – wie bei vorab veranlassten Aufwendungen – ein Werbungskostenabzug in Betracht, solange die Aufwendungen durch die auf die Einkunftserzielung gerichtete Erwerbstätigkeit unverändert wirtschaftlich ausgelöst sind.[184] Danach besteht z.B. bei nur vorübergehend leer stehender Wohnung der Veranlassungszusammenhang von Aufwendungen mit der Erwerbstätigkeit fort, wenn sich der Steuerpflichtige ernsthaft und nachhaltig um die Vermietung der Wohnung bemüht, selbst wenn er das Vermietungsobjekt daneben – z.B. wegen Schwierigkeiten bei der Vermietung – zum Verkauf anbietet.[185] Eine Versagung des Werbungskostenabzugs greift demgemäß ein, wenn der Steuerpflichtige anlässlich einer Unterbrechung des Erwerbsengagements die Einkünfteerzielung endgültig aufgibt.[186]

---

178   Vgl. BFH v. 29.04.1983 – VI R 139/80, BStBl. II 1983, 586; anders bei einem durch erhöhten Alkoholgenuss verursachten Unfall auf einer Dienstreise, BFH v. 24.05.2007 – VI R 73/05, BStBl. II 2007, 766.

179   Vgl. Schmidt/Loschelder § 9 Rn. 176.

180   BFH v. 05.05.1994 – VI R 100/93, BStBl. II 1994, 643; s. auch BFH v. 15.04.2010 – VI R 20/08, BStBl. II 2010, 805 betr. Abgeltung einer Leasingsonderzahlung durch Entfernungspauschale.

181   Vgl. hierzu Schmidt/Loschelder § 9 Rn. 47 ff.; vgl. zu immobilienbezogenen Fehlaufwendungen: Kreft in Herrmann/Heuer/Raupach § 9 Rn. 166.

182   BFH v. 31.03.1992 – IX R 164/87, BStBl. II 1992, 805.

183   BFH v. 08.09.1998 – IX R 75/95, BStBl. II 1999, 20.

184   Allgemeine Meinung: u.a. BFH v. 21.09.2000 – IX B 75/00, BFH/NV 2001, 585; Schmidt/Loschelder § 9 Rn. 60; Kreft in Herrmann/Heuer/Raupach § 9 Rn. 167; Blümich/Thürmer § 9 Rn. 168.

185   BFH v. 11.12.2012 – IX R 14/12, BStBl. II 2013, 279.

186   BFH v. 11.12.2012 – IX R 14/12, BStBl. II 2013, 279.

III. Rückzahlung von Einnahmen/Rückerstattung von Werbungskosten

Werden steuerpflichtige Einnahmen (z.B. Arbeitslohn) wegen rechtsgrundloser (Über-) **120**
zahlung später zurückgezahlt, so bleiben die früher gezahlte Einnahmen (z.B. der Arbeitslohn) zugeflossen (§ 11 Abs. 1 EStG).[187] Die zurückgezahlten Beträge sind vielmehr im Zeitpunkt der Rückzahlung als negative Einnahmen oder Werbungskosten steuermindernd zu berücksichtigen.[188] Sind Einnahmen nach § 8 Abs. 1 EStG alle Güter, die in Geld oder Geldeswert bestehen und dem Steuerpflichtigen im Rahmen einer der Einkunftsarten des § 2 Abs. 1 S. 1 Nr. 4–7 EStG zufließen, so erfordert umgekehrt die Annahme negativer Einnahmen, dass entsprechende Güter beim Steuerpflichtigen abfließen. Werbungskosten setzen nach § 9 Abs. 1 S. 1 EStG u.a. Aufwendungen des Steuerpflichtigen voraus.[189]

Im Falle von Arbeitslohnrückzahlungen kommt ein steuermindernder Abzug im Rahmen der Einkünfte aus nichtselbstständiger Arbeit nur in Betracht, wenn es sich um Rückflüsse an den Arbeitgeber handelt, sich der Vorgang also als **„actus contrarius"** zur Lohnzahlung darstellt. Denn nur dann setzt sich der Veranlassungszusammenhang mit dem Arbeitsverhältnis bei den zurückgezahlten Beträgen fort.[190]

Die Rückerstattung von Werbungskosten führt zu steuerpflichtigen Einnahmen bei der Einkunftsart, bei der die Werbungskosten berücksichtigt wurden.[191]

F. Das Zufluss- und Abflussprinzip (§ 11 EStG)

Fall 16: Netzkarte als Arbeitslohn

Auf der Lohnsteuerkarte für das Kalenderjahr 2014 hat der Arbeitgeber (Deutsche Bahn AG) seinem Arbeitnehmer A bescheinigt, dass in dem Bruttoarbeitslohn i.H.v. 60.000 € ein geldwerter Vorteil i.H.v. 3.720 € für die Nutzung einer persönlichen (nicht übertragbaren) Netzkarte C für private Bahnfahrten enthalten ist. Diesen Betrag hat der Arbeitgeber wie folgt ermittelt:

Tarifwert der Netzkarte C:	5.000 €
abzüglich Bewertungsabschlag gemäß § 8 Abs. 3 EStG i.H.v. 4%:	./. 200 €
abzüglich Rabattfreibetrag gemäß § 8 Abs. 3 S. 2 EStG:	./. 1.080 €
Differenz (geldwerter Vorteil):	3.720 €

---

187 BFH v. 07.11.2006 – VI R 2/05, BStBl. II 2007, 315.
188 BFH v. 07.05.2009 – VI R 37/08, BStBl. II 2010, 135; BFH v. 10.08.2010 – VI R 1/08, BStBl. II 2010, 1074.
189 Zur Streitfrage der Behandlung der Rückzahlung früherer Einnahmen als negative Einnahmen oder Werbungskosten s. Kreft in Herrmann/Heuer/Raupach § 9 Rn. 80 ff.
190 BFH v. 07.05.2009 – VI R 37/08, BStBl. II 2010, 135; BFH v. 10.08.2010 – VI R 1/08, BStBl. II 2010, 1074.
191 Vgl. Kreft in Herrmann/Heuer/Raupach § 9 Rn. 85; BFH v. 26.11.2008 – X R 24/08, BFH/NV 2009, 568.

> Im Rahmen der Einkommensteuererklärung für 2014 begehrt A, die Versteuerung des geldwerten Vorteils durch die Nutzung der Netzkarte C nicht durch Ansatz des Tarifwertes, sondern auf der Grundlage der tatsächlichen Nutzung durchzuführen. Nach seinen (zutreffenden) Einzelaufzeichnungen über die tatsächlich durchgeführten Fahrten ergibt sich nach Abzug des Rabattfreibetrags nur ein geldwerter Vorteil in Höhe von 700 €. Das zuständige FA setzt im Einkommensteuerbescheid 2014 jedoch den vom Arbeitgeber ermittelten Betrag an. Zu Recht?

121 I. Zu den steuerpflichtigen Einkünften aus nichtselbstständiger Arbeit gehören gemäß §§ 19 Abs. 1 S. 1, 8 Abs. 1 EStG neben den laufenden regelmäßigen Bezügen auch andere Vorteile, die für die Beschäftigung gewährt werden.

Bei der Überlassung der Netzkarte C für private Fahrten an A handelt es sich um einen derartigen Vorteil, der im Hinblick auf das Dienstverhältnis gewährt worden ist.

II. Fraglich ist zunächst, mit welchem Wert der Vorteil der Überlassung der Netzkarte zur privaten Nutzung anzusetzen ist.

122 1. Soweit die aufgrund des Beschäftigungsverhältnisses gewährten Vorteile – wie hier – nicht in Geld bestehen (Sachbezug), sind sie grundsätzlich mit den um übliche Preisnachlässe geminderten üblichen Endpreisen am Abgabeort anzusetzen (§ 8 Abs. 2 EStG). Eine Ausnahme von diesem Grundsatz gilt nach § 8 Abs. 3 EStG für solche Waren oder Dienstleistungen, die ein Arbeitnehmer aufgrund seines Dienstverhältnisses erhält und die der Arbeitgeber nicht überwiegend für den Bedarf seiner Arbeitnehmer hergestellt, vertrieben oder erbracht hat und die nicht versteuert werden.

2. Eine derartige Ausnahme liegt hier vor: Bei den Beförderungsleistungen, die der Arbeitgeber hier in Form der Netzkarte seinem Arbeitnehmer A zugewendet hat, handelt es sich um Dienstleistungen, die der Arbeitgeber nicht überwiegend für den Bedarf seiner Arbeitnehmer erbringt und die nicht pauschal versteuert worden sind. Entsprechende Dienstleistungen werden gemäß § 8 Abs. 3 S. 1 EStG mit dem um 4% geminderten Endpreis bewertet, zu dem der Arbeitgeber die Dienstleistungen fremden Letztverbrauchern im allgemeinen Geschäftsverkehr anbietet, also dem Tarifpreis. Nach dieser Vorschrift ist zur Ermittlung des tatsächlichen Wertes des Sachbezugs der Tarifpreis zur Netzkarte C gemindert um den Bewertungsabschlag von 4% anzusetzen, wobei gemäß § 8 Abs. 3 S. 2 EStG ein Betrag von 1.080 € steuerfrei verbleibt. Danach wäre der vom Arbeitgeber ermittelte Betrag von 3.720 € anzusetzen.

III. Der Ansatz des Tarifpreises der Netzkarte ist aber nur dann zutreffend, wenn A dieser geldwerte Vorteil vollständig in 2014 zugeflossen ist. Dagegen könnte sprechen, dass A die Netzkarte unstreitig nur in geringerem Umfang tatsächlich genutzt hat und ihm daher nur der Tarifpreis der durchgeführten Fahrten zugeflossen sein könnte.

123 1. Für die zeitliche Zurechnung von Einnahmen und Ausgaben gilt nach § 11 EStG das **Zufluss- und Abflussprinzip**. Danach sind Einnahmen innerhalb des Kalenderjahres bezogen, in dem sie zugeflossen sind (§ 11 Abs. 1 S. 1 EStG); Ausgaben sind für das Kalenderjahr abzusetzen, in dem sie geleistet worden sind (§ 11 Abs. 2 S. 1 EStG). Ob bei der Übertragung von Netzkarten der geldwerte Vorteil bereits vollständig mit der Übertragung oder erst bei der tatsächlichen Inanspruchnahme für Privatfahrten zufließt, ist umstritten.

a) Der BFH geht in st.Rspr. davon aus, dass der Arbeitslohn in der Regel dann nach **124** § 11 Abs. 1 S. 1 EStG zugeflossen ist, wenn er in den Herrschaftsbereich des Arbeitnehmers gelangt, dieser also über den Lohn wirtschaftlich verfügen kann. Dabei richtet es sich stets nach den Umständen des Einzelfalls, wie die wirtschaftliche Verfügungsmacht durch Zufluss übergegangen ist.[192] Für Fälle, in denen ein Zufluss nicht in der Übertragung von Barmitteln besteht, hat der BFH allgemeine Grundsätze entwickelt: Bei Sachbezügen, die die allgemeine Lebensführung des Arbeitnehmers betreffen, geht die Rspr. davon aus, dass sie dem Arbeitnehmer in dem Augenblick zugeflossen sind, indem er sie tatsächlich in Anspruch nimmt.[193] Auf dieser Grundlage hat der BFH bei Freiflügen für Bedienstete einer Fluggesellschaft,[194] bei Freifahrkarten (sogenannte „Wochendienst-Fahrkarten") für Bundesbahnbedienstete[195] und hinsichtlich des kostenlosen Führens von Ferngesprächen durch Bedienstete der Deutschen Bundespost[196] auf die tatsächliche Inanspruchnahme abgestellt. Dieser Rspr. folgend hat das Hessische FG[197] hinsichtlich des geldwerten Vorteils auch auf die tatsächliche Nutzung einer persönlichen Netzkarte für Privatfahrten abgestellt.

b) Dagegen stellt der BFH in seiner aktuellen Rspr.[198] auf den Rechtscharakter der **125** Netzkarte als Wertpapier ab. Fahrkarten, insbesondere Monats- bzw. Netzkarten, bei denen der Berechtigte namentlich genannt ist, sind hiernach generell als Wertpapiere in Form von Rektapapieren anzusehen. Durch Übertragung des Eigentums an der Urkunde gemäß § 929 BGB gehe das darin verbriefte Forderungsrecht grundsätzlich auf den Erwerber über.[199] Danach hat A als Empfänger mit der Überlassung der Netzkarte C das Eigentum an der Urkunde, d.h. dem Wertpapier, erlangt und somit das uneingeschränkte Forderungsrecht gegenüber der Bahn-AG auf Beförderungsleistungen erworben, mit der weiteren Folge, dass bereits mit der Übertragung der entsprechende wirtschaftliche Vorteil vollständig zugeflossen ist.

c) Für die zuerst genannte Auffassung spricht zwar der Umstand, dass ohne eine Inanspruchnahme von Freifahrten die Netzkarte für A wertlos ist. Dieser Auf-

---

192 Vgl. dazu BFH v. 13.11.2012 – VI R 20/10, BFH/NV 2013, 315.

193 BFH v. 14.11.2012 – VI R 56/11, BFH/NV 2013, 628.

194 BFH v. 20.08.1965 – VI 54/64 U, BStBl. III 1966, 101.

195 BFH v. 25.09.1970 – VI R 85/68, BStBl. II 1971, 55.

196 BFH v. 22.10.1976 – VI R 26/74, BStBl. II 1977, 99.

197 Hessisches FG v. 23.09.2004 – 4 K 3657/03, EFG 2005, 524; aufgehoben durch BFH v. 12.04.2007 – VI R 89/04, BStBl. II 2007, 719.

198 BFH v. 12.04.2007 – VI R 89/04, BStBl. II 2007, 719; BFH v. 14.11.2012 – VI R 56/11, BFH/NV 2013, 628 betr. geldwerter Vorteil bei Erwerb eines vergünstigten Jobtickets.

199 Palandt/Sprau, Bürgerliches Gesetzbuch, 74. Aufl. 2015, § 808 Rn. 1, 3; MünchKommBGB/Hüffer, 4. Aufl., § 808 Rn. 2, 10.

fassung kann jedoch nicht darin gefolgt werden, dass A durch die Überlassung der Netzkarte lediglich einen Anspruch gegen die DB-AG erlangt habe, der erst bei Inanspruchnahme der einzelnen Freifahrten erfüllt worden sei. Die Netzkarte verschaffte A vielmehr bereits mit der Übergabe das uneingeschränkte Nutzungsrecht hinsichtlich der Verbindungen der DB-AG, mit der Folge, dass A die wirtschaftliche Verfügungsmacht über den Sachbezug erlangt hatte und damit der geldwerte Vorteil bereits in 2014 vollständig zugeflossen war.

Ergebnis: Das FA hat damit den Wert der Netzkarte C, d.h. des Sachbezugs, zutreffend in 2014 erfasst und mit dem Tarifwert ermittelt. Dies gilt unabhängig davon, dass die Netzkarte nicht übertragbar war und deshalb ggf. keinen „Marktwert" hatte. Denn die fehlende Übertragbarkeit findet im Tarifwert ihren Niederschlag.[200]

---

126 Weitere Einzelheiten zum Zufluss-/Abflussprinzip:

Zugeflossen sind Einnahmen, sobald der Empfänger über das in Geld oder Geldeswert bestehende Wirtschaftsgut die wirtschaftliche Verfügungsmacht erlangt hat.[201] Danach ist beispielsweise bei Zahlung mittels **Scheck** der Zufluss schon mit der Hingabe des Schecks – nicht erst bei Einlösung – eingetreten.[202] Bei einer Zahlung durch **Banküberweisung** ist der Zufluss beim Empfänger erst eingetreten, wenn diesem von der Bank der überwiesene Betrag auf dem Bankkonto gutgeschrieben worden ist. Auch bei Zahlung durch **Kreditkarte** ist dem Empfänger der Nominalbetrag erst mit Gutschrift durch den Kartenausgeber zugeflossen.[203] Bei Zahlungen für Rechnung des Stpfl. an einen Dritten kommt es darauf an, wann der Dritte Verfügungsmacht erlangt.[204] Die **Gutschrift** durch einen Schuldner bewirkt nur dann ein Zufließen i.S.d. § 11 Abs. 1 EStG, wenn mit ihr nicht nur eine Schuldverpflichtung buchmäßig festgehalten wird, sondern wenn sie zum Ausdruck bringt, dass der Betrag dem Berechtigten von nun an zur Verwendung zur Verfügung steht.[205]

127 Beim **Abfluss** (§ 11 Abs. 2 EStG) stellt das Gesetz auf die Leistungshandlung ab. Sie ist abgeschlossen, sobald der Stpfl. alles Erforderliche getan hat, um den Leistungserfolg herbeizuführen. Daher kommt es bei Scheckzahlungen schon mit der Übergabe des Schecks an die Post, bei Banküberweisungen schon mit Eingang des Überweisungsauftrags bei der Bank zum Abfluss i.S.d. § 11 Abs. 2 EStG.[206] Auch bei Zahlungen mit Kreditkarte erfolgt der Abfluss bereits mit Vorlage der Karte und Unterschriftsleistung.[207]

Nur ausnahmsweise stellt das Gesetz bei der Überschussrechnung darauf ab, welchem Besteuerungszeitraum die Einnahmen oder Ausgaben wirtschaftlich zugehören:

---

200 So auch BFH v. 12.04.2007 – VI R 89/04, BStBl. II 2007, 719.
201 BFH v. 14.11.2012 – VI R 56/11, BFH/NV 2013, 628.
202 BFH v. 30.10.1980 – IV R 97/78, BStBl. II 1981, 305.
203 Schmidt/Krüger § 11 Rn. 36.
204 BFH v. 28.09.2011 – VIII R 10/08, BStBl. II 2012, 315.
205 BFH v. 12.11.1997 – XI R 30/97, BStBl. II 1998, 252.
206 BFH v. 11.08.1987 – IX R 163/83, BStBl. II 1989, 702.
207 Schmidt/Krüger § 11 Rn. 36; a.A. Littmann/Bitz/Pust § 11 Anh. – Kreditkarte: Abfluss erst mit Belastung des Kontos beim Kreditkartenausgeber.

I. Regelmäßig wiederkehrende Einnahmen oder Ausgaben, die kurze Zeit vor Be-   **128**
ginn oder kurze Zeit nach Beendigung des Kalenderjahres zu- bzw. abfließen, gelten als
in dem Kalenderjahr bezogen, dem sie wirtschaftlich zugehören. Nach der Rspr. ist über
den Wortlaut des § 11 EStG hinaus erforderlich, dass die Zahlungen kurze Zeit vor oder
nach Beginn des Kalenderjahres fällig sind;[208] als kurzer Zeitraum ist eine Zeitspanne
von zehn Tagen anzusehen.[209]

Beispiel: Vermieter V erhält am 28.12.2014 eine Mietzahlung in Höhe von 1.000 € für Januar 2015, die
erst zum Monatsersten fällig ist. Er zahlt ferner am 10.01.2015 800 € USt aufgrund der USt-Voranmel-
dung für Dezember 2014.

- Die Mieteinnahme gilt als in 2015 zugeflossen, weil es sich bei den Mietzahlungen um regelmäßig
  wiederkehrende Leistungen handelt, die Fälligkeit kurz nach Beginn des Kalenderjahres eintrat und
  die Zahlung kurze Zeit vor Beginn des Jahres erfolgte.

- Die USt ist dagegen in 2014 zu erfassen, da sie für Umsätze des Jahres 2014 geschuldet wird und die
  übrigen Voraussetzungen des § 11 Abs. 2 S. 2 i.V.m. § 11 Abs. 1 S. 2 EStG erfüllt sind. Der öffentlich-
  rechtliche Charakter der USt steht ihrer Berücksichtigung als wiederkehrende Ausgabe nicht entgegen.[210]

Das Zufluss- und Abflussprinzip des § 11 EStG findet sowohl bei der Ermittlung der   **129**
Überschusseinkünfte wie auch bei der Gewinnermittlung nach § 4 Abs. 3 EStG Anwendung. Die Regelung des § 11 Abs. 2 EStG gilt darüber hinaus – mit gewissen Einschränkungen – auch für den Abzug von Sonderausgaben und für außergewöhnliche Belastungen.[211]

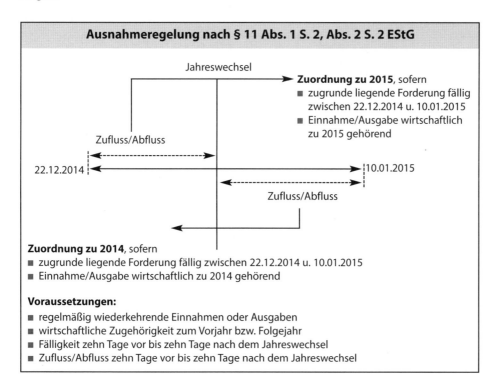

---

208 BFH v. 01.08.2007 – XI R 48/05, BStBl. II 2008, 282.

209 BFH v. 01.08.2007 – XI R 48/05, BStBl. II 2008, 282.

210 So jetzt die geänderte BFH-Rspr.: BFH v. 01.08.2007 – XI R 48/05, BStBl. II 2008, 282.

211 Schmidt/Krüger § 11 Rn. 5.

II. Vorauszahlungen im Zusammenhang mit längerfristiger Nutzungsüberlassung

130 § 11 Abs. 1 S. 3 EStG sieht eine Verteilungsmöglichkeit für Nutzungsüberlassungseinnahmen (z.B. Miete, Nießbrauch, Leasing) vor. Werden Einnahmen für eine Nutzungsüberlassung von mehr als fünf Jahren im Voraus geleistet, kann der Steuerpflichtige die Einnahmen insgesamt auf den Zeitraum gleichmäßig verteilen, für den die Vorauszahlung geleistet wird (Wahlrecht!). Auf der Ausgabenseite schreibt § 11 Abs. 2 S. 3 EStG dagegen eine **zwingende** Verteilung auf den Zeitraum vor, für den die Vorauszahlung geleistet wird.

G. Nichtabziehbarkeit der Kosten der Lebensführung

I. Die Abzugsverbote nach § 12 EStG

131 Die für den Betriebsausgaben- oder Werbungskostenabzug erforderliche Erwerbsveranlassung fehlt, wenn private Gründe für die Aufwendungen ausschlaggebend sind. Daher ist die Abgrenzung von den Ausgaben der Lebensführung vorzunehmen. Mehrere Vorschriften im EStG dienen diesem Zweck, und zwar für alle Erwerbsaufwendungen (Betriebsausgaben und Werbungskosten) gleichermaßen. Die gesetzliche Systematik lässt sich wie folgt darstellen:

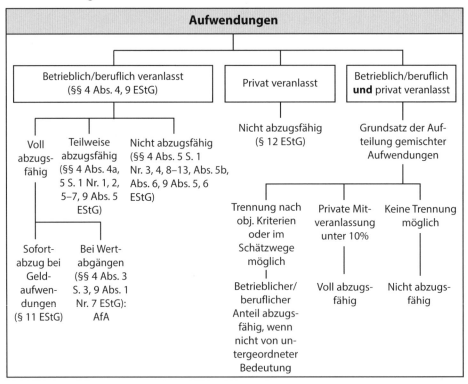

132 § 12 EStG stellt in diesem Zusammenhang die Kodifizierung des im Einkommensteuerrecht geltenden Grundsatzes dar, dass Aufwendungen für die Lebensführung die steuerliche Bemessungsgrundlage nicht mindern dürfen. Danach dürfen bei der Ermittlung der Einkünfte und des Gesamtbetrags der Einkünfte – soweit in §§ 10, 10a, 10b und

§§ 33–33b EStG nichts anderes bestimmt ist – **Kosten der Lebensführung** nicht abgezogen werden. Die Vorschrift des § 12 EStG enthält nur ein „steuertechnisches Konzept": Die in § 12 EStG bezeichneten Vorschriften über die Abzugsfähigkeit privater Aufwendungen sind keine Durchbrechungen eines allgemeinen Prinzips, sondern Bestandteil einer verfassungsrechtlich gebotenen Gesamtregelung.[212]

Die Nr. 1–5 des § 12 EStG enthalten eine exemplarische, aber nicht abschließende Aufzählung der praktisch bedeutsamen Aufwendungen, die nicht der Erzielung von steuerpflichtigen Einkünften dienen, sondern – jedenfalls nach der typisierenden Auffassung des Gesetzgebers – bloße Einkommensverwendung darstellen.[213] Nicht abzugsfähig sind danach:

- Aufwendungen der privaten Lebensführung, insbesondere Haushalts- und Unterhaltsaufwendungen für den Stpfl. und seine Familienangehörigen (§ 12 Nr. 1 EStG)   **133**

  Zu diesen nicht abzugsfähigen Kosten der privaten Lebensführung gehören z.B. Aufwendungen für Wohnung, Ernährung, Kleidung, allgemeine Schuldbildung, Kindererziehung, Unterhaltung, Bedürfnisse des täglichen Lebens, Zeitung.[214] Vollumfänglich nicht abzugsfähig sind ferner grundsätzlich Aufwendungen für die Lebensführung, die zwar der Förderung des Berufs oder der Tätigkeit dienen können, die aber grundsätzlich die wirtschaftliche oder gesellschaftliche Stellung des Steuerpflichtigen mit sich bringt (§ 12 Nr. 1 S. 2 EStG). Hierbei handelt es sich um Aufwendungen, die mit dem persönlichen Ansehen des Steuerpflichtigen in Zusammenhang stehen, d.h. der Pflege der sozialen Verpflichtungen dienen (sogenannte Repräsentationsaufwendungen).[215] Diese Aufwendungen können aber ggf. bei entsprechender betrieblicher oder beruflicher Veranlassung auch Erwerbsaufwendungen sein. Zur Aufteilung sogenannter gemischter Aufwendungen siehe unter Rn. 138 ff.

- freiwillige Zuwendungen und Zuwendungen an gesetzlich unterhaltsberechtigte Personen (§ 12 Nr. 2 EStG)   **134**

- persönliche Steuern (§ 12 Nr. 3 EStG)   **135**

  Zu den persönlichen Steuern gehören neben ESt und ErbSt kraft der ausdrücklichen Regelung des § 12 Nr. 3 EStG auch die USt für Umsätze, die Entnahmen sind. Das Gesetz erreicht damit, dass Unternehmer keinen Vorteil gegenüber Nichtunternehmern haben, die als Endverbraucher für den Bezug von Waren und Dienstleistungen über das zu entrichtende Entgelt mit USt belastet werden.

  Die Abzugsfähigkeit **steuerlicher Nebenleistungen** (§ 3 Abs. 3 AO) richtet sich nach der Abzugsfähigkeit der Steuer, zu der die Nebenleistungen gehören. Daher können Säumniszuschläge (§ 240 AO), Verspätungszuschläge (§ 152 AO), Zwangsgelder (§ 329 AO) und Kosten (§§ 337 ff. AO) zur ESt und den sonstigen unter § 12 Nr. 3 EStG fallenden Steuern nicht als Werbungskosten oder Betriebsausgaben abgezogen werden. § 12 Nr. 3 EStG schließt auch den Abzug von Nachzahlungszinsen i.S.d. § 233a AO als Werbungskosten unabhängig davon aus, ob der Steuerpflichtige den nachzuzahlenden Betrag vor der Nachzahlung zur Erzielung von Einkünften aus Kapitalvermögen eingesetzt hat.[216] Hinterziehungszinsen (§ 235 AO) sind weder als Sonderausgaben noch – soweit es sich um Zinsen auf andere Steuern als Personensteuern handelt – als Betriebsausgaben oder Werbungskosten absetzbar (§§ 4 Abs. 5 Nr. 8a, 9 Abs. 5 EStG).

---

212 Söhn StuW 1985, 395 ff., 401.

213 Fissenewert in Herrmann/Heuer/Raupach § 12 EStG Rn. 1.

214 BMF v. 06.07.2010 – IV C 3-S 2227/07/10003:002, 2010/0522213,BStBl. I 2010, 614 Tz. 4.

215 BMF v. 06.07.2010 – IV C 3-S 2227/07/10003:002, 2010/0522213, BStBl. I 2010, 614 Tz. 5.

216 BFH v. 02.09.2008 – VIII R 2/07, BStBl. II 2010, 25; a.A. Brete DStZ 2009, 692; Paus NWB 1999, 3665; Söffing BB 2002, 1456; Eggesieker/Ellerbrock DB 2004, 745.

136 ■ **Geldstrafen** und andere Rechtsfolgen vermögensrechtlicher Art mit Strafcharakter (§ 12 Nr. 4 EStG)

Das Abzugsverbot erstreckt sich auch auf **ausländische Geldstrafen**, wenn die ausländische Strafe nicht wesentlichen Grundsätzen der deutschen Rechtsordnung (ordre public) widerspricht.[217]

Strafverteidigungskosten sind Erwerbsaufwendungen, wenn der strafrechtliche Vorwurf, gegen den sich der Steuerpflichtige zur Wehr setzt, durch sein berufliches Verhalten veranlasst war.[218] Das ist beispielsweise nicht der Fall, wenn eine Kriminalbeamtin Rauschgift aus dienstlicher Verwahrung entwendet und Strafverteidigungskosten (auch) deshalb aufwendet, um ihren Beamtenstatus zu erhalten.[219]

137 ■ **Aufwendungen für erstmalige Berufsausbildung und Erststudium** (§ 12 Nr. 5 EStG).

Zu den nicht abzugsfähigen Kosten der privaten Lebensführung gehören nach der gesetzlichen Wertung des § 12 Nr. 5 EStG auch die Aufwendungen für die erstmalige Berufsausbildung und für ein Erststudium, das zugleich eine Erstausbildung vermittelt, wenn diese Berufsausbildung oder dieses Erststudium nicht im Rahmen eines Dienstverhältnisses stattfinden. Die Regelung ist ein partielles Nichtanwendungsgesetz als Reaktion auf die 2002 geänderte höchstrichterliche Rspr. zur Abzugsfähigkeit von Berufsausbildungs- und Studienkosten als vorab entstandene Werbungskosten oder Betriebsausgaben. Nachdem der BFH in seiner aktuellen Rspr.[220] aufgrund des Einleitungssatzes des § 12 EStG kein Abzugsverbot für Kosten für eine erstmalige Berufsausbildung und für ein im Anschluss an das Abitur durchgeführtes Hochschulstudium sah, hat der Gesetzgeber § 12 Nr. 5 EStG angepasst und in §§ 4 Abs. 9, 9 Abs. 6 EStG spezielle Abzugsverbote für Erstausbildungs- und Erststudienkosten aufgenommen.[221] Gleichzeitig ist die Abzugsfähigkeit der Studienkosten (als Teil der Aufwendungen für die eigene Berufsausbildung) im Rahmen des Sonderausgabenabzugs (§ 10 Abs. 1 Nr. 7 EStG) verbessert worden (Höchstbetrag auf 6.000 € angehoben).[222] Ob das gesetzliche Abzugsverbot für Erstausbildungskosten gegen das verfassungsrechtliche Grundprinzip der Besteuerung nach der wirtschaftlichen Leistungsfähigkeit – namentlich das objektive und subjektive Nettoprinzip – verstößt, hat aktuell auf Vorlage des BFH das BVerfG zu prüfen.[223] Darüber hinaus hat der Gesetzgeber in § 9 Abs. 6 S. 2 bis 5 EStG mit Wirkung ab VZ 2015 gesetzlich festgelegt, unter welchen Voraussetzungen eine Berufsausbildung als Erstausbildung gilt und damit der diesbezüglich bürgerfreundlichen Rspr. des VI. Senats des BFH[224] den Boden entzogen.

---

217 BFH v. 31.07.1991 – VIII R 89/86, BStBl. II 1992, 85.

218 BFH v. 18.10.2007 – VI R 42/04, BStBl. II 2008, 223; FG Münster v. 05.12.2012 – 11 K 4517/10 E, EFG 2013, 425.

219 Hess. FG v. 01.02.1994 – 1 K 10518/86, EFG 1994, 1043.

220 BFH v. 28.07. 2011 – VI R 5/10, BStBl. II 2012, 553; VI R 7/10, BStBl. II 2012, 557; VI R 38/10, BStBl. II 2012, 561; s. dazu Bergkemper, DB 2011, 1947 und v. 27. 10. 2011 – VI R 52/10, BFH/NV 2012, 323.

221 Verfassungsrechtlich zweifelhaft: vgl. Bergkemper in H/H/R § 9 EStG Rn. 708 ff.

222 Zur Gesamtproblematik siehe Kreft, SteuerStud 2014, 599.

223 Vorlagebeschlüsse des BFH v. 17.07.2014 – VI R 61/11, VI R 2/12, VI R 8/12, VI R 38/12, VI R 2/13, 72/13, etwa BFH/NV 2014, 1954 sowie DStR 2014, 2216; Az. des BVerfG: 2 BvL 22 ff./14; hierzu ausführlich Kreft, SteuerStud 2014, 599, ders. in Herrmann/Heuer/Raupach § 9 Rn. 9 sowie Bergkemper in Herrmann/Heuer/Raupach § 9 Rn. 708 ff.; ders. DB 2014, 2626.

224 BFH v. 28.02.2013 – VI R 6/12, BFH/NV 2013, 1166.

II. Aufteilung gemischter Aufwendungen (§ 12 Nr. 1 S. 2 EStG)

Fall 17: Fachkongress in London

Der niedergelassene Arzt A besucht einen Fachkongress in London. Er reist Samstag früh an. Die Veranstaltung findet ganztägig von Dienstag bis Donnerstag statt. Am Samstag reist er wieder nach Hause zurück. A möchte wissen, ob die ihm entstandenen Aufwendungen, wie Flugkosten, Kongressgebühren, Übernachtungskosten und Verpflegungsmehraufwendungen, vollständig als Betriebsausgaben abzugsfähig sind.

I. Die Aufwendungen des A für den Fachkongress in London könnten den Gewinn aus der freiberuflichen Tätigkeit als Arzt (§ 18 Abs. 1 Nr. 1 S. 2 EStG) mindern, wenn es sich um Betriebsausgaben handelt.

1. **Betriebsausgaben** sind nach § 4 Abs. 4 EStG Aufwendungen, die durch den Betrieb veranlasst sind. Keine Betriebsausgaben sind Aufwendungen, die gemäß § 12 Nr. 1 EStG als Kosten der Lebensführung nicht bei der Ermittlung des Gewinns abgezogen werden dürfen. Zu den nicht abzugsfähigen Kosten gehören auch Aufwendungen für die Lebensführung, die die wirtschaftliche oder gesellschaftliche Stellung des Stpfl. mit sich bringt, auch wenn sie zur Förderung des Berufs oder der Tätigkeit des Stpfl. erfolgen (§ 12 Nr. 1 S. 2 EStG). Aufwendungen, die sowohl der Lebensführung als auch dem Beruf/Betrieb dienen, bezeichnet man als **gemischte Aufwendungen**. Vorliegend könnte es sich um solche gemischte Aufwendungen handeln, denn an mindestens drei von acht Reisetagen fanden keine Kongressveranstaltungen statt. Mithin ist eine private Mitveranlassung festzustellen.   **138**

2. Fraglich ist, welche Auswirkungen diese **private Mitveranlassung** auf die steuerliche Abzugsfähigkeit der einzelnen Aufwendungen hat.   **139**

a) Nach der jüngsten Rspr. des Großen Senats des BFH,[225] die mit einer jahrzehntelang ständigen BFH-Rspr. gebrochen hat, sind gemischt veranlasste Aufwendungen aufzuteilen, sofern eine Aufteilung nach objektiven Kriterien möglich ist. Ein allgemeines Aufteilungs- und Abzugsverbot lässt sich danach aus § 12 Nr. 1 S. 2 EStG nicht herleiten. Bestehen keine Zweifel daran, dass ein nach objektivierbaren Kriterien abgrenzbarer Teil der Aufwendungen beruflich/betrieblich veranlasst ist, bereitet seine Quantifizierung aber Schwierigkeiten, so ist dieser Anteil unter Berücksichtigung aller maßgeblichen Umstände des Einzelfalls zu schätzen (§ 162 AO). Ein Abzug der Aufwendungen kommt aber dann insgesamt nicht in Betracht, wenn die – für sich gesehen jeweils nicht unbedeutenden – betrieblichen/beruflichen und privaten Veranlassungsbeiträge so ineinander greifen, dass eine Trennung nicht möglich und eine Grundlage für eine Schätzung nicht erkennbar ist.[226] Nur in diesem Fall verbleibt es bei einem Aufteilungs- und Abzugsverbot.

---

225 BFH v. 21.09.2009 – GrS 1/06, BStBl. II 2010, 672.
226 BFH v. 21.09.2009 – GrS 1/06, BStBl. II 2010, 672.

b) Sind die Aufwendungen sowohl durch betriebliche/berufliche als auch durch private Gründe von jeweils nicht untergeordneter Bedeutung (> 10%) veranlasst, ist nach Möglichkeit eine Aufteilung der Aufwendungen nach Veranlassungsbeiträgen vorzunehmen.[227] Dafür ist ein geeigneter, den Verhältnissen des Einzelfalls gerecht werdender Aufteilungsmaßstab zu finden. In Betracht kommen z.B. Zeit-, Mengen- und Flächenanteile sowie eine Aufteilung nach Köpfen.[228]

c) Unter Berücksichtigung dieser neuen Rechtsgrundsätze ist die Kongressreise nicht mehr als Einheit zu betrachten. Vielmehr sind zunächst die Kostenanteile auszusondern, die ausschließlich dem betrieblichen Bereich des A zuzuordnen sind. Dies sind vorliegend die Kongressgebühren und die Übernachtungskosten während der Kongresstage (zwei Übernachtungen). Diese Kosten sind vollständig als Betriebsausgaben abzugsfähig. Die Flugkosten sind dagegen gemischt veranlasst und nach Veranlassungsbeiträgen aufzuteilen. Sachgerechter Aufteilungsmaßstab ist das Verhältnis der betrieblichen und privaten Zeitanteile der Reise (betrieblich veranlasst 3/8). Die Verpflegungsmehraufwendungen können nur in Höhe der Pauschbeträge für Verpflegungsmehraufwendungen für die betrieblich veranlassten Tage abgezogen werden (§ 4 Abs. 5 Nr. 5 EStG i.V.m. § 9 Abs. 4a EStG).

II. Die Aufwendungen für den Fachkongress in London stellen nur insoweit vollständig abzugsfähige Betriebsausgaben dar, als sie dem betrieblichen Bereich des A direkt zugeordnet werden können. Die eindeutig zu der Privatsphäre gehörenden Aufwendungen (Übernachtungskosten an den „freien" Tagen) sind als Aufwendungen der privaten Lebensführung nicht abzugsfähig. Die gemischt veranlassten Kosten, wie die Flugkosten, sind aufzuteilen.

Ergebnis: Die Kosten für die Teilnahme am Fachkongress mindern in dem vorgenannten Umfang als Betriebsausgaben den Gewinn des A aus freiberuflicher Tätigkeit i.S.d. § 18 Abs. 1 Nr. 1 S. 2 EStG.

Weitere Einzelheiten zur Aufteilung gemischter Aufwendungen:

140 ■ **Untergeordnete Veranlassungsbeiträge**

Sind Aufwendungen nur untergeordnet betrieblich/beruflich mitveranlasst (< 10%), sind die Aufwendungen in vollem Umfang nicht als Betriebsausgaben oder Werbungskosten abzugsfähig.

Beispiel: Ein Stpfl. nimmt während einer 14-tägigen Urlaubsreise an einem eintägigen Fachseminar teil. Aufwendungen, die unmittelbar mit dem Fachseminar zusammenhängen (Seminargebühr, Fahrt vom Urlaubsort zum Tagungsort) sind gleichwohl als Betriebsausgaben oder Werbungskosten abzugsfähig.[229]

---

227 BFH v. 21.09.2009 – GrS 1/06, BStBl. II 2010, 672.
228 BMF v. 06.07.2010 – IV C 3-S 2227/07/10003:002, 2010/0522213, BStBl. I 2010, 614 Tz. 15.
229 BMF v. 06.07.2010 – IV C 3-S 2227/07/10003:002, 2010/0522213, BStBl. I 2010, 614 Tz. 11.

Bei untergeordneter privater Mitveranlassung (< 10%) sind die Aufwendungen in vollem Unfang als Betriebsausgaben/Werbungskosten anzuerkennen.

Beispiel: Ein Arbeitnehmer nimmt auf Weisung des Arbeitgebers einen ortsgebundenen Pflichttermin wahr, den er mit einem vorangehenden oder nachfolgenden Privataufenthalt verbindet. Kosten für die Hin- und Rückreise sind wegen des unmittelbaren beruflichen Anlasses und untergeordneter privater Mitveranlassung in vollem Umfang Werbungskosten.[230]

■ Nicht aufteilbare gemischte Aufwendungen 141

Ein auch nur teilweise steuermindernder Abzug der gemischt veranlassten Aufwendungen kommt nicht in Betracht, wenn die Veranlassungsbeiträge derart ineinandergreifen, dass eine Trennung unmöglich ist oder nur willkürlich erfolgen könnte.[231] Das ist insbesondere der Fall, wenn objektivierbare Aufteilungskriterien fehlen. In diesen Fällen ist auch keine Aufteilung im Schätzwege zulässig.

Beispiele:

- Aufwendungen für eine überregionale Zeitung eines Steuerberaters[232]

- Aufwendungen für Sicherungsmaßnahmen eines Stpfl. zum Schutz von Leben, Gesundheit, Freiheit und Vermögen seiner Person

- Aufwendungen eines in Deutschland lebenden Ausländers für das Erlernen[233] der deutschen Sprache[234]

---

230 BMF v. 06.07.2010 – IV C 3-S 2227/07/10003:002, 2010/0522213, BStBl. I 2010, 614 Tz. 12.
231 Pezzer DStR 2010, 93; Schmidt/D § 12 Rn. 1.
232 BMF v. 06.07.2010 – IV C 3-S 2227/07/10003:002, 2010/0522213, BStBl. I 2010, 614 Tz. 17.
233 BFH v. 05.04.2006 – IX R 109/00, BStBl. II 2006, 541.
234 BFH v. 15.03.2007 – VI R 14/04, BStBl. II 2007, 814.

142

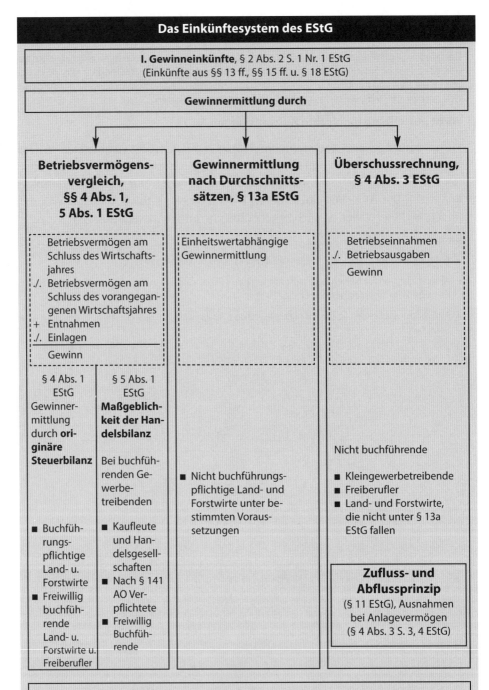

Das Einkünftesystem des EStG

I. Gewinneinkünfte, § 2 Abs. 2 S. 1 Nr. 1 EStG
(Einkünfte aus §§ 13 ff., §§ 15 ff. u. § 18 EStG)

Gewinnermittlung durch

Betriebsvermögensvergleich, §§ 4 Abs. 1, 5 Abs. 1 EStG	**Gewinnermittlung nach Durchschnittssätzen, § 13a EStG**	**Überschussrechnung, § 4 Abs. 3 EStG**

Betriebsvermögen am Schluss des Wirtschaftsjahres
./. Betriebsvermögen am Schluss des vorangegangenen Wirtschaftsjahres
\+ Entnahmen
./. Einlagen

Gewinn

Einheitswertabhängige Gewinnermittlung

Betriebseinnahmen
./. Betriebsausgaben

Gewinn

§ 4 Abs. 1 EStG Gewinnermittlung durch **originäre Steuerbilanz**	§ 5 Abs. 1 EStG **Maßgeblichkeit der Handelsbilanz** Bei buchführenden Gewerbetreibenden

■ Buchführungspflichtige Land- u. Forstwirte
■ Freiwillig buchführende Land- u. Forstwirte u. Freiberufler

■ Kaufleute und Handelsgesellschaften
■ Nach § 141 AO Verpflichtete
■ Freiwillig Buchführende

■ Nicht buchführungspflichtige Land- und Forstwirte unter bestimmten Voraussetzungen

Nicht buchführende

■ Kleingewerbetreibende
■ Freiberufler
■ Land- und Forstwirte, die nicht unter § 13a EStG fallen

Zufluss- und Abflussprinzip
(§ 11 EStG), Ausnahmen bei Anlagevermögen (§ 4 Abs. 3 S. 3, 4 EStG)

Abzugsverbot für Kosten der Lebensführung (§ 12 EStG); sog. gemischte Aufwendungen sind grds. aufzuteilen, ggf. im Schätzwege. Aufteilungs- u. Abzugsverbot nur für untrennbar gemischt veranlasste Aufwendungen.

Das Einkünftesystem des EStG (Fortsetzung)

II. Überschusseinkünfte, § 2 Abs. 2 S. 1 Nr. 2 EStG
(Einkünfte aus § 19, § 20, § 21 u. § 22 EStG)

Überschussermittlung durch

Überschussrechnung nach §§ 8–9a EStG

> Einnahmen
> ./. Werbungskosten
> _____
> Überschuss der Einnahmen über
> die Werbungskosten

Einnahmen = Zufluss von Gütern in Geld oder
Geldeswert im Rahmen einer Einkunftsart (§ 8 Abs. 1 EStG)

Werbungskosten = Aufwendungen zur Erwerbung,
Sicherung und Erhaltung der Einnahmen (§ 9 Abs. 1 EStG)

Zufluss- und Abflussprinzip (§ 11 EStG)
Bei Erwerb abnutzbarer Wirtschaftsgüter Anwendung der AfA-Vorschriften
(§ 9 Abs. 1 S. 3 Nr. 7 EStG)

Abzugsverbot für Kosten der Lebensführung (§ 12 EStG); sog. gemischte Aufwendungen sind grds. aufzuteilen, ggf. im Schätzwege. Aufteilungs- u. Abzugsverbot nur für untrennbar gemischt veranlasste Aufwendungen.

3. Abschnitt: Die einzelnen Einkunftsarten

A. Einkünfte aus Land- und Forstwirtschaft (§§ 13–14a EStG)

I. Allgemeines

143 Entsprechend der traditionellen Bedeutung dieses Wirtschaftsbereichs stellt das Gesetz die Einkünfte aus Land- und Forstwirtschaft an die Spitze der Einkunftsarten (§§ 2 Abs. 1 S. 1 Nr. 1, 13–14a EStG). Land- und Forstwirtschaft setzen eine

- selbstständige nachhaltige Tätigkeit voraus, die

- mit der Absicht, Gewinn zu erzielen, unternommen wird, sich als

- Beteiligung am allgemeinen wirtschaftlichen Verkehr darstellt und sich

- nach ihrem Gegenstand auf die in § 13 Abs. 1, Abs. 2 EStG beschriebenen Tätigkeiten richtet.

§ 15 Abs. 2 S. 1 EStG klammert die Ausübung der Land- und Forstwirtschaft ausdrücklich aus dem Begriff des Gewerbebetriebs aus, dessen Merkmale im Übrigen vorliegen müssen. Fehlt die Gewinnerzielungsabsicht, liegt Liebhaberei vor.

II. Abgrenzung zum Gewerbebetrieb

144 Die Abgrenzung zwischen Land- und Forstwirtschaft und den Einkünften aus Gewerbebetrieb (§ 15 EStG) ist vor allem wegen des Freibetrags nach § 13 Abs. 3 EStG und wegen der unterschiedlichen Gewinnermittlungsmethoden von Bedeutung. Der Land- und Forstwirt unterliegt darüber hinaus nicht der GewSt (§ 2 Abs. 1 GewStG).

Fall 18: Landwirt mit gewerblicher Tätigkeit

Landwirt L erzielt Einkünfte aus Land- und Forstwirtschaft. Er bewirtschaftet einen landwirtschaftlichen Betrieb mit den Schwerpunkten Ferkelzucht und Getreideanbau. Daneben unterhält er als Einzelunternehmer einen Gewerbebetrieb für Grubenentleerungen und Klärschlammtransporte. L erfasst die Einnahmen für den Transport und die Ausbringung von Klärschlamm auf fremdbewirtschafteten Flächen als Einnahmen aus Gewerbebetrieb. Die Einnahmen für den Transport und die Ausbringung des Klärschlamms auf selbstbewirtschafteten Feldern rechnet er den Einnahmen aus Land- und Forstwirtschaft zu. Zu Recht?

---

145 I. Einkünfte aus dem Betrieb von Land- und Forstwirtschaft erzielt, wer Pflanzen und Pflanzenteile mit Hilfe der Naturkräfte gewinnt (§ 13 Abs. 1 Nr. 1 EStG). Dagegen liegt eine gewerbliche Tätigkeit nach § 15 Abs. 2 S. 1 EStG vor, wenn ein Land- und Forstwirt eine an sich land- und forstwirtschaftliche Betätigung ohne Beziehung zum eigenen Betrieb ausübt.[235] Von Anfang an liegt ein Gewerbebetrieb auch dann vor, wenn ein Landwirt Wirtschaftsgüter außerbetrieblich verwendet, die er eigens zu

---

235 BFH v. 14.12.2006 – IV R 10/05, BStBl. II 2007, 516, m.w.N.

diesem Zweck angeschafft hat. So verhält es sich insbesondere, wenn ein Landwirt Maschinen anschafft, die er im eigenen Betrieb nicht benötigt, auch wenn er sie gelegentlich in der eigenen Landwirtschaft einsetzt.

II. Liegen danach teils gewerbliche und teils landwirtschaftliche Betätigungen vor, so sind beide Betriebe getrennt zu beurteilen, selbst wenn eine zufällige, vorübergehende wirtschaftliche Verbindung zwischen ihnen besteht, die ohne Nachteil für die Betriebe gelöst werden kann. Nur eine über dieses Maß hinausgehende wirtschaftliche Beziehung zwischen beiden Betrieben, eine planmäßig im Interesse des Hauptbetriebs gewollte Verbindung, kann eine einheitliche Beurteilung verschiedenartiger Betätigungen rechtfertigen. Sie führt zur Annahme eines einheitlichen land- und forstwirtschaftlichen Betriebs, wenn die Land- und Forstwirtschaft dem Unternehmen das Gepräge verleiht, und zur Annahme eines einheitlichen Gewerbebetriebs, wenn das Gewerbe im Vordergrund steht und die land- und forstwirtschaftliche Betätigung nur die untergeordnete Bedeutung einer Hilfstätigkeit hat.[236]

III. Fraglich ist, ob L unter Berücksichtigung dieser Grundsätze zutreffend eine Zuordnung der Einnahmen für den Transport und die Ausbringung des Klärschlamms auf selbstbewirtschafteten Feldern den Einnahmen aus Land- und Forstwirtschaft zugerechnet hat.

1. Zunächst ist L zu Recht davon ausgegangen, dass er außer seinem land- und forstwirtschaftlichen Betrieb auch einen davon getrennt zu beurteilenden gewerblichen Betrieb unterhält, bei dem es sich nicht lediglich um einen der Land- und Forstwirtschaft dienenden Nebenbetrieb handelt. Die Tätigkeit der Grubenentleerung und Klärschlammtransporte erfüllt als selbstständige, nachhaltige und unter Beteiligung am allgemeinen wirtschaftlichen Verkehr mit Gewinnerzielungsabsicht unternommene Betätigung die positiven Merkmale des Gewerbebetriebs nach § 15 Abs. 2 S. 1 EStG. Sie ist im vorliegenden Fall auch nicht als Ausübung von Land- und Forstwirtschaft anzusehen. Zwar gehören zur landwirtschaftlichen Tätigkeit der Gewinnung von Pflanzen und Pflanzenteilen mit Hilfe der Naturkräfte auch alle dazu notwendigen Nebentätigkeiten, insbesondere also auch das Ausbringen von Dünger auf die selbstbewirtschafteten Flächen. Vorliegend übt L die land- und forstwirtschaftliche Tätigkeit im Wesentlichen aber unabhängig von seiner Tätigkeit im Bereich der Grubenentleerung und Klärschlammtransporte aus.

2. Im vorliegenden Fall besteht ein wirtschaftlicher Zusammenhang der fraglichen Einnahmen aus dem Transport und der Ausbringung von Klärschlamm sowohl mit dem Betrieb der Land- und Forstwirtschaft als auch mit dem Gewerbebetrieb des L. Der wirtschaftliche Zusammenhang der Einnahmen mit dem Gewerbebetrieb ergibt sich daraus, dass sie auf einer Tätigkeit im Rahmen des von L ausgeübten Gewerbebetriebs beruhen. Er setzt zur Erzielung der Einnahmen Betriebsvermögen (Maschinen) ein, das zu seinem Gewerbebetrieb gehört.

---

236 BFH v. 23.01.1992 – IV R 19/90, BStBl. II 1992, 651.

a) Besteht demnach ein wirtschaftlicher Zusammenhang der Einnahmen mit mehreren Einkunftsarten, ist maßgebend für die Abgrenzung die Einkunftsart, die im Vordergrund steht und die Beziehungen zu den anderen Einkünften verdrängt.[237]

b) Vorliegend steht die gewerbliche Tätigkeit im Vordergrund. Sie verdrängt die Beziehung der Einnahmen zu den Einkünften aus Land- und Forstwirtschaft. Zwischen die mit der Ausbringung des Klärschlamms auf den selbstbewirtschafteten Flächen verbundene Düngung des Bodens als Teil der landwirtschaftlichen Urproduktion und die Einnahmen aus den Klärschlammtransporten tritt der Gewerbebetrieb des L als eigenständige Einkunftsquelle. Für die Zurechnung der fraglichen Einnahmen zu den Einkünften aus Gewerbebetrieb spricht auch, dass die Klärschlammtransporte und die Ausbringung des Klärschlamms den eigentlichen Geschäftszweck (Unternehmensgegenstand) des gewerblichen Unternehmens des L bilden, während es sich im Bereich der Land- und Forstwirtschaft lediglich um Hilfsgeschäfte handelt.

Ergebnis: Landwirt L erzielt mit den Einnahmen für den Transport und die Ausbringung von Klärschlamm auch insoweit Einkünfte aus Gewerbebetrieb und nicht aus Landwirtschaft, als er den Klärschlamm mit Maschinen des Gewerbebetriebs auf selbstbewirtschafteten Feldern ausbringt.[238]

III. Weitere Einzelheiten

146 Land- und Forstwirtschaft können gemäß § 13 Abs. 7 i.V.m. § 15 Abs. 1 S. 1 Nr. 2 EStG auch in Form einer **Mitunternehmerschaft** betrieben werden.

Beispiele: Zwei Landwirte unterhalten einen Gutsbetrieb in der Rechtsform der BGB-Gesellschaft. Ehegatten bewirtschaften gemeinsam einen landwirtschaftlichen Betrieb auf der Grundlage eines – im Regelfall ausdrücklich zu vereinbarenden – Gesellschaftsvertrags.

Nach geänderter Rspr. des BFH können Ehegatten in der Land- und Forstwirtschaft auch ohne ausdrücklichen Gesellschaftsvertrag eine Mitunternehmerschaft bilden, wenn jeder der Ehegatten einen erheblichen Teil der selbst bewirtschafteten landwirtschaftlichen und forstwirtschaftlichen Grundstücke zur Verfügung stellt. Dabei kommt es nicht darauf an, ob dem Ehegatten das Fruchtziehungsrecht an den zur Verfügung gestellten Grundstücken als Alleineigentümer, als Miteigentümer oder als Pächter zusteht.[239] Unterhält jeder Ehegatte einen eigenen landwirtschaftlichen Betrieb, genügt die Selbstbewirtschaftung von landwirtschaftlichen Flächen der Ehegatten nicht, um eine konkludente Mitunternehmerschaft zu begründen. Erforderlich ist, dass die Ehegatten die Grundstücke gemeinsam in einem Betrieb bewirtschaften, sodass von einer gemeinsamen Zweckverfolgung ausgegangen werden kann.[240]

237 BFH v. 05.04.2006 – IX R 111/00, BStBl. II 2006, 654 m.w.N.
238 BFH v. 08.11.2007 – IV R 24/05, BStBl. II 2008, 356.
239 BFH v. 25.09.2008 – IV R 16/07, BStBl. II 2009, 989.
240 BFH v. 25.09.2008 – IV R 16/07, BStBl. II 2009, 989.

Zu den Einkünften aus Land- und Forstwirtschaft gehören gemäß § 14 EStG auch Gewinne aus der **Veräußerung oder Aufgabe** von ganzen Betrieben oder Teilbetrieben.

Im Falle der **Vermietung oder Verpachtung des Betriebs** bzw. aller landwirtschaftlich genutzten Flächen an einen oder mehrere Pächter hat der bisherige Inhaber ein sogenanntes Verpächterwahlrecht:[241] Er kann den land- und forstwirtschaftlichen Betrieb fortführen, mit der Folge, dass die Pachteinnahmen zu den Einkünften aus Land- und Forstwirtschaft gehören. Er kann jedoch auch die Betriebsaufgabe wählen. Für die Aufgabe eines verpachteten landwirtschaftlichen Betriebes ist eine ausdrückliche Aufgabeerklärung erforderlich.[242] Die Zurückbehaltung der Hofstelle ist bei der Verpachtung des land- und forstwirtschaftlichen Betriebs im Ganzen ebenso wie bei der parzellenweisen Verpachtung für die Anwendung der Betriebsverpachtungsgrundsätze unerheblich.[243] Im Falle der erklärten Betriebsausgabe sind die stillen Reserven nach §§ 14, 14a, 16 Abs. 4, 34 EStG zu versteuern; die Pachteinnahmen sind als Einkünfte aus Vermietung und Verpachtung (§ 21 EStG) zu erfassen. **147**

Der Erwerber von land- und forstwirtschaftlich genutzten einzelnen Wirtschaftsgütern, z.B. Ackerflächen und Wiesenflächen, der nur das Eigentum erwirbt, aber zu keinem Zeitpunkt selbst als Landwirt und Forstwirt tätig wird, erzielt im Falle der sofortigen Verpachtung dieser Wirtschaftsgüter grundsätzlich nur Einkünfte aus Vermietung und Verpachtung. [244] **148**

B. Einkünfte aus selbstständiger Arbeit (§ 18 EStG)

I. Allgemeines

§ 18 EStG enthält keine Definition des Begriffs der selbstständigen Arbeit, sondern beschreibt lediglich drei Tätigkeitsbereiche, die dieser Einkunftsart zuzuordnen sind. Der Begriff „selbstständige Arbeit" ist unscharf, denn nicht die Selbstständigkeit, sondern die Art der Tätigkeit unterscheidet selbstständige Arbeit i.S.d. § 18 EStG von land- und forstwirtschaftlicher (§ 13 EStG) und gewerblicher Betätigung (§ 15 EStG). Die positiven Voraussetzungen für einen Gewerbebetrieb (Selbstständigkeit, nachhaltige Betätigung, Gewinnerzielungsabsicht, Beteiligung am allgemeinen wirtschaftlichen Verkehr) treffen auch auf die Einkunftsart „selbstständige Arbeit" zu (arg. § 15 Abs. 2 EStG). Von praktischer Bedeutung ist die Abgrenzung zu den Einkünften aus Gewerbebetrieb (§ 15 EStG) vor allem wegen der Gewinnermittlungsmethode und der Gewerbesteuerpflicht (§ 2 Abs. 1 GewStG). **149**

---

241 BFH v. 08.03.2007 – IV R 57/04, BFH/NV 2007, 1640.

242 BFH v. 08.03.2007 – IV R 57/04, BFH/NV 2007, 1640; Niedersächsisches FG v. 03.09.2012 – 2 K 13088/11, n.v.

243 BFH v. 08.03.2007 – IV R 57/04, BFH/NV 2007, 1640.

244 Niedersächsisches FG v. 23.01.2013 – 9 K 293/11, n.v.

Fall 19: EDV-Berater als Gewerbetreibender?

X, der eine zweieinhalbjährige Ausbildung zum medizinisch technischen Assistenten absolviert hatte, war zunächst nichtselbstständig bei der Firma Y im Bereich Software tätig. Zum 01.01.2014 meldete er eine Tätigkeit als selbstständiger EDV-Berater beim FA an. Im Rahmen dieser Tätigkeit entwickelt er qualifizierte Anwendersoftware durch eine klassische ingenieurmäßige Vorgehensweise (Planung, Konstruktion und Überwachung). Für 2014 ermittelte er seinen Gewinn nach § 4 Abs. 3 EStG und erklärte Einkünfte aus selbstständiger Tätigkeit gemäß § 18 EStG. X meint, er übe eine ingenieurähnliche Tätigkeit i.S.d. § 18 Abs. 1 S. 2 EStG aus, da seine theoretischen Kenntnisse in ihrer Breite und Tiefe denjenigen eines an einer Fachhochschule oder Hochschule ausgebildeten Ingenieurs entsprechen (zutreffend). Nach Auffassung des FA entspricht das Gesamtbild der Tätigkeit des X dagegen dem eines EDV-Beraters. Es qualifiziert die Einkünfte als solche aus Gewerbebetrieb und erlässt für 2014 einen Gewerbesteuermessbetragsbescheid. Zu Recht?

---

150 I. Gemäß § 2 Abs. 1 S. 1 GewStG unterliegt jeder stehende inländische Gewerbebetrieb der Gewerbesteuer mit der Folge der Festsetzung eines Steuermessbetrags nach Maßgabe des § 14 GewStG. Unter einem Gewerbebetrieb ist nach § 2 Abs. 1 S. 2 GewStG i.V.m. § 15 Abs. 2 S. 1 EStG jede selbstständige, nachhaltige Betätigung zu verstehen, die mit der Absicht, Gewinn zu erzielen, unternommen wird und sich als Beteiligung am allgemeinen wirtschaftlichen Verkehr darstellt, wenn die Betätigung weder als Ausübung von Land- und Forstwirtschaft noch als Ausübung eines freien Berufs oder als eine andere selbstständige Arbeit anzusehen ist.

151 II. Einkünfte aus selbstständiger Tätigkeit sind gemäß § 18 EStG:

- Einkünfte aus **freiberuflicher Tätigkeit** (§ 18 Abs. 1 Nr. 1 EStG),

- Einkünfte der **Einnehmer einer staatlichen Lotterie**, wenn sie nicht Gewerbetreibende sind (§ 18 Abs. 1 Nr. 2 EStG),

  Die Lotterieannahmestelle darf also nach Art und Umfang kein Gewerbebetrieb sein und auch nicht Hilfs- oder Nebengeschäft eines anderen Gewerbebetriebs, den der Lotterieeinnehmer nebenher betreibt. Beispiel: Bei Absatz der Lose im Rahmen eines Zeitschriftenhandels liegt eine einheitliche gewerbliche Tätigkeit vor.[245]

- Einkünfte aus **sonstiger selbstständiger Tätigkeit** (§ 18 Abs. 1 Nr. 3 EStG).

  Unter diese Auffangvorschrift fallen, wie die gesetzlichen Beispiele zeigen, vorwiegend gelegentlich ausgeübte Tätigkeiten verwaltender Art, z.B. Testamentsvollstreckung, Vermögensverwaltung, Insolvenzverwaltung, Aufsichtsratstätigkeit, ehrenamtliche Tätigkeit in Kommunalvertretungen.[246]

152 Die **freiberufliche Tätigkeit** – wichtigster Anwendungsbereich des § 18 EStG – grenzt das Gesetz in verschiedenen Richtungen von der gewerblichen Betätigung ab:

---

245 Vgl. Schmidt/Wacker § 18 Rn. 135 f.
246 BFH v. 03.12.1987 – IV R 41/85, BStBl. II 1988, 266.

1. Nach **allgemeinen Kriterien** ist Freiberufler, wer eine wissenschaftliche, künstlerische, schriftstellerische, unterrichtende oder erzieherische Tätigkeit selbstständig ausübt (§ 18 Abs. 1 Nr. 1 S. 2 EStG).

2. Angehörige von sogenannten **Katalogberufen** i.S.d. § 18 Abs. 1 Nr. 1 S. 2 Hs. 2 EStG sind Freiberufler kraft gesetzlicher Zuordnung. Dazu gehören insbesondere die Heilberufe, die rechts- und wirtschaftsberatenden Berufe, technische Berufe, wie Architekten und Ingenieure sowie Journalisten, Dolmetscher, Lotsen etc.

3. Den Katalogberufen gleichgestellt sind **„ähnliche Berufe"**. Ein Beruf ist einem Katalogberuf ähnlich, wenn er in wesentlichen Punkten mit diesem verglichen werden kann. Dazu gehört die Vergleichbarkeit der Ausbildung und der beruflichen Tätigkeit. Verfügt der Steuerpflichtige nicht über einen Abschluss als Absolvent einer Hochschule oder Fachhochschule, muss er eine vergleichbare Tiefe und Breite seiner Vorbildung nachweisen. Diesen Nachweis kann er durch Belege über erfolgreiche Teilnahme an Fortbildungsveranstaltungen, anhand praktischer Arbeiten oder durch eine Art Wissensprüfung führen.[247] Setzt die Vergleichstätigkeit eine staatliche Erlaubnis, Prüfung oder Anerkennung voraus, waren nach früherer Rspr. des BFH dieselben Anforderungen auch an die ähnliche Tätigkeit zu stellen.[248] Hiervon ist die neuere Rspr. zumindest für sogenannte Heilhilfs- und Gesundheitsfachberufe abgerückt.[249]

III. Fraglich ist, ob X unter Berücksichtigung der vorgenannten Rechtsprechungsgrundsätze eine ingenieurähnliche Tätigkeit ausübt.

1. Die theoretischen Kenntnisse des X entsprechen in ihrer Breite und Tiefe denjenigen eines an einer Fachhochschule oder Hochschule ausgebildeten Ingenieurs. Nicht erforderlich ist der Abschluss einer nach den Ingenieurgesetzen der Länder vorgeschriebenen Ausbildung.[250]

2. Ein selbstständiger EDV-Berater, der Computer-Anwendungssoftware entwickelt, kann nach höchstrichterlicher Rspr. einen dem Ingenieur ähnlichen Beruf i.S.d. § 18 Abs. 1 Nr. 1 EStG ausüben.[251] Nicht jede Tätigkeit im Bereich der Entwicklung von Anwendersoftware ist allerdings eine freiberufliche i.S.d. § 18 Abs. 1 Nr. 1 EStG.[252] Diese setzt vielmehr voraus, dass der Steuerpflichtige qualifizierte Software durch eine klassische ingenieurmäßige Vorgehensweise (Planung, Konstruktion und Überwachung) entwickelt.[253]

Da X qualifizierte Anwendersoftware durch klassische ingenieurmäßige Vorgehensweise entwickelt und sowohl in der Breite und der Tiefe über die entsprechenden theoretischen Kenntnisse verfügt, erzielt er Einkünfte aus freiberuflicher Tätigkeit.

---

247 St.Rspr., z.B. BFH v. 14.06.2007 – XI R 11/06, BFH/NV 2007, 2091; BFH v. 04.05.2004 – XI R 9/03, BStBl. II 2004, 989, m.w.N.

248 Z.B. BFH BStBl. II 2002, 565.

249 Vgl. BFH v. 28.08.2003 – IV R 69/00, BStBl. II 2004, 954; weitere Einzelheiten bei Schmidt/Wacker § 18 EStG Rn. 130.

250 BFH v. 04.05.2004 – XI R 9/03, BStBl. II 2004, 989.

251 BFH v. 04.05.2004 – XI R 9/03, BStBl. II 2004, 989.

252 FG Rheinland-Pfalz v. 16.05.2002 – 4 K 1375/01, EFG 2002, 1046 betr. Trivialsoftware.

253 BFH v. 04.05.2004 – XI R 9/03, BStBl. II 2004, 989.

Ergebnis: Das FA hat den Gewerbesteuermessbescheid aufzuheben, da es zu Unrecht von einer gewerblichen Tätigkeit ausgegangen ist.

---

153   **Kleines ABC der Einkünfte aus selbstständiger Arbeit**

Die praktisch bedeutsamste Gruppe der Einkünfte aus selbstständiger Arbeit ist die freiberufliche Tätigkeit. Die Zuordnung zu dieser Gruppe ist einfach, soweit der Berufsträger einen sogenannten Katalogberuf ausübt. Dagegen bestehen erhebliche Abgrenzungsschwierigkeiten bei der Frage, wann ein den Katalogberufen „ähnlicher Beruf" vorliegt. Die unbestimmte Formel der „Ähnlichkeit" hat zu einer umfangreichen Kasuistik geführt, deren Ergebnisse unter dem Blickwinkel der Steuergerechtigkeit nicht immer überzeugen.[254]

154   **Anlageberater:** Gewerbetreibender, da keine dem beratenden Betriebswirt vergleichbare Tätigkeit

Apotheker: Gewerblich tätig

Architekt: Katalogberuf

Arzt: Katalogberuf; auch Arztvertreter ist in der Regel freiberuflich tätig

Aufsichtsratsmitglied: Sonstige selbstständige Tätigkeit gemäß § 18 Abs. 1 Nr. 3 EStG

Auktionator: Gewerbetreibender

Beratung von Berufsfußballspielern: Gewerbliche Tätigkeit

Bauingenieur: Ingenieur ist Katalogberuf; daher übt auch der beratende Bauingenieur eine freiberufliche Tätigkeit aus.

Bauleiter: Keine dem Architekten ähnliche Tätigkeit

Baustatiker: Dem Katalogberuf des Architekten ähnlicher Beruf

Beratender Betriebswirt: Kann im Einzelfall eine freiberufliche Tätigkeit ausüben

Berufsbetreuer: Sonstige selbstständige Tätigkeit i.S.v. § 18 Abs. 1 Nr. 3 EStG

Bezirksschornsteinfeger: Gewerbebetrieb

Bodybuildingstudio: Gewerbebetrieb

Diplom-Informatiker: Dem Ingenieur ähnlicher Beruf, wenn er „Systemanalysen" erarbeitet

Dispacheur: Gewerbetreibender

Dolmetscher: Katalogberuf

EDV-Berater/-Entwickler: Freiberufliche Tätigkeit, wenn der EDV-Berater eine dem Ingenieur vergleichbare wissenschaftliche Ausbildung erfahren oder sich als Autodidakt vergleichbare theoretische Kenntnisse erworben hat. Nach geänderter BFH-Rspr. auch bei ingenieurgerecht entwickelter, qualifizierter Anwendersoftware.

Filmhersteller: Künstlerische und damit freiberufliche Tätigkeit, wenn der Filmhersteller an allen den künstlerischen Wert des Films bestimmenden Tätigkeiten (Drehbuch, Regie, Kameraführung, Schnitt, Vertonung) selbst mitwirkt.

Finanz- u. Kreditberater: Gewerbetreibender

Fitnessstudio: Keine unterrichtende Tätigkeit i.S.d. § 18 Abs. 1 Nr. 1 EStG

---

254 Vgl. zu den nachfolgenden und weiteren Berufen die Übersicht bei Schmidt/Wacker § 18 EStG Rn. 155 mit den entsprechenden Rechtsprechungsnachweisen.

Fotograf: Gewerbetreibender, sofern es sich nicht ausnahmsweise um künstlerische Tätigkeit oder   **155**
Bildberichterstattung handelt

Fußreflexzonenmasseur: gewerblich tätig mangels gesetzlicher Berufsregelungen

Fremdenführer: Gewerbetreibender, wenn er Tätigkeit selbstständig ausübt

Hausapotheke des Tierarztes: Gewerbebetrieb

Hebamme: Freiberufliche, da den Heilberufen ähnliche Tätigkeit

Heileurythmie: Da jedenfalls bei der Umsatzsteuer (§ 4 Nr. 14 UStG) bei kassenärztlicher Zulassung dem Heilberuf ähnlich, dürfte dies auch bei § 18 EStG gelten.

Heilpraktiker: Katalogberuf

Industriedesigner: Freiberufliche Tätigkeit bei ausreichender künstlerischer Gestaltungshöhe

Ingenieur: Katalogberuf

Journalist: Katalogberuf

Kameramann: Ggf. dem Journalisten ähnliche Tätigkeit oder auch künstlerische Tätigkeit. Er ist bei eigenverantwortlicher Erstellung des Bildmaterials Bildberichterstatter

Kfz-Sachverständiger: Freiberufliche Tätigkeit, sofern von einem Ingenieur oder einem Fachmann mit vergleichbarem Ausbildungsstand ausgeübt

Klavierstimmer: Gewerbliche Tätigkeit

Kosmetikerin: Gewerbliche Tätigkeit

Krankenhausberater: Gewerbliche Tätigkeit

Krankenpfleger: Streitig[255]

Krankengymnast: Katalogberuf

Kursmakler: Gewerbliche Tätigkeit

Managementberatung: Gewerbliche Tätigkeit

Marktforschungsberater: Gewerbetreibender

Masseur: Dem Krankengymnasten ähnliche, daher freiberufliche Tätigkeit

Medizinischer Fußpfleger: Nach früherer Rspr. Gewerbetreibender, da kein dem Heilpraktiker oder dem Krankengymnasten ähnlicher Beruf; nunmehr wohl freiberufliche Tätigkeit (zu § 4 Nr. 14 UStG a.F.)

Notar: Katalogberuf

Personalberater: Jedenfalls bei erfolgsabhängiger Vergütung kein beratender Betriebswirt

Pornografie: Herstellung pornografischer Filme oder Bilder keine künstlerische, sondern gewerbliche Tätigkeit

Promotionsberater: Gewerbliche Tätigkeit

Rechtsanwalt: Katalogberuf

Sachverständiger: Freiberufliche oder gewerbliche Tätigkeit, abhängig vom Gegenstand des Gutachtens und der Vorbildung des Gutachters

Steuerberater: Katalogberuf

Tierarzt: Katalogberuf

Tutor: Erzielt sonstige Einkünfte gemäß § 22 Nr. 1 Buchst. b) EStG.

---

255 Schmidt/Wacker § 18 Rn. 155 m.w.N.

156 **Versicherungsberater:** Gewerbebetrieb

Webdesigner: Anders als ein sogenannter Webmaster oder Webadministrator ist ein Webdesigner bei der Gestaltung der Websites für seine Auftraggeber eigenschöpferisch und damit künstlerisch i.S.v. § 18 Abs. 1 Nr. 1 EStG tätig.

Wirtschaftsingenieur: Kann einem beratenden Betriebswirt ähnlich sein

Wirtschaftsprüfer: Katalogberuf

Zahnarzt: Katalogberuf

II. Freiberufler-Sozietäten und Mithilfe anderer Personen

157 Selbstständig Tätige können sich ebenso wie Gewerbetreibende zur gemeinschaftlichen Ausübung ihrer Berufstätigkeit zusammenschließen. Erfolgt der **Zusammenschluss in Form einer Personengesellschaft** (z.B. GbR, Partnerschaftsgesellschaft nach dem PartGG), steht dies der Qualifizierung der Einkünfte als selbstständig bzw. freiberuflich nicht entgegen, wenn alle Gesellschafter die Voraussetzungen des § 18 Abs. 1 EStG erfüllen.[256] Erfüllt nur ein Gesellschafter diese Voraussetzungen nicht, erzielen die Gesellschafter als Mitunternehmer Einkünfte aus Gewerbebetrieb, selbst wenn es sich nur um eine Innengesellschaft handelt und der berufsfremde Teilhaber nach außen nicht in Erscheinung tritt.[257]

Beteiligt sich eine sogenannte Freiberufler-Kapitalgesellschaft mitunternehmerisch an einer Freiberufler-Personengesellschaft, so erzielt die Personengesellschaft gemäß § 15 Abs. 3 Nr. 1 EStG insgesamt gewerbliche Einkünfte.[258]

158 Freiberufliche Tätigkeit ist **persönliche, qualifizierte Arbeitsleistung**. Daran könnte es bei einer Vielzahl von beschäftigten Mitarbeitern fehlen (z.B. Ärzte betreiben in der Rechtsform der GbR ein Institut für Laboratoriumsdiagnostik mit 30 Mitarbeitern). Grundsätzlich kann der Freiberufler seine Arbeitsleistung auch unter **Mithilfe anderer Personen** erbringen. Bedient er sich jedoch fachlich vorgebildeter Arbeitskräfte, kommt es gemäß § 18 Abs. 1 Nr. 1 S. 3 EStG darauf an, dass der Berufsträger aufgrund eigener Fachkenntnisse **leitend** und **eigenverantwortlich** tätig wird. Dem Erfordernis der leitenden und eigenverantwortlichen Tätigkeit i.S.d. § 18 Abs. 1 Nr. 1 S. 3 EStG entspricht eine Berufsausübung nur, wenn sie über die Festlegung der Grundzüge der Organisation und der dienstlichen Aufsicht hinaus durch Planung, Überwachung und Kompetenz zur Entscheidung in Zweifelsfällen gekennzeichnet ist. Nur unter diesen Voraussetzungen trägt die Arbeitsleistung – selbst wenn der Berufsträger ausnahmsweise in einzelnen Routinefällen nicht mitarbeitet – den erforderlichen „Stempel der Persönlichkeit" des Steuerpflichtigen.[259]

---

256 BFH v. 10.10.2012 – VIII R 42/10, BStBl. II 2013, 79 betr. Steuerberatungs-KG mit Komplementär-GmbH.
257 BFH v. 23.11.2000 – IV R 48/99, BStBl. II 2001, 241.
258 BFH v. 10.10.2012 – VIII R 42/10, BStBl. II 2013, 79 betr. Steuerberatungs-KG mit Komplementär-GmbH.
259 BFH v. 26.01.2011 – VIII R 3/10, BStBl. II 2011, 498.

**Fall 20: „Schuster, bleib' bei deinen Leisten"
(Rechtsanwalt-GbR als Insolvenzverwalter)**

Eine aus insgesamt vier Rechtsanwälten und Fachanwälten für Insolvenzrecht bestehende GbR erzielt überwiegend Einkünfte aus Tätigkeiten als Insolvenzverwalter. Sie unterhält Büros und Zweigniederlassungen an sieben verschiedenen Orten.
Zur Ausübung der Tätigkeit beschäftigt sie insgesamt 70 Mitarbeiter, darunter zwei angestellte Rechtsanwälte, einen Betriebswirt, einen Büroverwalter, elf Reno-Gehilfinnen sowie sechs Buchhalterinnen. Ferner betraut die GbR in nicht unerheblichem Umfang fremde, nicht bei ihr angestellte Rechtsanwälte und Wirtschaftsprüfer mit Arbeiten. Das FA ist der Auffassung, die Tätigkeit sei unter Einschluss der rein rechtsberatenden Tätigkeit insgesamt als gewerbliche zu qualifizieren. Zu Recht?

I. Die Einkünfte der GbR sind gemäß § 180 Abs. 1 Nr. 2 Buchst. a) AO einheitlich und gesondert festzustellen, da die Rechtsanwälte an den Einkünften beteiligt sind und ihnen – nicht der BGB-Gesellschaft – diese Einkünfte steuerlich zuzurechnen sind. In dem Feststellungsbescheid wird nicht nur über die Höhe der Einkünfte (einschl. evtl. Veräußerungsgewinne) und die Anteile der Beteiligten, sondern auch über die Einkünftequalifikation entschieden.[260] Daher ist im Rahmen der **einheitlichen und gesonderten Feststellung** mit Bindungswirkung für die nachfolgenden ESt-Veranlagungen der Rechtsanwälte auch darüber zu befinden, ob die erzielten Einkünfte solche aus selbstständiger Arbeit i.S.d. § 18 EStG oder gewerbliche Einkünfte i.S.d. § 15 EStG sind.

159

II. Es kommt vorliegend also entscheidend darauf an, ob die von den Gesellschaftern der GbR erbrachte Arbeit den Merkmalen des § 18 EStG entspricht. Es könnte sich zunächst um freiberufliche Einkünfte i.S.v. § 18 Abs. 1 Nr. 1 EStG handeln, weil alle Gesellschafter Rechtsanwälte sind und daher einen Katalogberuf i.S.d. Vorschrift ausüben. Eine Tätigkeit ist aber nicht allein deswegen eine freiberufliche i.S.d. § 18 Abs. 1 Nr. 1 EStG, weil sie mit dem Berufsbild eines Katalogberufs nach den berufsrechtlichen Vorschriften (z.B. eines Rechtsanwalts) vereinbar ist. Gemäß § 18 Abs. 1 Nr. 1 EStG gehören zu den Einkünften aus freiberuflicher Tätigkeit solche, die durch eine selbstständige Berufstätigkeit eines Rechtsanwalts erzielt werden. Die Zugehörigkeit zu einer der in § 18 Abs. 1 Nr. 1 S. 2 EStG genannten Berufsgruppen ist danach zwar Voraussetzung für die Annahme freiberuflicher Einkünfte. Sie reicht allein jedoch nicht aus. Vielmehr muss, wie § 18 Abs. 1 Nr. 1 S. 1 EStG zu entnehmen ist, die tatsächlich ausgeübte Tätigkeit freiberuflicher Art sein. Sie muss für den genannten Katalogberuf berufstypisch, d.h. in besonderer Weise charakterisierend und dem Katalogberuf vorbehalten sein.[261]

160

An dieser Beurteilung würde auch eine spezielle Berufsbezeichnung nichts ändern. Da Art und Umfang der Besteuerung allein vom Gesetzgeber zu bestimmen sind, haben auch Berufsbezeichnungen, die von standesrechtlichen Organisationen einge-

---

260 Tipke/Kruse § 180 AO Anm. 56.
261 Vgl. z.B. BFH v. 20.08.2012 – III B 246/11, BFH/NV 2012, 1959 betr. Rechtsanwalt, der sogenanntes Mengeninkasso betreibt.

führt werden (hier ab 1999 der „Fachanwalt für Insolvenzrecht"), keine maßgebliche steuerrechtliche Relevanz.[262]

Die Tätigkeit eines Insolvenzverwalters ist danach für einen Rechtsanwalt nicht berufstypisch und daher auch nicht § 18 Abs. 1 Nr. 1 EStG zuzuordnen.

161 III. Die Gesellschafter der GbR könnten aber Einkünfte aus sonstiger selbstständiger Arbeit i.S.v. § 18 Abs. 1 Nr. 3 EStG erzielen. Dazu zählen neben der Tätigkeit des Testamentsvollstreckers und des Aufsichtsratsmitglieds vor allem die selbstständige Vermögensverwaltung (Nachlass-, Vergleichs-, Insolvenz- und Zwangsverwaltung). Vorliegend sind die Rechtsanwälte als Insolvenzverwalter tätig und üben daher eine **vermögensverwaltende Tätigkeit** i.S.v. § 18 Abs. 1 Nr. 3 EStG aus.[263] Die Einkünfte der GbR sind also grundsätzlich solche aus sonstiger selbstständiger Arbeit.

162 IV. Diese sonstigen selbstständigen Einkünfte der GbR könnten jedoch unter den Voraussetzungen der sogenannten **Vervielfältigungstheorie** als gewerbliche Einkünfte zu qualifizieren sein.

1. Die **ältere Rspr. des BFH und der FG** vertrat im Anwendungsbereich des § 18 Abs. 1 Nr. 3 EStG die sogenannte Vervielfältigungstheorie, nach der die sonstige selbstständige Arbeit i.S.d. § 18 Abs. 1 Nr. 3 EStG grundsätzlich persönlich – d.h. ohne die Mithilfe fachlich vorgebildeter Hilfskräfte – ausgeübt werden muss.[264]

2. An dieser Rspr. hat der BFH in neueren Entscheidungen nicht mehr festgehalten. Aus dem EStG lasse sich entnehmen, dass der Gesetzgeber die Zulässigkeit des Einsatzes fachlich vorgebildeter Mitarbeiter für Berufe i.S.v. § 18 Abs. 1 Nr. 1 und Nr. 3 EStG unterschiedlich beurteilt sehen wollte.[265] Die somit auch für Insolvenzverwalter als Vermögensverwalter i.S.d. § 18 Abs. 1 Nr. 3 EStG zulässige Mitarbeit fachlich Vorgebildeter setzt danach allerdings voraus, dass der Berufsträger trotz solcher Mitarbeiter weiterhin seinen Beruf leitend und eigenverantwortlich i.S.d. § 18 Abs. 1 Nr. 1 S. 3 EStG ausübt. Danach ist für Abgrenzung von zulässiger Mitarbeiterbeschäftigung und gebotener höchstpersönlicher Berufsausübung des Insolvenzverwalters entscheidend, ob Organisation und Abwicklung des Insolvenzverfahrens insgesamt den „Stempel der Persönlichkeit" desjenigen tragen, dem nach § 56 InsO das Amt des Insolvenzverwalters vom Insolvenzgericht übertragen worden ist. Allein aus der Anzahl der für einen Insolvenzverwalter tätigen Hilfspersonen kann nicht abgeleitet werden, inwieweit der Insolvenzverwalter seine Aufgaben selbstständig und höchstpersönlich wahrnimmt. Ein Insolvenzverwalter hat die erforderlichen höchstpersönlichen Organisations- und Entscheidungsleistungen im Regelfall selbst bei einer Mehrzahl beschäftigter qualifizierter Personen erbracht, wenn er über das „Ob" der einzelnen Abwicklungsmaßnahmen (z.B. die Führung eines Anfechtungsprozesses oder die Aufnahme eines nach § 240 ZPO unterbrochenen Prozesses, die Entscheidung über die Kündi-

---

262 BFH v. 26.01.2011 – VIII R 3/10, BStBl. II 2011, 498.

263 BFH v. 26.01.2011 – VIII R 3/10, BStBl. II 2011, 498.

264 BFH v. 12.12.2001 – XI R 56/00, BStBl. II. 2002, 202: Umkehrschluss aus § 18 Abs. 1 Nr. 1 S. 3 EStG; FG Köln v. 13.08.2008 – 4 K 3303/06, EFG 2009, 669.

265 BFH v. 15.12.2010 – VIII R 50/09, BStBl. II 2011, 506.

gung und Entlassung von Arbeitnehmern sowie die Entscheidung über die Art der Verwertung der Masse durch den Insolvenzverwalter) in jedem der von ihm betreuten Verfahren entschieden hat. Hat er Entscheidungen dieser Art (höchstpersönlich) getroffen, bleibt seine Tätigkeit auch dann eine solche i.S.d. § 18 Abs. 1 Nr. 3 EStG, wenn er das „Wie", nämlich die kaufmännisch-technische Umsetzung dieser Entscheidung, wie z.B. die anwaltliche Durchführung eines Prozesses, die Kündigung bzw. Abwicklung der Entlassung von Arbeitnehmern oder die Verwertung der Masse durch Versteigerung, auf Dritte überträgt.[266]

3. Im vorliegenden Fall ist aber allein aufgrund der Zahl der verschiedenen Standorte und Mitarbeiter nicht davon auszugehen, dass die Rechtsanwälte ihren Beruf leitend und eigenverantwortlich i.S.d. § 18 Abs. 1 Nr. 1 S. 3 EStG ausüben. Sie sind vielmehr organisatorisch nicht mehr in der Lage, die Entscheidungen über das „Ob" aller Abwicklungsmaßnahmen in sämtlichen Verfahren zu treffen. Im Ergebnis handelt es sich damit nicht um eine sonstige selbstständige Tätigkeit i.S.d. § 18 Abs. 1 Nr. 3 EStG, sondern um eine gewerbliche Tätigkeit.

V. Von der Umqualifizierung sind bei einer Personengesellschaft nach der sogenannten Abfärbetheorie gemäß § 15 Abs. 3 Nr. 1 EStG alle Einkünfte erfasst, also im Fall der gemischten Tätigkeit auch die Teile der Einkünfte aus originärer Katalogtätigkeit. Damit werden auch die Einkünfte der GbR aus der rechtsberatenden Tätigkeit, die für sich betrachtet den freiberuflichen Einkünften zuzurechnen sind, umqualifiziert.

Ergebnis: Das FA hat zu Recht die Einkünfte der Gesellschafter der GbR als solche aus Gewerbebetrieb behandelt.

III. Gemischte Tätigkeit

> **Fall 21: Steuerberater mit zweifelhaftem Nebenerwerb**
>
> Steuerberater S, der eine Steuerberatungspraxis betreibt, hat im Jahre 2012 in erheblichem Umfang Honorare von Baubetreuungsfirmen vereinnahmt, für die er beim „Absatz von Eigentumswohnungen" als Vermittler tätig war. In seiner ESt-Erklärung für 2014 hat S den Gewinn aus selbstständiger Arbeit unter Einbeziehung der Vermittlungshonorare ermittelt. Das FA verlangt von S, dass er die Gewinne aus der Steuerberatungspraxis und aus der Vermittlungstätigkeit getrennt ermittelt, damit die Gewinne bei den Einkünften aus § 15 u. § 18 EStG getrennt erfasst werden können.
>
> Rechtmäßigkeit des Auskunftsersuchens?

I. Nach § 93 Abs. 1 AO kann das FA den Beteiligten um Auskunft ersuchen, sofern die   **163**
Angaben zur Feststellung des steuerlich relevanten Sachverhalts benötigt werden.

---

266   BFH v. 26.01.2011 – VIII R 3/10, BStBl. II 2011, 498.

Eine getrennte Ermittlung des Gewinns wäre erforderlich, wenn die Tätigkeit des S für die Baubetreuungsfirmen nicht der freiberuflichen Tätigkeit, sondern den Einkünften aus Gewerbebetrieb zuzuordnen wäre (§ 15 EStG).

II. Natürliche Personen können neben ihrer freiberuflichen Tätigkeit auch Einkünfte aus anderen Tätigkeiten, insbesondere aus Gewerbebetrieb, erzielen. Abgrenzungsprobleme ergeben sich erst dann, wenn **sachliche und wirtschaftliche Berührungspunkte** zwischen den Tätigkeiten bestehen. Bei solchen „gemischten Tätigkeiten" ist wie folgt zu unterscheiden:

■ Grundsätzlich sind trotz der sachlichen und wirtschaftlichen Berührungspunkte die Betätigungen **getrennt zu erfassen**.[267]

164 ■ Eine **einheitliche Erfassung** der gesamten Betätigung ist nur dann geboten, wenn die Tätigkeiten sich gegenseitig bedingen und derart miteinander verflochten sind, dass der gesamte Betrieb nach der Verkehrsauffassung als einheitlicher Betrieb anzusehen ist.[268] Eine solche einheitliche Tätigkeit ist steuerlich danach zu qualifizieren, ob das freiberufliche oder das gewerbliche Element vorherrscht. Wird gegenüber den Auftraggebern ein einheitlicher Erfolg geschuldet, so ist die zur Durchführung dieser Aufträge erforderliche Tätigkeit regelmäßig auch als einheitliche zu beurteilen.[269] Werden in einem Betrieb nur gemischte Leistungen erbracht, so ist der Betrieb danach zu qualifizieren, welche der einzelnen Tätigkeiten der Gesamttätigkeit das Gepräge gibt. Dazu kommt es weder auf den geschätzten Anteil der einzelnen Tätigkeitsarten am Umsatz oder Ertrag noch darauf an, welcher Teil der Gesamtleistung für den Vertragspartner im Vordergrund steht.[270]

Wendet man diese Grundsätze auf den vorliegenden Fall an, ergibt sich Folgendes:

1. Die **Tätigkeit als Steuerberater** gehört zu den Katalogberufen i.S.d. § 18 Abs. 1 Nr. 1 S. 2 EStG. Soweit S in dieser Eigenschaft tätig geworden ist und von seinen Mandanten Honorare erzielt hat, ist der Gewinn bei den Einkünften aus § 18 EStG zu erfassen. Die **Vermittlung von Eigentumswohnungen** ist dagegen keine selbstständige Tätigkeit i.S.d. § 18 EStG. Der Nachweis von Vertragsabschlüssen oder die Vermittlung des Abschlusses von Verträgen über Eigentumswohnungen sind vielmehr eine typisch gewerbliche Tätigkeit i.S.d. § 15 EStG, soweit die Tätigkeit selbstständig ausgeübt wird.

2. Die Vermittlungstätigkeit des S ist somit den Einkünften aus § 15 EStG zuzuordnen, sofern dieser Tätigkeitsbereich nicht in der Weise mit der Steuerberatungspraxis verflochten ist, dass der gesamte Betrieb nach der Verkehrsauffassung als einheitlicher Betrieb anzusehen ist. Soweit S seinen Mandanten Eigentumswohnungen vermittelt hat, war diese Tätigkeit tatsächlich mit dem Betrieb seiner Steuerberatungspraxis verknüpft. Es handelte sich jedoch nicht um eine Tätigkeit, die zur Berufstätigkeit eines Steuerberaters gehört oder Ausfluss der Ausübung

---

267 BFH v. 28.06.1989 – I R 114/85, BStBl. II 1989, 965.
268 BFH v. 10.06.2008 – VIII R 101/04, BFH/NV 2008, 1824.
269 Vgl. BFH v. 18.10.2006 – XI R 10/06, BStBl. II 2008, 54.
270 BFH v. 08.10.2008 – VIII R 53/07, BFH/NV 2009, 80.

dieses Berufs ist. Das gilt selbst dann, wenn S im Rahmen seiner Vermittlungstätigkeit die Interessenten auch über steuerliche Fragen unterrichtet hat.[271]

S hat demnach sowohl Einkünfte aus § 15 EStG wie auch Einkünfte aus § 18 EStG erzielt und muss den Gewinn für beide Betätigungen getrennt ermitteln.

Ergebnis: Das Auskunftsersuchen des FA ist rechtmäßig. Sofern S dem Auskunftsersuchen nicht nachkommt, hat das FA die Möglichkeit, eine Aufteilung des Gewinns im Wege der Schätzung nach § 162 AO vorzunehmen.

Für die **gemischte Tätigkeit von Personengesellschaften** gelten andere Grundsätze als bei Einzelpersonen: Nach § 15 Abs. 3 Nr. 1 EStG ist die gesamte Tätigkeit als Gewerbebetrieb anzusehen, wenn die Gesellschaft überhaupt eine gewerbliche Tätigkeit ausübt (sogenannte **Abfärbetheorie**).[272] Ein nur geringfügiger gewerblicher Anteil an der Gesamttätigkeit führt jedoch zu keiner Abfärbung.[273] Auch die mitunternehmerische Beteiligung der Personengesellschaft an einer anderen gewerblich tätigen Personengesellschaft ist schädlich.[274] An dieser durchgängigen Anwendung des § 15 Abs. 3 Nr. 1 EStG auf doppelstöckige Personengesellschaften hält die neuere Rspr. jedoch für vermögensverwaltende Obergesellschaften nicht mehr fest.[275] Wenn mehrere Personen eine freiberufliche und auch eine gewerbliche Tätigkeit gemeinsam ausüben, können sie die Erfassung der gesamten Betätigung als Gewerbebetrieb daher nur vermeiden, indem sie die Tätigkeiten in zwei verschiedenen Personengesellschaften ausüben.[276]   **165**

Beispiel: Zwei Augenärzte betreiben eine Gemeinschaftspraxis und vertreiben die von ihnen verordneten Kontaktlinsen. Der Vertrieb der Kontaktlinsen muss in eine von der Gemeinschaftspraxis getrennte Personengesellschaft verlagert werden, um zu vermeiden, dass die gesamte Betätigung gemäß § 15 Abs. 3 Nr. 1 EStG als Gewerbebetrieb erfasst wird.[277]

Die sogenannte Abfärbetheorie wirkt sich insbesondere auch dann aus, wenn eine freiberuflich tätige Personengesellschaft Wirtschaftsgüter an eine gewerblich tätige Betriebsgesellschaft vermietet und die Voraussetzungen der **Betriebsaufspaltung** vorliegen (vgl. dazu unten Rn. 219 ff.): Die Umqualifizierung der Mieteinkünfte in gewerbliche Einkünfte führt dazu, dass die Personengesellschaft insgesamt gewerbliche Einkünfte erzielt.[278]   **166**

Übt eine Personengesellschaft neben einer freiberuflichen auch eine gewerbliche Tätigkeit aus, die von der Gewerbesteuer befreit ist, erstreckt sich die **Gewerbesteuerbefreiung** auch auf die Tätigkeit, die ohne die „Abfärbung" freiberuflich wäre.[279]

---

271   Vgl. BFH v. 08.10.2008 – VIII R 53/07, BFH/NV 2009, 80.
272   BFH v. 10.06.2008 – VIII R 101/04, BFH/NV 2008, 1824.
273   BFH v. 10.06.2008 – VIII R 101/04, BFH/NV 2008, 1824.
274   BFH v. 08.12.1994 – IV R 7/92, BStBl. II 1996, 264.
275   BFH v. 06.10.2004 – IX R 53/01, BStBl. II 2005, 383.
276   BFH v. 10.08.1994 – I R 133/93, BStBl. II 1995, 171; BVerfG v. 15.01.2008 – 1 BvL 2/04, DB 2008, 1243; krit. Korn DStR 1995, 1249; Neu DStR 1995, 1895.
277   Vgl. BFH v. 19.02.1998 – IV R 11/97, BStBl. II 1998, 603; BMF v. 14.05.1997 – IV B 4-S 2246-23/97, BStBl. I 1997, 566.
278   Vgl. BFH v. 29.11.2012 – IV R 37/10, BFH/NV 2013, 910.
279   BFH v. 30.08.2001 – IV R 43/00, BStBl. II 2002, 152.

IV. Folgen der Zuordnung zur selbstständigen Arbeit

167 **1.** Selbstständig Tätige sind **nicht buchführungspflichtig**, da die Buchführungspflicht nach § 141 AO nur für gewerbliche Unternehmer und Land- und Forstwirte in Betracht kommt.

2. Selbstständig Tätige können ihren Gewinn durch **Überschussrechnung nach § 4 Abs. 3 EStG** ermitteln.

3. Zu den Einkünften aus selbstständiger Arbeit gehört auch der **Veräußerungsgewinn i.S.d. § 18 Abs. 3 EStG**. Das ist der Gewinn, der bei der Veräußerung des Vermögens oder eines selbstständigen Teils des Vermögens oder bei Veräußerung eines Anteils am Vermögen erzielt wird, das der selbstständigen Arbeit dient. Der Veräußerung ist die Aufgabe der selbstständigen Tätigkeit gleichgestellt (§ 18 Abs. 3 S. 2 i.V.m. § 16 Abs. 3 EStG).

Der Veräußerungs- bzw. Aufgabegewinn ist – bei Vorliegen der spezifischen Voraussetzungen – im Rahmen der Freibetragsregelung des § 16 Abs. 4 EStG steuerbefreit und wird im Übrigen gemäß § 34 Abs. 2 Nr. 1, Abs. 3 EStG nach einem ermäßigten Steuersatz besteuert. Voraussetzung für diese Begünstigungen ist jedoch, dass die freiberufliche Tätigkeit in dem bisherigen örtlich begrenzten Wirkungskreis wenigstens für eine gewisse Zeit eingestellt wird.[280] Unschädlich ist es, wenn der bisherige Praxisinhaber nach der Übertragung noch im Namen und für Rechnung des Erwerbers gegenüber seinen bisherigen Mandanten auftritt.[281] Eine Veräußerung i.S.d. § 16 EStG liegt auch dann vor, wenn der Übertragende als selbstständiger Unternehmer nach der Veräußerung des (Teil-)Betriebs für den Erwerber tätig wird.[282] Die Einstellung der bisherigen freiberuflichen Tätigkeit wird ebenfalls nicht verlangt, wenn ein Bruchteil an einem Mitunternehmeranteil (an einer freiberuflich tätigen Personengesellschaft) veräußert wird.[283]

168 Begünstigt ist auch die Veräußerung einer selbstständigen **Teilpraxis**. Eine solche Teilpraxis erkennt die Rspr. an, wenn in verschiedenen, organisatorisch selbstständigen Praxisteilen verschiedene Berufstätigkeiten ausgeübt werden[284] oder wenn für die Teilpraxis ein örtlich abgegrenzter Wirkungsbereich besteht und der Veräußerer in diesem Bereich seine Tätigkeit aufgibt.[285] Eine innerbetriebliche eigenständige Organisationseinheit, die nicht selbst am Markt durch Leistungsangebote tätig wird, stellt keine Teilpraxis dar.[286]

4. Es besteht **keine GewSt-Pflicht**.

V. Ende der freiberuflichen Tätigkeit

169 Die freiberufliche Tätigkeit endet mit der **Betriebsveräußerung bzw. der Betriebsaufgabe**. Der erzielte Veräußerungsgewinn gehört gemäß § 18 Abs. 3 EStG zu den Einkünften aus selbstständiger Arbeit. Zur Ermittlung und Besteuerung des Veräußerungsgewinns vgl. die Ausführungen zu § 16 EStG.

---

280 Vgl. BFH v. 20.01.2009 – VIII B 58/08, BFH/NV 2009, 756.
281 BFH v. 17.07.2008 – X R 40/07, BStBl. II 2009, 43.
282 BFH v. 17.07.2008 – X R 40/07, BStBl. II 2009, 43.
283 BFH v. 14.09.1994 – I R 12/94, BStBl. II 1995, 407.
284 BFH v. 11.12.2007 – VIII B 202/06, BFH/NV 2008, 559.
285 BFH v. 26.06.2012 – VIII R 22/09, BStBl. II 2012, 777.
286 BFH v. 26.06.2012 – VIII R 22/09, BStBl. II 2012, 777.

Fall 22: Verpachtung eines freiberuflichen Ingenieurbüros durch Erbengemeinschaft

I war bis zu seinem Tode (31.12.2013) als freiberuflicher Ingenieur tätig. Zunächst führte die Erbengemeinschaft, bestehend aus der Ehefrau und seinen beiden Söhnen, das Büro bis zum 30.09.2014 fort. Da nur ein Sohn als Diplom-Ingenieur über die nötige fachliche Qualifikation verfügt, verpachtet die Erbengemeinschaft ab 01.10.2014 das gesamte Büro an fremde Dritte. Das FA ist der Auffassung, die Erbengemeinschaft habe bis 30.09.2014 gewerbliche Einkünfte erzielt. Mit der Verpachtung sei der Betrieb aufgegeben worden. Es stellte dementsprechend einen Aufgabegewinn fest. Die Erbengemeinschaft möchte gegen den Bescheid über die einheitliche und gesonderte Feststellung der Besteuerungsgrundlagen 2014 Einspruch einlegen und fragt nach den Erfolgsaussichten.

I. Da mehrere Personen – hier alle Mitglieder der Erbengemeinschaft – an den Einkünften aus dem Ingenieurbüro beteiligt sind, hat das FA zu Recht die in 2012 erzielten Einkünfte einheitlich und gesondert festgestellt (§ 180 Abs. 1 Nr. 2 Buchst. a AO). Wegen der Bindungswirkung für die **Folgebescheid**e (§ 171 Abs. 10 AO; hier die Einkommensteuerbescheide) können Einwendungen gegen einzelne Feststellungen nur im Verfahren gegen den Feststellungsbescheid (= **Grundlagenbescheid**) erhoben werden (§ 351 Abs. 2 AO).

II. Der Einspruch hätte Erfolg, wenn die Erbengemeinschaft im Zeitraum der Fortführung des Büros (bis 30.09.2014) keine gewerblichen, sondern freiberufliche Einkünfte erzielt hätte und wenn die Verpachtung des Büros ab 01.10.2014 keine Betriebsaufgabe zur Folge hätte.

1. Das Ableben eines Freiberuflers führt nach der Rspr. des BFH weder zu einer Betriebsaufgabe, noch geht das der freiberuflichen Tätigkeit dienende Betriebsvermögen durch den Erbfall in das Privatvermögen der Erben über.[287]

   a) Die Erben beziehen, sofern nicht lediglich Entgelte für im Rahmen der ehemaligen freiberuflichen Tätigkeit erbrachte Leistungen bezogen werden, keine Einkünfte aus einer ehemaligen Tätigkeit des Erblassers i.s.v. § 24 Nr.2 EStG, sondern kraft vollständiger eigener Verwirklichung des Einkünftetatbestandes.[288] Die Erbengemeinschaft wird erst beendet, wenn sich die Miterben hinsichtlich des gemeinsamen Vermögens vollständig auseinandergesetzt haben. Eine solche Erbengemeinschaft wird in der Regel gewerblich tätig, weil die Erben eine freiberufliche Tätigkeit des Erblassers im Allgemeinen nicht fortsetzen können, es sei denn, es liege eine **ausschließliche Abwicklungstätigkeit** in dem Sinne vor, dass die Erben lediglich die noch vom freiberuflichen Erblasser geschaffenen Werte realisieren.[289]

---

287 BFH v. 14.12.1993 – VIII R 13/93, BStBl. II 1994, 922; zuletzt bestätigt durch BFH v. 02.03.2011 – II R 5/09, BFH/NV 2011, 1147.

288 BFH v. 14.12.1993 – VIII R 13/93, BStBl. II 1994, 922.

289 BFH v. 30.03.1989 – IV R 45/87, BStBl. II 1989, 509.

b) Im vorliegenden Fall hat die Erbengemeinschaft das der freiberuflichen Tätigkeit des Erblassers dienende Ingenieurbüro unstreitig in der Zeit vom 01.01. bis 30.09.2014 auf gemeinsame Rechnung und Gefahr und damit im Rahmen einer Mitunternehmerschaft fortgeführt. Da sowohl die Miterbin als auch einer der Söhne berufsfremd waren, wurde das im Erbweg übergegangene freiberufliche Betriebsvermögen in gewerbliches Betriebsvermögen umgewandelt.[290] Die von der Erbengemeinschaft eigenständig erzielten Einkünfte waren solche aus Gewerbebetrieb.

2. Der erbbedingte Übergang einer freiberuflichen Praxis führt nach der Rspr. des BFH auch nach Umqualifizierung des Betriebsvermögens und der fortan erzielten gewerblichen Einkünfte zu keiner – zwangsweisen – Betriebsaufgabe.[291]

a) Ebensowenig führt die Verpachtung der nunmehr gewerblichen Praxis automatisch zu einer Betriebsaufgabe. Ein Gewerbetreibender braucht die in seinem Betriebsvermögen enthaltenen stillen Reserven dann nicht aufzudecken, wenn er zwar selbst seine werbende Tätigkeit einstellt, aber entweder den Betrieb im Ganzen als geschlossenen Organismus oder zumindest alle wesentlichen Grundlagen des Betriebes verpachtet und der Steuerpflichtige der Finanzbehörde gegenüber nicht ausdrücklich die Aufgabe des Betriebes erklärt (st.Rspr.).[292] Für die Anerkennung der gewerblichen Verpachtung reicht es aus, dass die wesentlichen, dem Betrieb das Gepräge gebenden Betriebsgegenstände verpachtet werden. Eine Betriebsverpachtung in diesem Sinne setzt u.a. voraus, dass der Steuerpflichtige dem Pächter einen Betrieb zur Nutzung überlässt und der Pächter diesen im Wesentlichen fortsetzen kann. Dem Verpächter muss objektiv die Möglichkeit verbleiben, den „vorübergehend" eingestellten Betrieb wieder aufzunehmen und fortzuführen.[293]

b) Vorliegend hat die Erbengemeinschaft das Ingenieurbüro mit allen wesentlichen Betriebsgrundlagen verpachtet und erfüllt damit die Voraussetzungen für das Verpächterwahlrecht. Da eine ausdrückliche Betriebsaufgabeerklärung gegenüber dem FA nicht abgegeben wurde, kommt eine Betriebsaufgabe nicht in Betracht.

Ergebnis: Der Einspruch hat zwar hinsichtlich der Umqualifizierung der laufenden Einkünfte bis 30.09.2014 keinen Erfolg. Sämtliche laufenden Einkünfte (einschließlich der Pachteinnahmen) sind damit als solche aus Gewerbetrieb zu qualifizieren. Das FA muss aber den angefochtenen Feststellungsbescheid 2014 insoweit korrigieren, als kein Aufgabegewinn gemäß § 16 Abs. 3 EStG entstanden ist.

---

290 BFH v. 29.04.1993 – IV R 16/92, BStBl. II 1993, 716.
291 BFH v. 14.12.1993 – VIII R 13/93, BStBl. II 1994, 922.
292 BFH v. 26.04.1989 – I R 163/85, BFH/NV 1991, 357.
293 BFH v. 14.12.1993 – VIII R 13/93, BStBl. II 1994, 922.

Einkünfte aus selbstständiger Arbeit, § 18 EStG

I. Arten der selbstständigen Arbeit

1. Freiberufliche Tätigkeit (§ 18 Abs. 1 Nr. 1 EStG) mit drei Fallgruppen

   a) Selbstständige wissenschaftliche, künstlerische, schriftstellerische, unterrichtende oder erzieherische Tätigkeit (Bestimmung nach allgemeinen Kriterien)

   b) Angehörige von sogenannten Katalogberufen mit originärer Katalogtätigkeit

   c) Angehörige von Katalogberufen „ähnlichen Berufen"

2. Einnehmer einer staatlichen Lotterie, wenn sie nicht Gewerbetreibende sind (§ 18 Abs. 1 Nr. 2 EStG)

3. Sonstige selbstständige Tätigkeit (§ 18 Abs. 1 Nr. 3 EStG), z.B. Testamentsvollstreckung, Vermögensverwaltung, Tätigkeit als Aufsichtsrat (beachte: Vervielfältigungstheorie)

II. Personenzusammenschlüsse

Selbstständig Tätige können sich zu Personengesellschaften zusammenschließen und über die Gesellschaft Einkünfte aus selbstständiger Tätigkeit erzielen. Bei gemischten Tätigkeiten: Abfärbetheorie gemäß § 15 Abs. 3 Nr. 1 EStG beachten.

III. Umfang der Einkünfte

Zu den Einkünften aus selbstständiger Tätigkeit gehören

1. der laufende Gewinn,

2. Veräußerungsgewinne i.S.d. § 18 Abs. 3 EStG.

IV. Folgen der Zuordnung zu den Einkünften aus selbstständiger Arbeit

1. Keine Buchführungspflicht nach § 141 AO

2. Gewinnermittlung nach § 4 Abs. 1 EStG oder § 4 Abs. 3 EStG

3. Keine GewSt-Pflicht

C. Einkünfte aus Gewerbebetrieb (§§ 15–17 EStG)

170

Einkünfte aus Gewerbebetrieb (§ 2 Abs. 1 S. 1 Nr. 2 EStG) sind die in § 15 EStG beschriebenen Einkünfte. Die gesetzliche Regelung wird ergänzt durch §§ 16 und 17 EStG (Erfassung bestimmter Veräußerungsgewinne) und § 15a EStG (Ausgleichs- und Abzugsverbot für beschränkt haftende Mitunternehmer). § 15 EStG unterscheidet zwischen drei Formen der Einkünfte aus Gewerbebetrieb:

■ Einkünfte aus **gewerblichen Einzelunternehmen** (§ 15 Abs. 1 S. 1 Nr. 1 EStG),

■ Einkünfte aus **Mitunternehmerschaften** (§ 15 Abs. 1 S. 1 Nr. 2 EStG) und

■ Einkünfte der **persönlich haftenden Gesellschafter einer KG** auf Aktien (§ 15 Abs. 1 S. 1 Nr. 3 EStG).

Bei der Ermittlung des Gewinns der KG auf Aktien, die als Kapitalgesellschaft der KSt unterliegt (§ 1 Abs. 1 Nr. 1 KStG), wird der Gewinnanteil des Komplementärs abgezogen (§ 9 Abs. 1 Nr. 1 KStG). Der Gewinnanteil (einschließlich Sondervergütungen) wird also „an der Wurzel" von der Körperschaftsbesteuerung der KGaA „abgespalten".[294] Eine Doppelbelastung des Gewinnanteils mit ESt und KSt ist damit ausgeschlossen. Für die Einkommensbesteuerung des Gewinnanteils des persönlich haftenden Gesellschafters der KGaA gelten die für die Besteuerung von Mitunternehmern i.S.d. § 15 Abs. 1 Nr. 2 EStG entwickelten Grundsätze.[295]

---

294 BFH v. 04.12.2012 – I R 42/11, BFH/NV 2013, 589.

295 BFH v. 04.12.2012 – I R 42/11, BFH/NV 2013, 589.

I. Einkünfte aus gewerblichen Einzelunternehmen (§ 15 Abs. 1 S. 1 Nr. 1 EStG)

1. Begriff des Gewerbebetriebs

Fall 23: Flugzeugleasing als Gewerbebetrieb?

Die X-GmbH & Co OHG, bei der neben der GmbH auch noch andere natürliche Personen Gesellschafter und Geschäftsführer sind, hat als Unternehmensgegenstand den Kauf, den Verkauf und die Vermietung von beweglichen Wirtschaftsgütern (im Wesentlichen Flugzeuge), insbesondere in der Form des Leasings. Nach ihrem betrieblichen Konzept ist von Anfang an beabsichtigt, die von ihr erworbenen Flugzeuge nach der Vermietung, aber vor Ablauf der jeweiligen Nutzungsdauern, wieder zu verkaufen und damit die Vermögenssubstanz durch Umschichtung zu verwerten. Über die bloße Gebrauchsüberlassung ihrer Vermögenswerte hinaus übernimmt die OHG keine weiteren (Sonder-)Leistungen bzw. Pflichten. Die X-GmbH & Co OHG, die ihren Gewinn durch Vermögensvergleich gemäß §§ 4 Abs. 1, 5 EStG ermittelt, behandelt sämtliche vermieteten Wirtschaftsgüter als ihr Anlagevermögen. Die Geschäftsführer der X-GmbH & Co OHG möchten wissen, ob ihre erwirtschafteten Gewinne der Gewerbesteuer unterliegen und wenn ja, ob Gewinne aus der Veräußerung der Flugzeuge einzubeziehen sind.

---

171 I. Gemäß § 2 Abs. 1 S. 1 GewStG unterliegt jeder **stehende Gewerbebetrieb**, soweit er im Inland betrieben wird, der Gewerbesteuer. Unter Gewerbebetrieb ist ein gewerbliches Unternehmen im Sinne des EStG zu verstehen (§ 2 Abs. 1 S. 2 GewStG). Eine Personengesellschaft erzielt gewerbliche Einkünfte, wenn die Gesellschafter in ihrer Verbundenheit als Personengesellschaft ein gewerbliches Unternehmen (§ 15 Abs. 1 S. 1 Nr. 1 EStG) betreiben. Fraglich ist, ob die Tätigkeit der X-GmbH & Co. OHG ein gewerbliches Unternehmen ist.

1. Nach § 15 Abs. 2 S. 1 EStG ist Gewerbebetrieb eine selbstständige nachhaltige Betätigung, die mit der Absicht, Gewinn zu erzielen, unternommen wird, sich als Beteiligung am allgemeinen wirtschaftlichen Verkehr darstellt und weder als Ausübung von Land- und Forstwirtschaft noch als Ausübung eines freien Berufs noch als eine andere selbstständige Arbeit anzusehen ist. Ungeschriebenes Tatbestandsmerkmal des Gewerbebetriebs ist nach der Rspr. des BFH im Übrigen, dass die Betätigung den Rahmen einer privaten Vermögensverwaltung überschreitet.[296] Als Gewerbebetrieb gilt in vollem Umfang die mit Einkünfteerzielungsabsicht unternommene Tätigkeit einer OHG, KG oder einer anderen Personengesellschaft, wenn die Gesellschaft auch eine gewerbliche Tätigkeit ausübt (**§ 15 Abs. 3 Nr. 1 EStG**), oder einer Personengesellschaft, die keine gewerbliche Tätigkeit ausübt und bei der ausschließlich eine oder mehrere Kapitalgesellschaften persönlich haftende Gesellschafter sind und nur diese oder Personen, die nicht Gesellschafter sind, zur Geschäftsführung befugt sind (**gewerblich geprägte Personengesellschaft, § 15 Abs. 3 Nr. 2 EStG**).

---

296 Großer Senat des BFH v. 25.06.1984 – GrS 4/82, BStBl. II 1984, 751.

2. Da bei der X-GmbH & Co OHG neben der GmbH auch noch andere natürliche Personen Gesellschafter-Geschäftsführer sind, handelt es sich nicht um eine gewerblich geprägte Personengesellschaft i.S.v. § 15 Abs. 3 Nr. 2 EStG. Es kommt für die Gewerbesteuerpflicht der OHG also darauf an, ob sie (auch) gewerblich tätig war. Dazu müsste ihre Tätigkeit die geschriebenen Tatbestandsmerkmale des § 15 Abs. 2 S. 1 EStG erfüllen und den Rahmen einer privaten Vermögensverwaltung überschreiten.

a) Eine **selbstständige** Betätigung übt aus, wer auf eigene Rechnung und Gefahr handelt, d.h. Unternehmerrisiko trägt und Unternehmerinitiative entfalten kann. Die Selbstständigkeit der Tätigkeit schließt Einkünfte aus nichtselbstständiger Arbeit i.S.d. § 19 EStG aus. In Zweifelsfällen entscheidet die Rspr. nach dem „Gesamtbild der Verhältnisse" unter Berücksichtigung der Verkehrsauffassung.[297] Die X-GmbH & Co OHG hat bei Erwerb, Vermietung und Veräußerung ihrer Vermögenswerte (insbesondere Flugzeuge) auf eigene Rechnung und damit selbstständig (und nicht weisungsgebunden) gehandelt.

b) Eine Tätigkeit ist **nachhaltig**, wenn sie auf Wiederholung angelegt ist.[298] Der Erwerb von mehreren Flugzeugen, die anschließende Vermietung dieser Vermögenswerte und die Veräußerung stellen ohne Zweifel eine nachhaltige Betätigung in dem vorgenannten Sinne dar.

c) Die **Beteiligung am allgemeinen wirtschaftlichen Verkehr** erfordert, dass eine Tätigkeit am Markt gegen Entgelt und für Dritte äußerlich erkennbar angeboten wird.[299] Maßgeblich ist dabei die Erkennbarkeit für einen oder mehrere Auftraggeber. Vorliegend trat die OHG als Anbieter von Leistungen und Gütern gegenüber den Leasingnehmern und Erwerbern der Flugzeuge am Markt auf. Sie nahm damit am allgemeinen wirtschaftlichen Verkehr teil.

d) Die X-GmbH & Co OHG ist ferner mit **Gewinnerzielungsabsicht** tätig. Aus der Tatsache, dass sie aus ihrer Tätigkeit insgesamt Gewinn erzielte, ist darauf zu schließen, dass ihre Tätigkeit im Ganzen auf Gewinnerzielung gerichtet war.[300]

e) Die Tätigkeit der OHG stellt sich **weder als Ausübung von Land- und Forstwirtschaft noch als Ausübung eines freien Berufs noch als eine andere selbstständige Arbeit** dar.

f) Problematisch ist aber, ob die OHG mit ihrer Betätigung auch den **Rahmen der privaten Vermögensverwaltung überschritten** hat.

   ■ Nach st.Rspr. des BFH[301] wird die Grenze von der privaten Vermögensverwaltung zum Gewerbebetrieb überschritten, wenn nach dem Gesamtbild der Betätigung und unter Berücksichtigung der Verkehrsauffassung die Ausnutzung substantieller Vermögenswerte durch Umschichtung gegen-

---

297 Vgl. Schmidt/Wacker § 15 EStG Rn. 11 ff. m.w.N. auf die BFH Rspr..
298 BFH v. 10.12.1998 – III R 61/97, BStBl. II 1999, 390.
299 BFH v. 22.01.2003 – X R 37/00, BStBl. II 2003, 464.
300 BFH v. 07.03.1996 – IV R 2/92, BStBl. II 1996, 369.
301 BFH v. 26.06.2007 – IV R 49/04, BStBl. II 2009, 289.

über der Nutzung der Vermögenswerte im Sinne einer Fruchtziehung aus zu erhaltenden Substanzwerten (z.B. durch Selbstnutzung oder Vermietung) entscheidend in den Vordergrund tritt. Bei der Abgrenzung zwischen Gewerbebetrieb einerseits und Vermögensverwaltung andererseits hat die Rspr. seit Langem auf das Gesamtbild der Verhältnisse und die Verkehrsanschauung abgestellt. In Zweifelsfällen ist maßgebend, ob die Tätigkeit, soll sie in den gewerblichen Bereich fallen, dem Bild entspricht, das nach der Verkehrsanschauung einen Gewerbebetrieb ausmacht und einer privaten Vermögensverwaltung fremd ist.

- Nach der Rspr. des BFH[302] geht allerdings das Vermieten einzelner (beweglicher oder unbeweglicher) Gegenstände in der Regel über den Rahmen einer privaten Vermögensverwaltung nicht hinaus. Eine gewerbliche Vermietungstätigkeit ist erst dann anzunehmen, wenn nach dem Gesamtbild der Verhältnisse im Einzelfall besondere Umstände hinzutreten, die der Tätigkeit als Ganzes das Gepräge einer gewerblichen Betätigung geben, hinter der die eigentliche Gebrauchsüberlassung des Gegenstandes in den Hintergrund tritt. Zur privaten Vermögensverwaltung können auch die Anschaffung und Veräußerung von Vermögensgegenständen gehören. Ausschlaggebend für die Zuordnung ist, ob Ankauf und Veräußerung lediglich den Beginn und das Ende einer in erster Linie auf Fruchtziehung gerichteten Tätigkeit darstellen oder ob die Umschichtung von Vermögenswerten und die Verwertung der Vermögenssubstanz entscheidend in den Vordergrund treten. Letzteres ist anzunehmen, wenn sich ein Steuerpflichtiger dadurch „wie ein Händler" verhalten hat, dass er planmäßig und auf Dauer mit auf Güterumschlag gerichteter Absicht tätig geworden ist.

- Vorliegend hat die X-GmbH & Co OHG zwar über die bloße Gebrauchsüberlassung ihrer Vermögenswerte hinaus keine weiteren (Sonder-)Leistungen bzw. Pflichten übernommen. Andererseits war ihre Tätigkeit nicht auf die bloße Fruchtziehung aus zu erhaltenden Substanzwerten beschränkt. Es entsprach dem Betriebskonzept, die Flugzeuge lediglich für einen Zeitraum, in dem deren betriebsgewöhnliche Nutzungsdauern noch nicht abgelaufen waren, zu vermieten und dann zu veräußern. Die OHG verbindet hiernach planmäßig die auf Vermietung der Flugzeuge gerichtete Tätigkeit mit der Ausnutzung substantieller Vermögenswerte durch Umschichtung. Wie die Vermietung der Flugzeuge war auch deren Verkauf von vornherein geplant. Der Verkauf der Flugzeuge stellt sich auch nicht lediglich als das Ende einer in erster Linie auf Fruchtziehung gerichteten Tätigkeit dar. Nach alledem war die Vermietungstätigkeit mit dem An- und Verkauf der Flugzeuge aufgrund eines einheitlichen Geschäftskonzepts verklammert. Das hat zur Folge, dass die gesamte Tätigkeit gewerblichen Charakter hatte. Die Tätigkeit entspricht dem Bild, das nach der Verkehrsanschauung ein gewerblich tätiges Leasingunternehmen ausmacht und einer privaten Vermögensverwaltung fremd ist.

---

302 BFH v. 26.06.2007 – IV R 49/04, BStBl. II 2009, 289.

II. Fraglich ist, ob neben den laufenden Leasinggewinnen auch erzielte Gewinne aus der Veräußerung der Flugzeuge der Gewerbesteuer unterliegen.

1. Gemäß § 7 GewStG ist der bei der Gewerbesteuer zu erfassende Gewerbeertrag grundsätzlich der nach den Vorschriften des EStG (bzw. des KStG) zu ermittelnde Gewinn aus Gewerbebetrieb, vermehrt und vermindert um die Hinzurechnungen und Kürzungen nach den §§ 8 und 9 GewStG.

   a) Als eine auf den tätigen Gewerbebetrieb bezogene Sachsteuer erfasst die Gewerbesteuer bei natürlichen Personen und Personengesellschaften, sofern bei Letzteren keine – hier nicht in Betracht kommenden – Sonderregelungen eingreifen, jedoch nur die **durch den laufenden Betrieb anfallenden Gewinne**.[303] In den Gewerbeertrag sind danach u.a. nicht die nach Einkommensteuerrecht mit dem ermäßigten Steuersatz zu versteuernden Veräußerungs- und Aufgabegewinne einzubeziehen. Zu den aus dem Gewinn aus Gewerbebetrieb auszugrenzenden Bestandteilen gehören auch solche, die zwar nach dem Einkommensteuerrecht nicht Veräußerungs- oder Aufgabegewinne darstellen, die aber in einem unmittelbaren sachlichen Zusammenhang mit der Betriebsveräußerung oder Betriebsaufgabe stehen und deshalb gleichfalls keine „laufenden" Gewinne darstellen.[304] Ebenso sind auch dann, wenn einkommensteuerrechtlich keine begünstigte Veräußerung oder Aufgabe vorliegt, Veräußerungsgewinne bei der Ermittlung des Gewerbeertrags auszuscheiden, wenn die Veräußerung zu einer – endgültigen – Einstellung der gewerblichen Betätigung des Veräußerers führt. Dieser Tatbestand ist gegeben, wenn die Voraussetzungen für die persönliche Steuerpflicht (vgl. § 5 GewStG) des Veräußerers und bisherigen Betriebsinhabers entfallen sind. Dies ist im Charakter der Gewerbeertragsteuer als Objektsteuer begründet, die an das Ergebnis des lebenden Betriebs anknüpft. Es widerspräche diesem Charakter der Gewerbesteuer, auch die sich aus der Beendigung der gewerblichen Betätigung ergebenden Gewinne als Gewerbeerträge zu erfassen, da sie in keinem stehenden Gewerbebetrieb (§ 2 Abs. 1 S. 1 GewStG) erwirtschaftet wurden.[305]

   b) Veräußerungsgewinne sind allerdings nicht schon wegen des zeitlichen Zusammenhangs zwischen Veräußerung und Betriebsaufgabe nicht gewerbesteuerbar. Gewinne aus betriebsgewöhnlichen Geschäftsvorfällen, die auf der im Wesentlichen unveränderten Fortführung der bisherigen unternehmerischen Tätigkeit beruhen, unterliegen im Regelfall der Gewerbesteuer.[306] Die Veräußerung von Wirtschaftsgütern ist insoweit noch im Rahmen des laufenden Betriebs erfolgt, wenn auch ggf. gleichzeitig mit der Betriebsaufgabe. Die Veräußerung gehört dann nicht zum Aufgabe-, sondern zum „laufenden" Gewinn, wenn die Veräußerung wie im bisherigen laufenden Betrieb an den bisherigen Kundenkreis erfolgt und insoweit die bisherige normale Geschäftstätigkeit fortgesetzt wird.[307]

---

303 BFH v. 25.07.2001 – X R 55/97, BStBl. II 2001, 809.
304 BFH v. 17.02.1994 – VIII R 13/94, BStBl. II 1994, 809.
305 BFH v. 25.07.2001 – X R 55/97, BStBl. II 2001, 809.
306 BFH v. 09.09.1993 – IV R 30/92, BStBl. II 1994, 105, m.w.N.
307 BFH v. 26.06.2007 – IV R 49/04, BStBl. II 2009, 289.

2. Unter Berücksichtigung dieser Rechtsprechungsgrundsätze ist auch der Gewinn aus der Veräußerung der Flugzeuge dem durch den laufenden Betrieb anfallenden Gewinn zuzurechnen, selbst wenn ein zeitlicher Zusammenhang mit einer Betriebsaufgabe bestünde (hier nicht ersichtlich). Der Abschluss von Leasingverträgen, der unzweifelhaft dem laufenden Betrieb zuzurechnen ist, und der anschließende Verkauf sind durch den Unternehmenszweck verklammert und stehen in einem sachlichen Zusammenhang. Auch die Veräußerung zuvor verleaster Wirtschaftsgüter findet daher im Rahmen der laufenden Geschäftstätigkeit der X-GmbH & Co OHG statt.

Ergebnis: Die Tätigkeit der X-GmbH & Co OHG erfüllt alle Merkmale des Gewerbebetrieb i.S.d. § 15 Abs. 2 EStG und unterliegt als stehender Gewerbebetrieb (§ 2 Abs. 1 GewStG) sowohl mit den laufenden Gewinnen aus den Leasingverträgen als auch mit den Gewinnen aus der Veräußerung der Flugzeuge der Gewerbesteuer.

---

2. Besonderheiten beim gewerblichen Grundstückshandel

172 Problematisch ist die steuerrechtliche Abgrenzung zwischen Gewerbebetrieb und privater Vermögensverwaltung bei in zeitlichem Zusammenhang mit der Errichtung oder Anschaffung erfolgten Veräußerungen von Grundbesitz.

a) Nach der Rspr. des BFH[308] kommt ein gewerblicher Grundstückshandel u.a. durch händlertypisches Verhalten zustande, wenn der Steuerpflichtige eine Anzahl bestimmter Objekte (insbesondere Ein- und Zweifamilienhäuser, Eigentumswohnungen oder unbebaute Grundstücke) kauft oder errichtet und sie in engem zeitlichen Zusammenhang anschließend veräußert.[309] Werden vor Ablauf eines Zeitraums von fünf Jahren seit Anschaffung bzw. Errichtung mehr als drei Objekte/mindestens vier Objekte veräußert und liegen zwischen den einzelnen Verwertungsmaßnahmen nicht mehr als fünf Jahre, so ist regelmäßig von einem gewerblichen Grundstückshandel auszugehen, weil die äußeren Umstände den Schluss zulassen, dass es dem Steuerpflichtigen zu Beginn seiner Tätigkeiten weniger auf die Fruchtziehung aus zu erhaltenden Substanzwerten als auf die Ausnutzung substantieller Vermögenswerte durch Umschichtung ankommt (sogenannte Drei-Objekt-Grenze).[310]

b) Trotz Überschreitens der Drei-Objekt-Grenze können Veräußerungen sich noch im Rahmen privater Vermögensverwaltung halten, wenn eindeutige Anhaltspunkte gegen eine von Anfang an bestehende Veräußerungsabsicht vorliegen. Steht dagegen aufgrund objektiver Umstände fest, dass der Grundbesitz mit unbedingter Veräußerungsabsicht erworben oder bebaut worden ist, so kann auch die Veräußerung von weniger als vier Objekten gewerblich sein (z.B. bei einer Einkaufspassage).[311]

---

308 BFH v. 20.11.2012 – IX R 10/11, BFH/NV 2013, 715.

309 BFH v. 05.05. 2004 – XI R 25/03, BFH/NV 2004, 1399.

310 BFH v. 20.07. 2005 – X R 74/01, BFH/NV 2005, 2195.

311 BFH v. 01.12.2005 – IV R 65/04, BStBl. II 2006, 259.

c) Bei **Personenmehrheiten**[312] ist für die Anwendung der Drei-Objekt-Grenze zwischen der Ebene der Gesellschaft/Gemeinschaft und der Ebene des Gesellschafters/Gemeinschafters zu unterscheiden: **173**

■ Auf der **Ebene der Personengesellschaft/Gemeinschaft** sind nur deren eigene Veräußerungen zu beurteilen. Eigenaktivitäten der Gesellschafter/Gemeinschafter bleiben unberücksichtigt.[313]

■ Auf der **Ebene des Gesellschafters/Gemeinschafters** sind dagegen die Veräußerungen der Gesellschaft/Gemeinschaft wie eigene Veräußerungen in die Anwendung der Drei-Objekt-Grenze einzubeziehen.[314] Die Zusammenrechnung setzt voraus, dass der Handel der Gesellschaft/Gemeinschaft mit Grundstücken durch den – ausdrücklich oder stillschweigend vereinbarten – Gesellschaftszweck gedeckt ist. Offen ist lediglich, ob die Zurechnung der Aktivitäten der Gesellschaft/Gemeinschaft beim Gesellschafter/Gemeinschafter unterbleibt, wenn dieser nur geringfügig (weniger als 10%) beteiligt ist (so die Verwaltungsauffassung).[315] Nach Auffassung des BMF[316] muss bei einer Beteiligung von weniger als 10% der Verkehrswert des Gesellschaftsanteils oder des Anteils an dem veräußerten Grundstück alternativ mehr als 250.000 € betragen.

■ Ein Stpfl. kann im Übrigen auch dadurch gewerblichen Grundstückshandel betreiben, dass er innerhalb der 5-Jahresfrist **Gesellschaftsanteile** an mehr als drei vermögensverwaltenden Personengesellschaften **erwirbt und wieder veräußert**.[317]

■ Einen weiteren Fall des **Durchgriffs durch die Personengesellschaft** behandelt das Urteil des BFH v. 28.11.2002.[318] Hier kam der BFH zu dem Ergebnis, dass die **Veräußerung eines Kommanditanteils** an einer im Immobilienbereich tätigen gewerblich geprägten GmbH & Co. KG auf der Gesellschafterebene als Verkauf so vieler anteiliger (Zähl-)Objekte gilt, wie sich zum Veräußerungszeitpunkt im Gesamthandsvermögen der Gesellschaft befinden. Diese Einbeziehung soll jedoch nach dem Willen der Richter unterbleiben, wenn sich die gewerbliche Personengesellschaft mit einem anderen Unternehmenszweck als dem der Bebauung, Verwaltung und der Veräußerung von Grundstücken beschäftigt.

Im Bereich des gewerblichen Grundstückshandels hat sich in den letzten 20 Jahren in der Finanzrechtsprechung eine fast unüberschaubare Kasuistik entwickelt, die einer Rechtssicherheit nicht zuträglich ist. Durch die Verlängerung der Frist für die Erfassung privater Grundstücksgeschäfte (§ 23 EStG) auf zehn Jahre und die Einführung der Gewerbesteueranrechnung gemäß § 35 EStG ist das Problem aber etwas entschärft worden.

3. Beginn und Ende sowie Umfang des Gewerbebetriebs

a) Der Gewerbebetrieb **beginnt** mit der ersten Vorbereitungshandlung zur Aufnahme **174** der gewerblichen Tätigkeit.[319] Daher sind Ausgaben, die vor Eröffnung des Betriebs an-

---

312 Siehe hierzu auch Schmidt/Wacker § 15 EStG Rn. 70 ff.

313 BFH v. 28.10.1993 – IV R 66-67/91 – IV R 66/91, IV R 67/91, BStBl. II 1994, 463.

314 BFH v. 03.07.1995 – GrS 1/93, BStBl. II 1995, 617.

315 Vgl. BMF v. 26.03.2001 – IV A 6 S 2240 46/04, BStBl. I 2001, 434 Rn. 14, 17, 18.

316 BMF v. 26.03.2004 – IV A 6-S 2240-46/04, BStBl. I 2004, 14.

317 BFH v. 22.08.2012 – X R 24/11, BStBl. II 2012, 865.

318 BFH v. 28.11.2002 – III R 1/01, BStBl. II 2003, 250.

319 BFH v. 26.11.1993 – III R 58/89, BStBl. II 1994, 293.

gefallen sind (z.B. Beratungskosten, Gründungskosten, vorausbezahlte Miete), als sogenannte vorab veranlasste Betriebsausgaben abzugsfähig, auch wenn in dem maßgeblichen Besteuerungszeitraum noch keine Betriebseinnahmen erzielt worden sind.

Die sachliche **Gewerbesteuerpflicht** der unter § 2 Abs. 1 GewStG fallenden Gewerbebetriebe beginnt
erst, wenn alle tatbestandlichen Voraussetzungen eines Gewerbebetriebes erfüllt sind (st.Rspr.). Dies
gilt für Personengesellschaften unabhängig von der Rechtsform ihrer Gesellschafter.[320]

175   **b) Umfang des Gewerbebetriebs:** Übt ein Unternehmer mehrere gleichartige Tätigkeiten aus (z.B. Kfz-Werkstätten), liegt in der Regel ein einheitlicher Gewerbebetrieb vor.
Bei ungleichartigen Tätigkeiten (z.B. Brillenfabrik und Getränkehandel) sind dagegen
mehrere Gewerbebetriebe anzunehmen, sofern nicht zwischen den verschiedenen Tätigkeiten ein objektiver wirtschaftlicher Zusammenhang besteht.[321]

Liegt ein Gewerbebetrieb vor, schließt dies nicht aus, dass der Unternehmer daneben
auch privat tätig wird. **Typische Geschäfte** sind jedoch immer dem Gewerbebetrieb zuzurechnen,[322] es sei denn, dass bei entsprechender privater Veranlassung eine abweichende Zuordnung klar und eindeutig vorgenommen wird.[323] Bei anderen Geschäften
ist die Nähe zur gewerblichen Tätigkeit ein starkes Indiz; es genügt aber nicht jede Nutz-
barmachung beruflicher Kenntnisse, um private Geschäfte zu gewerblichen zu machen.[324] Branchenfremde Geschäfte sind in der Regel nicht betrieblich veranlasst.[325]

c) Der Gewerbebetrieb **endet** mit der letzten Abwicklungshandlung, da der einkommensteuerrechtliche Begriff des gewerblichen Unternehmens auch die auf die Abwicklung des Unternehmens gerichtete Tätigkeit umfasst (arg. § 16 EStG).Selbst nach Ende
des Gewerbebetriebs können aufgrund der ausdrücklichen Regelung des § 24 Nr. 2
EStG noch positive oder negative gewerbliche Einkünfte anfallen.

Beispiel: Ein Unternehmer muss nachträglich noch Betriebssteuern entrichten.

Gewerbesteuerrechtlich endet der Gewerbebetrieb dagegen, sobald der Unternehmer die werbende
Tätigkeit eingestellt hat. Die Verwertung des Betriebsvermögens wird daher von der Gewerbesteuer
nicht mehr erfasst.[326]

---

320 BFH v. 30.08.2012 – IV R 54/10, BStBl. II 2012, 927.

321 Schmidt/Wacker § 15 EStG Rn. 125 m.N.

322 BFH v. 15.03.2005 – X R 51/03, BFH/NV 2005, 1532.

323 BFH v. 12.12.2002 – III R 20/01, BStBl. II 2003, 297.

324 BFH v. 06.03.1991 – X R 39/88, BStBl. II 1991, 631.

325 BFH v. 24.01.1985 – IV R 123/82, BFH/NV 1986, 15.

326 BFH v. 25.09.2012 – I B 29/12, BFH/NV 2013, 84 betr. Ende der Gewerbesteuerpflicht bei einer Kapitalgesellschaft.

176

Einkünfte aus gewerblichen Einzelunternehmen, § 15 Abs. 1 S. 1 Nr. 1 EStG

I. Merkmale des Gewerbebetriebs (§ 15 Abs. 2 EStG)

1. Selbstständigkeit:	Handeln auf eigene Rechnung und Gefahr
2. Nachhaltigkeit:	Betätigung mit Wiederholungsabsicht
3. Gewinnerzielungsabsicht:	Streben nach Mehrung des Betriebsvermögens in Gestalt eines „Totalgewinns"
4. Beteiligung am allgemeinen wirtschaftlichen Verkehr:	Nach außen erkennbare Teilnahme am allgemeinen Leistungs- und Güteraustausch
5. Keine Land- und Forstwirtschaft, keine selbstständige Tätigkeit i.S.d. § 18 EStG	Vgl. dazu die anderen Einkunftsarten
6. Keine private Vermögensverwaltung:	Ungeschriebenes Merkmal

II. Beginn und Ende des Gewerbebetriebs

1. Beginn mit der ersten Vorbereitungshandlung, z.B. Raumanmietung

2. Ende mit der letzten Abwicklungshandlung, z.B. nachträgliche Entrichtung von Betriebssteuern

III. Umfang des Gewerbebetriebs

Alle branchenüblichen Geschäfte, sofern der Stpfl. nicht den privaten Charakter eindeutig dartut.

IV. Gewinnermittlung

1. Methode: § 4 Abs. 1 i.V.m. § 5 Abs. 1 EStG, § 4 Abs. 1 EStG oder § 4 Abs. 3 EStG

2. Gewinnermittlungszeitraum = Wirtschaftsjahr (WJ)

Kalenderjahr § 4a Abs. 1 Nr. 3 EStG
→ § 2 Abs. 7 EStG

Abweichendes WJ § 4a Abs. 1 Nr. 2 EStG
→ § 4a Abs. 2 Nr. 2 EStG

II. Einkünfte aus gewerblicher Mitunternehmerschaft (§ 15 Abs. 1 S. 1 Nr. 2 i.V.m. Abs. 2, Abs. 3 EStG)

177 Personengesellschaften (OHG, KG, GbR etc.) unterliegen nicht der KSt (vgl. § 1 KStG) und sind auch nicht einkommensteuerpflichtig, da § 1 EStG die Einkommensteuerpflicht auf natürliche Personen beschränkt. Die Besteuerung des Gewinns von Personengesellschaften erfolgt vielmehr im Wege der **Einzelbesteuerung der Gesellschafter**.

Betreibt die Personengesellschaft einen **Gewerbebetrieb**, bestimmen sich die gewerblichen Einkünfte der Gesellschafter nach § 15 Abs. 1 S. 1 Nr. 2 EStG. Nach dieser Vorschrift gehören zu den Einkünften aus Gewerbebetrieb nicht nur die Gewinnanteile der Gesellschafter, sondern auch Sondervergütungen, die einem Gesellschafter von der Gesellschaft gewährt worden sind.

§ 15 Abs. 3 Nr. 2 EStG erweitert den Anwendungsbereich des § 15 Abs. 1 S. 1 Nr. 2 EStG auf sogenannte **gewerblich geprägte Personengesellschaften**. Das sind Gesellschaften, die zwar nicht gewerblich i.S.d. § 15 Abs. 2 EStG tätig sind, bei denen jedoch ausschließlich eine oder mehrere Kapitalgesellschaften persönlich haftende Gesellschafter sind.

178 **Zur Ermittlung der Gewinnanteile** der Gesellschafter muss zunächst der Gewinn der Gesellschaft festgestellt werden. Die Gesellschaft (Mitunternehmerschaft) ist damit „interimistisch, d.h. zur Ermittlung der Einkunftsanteile der Mitunternehmer ... Gewinnermittlungssubjekt".[327] Die Feststellung des gewerblichen Gewinns der Gesellschaft und die Zurechnung der Gewinnanteile auf die Gesellschafter erfolgen im Verfahren der einheitlichen und gesonderten Gewinnfeststellung nach § 180 Abs. 1 Nr. 2 Buchst. a) AO. Dieses Verfahren sichert die gleichmäßige Besteuerung der Gesellschafter und dient zugleich der Verfahrensökonomie.

1. Voraussetzungen der Mitunternehmerschaft

> **Fall 24: Der stille Gesellschafter als Mitunternehmer**
>
> K betreibt in B-Stadt eine Keksfabrik, an der bis zum 31.12.2013 der G als stiller Gesellschafter mit einer Einlage von 200.000 € beteiligt war. Mit Wirkung vom 01.01.2014 trafen K und G folgende Vereinbarung:
>
> 1. G erhöht seine Einlage als stiller Gesellschafter auf 1 Mio. €. Er wird – unter Ausschluss einer Verlustbeteiligung – mit 40% am Gewinn des Unternehmens beteiligt.
>
> 2. G tritt zum 01.01.2014 als Geschäftsführer mit Generalhandlungsvollmacht in das Unternehmen ein. Er erhält ein Jahresgehalt von 100.000 € und eine Erfolgsbeteiligung (Tantieme) in Höhe von 2% des Umsatzes.
>
> Der auf G in 2014 entfallende Gewinnanteil beträgt 60.000 €. Neben dem Jahresgehalt von 100.000 € erhält G für 2014 ferner eine Tantieme in Höhe von (2% von 10 Mio. € =) 200.000 €. Das FA meint, K und G hätten ab 01.01.2014 Einkünfte aus gewerblicher Mitunternehmerschaft i.S.d. § 15 Abs. 1 S. 1 Nr. 2 EStG erzielt.

179 I. K und G haben keine OHG oder KG gegründet. Es könnte jedoch seit dem 01.01.2014 eine **„andere Gesellschaft"** vorliegen, „bei der die Gesellschafter als Unternehmer (Mitunternehmer) anzusehen sind".

II. **Gewerbebetrieb**

Eine Mitunternehmerschaft i.S.d. § 15 Abs. 1 S. 1 Nr. 2 EStG setzt zunächst ein **gewerbliches Unternehmen** i.S.d. § 15 Abs. 1 S. 1 Nr. 1, Abs. 2 EStG voraus.

1. Sofern eine **OHG** oder **KG** in das Handelsregister eingetragen ist, besteht eine widerlegbare Vermutung, dass die Gesellschafter ein gewerbliches Unternehmen betreiben. Die Vermutung kann u.a. durch die Feststellung widerlegt werden, dass die Eintragung unrichtig ist oder der Betrieb zwar ein Handelsgewerbe, aber keinen Gewerbebetrieb i.S.d. § 15 Abs. 1 S. 1 Nr. 1, Abs. 2 EStG darstellt.[328]

---

327 BFH v. 02.09.1985– IV B 51/85, BStBl. II 1986, 10.
328 Schmidt/Wacker § 15 EStG Rn. 181.

Beispiel: Eine OHG betreibt als Kannkaufmann (§ 3 HGB) einen land- und forstwirtschaftlichen Betrieb.

2. Übt eine Personengesellschaft mehrere Tätigkeiten mit Gewinnerzielungsabsicht aus und erfüllt nur eine dieser Tätigkeiten die Voraussetzungen eines Gewerbebetriebs, so ist die Tätigkeit gemäß § 15 Abs. 3 Nr. 1 EStG insgesamt als gewerbliche Tätigkeit anzusehen (sogenannte **Abfärbe- oder Infektionstheorie**). Diese gesetzliche Regelung, die in der Praxis häufig zu Rechtsstreitigkeiten führt, hat das Bundesverfassungsgericht mit Beschluss vom 15.01.2008 für verfassungsgemäß erklärt.[329]

Beispiele:

Zwei Tanzlehrer betreiben in der Form einer GbR eine Tanzschule. Zum Tanzschulenbetrieb gehört ein Getränkeverkauf, der die Voraussetzungen einer gewerblichen Tätigkeit i.S.d. § 15 Abs. 2 EStG erfüllt.

Ärztliche Gemeinschaftspraxis mit angeschlossener gewerblicher Augenklinik.[330]

Die Tätigkeit der Personengesellschaft ist nicht in eine freiberufliche (unterrichtende) Tätigkeit i.S.d. § 18 Abs. 1 Nr. 1 EStG und eine gewerbliche Tätigkeit i.S.d. § 15 Abs. 2 EStG aufzuteilen, sondern gemäß § 15 Abs. 3 Nr. 1 EStG insgesamt als gewerbliche Tätigkeit anzusehen.

Nach neuerer BFH-Rspr. soll die Abfärberegelung des § 15 Abs. 3 Nr. 1 EStG **nicht bei äußerst geringen gewerblichen Anteilen** zur Anwendung kommen.[331] **180**

Um der Infektion zu entgehen, wird in der steuerlichen Praxis die Auslagerung der gewerblichen Tätigkeit auf eine personenidentische Schwesterpersonengesellschaft empfohlen. Dieses Ausgliederungsmodell hat die Rspr. anerkannt.[332]

3. Auch wenn eine Personengesellschaft kein gewerbliches Unternehmen i.S.d. § 15 Abs. 1 S. 1 Nr. 1, Abs. 2 EStG betreibt, ist ihre mit Einkünfteerzielungsabsicht unternommene Tätigkeit als Gewerbebetrieb anzusehen, wenn ausschließlich eine oder mehrere Kapitalgesellschaften persönlich haftende Gesellschafter sind und nur diese oder Personen, die nicht Gesellschafter sind, zur Geschäftsführung befugt sind (**gewerblich geprägte Personengesellschaft**, § 15 Abs. 3 Nr. 2 EStG).

Beispiel: Eine GmbH & Co. KG vermietet Immobilien. Alleinige persönlich haftende Gesellschafterin und Geschäftsführerin der KG ist die GmbH. Die Tätigkeit der GmbH „prägt" die Tätigkeit der KG, die gemäß § 15 Abs. 3 Nr. 2 EStG gewerbliche Einkünfte erzielt.

4. Auch wenn die Personengesellschaft kein gewerbliches Unternehmen betreibt und auch die Voraussetzungen des § 15 Abs. 3 Nr. 2 EStG nicht vorliegen, können **auf der Ebene eines Gesellschafters** gewerbliche Einkünfte vorliegen.[333] Die Umqualifizierung der Einkünfte des betroffenen Gesellschafters erfolgt innerhalb der gesonderten Feststellung der Einkünfte der Gesellschaft.[334]

---

329 BVerfG v. 15.01.2008 – 1 BvL 2/04, DStRE 2008, 1003.

330 BFH v. 30.08.2001 – IV R 43/00, BStBl. II 2002, 152.

331 BFH v. 11.08.1999 – XI R 12/98, BStBl. II 2000, 229: 1,25% des Umsatzes; dazu Neu DStR 1999, 2109: weniger als 24.000 € als absolute Grenze, weniger als 10% des Gesamtumsatzes als relative Grenze; Rspr. bestätigt durch BFH v. 04.05.2011 – II R 51/09, BStBl. II 2014, 751.

332 BFH v. 12.06.2002 – XI R 21/99, BFH/NV 2002, 1554.

333 Vgl. BFH v. 03.07.1995 – GrS 1/93, BStBl. II 1995, 617.

334 BFH v. 11.07.1996 – IV R 103/94, BStBl. II 1997, 39.

181   5. Eine gewerblich tätige Personengesellschaft unterhält stets einen einheitlichen Gewerbebetrieb. Das schließt jedoch nicht aus, dass einzelne Tätigkeitsbereiche aus der Gewinnermittlung ausgeschieden werden, weil insoweit das Merkmal der Gewinnerzielungsabsicht fehlt (sogenannte **Segmentierung**).[335]

Beispiel: Eine gewerblich tätige Personengesellschaft unterhält ein Pferdegestüt, das auf Dauer nur Verluste bringt.

Der Betrieb des Pferdegestüts erfüllt die Voraussetzungen der Liebhaberei, mit der Folge, dass die entsprechenden Verluste bei der Gewinnermittlung nicht zu berücksichtigen sind.

Vorliegend besteht kein Zweifel, dass die Keksfabrik des K mit Gewinnerzielungsabsicht betrieben wird und alle weiteren positiven und negativen Voraussetzungen des Gewerbebetriebs vorliegen.

III. An dem Gewerbebetrieb müssen

■ mehrere Personen

■ beteiligt sein

■ in Form der Mitunternehmerschaft.

1. K und G sind **mehrere Personen**.

2. Eine **Beteiligung** an dem gewerblichen Unternehmen erfolgt in der Regel durch Abschluss eines Gesellschaftsvertrags. Dementsprechend nennt § 15 Abs. 1 S. 1 Nr. 2 EStG auch zunächst die OHG und die KG als typische Formen der Personengesellschaft. Daneben kommen insbesondere die GbR (§§ 705 ff. BGB), die Parten-Reederei (§ 489 HGB) und Personengesellschaften ausländischen Rechts in Betracht.[336]

Eine „andere Gesellschaft, bei der die Gesellschafter als Unternehmer (Mitunternehmer) anzusehen sind", braucht nicht notwendig eine Gesellschaft im zivilrechtlichen Sinne zu sein. Vielmehr genügt ein „wirtschaftlich vergleichbares Gemeinschaftsverhältnis".[337]

Beispiel: In Gütergemeinschaft lebende Ehegatten betreiben einen Gewerbebetrieb;[338] eine Miterbengemeinschaft führt den Gewerbebetrieb des Erblassers fort;[339] Ehegatten betreiben ein Unternehmen mit Wirtschaftsgütern, die ihnen als Bruchteilsgemeinschaft gehören.[340]

182   Aus dem Tatbestandsmerkmal „Gesellschaft" ist zu folgern, dass stets der – zumindest stillschweigende – Abschluss eines Gesellschafts- bzw. vergleichbaren Gemeinschaftsverhältnisses erforderlich ist und eine sogenannte **faktische Mitunternehmerschaft** ausgeschlossen ist.[341] Andererseits kommt es nicht auf die von den Beteiligten gewählte Bezeichnung des Rechtsverhältnisses, sondern dessen

---

335 Vgl. BFH v. 25.06.1996 – VIII R 28/94, BStBl. II 1997, 202.
336 Schmidt/Wacker § 15 EStG Rn. 169.
337 BFH v. 25.06.1984 – GrS 4/82, BStBl. II 1984, 751.
338 BFH v. 01.10.1992 – IV R 130/90, BStBl. II 1993, 574; vgl. dazu Schmidt-Liebig StuW 1989, 110.
339 BFH v. 08.09.1971 – I R 191/69, BStBl. II 1972, 12.
340 BFH v. 06.02.1986 – IV R 311/84, BStBl. II 1986, 455.
341 BFH v. 01.08.1996 – VIII R 12/94, BStBl. II 1997, 272.

wirkliche Natur an. Deshalb kann z.B. ein als Arbeitsverhältnis bezeichnetes Rechtsverhältnis nach seinem tatsächlichen Regelungsinhalt als Gesellschaftsverhältnis und damit als Mitunternehmerschaft gewürdigt werden (sogenannte **verdeckte Mitunternehmerschaft**).[342] Für die Annahme einer verdeckten Mitunternehmerschaft ist entscheidend, dass die beteiligten Personen gleichgeordnet sind, gemeinsam handeln und dabei einen gemeinsamen Zweck verfolgen.[343]

Liegt ein zivilrechtlich wirksames Gesellschaftsverhältnis vor, sind damit nicht notwendig auch die Voraussetzungen der Mitunternehmerschaft erfüllt. Nach Ansicht des BFH sind selbst bei den in § 15 Abs. 1 S. 1 Nr. 2 EStG genannten Gesellschaftsformen der OHG und KG atypische Gestaltungen möglich, bei denen einzelne Gesellschafter keine Mitunternehmer sind.[344]

183

Im vorliegenden Fall besteht zwischen K und G ein Gesellschaftsverhältnis in Form der **stillen Gesellschaft**. Ein stiller Gesellschafter kann, wie sich aus § 20 Abs. 1 Nr. 4 EStG ergibt, Einkünfte aus Kapitalvermögen erzielen (sogenannter typischer stiller Gesellschafter) oder auch als Mitunternehmer an dem Gewerbebetrieb beteiligt sein (sogenannter atypischer stiller Gesellschafter).[345]

3. Es fragt sich somit, ob G die **Voraussetzungen des Mitunternehmers** – des zentralen Tatbestandsmerkmals des § 15 Abs. 1 S. 1 Nr. 2 EStG – erfüllt.

a) Kennzeichnend für den Mitunternehmer ist, dass er (zusammen mit anderen)

184

- Unternehmerinitiative entfalten kann und

- Unternehmerrisiko trägt.

Nach der Rspr. handelt es sich um einen sogenannten Typusbegriff, d.h., um einen nicht streng definierten Begriff: Die Merkmale, die für den Begriff insgesamt typisch sind, brauchen nicht stets kumulativ vorzuliegen; das Gesamtbild ist entscheidend.[346] Daher können im Einzelfall ein geringes Unternehmerrisiko durch ausgeprägte Unternehmerinitiative oder eine geringe Unternehmerinitiative durch ein hohes Unternehmerrisiko kompensiert werden.[347] Zur Bejahung der Mitunternehmerstellung müssen aber in jedem Fall beide Hauptmerkmale des Mitunternehmerbegriffs – mehr oder weniger ausgeprägt – vorliegen.[348]

aa) **Unternehmerinitiative** kann entfalten, wer das Recht hat, die im Betrieb zu treffenden unternehmerischen Entscheidungen zu beeinflussen.[349] Die intensivste Form der Unternehmerinitiative begründen Geschäftsführungs- und Vertretungsbefugnisse. Unternehmerinitiative – wenn auch in

185

---

342 Vgl. BFH v. 21.04.2009 – II R 26/07, BStBl. II 2009, 602.
343 BFH v. 13.07.1993 – VIII R 50/92, BStBl. II 1994, 282.
344 Vgl. BFH v. 25.06.1984 – GrS 4/82, BStBl. II 1984, 751.
345 Vgl. BFH v. 09.12.2002 – VIII R 20/01, BFH/NV 2003, 601.
346 Zum Typusbegriff vgl. Tipke/Lang § 5 Rn. 45.
347 Schmidt/Wacker § 15 EStG Rn. 262 ff.
348 BFH v. 13.07.1993 – VIII R 50/92, BStBl. II 1994, 282.
349 BFH v. 25.04.2006 – VIII R 74/03, BStBl. II 2006, 595.

geringerem Ausmaß – kann auch entfalten, wer zwar nicht auf die laufende Geschäftsführung einwirken, wohl aber über Stimm- und Kontrollrechte auf die Unternehmensführung Einfluss nehmen kann.[350] Da § 15 Abs. 1 S. 1 Nr. 2 EStG die KG ausdrücklich als typische Form der Mitunternehmerschaft bezeichnet, sind für die Annahme einer gewissen Unternehmerinitiative die Mitwirkungsrechte ausreichend, die ein Kommanditist nach der handelsrechtlichen Regelung (§§ 161 ff. HGB) hat.[351]

Keine ausreichende Unternehmerinitiative kann ein Kommanditist entfalten, dessen Stimmrecht in der Gesellschafterversammlung und dessen Widerspruchsrecht (§ 164 HGB) ausgeschlossen sind.[352] Entsprechendes gilt für einen Kommanditisten, der aufgrund besonderer Vereinbarungen von dem persönlich haftenden Gesellschafter durch Kündigung unter Abfindung zum Buchwert jederzeit aus der Gesellschaft verdrängt werden kann. Denn ein solcher Kommanditist kann seine Kontroll-, Widerspruchs- und Mitwirkungsrechte nicht mehr so ausüben, wie es seinem eigenen Interesse als Gesellschafter entspricht.[353]

Ein Defizit bei der Unternehmensinitiative kann durch ein Mehr an Unternehmerrisiko (s. Rn. 184) ausgeglichen werden und umgekehrt. So sieht die Rspr. einen Komplementär, der weder am Gewinn und Verlust der KG noch an deren Vermögen beteiligt ist, dennoch als Mitunternehmer an.[354]

186 bb) **Unternehmerrisiko** im klassischen Sinne trägt ein Beteiligter, der am Gewinn und Verlust und am Vermögen (einschließlich stille Reserven und Geschäftswert) beteiligt ist und nach außen persönlich haftet.[355] Das „Risiko" kommt vor allem in der Verlustbeteiligung und der Haftung zum Ausdruck. Die Verlustbeteiligung ohne Aussicht auf Gewinn genügt andererseits nicht zur Begründung eines „Unternehmerrisikos". Denn Vermögenseinsatz ohne jede Gewinnchance ist kein unternehmerisches Verhalten und passt daher nicht zum Typus des Mitunternehmers.[356] Nach dem Gesamtbild der Verhältnisse kann auch **ohne Verlustbeteiligung** eine Mitunternehmerstellung bestehen.

Beispiele:

■ Die Komplementär-GmbH einer KG war nach dem Gesellschaftsvertrag nur am Gewinn beteiligt und von den Verbindlichkeiten von den übrigen Gesellschaftern freizustellen. Wegen der unbeschränkten persönlichen Haftung im Außenverhältnis hat der BFH die GmbH dennoch als Mitunternehmerin angesehen.[357]

■ Ein Kommanditist, der seine Einlage geleistet hat, nimmt nur bis zur Höhe seines Kommanditanteils an Verlusten teil (§ 167 Abs. 3 HGB) und haftet nicht für Verbindlichkeiten der Gesellschaft (§ 171 HGB). Gleichwohl entspricht seine Rechtsstellung dem Typus des Mitunternehmers.[358]

---

350 BFH v. 13.07.1993 – VIII R 50/92, BStBl. II 1989, 722; 1994, 282.

351 BFH v. 25.04.2006 – VIII R 74/03, BStBl. II 2006, 595.

352 BFH v. 11.10.1988 – VIII R 328/83, BStBl. II 1989, 762.

353 BFH v. 28.10.1999 – VIII R 66-70/97, BStBl. II 2000, 183.

354 BFH v. 25.04.2006 – VIII R 74/03, BStBl. II 2006, 595.

355 BFH v. 04.11.2004 – III R 21/02, BStBl. II 2005, 168.

356 BFH v. 25.06.1984 – GrS 4/82, BStBl. II 1984, 751.

357 BFH v. 09.02.1999 – VIII R 43/98, DStRE 1999, 586 zum „angestellten Komplementär".

358 BFH v. 30.07.1975 – I R 174/73, BStBl. II 1975, 818.

- Auch ein Beteiligter, der nicht am Verlust teilnimmt und keinen Anteil an den stillen Reserven und am Geschäftswert hat, kann Mitunternehmer sein, wenn er typische Unternehmerentscheidungen zu treffen hat und vom Erfolg oder Misserfolg dieser Entscheidungen selbst wirtschaftlich betroffen ist.[359] Dazu genügt jedoch nicht das Vergütungsrisiko eines am Gewinn beteiligten Angestellten.[360]

b) Mitunternehmer können natürliche (auch minderjährige) Personen und alle **juristischen Personen** sein. Auch Personenhandelsgesellschaften, wie OHG und KG sowie eine GbR, können Gesellschafterinnen an einer anderen Personengesellschaft sein.[361]   **187**

c) Für den vorliegenden Fall ergibt die Anwendung dieser Grundsätze Folgendes: Nach den Vereinbarungen der Parteien war G als stiller Gesellschafter an dem Unternehmen des K beteiligt und gleichzeitig als angestellter Geschäftsführer mit Generalvollmacht für das Unternehmen tätig. Die Mitunternehmerschaft i.S.d. § 15 Abs. 1 S. 1 Nr. 2 EStG ist jedoch nicht von der von den Parteien gewählten Bezeichnung des Rechtsverhältnisses, sondern lediglich davon abhängig, ob G nach dem **Gesamtbild der Verhältnisse** Unternehmerinitiative entfalten konnte und Unternehmerrisiko trug.

Als Geschäftsführer mit Generalhandlungsvollmacht war G rechtlich und tatsächlich in der Lage, die Geschicke des Unternehmens zu gestalten und damit uneingeschränkt Unternehmerinitiative zu entwickeln. Sein Unternehmerrisiko war geringer ausgeprägt, da er mit seiner Einlage als stiller Gesellschafter nur am Gewinn teilnahm und keine Außenhaftung gegenüber Gläubigern des Unternehmens begründet wurde. Andererseits sprechen die Höhe seiner Einlage und der Umfang seiner Gewinnbeteiligung (40%) für ein erhebliches Interesse am wirtschaftlichen Erfolg des Unternehmens. Darüber hinaus ist von entscheidendem Gewicht, dass G für seine aufgrund eines Dienstvertrags erbrachte Arbeitsleistung eine Erfolgsbeteiligung erhielt, die das Doppelte seines Festgehalts betrug. Eine derartig hohe Erfolgsbeteiligung spricht gegen ein Arbeitsverhältnis und für ein Gesellschaftsverhältnis. Über die Erfolgsbeteiligung partizipierte G unmittelbar am wirtschaftlichen Erfolg des Unternehmens. Nach dem Gesamtbild der Verhältnisse ist daher eine Mitunternehmerschaft in Form einer sogenannten atypischen stillen Gesellschaft gegeben.[362]

Ergebnis: G und K sind ab 01.01.2014 Mitunternehmer i.S.d. § 15 Abs. 1 S. 1 Nr. 2 EStG.

2. Ermittlung der gewerblichen Einkünfte des Mitunternehmers

Zu den gewerblichen Einkünften des Mitunternehmers gehören nach § 15 Abs. 1 S. 1 Nr. 2 EStG   **188**

- die Gewinnanteile an der Gesellschaft (Mitunternehmerschaft) und

---

359 Vgl. Schmidt/Wacker § 15 EStG Rn. 266 ff. m.N.
360 BFH v. 13.07.1993 – VIII R 50/92, BStBl. II 1994, 282.
361 BFH v. 25.02.1991 –GrS 7/89, BStBl. II 1991, 691.
362 Vgl. BFH v. 09.12.2002 – VIII R 20/01, BFH/NV 2003, 601.

■ Vergütungen, die ein Gesellschafter (Mitunternehmer) für seine Tätigkeit im Dienst der Gesellschaft oder für die Hingabe von Darlehen oder für die Überlassung von Wirtschaftsgütern bezogen hat (sogenannte **Sondervergütungen**).

Sondervergütungen i.S.d. § 15 Abs. 1 S. 1 Nr. 2 EStG sind auch Vergütungen, die als **nachträgliche Einkünfte** (§ 24 Nr. 2 EStG) bezogen werden, z.B. Versorgungsleistungen an die Witwe eines früheren Mitunternehmers.[363]

Mit der Einbeziehung der Sondervergütungen in die gewerblichen Einkünfte werden Einkünfte „umqualifiziert", die andernfalls als Einkünfte aus selbstständiger Arbeit (§ 18 EStG), als Einkünfte aus nichtselbstständiger Arbeit (§ 19 EStG), aus Kapitalvermögen (§ 20 EStG) oder aus Vermietung und Verpachtung (§ 21 EStG) zu erfassen wären. Das Gesetz will damit verhindern, dass Mitunternehmer im Gegensatz zu Einzelgewerbetreibenden Arbeitsleistungen und Akte der Vermögensverwaltung aus ihrer gewerblichen Leistung „abspalten" können.[364]

189 Die **Bedeutung des § 15 Abs. 1 S. 1 Nr. 2 EStG** liegt vor allem in der Zuordnung von Wirtschaftsgütern zum Betriebsvermögen: Bei einem Einzelunternehmer gehören alle Wirtschaftsgüter, die in seinem Eigentum stehen und ausschließlich und unmittelbar betrieblich genutzt werden, zum Betriebsvermögen. Wertsteigerungen werden damit – anders als im Bereich der privaten Vermögensverwaltung – einkommensteuerlich erfasst. § 15 Abs. 1 S. 1 Nr. 2 EStG hat zur Folge, dass dem steuerlichen Betriebsvermögen einer Mitunternehmerschaft nicht nur die Wirtschaftsgüter zugeordnet werden, die sich im Gesamthandseigentum befinden, sondern auch solche Wirtschaftsgüter, die von einem Mitunternehmer der Mitunternehmerschaft lediglich zur betrieblichen Nutzung überlassen worden sind. Die Rechtsbeziehungen zwischen dem Gesellschafter und der Mitunternehmerschaft (z.B. der Mietvertrag über das Wirtschaftsgut) werden steuerlich nur insoweit respektiert, als die steuerlichen Konsequenzen der Zuordnung zum Betriebsvermögen nicht bei der Mitunternehmerschaft als solcher, sondern erst über das Institut der Sondervergütung bei dem betreffenden Mitunternehmer gezogen werden.

Fall 25: Kommanditistin und Fremdsprachenkorrespondentin

K ist seit Oktober 2000 als Fremdsprachenkorrespondentin im Angestelltenverhältnis bei der X-Maschinenfabrik KG angestellt. Die X-KG soll laut Gesellschaftsvertrag als Familienbesitz der Familie X erhalten bleiben; Töchtern und Schwiegersöhnen der Gesellschafter steht bei Erreichen einer gewissen Altersgrenze das Recht zu, mit Zustimmung der anderen Gesellschafter als Geschäftsführer, Prokuristen oder Abteilungsleiter in das Unternehmen einzutreten. Im Jahr 2012 erwarb K aufgrund eines Vermächtnisses ihres Onkels X, der zuletzt einer der persönlich haftenden Gesellschafter der KG war, einen Kommanditanteil in Höhe von 125.000 € (ca. 2,35% des Festkapitals der KG). Das FA möchte die der K aufgrund des Arbeitsvertrags im Jahr 2012 gezahlte Vergütung in Höhe von 52.000 € (einschließlich Arbeitgeberanteil zur Sozialversicherung) gemäß § 15 Abs. 1 S. 1 Nr. 2 EStG bei der Ermittlung der gewerblichen Einkünfte der K erfassen. Zu Recht?

---

190 I. Die Ermittlung der Einkünfte aus gewerblicher Mitunternehmerschaft erfolgt gemäß § 15 Abs. 1 Nr. 2 EStG in einem **mehrstufigen Verfahren**:[365]

---

363 Vgl. BFH v. 25.01.1994 – VIII B 111/93, BStBl. II 1994, 455.
364 Vgl. hierzu ausführlich Weber-Grellet, Bilanzsteuerrecht, 8. Abschnitt unter C. II.
365 Vgl. BFH v. 14.11.1985 – IV R 63/83, BStBl. II 1986, 58.

1. Zunächst wird der **Gewinn der Gesellschaft** in einer Steuerbilanz ermittelt, in der die zum Gesamthandsvermögen der Gesellschaft gehörenden Wirtschaftsgüter erfasst werden. Die Gewinnanteile der Gesellschafter werden nach Maßgabe der gesellschaftsrechtlichen Vereinbarungen ermittelt. Sondervergütungen an die Gesellschafter sind daher in diesem Stadium als Aufwand der Gesellschaft anzusetzen.[366]

2. In der zweiten Stufe der Gewinnermittlung werden **Sondervergütungen** der Gesellschafter erfasst. Das geschieht in der Praxis durch sogenannte **Sonderbilanzen,**[367] in denen das sogenannte Sonderbetriebsvermögen einzelner Gesellschafter ausgewiesen wird, und durch **besondere Gewinn- und Verlustrechnungen** für den einzelnen Gesellschafter. In der besonderen Gewinn- und Verlustrechnung sind die Sondervergütungen als Sonderbetriebseinnahmen und der damit zusammenhängende Aufwand als Sonderbetriebsausgaben erfasst.   **191**

   Die Rspr.[368] unterscheidet zwischen dem **Sonderbetriebsvermögen I** (SBV I) und dem **Sonderbetriebsvermögen II** (SBV II):

   Zum SBV I gehören Wirtschaftsgüter, die im Eigentum eines Mitunternehmers stehen und dazu geeignet und bestimmt sind, dem Betrieb der Gesellschaft zu dienen.

   Beispiel: Ein Gesellschafter überlässt der Gesellschaft ein Grundstück zur betrieblichen Nutzung.

   Zum SBV II gehören Wirtschaftsgüter, die der Beteiligung des Gesellschafters an der Gesellschaft dienen. Es kann sich dabei um notwendiges oder gewillkürtes Sonderbetriebsvermögen handeln.[369] Darüber hinaus sind im Rahmen des SBV II vor allem Verbindlichkeiten zu erfassen, die im Zusammenhang mit der Beteiligung stehen.

   Beispiel 1: Ein Gesellschafter hat ein Grundstück einem Dritten überlassen, der es an die Gesellschaft untervermietet.

   Das Grundstück stärkt die Mitunternehmerstellung des Gesellschafters und ist daher als Teil des SBV II in der Sonderbilanz des Gesellschafters zu erfassen.[370]

   Beispiel 2: Ein Gesellschafter hat zur Finanzierung seiner Beteiligung ein Darlehen aufgenommen. Die Verbindlichkeit ist als Teil des SBV II in der Sonderbilanz des Gesellschafters auszuweisen.

   Für das Sonderbetriebsvermögen ist die Gesellschaft und nicht der Gesellschafter zur Buchführung verpflichtet. Da die handelsrechtliche Buchführungspflicht (§ 238 Abs. 1 HGB) sich nur auf das Gesamthandsvermögen erstreckt, folgt die **Buchführungspflicht für das Sonderbetriebsvermögen** aus § 141 AO.[371]

3. Der sogenannte **Gesamtgewinn der Gesellschaft (Mitunternehmerschaft)** wird nach der Rspr. und herrschenden Lehre **„additiv"** aus den Gewinnanteilen und den Sondervergütungen ermittelt.[372] Von Bedeutung ist der Gesamtgewinn für die GewSt, weil er den Gewerbeertrag i.S.d. § 7 GewStG darstellt.[373] Darüber   **192**

---

366 BFH v. 21.05.1987 – IV R 39/85, BStBl. II 1987, 628.
367 Überblick bei Weber-Grellet, Bilanzsteuerrecht, 8. Abschnitt D. II.
368 Vgl. BFH v. 18.08.2005 – IV R 59/04, BStBl. II 2005, 830.
369 BFH v. 07.07.1992 – VIII R 2/87, BStBl. II 1993, 328.
370 BFH v. 09.09.1993 – IV R 14/91, BStBl. II 1994, 250.
371 BFH v. 23.10.1990 – VIII R 142/85, BStBl. II 1991, 401.
372 BFH v. 13.10.1998 – VIII R 78/97, BStBl. II 1999, 163; Schmidt/Wacker § 15 EStg Rn. 403; Raupach DStZ 1992, 692 ff.; Reiß in Kirchhof/Söhn/Mellinghoff § 15 EStG Rn. E 62 ff.
373 BFH v. 06.11.1980 – IV R 182/77, BStBl. II 1981, 220.

hinaus ist auch bei der Prüfung der Grenzen für die steuerrechtliche Buchführungspflicht nach § 141 Abs. 1 Nr. 4 AO auf den Gesamtgewinn abzustellen.[374]

193 II. Aufgrund des Kommanditanteils ist K vorliegend als Mitunternehmerin an der KG beteiligt. Dennoch ist zweifelhaft, ob die von der KG an sie für ihre Arbeitsleistung gezahlte Vergütung als Sondervergütung i.S.d. § 15 Abs. 1 S. 1 Nr. 2 EStG anzusehen ist. Denn entgegen dem weit gefassten Wortlaut des § 15 Abs. 1 S. 1 Nr. 2 EStG ist anerkannt, dass im Einzelfall zwischen der Mitunternehmerschaft und einzelnen Mitunternehmern Leistungsbeziehungen wie zwischen der Mitunternehmerschaft und einem Dritten bestehen können. Wie der **Anwendungsbereich des § 15 Abs. 1 S. 1 Nr. 2 EStG** sachgerecht einzugrenzen ist, ist allerdings nach wie vor umstritten:

194 1. Nach der früher vor allem in der Rspr. vertretenen **Bilanzbündeltheorie** wurden Rechtsbeziehungen zwischen der Gesellschaft und den Gesellschaftern weitgehend negiert. Nach dieser Theorie führte jeder Mitunternehmer seinen eigenen Gewerbebetrieb, und der Betrieb der Mitunternehmerschaft war nichts anderes als die Zusammenfassung der Betriebe der Mitunternehmer. Dementsprechend wurde die Bilanz der Mitunternehmerschaft als Bündel der Bilanzen der Mitunternehmer und die GuV-Rechnung der Mitunternehmerschaft als Bündel der GuV-Rechnungen der Mitunternehmer angesehen. Ausnahmsweise wurden allerdings Forderungen und Schulden aus Warenlieferungen im üblichen Geschäftsverkehr zwischen der Mitunternehmerschaft und einzelnen Mitunternehmern steuerlich anerkannt.[375]

195 2. Rspr. und Schrifttum folgen heute überwiegend der sogenannten **Beitragstheorie**. Danach beschränkt sich der Anwendungsbereich des § 15 Abs. 1 S. 1 Nr. 2 EStG auf solche Sondervergütungen, „die sich wirtschaftlich als Beitrag zur Förderung des gemeinsamen Gesellschaftszwecks qualifizieren lassen" (sogenannter Beitragsgedanke).[376] Wann eine Gesellschafterleistung als Beitrag angesehen werden kann, wird von den einzelnen Senaten des BFH bisher nicht nach übereinstimmenden Formeln entschieden:

196 ■ Nach Auffassung des I. und VIII. Senats („Positivformel")[377] kommt es darauf an, ob die Leistungen **durch das Gesellschaftsverhältnis** (Mitunternehmerverhältnis) **„veranlasst"** sind. Das sind solche Leistungen, die ihre rechtliche Grundlage unmittelbar oder mittelbar im Gesellschaftsvertrag haben, und Leistungen aufgrund besonderer schuldrechtlicher Verträge, wenn sie der Sache nach der Verwirklichung des Gesellschaftszwecks dienen.

197 ■ Nach Auffassung des IV. Senats braucht eine „Veranlassung" nicht festgestellt zu werden. § 15 Abs. 1 S. 1 Nr. 2 EStG erfasse nach seinem Wortlaut und seinem Zweck **grundsätzlich alle Leistungen** eines Mitunternehmers **auf gesellschaftsrechtlicher oder besonderer schuldrechtlicher Grundlage**. Ausgenommen seien nur Leistungen, bei denen Leistung und Mitunternehmereigenschaft des Leistenden nur zufällig zusammentreffen und demgemäß jeglicher wirtschaftliche Zusammenhang zwischen der Leistung und dem Mitunternehmerverhältnis ausgeschlossen erscheint („Negativformel").[378]

---

374 BMF v. 20.12.1977 – IV B 2-S 2241-231/77, BStBl. I 1978, 8; a.A. Tipke/Kruse § 141 AO Rn. 3.

375 BFH v. 14.03.1969 – III R 108/67, BStBl. II 1969, 480.

376 Vgl. insbesondere Woerner BB 1974, 592, 598.

377 Etwa BFH v. 14.02.2006 – VIII R 40/03, BStBl. II 2008, 182.

378 BFH v. 10.07.2002 – I R 71/01, BStBl. II 2003, 191.

Beispiel: Ein Kommanditist einer KG, die eine Bank betreibt, beerbt einen Dritten, der bei der Bank ein Sparguthaben unterhalten hat. Die Zinsen auf das Sparguthaben stellen keine Sondervergütung dar, wenn das Guthaben von dem Kommanditisten alsbald nach dem Erbfall aufgelöst wird.[379]

3. Im Schrifttum wird eine noch weiter gehende teleologische Reduktion des § 15 Abs. 1 S. 1 Nr. 2 EStG gefordert.[380]   **198**

Im vorliegenden Fall kann letztlich offenbleiben, ob der strengeren oder weiteren Auffassung des BFH zu folgen ist. Denn auch wenn man mit dem I. Senat bei der Anwendung des § 15 Abs. 1 S. 1 Nr. 2 EStG darauf abstellt, dass die Leistungsbeziehung durch das Gesellschaftsverhältnis veranlasst ist, kann diese Voraussetzung bejaht werden. Dafür spricht im vorliegenden Fall, dass die KG als sogenannte geschlossene Familiengesellschaft gegründet worden war und nachwachsende Familienmitglieder in die Gesellschaft aufgenommen werden sollten. Die Stellung der K als Arbeitnehmerin und ihre Beteiligung als Kommanditistin waren wechselseitig bedingt, seitdem K der Anteil zugewendet worden war. Auch die Höhe der ihr gezahlten Vergütung (zuletzt 52.000 €) spricht dafür, dass die Arbeitsleistung innerhalb des gemeinsam betriebenen Unternehmens nicht von untergeordneter Bedeutung war.[381]

Ergebnis: Die an K gezahlte Vergütung (einschließlich Arbeitgeberanteil)[382] ist als Sondervergütung der K gemäß § 15 Abs. 1 S. 1 Nr. 2 EStG bei der Ermittlung der gewerblichen Einkünfte zu erfassen.

Fall 26: Gewinnermittlung durch Sonderbilanzen und besondere Gewinn- und Verlustrechnungen

A ist zu 50% an der A+B-OHG beteiligt. Er hat der Gesellschaft mit Wirkung ab 01.01.2014 gegen eine jährliche Miete von 35.000 € ein Lagergebäude überlassen, das er kurz zuvor zum Preise von 400.000 € erworben hatte. Von den Anschaffungskosten in Höhe von 400.000 € entfallen 100.000 € auf das Grundstück. Zur Finanzierung des Erwerbs hat A einen in den ersten zwei Jahren tilgungsfreien Kredit in Höhe von 100.000 € aufgenommen, für den er in 2014 10.000 € Zinsen aufwenden musste. Die von A bezahlten laufenden Unterhaltungskosten für Grundstück und Gebäude betrugen in 2014 15.000 €. Mieteinnahmen, Zinsen und laufende Kosten sind von A über ein privates Bankkonto vereinnahmt bzw. verausgabt worden. Für die OHG sind zum 31.12.2014 folgende Steuerbilanz und GuV-Rechnung erstellt:

---

379 BFH v. 25.01.1980 – IV R 159/78, BStBl. II 1980, 275.
380 Vgl. Knobbe-Keuk § 11 IV 6 b m.w.N.
381 BFH v. 27.05.1981 – I R 112/79, BStBl. II 1982, 192.
382 Vgl. BFH v. 08.04.1992 – XI R 37/88, BStBl. II 1992, 812; bestätigt durch BFH v. 30.08.2007 – IV R 14/06, BStBl. II 2007, 942.

Steuerbilanz der OHG zum 31.12.2014

div. Aktiva	1.500.000 €	Kapital A	350.000 €
		Kapital B	350.000 €
		Verbindlichkeiten	800.000 €
	1.500.000 €		1.500.000 €

GuV-Rechnung der OHG zum 31.12.2014

div. Aufwand	6.800.000 €	Erträge	7.035.000 €
Miete an A	35.000 €	Kapital B	350.000 €
Gewinn	200.000 €	Verbindlichkeiten	800.000 €
	7.035.000 €		7.035.000 €

199 Der gewerbliche Gewinn des A ist unter Aufstellung einer Sonderbilanz und Sonder-GuV-Rechnung zum 31.12.2014 zu ermitteln.

Sonderbilanz A zum 31.12.2014

Grundstück		100.000 €	Kapital		
Gebäude			01.01.2014	300.000 €	
per 01.01.2014	300.000 €		+ Einlagen	25.000 €	
./. AfA 2%	6.000 €	294.000 €	./. Entnahmen		35.000 €
			+ Gewinn	4.000 €	294.000 €
			Verbindlichkeiten		100.000 €
		394.000 €			394.000 €

Sonder-GuV-Rechnung des A zum 31.12.2014

lfd. Unterhaltung	15.000 €	Erträge	35.000 €
Zinsen	10.000 €		
AfA	6.000 €		
Gewinn	4.000 €		
	35.000 €		35.000 €

Ergebnis: Der gewerbliche Gewinn des Gesellschafters A beträgt

Gewinnanteil lt. Gesellschaftsvertrag	100.000 €
Sondervergütung (abzügl. Sonderbetriebsausgaben)	4.000 €
insgesamt	104.000 €

Weitere Einzelheiten zur Gewinnermittlung durch Sonderbilanzen:

a) Korrespondierende Gewinnermittlung: Sondervergütungen sind nach derselben   **200**
Gewinnermittlungsart zu berechnen, die für die Gesellschaft gilt. Darüber hinaus müssen die Ergebnisse der Gesellschaft und der Sonderbilanzen auch periodenmäßig aufeinander abgestimmt sein: Die Sondervergütung muss sich bei dem Gesellschafter in
dem Wirtschaftsjahr gewinnmäßig auswirken, in dem sie bei der Gesellschaft als Aufwand in Erscheinung tritt.[383]

b) Bilanzierungskonkurrenz: Zum Sonderbetriebsvermögen des Gesellschafters wer-   **201**
den auch solche Wirtschaftsgüter gerechnet, die bereits zum Betriebsvermögen eines
eigenen Betriebs des Gesellschafters gehören. § 15 Abs. 1 S. 1 Nr. 2 EStG löst die Bilanzierungskonkurrenz in diesen Fällen im Sinne des **Vorrangs der Mitunternehmerschaft**.[384]

Beispiel: Ein Bauunternehmer hat einer Baustoffhandelsgesellschaft, an der er als Kommanditist beteiligt ist, aus Mitteln seines Betriebs ein verzinsliches Darlehen gewährt. Das Darlehen ist in der Sonderbilanz und nicht in der Bilanz des eigenen Unternehmens als Betriebsvermögen auszuweisen.

In der höchstrichterlichen Rspr. des BFH ist nunmehr geklärt, wie die Bilanzierungskon-   **202**
kurrenzen bei **Schwesterpersonengesellschaften und mitunternehmerischer Betriebsaufspaltung** zu lösen sind. Von einer Schwesterpersonengesellschaft spricht
man dann, wenn an dieser ganz oder teilweise die gleichen Personen wie bei der über-
lassenden Gesellschaft beteiligt sind. Eine mitunternehmerische Betriebsaufspaltung ist
gegeben, wenn eine Personengesellschaft einer anderen Personengesellschaft eine wesentliche Betriebsgrundlage überlässt, und die überlassende Gesellschaft die nutzende
Gesellschaft (personell) beherrscht. In diesen Bereichen gilt nunmehr Folgendes:

- Wirtschaftsgüter, die eine – gewerblich tätige oder gewerblich geprägte – Personengesellschaft einer Schwesterpersonengesellschaft überlässt, sind der überlassenen
  Personengesellschaft zuzurechnen. Die Annahme von Sonder-BV bei der nutzenden
  Gesellschaft ist nicht möglich.[385] Dies gilt auch dann, wenn die überlassene Gesellschaft eine atypisch stille Gesellschaft ist.[386]

- Wirtschaftsgüter, die eine Besitzgesellschaft der Betriebsgesellschaft zur Nutzung
  überlässt, sind bei der Besitzgesellschaft zu erfassen und stellen kein Sonder-BV bei
  der Betriebsgesellschaft dar.[387]

Die Finanzverwaltung hat sich dieser Auffassung des BFH angeschlossen.[388]

Beachte: *Es verbleibt jedoch beim Vorrang des Sonder-BV, wenn die überlassende Personengesellschaft
nicht gewerblich tätig ist (z.B. bei fehlender Gewinnerzielungsabsicht; Personengesellschaft erzielt ausschließlich Einkünfte aus §§ 13, 18, 21 EStG) oder wenn die Überlassung im Rahmen einer doppelstöckigen
Personengesellschaft erfolgt (wegen § 15 Abs. 1 S. 1 Nr. 2 EStG).*

---

383 BFH v. 11.12.1986 – IV R 222/84, BStBl. II 1987, 553; Raupach DStZ 1992, 662 ff.
384 BFH v. 14.04.1988 – IV R 271/84, BStBl. II 1988, 667 u. 679.
385 BFH v. 16.06.1994 – IV 48/93, BStBl. II 1996, 82.
386 BFH v. 26.11.1996 – VIII R 42/94, BStBl. II 1998, 328.
387 BFH v. 23.04.1996 – VIII R 13/95, BStBl. II 1998, 325.
388 BMF-Schreiben v. 28.04.1998 – IV B 2-S 2241-42/98, BStBl. I 1998, 583.

3. Unterschiedliche Bilanzierungsansätze – Ergänzungsbilanzen

203 Die Gewinnanteile der Mitunternehmer werden im Rahmen der Gewinnermittlung für die Gesellschaft grundsätzlich nach den gleichen Bilanzierungs- und Bewertungsregeln ermittelt. Zu Abweichungen kann es jedoch kommen, wenn

■ einzelne Mitunternehmer ihr anteiliges Gesamthandsvermögen unterschiedlich bewerten müssen oder

■ einzelnen Mitunternehmern Bilanzierungs- und Bewertungswahlrechte zustehen, die andere Mitunternehmer nicht in Anspruch nehmen können.

Von praktischer Bedeutung ist vor allem der Fall, dass ein neu eintretender Gesellschafter seinen Anteil zu einem über dem Kapitalkonto liegenden Preis erwirbt. Da der Erwerber seinen Anteil gemäß § 6 Abs. 1 Nr. 1 EStG mit den Anschaffungskosten aktivieren muss, sind die anteiligen Buchwerte des übernommenen Betriebsvermögens bis zur Höhe der Anschaffungskosten der Beteiligung „aufzustocken". Nur wenn feststeht, dass dem Mehrbetrag keine aktivierbaren Werte gegenüberstehen, ist dieser Betrag als Sonderbetriebsausgabe des Erwerbers sofort abzuziehen.[389] Liegt der Kaufpreis für einen Gesellschaftsanteil unter dem Betrag des zugehörigen Kapitalkontos, muss der Minderbetrag durch Abstockung der Buchwerte ausgeglichen werden.[390]

204 Die Aufstockung/Abstockung der Buchwerte und ggf. der Ausweis eines anteiligen Geschäftswerts können in der Gesamthandsbilanz erfolgen. Zweckmäßig ist es jedoch, für den betreffenden Mitunternehmer eine sogenannte **Ergänzungsbilanz** aufzustellen.[391]

Beispiel: A, der Mitunternehmer einer OHG war, veräußerte seinen Anteil für 80.000 € an X. Das Kapitalkonto betrug 50.000 €. Der Mehrpreis von 30.000 € ist gezahlt worden, da in dem zum Anlagevermögen gehörenden Grund und Boden sowie in den Gebäuden und Waren stille Reserven in Höhe von je 10.000 € vorhanden waren.

Ergänzungsbilanz X

Mehrwert für Grund und Boden	10.000 €	Mehrkapital	30.000 €
Mehrwert für Gebäude	10.000 €		
Mehrwert für Waren	10.000 €		
	30.000 €		30.000 €

Die Ergänzungsbilanzen werden jedes Jahr fortgeführt. Sie sind in das Ergebnis der Personengesellschaft einzubeziehen. Die Gewinnauswirkung ist jedoch nur bei dem betreffenden Gesellschafter zu erfassen.

Ergänzungs- und Sonderbilanzen können aus technischen Gründen zusammengezogen werden. Soweit allerdings § 15a EStG eingreift, muss eine Trennung erfolgen. Denn die Ergänzungsbilanz ist dem Gesamthandsergebnis und damit dem Bereich zuzuordnen, in dem beschränkt haftende Gesellschafter Verluste nicht unbegrenzt ausgleichen bzw. abziehen können.

---

389 BFH v. 18.02.1993 – IV R 40/92, BStBl. II 1994, 224.

390 BFH v. 12.12.1996 – IV R 77/93, BStBl. II 1998, 180.

391 Vgl. BFH v. 29.10.1991 – VIII R 148/85, BStBl. II 1992, 647; siehe hierzu auch Weber-Grellet, Bilanzsteuerrecht, 8. Abschnitt D. III. u. F.

4. Unterbeteiligung, Treuhand

a) Unterbeteiligung

> **Fall 27: Die heimliche Beteiligung eines Dritten an einer OHG**
>
> A und B sind Gesellschafter mit einem Anteil zu je 50% an der A-Filmsynchronisation-OHG. Ohne Wissen des A hat B mit Wirkung vom 01.01.2012 mit seinem Schwager C vereinbart, dass C gegen eine Zahlung von 400.000 € mit 25% am Gesellschaftsanteil des B beteiligt wird. Die Beteiligung soll sich auf den Gewinn und Verlust, die stillen Reserven sowie den Geschäftswert der Gesellschaft erstrecken. C sind in dem Beteiligungsvertrag Kontrollrechte gemäß § 233 HGB eingeräumt. Nach der Steuerbilanz der Gesellschaft entfällt auf B für 2012 ein Gewinnanteil von 200.000 €. B und C beantragen beim zuständigen FA unter Vorlage ihrer Vereinbarung, den auf B entfallenden Gewinnanteil durch einheitliche und gesonderte Feststellung im Verhältnis 25% zu 75% auf sie aufzuteilen.

Gemäß §§ 179 Abs. 2 S. 3, 180 Abs. 1 Nr. 2 Buchst. a) AO kann für B und C eine **besondere gesonderte Feststellung** erfolgen, wenn B und C im Rahmen einer sogenannten Unterbeteiligung gemeinsam einkommensteuerpflichtige Einkünfte derselben Einkunftsart erzielt haben.

205

I. **Unterbeteiligung** ist die Beteiligung eines Dritten an dem Gesellschaftsanteil eines Gesellschafters einer Personen- oder Kapitalgesellschaft. Es bestehen somit zwei Gesellschaften, die **Hauptgesellschaft** und die Unterbeteiligungsgesellschaft.

Zivilrechtlich ist die Unterbeteiligung eine Form der GbR, und zwar eine **Innengesellschaft**: Sie tritt nicht nach außen in Erscheinung, schuldrechtliche Beziehungen bestehen lediglich zwischen dem Hauptgesellschafter und dem Unterbeteiligten. Nach h.M. ist die Unterbeteiligung keine stille Gesellschaft i.S.d. §§ 230 ff. HGB, weil der Hauptbeteiligte als solcher kein Handelsgewerbe betreibt.[392]

II. Räumt der Mitunternehmer einer gewerblich tätigen Personengesellschaft einem Dritten an seinem Gesellschaftsanteil eine Unterbeteiligung ein, stellt sich die Frage, ob nunmehr auch der Unterbeteiligte Mitunternehmer im Verhältnis zum Hauptbeteiligten wird. Nach allgemeiner Meinung wird nach den gleichen Regeln wie bei der Abgrenzung der typischen von der atypischen stillen Gesellschaft unterschieden:[393]

- Sofern der Unterbeteiligte nur am laufenden Gewinn und Verlust beteiligt wird, handelt es sich um eine **typische Unterbeteiligung**. Der Unterbeteiligte ist nicht Mitunternehmer und erzielt in der Regel Einkünfte aus Kapitalvermögen (§ 20 Abs. 1 Nr. 4 EStG). Die Aufwendungen des Hauptbeteiligten sind Sonderbetriebsausgaben und müssen als solche gemäß § 180 Abs. 1 Nr. 2 Buchst. a) AO in die Gewinnfeststellung für die Hauptgesellschaft einbezogen werden.[394]

---

392 Schmidt/Wacker § 15 EStG Rn. 365.
393 Vgl. BFH v. 27.01.1994 – IV R 114/91, BStBl. II 1994, 635.
394 BFH v. 21.02.1991 – IV R 35/89, BStBl. II 1995, 449.

- Eine **atypische Unterbeteiligung** liegt vor, wenn der Unterbeteiligte durch schuldrechtliche Vereinbarungen mit dem Hauptgesellschafter sowohl am Gewinn und Verlust des Hauptgesellschafters als auch am Geschäftswert und an den stillen Reserven dessen Gesellschaftsanteils beteiligt ist und deshalb Mitunternehmerrisiko trägt.[395] Für die Mitunternehmerinitiative genügen Kontrollrechte, wie sie nach § 233 HGB einem stillen Gesellschafter oder nach § 166 HGB einem Kommanditisten zustehen. Der atypische Unterbeteiligte ist damit im Verhältnis zum Hauptbeteiligten Mitunternehmer und erzielt Einkünfte i.S.d. § 15 Abs. 1 S. 1 Nr. 2 EStG.

B ist im vorliegenden Fall als Mitunternehmer an der A-Filmsynchronisation-OHG beteiligt. Da C nach dem zwischen B und C abgeschlossenen Gesellschaftsvertrag auch an den stillen Reserven des Gesellschaftsanteils beteiligt sein soll und ihm ausreichende Kontrollrechte eingeräumt sind, liegt eine **weitere Mitunternehmerschaft** zwischen B und C vor.

III. Für die atypische Unterbeteiligung ist grundsätzlich eine besondere gesonderte Feststellung durchzuführen. Die für die Unterbeteiligung zu treffenden Feststellungen, insbesondere die Zurechnung der Gewinnanteile, kann auch, wenn alle Beteiligten damit einverstanden sind,[396] in die einheitliche und gesonderte Feststellung der Hauptgesellschaft einbezogen werden. Da im vorliegenden Fall B und C jedoch an der Geheimhaltung der Beteiligung interessiert sind, ist nur die Entscheidung zugunsten einer besonderen gesonderten Feststellung ermessensgerecht.[397]

Ergebnis: Für die Unterbeteiligungsgesellschaft B/C ist eine einheitliche und gesonderte Feststellung der Einkünfte aus gewerblicher Mitunternehmerschaft durchzuführen.

---

206   Ausnahmsweise kann der Unterbeteiligte auch Mitunternehmer der Hauptgesellschaft sein. Eine solche sogenannte **unechte Unterbeteiligung** ist anzunehmen, wenn dem Unterbeteiligten eine rechtlich und wirtschaftlich besonders starke Stellung eingeräumt ist, die ihm ermöglicht, Einfluss auf die Hauptgesellschaft zu nehmen.[398]

b) Treuhand

207   Bei offenen oder verdeckten fremdnützigen Treuhandverhältnissen an einem Anteil an einer Personengesellschaft ist zivilrechtlich allein der Treuhänder Gesellschafter.[399] Mitunternehmer und damit Zurechnungssubjekt für die Einkünfte aus der Mitunternehmerschaft ist dagegen der Treugeber. Das ergibt sich aus der Zurechnungsvorschrift des § 39 Abs. 2 Nr. 1 S. 2 AO.[400]

---

395   Vgl. BFH v. 02.10.1997 – IV R 75/96, BStBl. II 1998, 137.
396   BFH v. 02.03.1995 – IV R 135/92, BStBl. II 1995, 531.
397   Vgl. BFH v. 11.10.1984 – IV R 179/82, BStBl. II 1985, 247.
398   BFH v. 23.01.1974 – I R 206/69, BStBl. II 1974, 480.
399   Vgl. BFH v. 16.05.1995 – VIII R 18/93, BStBl. II 1995, 714.
400   BFH v. 29.10.1991 – VIII R 51/84, BStBl. II 1992, 512.

Verfahrensrechtlich sind Treuhandverhältnisse wie Unterbeteiligungsverhältnisse zu behandeln.[401] Für das Treuhandverhältnis ist analog § 179 Abs. 2 S. 3 AO ein zweites Gewinnfeststellungsverfahren durchzuführen; bei offenen Treuhandverhältnissen können die Feststellungen miteinander verbunden werden.[402]

5. Schwester-Personengesellschaften, doppelstöckige Personengesellschaften

a) Leistungen einer Schwester-Personengesellschaft

208 Eine Schwester-Personengesellschaft ist eine Personengesellschaft, an der ein Teil oder alle Gesellschafter der anderen Gesellschaft beteiligt sind.[403]

Beispiel: Die Kommanditisten B und C der A-GmbH & Co. KG sind zugleich Kommanditisten der D-GmbH & Co. KG.

A-GmbH & Co. KG

A-GmbH	B	C
Komplementär	Kommanditisten	

D-GmbH & Co. KG

D-GmbH	B	C
Komplementär	Kommanditisten	

Leistungen, die eine Personengesellschaft aufgrund eines entgeltlichen, mit Fremdgeschäften vergleichbaren Vertrags zugunsten der Schwestergesellschaft erbringt, sind bei der Gewinnermittlung der Gesellschaften grundsätzlich wie Leistungen aufgrund von Geschäften zwischen fremden Dritten zu beurteilen. Das folgt aus der vom BFH anerkannten beschränkten **Steuerrechtsfähigkeit der Personengesellschaften** im Bereich der ESt.[404] Nur unter besonderen Voraussetzungen kommt es bei Rechtsbeziehungen zwischen den Schwestergesellschaften zur Anwendung des § 15 Abs. 1 S. 1 Nr. 2 EStG.[405]

Beispiel: Die A-GmbH & Co. KG (A-KG) mit den Kommanditisten B und C vermietet Fahrzeuge an die D-GmbH & Co. KG (D-KG), an der ebenfalls B und C als Kommanditisten beteiligt sind.

Die Mietzahlungen sind bei der D-KG als Betriebsausgaben und bei der A-KG als Betriebseinnahmen zu erfassen. § 15 Abs. 1 S. 1 Nr. 2 EStG ist nicht anzuwenden, d.h., die Mietzahlungen der D-KG sind nicht (anteilig) als Sondervergütung gemäß § 15 Abs. 1 S. 1 Nr. 2 EStG zu behandeln, soweit sie auf die an beiden Gesellschaften beteiligten Kommanditisten B und C entfallen.

b) Doppelstöckige Personengesellschaften

209 Von einer doppelstöckigen (mehrstufigen) Personengesellschaft spricht man, wenn an einer Gesellschaft (Untergesellschaft) eine andere Gesellschaft als Mitunternehmer beteiligt ist.

401 Schmidt/Wacker § 15 EStG Rn. 299.
402 BFH v. 10.11.1994 – IV B 64/93, BFH/NV 1995, 565.
403 Schmidt/Wacker § 15 EStG Rn. 600.
404 BFH v. 10.11.1994 – IV B 64/93, BStBl. II 1995, 617.
405 Vgl. dazu BMF v. 28.04.1998 – IV B 2-S 2241-42/98, BStBl. I 1998, 583; Schmidt/Wacker § 15 EStG Rn. 600 ff.

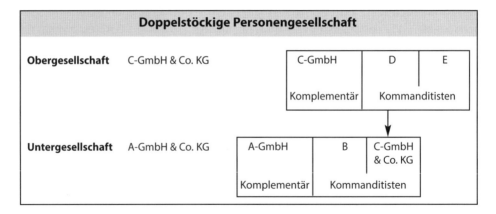

Bei doppelstöckigen Personengesellschaften stellt sich die Frage, wie schuldrechtliche Beziehungen zwischen einzelnen Gesellschaftern der Obergesellschaft mit der Untergesellschaft zu beurteilen sind. Der Große Senat des BFH[406] hat sich auf den Standpunkt gestellt, dass Sondervergütungen, die ein Gesellschafter der Obergesellschaft von der Untergesellschaft erhält, an der er nur mittelbar beteiligt ist, nicht in den Anwendungsbereich des § 15 Abs. 1 S. 1 Nr. 2 EStG fallen. Danach könnte ein Gesellschafter der Obergesellschaft der Untergesellschaft beispielsweise ein Darlehen gewähren und die daraus vereinnahmten Zinsen bei den Einkünften aus § 20 EStG erfassen.

Der Gesetzgeber hat auf die Entscheidung des Großen Senats reagiert, indem er durch das StÄndG 1992 § 15 Abs. 1 S. 1 Nr. 2 EStG um einen S. 2 ergänzt hat. Danach steht nunmehr der mittelbar über eine oder mehrere Personengesellschaften beteiligte Gesellschafter dem unmittelbar beteiligten Gesellschafter gleich.[407]

Beispiel 1: Der Gesellschafter D der Obergesellschaft (C-GmbH & Co. KG) überlässt der Untergesellschaft (A-GmbH & Co. KG) ein Grundstück und erhält dafür eine Vergütung.

Die Sondervergütung, die D von der Untergesellschaft erhält, ist im Gesamtgewinn der Untergesellschaft (und bei deren Gewerbeertrag) zu erfassen. Das Grundstück ist als Sonderbetriebsvermögen des D bei der Untergesellschaft anzusetzen. Weder der Gewinn noch das Betriebsvermögen der zwischengeschalteten Obergesellschaft werden berührt.

Beispiel 2: Beteiligt sich eine landwirtschaftliche Personengesellschaft (Obergesellschaft) an einer gewerblich tätigen Personengesellschaft (Untergesellschaft), erzielt die Obergesellschaft insgesamt Einkünfte aus Gewerbebetrieb.[408]

III. Familienpersonengesellschaften

Fall 28: Steuerersparnis durch Beteiligung von Kindern

Kaufmann K, verheiratet und ohne Religionszugehörigkeit, betreibt einen Lebensmittelgroßhandel; sein zu versteuerndes Einkommen beträgt 200.000 €. K möchte seinen 12-jährigen Sohn S an seinem Unternehmen als Kommanditisten in der Weise beteiligen, dass ihm jährlich ein Gewinnanteil von ca. 20.000 € zufließt. Er bittet um Auskunft, welche steuerlichen Vorteile für das Jahr 2012 sich durch eine solche Beteiligung ergeben, und was bei der Gründung der KG aus steuerlicher Sicht zu beachten ist.

---

406 BFH v. 25.02.1991 – GrS 7/89, BStBl. II 1991, 691.

407 Vgl. dazu Schmidt/Wacker § 15 EStG Rn. 610 ff.

408 BFH v. 08.12.1994 – IV R 7/92, BStBl. II 1996, 264.

I. K kann durch Einbringung seines Unternehmens in eine mit S zu gründende KG in **210** erster Linie einkommensteuerliche, langfristig aber auch erbschaftsteuerliche bzw. schenkungsteuerliche Vorteile erreichen.

  1. Soweit eine Mitunternehmerschaft zwischen K und S und die in Aussicht genommene Gewinnverteilung steuerlich anerkannt werden, erzielt S eigene Einkünfte aus § 15 Abs. 1 S. 1 Nr. 2 EStG, während sich die Einkünfte des K entsprechend vermindern.

     Die **einkommensteuerliche Entlastung** für K errechnet sich wie folgt:

zu versteuerndes Einkommen		Steuer (Splitting-Tarif)
bisher	200.000 €	67.656 €
neu	180.000 €	59.256 €
	Steuer weniger	8.400 €

     Für S ergibt sich folgende ESt-Schuld:

Gesamtbetrag der Einkünfte	20.000 €	
./. Sonderausgaben-Pauschbetrag	36 €	
zu versteuerndes Einkommen	19.964 €	
Steuer (Grundtabelle)		2.691 €

     Die steuerliche Entlastung für die Familie beträgt somit (8.400 € ./. 2.691 € =) 5.709 €.[409] Dabei ist allerdings Voraussetzung, dass infolge der eigenen Einkünfte des Sohnes nicht ein evtl. Ausbildungsfreibetrag nach § 33a Abs. 2 S. 1 EStG gekürzt wird (§ 33a Abs. 2 S. 2 EStG).

  2. **Erbschaftsteuerliche bzw. schenkungsteuerliche Vorteile** können sich aus der Vermögensverlagerung ergeben, weil die Freibeträge (für Kinder 400.000 €, § 16 Abs. 1 Nr. 2 ErbStG) nach Ablauf von zehn Jahren erneut in Anspruch genommen werden können (§ 14 Abs. 1 ErbStG) und die S in Zukunft zufließenden Gewinnanteile nicht der ErbSt bzw. SchenkungSt unterliegen.

II. **Gesellschaftsverhältnisse mit Angehörigen** werden einkommensteuerlich auch **211** dann anerkannt, wenn steuerliche Überlegungen für die Aufnahme des Angehörigen in das Unternehmen ausschlaggebend waren. An die Gestaltung und Durchführung von Verträgen mit Familienangehörigen werden jedoch von der Rspr. und der Verwaltung besondere Anforderungen gestellt, weil solche Verträge ohne natürlichen Interessengegensatz zwischen den beteiligten Personen zustande kommen und daher nicht die „Richtigkeitsgewähr" wie Verträge zwischen Fremden haben.[410]

Die Verträge werden daher steuerlich nur berücksichtigt, wenn sie

■ rechtswirksam zustande gekommen sind,

■ inhaltlich dem unter Dritten Üblichen entsprechen und auch

■ wie unter Dritten vollzogen werden.

---

409 Die steuerliche Entlastung erhöht sich noch durch die Minderung des Solidaritätszuschlags um (5,5% von 5.709 €) = 314 €.

410 Vgl. Schmidt/Wacker § 15 EStG Rn. 740 ff. m.w.N.

Bei der Gründung der KG muss K daher Folgendes beachten:

212   1. Die **zivilrechtliche Wirksamkeit** von Gesellschaftsverträgen mit minderjährigen Kindern ist insbesondere von der Einhaltung folgender Bestimmungen abhängig:

- Wegen des **Verbots des Selbstkontrahierens** (§ 181 BGB) sind Eltern an der Vertretung der Kinder gehindert. Die schenkweise Überlassung eines Kommanditanteils ist auch kein ausschließlich rechtlicher Vorteil i.S.d. § 107 BGB, da die Gesellschafterstellung Risiken und damit auch rechtliche Nachteile beinhaltet. Es bedarf daher der Bestellung eines Ergänzungspflegers nach § 1909 BGB.[411]

- Nach §§ 1822 Nr. 3, 1643 Abs. 1 BGB bedarf der Gesellschaftsvertrag der **Genehmigung des Familiengerichts**. Sie wirkt auf den Zeitpunkt des Vertragsabschlusses nur dann auch steuerrechtlich zurück, wenn die Genehmigung unverzüglich nach Vertragsschluss beantragt und erteilt wird.[412]

- Die Schenkung der Kommanditbeteiligung bedarf nach § 518 Abs. 1 BGB der **notariellen Beurkundung**. Der Formmangel wird jedoch gemäß § 518 Abs. 2 BGB in dem Zeitpunkt geheilt, in dem der Beschenkte am Gesamthandsvermögen gesamthänderisch beteiligt wird, z.B. durch Umbuchung des Kapitalkontos des Vaters auf den Sohn.[413]

  Bei der schenkweisen Begründung einer stillen Gesellschaft oder Einräumung einer Unterbeteiligung werden dagegen lediglich schuldrechtliche Verpflichtungen geschaffen, die gemäß § 518 Abs. 1 S. 1 BGB der notariellen Beurkundung bedürfen.[414] Ob bei Verträgen zwischen nahen Angehörigen der Mangel der zivilrechtlichen Form als Beweisanzeichen mit verstärkter Wirkung den Vertragsparteien anzulasten ist, beurteilt sich nach der Eigenqualifikation des Rechtsverhältnisses durch die Parteien.[415]

213   2. Nach der Rspr. wird die Mitunternehmerstellung des als Kommanditist in die Gesellschaft aufgenommenen Kindes nur dann anerkannt, wenn ihm wenigstens annäherungsweise diejenigen Rechte eingeräumt bzw. belassen sind, die einem **Kommanditisten nach dem Regelstatut des HGB** über die KG zukommen.[416] Danach ist eine Mitunternehmerschaft beispielsweise zu verneinen, wenn das Kind bis zur Vollendung des 28. Lebensjahres von der Verwaltung seiner Kommanditbeteiligung ausgeschlossen ist.[417] Trotz erheblicher Beschränkungen der Kommanditistenrechte wird allerdings die Mitunternehmerschaft anerkannt, wenn die Vertragsgestaltung darauf abzielt, das Kind an das Unternehmen heranzuführen, um dessen Fortbestand zu sichern.[418]

3. Der Gesellschaftsvertrag muss **tatsächlich vollzogen** werden. Es genügt, wenn die Eltern als gesetzliche Vertreter minderjähriger Kinder deren Mitgliedschafts-

---

411 BFH v. 19.12.1979 – I R 176/77, BStBl. II 1980, 242; BFH v. 14.05.2003 – X R 14/99, BFH/NV 2003, 1547.

412 BFH v. 23.04.1992 – IV R 46/91, BStBl. II 1992, 1024 zum Mietvertrag mit minderjährigen Kindern.

413 BFH v. 01.02.1973 – IV R 138/67, BStBl. II 1973, 526.

414 BFH v. 08.08.1979 – I R 82/76, BStBl. II 1979, 768.

415 Zur steuerrechtlichen Anerkennung einer formunwirksam vereinbarten Unterbeteiligung zwischen Ehegatten siehe BFH v. 11.05.2010 – IX R 19/09, BStBl. II 2010, 823.

416 BFH v. 05.06.1986 – IV R 53/82, BStBl. II 1986, 798.

417 BFH v. 25.06.1981 – IV R 135/78, BStBl. II 1981, 779.

418 BFH v. 06.04.1979 – I R 116/77, BStBl. II 1979, 620.

rechte ausüben, die Bestellung eines sogenannten Dauerpflegers ist nicht erforderlich.[419] An der tatsächlichen Durchführung fehlt es, wenn die Eltern die Gewinnanteile der Kinder entnehmen, aber für sich verwenden. Denn dadurch bringen sie zum Ausdruck, dass den Kindern die Gesellschafterstellung nur formal eingeräumt wurde. Schädlich ist auch die Verwendung der Gewinnanteile zum Unterhalt des Kindes; denn in diesem Fall handelt es sich im wirtschaftlichen Ergebnis um Unterhaltszahlungen, die unter das Abzugsverbot des § 12 Nr. 2 EStG fallen.[420]

4. Von der Frage, ob der Familienangehörige Mitunternehmer geworden ist, streng **214**
zu unterscheiden ist die Frage, ob die **Gewinnverteilung** steuerlich anzuerkennen ist.

Nach h.M.[421] wird nur eine angemessene Gewinnbeteiligung des Familienangehörigen steuerlich anerkannt. Bei der schenkweisen Aufnahme eines nicht mitarbeitenden Kindes ist nach der Rspr. nur eine Gewinnbeteiligung angemessen, wenn sich nach den Verhältnissen im Zeitpunkt des Vertragsschlusses auf längere Sicht (Zeitraum von ca. fünf Jahren)

■ eine Durchschnittsrendite von nicht mehr als 15%.

■ des tatsächlichen Werts des unentgeltlich eingeräumten Gesellschaftsanteils

ergibt.[422] Der darüber hinausgehende Gewinnanteil des Kindes wird dem an der KG als Mitunternehmer beteiligten Schenker zugerechnet. Keine Anwendung findet diese feste Obergrenze, wenn ein Familienmitglied schenkweise als vollhaftender Gesellschafter am Unternehmen beteiligt wird, seine Einlage aus eigenen oder von einem Dritten unentgeltlich erworbenen Mitteln besteht oder eine der Tätigkeit eines Komplementärs vergleichbare unternehmerische Leistung erbringt.[423]

Der BFH rechtfertigt die Angemessenheitsprüfung mit dem Hinweis auf die dem EStG zugrunde liegende Unterscheidung zwischen Einkommenserzielung und Einkommensverwendung. Dieses Prinzip ergebe sich insbesondere aus dem Abzugsverbot für private Zuwendungen nach § 12 Nr. 2 EStG. Deshalb dürften gemäß § 15 Abs. 1 S. 1 Nr. 2 EStG dem Kind nur solche Gewinnanteile als originäre Einkünfte zugewiesen werden, die auf der Gesellschafterstellung beruhen. Diese Frage sei im Wege der Typisierung mit dem Ergebnis zu entscheiden, dass eine feste Obergrenze von 15% festgelegt werde.[424]

Im vorliegenden Fall soll die Gewinnverteilungsabrede so erfolgen, dass S einen jährlichen Gewinnanteil von ca. 20.000 € erhält. Ein solcher Gewinnanteil ist nur angemessen, wenn der gemeine Wert der Beteiligung des S mindestens 134.000 € beträgt (15% von 134.000 € = 20.100 €).

---

419 BFH v. 29.01.1976 – IV R 102/73, BStBl. II 1976, 328.
420 BFH v. 19.12.2007 – VIII R 13/05, BStBl. II 2008, 568 zu Darlehensverträgen mit Kindern; Schmidt/Wacker § 15 EStG Rn. 749, str
421 Schmidt/Wacker § 15 EStG Rn. 776 ff.; a.A. Knobbe-Keuk § 12 II m.w.N.
422 BFH v. 19.02.2009 – IV R 83/06, BStBl. II 2009, 798.
423 Schmidt/Wacker § 15 EStG Rn. 781; BFH v. 19.02.2009 – IV R 83/06, BStBl. II 2009, 798.
424 BFH v. 24.07.1986 – IV R 103/83, BStBl. II 1987, 54.

Ergebnis: Die Beteiligung des S an dem Unternehmen des K ist steuerlich vorteilhaft und wird auch anerkannt, wenn die vorgenannten Gesichtspunkte bei der Gestaltung und Durchführung des Gesellschaftsverhältnisses berücksichtigt werden.

---

215 Die für die steuerliche Anerkennung von Familiengesellschaften entwickelten Regeln gelten entsprechend bei **Darlehensverträgen mit Angehörigen**. Vereinbarung und Durchführung solcher Darlehensverträge entsprechen nur dann dem erforderlichen Fremdvergleich, wenn

- eine Vereinbarung über die Laufzeit und über Art und Zeit der Rückzahlung des Darlehens getroffen ist,

- die Zinsen zu den Fälligkeitszeitpunkten entrichtet werden und

- der Rückzahlungsanspruch bei langfristiger Laufzeit ausreichend gesichert ist.[425]

Ein Darlehensvertrag kann selbst dann anerkannt werden, wenn die Valutabeträge aus Mitteln stammen, die den Kindern zuvor von den Eltern geschenkt worden sind.[426] Das gilt jedoch nicht, wenn zwischen Schenkung und Darlehensgewährung ein „offensichtlicher Zusammenhang" besteht, z.B. die Schenkung mit der Auflage einer Darlehensgewährung verbunden worden ist.[427] Allein die Kürze der zwischen Schenkung und Darlehensgewährung liegenden Zeit begründet eine solche Abhängigkeit jedoch nicht.[428]

Eingeschränkt gelten die Grundsätze des Fremdvergleichs, wenn die Darlehensvereinbarung der Finanzierung **eines Grundstückserwerbs** des Stpfl. dient. Den Modalitäten der Darlehenstilgung und der Bestellung von Sicherheiten misst die Rspr. in diesem Fall nur eine geringe Bedeutung bei.[429]

IV. Die eheliche Gütergemeinschaft als Mitunternehmerschaft

Fall 29: Steuerliche Risiken der Gütergemeinschaft

Der selbstständige Handelsvertreter H lebt mit seiner Ehefrau F im Güterstand der Gütergemeinschaft. Zum Gesamtgut gehört ein Grundstück mit Gebäude, in dem H zwei Büroräume (17% der Nutzfläche) für den Betrieb seiner Handelsvertretung benutzt. Im Jahre 2012 veräußern H und F das Gebäude. Der auf die betrieblich genutzten Räume entfallende Veräußerungsgewinn (anteiliger Veräußerungspreis ./. anteiliger Buchwert) beträgt 66.000 €. H bittet um Auskunft, ob dieser Betrag in vollem Umfang bei den gewerblichen Einkünften zu berücksichtigen ist.

216 I. Zu den gewerblichen Einkünften gemäß § 15 Abs. 1 S. 1 Nr. 1 und Nr. 2 EStG gehören auch Veräußerungsgewinne aus der Veräußerung von Gegenständen des **Betriebsvermögens**.

---

425 Vgl. BMF v. 23.12.2010 – IV C 6-S 2144/07/10004, 2010/0862046, BStBl. I 2011, 37.
426 Vgl. BFH v. 19.02.2002 – IX R 32/98, BStBl. II 2002, 674.
427 Vgl. BFH v. 22.01.2002 – VIII R 46/00, BFH/NV 2002, 844.
428 BFH v. 18.01.2001 – IV R 58, BStBl. II 2001, 393.
429 BFH v. 04.06.1991 – IX R 150/85, BStBl. II 1991, 838.

Der bei der Veräußerung des Grundstücks entstandene Gewinn ist daher insoweit als betrieblicher Veräußerungsgewinn zu erfassen, als die Betriebsräume zum Betriebsvermögen gehörten.

Grundstücke und Grundstücksteile gehören zum Betriebsvermögen, soweit sie für eigenbetriebliche Zwecke des Betriebsinhabers genutzt werden und sein Eigentum sind. Gehört ein Grundstück nur teilweise dem Betriebsinhaber, so kann es nur insoweit Betriebsvermögen sein, als es dem Betriebsinhaber gehört.[430] Vorliegend war das Grundstück Teil des Gesamtguts (§ 1416 BGB), d.h., es gehörte zum gesamthänderisch gebundenen Vermögen beider Ehegatten (§ 1419 BGB). Für Zwecke der Besteuerung ist das Gesamthandsvermögen gemäß § 39 Abs. 2 Nr. 2 AO den Ehegatten jeweils zur Hälfte zuzurechnen. Demnach ist nur der hälftige auf die Büroräume entfallende Veräußerungsgewinn bei den Einkünften aus Gewerbebetrieb zu erfassen, sofern nicht die Ehefrau F als Mitunternehmerin i.S.d. § 15 Abs. 1 S. 1 Nr. 2 EStG an der Handelsvertretung beteiligt war.

II. Ob und unter welchen Voraussetzungen zwischen Eheleuten eine **Mitunternehmerschaft** angenommen werden kann, hängt wesentlich von dem Güterstand ab: **217**

1. Leben die Ehegatten in **Gütertrennung** (§ 1414 BGB) oder im gesetzlichen Güterstand der **Zugewinngemeinschaft** (§ 1363 BGB), besteht zwischen ihnen grundsätzlich nur dann eine Mitunternehmerschaft, wenn ein Gesellschaftsverhältnis oder ein wirtschaftlich vergleichbares Gemeinschaftsverhältnis begründet worden ist und auch tatsächlich durchgeführt wird.[431] Ein Gesellschaftsverhältnis kann auch konkludent in Form einer Innengesellschaft abgeschlossen werden.[432] Bei einem land- und forstwirtschaftlichen Betrieb (§ 13 EStG) genügt sogar die Bruchteilsgemeinschaft an dem genutzten Grund und Boden als wirtschaftlich vergleichbares Gemeinschaftsverhältnis.[433]

2. Leben Ehegatten im Güterstand der **Gütergemeinschaft**, kann zwischen ihnen auch ohne Abschluss eines Gesellschaftsverhältnisses eine Mitunternehmerschaft bestehen. Denn soweit das Betriebsvermögen zum Gesamtgut gehört, ist auch der nicht nach außen in Erscheinung tretende Ehegatte am **Kapital** und wegen der Haftung des Gesamtguts für betriebliche Schulden am **Risiko** des Unternehmens beteiligt. Nach dem Gesamtbild der Verhältnisse kann eine Mitunternehmerschaft allerdings nur dann angenommen werden, wenn dem Einsatz von Vermögen für den Betrieb eine entscheidende Bedeutung zukommt.[434] Bei Produktions- und Handelsbetrieben ist das regelmäßig der Fall. Vorliegend steht dagegen die persönliche Arbeitsleistung des Handelsvertreters entscheidend im Vordergrund. Für die Ertragskraft des Unternehmens spielte das Grundstück, in dem sich die Büroräume befanden, keine ins Gewicht fallende Rolle. Demnach ist F trotz ihres Kapitaleinsatzes für das Unternehmen nicht als Mitunternehmerin anzusehen.[435]

---

430 BFH v. 26.01.1978 – IV R 160/73, BStBl. II 1978, 299.

431 BFH v. 25.06.1984 – GrS 4/82, BStBl. II 1984, 751.

432 BFH v. 14.08.1986 – IV R 248/84, BStBl. II 1987, 17 u. 23.

433 BFH v. 06.02.1986 – IV R 311/84, BStBl. II 1986, 455.

434 BFH v. 04.11.1997 – VIII R 18/95, BStBl. II 1999, 384.

435 BFH v. 20.03.1980 – IV R 53/76, BStBl. II 1980, 634.

Ergebnis: Die Büroräume gehören nur zur Hälfte zum Betriebsvermögen des von H geführten Betriebs; der Veräußerungsgewinn ist daher nur zur Hälfte bei den gewerblichen Einkünften zu erfassen.

---

218 Ein **Gebäude** wird somit bei **gemischter Nutzung** grundsätzlich nur insoweit dem Betriebsvermögen zugerechnet, als es vom Eigentümer für eigenbetriebliche Zwecke genutzt wird. Ausnahmen von diesem Grundsatz ergeben sich aus R 4.2 Abs. 8 EStR und § 8 EStDV:

1. Bei **eigenbetrieblicher Nutzung von untergeordneter Bedeutung** braucht der eigenbetrieblich genutzte Grundstücksanteil nicht als Betriebsvermögen behandelt zu werden. Dieses Wahlrecht ist nach § 8 EStDV davon abhängig, dass der Wert des eigenbetrieblich genutzten Grundstücksteils weder mehr als ein Fünftel des Wertes des ganzen Grundstücks noch mehr als 20.500 € beträgt. Beide Wertansätze richten sich nach dem gemeinen Wert und sind zu jedem Bilanzstichtag neu zu prüfen.[436]

2. Grundstücksteile, die weder eigenbetrieblich noch für private Wohnzwecke genutzt werden (insbesondere vermietete Gebäudeeinheiten) kann der Unternehmer bei Gewinnermittlung durch Betriebsvermögensvergleich als sogenanntes gewillkürtes Betriebsvermögen dem betrieblichen Bereich zuordnen (R 4.2. Abs. 9 EStR).

3. Erfüllt ein Grundstück zu mehr als der Hälfte die Voraussetzungen für die Behandlung als notwendiges Betriebsvermögen (wegen eigenbetrieblicher Nutzung) oder gewillkürtes Betriebsvermögen (vgl. zu 2.), so kann das **ganze Grundstück als Betriebsvermögen** behandelt werden. Das gilt allerdings nicht für Grundstücksteile, die dauernd eigenen Wohnzwecken dienen oder unentgeltlich zu Wohnzwecken an Dritte überlassen werden (R 4.2. Abs. 10 EStR).

V. Betriebsaufspaltung

219 Die Betriebsaufspaltung ist ein gesetzlich nicht geregeltes, von der Rspr. entwickeltes **Institut des Steuerrechts**.[437] Sie beruht auf dem Grundgedanken, dass zwei juristisch selbstständige, wirtschaftlich aber miteinander verflochtene Unternehmen unter bestimmten Voraussetzungen wie ein einheitliches gewerbliches Unternehmen zu beurteilen sind.[438]

220 **1.** Eine Betriebsaufspaltung liegt vor, wenn ein Besitzunternehmen (Einzelunternehmen, Personengesellschaft, Bruchteilsgemeinschaft) Anlagevermögen an ein Betriebsunternehmen (im Regelfall Kapitalgesellschaft) verpachtet, mit dem eine sachliche und personelle Verflechtung besteht.

Für die Betriebsaufspaltung können **haftungsrechtliche und steuerliche Motive** ursächlich sein: Wird die Betriebsgesellschaft als Kapitalgesellschaft geführt, entfällt die persönliche Haftung der Gesellschafter. Der steuerliche Vorteil besteht vor allem darin, dass die Gehälter der Geschäftsführer-Gesellschafter den Gewinn und den Gewerbeertrag der Kapitalgesellschaft vermindern und darüber hinaus gewinnmindernde Pensionsrückstellungen gebildet werden können.

---

436 Zur Kritik an der Milderungsregel vgl. Schmidt/H § 4 EStG Rn. 201 m.w.N.

437 Vgl. BFH v. 12.05.2004 – X R 59/00, BStBl. II 2004, 607; K/S/M-Reiß § 15 EStG Rn. 75 ff.; zu den dogmatischen Grundlagen siehe Druen GmbHR 2005, 69.

438 Vgl. Miessl/Wengert DB 1995, 111.

2. Die Betriebsaufspaltung setzt eine enge sachliche und personelle Verflechtung voraus:

a) Eine **sachliche Verflechtung** ist anzunehmen, wenn die der Betriebsgesellschaft zur Nutzung überlassenen Wirtschaftsgüter eine (nicht notwendig die alleinige!) wesentliche Grundlage des Betriebs dieses Unternehmens darstellen. Wesentliche Grundlage können nicht nur materielle, sondern auch immaterielle Wirtschaftsgüter sein, z.B. Patente.[439] **221**

Von erheblicher praktischer Auswirkung ist vor allem die Frage, unter welchen Voraussetzungen **Grundstücke als wesentliche Betriebsgrundlage** anzusehen sind. Eine sachliche Verflechtung im Sinne der Rechtsprechungsgrundsätze zur Betriebsaufspaltung liegt bei Nutzung eines Gebäudes bereits dann vor, wenn der Betrieb der Betriebsgesellschaft ein Gebäude dieser Art benötigt, das Gebäude für den Betriebszweck geeignet ist und es die räumliche und funktionale Grundlage des Betriebs bildet.[440] Mietet der Geschäftsführer einer GmbH ein Gebäude zu diesem Zweck an, so ist regelmäßig davon auszugehen, dass es für den Betrieb erforderlich ist.

Nach der Rspr. des BFH kommt es in diesem Zusammenhang entscheidend auf die wirtschaftliche Bedeutung des Grundstücks für das Betriebsunternehmen an. Eine wirtschaftliche Bedeutung ist insbesondere anzunehmen, wenn das Betriebsunternehmen in seiner Betriebsführung auf das ihm zur Nutzung überlassene Grundstück angewiesen ist, weil

- die Betriebsführung durch die Lage des Grundstücks bestimmt wird, z.B. Ladenlokal eines Getränkeeinzelhandels,[441] oder

- das Grundstück auf die Bedürfnisse des Betriebs zugeschnitten ist, vor allem wenn die aufstehenden Baulichkeiten für die Zwecke des Betriebsunternehmens eingerichtet oder gestaltet worden sind,[442] oder

- das Betriebsunternehmen aus anderen innerbetrieblichen Gründen ohne ein Grundstück dieser Art den Betrieb nicht fortführen könnte.[443]

Die Rspr. hat in folgenden Fällen eine sachliche Verflechtung bejaht:

- Betriebshalle mit Büro,[444]

- Gebäude mit Lager-, Betriebs- und Büroräumen,[445]

- Lagerhalle für Spedition.[446]

Büro- und Verwaltungsgebäude sind wesentliche Betriebsgrundlage, wenn sie für die Bedürfnisse der Betriebsgesellschaft hergerichtet oder gestaltet worden sind; unabhängig davon, ob das Gebäude der räumliche und funktionale Mittelpunkt der Geschäftstätigkeit der Betriebsgesellschaft ist.[447] Unerheblich ist, ob die Gesellschaft Fabrikation, Handel oder Dienstleistung betreibt.[448] Die FinVerw. hat

---

439 BFH v. 24.11.1998 – VIII R 61/97, BStBl. II 1999, 483.

440 BFH v. 20.04.2004 – VIII R 13/03, BFH/NV 2004, 1253.

441 BFH v. 12.02.1992 – XI R 18/90, BStBl. II 1992, 723.

442 BFH v. 26.03.1992 – IV R 50/91, BStBl. II 1992, 830 für Grundstück eines Fertigungsbetriebs; BFH v. 26.11.1992 – IV R 15/91, BStBl. II 1993, 876 für Grundstück eines Kfz-Betriebs; BFH v. 02.04.1997 – X R 21/93 BStBl. II 1997 II, 565 für besonders gestaltetes Bürogebäude einer Werbeagentur; BFH v. 10.06.2008 – VIII R 79/05, BStBl. II 2008, 863 für Büroetage einer Steuerberatersozietät.

443 Zur umfangreichen Kasuistik vgl. die Nachweise bei Schmidt/Wacker § 15 EStG Rn. 808 ff.

444 BFH v. 27.08.1998 – III R 96/96, BFH/NV 1999, 750.

445 BFH v. 02.03.2000 – IV B 34/99, BFH/NV 2000, 1084.

446 FG Düsseldorf v. 20.10.1999 – 9 K 6321/97 G, F, DStRE 2000, 748.

447 BFH v. 13.07.2006 – IV R 25/05, BStBl. II 2006, 804.

448 BFH v. 01.02.2006 – XI R 41/04, BFH/NV 2006, 1455.

sich dieser Rspr. angeschlossen.[449] Danach ist im Ergebnis nahezu jedes Gebäude wesentliche Betriebsgrundlage.[450]

Selbst **unbebaute Grundstücke** können wesentliche Betriebsgrundlage sein, wenn sie von der Betriebsgesellschaft mit Zustimmung des Besitzunternehmens entsprechend ihren Bedürfnissen bebaut oder gestaltet worden sind oder in einem Funktionszusammenhang mit einem Gebäude stehen oder in sonstiger Weise betriebsnotwendig sind.[451]

222 **b)** Eine **personelle Verflechtung** liegt vor, wenn die Beteiligungsverhältnisse in beiden Unternehmen identisch sind (sogenannte **Beteiligungsidentität**) oder die Personen, die im Besitzunternehmen die Stimmenmehrheit haben, auch mehrheitlich an der Betriebsgesellschaft beteiligt sind (sogenannte **Beherrschungsidentität**), sodass in Besitz- und Betriebsunternehmen ein **einheitlicher Betätigungswille** besteht.[452] Eine nur **mittelbare personelle Verflechtung** ist ausreichend.[453]

Beispiel: A, B, C, D und E sind zu je 20% an einer Grundstücks-GbR beteiligt. Die GbR verpachtet ein Fabrikgrundstück an die X-GmbH, deren Gesellschafter A, B und C zu je 1/3 sind. – Die sachliche Verflechtung liegt vor, da das Fabrikgrundstück wesentliche Grundlage für den Betrieb der X-GmbH ist. Die personelle Verflechtung ist gegeben, weil die geschlossene Personengruppe A, B und C jeweils mit Mehrheit an beiden Unternehmen beteiligt ist.

Problematisch ist, inwieweit **Anteile von Ehegatten und Kindern** für die Frage nach einem einheitlichen geschäftlichen Betätigungswillen zusammengerechnet werden dürfen. Der BFH nahm früher an, dass bei Ehegatten ein einheitlicher Betätigungswille zu vermuten sei. Diese Rspr. war nach dem Beschluss des BVerfG v. 12.03.1985[454] mit Art. 3 Abs. 1 und Art. 6 Abs. 1 GG unvereinbar. Danach müssen besondere Umstände vorliegen, die es im Einzelfall rechtfertigen, gleichgerichtete wirtschaftliche Interessen der Ehegatten anzunehmen und deren Anteile zusammenzurechnen. Solche besonderen Umstände liegen beispielsweise vor, wenn das Betriebsgrundstück und die Anteile an der Betriebs-GmbH zum Gesamtgut einer ehelichen Gütergemeinschaft gehören[455] oder Ehegatten eine enge Wirtschaftsgemeinschaft eingehen und planmäßig durch Erwerb von Betrieben und Gestaltung der Rechtsverhältnisse gemeinsame wirtschaftliche Zwecke verfolgen.[456] Keine ausreichenden Beweisanzeichen für gleichgerichtete Interessen sind dagegen

- jahrelanges konfliktfreies Zusammenwirken der Eheleute innerhalb der Gesellschaft,

- Herkunft der Mittel für die Beteiligung der Ehefrau an der Betriebsgesellschaft vom Ehemann,

- „Gepräge" der Betriebsgesellschaft durch den Ehemann,

- Erbeinsetzung der Ehefrau durch den Ehemann als Alleinerbin, gesetzlicher Güterstand der Zugewinngemeinschaft, beabsichtigte Alterssicherung der Ehefrau.[457]

Eine personelle Verflechtung kann über die Personen der Ehegatten insbesondere auch dann nicht begründet werden, wenn die Ehegatten nicht gemeinsam an wenigstens einem Unternehmen beteiligt sind, sondern nur ein Ehegatte an dem einen und der andere Ehegatte an dem anderen der sachlich verflochtenen Unternehmen beteiligt ist.[458]

---

449 BMF v. 18.09.2001 – IV A 6-S 2240-50/01, BStBl. I 2001, 634; BMF v. 20.12.2001 – IV A 6-S 2240-97/01, BStBl. I 2002, 88.

450 Z.B. BFH v. 03.04.2001 – IV B 111/00, BFH/NV 2001, 1252 zur Lagerhalle; nicht jedoch ein einzelner Büroraum, BFH v. 13.12.2005 – XI R 45/04, BFH/NV 2006, 1453.

451 BFH v. 18.08.2005 – IV R 59/04, BStBl. II 2005, 830; Schmidt/Wacker § 15 EStG Rn. 814.

452 Vgl. hierzu BFH v. 01.07.2003 – VIII R 24/01, BStBl. II 2003, 757.

453 BFH v. 28.11.2001 – X R 50/97, BStBl. II 2002, 363.

454 BFH v. 12.03.1985 – 1 BvR 571/81, 1 BvR 494/82, 1 BvR 47/83, BStBl. II 1985, 475.

455 BFH v. 26.11.1992 – IV R 15/91, BStBl. II 1993, 876.

456 BFH v. 24.07.1986 – IV R 98-99/85 – IV R 98/85, IV R 99/85, BStBl. II 1986, 913.

457 BFH v. 26.10.1988 – I R 228/84, BStBl. II 1989, 155 m.w.N.

458 BFH v. 30.07.1985 – VIII R 263/81, BStBl. II 1986, 359.

Ebenso kann zwischen Eltern und volljährigen Kindern nicht ohne Weiteres von einer wirtschaftlichen Interessenidentität ausgegangen werden.[459] Unter Berücksichtigung der Rspr. des BVerfG dürfen vielmehr auch Beteiligungen von Eltern und minderjährigen Kindern nur dann zusammengerechnet werden, wenn genügend Anhaltspunkte für gleichgerichtete Interessen vorliegen.[460]

Der BFH hat in seiner neueren Rspr. daran festgehalten, dass im Grundsatz eine personelle Verflechtung fehlt, wenn ein nur an der Besitzgesellschaft beteiligter Gesellschafter die rechtliche Möglichkeit hat zu verhindern, dass die beherrschende Person oder Personengruppe ihren Willen in Bezug auf die laufende Verwaltung des an die Betriebsgesellschaft überlassenen Wirtschaftsguts durchsetzt.[461]

3. Ertragsteuerliche Konsequenzen für das Besitzunternehmen: Liegt der Tatbestand einer Betriebsaufspaltung vor, werden die Einkünfte des Besitzunternehmens (Einzelunternehmen oder Personengesellschaft) „umqualifiziert". Das Besitzunternehmen beteiligt sich über das Betriebsunternehmen am allgemeinen wirtschaftlichen Verkehr und erzielt daher keine Einkünfte aus Vermietung und Verpachtung (§ 21 EStG), sondern **gewerbliche Einkünfte** i.S.d. § 15 Abs. 1, Abs. 2 EStG. Zum notwendigen Betriebsvermögen des Besitzunternehmens gehört auch die Beteiligung an dem Betriebsunternehmen. Einkommensteuerlich hat diese Zuordnung der Einkünfte vor allem zur Folge, dass bei dem Besitzunternehmen Veräußerungsgewinne erfasst werden. Darüber hinaus unterliegt das Besitzunternehmen der GewSt-Pflicht.[462] Im Übrigen bleiben Besitz- und Betriebsunternehmen jedoch zwei rechtlich selbstständige Unternehmen.[463]

223

Sind sowohl das Betriebsunternehmen als auch das Besitzunternehmen jeweils Personenhandelsgesellschaften und damit sogenannte Schwester-Personengesellschaften, können neben den Voraussetzungen der Betriebsaufspaltung auch die tatbestandlichen Voraussetzungen des § 15 Abs. 1 S. 1 Nr. 2 EStG vorliegen. Das Institut der Betriebsaufspaltung hat in diesem Fall **Vorrang vor der Anwendung des § 15 Abs. 1 S. 1 Nr. 2 EStG**. Denn der Grund dieser Vorschrift, Sondervergütungen der Gesellschaft an einen Gesellschafter den gewerblichen Einkünften zuzuweisen, ist wegen der Umqualifizierung der Vermietungseinkünfte in gewerbliche Einkünfte aufgrund der Betriebsaufspaltung nicht gegeben.[464]

4. Begrifflich lassen sich folgende Arten der Betriebsaufspaltung unterscheiden:

224

- Eine **echte Betriebsaufspaltung** liegt vor, wenn ein bisher einheitliches Unternehmen in zwei rechtlich selbstständige Unternehmen aufgespalten wird.

- Bei einer **unechten Betriebsaufspaltung** werden von vornherein zwei rechtlich selbstständige Unternehmen gegründet.

- Das Betriebsunternehmen ist im Regelfall eine Kapitalgesellschaft, kann jedoch auch eine Personengesellschaft, insbesondere eine GmbH und Co. KG sein. In diesem Fall spricht man von einer **mitunternehmerischen Betriebsaufspaltung**.

---

459 BFH v. 14.12.1993 – VIII R 13/93, BStBl. II 1994, 922.
460 Vgl. Woerner BB 1985, 1609, 1617.
461 BFH v. 01.07.2003 – VIII R 24/01, BStBl. II 2003, 757; v. 15.03.2000 – VIII R 82/98, BStBl. II 2002, 774.
462 Zur Verfassungsmäßigkeit vgl. BVerfG v. 12.03.1985 – 1 BvR 571/81, 1 BvR 494/82, 1 BvR 47/83, BStBl. II 1985, 475.
463 Vgl. BFH v. 17.07.1991 – I R 98/88, BStBl. II 1992, 246.
464 BFH v. 23.04.1996 – VIII R 13/95, BStBl. II 1998, 325; siehe auch BFH v. 30.08.2007 – IV R 50/05, BStBl. II 2008, 129 zum Aufleben der Eigenschaft als Sonderbetriebsvermögen nach Ende der mitunternehmerischen Betriebsaufspaltung.

■ Bei der **qualifizierten Betriebsaufspaltung**[465] wird ein lebensfähiger Betrieb im Ganzen vom Inhaber des Besitzunternehmens an die von ihm beherrschte Betriebs-GmbH verpachtet. Dabei macht der BFH keinen Unterschied zwischen der echten und unechten Betriebsaufspaltung. Verpachtet der Besitzunternehmer alle wesentlichen Betriebsgrundlagen nach deren Beendigung an ein fremdes Unternehmen, so steht ihm das nach ständiger BFH-Rspr. bei der Betriebsverpachtung im Ganzen eröffnete **Verpächterwahlrecht** (s. hierzu Rn. 275 f.)[466] zu. Bei der Beendigung einer (echten oder unechten) qualifizierten Betriebsaufspaltung kann der bisherige Besitzunternehmer danach also wählen, ob er die Betriebsaufgabe erklärt oder aber im Rahmen der Betriebsverpachtung im Ganzen weiterhin gewerbliche – aber gewerbesteuerfreie – Einnahmen aus verpachteten Betriebsvermögen erklärt.

VI. Ausgleichs- und Abzugsverbot für Verluste aus gewerblicher Tierzucht oder gewerblicher Tierhaltung (§ 15 Abs. 4 EStG) und aus Termingeschäften

1. Gewerbliche Tierzucht

225 Einkünfte aus gewerblicher Tierzucht oder gewerblicher Tierhaltung liegen vor, wenn die Erzeugung oder Haltung der Tiere mit Gewinnerzielungsabsicht erfolgt (vgl. § 15 Abs. 2 EStG) und keine Land- und Forstwirtschaft vorliegt, weil der entsprechende Tierbestand die durch die landwirtschaftlich bewirtschaftete Fläche bedingten Höchstgrenzen überschreitet (vgl. oben Fall 18, Rn. 144 ff.).

Nach § 15 Abs. 4 EStG sind Verluste aus gewerblicher Tierzucht oder gewerblicher Tierhaltung vom Ausgleich mit anderen positiven Einkünften aus Gewerbebetrieb oder positiven Einkünften aus anderen Einkunftsarten ausgeschlossen. Zulässig ist gemäß § 15 Abs. 4 S. 2 EStG lediglich der Verlustvortrag oder -rücktrag nach Maßgabe des § 10d EStG auf Gewinne aus gewerblicher Tierzucht oder Tierhaltung in das vorangegangene oder in nachfolgende Wirtschaftsjahre.

Dem Ausgleichsverbot[467] liegen agrarpolitische Ziele zugrunde: Es soll die landwirtschaftliche Tierzucht und Tierhaltung vor einem Vordringen der industriellen Tierveredelungsproduktion, insbesondere in Form von Verlustzuweisungsgesellschaften, schützen.[468]

2. Termingeschäfte

226 Nach § 15 Abs. 4 S. 3 EStG besteht ein entsprechendes Verlustausgleichs- und Abzugsverbot für Termingeschäfte im gewerblichen Bereich. Ausnahmen gelten

■ bei Termingeschäften des gewöhnlichen Geschäftsverkehrs von Banken und anderen Finanzunternehmen i.S.d. KWG und

■ bei Termingeschäften anderer Unternehmen, wenn sie der Absicherung von Geschäften des gewöhnlichen Geschäftsverkehrs dienen.

Diese Ausnahmen gelten jedoch nach § 15 Abs. 4 S. 5 EStG dann nicht (= Gegenausnahme), wenn es sich um Geschäfte handelt, die der Absicherung von Aktiengeschäften dienen, bei denen der Veräußerungsgewinn nach § 3 Nr. 40 S. 1 Buchst. a) und b) EStG in Verbindung mit § 3c Abs. 2 EStG teilweise steuerfrei ist oder die nach § 8b KStG bei der Ermittlung des Einkommens außer Ansatz bleiben.

---

465 Zum Begriff siehe BFH v. 17.04.2002 – X R 8/00, BStBl. II 2002, 527.

466 BFH v. 17.04.2002 – X R 8/00, BStBl. II 2002, 527.

467 Zur Verfassungsmäßigkeit vgl. BFH v. 29.10.1987 – VIII R 272/83, BStBl. II 1988, 264.

468 Schmidt/Wacker § 15 EStG Rn. 895.

VII. Beschränkter Verlustausgleich für Kommanditisten (§ 15a EStG)

1. Das negative Kapitalkonto des Kommanditisten

Verluste, die innerhalb einer Einkunftsart entstehen, können grundsätzlich mit positiven **227** Einkünften derselben Einkunftsart (**horizontaler Verlustausgleich**) oder mit positiven Einkünften anderer Einkunftsarten (**vertikaler Verlustausgleich**) saldiert werden.

Bei Kommanditisten stellt sich die Frage, ob auch solche Verluste steuerlich anerkannt werden können, die nicht nur zur Aufzehrung des Kapitalkontos, sondern darüber hinaus zur Bildung eines negativen Kapitalkontos führen.

Beispiel: B ist mit einer voll eingezahlten Hafteinlage von 50.000 € als Kommanditist an der A-KG beteiligt, für die zum 01.01.2012 folgende Bilanz aufgestellt wurde:

Bilanz 01.01.2014

diverse Aktiva	200.000 €	Kapital A	100.000 €
		Kapital B	50.000 €
		Verbindlichkeiten	50.000 €
	200.000 €		200.000 €

Im Jahre 2014 entsteht ein Verlust in Höhe von 140.000 €, der nach der vereinbarten Gewinn- und Verlustverteilungsabrede jeweils zur Hälfte auf A und B entfällt. Zum 31.12.2014 wird daher folgende Steuerbilanz erstellt:

Bilanz 31.12.2014

diverse Aktiva	60.000 €	Kapital A	30.000 €
negatives Kapital B	20.000 €	Verbindlichkeiten	50.000 €
	80.000 €		80.000 €

Die steuerliche Anerkennung der vereinbarten Verlustzurechnung und damit die Bildung des negativen Kapitalkontos für B könnten zweifelhaft sein, weil Kommanditisten nach § 167 Abs. 3 HGB an dem Verlust nur bis zum Betrag ihres Kapitalanteils teilnehmen und nach Einzahlung der Einlage gemäß § 171 HGB den Gläubigern nicht unmittelbar haften. Nach h.M. im Handelsrecht schließt § 167 Abs. 3 HGB jedoch nicht die Bildung eines negativen Kapitalkontos aus, sondern bestimmt nur die Grenze der endgültigen Verlusttragung.[469] Dementsprechend wird auch steuerlich das negative Kapitalkonto des Kommanditisten anerkannt, weil es durch spätere Gewinne wieder aufgefüllt werden kann. Nur wenn am Bilanzstichtag feststeht, dass ein Ausgleich des negativen Kapitalkontos mit künftigen Gewinnanteilen nicht mehr in Betracht kommt, wird die Verlustzuweisung, soweit sie zu einem negativen Kapitalkonto führt, steuerlich nicht berücksichtigt.[470] Der Kommanditist erzielt durch Auflösung des negativen Kapitalkontos einen Aufgabegewinn.[471] War am Bilanzstichtag das Insolvenzverfahren über das Vermögen der KG eröffnet, steht damit nicht zwangsläufig fest, dass kein Ausgleich mehr möglich ist. Vielmehr muss im Einzelfall geprüft werden, ob nicht bei der Liquidation noch Gewinne zu erwarten sind oder die Gesellschaft nicht möglicherweise nach Abschluss des Insolvenzverfahrens fortgeführt werden wird.[472]

---

469 Schmidt/Wacker § 15a EStG Rn. 2 ff. m.w.N.

470 BFH v. 10.11.1980 – GrS 1/79, BStBl. II 1981, 164.

471 Zur Ermittlung des Aufgabegewinns vgl. BFH v. 26.09.1996 – IV R 105/94, BStBl. II 1997, 277.

472 BFH v. 22.01.1985 – VIII R 43/84, BStBl. II 1986, 136.

2. Beschränkung des Verlustausgleichs und -abzugs nach § 15a EStG

228 Die Anerkennung des negativen Kapitalkontos von Kommanditisten hatte in der Vergangenheit die Entstehung von Verlustzuweisungsmodellen begünstigt, bei denen sich meist gut situierte Anleger steuerliche Vorteile durch ausgleichsfähige Verlustzuweisungen (ohne entsprechendes Haftungsrisiko) verschaffen. Der Gesetzgeber ist dieser Entwicklung durch die Regelung des § 15a EStG entgegengetreten, die nicht nur für sogenannte **Verlustzuweisungsgesellschaften**, sondern für sämtliche Kommanditgesellschaften gilt. Danach ist der Verlustausgleich grundsätzlich dem Haftungsumfang angepasst. Soweit dem Kommanditisten Verluste zugewiesen werden, die ein negatives Kapitalkonto begründen oder erhöhen, können diese Verluste grundsätzlich nicht mehr mit anderen positiven Einkünften ausgeglichen werden. Sie sind jedoch als sogenannte verrechenbare Verluste mit späteren Gewinnen aus der Beteiligung zu verrechnen (§ 15a Abs. 2 EStG).

Dem gleichen Sinn und Zweck wie § 15a EStG dient auch § 15b EStG (Verlustverrechnung im Zusammenhang mit Steuerstundungsmodellen).[473]

Die Verfassungsmäßigkeit des § 15a EStG wird teilweise in der steuerrechtlichen Lit. bezweifelt.[474] Der BFH teilt diese Bedenken nicht.[475]

Fall 30: Die komplizierte Technik des § 15a EStG

A ist als Kommanditist mit einer Hafteinlage von 30.000 € an der X-KG beteiligt. Er hat seinen Anteil am 01.01.2014 für 40.000 € von dem ausgeschiedenen Gesellschafter B erworben und der Gesellschaft nach seinem Eintritt ein unbebautes Grundstück (Teilwert 40.000 €) unentgeltlich zur Verfügung gestellt. Aufgrund von Sonderabschreibungen entsteht der KG in 2014 ein Verlust in Höhe von 270.000 €, der nach dem Gesellschaftsvertrag zu 90.000 € auf A entfällt. Die Gesellschaft legt zum 31.12.2014 folgende Bilanzen vor:

Bilanz X-KG 31.12.2014

diverse Aktiva	300.000 €	Kapital C	50.000 €
Kapital A	60.000 €	Kapital D	50.000 €
		Verbindlichkeiten	260.00 €
	360.000 €		360.00 €

Ergänzungsbilanz A 31.12.2014

stille Reserven	10.000 €	Mehrkapital A	10.000 €
	10.000 €		10.000 €

---

473 Ausführlich hierzu Beck DStR 2006, 61 ff.; Brandtner/Raffel BB 2006, 639 ff.
474 Vgl. Schmidt/Wacker § 15a EStG Rn. 31..
475 BFH v. 14.10.2003 – VIII R 81/02, BStBl. II 2004, 118.

Sonderbilanz A 31.12.2014			
Grundstück	40.000 €	Kapital A	40.000 €
	40.000 €		40.000 €

In welcher Höhe kann A den Verlust mit anderen positiven Einkünften ausgleichen, und was ist verfahrensrechtlich zu veranlassen?

I. Für die Gesellschafter der KG ist gemäß § 180 Abs. 1 Nr. 2 Buchst. a) AO eine **einheitliche und gesonderte Verlustfeststellung** durchzuführen. Darin ist der gewerbliche Verlust in Höhe von 270.000 € festzustellen und auf die Gesellschafter zu verteilen. Gegen die Zurechnung eines Verlustanteils in Höhe von 90.000 € auf den Kommanditisten A bestehen keine Bedenken, weil der Verlust der Gesellschaft auf der Inanspruchnahme von Sonderabschreibungen beruht und keine Anhaltspunkte dafür bestehen, dass das negative Kapitalkonto des A nicht durch Gewinnanteile in künftigen Wirtschaftsjahren wieder aufgefüllt werden kann.

229

II. Nach § 15a Abs. 1 S. 1 EStG darf der A zuzurechnende Verlustanteil, soweit ein negatives Kapitalkonto entsteht oder sich erhöht, weder mit anderen Einkünften aus Gewerbebetrieb noch mit Einkünften aus anderen Einkunftsarten ausgeglichen werden. Der Verlust darf insoweit auch nicht im Verlustvortrag oder -rücktrag gemäß § 10d EStG berücksichtigt werden.

1. **„Verlust am Anteil der KG"** i.S.d. § 15a Abs. 1 EStG sind nur Verluste, die aus dem Gesamthandsbereich resultieren. Dazu gehören der Verlust aus der **Hauptbilanz** und ein eventueller Verlust aus der **Ergänzungsbilanz**, da die Ergänzungsbilanz lediglich Bewertungskorrekturen für den einzelnen Gesellschafter zu den Wertansätzen der Hauptbilanz enthält.[476] Nicht zum „Anteil am Verlust" gehören dagegen Verluste, die ein Kommanditist im Rahmen seines Sonderbetriebsvermögens erleidet und die in der **Sonderbilanz** ausgewiesen sind.[477] Solche Verluste hat der beschränkt haftende Gesellschafter voll zu tragen; sie müssen daher nach der Zielsetzung des Gesetzes in vollem Umfang ausgleichsfähig bleiben. Gewinne aus dem Bereich des Sonderbetriebsvermögens dürfen andererseits nicht mit dem Verlust aus dem Gesamthandsbereich verrechnet werden.[478]

   Vorliegend sind im Bereich der Ergänzungsbilanzen und Sonderbilanzen keine Verluste ausgewiesen. Der nach § 15a Abs. 1 S. 1 EStG maßgebende Verlust beträgt somit 90.000 €.

2. Nicht ausgleichsfähig ist der Verlust, soweit ein „negatives Kapitalkonto" entsteht oder sich erhöht. Nach st.Rspr. des BFH ist **Kapitalkonto** i.S.d. § 15a EStG nicht das in der Gesamthandsbilanz der Mitunternehmerschaft auszuweisende Kapitalkonto eines Gesellschafters, sondern nur das Kapitalkonto in der Steuerbilanz der KG zuzüglich dem Mehr- oder Minderkapitalkonto aus der für den Gesellschafter geführten Ergänzungsbilanz; unberücksichtigt bleiben etwaige Sonderbilanzen der

230

---

476 Schmidt/Wacker § 15a EStG Rn. 71.
477 BFH v. 13.10.1998 – VIII R 78/97, BStBl. II 1999, 163.
478 BFH v. 13.10.1998 – VIII R 78/97, BStBl. II 1999, 163.

Gesellschafter und demgemäß auch aktives Sonderbetriebsvermögen I und II (z.B. Gesellschafterdarlehen) zum Nachteil des Steuerpflichtigen und passives Sonderbetriebsvermögen (z.B. Kredit zur Finanzierung der Kommanditeinlage) zum Vorteil des Steuerpflichtigen.[479]

Somit ist das negative Kapitalkonto des A wie folgt zu berechnen:

Negatives Kapital lt. Hauptbilanz	./. 60.000 €
Mehrkapital lt. Ergänzungsbilanz	+ 10.000 €
Kapitalkonto i.S.d. § 15a EStG	./. 50.000 €

Der dem A zuzurechnende Verlustanteil ist somit in Höhe von 50.000 € nicht mit anderen Einkünften ausgleichsfähig.

III. Nicht ausgleichs- oder abzugsfähige Verluste sind gemäß § 15a Abs. 2 EStG mit Gewinnen, die der Kommanditist in späteren Wirtschaftsjahren aus seiner Beteiligung erzielt, verrechenbar. Dieser **verrechenbare Verlust** ist für das Jahr der Verlustentstehung gemäß § 15a Abs. 4 EStG durch Bescheid gegenüber dem betreffenden Kommanditisten **gesondert festzustellen**.

Ergebnis: Der Verlust der KG in 2014 ist auf 270.000 € festzustellen und in Höhe von 90.000 € A zuzurechnen. Das FA hat ferner durch Feststellungsbescheid einen nicht ausgleichs- oder abzugsfähigen Verlust (verrechenbaren Verlust) des A in 2014 in Höhe von 50.000 € festzustellen. Die Feststellungen können miteinander verbunden werden (§ 15a Abs. 4 S. 5 EStG). 40.000 € des auf ihn entfallenden Verlustanteils kann A in 2014 mit anderen positiven Einkünften verrechnen.

231

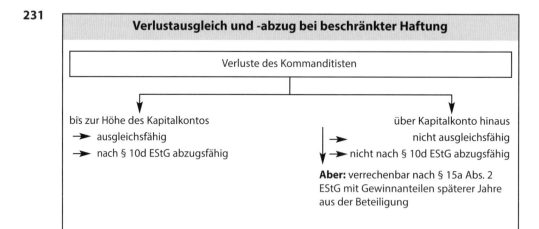

Verlustausgleich und -abzug bei beschränkter Haftung

---

479 BFH v. 28.03.2000 – VIII R 28/98, BStBl. II 2000, 347; Schmidt/Wacker § 15a EStG Rn. 83.

3. Weitere Einzelheiten

a) Einen **erweiterten Verlustausgleich** ermöglicht § 15a Abs. 1 S. 2, 3 EStG, wenn ein **232** Kommanditist am Bilanzstichtag seine Hafteinlage noch nicht oder nicht voll eingezahlt hat und deshalb den Gläubigern gemäß § 171 Abs. 1 HGB unmittelbar persönlich haftet (keine entsprechende Anwendung bei Haftung aus § 172 Abs. 2 HGB[480]). Das Gesetz gestattet – seiner Zielsetzung entsprechend – den Verlustausgleich über das Kapitalkonto hinaus bis zum Umfang der persönlichen Haftung. Dabei ist allerdings Voraussetzung, dass eine Vermögensminderung aufgrund der Haftung weder durch Vertrag ausgeschlossen noch nach Art und Weise des Geschäftsbetriebs unwahrscheinlich ist (§ 15a Abs. 1 S. 3 EStG). Unwahrscheinlich ist eine derartige Vermögensminderung nur dann, wenn die finanzielle Ausstattung der Gesellschaft und deren gegenwärtige und zu erwartende Liquidität so außergewöhnlich günstig sind, dass die finanzielle Inanspruchnahme des Kommanditisten nicht zu erwarten ist.[481]

Beispiel: Der Kommanditist K hat auf seinen Kommanditanteil von 10.000 € erst 6.000 € eingezahlt. Auf ihn entfällt in 2008 ein Verlust in Höhe von 12.000 €.

Der Verlust gemäß § 15a Abs. 1 S. 1 EStG ist in Höhe von 6.000 € ausgleichsfähig und darüber hinaus in Höhe von weiteren 4.000 € nach § 15a Abs. 1 S. 2 EStG, sofern eine Vermögensminderung aufgrund der Haftung nach Art und Weise des Geschäftsbetriebs nicht unwahrscheinlich ist. Es verbleibt ein verrechenbarer Verlust in Höhe von 2.000 €.

b) Einlagenminderung und Haftungsminderung (§ 15a Abs. 3 EStG): Da § 15a Abs. 1 **233** EStG auf die Höhe des Kapitalkontos zum Bilanzstichtag abstellt, kann der Stpfl. die Höhe des Verlustausgleichs durch Einlagen- oder Haftungserhöhung vor dem Bilanzstichtag beeinflussen. Um jedoch Umgehungen auszuschließen, führen spätere Einlagenminderungen oder Haftungsminderungen zu einer **Nachversteuerung**. Nach § 15a Abs. 3 S. 1 EStG ist danach einem Kommanditisten – im Falle einer vorangegangenen Verlustnutzung (§ 15a Abs. 3 S. 2 EStG) – der Betrag einer Entnahme als (fiktiver) Gewinn zuzurechnen, soweit durch die Entnahme ein negatives Kapitalkonto des Kommanditisten entsteht oder sich erhöht (Einlageminderung) und soweit nicht aufgrund der Entnahme eine nach § 15a Abs. 1 S. 2 EStG zu berücksichtigende Haftung besteht oder entsteht.[482]

Eine entsprechende Regelung für **Einlageerhöhungen**, die zu einer nachträglichen Umwandlung von verrechenbaren Verlusten in ausgleichsfähige Verluste führen würde, ist im Gesetz nicht vorgesehen.[483]

Technisch erfolgt die Nachversteuerung also in der Weise, dass Entnahmen bzw. Haftungsminderungen in späteren Wirtschaftsjahren als fiktiver laufender Gewinn zu versteuern sind. Zugleich entsteht in Höhe dieser fiktiven Gewinne ein verrechenbarer Verlust.

Beispiel: Auf Kommanditist K, dessen voll eingezahlte Pflichteinlage 50.000 € beträgt, entfällt in 2013 ein Verlustanteil in Höhe von 50.000 €. Der Verlust ist ausgleichsfähig nach § 15a Abs. 1 S. 1 EStG. In 2014 wird die Pflichteinlage auf 25.000 € vermindert. Ein Gewinn oder Verlust wird in 2014 nicht erzielt. Gemäß § 15a Abs. 3 EStG muss K in 2014 einen laufenden Gewinn in Höhe von 25.000 € versteuern; zugleich entsteht ein verrechenbarer Verlust in gleicher Höhe.

---

480 Vgl. BFH v. 28.05.1993 – VIII B 11/92, BStBl. II 1993, 665.
481 BFH v. 14.05.1991 – VIII R 111/86, BStBl. II 1992, 164.
482 BFH v. 06.03.2008 – IV R 15/06, BFH/NV 2008, 1142.
483 BFH v. 14.12.1995 – IV R 106/94, BStBl. II 1996, 226.

234 **c)** Gemäß § 15a Abs. 5 EStG sind die Vorschriften des § 15a Abs. 1–4 EStG sinngemäß anwendbar **für andere Unternehmer**, soweit deren Haftung der eines Kommanditisten vergleichbar ist. Zu dieser Personengruppe zählen insbesondere der atypische stille Gesellschafter, der atypische stille Unterbeteiligte und Gesellschafter einer GbR, soweit deren Haftung durch Vertrag ausgeschlossen oder eine Haftung unwahrscheinlich ist.

235 **d)** Mittlerweile geklärt ist die Streitfrage, ob aus bloß verrechenbaren Verlusten sofort ausgleichsfähige Verluste werden, wenn ein Kommanditist seine Stellung in diejenige eines Komplementärs umwandelt.

Nach der Rspr. des BFH ist allein der Eintritt einer unbeschränkten Haftung (durch **Umwandlung der Gesellschafterstellung)** oder das Einrücken in eine unmittelbare Schuldnerstellung für Verbindlichkeiten, die den in der Vergangenheit erwirtschafteten Verlusten zugrunde liegen, nicht geeignet, die bisherige Qualifikation der bloßen Verlustverrechnung gemäß § 15a EStG aufzuheben.[484] Nichts anderes gilt, wenn der bisherige Kommanditist den Betrieb der KG als Einzelunternehmen fortführt.[485]

VIII. Besteuerung von betrieblichen Veräußerungsvorgängen (§§ 16, 34 EStG)

1. Begünstigte und nicht begünstigte Veräußerungsvorgänge

236 Die Veräußerung von Wirtschaftsgütern des Betriebsvermögens führt zu Gewinn bzw. Verlust, wenn der Veräußerungserlös abzüglich der Veräußerungskosten den Buchwert des Wirtschaftsguts übersteigt bzw. unterschreitet. Veräußerungsgewinne entstehen vor allem als Folge der steuerlichen Bewertungsvorschriften: Wirtschaftsgüter werden in der Bilanz grundsätzlich nicht mit dem Verkehrswert, sondern mit den Anschaffungs- bzw. Herstellungskosten – vermindert um die Abschreibung – angesetzt (§ 6 Abs. 1 Nr. 1, 2 EStG). Steigt der Verkehrswert der Wirtschaftsgüter oder sind die steuerlichen Abschreibungen höher als der wirtschaftliche Wertverzehr, entstehen stille Reserven, die erst bei der Veräußerung „realisiert" werden (sogenanntes **Realisationsprinzip**).

237 Bei der Veräußerung von betrieblichen Wirtschaftsgütern sind zwei Gruppen zu unterscheiden:

- Gewinne, die bei der Veräußerung **einzelner Wirtschaftsgüter** entstehen, gehören zum laufenden Gewinn und sind deshalb grundsätzlich nicht steuerlich begünstigt. Nur ausnahmsweise ist keine Gewinnrealisierung erforderlich, z.B. wenn die Voraussetzungen des § 6b EStG (Übertragung der stillen Reserven auf Reinvestitionen bzw. Bildung einer entsprechenden Rücklage) vorliegen.

- Gewinne, die bei der Veräußerung **„geschlossener Komplexe"** von Wirtschaftsgütern entstehen, sind grundsätzlich gesondert zum Veräußerungszeitpunkt zu berechnen. Solche Gewinne werden durch die Freibetragsregelung des § 16 Abs. 4

---

484 BFH v. 18.01.2007 – IV B 133/06, BFH/NV 2007, 888.
485 BFH v. 18.01.2007 – IV B 133/06, BFH/NV 2007, 888.

EStG und die Tarifermäßigung nach § 34 Abs. 1, Abs. 2 Nr. 1 EStG begünstigt. Geschlossene Komplexe in diesem Sinne sind der ganze Betrieb, ein Teilbetrieb, der Mitunternehmeranteil, Teile eines Mitunternehmeranteils und der Anteil eines Komplementärs einer KG auf Aktien.

■ Den Begünstigungsvorschriften der §§ 16, 34 EStG liegt der Gedanke zugrunde, die bei Betriebs- bzw. Teilbetriebsveräußerungen in der Regel eintretende zusammengeballte Realisierung der während vieler Jahre entstandenen stillen Reserven nicht nach dem progressiven ESt-Tarif zu erfassen.[486] Dieser Gesetzeszweck ist jedoch nicht in die Tatbestandsvoraussetzungen der §§ 16, 34 EStG eingegangen. Daher finden die Begünstigungsvorschriften auch Anwendung, wenn ein Betrieb (Teilbetrieb) veräußert wird, der seine werbende Tätigkeit noch nicht aufgenommen hat.[487]

Maßgebender Zeitpunkt für die Gewinnrealisierung ist nicht der Abschluss des schuldrechtlichen Veräußerungsgeschäfts (insbesondere eines Kaufvertrags), sondern der Zeitpunkt der wirtschaftlichen Erfüllung durch den Veräußerer. Bei einem Verkauf beweglicher Sachen kommt es regelmäßig auf den Übergang der Preisgefahr an, z.B. gemäß § 446 Abs. 1 BGB mit Übergabe der Sache.[488] Wird ein Betrieb/Teilbetrieb veräußert, ist zur Ermittlung des Veräußerungsgewinns auf die Verhältnisse am Tag der Betriebsübergabe abzustellen.[489]   **238**

Vorschriften, die die Besteuerung von gewerblichen Veräußerungsgewinnen regeln, befinden sich auch außerhalb des § 16 EStG an mehreren Stellen im EStG. Systematisch lassen sich die einzelnen Tatbestände wie folgt darstellen:

486   BFH v. 01.02.1989 – VIII R 33/85, BStBl. II 1989, 458.
487   BFH v. 07.11.1991 – IV R 50/90, BStBl. II 1992, 380.
488   BFH v. 08.09.2005 – IV R 40/04, BStBl. II 2006, 26.
489   BFH v. 16.03.1989 – IV R 153/86, BStBl. II 1989, 557.

239

Gewerbliche Veräußerungsgewinnbesteuerung im EStG			
§ 14 EStG	**§ 16 EStG**	**§ 18 EStG**	**§ 17 EStG**

Gewinne aus der
■ Veräußerung eines
  ■ l. u. f. Betriebs
  ■ Teilbetriebs
  ■ Anteils am l. u. f.
    Betriebs-
    vermögens
■ Betriebsaufgabe
  entspr. § 16 Abs. 3
  EStG
	Gewinne aus der
	■ Veräußerung
	  eines/einer
	  ■ ganzen Ge-
	    werbebetriebs
	  ■ Teilbetriebs
	  ■ 100%igen
	    Beteiligung an
	    KapGes.
	  ■ Mitunterneh-
	    meranteils
	    (im Ganzen)
	  ■ Anteils eines
	    pers. haft. Ge-
	    sellschafters
	    einer KGaA
	    (im Ganzen)
	■ Betriebsaufgabe
	  i.S.v. § 16 Abs. 3
	  EStG
		Gewinne aus der
		■ Veräußerung
		  selbst. Arbeit
		  dienenden
		  ■ Vermögens
		  ■ selbst. Teils des
		    Vermögens
		  ■ Anteils am
		    Vermögen
		■ Betriebsaufgabe
		  entspr. § 16 Abs. 3
		  EStG
			Gewinne aus der
			■ Veräußerung
			  ■ einer wesentlichen
			    Beteiligung (im
			    Privatvermögen)
			  ■ verdeckten Einlage
			    von Anteilen an
			    einer KapGes. in
			    einer KapGes.
			  ■ Auflösung einer
			    KapGes.
			  ■ Kapitalherab-
			    setzung oder
			    Rückzahlung
			  ■ Ausschüttung oder
			    Rückzahlung von
			    Beträgen vom
			    steuerl.
			    Einlagekonto

↓	↓	↓	↓

■ Freibetrag nach
  § 16 Abs. 4 EStG
  (oder auf Antrag
  nach § 14a EStG)
■ § 34 Abs. 1 oder
  Abs. 3 EStG
	■ Freibetrag nach
	  § 16 Abs. 4 EStG
	
	■ § 34 Abs. 1 oder
	  Abs. 3 EStG
		■ Freibetrag entspr.
		  § 16 Abs. 4 EStG
		
		■ § 34 Abs. 1 oder
		  Abs. 3 EStG
			■ Freibetrag nach
			  § 17 Abs. 3 EStG
			
			■ Kein § 34 EStG

2. Veräußerung eines ganzen Gewerbebetriebs

a) Allgemeines

Fall 31: Betriebsveräußerung oder Betriebsverlegung

Der 52-jährige, ledige Friseurmeister F hat seinen in der Altstadt von Köln unter der Bezeichnung „Coiffeur Francois" betriebenen Salon mit Wirkung vom 31.12.2014 mit allen Aktiva und Passiva zum Kaufpreis von 270.000 € an X veräußert. X trat im Einvernehmen mit dem Vermieter in das Mietverhältnis über die angemieteten Geschäftsräume ein. Das Betriebsvermögen (Kapital) des F betrug laut Bilanz zum 31.12.2014 160.000 €. Die Bilanz zum 31.12.2013 weist ein Betriebsvermögen von 120.000 € aus. Die Entnahmen und die Einlagen in 2014 gleichen sich aus. Die von F getragenen Veräußerungskosten (Inserate, Beratung) betrugen 5.000 €. Im Februar 2015 eröffnete F in Köln-Niehl unter der Bezeichnung „Modern Coiffeur" einen neuen Salon, der vereinzelt auch von besonders treuen Kundinnen des früheren Salons besucht wird. F bittet um Auskunft, in welcher Höhe er einen gewerblichen Gewinn in 2014 versteuern muss.

I. F könnte in 2014 einen laufenden Gewinn gemäß § 15 Abs. 1 S. 1 Nr. 1 EStG und einen **240** Veräußerungsgewinn i.S.d. § 16 Abs. 1 S. 1 Nr. 1 EStG erzielt haben. Voraussetzung ist, dass F am 31.12.2014 den ganzen Gewerbebetrieb veräußert hat. Eine **Veräußerung des ganzen Gewerbebetriebs** liegt nach st.Rspr. des BFH[490] vor, wenn ein Gewerbetreibender

- alle wesentlichen Betriebsgrundlagen

- in einem einheitlichen Vorgang

- entgeltlich auf einen Erwerber überträgt und

- die bisher in dem Betrieb entfaltete gewerbliche Betätigung beendet.

Unschädlich ist die Beteiligung des Veräußerers an der erwerbenden Personengesellschaft.[491]

1. **Entgeltlich** ist eine Übertragung, wenn sie in Erfüllung eines schuldrechtlichen **241** Verpflichtungsgeschäfts erfolgt, bei dem die Gegenleistung kaufmännisch nach dem vollen Wert der Leistung bemessen ist.[492] Damit scheiden der Erwerb von Todes wegen und andere unentgeltliche Übertragungsvorgänge aus dem Anwendungsbereich des § 16 EStG aus.

   Vorliegend ist ein entgeltlicher Übertragungsvorgang gegeben, da der Geschäftsübergang auf einem regulären Kaufvertrag beruht.

2. Die Veräußerung des ganzen Gewerbebetriebs setzt voraus, dass **alle wesentli-** **242** **chen Betriebsgrundlagen** auf den Erwerber übertragen werden. Die Abgrenzung zwischen wesentlichen Betriebsgrundlagen und Wirtschaftsgütern von untergeordneter Bedeutung hängt von der Art des Betriebs, der Funktion der einzelnen Wirtschaftsgüter im Rahmen des Betriebs und auch von der Höhe der im Buchwert eines Wirtschaftsguts enthaltenen stillen Reserven ab.[493] Die Grundsätze, die die neuere Rspr. des BFH zum Begriff der wesentlichen Betriebsgrundlage im Rahmen der Betriebsaufspaltung entwickelt hat, gelten auch im Bereich der Betriebsveräußerung und -aufgabe.[494]

   Zu den wesentlichen Grundlagen gehören vor allem Wirtschaftsgüter des Anlagevermögens, insbesondere Betriebsgrundstücke.[495] Ein Betriebsgrundstück ist nur dann keine wesentliche Betriebsgrundlage, wenn es für den Betrieb keine oder nur eine geringe Bedeutung hat.[496] Die wirtschaftliche Bedeutung kann sich u.a. daraus ergeben, dass es durch seine Lage, seine Größe, seinen Grundriss oder seine Bauart auf den Betrieb zugeschnitten ist.[497] Zu beachten ist in diesem Zusammenhang stets, dass fast jedes Betriebsgrundstück eine nicht nur geringe wirtschaftliche Bedeutung für einen Betrieb hat, selbst dann, wenn es lediglich der Lagerung von Wirtschaftsgütern dient.[498] Maschinen und Betriebsvorrichtungen gehören dazu, sofern es sich

---

490 BFH v. 17.07.2008 – X R 40/07, BStBl. II 2009, 43.

491 BFH v. 12.06.1996 – XI R 56, 57/95, XI R 56/95, XI R 57/95, BStBl. II 1996, 527.

492 Schmidt/Wacker § 16 EStG Rn. 21.

493 Schmidt/Wacker § 16 EStG Rn. 100 ff.

494 BFH v. 10.11.2005 – IV R 7/05, BStBl. II 2006, 176.

495 Vgl. BFH v. 01.02.1990 – IV R 8/89, BStBl. II 1990, 428 betreffend einen landwirtschaftlichen Betrieb.

496 BFH v. 07.04.2010 – I R 96/08, BStBl. II 2011, 467 m.w.N.

497 BFH v. 13.02.1996 – VIII R 39/92, BStBl. II 1996, 409.

498 BFH v. 20.10.2011 – IV B 146/10, BFH/NV 2012, 41.

nicht um kurzfristig wiederbeschaffbare Wirtschaftsgüter von relativ geringem Wert handelt.[499] Ob Umlaufvermögen zu den wesentlichen Betriebsgrundlagen gehört, richtet sich nach den Umständen des Einzelfalls.[500] Wesentliche Betriebsgrundlagen können darüber hinaus auch immaterielle Werte sein, wie z.B. Erfindungen[501] oder der Geschäftswert oder die ihn bestimmenden Faktoren.[502] Auch ein Bürogebäude kann nach der neueren Rspr. des BFH wesentliche Betriebsgrundlage sein, wenn es die räumliche und funktionale Grundlage für die Geschäftstätigkeit des Unternehmens bildet.[503]

Zu den wesentlichen Grundlagen eines Friseurbetriebs gehört insbesondere der Kundenstamm. Daher liegt nur eine **Betriebsverlegung**[504] und keine Veräußerung des ganzen Betriebs vor, wenn der Veräußerer im örtlichen Wirkungskreis des alten Betriebs einen neuen Betrieb eröffnet, in dem die alten Kundenbeziehungen fortgeführt werden können.[505]

Vorliegend hat F den neuen Friseursalon zwar in derselben politischen Gemeinde, aber in einem anderen Stadtteil unter neuer Bezeichnung eröffnet, und die örtlich gebundene Kundschaft ist – von vereinzelten Ausnahmen abgesehen – ausgetauscht worden. F hat daher trotz anschließender Neueröffnung eines Salons alle wesentlichen Grundlagen seines bisherigen Betriebs veräußert.

243   3. Der Gewerbebetrieb muss in einem **einheitlichen Vorgang** entgeltlich oder teilentgeltlich auf **einen Erwerber** so übertragen werden, dass dieser **den Betrieb als lebenden Organismus fortführen kann**.[506] Auch diese Voraussetzungen sind vorliegend gegeben, da die Veräußerung in einem Übertragungsakt an einen Erwerber erfolgte, der den Friseursalon fortführen konnte. Ob der Erwerber den Betrieb tatsächlich fortführt, ist ohne Belang.

4. F hat schließlich auch die in dem bisherigen gewerblichen Betrieb entfaltete **Tätigkeit beendet**. Die Beendigung der bisherigen gewerblichen Tätigkeit ist als selbstständiges Merkmal der Tatbestandsverwirklichung und losgelöst von dem Merkmal der Übertragung der wesentlichen Betriebsgrundlagen zu sehen. Denn bereits der Begriff des Gewerbebetriebs i.S.v. § 15 Abs. 1 S. 1 Nr. 1, Abs. 2 S. 1 EStG ist tätigkeitsbezogen definiert.

Die Tarifbegünstigung eines Veräußerungsgewinns setzt nicht voraus, dass der Steuerpflichtige jegliche (originär oder fiktiv) gewerbliche Tätigkeit einstellt. Erforderlich ist lediglich, dass er die in dem veräußerten Betrieb bislang ausgeübte Tätigkeit einstellt und die diesbezüglich wesentlichen Betriebsgrundlagen veräußert.[507] Eine Beendigung der bisherigen Tätigkeit liegt auch vor, wenn der Veräußerer seine bisherige Tätigkeit nur noch für Rechnung des Erwerbers fortsetzt, z.B. als Angestellter des Erwerbers in dem Betrieb tätig bleibt.[508]

---

499 BFH v. 15.11.1984 – IV R 139/81, BStBl. II 1985, 205.
500 Vgl. einerseits BFH v. 29.11.1988 – VIII R 316/82, BStBl. II 1989, 602, andererseits BFH v. 24.06.1976 – IV R 200/72, BStBl. II 1976, 672.
501 BFH v. 23.09.1998 – XI R 72/97, BStBl. II 1999, 281.
502 BFH v. 24.04.1986 – IV R 282/84, BStBl. II 1986, 672.
503 So z.B. BFH v. 01.07.2003 – VIII R 24/01, BStBl. II 2003, 757 zu einer Steuerberaterpraxis.
504 Zum Begriff der Betriebsverlegung: BFH v. 28.06.2001 – IV R 23/00, BStBl. II 2003, 124.
505 Vgl. BFH v. 03.10.1984 – I R 116/81, BStBl. II 1985, 131.
506 BFH v. 24.03.1987 – I R 202/83, BStBl. II 1987, 705.
507 BFH v. 03.04.2014 – IV R 12/10, BStBl. II 2014, 1000.
508 BFH v. 17.07.2008 – X R 40/07, BStBl. II 2009, 43.

II. Der von F in 2014 erzielte gewerbliche Gewinn setzt sich somit aus einem laufenden Gewinn und dem begünstigten Veräußerungsgewinn nach § 16 Abs. 1 S. 1 Nr. 1 EStG zusammen.

1. **Veräußerungsgewinn** ist gemäß § 16 Abs. 2 EStG der Betrag, um den der Veräu-   **244**
ßerungspreis (= Gegenleistung und Leistungen Dritter im unmittelbaren wirtschaftlichen Zusammenhang mit der Veräußerung)[509] nach Abzug der Veräußerungskosten (= Aufwendungen in unmittelbarer sachlicher Beziehung zu dem
Veräußerungsgeschäft)[510] den Wert des Betriebsvermögens (§ 16 Abs. 1 S. 1 Nr. 1
EStG) oder den Wert des Anteils am Betriebsvermögen (§ 16 Abs. 1 S. 1 Nr. 2 und
3 EStG) übersteigt. Veräußerungskosten werden unabhängig vom Zeitpunkt des
Abflusses bei der Ermittlung des Veräußerungsgewinns berücksichtigt.[511] Der
Veräußerungsgewinn berechnet sich vorliegend wie folgt:

Veräußerungspreis	270.000 €
./. Veräußerungskosten	5.000 €
Nettoerlös	265.000 €
./. Buchwert des Betriebsvermögens zum 31.12.2014	160.000 €
Veräußerungsgewinn	105.000 €

Die Geschäftsveräußerung unterliegt nicht der Umsatzsteuer (§ 1 Abs. 1 a UStG).

2. Der **Freibetrag** nach § 16 Abs. 4 EStG ist auf Antrag zu gewähren, wenn der Stpfl.   **245**
bei der Veräußerung das 55. Lebensjahr beendet hat oder sozialversicherungs-
rechtlich dauernd berufsunfähig ist. Er beträgt 45.000 €. Der Freibetrag vermindert sich um den Betrag, um den der Veräußerungsgewinn 136.000 € übersteigt.
Er entfällt also ganz, wenn der Veräußerungsgewinn 181.000 € oder mehr beträgt.

Der Freibetrag ist personenbezogen und wird jedem Stpfl. nur einmal gewährt
(§ 16 Abs. 4 S. 2 EStG).

Da F die Altersvoraussetzungen nicht erfüllt, kommt ein Freibetrag nach § 16 Abs. 4
EStG nicht in Betracht. Der zu versteuernde Veräußerungsgewinn beträgt daher im
vorliegenden Fall 105.000 €.

3. Kein begünstigter Veräußerungsgewinn liegt vor, soweit auf der Seite des Veräußerers und auf der Seite des Erwerbers dieselben Personen Unternehmer oder
Mitunternehmer sind (§ 16 Abs. 2 S. 3, Abs. 3 S. 5 EStG). Damit werden Sachverhal-
te von der Freibetrags- und Tarifvergünstigung ausgenommen, bei denen bei
wirtschaftlicher Betrachtung der Veräußerer an sich selbst veräußert und damit
die Begünstigung systematisch nicht gerechtfertigt ist.[512]

Beispiel: A veräußert seinen gesamten Betrieb an die A, B-OHG, an der er zu 40% beteiligt ist.

Der bei der Veräußerung erzielte Gewinn ist nur zu 60% nach §§ 16, 34 EStG begünstigt. In Höhe
von 40% liegt ein laufender, gewerbesteuerpflichtiger Gewinn vor.

---

509 Vgl. BFH v. 07.11.1991 – IV R 14/90, BStBl. II 1992, 457.

510 Vgl. BFH v. 27.02.1991 – XI R 14/87, BStBl. II 1991, 628.

511 BFH v. 06.10.1993 – I R 97/92, BStBl. II 1994, 287.

512 Vgl. Schmidt/Wacker § 16 EStG Rn. 3.

4. Der **laufende Gewinn** für 2014 beträgt:

Buchwert Betriebsvermögen zum 31.12.2014	160.000 €
./. Buchwert Betriebsvermögen zum 31.12.2013	120.000 €
laufender Gewinn	40.000 €

246 III. Veräußerungsgewinne i.S.d. § 16 EStG gehören gemäß § 34 Abs. 2 Nr. 1 EStG zu den sogenannten **außerordentlichen Einkünften**, die auf Antrag nach Maßgabe des § 34 Abs. 1 EStG ermäßigt besteuert werden. Die Begünstigung nach § 34 Abs. 1 EStG besteht darin, dass die außerordentlichen Einkünfte mit dem Fünffachen der auf ein Fünftel entfallenden ESt des allgemeinen Tarifs besteuert werden. Darüber hinaus hat der Gesetzgeber zur Sicherung der Altersvorsorge von aus dem Berufsleben ausscheidenden Unternehmern neben der Fünftelungsregelung die Besteuerung nach einem ermäßigten Steuersatz partiell wiedereingeführt (§ 34 Abs. 3 EStG). Der ermäßigte Steuersatz beträgt 56% des durchschnittlichen Steuersatzes, der sich ergäbe, wenn die tarifliche ESt nach dem gesamten zu versteuernden Einkommen zuzüglich der dem Progressionsvorbehalt unterliegenden Einkünfte zu bemessen wäre (§ 34 Abs. 3 S. 2 EStG). Nach § 34 Abs. 3 EStG kommt eine Begünstigung nur unter folgenden Voraussetzungen in Betracht:

- auf Antrag des Stpfl.,

- einmal im Leben, gerechnet ab dem VZ 2001,

- wenn der Stpfl. das 55. Lebensjahr vollendet hat oder im sozialversicherungsrechtlichen Sinne dauernd berufsunfähig ist,

- für Gewinne bis 5 Mio. €.

Zudem wurde erstmals eine Mindestbesteuerung für Veräußerungsgewinne eingeführt (§ 34 Abs. 3 S. 2 EStG): Danach ist mindestens der Eingangssteuersatz anzusetzen, wenn der tatsächlich ermittelte halbe Durchschnittssteuersatz den nach § 32a Abs. 1 Nr. 1 EStG für den jeweiligen VZ geltenden Eingangssteuersatz unterschreitet.

Der Gesetzgeber räumt dem Stpfl. hinsichtlich der Inanspruchnahme der Begünstigungen nach § 34 Abs. 1 EStG (Fünftelungsregelung) bzw. § 34 Abs. 3 EStG (ermäßigter Steuersatz) ein Wahlrecht ein. Ausgeschlossen ist jedoch eine Doppelbegünstigung.[513]

Die Begünstigung nach § 34 Abs. 3 EStG kann F nicht in Anspruch nehmen, da die Altersvoraussetzungen nicht erfüllt sind.

Ergebnis: F muss in 2014 einen laufenden gewerblichen Gewinn in Höhe von 40.000 € und einen nach § 34 Abs. 1 EStG begünstigten Veräußerungsgewinn in Höhe von 105.000 € versteuern.

---

513 Siehe zu den beiden Steuervergünstigungen die Beispielsrechnung bei Birk/Desens/Tappe, Steuerrecht, Rn. 647.

b) Weitere Einzelheiten

aa) Zeitpunkt

Betriebsveräußerungen werden häufig zum Jahreswechsel vorgenommen. Erfolgt die **247** Veräußerung „mit Ablauf des 31.12." ist ein eventueller Veräußerungsgewinn noch in dem alten Jahr zu erfassen. Wird der Betrieb dagegen „mit Wirkung vom 01.01." übertragen, ist der Vorgang dem neuen Jahr zuzuordnen.[514]

bb) Nachträgliche Ereignisse

Das wirtschaftliche Ergebnis des Veräußerungsvorgangs kann sich nachträglich ändern, **248** indem beispielsweise die Kaufpreisforderung ganz oder teilweise uneinbringlich wird. Auch kann der Veräußerer von Gläubigern nachträglich in Anspruch genommen werden, wenn der Erwerber entgegen der übernommenen Freistellungsverpflichtung die übernommenen Verbindlichkeiten nicht erfüllt. Nach den Entscheidungen des Großen Senats des BFH vom 19.07.1993[515] liegt in beiden Fällen ein Ereignis mit steuerlicher Rückwirkung i.S.d. § 175 Abs. 1 Nr. 2 AO mit der Folge vor, dass die Veranlagung des Jahres der Veräußerung nachträglich zu korrigieren ist.[516]

cc) Veräußerungsgewinn bei Gewinnermittlung nach § 4 Abs. 3 EStG

Der Veräußerungsgewinn ist auch dann nach den für die Gewinnermittlung durch Be- **249** standsvergleich geltenden Grundsätzen zu ermitteln, wenn der Stpfl. seinen laufenden Gewinn durch **Überschussrechnung nach § 4 Abs. 3 EStG** ermittelt hat.[517] Zunächst ist daher eine Schlussbilanz auf den Zeitpunkt der Betriebsveräußerung zu erstellen.

Ergibt sich durch den Übergang eine Gewinnerhöhung, so ist dieser Gewinn als laufender Gewinn zu versteuern.[518] Die in der Schlussbilanz ausgewiesenen Buchwerte des Betriebsvermögens sind Grundlage für die Ermittlung des Veräußerungsgewinns.

dd) Einbringung eines Betriebs in eine Kapitalgesellschaft gegen Gewährung von Gesellschaftsrechten

Besondere Vergünstigungen bestehen bei der Einbringung eines Betriebs in eine Kapi- **250** talgesellschaft nach § 20 UmwStG: Der aufnehmenden Gesellschaft steht es frei, das eingebrachte Betriebsvermögen mit

■ den Buchwerten,

■ den gemeinen Werten oder

■ Zwischenwerten

anzusetzen.

---

514 BFH v. 22.09.1992 – VIII R 7/90, BStBl. II 1993, 228.

515 BFH v. 19.07.1993 – GrS 2/92, BStBl. II 1993, 897; vgl. hierzu auch Schmidt/Wacker § 16 EStG Rn. 350 ff.

516 Vgl. auch BFH v. 06.03.1997 – IV R 47/95, BStBl. II 1997, 509: nachträglicher Erlass einer im Betriebsvermögen verbliebenen Verbindlichkeit als rückwirkendes gewinnerhöhendes Ereignis.

517 BFH v. 13.11.1997 – IV R 18/97, BStBl. II 1998, 290.

518 BFH v. 17.04.1986 – IV R 151/85, BFH/NV 1987, 759; Littmann/Bitz/Pust §§ 4, 5 EStG Rn. 2211.

Werden die Buchwerte übernommen, so entsteht kein Veräußerungsgewinn. Bei Ansatz des gemeinen Wertes oder von Zwischenwerten werden stille Reserven aufgedeckt, die zu einem Veräußerungsgewinn führen. Auf einen bei der Sacheinlage entstehenden Veräußerungsgewinn ist § 16 Abs. 4 EStG nur anzuwenden, wenn der Einbringende eine natürliche Person ist, es sich nicht um die Einbringung von Teilen eines Mitunternehmeranteils handelt und die übernehmende Gesellschaft das eingebrachte Betriebsvermögen mit dem gemeinen Wert ansetzt. In diesen Fällen ist § 34 Abs. 1 und 3 EStG nur anzuwenden, soweit der Veräußerungsgewinn nicht nach § 3 Nr. 40 S. 1 i.V.m. § 3c Abs. 2 EStG teilweise steuerbefreit ist (§ 20 Abs. 4 UmwStG).

ee) Einbringung eines Betriebs in eine Personengesellschaft gegen Gewährung von Gesellschaftsrechten

251 Wird der Betrieb in eine Personengesellschaft eingebracht, hat die Personengesellschaft ebenfalls das Wahlrecht, das eingebrachte Betriebsvermögen mit dem Buchwert, dem gemeinen Wert oder Zwischenwerten anzusetzen. Der Wert, mit dem das eingebrachte Betriebsvermögen in der Bilanz der Personengesellschaft einschließlich der Ergänzungsbilanzen angesetzt wird, gilt für den Einbringenden als Veräußerungspreis (§ 24 Abs. 3 S. 1 UmwStG). § 16 Abs. 4 EStG ist nur anzuwenden, wenn das eingebrachte Betriebsvermögen mit dem gemeinen Wert angesetzt wird und es sich nicht um die Einbringung von Teilen eines Mitunternehmeranteils handelt; in diesen Fällen ist § 34 Abs. 1 und 3 EStG anwendbar, soweit der Veräußerungsgewinn nicht nach § 3 Nr. 40 S. 1 Buchst. b) i.V.m. § 3c Abs. 2 EStG teilweise steuerbefreit ist (§ 24 Abs. 3 S. 2 EStG). In den Fällen des § 24 Abs. 3 S. 2 EStG gilt § 16 Abs. 2 S. 3 EStG entsprechend.

ff) Veräußerung von Anteilen an Kapitalgesellschaften im BV der Personengesellschaft

252 Der Veräußerungspreis i.S.d. § 16 Abs. 2 EStG unterliegt, soweit er auf die Veräußerung von Anteilen an Kapitalgesellschaften entfällt, die im Betriebsvermögen der Personengesellschaft gehalten werden, seit dem 01.01.2009 dem sogenannten **Teileinkünfteverfahren**. Diese Einnahmen sind dann nur zu 60% steuerpflichtig (§ 3 Nr. 40 S. 1 Buchst. b) S. 1 EStG), die Veräußerungs- und Anschaffungskosten sind aber auch nur zu 60% anzusetzen (§ 3c Abs. 2 EStG). Entsprechendes gilt bei der Betriebsaufgabe mit der Maßgabe, dass anstelle des Veräußerungspreises der gemeine Wert angesetzt wird (§ 3 Nr. 40 S. 1 Buchst. b) S. 2 EStG).

3. Veräußerung eines gewerblichen Teilbetriebs

253 Der Veräußerung des ganzen Gewerbebetriebs ist nach § 16 Abs. 1 S. 1 Nr. 1 EStG die Veräußerung eines Teilbetriebs gleichgestellt. Auch der Freibetrag nach § 16 Abs. 4 EStG ist in voller Höhe zu gewähren.

Fall 32: Der Begriff des Teilbetriebs

U, der unter der Bezeichnung „Reisebüro Unger" ein Reisebüro betreibt, unterhielt bis zum 31.12.2014 auch einen Omnibusbetrieb unter der Bezeichnung „Reisedienst Münsterland" mit dem Zusatz E. Unger. Das Reisebüro veranstaltete u.a. Busreisen, die mit fremden Busunternehmern oder auch Omnibussen des eigenen Unternehmens durchgeführt wurden. Der Reisedienst unternahm andererseits auch Busfahrten für andere Veranstalter. U unterhielt für das Reisebüro und den Reisedienst eine einheitliche Buchführung. Auch die GuV-Rechnungen und Bilanzen wurden einheitlich für das ganze Unternehmen erstellt. Mit Wirkung vom 01.01.2015 verkaufte U sämtliche Omnibusse an X, der auch die Wechselverbindlichkeiten für die Busse, die Werkstatteinrichtung und die Fahrer übernahm. U ist der Ansicht, der bei der Veräußerung des Reisedienstes erzielte Gewinn von 70.000 € sei nach §§ 16, 34 EStG begünstigt.

Es fragt sich, ob U einen Teilbetrieb i.S.d. § 16 Abs. 1 S. 1 Nr. 1 EStG veräußert hat. Der Tatbestand der Teilbetriebsveräußerung hat zwei Voraussetzungen: **254**

■ Die an **einen Erwerber** veräußerten Wirtschaftsgüter müssen einen **„Teilbetrieb"** darstellen.

■ Ein solcher Teilbetrieb muss auch übertragen werden. Das ist der Fall, wenn die **mit dem bisherigen Teilbetrieb** verbundene **gewerbliche Betätigung endgültig beendet wird**[519] und sämtliche zum Teilbetrieb gehörenden wesentlichen Betriebsgrundlagen auf den Erwerber übergehen.[520] Die Fortführung anderer Bereiche seines Unternehmens ist selbst dann unschädlich, wenn es sich um gewerbliche Tätigkeiten gleicher Art handelt.[521]

I. U hat eine bestimmte gewerbliche Tätigkeit aufgegeben. Denn er führt nach der Veräußerung des Omnibusbetriebs keine Busreisen mehr durch. Als wesentliche Betriebsgrundlagen sind nur diejenigen Wirtschaftsgüter anzusehen, die funktional gesehen für den Teilbetrieb erforderlich sind.[522] Funktional wesentlich sind dabei alle Wirtschaftsgüter, die für den Betriebsablauf ein erhebliches Gewicht haben, mithin für die Fortführung des Betriebs notwendig sind oder dem Betrieb das Gepräge geben.

Vorliegend hat U auch sämtliche zu dem Omnibusbetrieb gehörenden Betriebsgrundlagen (Busse, Werkstatt, Fahrer) auf den Erwerber übertragen.

II. Der veräußerte Busbetrieb müsste die Voraussetzungen des Teilbetriebs erfüllen. **255**

   1. **Begriff des Teilbetriebs:** Unter einem Teilbetrieb ist ein organisch geschlossener, mit einer gewissen Selbstständigkeit ausgestatteter Teil eines Gesamtbetriebs zu verstehen, der für sich allein nach Art eines selbstständigen Zweigbe-

---

519 BFH v. 09.08.1989 – X R 62/87, BStBl. II 1989, 973; Tiedtke FR 1988, 233.

520 BFH v. 07.04.2010 – I R 96/08, BFH/NV 2010, 1749.

521 Zur entsprechenden Problematik bei freiberuflicher Tätigkeit vgl. BFH v. 24.08.1989 – IV R 120/88, BStBl. II 1990, 55: Niederlassung einer Fahrschule als Teilbetrieb; BFH v. 18.08.1992 – VIII R 9/92, BStBl. II 1993, 55: Groß- und Kleintierpraxis eines Tierarztes keine Teilbetriebe.

522 BFH v. 25.11.2009 – I R 72/08, BStBl. II 2010, 471.

triebs lebensfähig ist.[523] Ob die veräußerten Wirtschaftsgüter in ihrer Zusammenfassung einer sich von der übrigen gewerblichen Tätigkeit des Veräußerers deutlich abhebenden Betätigung dienen und als Betriebsteil die für die Annahme eines Teilbetriebs erforderliche Selbstständigkeit besitzen, ist nach dem Gesamtbild der Verhältnisse zu entscheiden.[524] Bei dieser Gesamtwürdigung sind die von der Rspr. herausgearbeiteten Abgrenzungsmerkmale – z.B. räumliche Trennung vom Hauptbetrieb, eigener Wirkungskreis, gesonderte Buchführung, eigenes Personal, eigene Verwaltung, eigenes Anlagevermögen, ungleichartige betriebliche Tätigkeit, eigener Kundenstamm und eine die Eigenständigkeit ermöglichende interne Organisation – zu beachten.[525] Diese Merkmale brauchen nicht sämtlich vorzuliegen; der Teilbetrieb erfordert lediglich eine gewisse Selbstständigkeit gegenüber dem Hauptbetrieb.[526]

2. Ein **organisch geschlossener Teil** eines Gesamtbetriebs besteht in der Regel aus mehreren Wirtschaftsgütern, die in einer sachlichen und wirtschaftlichen Verbindung stehen. Die mit dem Busbetrieb veräußerten Wirtschaftsgüter standen in einem derartigen sachlichen und wirtschaftlichen Zusammenhang. **Lebensfähig** ist ein Teil des Gesamtbetriebs, wenn von ihm seiner Struktur nach eigenständig eine betriebliche Tätigkeit ausgeübt werden kann.[527] Auch diese Voraussetzung liegt vor, da der Erwerber mit den erworbenen Wirtschaftsgütern ohne weitere Investitionen ein Busunternehmen betreiben konnte.

Bei Anwendung der oben genannten BFH-Grundsätze fehlt es im vorliegenden Fall jedoch an der ausreichenden **„gewissen Selbstständigkeit"** des Reisedienstes: Reisebüro und Reisedienst/Busverkehr haben teilweise einheitliche Leistungen erbracht und es bestand keine buchmäßige Trennung zwischen den Geschäftstätigkeiten des Reisebüros und des Reisedienstes.

Ergebnis: Der bei der Veräußerung des Reisedienstes erzielte Veräußerungsgewinn ist nicht nach §§ 16, 34 EStG begünstigt.

---

256 Als Teilbetrieb gilt nach der Fiktion des § 16 Abs. 1 S. 1 Nr. 1 S. 2 EStG auch die das gesamte Nennkapital umfassende **Beteiligung an einer Kapitalgesellschaft**. Für die Begünstigung des Veräußerungsgewinns nach §§ 16 Abs. 4, 34 EStG genügt hier allerdings nicht die Veräußerung nur der wesentlichen Grundlagen; vielmehr muss der Stpfl. das gesamte Nennkapital der Gesellschaft in einem wirtschaftlich einheitlichen Vorgang an den Erwerber veräußern.[528]

4. Veräußerung eines Mitunternehmeranteils

257 Der Gewinn, der bei der Veräußerung eines Mitunternehmeranteils entsteht, ist gemäß § 16 Abs. 1 S. 1 Nr. 2 EStG wie der Gewinn aus der Veräußerung des ganzen Betriebs oder

---

523 St.Rspr., z.B. BFH v. 16.11.2005 – X R 17/03, BFH/NV 2006, 532; BFH v. 07.04.2010 – I R 96/08, BFH/NV 2010, 1749.
524 BFH v. 10.10.2001 – XI R 35/00, BFH/NV 2002, 336.
525 Vgl. BFH v. 16.11.2005 – X R 17/03, BFH/NV 2006, 532.
526 BFH v. 10.10.2001 – XI R 35/00, BFH/NV 2002, 336.
527 BFH v. 18.06.1998 – IV R 56/97, BStBl. II 1998, 735.
528 Vgl. Schmidt/Wacker § 16 EStG Rn. 164.

eines Teilbetriebs begünstigt. In § 16 Abs. 1 S. 2 EStG hat der Gesetzgeber klargestellt, dass Gewinne aus der Veräußerung eines Teils eines Anteils i.S.v. § 16 Abs. 1 S. 1 Nr. 2 und 3 EStG (gemeint sind **Bruchteile eines Mitunternehmeranteils**) laufende Gewinne sind.

Fall 33: Zurückbehaltung von Sonderbetriebsvermögen

Der 56-jährige G war zu 50% an der G-OHG beteiligt. Sein Kapitalkonto betrug zum 31.12.2014 100.000 €. G hat der OHG als Lagerplatz ein unbebautes Grundstück überlassen, das in der Sonderbilanz des G mit einem Wert von 60.000 € angesetzt ist. Mit Wirkung vom 01.01.2015 veräußerte G seinen Anteil an der OHG zum Kaufpreis von 280.000 € an X. Der den Buchwert des veräußerten Anteils übersteigende Teil des Kaufpreises entfällt in Höhe von 80.000 € auf anteilige stille Reserven im Bilanzansatz der Maschinen und in Höhe von 100.000 € auf den anteiligen Geschäftswert. G hat bisher noch keinen Veräußerungstatbestand i.S.d. § 16 EStG verwirklicht. Welche einkommensteuerlichen Folgen ergeben sich für G und X?

I. G könnte einen begünstigten Veräußerungsgewinn i.S.d. § 16 Abs. 1 S. 1 Nr. 2 EStG **258** erzielt haben.

    1. Der Veräußerungsgewinn des G ermittelt sich wie folgt:

Veräußerungserlös	280.000 €
./. Buchwert des übertragenen Anteils an der OHG	100.000 €
Veräußerungsgewinn	180.000 €

    2. Es fragt sich, ob G die Begünstigungen nach §§ 16, 34 EStG zustehen. Grundsätzlich ist auch die Veräußerung des gesamten Mitunternehmeranteils begünstigt (§ 16 Abs. 1 S. 1 Nr. 2 EStG).

    Vorliegend hat G allerdings nur den Anteil am Gesamthandsvermögen, nicht aber einen entsprechenden Anteil an seinem Sonderbetriebsvermögen (Grundstück) veräußert. Grundsätzlich ist ein Veräußerungsvorgang nur nach §§ 16, 34 EStG begünstigt, wenn auch das **Sonderbetriebsvermögen** mit veräußert oder unter Aufdeckung der stillen Reserven in das Privatvermögen überführt wird.[529]

    Bei Überführung des Grundstücks ins Privatvermögen liegt demnach zwar keine Veräußerung eines gesamten Mitunternehmeranteils vor, wohl aber eine ebenfalls begünstigte Aufgabe; der gemeine Wert des Grundstücks ist dann dem Veräußerungspreis zur Ermittlung des Aufgabegewinns hinzuzurechnen (§ 16 Abs. 3 S. 7 EStG). G kann danach bei Überführung des Sonderbetriebsvermögens ins Privatvermögen grundsätzlich den Freibetrag nach § 16 Abs. 4 EStG und die Begünstigung nach § 34 EStG in Anspruch nehmen.

II. X hat für den Erwerb des Anteils an der OHG 280.000 € aufgewendet. Der Anteil ist gemäß § 6 EStG mit den Anschaffungskosten zu aktivieren. In der Eröffnungsbilanz der OHG zum 01.01.2015 entfällt auf X ein Anteil am Kapital in Höhe von 100.000 €.

---

529 Vgl. BFH v. 10.03.1998 – VIII R 76/96, BStBl. II 1999, 269; Schmidt/Wacker § 16 EStG Rn. 414.

Der Mehrbetrag ist in einer **Ergänzungsbilanz** für X zu aktivieren.[530] Das Mehrkapital ist in der Ergänzungsbilanz auf die Wirtschaftsgüter zu verteilen, auf die infolge der darin enthaltenen stillen Reserven der Mehrbetrag entfällt. Ein eventueller Restbetrag ist als Geschäftswert (Firmenwert) auszuweisen.[531] Für X ergibt sich damit zum 01.01.2015 folgende Ergänzungsbilanz:

Ergänzungsbilanz X zum 01.01.2015

Mehrbetrag Maschinen	80.000 €	Mehrkapital	180.000 €
anteiliger Geschäftswert	100.000 €		
	180.000 €		180.000 €

Die Ergänzungsbilanz ist zu den folgenden Bilanzstichtagen fortzuschreiben. Dabei sind die Maschinen als abnutzbare Wirtschaftsgüter des Anlagevermögens entsprechend ihrer betriebsgewöhnlichen Nutzungsdauer abzuschreiben (§ 7 EStG). Der aktivierte Firmenwert gilt gemäß § 7 Abs. 1 S. 3 EStG ebenfalls als abnutzbares Wirtschaftsgut und ist mit der gesetzlich festgelegten Nutzungsdauer von 15 Jahren linear abzuschreiben.

Ergebnis: G muss einen betrieblichen Veräußerungsgewinn in Höhe von 180.000 € als laufenden Gewinn versteuern. Die Ergänzungsbilanz für X weist ein Mehrkapital von 180.000 € aus.

---

259 Im Falle des **Ausscheidens eines Gesellschafters** aus der Gesellschaft wächst dessen Anteil am Gesellschaftsvermögen den verbleibenden Gesellschaftern kraft Gesetzes zu (§ 738 Abs. 1 S. 1 BGB). Der ausscheidende Gesellschafter hat nach § 738 Abs. 1 S. 2 BGB gegen die verbleibenden Gesellschafter einen Abfindungsanspruch. Obwohl zivilrechtlich kein Veräußerungsgeschäft erfolgt, liegt steuerlich ein Veräußerungsvorgang i.S.d. § 16 Abs. 1 S. 1 Nr. 2 EStG vor.

Dabei sind folgende Fälle zu unterscheiden:

260 a) Die **Abfindung zum Buchwert** begründet keinen Veräußerungsgewinn des ausscheidenden Gesellschafters und ist daher erfolgsneutral.

261 b) Bei **Abfindung über dem Buchwert** erzielt der ausscheidende Gesellschafter einen nach §§ 16, 34 EStG begünstigten Veräußerungsgewinn. Für die verbleibenden Gesellschafter handelt es sich um einen erfolgsneutralen Anschaffungsvorgang. Der Differenzbetrag zwischen Buchwert und Abfindungsbetrag wird in der Regel nicht in einer Ergänzungsbilanz ausgewiesen, sondern durch Aufstockung der Buchwerte der bereits bilanzierten Wirtschaftsgüter und ggf. auch durch den anteiligen Ansatz bisher nicht bilanzierter Wirtschaftsgüter (z.B. Geschäftswert) ausgeglichen.[532]

---

530 Vgl. Birk/Desens/Tappe, Steuerrecht, Rn. 1154; Kirchhof/Reiß § 15 EStG Rn. 316 ff.
531 BFH v. 25.01.1979 – IV R 56/75, BStBl. II 1979, 302.
532 Schmidt/Wacker § 16 EStG Rn. 481 ff.

c) Bei **Abfindung unter dem Buchwert** (der Kapitalanteil war in der Bilanz zu hoch bewertet) erleidet der ausscheidende Gesellschafter einen Veräußerungsverlust. Die verbleibenden Gesellschafter haben entsprechend b) eine Abstockung der Buchwerte vorzunehmen.

262

d) Bei **negativem Kapitalkonto** ist von Bedeutung, ob der ausscheidende Gesellschafter das Konto ausgleichen muss:[533]

263

- Gleicht ein **unbeschränkt haftender** Gesellschafter das negative Kapitalkonto aus, ist der Vorgang erfolgsneutral.

- Braucht der ausscheidende unbeschränkt haftende Gesellschafter sein Konto wegen vorhandener stiller Reserven nicht auszugleichen, entsteht insoweit ein Veräußerungsgewinn.

- Scheidet ein **beschränkt haftender** Gesellschafter mit negativem Kapitalkonto ohne Ausgleichspflicht aus der Gesellschaft aus, so entsteht ebenfalls ein Veräußerungsgewinn.[534] Fortbestehende Belastungen (z.B. drohende Inanspruchnahme aus einer Bürgschaft für Verbindlichkeiten der Gesellschaft) mindern den Veräußerungsgewinn.[535] Der Veräußerungsgewinn ist mit verrechenbaren Verlusten gemäß § 15a Abs. 2 EStG ausgleichsfähig.[536]

Fall 34: Der lästige Gesellschafter

C ist an der A-OHG mit einem Kapitalanteil von 50.000 € beteiligt. Sein Anteil an den stillen Reserven beträgt 30.000 €. Ein Firmenwert ist nicht vorhanden. C ist nach einer in der Öffentlichkeit bekannt gewordenen strafrechtlichen Verurteilung wegen exhibitionistischer Handlungen (§ 183 StGB) für die Mitgesellschafter „untragbar" geworden. Um C schnell und reibungslos aus der Gesellschaft zu entfernen, wird in dem „Ausscheidungs- und Abfindungsvertrag" eine Barabfindung in Höhe von 100.000 € vereinbart. Steuerliche Behandlung des Veräußerungsvorgangs?

I. Zunächst fragt sich, in welcher Höhe C einen Veräußerungsgewinn i.S.d. § 16 Abs. 1 S. 1 Nr. 2 EStG erzielt hat. Der über 80.000 € hinausgehende Abfindungsbetrag ist C nicht zum Ausgleich der stillen Reserven, sondern nur deshalb gezahlt worden, um ihn als „lästigen Gesellschafter" loszuwerden. Von einem lästigen Gesellschafter spricht man, wenn ein Gesellschafter durch sein Verhalten oder durch Umstände, die in seiner Person begründet sind, den Fortbestand des Unternehmens oder den reibungslosen Ablauf des Geschäftsbetriebs gefährdet.[537] Nach h.M. gehört auch der Mehrbetrag, der dem lästigen Gesellschafter zur vorzeitigen Lösung des Gesellschaftsverhältnisses gezahlt wird, zum Veräußerungsgewinn und nicht etwa zum laufenden Gewinn. Denn auch der Mehrbetrag stammt nicht aus der laufenden betrieblichen Tätigkeit, sondern ist im Veräußerungsvorgang begründet.[538]

II. Bei den verbleibenden Gesellschaftern ist der Teil des Abfindungsbetrags, der den wirklichen Wert (Buchwert + stille Reserven + eventueller anteiliger Geschäftswert)

---

533 Vgl. hierzu insgesamt Schmidt/Wacker § 16 EStG Rn. 469 ff.
534 BFH v. 10.11.1980 – GrS 1/79, BStBl. II 1981, 164.
535 BFH v. 28.07.1994 – IV R 53/91, BStBl. II 1995, 112.
536 Schmidt/Wacker § 15a EStG Rn. 224.
537 Schmidt/Wacker § 16 EStG Rn. 491.
538 Littmann/Bitz/Pust § 16 Rn. 161; Schmidt/Wacker § 16 EStG Rn. 459; a.A. Stehmann FR 1977, 433; offenlassend BFH v. 07.06.1984 – IV R 79/82, BStBl. II 1984, 584.

des Anteils des lästigen Gesellschafters übersteigt, als Betriebsausgabe sofort abzugsfähig.[539] In der Bilanz der OHG sind damit die Buchwerte nur um die beim Ausscheiden des C aufgelösten stillen Reserven in Höhe von 30.000 € aufzustocken.[540]

Ergebnis: C hat einen Veräußerungsgewinn i.S.d. § 16 Abs. 1 S. 1 Nr. 2 EStG in Höhe von 50.000 € erzielt. Die OHG muss 30.000 € als aufgedeckte stille Reserven in der Bilanz aktivieren und 20.000 € als sofort abzugsfähigen Aufwand behandeln.

5. Wahlrecht zwischen sofortiger Versteuerung des Veräußerungsgewinns und Zuflussversteuerung

264   Bei der Veräußerung eines Betriebs (Teilbetriebs) gegen wiederkehrende Bezüge (insbesondere gegen eine Leibrente) kann der Stpfl. unter bestimmten Voraussetzungen zwischen zwei Arten der Versteuerung wählen:

■ Sofortversteuerung des begünstigten **Veräußerungsgewinns** im Zeitpunkt der Veräußerung nach §§ 16, 34 EStG;

■ **Versteuerung nicht begünstigter nachträglicher Einkünfte** aus Gewerbebetrieb im jeweiligen Jahr des Zuflusses gemäß § 24 Nr. 2 i.V.m. § 15 Abs. 1 S. 1 Nr. 1 EStG (in voller Höhe, nicht etwa nur in Höhe eines Ertragsanteils), sobald und soweit diese in der Summe den Buchwert i.S.v. § 16 Abs. 2 S. 2 EStG zuzüglich Veräußerungskosten übersteigen.[541]

265   Dieses **Wahlrecht**[542] stellt rechtssystematisch eine Billigkeitsregelung unter Berücksichtigung des Grundsatzes der Verhältnismäßigkeit der Besteuerung dar, welche ihre innere Rechtfertigung in einer teleologischen Reduktion des (zwingenden) Anwendungsbereichs der §§ 16, 34 EStG im Verhältnis zu § 24 Nr. 2 EStG findet. Wählt der Steuerpflichtige die Zuflussbesteuerung, dann bezieht er ab dem vorgenannten Zeitpunkt in voller Höhe nachträgliche nicht tarifbegünstigte Einkünfte aus Gewerbebetrieb (§§ 15 Abs. 1, 24 Nr. 2 EStG), sobald und soweit die Summe der einzelnen wiederkehrenden Bezüge den Buchwert i.S.v. § 16 Abs. 2 EStG zuzüglich der Veräußerungskosten übersteigt. Eine Aufteilung dieser Raten in einen Tilgungs- und einen Zinsanteil ist nicht vorzunehmen. Das Wahlrecht besteht nach Auffassung der Rspr. nur dann, wenn der Veräußerungspreis in langfristigen wiederkehrenden Bezügen besteht, die wagnisbehaftet sind, oder wenn die langfristigen wiederkehrenden Bezüge hauptsächlich zur Versorgung des Veräußerers dienen und nicht im Interesse des Erwerbers vereinbart wurden. Als langfristige wiederkehrende Bezüge, die wagnisbehaftet sind, wertet die Rspr. Umsatz- und Gewinnbeteiligungsrenten, Leibrenten und Zeitrenten, d.h. für eine kalendermäßig fest bestimmte Zeit eingeräumte Renten, falls sie für einen ungewöhnlich langen, nicht mehr übersehbaren Zeitraum bedungen sind.[543] Es besteht aber auch

---

539   BFH v. 07.06.1984 – IV R 79/82, BStBl. II 1984, 584.

540   Vgl. hierzu auch Schmidt/Wacker § 16 EStG Rn. 491.

541   Schmidt/Wacker § 16 EStG Rn. 221.

542   BFH v. 17.07.2013 – X R 40/10, BStBl. II 2013, 883.

dann, wenn neben den wiederkehrenden Bezügen ein festes Entgelt vereinbart wurde.[544]

Der Steuerpflichtige muss das Wahlrecht zur laufenden Besteuerung **ausdrücklich**[545] und spätestens mit der Abgabe der ESt-Erklärung für den VZ der Veräußerung ausüben.[546]

6. Betriebsaufgabe

Fall 35: Räumungsverkauf des Teppichhändlers

H betreibt einen Teppichhandel. Er beabsichtigt, den Betrieb einzustellen, und hat deshalb die angemieteten Geschäftsräume zum 31.01.2014 gekündigt. In der Zeit vom 01.01. bis 31.01.2014 führt H einen Räumungsverkauf durch. Die nicht verkauften Teppiche (Buchwert 30.000 €) kann H in einer Partie am 05.02.2014 € für 40.000 € an den Geschäftsfreund G veräußern. Die Einrichtungsgegenstände (Buchwert: 15.000 €) übernimmt der Nachmieter M zum Preise von 40.000 €. Einen auf 1 € abgeschriebenen Mercedes (Teilwert 12.000 €) überführt H in sein Privatvermögen. Es ist der gewerbliche Gewinn für 2014 zu ermitteln.

I. Zunächst ist zu prüfen, ob eine Betriebsaufgabe i.S.d. § 16 Abs. 3 EStG vorliegt und deshalb ein Aufgabegewinn nach dieser Vorschrift zu ermitteln ist.

Eine **Betriebsaufgabe** ist anzunehmen, wenn   **266**

■ nach dem freiwilligen oder ggf. auch erzwungenen[547] Entschluss des Stpfl., den Betrieb aufzugeben,

■ in einem einheitlichen Vorgang innerhalb kurzer Zeit

■ die wesentlichen Grundlagen des Betriebs an verschiedene Abnehmer veräußert oder ganz oder teilweise in das

■ Privatvermögen überführt werden und

■ als Folge der Betriebsaufgabe der Betrieb als selbstständiger Organismus des Wirtschaftslebens zu bestehen aufhört.[548]

Die Betriebsaufgabe ist von der **Betriebsunterbrechung** abzugrenzen. Eine Betriebsunterbre-   **267**
chung liegt vor, wenn bei Einstellung der werbenden Tätigkeit die zurückbehaltenen Wirtschaftsgüter jederzeit die Wiederaufnahme des (wirtschaftlich identischen) Betriebs gestatten und der Stpfl. nicht ausdrücklich gegenüber dem Finanzamt die Aufgabe erklärt.[549] Diese ist dadurch gekennzeichnet, dass der Betrieb nicht an einen anderen überlassen wird, sondern die wesentlichen Betriebsgrundlagen des eingestellten Betriebs für eine mögliche Wiederaufnahme des Betriebs zurückbehalten werden.[550]

---

543 Vgl. BFH v. 21.12.1988 – III B 15/88, BStBl. II 1989, 409; FG Düsseldorf v. 25.08.2005 – 15 K 2016/03 E, EFG 2005, 1862, rkr.

544 BFH v. 07.11.1991 – IV R 14/90, BStBl. II 1992, 457.

545 BFH v. 14.05.2002 – VIII R 8/01, BStBl. II 2002, 532.

546 Schmidt/Wacker § 16 EStG Rn. 226; a.A. Kirchhof/Söhn/Mellinghoff § 16 EStG Rn. B 170; Kobor in Herrmann/Heuer/Raupach § 16 Anm. 400. bis zur Bestandskraft der Veranlagung.

547 Vgl. BFH v. 03.07.1991 – X R 163-164/87, X R 163/87, X R 164/87, BStBl. II 1991, 802.

548 BFH v. 16.12.2009 – IV R 7/07, BStBl. II 2010, 431.

549 BFH v. 17.04.1997 – VIII R 2/95, BStBl. II 1998, 388.

550 BFH v. 20.02.2008 – X R 13/05, BFH/NV 2008, 1306.

1. H hat vorliegend seinen **Entschluss**, den Teppichhandel aufzugeben, durch Kündigung der Geschäftsräume und Durchführung des Räumungsverkaufs nach außen bekundet. Anhaltspunkte für eine Absicht des H, den Betrieb innerhalb eines überschaubaren Zeitraums wieder aufzunehmen, sind nicht ersichtlich.

268 2. Ein **einheitlicher Vorgang innerhalb kurzer Zeit** ist anzunehmen, wenn die Auflösung nicht allmählich, sondern in einem engen zeitlichen Zusammenhang erfolgt. Welcher Zeitraum noch kurz ist, bestimmt sich nach den Umständen des Einzelfalls. In der BFH-Rspr. sind Zeiträume zwischen neun und 36 Monaten noch als kurz angesehen worden.[551] Der für die Beurteilung des Merkmals „innerhalb kurzer Zeit" **maßgebliche Abwicklungszeitraum** beginnt mit der ersten Aufgabehandlung und endet mit der Veräußerung bzw. Entnahme der letzten wesentlichen Grundlage.[552]

Vorliegend war die Aufgabe mit der Veräußerung der restlichen Lagerbestände am 05.02.2014 abgeschlossen. Der Aufgabevorgang begann frühestens mit der Eröffnung des Räumungsverkaufs im Januar 2014. Die Aufgabe erfolgte damit in einem einheitlichen Vorgang innerhalb kurzer Zeit.

269 3. **Alle wesentlichen Grundlagen des Betriebs** müssen entnommen oder veräußert werden. Eine Betriebsaufgabe liegt danach nicht vor, wenn wesentliche Betriebsgrundlagen in einen anderen Betrieb des Stpfl. überführt werden.[553]

Vorliegend hat H alle wesentlichen Betriebsgrundlagen veräußert bzw. entnommen, da er keine Wirtschaftsgüter des Betriebsvermögens zurückbehalten oder in ein anderes Betriebsvermögen überführt hat.

270 4. An der Aufgabe des „Betriebs als selbstständiger Organismus des Wirtschaftslebens" fehlt es, wenn der Betrieb lediglich an einen anderen Standort verlegt wird. Eine solche **Betriebsverlegung** ist anzunehmen, wenn der stillgelegte und der wieder aufgenommene Betrieb bei wirtschaftlicher Betrachtungsweise identisch sind.[554]

271 Auch ein sogenannter **Strukturwandel** begründet keine Betriebsaufgabe, sofern der Stpfl. nicht eine entsprechende Erklärung abgibt. Ein Strukturwandel in diesem Sinne liegt z.B. vor, wenn ein Betrieb nicht mehr dem gewerblichen Bereich, sondern den Einkünften aus Land- und Forstwirtschaft oder der Liebhaberei zuzuordnen ist.[555]

In dem hier zu entscheidenden Fall liegen keine Anhaltspunkte dafür vor, dass H an anderer Stelle einen wirtschaftlich identischen Betrieb wiedereröffnen will und der Vorgang lediglich als Betriebsunterbrechung zu würdigen ist.

---

551 Vgl. Nachweise bei Schmidt/Wacker § 16 EStG Rn. 193.
552 BFH v. 26.05.1993 – X R 101/90, BStBl. II 1993, 710.
553 BFH v. 09.12.1986 – VIII R 26/80, BStBl. II 1987, 342.
554 BFH v. 03.10.1984 – I R 116/81, BStBl. II 1985, 131; Schmidt/Wacker § 16 EStG Rn. 181.
555 BFH v. 19.12.2005 – IV B 120/04, BFH/NV 2006, 727; Schmidt/Wacker § 16 EStG Rn. 176 ff. m.w.N.

II. Der **Aufgabegewinn** ermittelt sich nach § 16 Abs. 3 S. 6 und 7 EStG wie folgt: **272**

Veräußerungspreis der veräußerten Wirtschaftsgüter

+ gemeiner Wert der nicht veräußerten Wirtschaftsgüter

+ sonstige im Zusammenhang mit der Aufgabe erzielte Erträge

./. Veräußerungskosten

./. Buchwert des Betriebsvermögens

= Aufgabegewinn/Aufgabeverlust

Der Aufgabegewinn/Aufgabeverlust kann auch mithilfe einer auf den Zeitpunkt der Aufgabe zu erstellenden „Aufgabebilanz" ermittelt werden.[556]

1. Im vorliegenden Fall fragt sich, ob bei der Ermittlung des Aufgabegewinns die Erlöse aus dem im Januar 2014 durchgeführten Räumungsverkauf einzubeziehen sind.

   Abgrenzung des begünstigten Veräußerungs- oder Aufgabegewinns: Der   **273**
   nach § 16 Abs. 1 S. 1 Nr. 1 EStG zu den Einkünften aus Gewerbebetrieb gehörende Gewinn aus der Veräußerung des Gewerbebetriebs, der gemäß § 34 EStG als außerordentlicher Gewinn steuerbegünstigt ist, ist von dem übrigen Gewinn aus dem laufenden Gewerbebetrieb zu trennen. Auch bei einem zeitlichen Zusammenhang mit der Betriebsaufgabe können Gewinne aufgrund ihres wirtschaftlichen Zusammenhangs mit der laufenden Geschäftstätigkeit als laufender Gewinn zu qualifizieren sein.[557] Nach ständiger höchstrichterlicher Rspr. sind Gewinne aus Geschäftsvorfällen, die auf der im Wesentlichen unveränderten Fortführung der bisherigen unternehmerischen Tätigkeit beruhen, im Regelfall nicht tarifbegünstigt.[558] Einen wirtschaftlichen Zusammenhang mit der Betriebsaufgabe hat der BFH etwa verneint, wenn Wirtschaftsgüter des Umlaufvermögens an den bisherigen Kundenkreis abgesetzt werden.[559]

   Nicht zum begünstigten Aufgabegewinn gehören danach Gewinne aus einem Räumungsverkauf.[560] Diese Gewinne sind vorliegend als laufende Gewinne zu versteuern.

2. **Kein begünstigter Aufgabegewinn** liegt vor, soweit bei der Veräußerung von Wirtschaftsgütern auf der Seite des Veräußerers und auf der Seite des Erwerbers dieselben Personen Unternehmer oder Mitunternehmer sind (§ 16 Abs. 3 S. 5 EStG). Entnahmegewinne sind dagegen uneingeschränkt begünstigt.

   Beispiel: A veräußert die Maschinen seines Betriebs (wesentliche Grundlagen) an die A, B-OHG, an der er zu 50% beteiligt ist. Die andere wesentliche Grundlage (Grundstück) des aufgegebenen Betriebs entnimmt er.

   Der Gewinn aus der Veräußerung der Maschinen ist zu 50% als laufender und zu 50% als begünstigter Aufgabegewinn zu versteuern. Die Entnahme ist in vollem Umfang begünstigt gemäß §§ 16 und 34 EStG.

---

556 BFH v. 03.07.1991 – X R 163 164/87, X R 163/87, X R 164/07, DStBl. II 1991, 802.

557 Vgl. Schmidt/Wacker § 16 EStG Rn. 341 m.w.N.

558 Vgl. z.B. BFH v. 01.07.2010 – IV R 34/07, BFH/NV 2010, 2246.

559 Vgl. BFH v. 14.12.2004 – XI R 36/02, BFH/NV 2005, 1985 (auch Anlagevermögen).

560 BFH v. 14.11.1990 – X R 145/87, BFH/NV 1991, 373.

Ergebnis: Unter Berücksichtigung der vorstehenden Grundsätze sind die Gewinne aus der Veräußerung der Einrichtungsgegenstände (25.000 €) und der Überführung des Mercedes in das Privatvermögen (12.000 €) als begünstigter Aufgabegewinn nach §§ 16 Abs. 4, 34 Abs. 2 Nr. 1 EStG und der Gewinn aus dem Räumungsverkauf (10.000 €) als laufender Gewinn zu versteuern.

---

274   § 16 Abs. 3 S. 1 EStG ist nicht nur bei Aufgabe eines „ganzen" Gewerbebetriebs anzuwenden. Vielmehr sind auch der **Teilbetrieb** und ein **Mitunternehmeranteil** (§ 16 Abs. 1 S. 1 Nr. 2 EStG) mit den Rechtsfolgen des § 16 Abs. 3 EStG aufgabefähig.[561]

Eine Betriebsaufgabe ist regelmäßig auch dann anzunehmen, wenn eine **Betriebsaufspaltung** durch Wegfall der tatbestandlichen Voraussetzungen **endet**.[562]

Betriebsaufgabe bei Betriebsunterbrechung/Betriebsverpachtung im Ganzen: Nach dem durch das StVerG 2011 neu eingefügten § 16 Abs. 3b EStG gilt in den Fällen der Betriebsunterbrechung und der Betriebsverpachtung im Ganzen ein Gewerbebetrieb sowie ein Anteil i.S.d. § 16 Abs. 1 S. 1 Nr. 2 oder Nr. 3 EStG nicht als aufgegeben, bis

1. der Steuerpflichtige die Aufgabe im Sinne des Absatzes 3 S. 1 **ausdrücklich gegenüber dem Finanzamt erklärt** oder

2. **dem Finanzamt Tatsachen bekannt werden**, aus denen sich ergibt, dass die Voraussetzungen für eine Aufgabe i.S.d. § 16 Abs. 3 S. 1 EStG erfüllt sind.

Die Betriebsaufgabe ist bei ausdrücklicher Erklärung gegen dem Finanzamt **rückwirkend** für den vom Steuerpflichtigen gewählten Zeitpunkt anzuerkennen, wenn die Aufgabeerklärung spätestens drei Monate nach diesem Zeitpunkt abgegeben wird (§ 16 Abs. 3b S. 2 EStG). Wird die Aufgabeerklärung nicht spätestens drei Monate nach dem vom Steuerpflichtigen gewählten Zeitpunkt abgegeben, ist der Eingang der Aufgabeerklärung beim Finanzamt für den Zeitpunkt der Betriebsaufgabe maßgebend (§ 16 Abs. 3b S. 3 EStG). Die neu eingefügte Vorschrift dient der **Vereinfachung und Rechtssicherheit.**

7. Betriebsverpachtung

275   Im Falle der Einstellung der eigenen betrieblichen Tätigkeit und anschließender Verpachtung des ganzen Betriebs hat der Stpfl. nach Auffassung der Verwaltung (R 16 Abs. 5 EStR 2008) und der Rspr.[563] ein Wahlrecht:

■ Er kann erklären, dass er den Betrieb aufgeben will (siehe oben § 16 Abs. 3b EStG). Das hat zur Folge, dass die Verpachtung eine **Betriebsaufgabe** darstellt und ein ggf. entstehender Aufgabegewinn nach §§ 16, 34 EStG begünstigt ist. Die nach der Aufgabeerklärung erzielten Pachteinnahmen sind Einkünfte aus Vermietung und Verpachtung gemäß § 21 Abs. 1 S. 1 Nr. 2 EStG.

561 BFH v. 15.07.1986 – VIII R 154/85, BStBl. II 1986, 896; vgl. auch Schmidt/Wacker § 16 EStG Rn. 690 ff.

562 BFH v. 24.08.2006 – IX R 52/04, BStBl. II 2007, 165 für den Fall der personellen Entflechtung.

563 BFH v. 17.04.1997 – VIII R 2/95, BStBl. II 1998, 388.

■ Gibt der Unternehmer keine derartige Erklärung ab oder erklärt er ausdrücklich, dass die Verpachtung **keine Betriebsaufgabe** ist, gilt der bisherige Betrieb als fortbestehend, sofern für den Unternehmer oder seinen Rechtsnachfolger nach den Umständen die Möglichkeit besteht, nach dem Ende der Verpachtung den Betrieb wieder aufzunehmen.[564] Eine Betriebsverpachtung in diesem Sinne setzt voraus, dass dem Pächter die wesentlichen, dem Betrieb das Gepräge gebenden Betriebsgegenstände verpachtet sind und der Pächter den Betrieb im Wesentlichen fortführen kann.[565] Die verpachteten Wirtschaftsgüter bleiben Betriebsvermögen des Verpächters, und er bezieht weiterhin Einkünfte aus Gewerbebetrieb, obwohl die Gewerbesteuerpflicht mit Aufgabe der „werbenden" Tätigkeit endet.[566] Die stillen Reserven werden erst aufgedeckt, wenn der Unternehmer oder – bei unentgeltlichem Erwerb – sein Rechtsnachfolger die verpachteten Wirtschaftsgüter veräußert oder zu einem späteren Zeitpunkt die Betriebsaufgabe erklärt.[567]

276

Wahlrecht bei Betriebsverpachtung

Voraussetzungen:

■ Verpachtung des ganzen Betriebs, d.h. mindestens aller wesentlichen Grundlagen an einen Pächter

■ Der betriebliche Organismus muss aufrechterhalten bleiben.

■ Der Betrieb muss vom Verpächter wieder aufgenommen und fortgesetzt werden können.

Wahlrecht	
Verpachtung mit Aufgabeerklärung	Verpachtung ohne Aufgabeerklärung
■ Betriebsaufgabe, § 16 Abs. 3 EStG ■ Aufdeckung der stillen Reserven ■ Begünstigter Aufgabegewinn	■ Einkommensteuerrechtliches Fortbestehen des Betriebs ■ Keine Aufdeckung der stillen Reserven
Fortan: § 21 EStG	Weiterhin: § 15 EStG (aber keine GewSt-Pflicht)

---

564 BFH v. 03.06.1997 – IX R 2/95, BStBl. II 1998, 373.

565 BFH v. 17.04.1997 – VIII R 2/95, BStBl. II 1998, 388.

566 Schmidt/Wacker § 16 EStG Rn. 690 ff.

567 Vgl. BFH v. 17.10.1991 – IV R 97/89, BStBl. II 1992, 392.

8. Unentgeltliche Übertragungsvorgänge

Fall 36: Betriebsübertragung im Wege vorweggenommener Erbfolge

Der 68-jährige B war Inhaber einer Bauschreinerei. Am 31.12.2014 hat er seinen Betrieb auf seinen Sohn S übertragen. Die auf diesen Tag erstellte Schlussbilanz weist ein Betriebsvermögen von 140.000 € aus. Der Verkehrswert des Betriebs beträgt 600.000 €. In dem notariell beurkundeten Übergabevertrag hat der Sohn die Verpflichtung übernommen, zur Versorgung seiner Eltern bis zum Tode des letztversterbenden Elternteils monatlich 3.000 € zu zahlen. Der kapitalisierte Wert der Rente beträgt 270.000 €. B möchte wissen, ob eine Betriebsveräußerung i.S.d. § 16 Abs. 1 S. 1 Nr. 1 EStG vorliegt.

277 I. Betriebsveräußerungen i.S.d. § 16 Abs. 1 S. 1 Nr. 1 EStG sind nur **entgeltliche** oder zumindest **teilentgeltliche** Übertragungsvorgänge.

Bei **unentgeltlicher Übertragung** des ganzen Betriebs oder eines Teilbetriebs entsteht kein Veräußerungs- oder Aufgabegewinn. Der Erwerber muss gemäß § 6 Abs. 3 EStG die Buchwerte des Rechtsvorgängers fortführen. Eine unentgeltliche Übertragung i.S.d. § 6 Abs. 3 EStG liegt vor, wenn alle wesentlichen Betriebsgrundlagen des Gewerbebetriebs (Teilbetriebs) in einem einheitlichen Vorgang im Wege einer (reinen) Schenkung i.S.v. § 516 BGB, also voll unentgeltlich übertragen werden und der Schenker damit seine bisherige unternehmerische Betätigung insgesamt oder bezogen auf den Teilbetrieb aufgibt. Unentgeltlich i.S.d. § 6 Abs. 3 EStG ist die Übertragung auch dann, wenn der Erwerber neben den Aktiva auch die Passiva, also insbesondere die Verbindlichkeiten, übernimmt.[568] Werden nicht alle wesentlichen Grundlagen des Betriebs unentgeltlich übertragen, ist eine Buchwertfortführung gemäß § 6 Abs. 3 EStG nicht möglich. Es liegt vielmehr eine Betriebsaufgabe vor, wenn die übrigen wesentlichen Grundlagen entnommen oder veräußert werden.

278 II. Eine **entgeltliche** Betriebsveräußerung würde vorliegen, wenn S mit der Übernahme der Rentenverpflichtung eine in kaufmännischer Weise abgewogene Gegenleistung in Form einer sogenannten betrieblichen Veräußerungsrente übernommen hätte. Bei Betriebsübertragungen zwischen Familienangehörigen besteht allerdings eine (widerlegbare) Vermutung, dass die beiderseitigen Leistungen nicht kaufmännisch gegeneinander abgewogen sind und damit keine voll entgeltliche Betriebsveräußerung vorliegt.[569] Vorliegend scheidet eine betriebliche Veräußerungsrente deshalb aus, weil der Wert des von S übernommenen Betriebs (600.000 €) in einem offensichtlichen Missverhältnis zu dem Wert der übernommenen Rentenverpflichtung (270.000 €) steht.

III. Die Übertragung des Betriebs hat somit zumindest **teilweise** den Charakter einer (zivilrechtlichen) **Schenkung** und ist als sogenannte vorweggenommene Erbfolge einzustufen. Für die steuerliche Beurteilung solcher vorweggenommener Erbfolgen

---

568 BFH v. 05.07.1990 – GrS 4-6/89, GrS 4/89, GrS 5/89, GrS 6/89, BStBl. II 1990, 847.

569 BFH v. 11.09.1991 – XI R 32, 33/89, XI R 32/89, XI R 33/89, BFH/NV 1992, 168; Schmidt/Wacker § 16 EStG Rn. 77; BMF-Schreiben v. 11.03.2010 – IV C 3-S 2221/09/10004, 2010/0188949, BStBl. I 2010, 227 Tz. 5.

und die Aufteilung eines Veräußerungs- und Anschaffungsvorgangs in einen entgeltlichen und einen unentgeltlichen Teil hat die Rspr. des BFH[570] besondere Grundsätze entwickelt.[571]

Bei Übertragung von Betriebsvermögen gilt danach Folgendes:

1. **Unterscheidung zwischen Entgelt und Verpflichtungen ohne Entgeltcharakter**   **279**

Der Erwerber übernimmt im Rahmen der vorweggenommenen Erbfolge häufig eine Mehrzahl von Verpflichtungen. Diese sind jeweils daraufhin zu überprüfen, ob sie Entgeltcharakter haben oder nicht. Nur wenn Verpflichtungen übernommen werden, die als Entgelt einzustufen sind, liegt eine (teilentgeltliche) Betriebsveräußerung i.S.d. § 16 Abs. 1 S. 1 Nr. 1 EStG vor.[572]

2. **Verpflichtungen mit Entgeltcharakter**   **280**

   a) **Abstandszahlungen an den Vermögensübergeber**

   Abstandszahlungen (= einmalige Geldleistungen) des Übernehmers an den Vermögensübergeber sind Entgelt und haben zur Folge, dass ein teilentgeltliches Veräußerungs- und Anschaffungsgeschäft vorliegt.[573]

   b) **Gleichstellungsgelder**

   Gleichstellungsgelder sind Ausgleichszahlungen, die der Übernehmer des Vermögens an Dritte (insbesondere Geschwister) zahlen muss. Dabei ist gleichgültig, ob die Geldzahlungen aus dem übernommenen oder dem eigenen Vermögen bewirkt werden.[574] Wird eine Ausgleichszahlung erst zu einem späteren Zeitpunkt fällig, ist nur der abgezinste Betrag (Barwert) im Zeitpunkt des Erwerbs als Entgelt anzusetzen.[575]

   c) **Übernahme privater Schulden**

   Die Übernahme von privaten Verbindlichkeiten des Veräußerers ist grundsätzlich Entgelt. Denn es kann für die steuerliche Beurteilung keinen Unterschied machen, ob der Vermögensempfänger den zur Ablösung der Verpflichtung erforderlichen Betrag an den Übergeber zahlt (= Abstandszahlung) oder die entsprechende Verpflichtung vom Übergeber zur Abkürzung des Zahlungsweges übernimmt.[576]

   Dies gilt jedoch nicht, wenn der Erwerber einen Betrieb (Teilbetrieb, Mitunternehmeranteil) übernimmt und die **Verbindlichkeiten zum Betriebsvermögen** gehören. Die Vorschrift über die Fortführung der Buchwerte (§ 6 Abs. 3

---

570 Insbesondere BFH v. 01.04.2009 – IX R 35/08, BStBl. II 2009, 663.

571 Einzelheiten dazu in BMF-Schreiben v. 13.01.1993 – IV B 3-S 2190-37/92, BStBl. I 1993, 80, zuletzt geändert durch BMF v. 26.02.2007 – IV C 2-S 2230-46/06, IV C 3-S 2190-18/06, BStBl. I 2007, 269.

572 BMF v. 13.01.1993, a.a.O., Tz. 3–10.

573 BMF v. 13.01.1993, a.a.O., Tz. 7.

574 BMF v. 13.01.1993, a.a.O., Tz. 8; Schmidt/Wacker § 16 EStG Rn. 63.

575 BFH v. 24.04.1991 – XI R 9/84, BStBl. II 1991, 794; BMF v. 13.01.1993, a.a.O., Tz. 11.

576 Vgl. BMF v. 13.01.1993, a.a.O., Tz. 9.

EStG) schließt in diesem Fall aus, im Übergang der Verbindlichkeiten ein Entgelt zu sehen. Demnach hat bei der Betriebsübertragung im Wege vorweggenommener Erbfolge nur die Übernahme privater Schulden Entgeltcharakter.[577]

281   3. **Verpflichtungen ohne Entgeltcharakter**

a) **Wiederkehrende Versorgungsleistungen**

Wiederkehrende Versorgungsleistungen, die der Übernehmer anlässlich der Betriebsübertragung zusagt, stellen – soweit es sich nicht ausnahmsweise um eine betriebliche Veräußerungsrente handelt – kein Entgelt dar.[578] Versorgungsleistungen sind Zuwendungen zur Existenzsicherung, durch die Grundbedürfnisse des Bezugsberechtigten, wie Wohnen und Ernährung und der sonstige Lebensbedarf, abgedeckt werden.[579]

Die Versorgungsleistungen können entweder dem Übergeber des Vermögens oder anderen Familienangehörigen zugesagt werden.[580]

Der BFH begründet die **Sonderbehandlung der Versorgungsleistungen** mit dem Regelungskonzept der §§ 22, 10 EStG. Danach sind Versorgungsleistungen beim Empfänger als wiederkehrende Bezüge (§ 22 Nr. 1 S. 3 Buchst. b) EStG) und beim Leistenden als Sonderausgaben (§ 10 Abs. 1 Nr. 1 a EStG) zu erfassen.[581] Das gilt allerdings nicht, wenn das übertragene Vermögen im Verhältnis zu dem Barwert der Rentenverpflichtung gering ist (weniger als 50%) und die Zuwendungen deshalb als Unterhaltsleistungen unter das Abzugsverbot des § 12 Nr. 2 EStG fallen.[582] Zu weiteren Einzelheiten siehe unter Rn. 451 ff., 486 ff.

282   b) **Vorbehaltene Nutzungsrechte**

Kein Entgelt sind zugunsten des Übergebers oder eines Dritten vorbehaltene Nutzungsrechte. Denn in diesem Fall erhält der Übernehmer das von vornherein um das Nutzungsrecht geminderte Vermögen.[583]

283   c) **Sachleistungen aus dem übernommenen Vermögen**

Kein Entgelt sind Verpflichtungen des Übernehmers, Teile des übernommenen Vermögens unentgeltlich an Angehörige zu übertragen.[584] Dabei kann sich allerdings durch Aufdeckung stiller Reserven ein nicht begünstigter Entnahmegewinn ergeben, den der Übernehmer versteuern muss.[585]

---

577   Vgl. BFH v. 08.11.1990 – IV R 73/87, BStBl. II 1991, 450; BMF v. 13.01.1993, a.a.O., Tz. 27.

578   BMF v. 13.01.1993, a.a.O., Tz. 4, 5, 25, 26.

579   BFH v. 25.03.1992 – X R 196/87, BStBl. II 1992, 1012; zur steuerlichen Behandlung siehe BMF v. 16.09.2004 – IV C 3-S 2255-354/04, BStBl. I 2004, 922.

580   Zur „personellen Abgrenzung", also insbesondere der Frage, wer zu den Familienangehörigen des Übergebers des Vermögens gehört, siehe Nachweise bei Schmidt/Weber-Grellet § 22 EStG Rn. 81; zur Verwaltungsauffassung vgl. BMF v. 16.09.2004, a.a.O., Tz. 36.

581   Zur einkommensteuerrechtlichen Behandlung von wiederkehrenden Leistungen im Zusammenhang mit einer Vermögensübertragung siehe BMF-Schreiben v. 11.03.2010 – IV C 3-S 2221/09/10004, 2010/0188949, BStBl. I 2010, 227.

582   BMF-Schreiben v. 11.03.2010, a.a.O., Tz. 66.

583   Vgl. BFH BStBl. II 1991, 791 u. 793; BMF v. 13.01.1993, a.a.O., Tz. 10.

584   Vgl. BFH v. 05.07.1990 – GrS 4-6/89 – GrS 4/89, GrS 5/89, GrS 6/89, BStBl. II 1990, 847, BMF v. 13.01.1993, a.a.O., Tz. 32.

585   Vgl. Schmidt/Wacker § 16 EStG Rn. 70 m.w.N. zum Meinungsstand.

Wie Sachleistungen aus dem übernommenen Vermögen sind auch Verpflichtungen des Übernehmers zu behandeln, Dritten einen Gesellschaftsanteil oder ein Nutzungsrecht an Teilen des übertragenen Vermögens einzuräumen.[586]

IV. Die Anwendung der vorstehenden Grundsätze auf den zu entscheidenden Fall ergibt, dass keine entgeltliche oder teilentgeltliche Betriebsveräußerung i.S.d. § 16 Abs. 1 S. 1 Nr. 1 EStG vorliegt. Die von S übernommene Rentenverpflichtung gehört zu den wiederkehrenden Versorgungsleistungen, die nicht als Entgelt anzusehen sind. Da S auch keine anderen Verpflichtungen übernommen hat, liegt eine unentgeltliche Übertragung mit den Rechtsfolgen des § 6 Abs. 3 EStG vor.

Ergebnis: B hat keinen betrieblichen Veräußerungsgewinn erzielt. Die in dem Übergabevertrag vereinbarten Versorgungsleistungen sind als wiederkehrende Bezüge nach Maßgabe der §§ 22, 10 EStG bei B und S zu erfassen.

Fall 37: Einheits- oder Aufspaltungstheorie

Der 70-jährige V überträgt zum 01.01.2015 seinen Betrieb im Wege der vorweggenommenen Erbfolge auf seinen Sohn S. Die Schlussbilanz zum 31.12.2014 weist folgendes Bild aus:

Schlussbilanz per 31.12.2014

diverse Aktiva	600.000 €	Kapital	400.000 €
		Verbindlichkeiten	200.000 €
	600.000 €		600.000 €

Der Wert des Betriebs beträgt 800.000 €. S verpflichtet sich in dem Übergabevertrag,

- die betrieblichen Verbindlichkeiten zu übernehmen,

- an V eine Versorgungsrente zu zahlen (Kapitalwert 50.000 €) und

- eine Ausgleichszahlung in Höhe von 550.000 € an seinen Bruder B zu leisten.

Hat V – ggf. in welcher Höhe – einen steuerpflichtigen Veräußerungsgewinn erzielt?

I. V hat seinen Betrieb im Ganzen an S übertragen. Die Übertragung erfolgte auch gegen Entgelt, da S ein sogenanntes **Gleichstellungsgeld** an B zahlen muss. **284**

Die **Übernahme der betrieblichen Verbindlichkeiten** stellt kein Entgelt dar. Auch die **Eingehung der Rentenverpflichtung** hat keinen Entgeltcharakter, da es sich um wiederkehrende Versorgungsleistungen handelt, die von vornherein den Wert des übernommenen Vermögens mindern (vgl. oben Fall 36).

II. S fragt sich, wie der aus der Betriebsveräußerung erzielte Gewinn zu ermitteln ist.

- Die sogenannte **Aufspaltungstheorie** nimmt an, ein Teil des Betriebs werde verkauft, während **285**
der andere unentgeltlich übertragen werde. Daher müsse der Erwerber für den entgeltlich erwor-

---

586 Vgl. Schmidt/Wacker a.a.O.

benen Betriebsteil die Anschaffungskosten und für den unentgeltlich erlangten Betriebsteil den Buchwert des Rechtsvorgängers ansetzen.

286
- Der BFH[587] und die h.M. im Schrifttum[588] folgen der sogenannten **Einheitstheorie**.[589] Danach wird die teil-entgeltliche Übertragung eines Betriebs als einheitlicher Vorgang betrachtet. Ein Veräußerungsgewinn ergibt sich nur dann, wenn die Gegenleistung den Buchwert des übertragenen Betriebsvermögens übersteigt. Im anderen Fall (Gegenleistung gleich bzw. geringer als der Buchwert) kommt es nicht zur Gewinnrealisierung, und der Erwerber führt gemäß § 6 Abs. 3 EStG die Buchwerte fort.

Der Veräußerungsgewinn ermittelt sich somit wie folgt:

Veräußerungspreis	550.000 €
./. Kapitalkonto	400.000 €
	150.000 €

287   III. Zu prüfen bleibt, ob der Gewinn um einen **Freibetrag** nach **§ 16 Abs. 4 EStG** zu mindern ist. Nach § 16 Abs. 4 S. 1 EStG beträgt der Freibetrag nach Vollendung des 55. Lebensjahres 45.000 €. Der Freibetrag ermäßigt sich jedoch um den Betrag, um den der Veräußerungsgewinn 136.000 € übersteigt. Voraussetzung ist dafür, dass V die Gewährung des Freibetrages beantragt und ab 1996 noch keinen Freibetrag in Anspruch genommen hat.

Auch bei teilentgeltlichen Veräußerungen erfolgt ab 1996 keine Kürzung des Freibetrages.[590]

Berechnung des Freibetrags:

Veräußerungsgewinn	150.000 €
Abzgl.	136.000 €
Kürzungsbetrag	14.000 €
Verbleibender Freibetrag (45.000 € abzgl. 14.000 €)	31.000 €

Berechnung des steuerpflichtigen Veräußerungsgewinns:

Veräußerungsgewinn	150.000 €
./. Freibetrag	31.000 €
	119.000 €

Auf den steuerpflichtigen Veräußerungsgewinn ist die Steuerbegünstigung nach § 34 Abs. 1 oder Abs. 3 EStG anzuwenden.

Ergebnis: V hat einen steuerpflichtigen, ermäßigt zu besteuernden Veräußerungsgewinn von 119.000 € erzielt.

---

587 BFH v. 10.07.1986 – IV R 12/81, BStBl. II 1986, 811.

588 Vgl. Schmidt/Wacker § 16 EStG Rn. 58 m.w.N.

589 Anders bei Übertragung von Privatvermögen, vgl. BFH v. 15.09.2010 – X R 16/09, BFH/NV 2011, 428; BMF v. 13.01.1993, a.a.O., Tz. 14, 15 und 35 ff.

590 BMF v. 20.12.2005 – IV B 2-S 2242-18/05, BStBl. I 2006, 7; zur früheren Rechtslage vgl. BMF v. 13.01.1993, a.a.O., Tz. 36.

9. Realteilung

Die Realteilung einer Personengesellschaft ist seit 2001 in § 16 Abs. 3 S. 2–4 EStG geregelt. **288**

a) Begriff der Realteilung

Eine Realteilung der Personengesellschaft liegt vor, wenn das Vermögen einer Personengesellschaft im Rahmen einer Auflösung und Beendigung der Gesellschaft nicht liquidiert, sondern „real" auf die Gesellschafter verteilt wird, die mit den übernommenen Wirtschaftsgütern einen Betrieb eröffnen oder fortführen. Nach der Gesetzesbegründung zu § 16 Abs. 3 S. 2 EStG[591] sind die gesetzlichen Regeln der Realteilung auch dann anzuwenden, wenn ein Gesellschafter aus einer fortbestehenden Mitunternehmerschaft gegen Sachwertabfindung ausscheidet. **289**

b) Gewinnneutrale oder gewinnrealisierende Realteilung

Nach § 16 Abs. 3 S. 2–4 EStG ist wie folgt zu unterscheiden:

- Eine **steuerneutrale Übertragung** von Teilbetrieben, Mitunternehmeranteilen oder einzelner Wirtschaftsgüter kann im Zuge einer Realteilung einer Mitunternehmerschaft erfolgen, wenn **290**

  - die Übertragung in das jeweilige Betriebsvermögen des einzelnen Mitunternehmers erfolgt,

  - die Besteuerung der stillen Reserven sichergestellt ist und

  - (bei Übertragung einzelner wesentlicher Betriebsgrundlagen) innerhalb einer Sperrfrist von drei Jahren, gerechnet vom Zeitpunkt der Abgabe der Steuererklärung der Mitunternehmerschaft für den VZ der Realteilung, keine Veräußerung oder Entnahme erfolgt.

  Der übernehmende Mitunternehmer ist in diesen Fällen an die (Buch-)Werte entsprechend der Regelung des § 6 Abs. 3 EStG gebunden.

- Bei einer Realteilung, bei der einzelne Wirtschaftsgüter übertragen werden, kommt es jedoch zur **Gewinnrealisierung**, soweit die Wirtschaftsgüter unmittelbar oder mittelbar auf eine Körperschaft, Personenvereinigung oder Vermögensmasse übertragen werden. **291**

10. Finale Betriebsaufgabe bei Betriebsverlegung ins Ausland

Nach einer jahrzehntelang praktizierten Rspr. des BFH musste ein Unternehmer, der seinen bislang im Inland ansässigen Betrieb vollständig in einen ausländischen Staat verlegte (sogenannte **Totalentnahme im Inland**) und von dort aus fortführte, die im Betriebsvermögen angesammelten stillen Reserven – wie bei einer tatsächlichen Betrieb- **292**

---

591 Vgl. BT-Drs. 14/23.

saufgabe – gemäß § 16 Abs. 3 S. 1 EStG sofort aufdecken und versteuern.[592] Diese Grundsätze werden als **„Theorie der finalen Betriebsaufgabe"** bezeichnet.

Mit den Urteilen vom 28.10.2009[593] hat der BFH diese Grundsätze mangels ausreichender gesetzlicher Grundlage für einen solchen Realisationstatbestand aufgegeben. Der BFH geht dabei davon aus, dass eine Besteuerung der stillen Reserven erst bei tatsächlicher Veräußerung oder Aufgabe möglich ist. Danach hat der deutsche Staat weiterhin das Besteuerungsrecht für die bis zur Verlegung des Betriebs im Inland erwirtschafteten stillen Reserven.

Wegen der praktischen Schwierigkeiten, die mit der Nachverfolgung eines tatsächlichen Realisationsaktes im Ausland für die deutschen Finanzbehörden bestehen, hat der Gesetzgeber sogleich im JStG 2010 reagiert, die Theorie der finalen Betriebsaufgabe in § 16 Abs. 3a EStG gesetzlich verankert und die Versteuerung der im Inland entstandenen stillen Reserven im Zeitpunkt der Betriebsverlegung ins Ausland sichergestellt.

In den Fällen des § 16 Abs. 3a EStG, also bei Verlegung des Betriebs in einen anderen EU- oder EWR-Staat, wird durch den neuen § 36 Abs. 5 EStG eine Möglichkeit geschaffen, die auf den Aufgabegewinn und den durch den Wechsel der Gewinnermittlungsart erzielten Gewinn festgesetzte Steuer auf Antrag zinslos in fünf gleichen Jahresraten zu entrichten.

IX. Veräußerung von Anteilen an einer Kapitalgesellschaft (§ 17 EStG)

1. Allgemeines

293 Das EStG erfasst grundsätzlich nur solche Veräußerungsgewinne, die bei der Veräußerung von Betriebsvermögen entstehen (Dualismus der Einkunftsarten).

Dieses Prinzip wird in drei Fällen durchbrochen:

- Nach § 21 Abs. 1 S. 1 Nr. 4 EStG sind die Einkünfte **aus der Veräußerung von Miet- und Pachtzinsforderungen** zu erfassen.

- Nach § 22 Nr. 2 i.V.m. § 23 EStG werden bestimmte **private Veräußerungsgeschäfte** besteuert.

- Nach § 17 EStG werden Veräußerungsgewinne als gewerbliche Einkünfte erfasst, die bei der **Veräußerung einer wesentlichen Beteiligung an einer Kapitalgesellschaft** entstehen.

Die Regelung des § 17 EStG beruht auf der Erwägung, dass bei wirtschaftlicher Betrachtungsweise die wesentliche Beteiligung an einer Kapitalgesellschaft der Beteiligung eines Mitunternehmers an einer Personengesellschaft vergleichbar ist.

Sichergestellt wird die Besteuerung der Veräußerungsgewinne durch die **Verpflichtung der Notare**, Abschriften der Beurkundungen über die Gründung, Auflösung etc.

---

592 Vgl. z.B. BFH v. 28.03.1984 – I R 191/79, BStBl. II 1984, 664.
593 BFH v. 28.10.2009 – I R 28/08, BFH/NV 2010, 432.

sowie die Verfügung über Anteile an Kapitalgesellschaften den Finanzämtern zu übersenden (§ 54 EStDV).

§ 17 EStG steht ab dem VZ 2009 in **Konkurrenz zu den Einkünften aus Kapitalvermögen**, denn die Veräußerung von Anteilen an Kapitalgesellschaften erfüllt auch den Tatbestand des § 20 Abs. 2 S. 1 Nr. 1 i.V.m. § 20 Abs. 1 Nr. 1 EStG. Insoweit geht § 17 EStG einer Qualifikation nach § 20 EStG vor (§ 20 Abs. 8 EStG).

2. Voraussetzungen des § 17 EStG

a) Der Beteiligte muss die Anteile mit der Absicht, Gewinn zu erzielen, erwerben und halten. Fehlt es an der Einkunftserzielungsabsicht, liegen keine steuerbaren Einkünfte vor.[594]

294

b) Es liegt ein **Veräußerungsgeschäft** vor, d.h. eine entgeltliche Übertragung des wirtschaftlichen Eigentums an den Anteilen. Im Falle der Wertlosigkeit der Anteile stellt auch die entgeltlose Übertragung der Anteile eine Veräußerung i.S.d. § 17 Abs. 1 EStG dar.[595] Der Veräußerung gleichgestellt ist die verdeckte Einlage in eine Kapitalgesellschaft (§ 17 Abs. 1 S. 2 EStG).

c) Die veräußerten **Anteile an einer Kapitalgesellschaft** gehören zum **Privatvermögen** des Veräußerers. Gehören die Anteile zu einem anderen Betriebsvermögen (z.B. im Falle einer Betriebsaufspaltung oder bei Anteilen einer Kapitalgesellschaft an einer anderen Kapitalgesellschaft), ist § 17 EStG nicht anwendbar.

d) § 17 EStG erfasst nur **wesentliche Beteiligungen**.

295

Beteiligungen sind **Anteile an Kapitalgesellschaften**. Darunter werden nicht nur Aktien und Anteile am Stammkapital einer GmbH verstanden, sondern auch Genussscheine oder ähnliche Beteiligungen sowie bereits Anwartschaften auf solche Beteiligungen (§ 17 Abs. 1 S. 3 EStG). Genussscheine sind verbriefte Forderungen gegen die GmbH, die eine Beteiligung am Gewinn und/oder Liquidationserlös sowie evtl. zusätzliche Rechte, etwa eine feste Verzinsung oder Anteile am laufenden Gewinn, vermitteln. Eine bloße Beteiligung am laufenden Gewinn reicht nicht aus; erforderlich ist vielmehr auch eine Beteiligung am Kapital der GmbH.

Wesentlich ist die Beteiligung des Veräußerers, wenn er – oder bei unentgeltlichem Erwerb sein Rechtsvorgänger – innerhalb der letzten fünf Jahre zu mindestens 1% unmittelbar oder mittelbar (durch Treuhänder oder über eine andere Personen- oder Kapitalgesellschaft)[596] beteiligt war. Die Zeitdauer der Beteiligung innerhalb des 5-Jahreszeitraums ist ohne Belang (eine juristische Sekunde ist ausreichend).[597]

3. Ermittlung und Besteuerung des Veräußerungsgewinns

Der Veräußerungsgewinn (oder ggf. Veräußerungsverlust) wird nach § 17 Abs. 2 EStG ermittelt (Veräußerungspreis ./. Veräußerungskosten ./. Anschaffungskosten) und unter

296

---

594 BFH v. 29.06.1995 – VIII R 68/93, BStBl. II 1995, 722.

595 BFH v. 18.08.1992 – VIII R 13/90, BStBl. II 1993, 34.

596 Vgl. BFH v. 10.11.1992 – VIII R 40/89, BStBl. II 1994, 222.

597 Vgl. BFH v. 07.07.1992 – VIII R 54/88, BStBl. II 1993, 331.

den Voraussetzungen des § 17 Abs. 3 S. 1 EStG um einen Freibetrag i.H.v. 9.060 € ermäßigt.

Der Veräußerungspreis bzw. der gemeine Wert nach § 17 Abs. 2 EStG unterliegt dem sogenannten Teileinkünfteverfahren. Diese Einnahmen sind dann nach § 3 Nr. 40 S. 1 Buchst. c) EStG nur zu 60% steuerpflichtig, allerdings können die Veräußerungs- und Anschaffungskosten auch nur zu 60% geltend gemacht werden (§ 3c Abs. 2 EStG).

297 Da die **Anschaffungskosten** den Veräußerungsgewinn mindern bzw. den mit anderen Einkünften ausgleichsfähigen Verlust erhöhen, hat deren Ermittlung besondere praktische Bedeutung. Zu den Anschaffungskosten gehören auch Anschaffungsnebenkosten und nachträgliche Anschaffungskosten in Form verdeckter Einlagen.[598] Nachträgliche Anschaffungskosten können auch dadurch entstehen, dass ein Gesellschafter, der der Gesellschaft ein kapitalersetzendes Darlehen gewährt hat, mit diesem Darlehen oder ähnlichen Sicherungsmitteln wie Bürgschaften ausfällt.[599]

298 Veräußerungsverluste sind gemäß § 17 Abs. 2 S. 6 EStG nur eingeschränkt zu berücksichtigen. Danach wird ein Veräußerungsverlust nicht berücksichtigt, soweit

- der Veräußerer die Anteile innerhalb der letzten fünf Jahre unentgeltlich erworben hat und der Rechtsvorgänger keinen Veräußerungsverlust hätte geltend machen können (§ 17 Abs. 2 S. 6 Buchst. a), oder

- entgeltlich erworbene Anteile nicht innerhalb der gesamten letzten fünf Jahre zu einer wesentlichen Beteiligung des Veräußerers gehört haben. Dies gilt nicht, soweit die erworbenen Anteile eine wesentliche Beteiligung begründet haben oder nach Begründung einer wesentlichen Beteiligung erworben wurden (§ 17 Abs. 2 S. 6 Buchst. b).

Zweck dieses **Verlustausgleichs- und Abzugsverbots** ist es zu verhindern, dass unwesentlich beteiligte Anteilseigner durch kurzfristigen Zukauf weniger Anteile eine im Privatvermögen entstandene Wertminderung in den steuerlichen Verlustausgleich einbeziehen.

Zu beachten ist, dass im Gegenzug zur 40%-igen Steuerfreistellung der Veräußerungsgewinne auch die Veräußerungsverluste nur noch zu 60% berücksichtigt werden können (§ 3 Nr. 40 Buchst. c) S. 2 EStG).

X. Besonderheiten bei der Erbauseinandersetzung

Fall 38: Erbauseinandersetzung über Betriebsvermögen

A und B (40 und 43 Jahre alt) sind zu je 50% Miterben nach ihrem am 31.03.2014 verstorbenen Vater V. Der Nachlass besteht aus einem Gewerbebetrieb mit einem Buchwert von 400.000 € und einem Verkehrswert von 2 Mio. €. A und B setzen sich mit Wirkung zum 01.07.2014 in der Weise auseinander, dass A 1 Mio. € an B zahlt und dafür den Betrieb allein fortführen darf. A und B möchten wissen, wie der Auseinandersetzungsvorgang steuerlich zu beurteilen ist.

---

598 Vgl. Schmidt/Weber-Grellet § 17 EStG Rn. 163 ff.
599 Vgl. BFH v. 25.05.2011 – IX R 54/10, BFH/NV 2011, 2029.

Es ist zu prüfen, ob die Erbauseinandersetzung zwischen A und B als **Veräußerung ei-** **299**
nes Mitunternehmeranteils i.S.d. § 16 Abs. 1 S. 1 Nr. 2 EStG zu beurteilen ist.

I. B hat an A einen Mitunternehmeranteil veräußert, wenn er mit dem Erbfall **Mitunter-**
nehmer i.S.d. § 15 Abs. 1 S. 1 Nr. 2 EStG geworden ist:

- Nach der bis zum Beschluss des Großen Senats vom 05.07.1990[600] h.M. wurden Erbfall und Erbauseinandersetzung als einheitlicher privater Vorgang angesehen, wenn die Erbauseinandersetzung zeitnah mit dem Erbfall erfolgte. Der den Betrieb übernehmende Erbe erwarb den Betrieb
damit unentgeltlich und musste nach § 6 Abs. 3 EStG die Buchwerte des Erblassers fortführen.
Abfindungszahlungen an die weichenden Erben wurden dementsprechend als privat veranlasster Vorgang auf der Vermögensebene angesehen.[601]

- Nach dem Beschluss des Großen Senats[602] sind **Erbfall** und **Erbauseinandersetzung** stets **ge-**
trennt zu beurteilen. Die Erbengemeinschaft erwirbt den Gewerbebetrieb mit dem Erbfall und
führt nach § 6 Abs. 3 EStG die Buchwerte des Erblassers fort. Als eine der Personengesellschaft
wirtschaftlich vergleichbare Gemeinschaft ist die Erbengemeinschaft „geborene Mitunternehmerschaft".[603] Die Miterben behalten diese Mitunternehmerstellung, bis die Auseinandersetzung über den Gewerbebetrieb vollzogen ist, unabhängig davon, wie kurz oder lang der Zeitraum zwischen Erbfall und vollzogener Auseinandersetzung ist.[604]

II. Da B Mitunternehmer geworden ist, gelten für die Auseinandersetzung über das Be- **300**
triebsvermögen die gleichen Grundsätze, die auch beim Ausscheiden eines Gesellschafters aus einer anderen Gesellschaft anzuwenden sind: Der weichende Miterbe
veräußert entgeltlich seinen Mitunternehmeranteil (§ 16 Abs. 1 S. 1 Nr. 2 EStG) und
erzielt einen nach §§ 16, 34 EStG **begünstigten Veräußerungsgewinn**; der übernehmende Miterbe hat Anschaffungskosten in Höhe der Abfindung.[605] Der Veräußerungsgewinn des B berechnet sich wie folgt:

Veräußerungspreis	1.000.000 €
./. anteilige Buchwerte (1/2 von 400.000 €)	200.000 €
Veräußerungsgewinn	800.000 €

Ein Freibetrag nach § 16 Abs. 4 EStG ist angesichts des Alters des B nicht zu gewähren. A erwirbt den Erbteil (Mitunternehmeranteil) des B entgeltlich und muss daher
die Buchwerte der anteilig erworbenen Wirtschaftsgüter einschließlich eines evtl.
Firmenwertes (50%) um 800.000 € aufstocken und von den erhöhten Werten AfA geltend machen.

Ergebnis: B hat einen Veräußerungsgewinn i.S.d. § 16 Abs. 1 S. 1 Nr. 2 EStG erzielt, und
A hat die Buchwerte des Betriebsvermögens entsprechend aufzustocken.

---

600 BFH v. 05.07.1990 – GrS 2/89, BStBl. II 1990, 837.
601 Vgl. dazu BFH v. 06.02.1987 – III R 203/83, BStBl. II 1987, 423.
602 BMF v. 11.01.1993, BStBl. I 1993, 62.
603 Vgl. BMF, a.a.O., Tz. 2; Schmidt/Wacker § 16 EStG Rn. 606.
604 BMF v. 14.03.2006 – IV B 2-S 2242-7/06, BStBl. I 2006, 253 Tz. 3: Gleichbehandlung schlichter und fortgesetzter Erbengemeinschaft.
605 Vgl. BFH v. 05.07.1990 – GrS 2/89, BStBl. II 1990, 837.

301 Weitere Einzelheiten zur Auseinandersetzung über Betriebsvermögen:

1. Die zuvor dargestellten Grundsätze gelten sinngemäß, wenn von mehreren Miterben nur einer gegen eine Abfindung in Geld ausscheidet und die übrigen Miterben den Betrieb fortführen (sogenannte personelle **Teilauseinandersetzung**).[606]

2. Wird der Betrieb aufgelöst und das Betriebsvermögen auf die Miterben nach Erbquoten verteilt, gelten die Grundsätze der Realteilung (vgl. oben Rn. 288 ff.).

XI. Verluste ausländischer Betriebsstätten

Fall 39: Stammhaus mit verlustbringender französischer Betriebsstätte

Die X-GmbH & Co. KG (Stammhaus) mit Sitz in Köln betreibt ihre Geschäftstätigkeit – den Handel mit und den Vertrieb von Waren – in Frankreich über eine dort belegene Betriebsstätte und erwirtschaftete hieraus in 2014 einen Verlust von 200.000 €, den sie bei der Ermittlung des Gesamtbetrags der Einkünfte abzog. Das FA lehnte den Verlustabzug unter Hinweis auf die Freistellung der Betriebsstätteneinkünfte ab und stellte dementsprechend den Gewinn der X-GmbH & Co. KG für 2014 gesondert und einheitlich fest. Zu Recht?

302 Es ist zu prüfen, ob und ggf. unter welchen Voraussetzungen Verluste aus einer ausländischen (hier französischen) Betriebsstätte im Inland steuermindernd berücksichtigt werden können.

I. Die im Inland ansässige X-GmbH & Co. KG erwirtschaftete aus ihrer in Frankreich belegenen Betriebsstätte in 2014 Einkünfte aus einem gewerblichen Unternehmen i.S.v. Art. 4 Abs. 1 i.V.m. Art. 2 Abs. 1 Nr. 7 DBA-Frankreich. Die Einkünfte aus dieser Betriebsstätte können gemäß Art. 4 Abs. 1 S. 2 DBA-Frankreich in Frankreich besteuert werden und sind von der Bemessungsgrundlage der deutschen Steuer auszunehmen (Art. 20 Abs. 1 Buchst. a) DBA-Frankreich). Da sich der Begriff der Betriebsstätteneinkünfte auf einen Nettobetrag bezieht, entspricht es st.Rspr. des BFH, dass auch Betriebsstättenverluste aus der Bemessungsgrundlage der deutschen Steuer auszunehmen sind.[607] Diese sogenannte **Symmetriethese** führt bei uneingeschränkter Anwendung dazu, dass Verluste ausländischer Betriebsstätten stets nur im Betriebsstättenstaat berücksichtigt werden können und eine Nutzung beim inländischen Stammhaus generell nicht möglich ist. Im Unterschied dazu können Unternehmen, die ihre wirtschaftliche Tätigkeit über inländische Betriebsstätten ausüben, entsprechende Verluste unmittelbar im laufenden VZ mit Ergebnissen des Stammhauses verrechnen.

303 II. Die vorgenannten Besteuerungsgrundsätze haben jedoch aufgrund der Rspr. des EuGH eine Durchbrechung erfahren.[608] Zwar wird nach Auffassung des EuGH die grenzüberschreitende wirtschaftliche Betätigung im Vergleich zum reinen Inlandssachverhalt unattraktiver. Dies sei aber grundsätzlich aus Gründen der Ausgewogen-

606 Schmidt/Wacker § 16 EStG Rn. 612.

607 BFH v. 17.07.2008 – I R 84/04, BStBl. II 2009, 630 betr. parallele Abkommenslage in Luxemburg.

608 EuGH v. 15.05.2008 – Rs. C-414/06 „Lidl Belgium", DB 2006, 2377; v. 13.12.2005 – Rs. C-446/03 „Marks and Spencer", EuGHE I 2005, 10837; v. 23.10.2008 – Rs. C-157/07 „Krankenheim Ruhesitz am Wannsee-Seniorenheimstatt", Slg. 2008, I-8061.

heit der Aufteilung der Besteuerungsbefugnisse zwischen den Mitgliedstaaten sowie vor dem Hintergrund der Gefahr der doppelten Verlustnutzung gerechtfertigt. Ausnahmsweise hat der EuGH aber eine grenzüberschreitende Verlustnutzung anerkannt, wenn die gebietsfremde Betriebsstätte die Möglichkeiten zur Berücksichtigung von Verlusten im Betriebsstättenstaat für den betreffenden Steuerzeitraum ausgeschöpft hat und wenn keine Möglichkeit besteht, dass die Verluste dieser Betriebsstätte in diesem Staat für künftige Steuerzeiträume genutzt werden können.

III. Fraglich ist, unter welchen Voraussetzungen es sich um solche **finalen Verluste** handelt.

304

1. Der BFH hat in der Folgerechtsprechung einen Verlustabzug ausnahmsweise für zulässig erachtet, sofern und soweit der Steuerpflichtige den Nachweis erbringt, dass diese Verluste im Betriebsstättenstaat unter keinen Umständen verwertbar sind.[609] Danach sollte von einer Finalität der Verluste bisher aber nur ausgegangen werden, wenn die Betriebsstätte beendet oder z.B. in eine Kapitalgesellschaft umgewandelt wird.[610] Nach neuerer Rspr. des BFH liegen finale Verluste darüber hinaus auch vor, wenn die Verluste im Quellenstaat aus tatsächlichen Gründen nicht mehr berücksichtigt werden können oder ihr Abzug in jenem Staat zwar theoretisch noch möglich, aus tatsächlichen Gründen aber so gut wie ausgeschlossen ist und ein wider Erwarten dennoch erfolgter späterer Abzug im Inland verfahrensrechtlich noch rückwirkend nachvollzogen werden könnte.[611] An einer derartigen „Finalität" fehlt es dagegen, wenn der Betriebsstättenstaat nur einen zeitlich begrenzten Vortrag von Verlusten zulässt.[612] Der BFH hat bislang offengelassen, ob ein „finaler ausländischer Betriebsstättenverlust" phasengleich (im Verlustentstehungsjahr) oder im „Finalitätsjahr" (Jahr in dem feststeht, dass keine Verlustverwertung möglich ist) zu berücksichtigen ist.[613]

2. Die Finanzverwaltung ist weiterhin der Auffassung, dass sich eine Berücksichtigung ausländischer Betriebsstättenverluste grundsätzlich verbietet und reagierte auf die neuen Rechtsprechungsgrundsätze mit sogenannten Nichtanwendungserlassen.[614] Danach reicht allein die rechtliche Möglichkeit der Verlustberücksichtigung im Betriebsstättenstaat aus, um die vom EuGH vorausgesetzte Finalität der Verluste abzulehnen. Ob tatsächlich ein Verlustabzug erfolgt bzw. der Stpfl. diesen in Anspruch nimmt, sei dabei unerheblich.

Ergebnis: Ungeachtet der Rechtsfrage, in welchem VZ ein finaler ausländischer Betriebsstättenverlust zu berücksichtigen wäre, hat das FA zu Recht den Verlust aus der französischen Betriebsstätte bei der Feststellung des Gewinns der X-GmbH & Co. KG für 2014 außer Ansatz gelassen. Anhaltspunkte für eine Finalität dieser Verluste im Sinne der o.g. Rechtsprechungsgrundsätze sind nicht erkennbar.

---

609 BFH v. 17.07.2008 – I R 84/04, BStBl. II 2009, 630.
610 BFH v. 09.06.2010 – I R 100/09, BStBl. II 2010, 1065; v. 09.06.2010 – I R 107/09, BFH/NV 2010, 1744.
611 BFH v. 05.02.2014 – I R 48/11, BFH/NV 2014, 963.
612 BFH v. 09.06.2010 – I R 100/09, BStBl. II 2010, 1065; v. 09.06.2010 – I R 107/09, BFH/NV 2010, 1744.
613 BFH v. 09.06.2010 – I R 100/09, BStBl. II 2010, 1065.
614 BMF v. 13.07.2009 – IV B 5-S 2118-a/07/10004, 2009/0407190, BStBl. I 2009, 835.

D. Einkünfte aus nichtselbstständiger Arbeit (§ 19 EStG)

I. Begriff des Arbeitnehmers (§ 1 LStDV)

305 Einkünfte aus nichtselbstständiger Arbeit erzielen Arbeitnehmer (§ 19 Abs. 1 S. 1 Nr. 1 EStG) und ihnen gleichgestellte Versorgungsempfänger (§ 19 Abs. 1 S. 1 Nr. 2 EStG). Die Einkünfte werden gemäß § 2 Abs. 2 S. 1 Nr. 2 EStG als Überschuss der Einnahmen über die Werbungskosten ermittelt (siehe 2. Abschnitt, Rn. 31 ff.; Rn. 334 ff.).

§ 19 Abs. 1 EStG beschreibt die Einkünfte aus nichtselbstständiger Arbeit durch beispielhafte Aufzählung der Bezüge, die ein Arbeitnehmer erhält. Den Begriff des Arbeitnehmers erläutert § 1 Abs. 1 LStDV. Danach lassen sich steuerlich drei Gruppen von Arbeitnehmern unterscheiden:

1. Personen, die aus einem **gegenwärtigen Dienstverhältnis** Arbeitslohn beziehen;

2. Personen, die aus einem **früheren Dienstverhältnis** Arbeitslohn empfangen, und

3. Personen, die als **Rechtsnachfolger** Arbeitslohn aus dem früheren Dienstverhältnis ihres Rechtsvorgängers beziehen.

Fall 40: Der Gesellschafter-Geschäftsführer einer GmbH als Arbeitnehmer

G ist zu 60% am Stammkapital der G-GmbH beteiligt. Er ist aufgrund eines Anstellungsvertrags mit der GmbH zu deren Geschäftsführer bestellt worden und erhält ein Jahresgehalt von 100.000 € zuzüglich einer erfolgsabhängigen Vergütung (Tantieme), die im Durchschnitt der letzten Jahre 60.000 € betragen hat. G fragt, ob die GmbH auf das Gehalt und die Tantieme Lohnsteuer und Sozialversicherungsbeiträge abführen muss.

I. Sofern G Einkünfte aus nichtselbstständiger Arbeit bezieht, muss die GmbH als Arbeitgeber gemäß § 38 Abs. 3 EStG bei jeder Lohnzahlung Lohnsteuer einbehalten und diese gemäß § 41a Abs. 1 EStG anmelden und an das Finanzamt abführen.

306 II. **Arbeitnehmer** ist, wer aus einem öffentlichen oder privaten Dienstverhältnis Arbeitslohn bezieht. Wie bei den anderen Einkunftsarten ist auch bei Einkünften aus § 19 EStG erforderlich, dass der Stpfl. mit **Überschusserzielungsabsicht** (= Gewinnerzielungsabsicht bei Gewinneinkunftsarten) tätig wird.[615]

Ein Dienstverhältnis liegt vor, wenn der Dienstverpflichtete seine Arbeitskraft schuldet, d.h. unter Leitung des Arbeitgebers tätig wird und in den Betrieb des Arbeitgebers so eingegliedert ist, dass er den Weisungen des Arbeitgebers folgen muss (§ 1 Abs. 2 LStDV). Ob dies im Einzelfall zutrifft, ist nach dem **Gesamtbild der Verhältnisse unter Abwägung aller Umstände** zu entscheiden. Der Arbeitnehmerbegriff ist somit ein **Typusbegriff**, der nur durch eine größere und unbestimmte Zahl von Merkmalen beschrieben werden kann. Solche Merkmale sind: Schulden der Arbeitskraft (also nicht eines Erfolgs), Eingliederung in den Betrieb eines anderen, in der Re-

---

615 BFH v. 04.08.1994 – VI R 94/93, BStBl. II 1994, 944 – DRK-Sanitätshelfer; BFH v. 28.08.2008 – VI R 50/06, BFH/NV 2009, 261.

gel nur ein Auftraggeber, Aufsicht, Weisungsgebundenheit, Wahrnehmung fremder Interessen, geregelte Arbeits- und Urlaubszeit, kein Unternehmerrisiko etc.[616]

III. Für die Arbeitnehmerstellung des G spricht vorliegend, dass er aufgrund eines Dienstvertrags mit der GmbH seine Arbeitskraft schuldet. Auch bezieht er ein festes Gehalt und nur zusätzlich eine Tantieme. Seine Vergütung hängt damit nicht primär von seiner Tüchtigkeit und Initiative ab (kein wirtschaftliches Risiko). Als Geschäftsführer ist er in den Organismus des Unternehmens der GmbH eingegliedert. Auch wenn er als Geschäftsführer einen gewissen unternehmerischen Gestaltungsspielraum hat, unterliegt er doch zumindest der Kontrolle der Gesellschafterversammlung. G ist daher als Arbeitnehmer anzusehen.

IV. Der steuerliche Arbeitnehmerbegriff stimmt nicht mit der sozial- und arbeitsrechtlichen Einordnung überein. Vorstandsmitglieder einer AG beispielsweise sind grundsätzlich keine beitragspflichtigen Arbeitnehmer. Bei dem Gesellschafter-Geschäftsführer einer GmbH kommt es darauf an, ob er die Entscheidungen der GmbH aufgrund seines Kapitalanteils und seines Stimmrechts wesentlich beeinflussen kann. Da G vorliegend mehr als 50% der Anteile der GmbH besitzt und damit „beherrschender" Gesellschafter-Geschäftsführer ist, liegt kein beitragspflichtiges Beschäftigungsverhältnis vor.[617]

Ergebnis: Die GmbH muss auf das ausgezahlte Gehalt und die Tantieme Lohnsteuer, aber keine Sozialversicherungsbeiträge einbehalten und abführen.

Fall 41: Der sparsame Ehemann

Dr. med. H betreibt eine HNO-Klinik. Seine Ehefrau ist in seiner Klinik als Wirtschafterin beschäftigt. Laut schriftlichem Arbeitsvertrag beträgt die Arbeitszeit wöchentlich 25 Stunden. Das vereinbarte Gehalt von monatlich 200 € wird jeweils zum Monatsletzten auf ein Konto der Ehefrau überwiesen. Das FA ist der Ansicht, die Lohnzahlungen an die Ehefrau seien nicht anzuerkennen, da der vereinbarte Lohn unangemessen niedrig sei.

I. Arbeitsverhältnisse zwischen Ehegatten sind bürgerlich-rechtlich möglich und müssen wegen des Verbots der Benachteiligung von Ehe und Familie (Art. 6 Abs. 1 GG) steuerlich grundsätzlich anerkannt werden. Verwaltung und Rspr. stellen allerdings strenge Anforderungen an die Vereinbarung und Durchführung von solchen Arbeitsverträgen, um sicherzustellen, dass es sich bei dem Arbeitslohn nicht um private Unterhaltsleistungen handelt.[618]

307

616 BFH v. 20.10.2010 – VIII R 34/08, BFH/NV 2011, 585.
617 BFH v. 20.10.2010 – VIII R 34/08, BFH/NV 2011, 585.
618 Vgl. BFH v. 12.10.1988 – X R 2/86, BStBl. II 1989, 354.

Zur **Anerkennung eines Ehegatten-Arbeitsverhältnisses** ist danach erforderlich:

- Abschluss des Arbeitsvertrags (nicht zwingend schriftlich) vor Beginn des Arbeitsverhältnisses;

- klare und eindeutige Vereinbarungen über die Hauptvertragspflichten (insbesondere Art und Umfang der Tätigkeit, Höhe des Arbeitslohns);

- Vertragsgestaltung, wie sie auch zwischen Fremden üblich wäre;

- diesem sogenannten Fremdvergleich halten beispielsweise wechselseitige Ehegattenarbeitsverhältnisse nicht stand;[619]

- tatsächliche Durchführung; die Arbeitsleistung muss tatsächlich erbracht werden, und der Lohn muss in die Verfügungsmacht des Arbeitnehmer-Ehegatten übergegangen sein. Die Lohnzahlungen müssen regelmäßig und objektiv als solche erkennbar erfolgen.[620] Bei Überweisung muss der Lohn auf ein Konto des Arbeitnehmer-Ehegatten gelangen. Das sogenannte Mitverfügungsrecht des Arbeitgeber-Ehegatten über dieses Konto ist unschädlich.

  Nach der früheren Rspr. des BFH[621] fehlte es an der erforderlichen Trennung der Vermögenssphären, wenn die Zahlung auf ein gemeinsames Ehegattenkonto in Form des sogenannten Oder-Kontos erfolgte. Diese Rspr. ist durch das BVerfG verworfen worden.[622] Danach ist die Art der Kontoführung für die Beurteilung der Frage, ob ein Arbeitsverhältnis besteht, ein Kriterium (sogenannte Indizwirkung des Oder-Kontos). Stehen die tatsächlich geleistete Arbeit und ihre Entlohnung außer Frage, hat dieses Kriterium als Prüfungsmaßstab keine Bedeutung mehr.

  Die Umwandlung des fälligen Lohnanspruchs in ein zinsloses Arbeitnehmerdarlehen hat der BFH als unschädlich angesehen.[623]

II. Unter Zugrundelegung dieser Kriterien ist im Streitfall die Anerkennung des Arbeitsverhältnisses zwischen Dr. H und seiner Ehefrau zweifelhaft, weil die Parteien ein **ungewöhnlich niedriges Arbeitsentgelt** vereinbart haben. Ein fremder Dritter wäre nach der Lebenserfahrung nicht bereit, für einen derartig geringen Lohn zu arbeiten. Dem ist jedoch entgegenzuhalten, dass Ehegatten grundsätzlich frei entscheiden können, ob die Mitarbeit des Ehegatten auf familienrechtlicher oder arbeitsvertraglicher Grundlage erfolgt. Daher muss ihnen auch die Freiheit zugestanden werden, die Mitarbeit „teilentgeltlich" zu vereinbaren.[624] Etwas anderes gilt nach den Grundsätzen der höchstrichterlichen Rspr. nur, wenn die vereinbarte Vergütung im Verhältnis zur Arbeitsleistung so niedrig ist, dass sie schlechterdings nicht mehr eine Gegenleistung für die Tätigkeit des Angehörigen sein kann und deshalb angenommen werden muss, dass die Beteiligten sich nicht rechtsgeschäftlich haben binden wollen.[625] Auch die Vereinbarung eines unangemessen hohen Arbeitslohns berührt allein die steuerliche Anerkennung eines Ehegattenarbeitsverhältnisses dem Grunde

619 BFH v. 10.10.1997 – X B 59/97, BFH/NV 1998, 448.
620 BFH v. 20.04.1989 – IV R 81/85, BStBl. II 1989, 655.
621 BFH v. 27.11.1989 – GrS 1/88, BStBl. II 1990, 160.
622 BVerfG v. 07.11.1995, 2 BvR 802/90, BStBl. II 1996, 34.
623 BFH v. 25.07.1991 – XI R 30, 31/89, XI R 30/89, XI R 31/89, BStBl. II 1991, 842; ähnlich BFH v. 04.11.1986 – VIII R 82/85, BStBl. II 1987, 336: Schenkung erhaltener Lohnbeträge an Arbeitgeber-Ehegatten unschädlich.
624 Vgl. BFH v. 17.04.1986 – IV R 2/86, BStBl. II 1986, 559.
625 BFH v. 17.07. 2013 – X R 31/12, BFH/NV 2013, 1968.

nach nicht. Ist das Angehörigenarbeitsverhältnis im Übrigen steuerlich anzuerkennen, wird eine überhöhte Gegenleistung auf ein angemessenes Maß beschränkt.[626]

Ergebnis: Das Arbeitsverhältnis ist steuerlich anzuerkennen.

Zur Ergänzung:

- Mit der Anerkennung des Ehegatten-Arbeitsverhältnisses **dem Grunde nach** ist   308
  noch nicht über die Höhe der als **Betriebsausgaben** anzuerkennenden Lohnzahlungen entschieden. Vielmehr stellt sich bei Zahlungen an den Ehegatten jeweils die Frage, ob diese betrieblich veranlasst (§ 4 Abs. 4 EStG) oder dem Bereich der nicht abzugsfähigen Ausgaben i.S.d. § 12 EStG zuzuordnen sind.

  Beispiel: Der Arbeitgeber-Ehegatte zahlt nur seinem Ehegatten, nicht aber familienfremden Arbeitnehmern eine Weihnachtsgratifikation. Aus dem sogenannten internen Betriebsvergleich ergibt sich, dass die Zahlung der Gratifikation nicht betrieblich veranlasst ist.[627]

  In der Praxis wird das Ehegattenarbeitsverhältnis vor allem wegen folgender **steuerlicher Vorteile** abgeschlossen:

  - Sofern der Arbeitgeber (Ehegatte) Gewerbetreibender ist, vermindert sich aufgrund der Lohnzahlungen der Gewerbeertrag und damit die Gewerbesteuer.

  - Das gemeinsame Einkommen der Ehegatten wird – sofern keine höheren Werbungskosten entstanden sind – zumindest um den Werbungskosten-Pauschbetrag von 920 € (§ 9a S. 1 Nr. 1 Buchst. a) EStG) vermindert.

  - Der Arbeitgeberanteil zur Sozialversicherung ist Betriebsausgabe; die Sozialversicherung des Ehegatten wird also zum Teil über Steuerersparnisse finanziert.

- Die für die Ehegatten-Arbeitsverhältnisse dargestellten Grundsätze gelten auch für **Ausbildungs- und Arbeitsverhältnisse zwischen Eltern und Kindern.**[628] Dabei ergeben sich zusätzliche Probleme:

  - Verträge mit **minderjährigen Kindern** bedürfen häufig der Bestellung eines Ergänzungspflegers (§§ 181, 1629 Abs. 2, 1795, 1909 BGB) oder einer familiengerichtlichen Genehmigung (§§ 1643, 1821, 1822 BGB). Das Fehlen dieser zivilrechtlichen Wirksamkeitserfordernisse muss aber nicht allein schon zur steuerlichen Versagung führen. Bei der steuerrechtlichen Anerkennung von Verträgen zwischen nahen Angehörigen ist der zivilrechtlichen Unwirksamkeit des Vertragsabschlusses nur indizielle Bedeutung beizumessen.[629]

  - Dem elterlichen Haushalt angehörende und von den Eltern unterhaltene (auch volljährige) Kinder sind **nach § 1619 BGB zur Mithilfe** in Haushalt und Betrieb der Eltern verpflichtet. Soweit die Kinder gelegentliche Hilfeleistungen untergeordneter Art erbringen, die üblicherweise auf familienrechtlicher Grundlage (d.h. gemäß § 1619 BGB) geleistet werden, können diese wegen des gebotenen Fremdvergleichs nicht zum Gegenstand eines Arbeitsvertrags gemacht werden.

---

626 Niedersächsisches FG v. 07.01.2014 – 9 K 135/12, EFG 2014, 822.
627 BFH v. 10.03.1993 – I R 118/91, BStBl. II 1993, 604 zur Versorgungszusage an Arbeitnehmer-Ehegatten.
628 BFH v. 10.03.1988 – IV R 214/85, BStBl. II 1988, 877.
629 BFH v. 07.06.2006 – IX R 4/04, BStBl. II 2007, 294.

Beispiele:

Arbeitsverträge eines Arztes mit seinen Kindern, wonach diese in seiner Abwesenheit Patientenanrufe entgegenzunehmen haben, sind nicht anzuerkennen.[630] Ebenso ist ein Unterarbeitsvertrag einer Lehrerin mit ihrer Tochter, die sämtliche Arbeiten zur Vorbereitung und Durchführung der Lehrertätigkeiten ausführt, nicht anzuerkennen.[631] Dagegen können Aushilfstätigkeiten studierender Kinder im elterlichen Betrieb (z.B. als Verkaufshilfen) auch auf arbeitsvertraglicher Grundlage erbracht werden.[632]

II. Arbeitslohn (§ 2 LStDV)

309 Arbeitslohn ist der sogenannte **Bruttoarbeitslohn**. Dazu gehören gemäß § 2 LStDV alle Einnahmen, die dem Arbeitnehmer aus dem Dienstverhältnis, einem früheren Dienstverhältnis oder im Hinblick auf ein künftiges Dienstverhältnis zufließen.

1. Barbezüge

310 Arbeitslohn sind vor allem Barbezüge, wie Gehälter, Löhne und Provisionen. Das Gesetz erwähnt ferner

- Gratifikationen, d.h. Zuwendungen aus besonderem Anlass, wie Weihnachtsgeld, Urlaubsgeld, und

- Tantiemen, d.h. Zuwendungen, die nach dem Geschäftsergebnis bemessen werden.

Zum Arbeitslohn gehören insbesondere auch der Arbeitnehmeranteil zur Sozialversicherung[633] und die vom Arbeitslohn einbehaltene LSt. Bei einer Nettolohnvereinbarung stellt auch die vom Arbeitgeber übernommene LSt Arbeitslohn dar („Steuer auf Steuer").

Fall 42: Streikunterstützung als Arbeitslohn?

Der Arbeitnehmer A nimmt im Rahmen einer Tarifauseinandersetzung an einem Streik teil. Als Mitglied der IG Metall erhält er für die Dauer des Streiks eine Streikunterstützung in Höhe von 1.000 €. Das Finanzamt erfasst die Streikunterstützung als Entschädigung für entgangenen Arbeitslohn nach §§ 19, 24 Nr. 1 Buchst. a) EStG. Zu Recht?

---

311 I. Eine Besteuerung der Streikunterstützung kommt nur in Betracht, wenn die Einnahme im Rahmen einer der sieben Einkunftsarten zugeflossen ist.

   II. Zunächst ist zu prüfen, ob die Streikunterstützung als **Arbeitslohn** i.S.d. § 19 Abs. 1 S. 1 Nr. 1 EStG i.V.m. § 2 LStDV anzusehen ist.

      1. Arbeitslohn setzt eine **Einnahme**, d.h. einen Zufluss von Gütern in Geld oder Geldeswert voraus (§ 8 Abs. 1 EStG). Ein derartiger Zufluss ist hier in Form der Zahlung der Streikunterstützung offensichtlich gegeben.

---

630 BFH v. 09.12.1993 – IV R 14/92, BStBl. II 1994, 298.
631 BFH v. 06.03.1995 – VI R 86/94, BStBl. II 1995, 394.
632 BFH v. 25.01.1989 – X R 168/87, BStBl. II 1989, 453.
633 BFH v. 29.07.1986 – IX R 206/84, BStBl. II 1986, 747.

2. Der Zufluss müsste weiter „im Rahmen der Einkunftsart" des § 19 EStG erfolgt sein. Nach dem Wortlaut des § 19 Abs. 1 EStG ist diese Voraussetzung gegeben, wenn der Vorteil **„für eine Beschäftigung"** in dem Arbeitsverhältnis gewährt worden ist.

a) Für die Beschäftigung werden dem Arbeitnehmer in erster Linie von dem **Arbeitgeber** Vorteile (Leistungen) gewährt. Leistungen des Arbeitgebers rechnen zum Arbeitslohn, wenn sie „im weitesten Sinne als Gegenleistung für das Zurverfügungstellen der individuellen Arbeitskraft des Arbeitnehmers anzusehen sind".[634] Die Zuwendung des Arbeitgebers muss sich bei objektiver Betrachtung für den Arbeitnehmer als Frucht seiner Arbeitsleistung erweisen. Es reicht nicht aus, wenn die Leistung tatsächlich oder rechtlich im Zusammenhang mit dem Arbeitsverhältnis steht.[635] Als Frucht der Arbeitsleistung ist beispielsweise auch ein Sachpreis anzusehen, den ein Arbeitnehmer anlässlich einer betriebsinternen Verlosung gewinnt.[636]

b) Bei **Leistungen eines Dritten** ist sorgfältig zu prüfen, ob der erforderliche Zusammenhang zwischen Leistung und Dienstverhältnis gewahrt ist.[637] Bei Leistungen Dritter liegt Arbeitslohn nur vor, wenn sich aus den Umständen ergibt, dass die von Dritten eingeräumten Vorteile nicht auf deren eigenwirtschaftlichen Interessen gründen, sondern die für den Arbeitgeber erbrachte Arbeitsleistung entgelten sollen.[638] Nutzt ein Arbeitnehmer z.B. aufgrund eines von einem Dritten unentgeltlich eingeräumten Wohnungsrechts eine Wohnung, stellt der **Nutzungsvorteil** Arbeitslohn dar, wenn er sich als Ertrag der Arbeit erweist.[639]

Der erforderliche Kausalzusammenhang ist insbesondere bei freiwillig gewährten **Trinkgeldern** gegeben. Diese zählen damit grundsätzlich zum Arbeitslohn. Gemäß § 3 Nr. 51 EStG sind Trinkgelder jedoch vollständig steuerfrei.[640]

Preisvorteile, die von dritter Seite eingeräumt werden, gehören in der Regel nicht zum Arbeitslohn, wenn die Rabatte auch anderen Personen eingeräumt werden; dies gilt selbst dann, wenn der Arbeitgeber an der Verschaffung dieser Preisvorteile mitgewirkt hat.[641]

Bei der an A gezahlten Streikunterstützung fehlt es an dem erforderlichen Zusammenhang mit der Arbeitsleistung des A. Die Zuwendung ist nicht durch das Arbeitsverhältnis veranlasst, sondern findet ihre Rechtsgrundlage allein in der Mitgliedschaft bei der Gewerkschaft. Die Unterstützungsleistung wird

---

634 Vgl. BFH v. 25.05.1992 – VI R 18/90, BStBl. II 1993, 45.

635 BFH v. 23.09.1998 – XI R 18/98, BStBl. II 1999, 98.

636 BFH v. 25.11.1993 – VI R 45/93, BStBl. II 1994, 254.

637 Vgl. Schmidt/Krüger § 19 EStG Rn. 39.

638 BFH v. 10.04.2014 – VI R 62/11, BFH/NV 2014, 1431.

639 BFH v. 19.08.2004 – VI R 33/97, BStBl. II 2004, 1076.

640 BFH v. 03.05.2007 – VI R 37/05, BStBl. II 2007, 712: Freiwillige Sonderzahlungen an Arbeitnehmer eines konzernverbundenen Unternehmens sind aber keine steuerfreien Trinkgelder.

641 BFH v. 10.04.2014 – VI R 62/11, BFH/NV 2014, 1431.

auch nicht für eine Arbeitsleistung gewährt, sondern richtet sich im Gegenteil gegen die Interessen des Arbeitgebers als Empfänger der Dienstleistungen des Arbeitnehmers.[642]

312   III. Zu prüfen ist weiter, ob die Streikunterstützung nicht zu den sogenannten **Ersatzeinnahmen i.S.d. § 24 EStG** gehört. Danach sind bei den sieben Einkunftsarten u.a. auch Entschädigungen zu erfassen, die als Ersatz für entgangene oder entgehende Einnahmen gewährt worden sind (§ 24 Nr. 1 Buchst. a) EStG). Der Begriff der Entschädigung ist im Gesetz nicht definiert. Nach Ansicht des BFH[643] setzt eine **Entschädigung** begrifflich voraus, dass der Stpfl., der an der Herbeiführung des Einnahmeausfalls mitgewirkt hat, unter rechtlichem, wirtschaftlichem oder tatsächlichem Druck gehandelt hat. Das sei bei Streikmaßnahmen und den durch sie ausgelösten Streikunterstützungen nicht der Fall. Denn der Arbeitnehmer sei aus freien Stücken der Gewerkschaft beigetreten und habe damit Streikmaßnahmen gebilligt.[644]

IV. Die Streikunterstützung könnte weiter zu den **sonstigen Einkünften i.S.d. § 22 EStG** gehören.

    1. Zunächst fragt sich, ob **wiederkehrende Bezüge** i.S.d. § 22 S. 1 Nr. 1 EStG vorliegen. Wiederkehrend sind Bezüge, die aufgrund eines einheitlichen Entschlusses oder eines einheitlichen Rechtsgrundes wiederholt mit einer gewissen Regelmäßigkeit erbracht werden.[645] Die Streikunterstützung wird jedoch nicht „mit einer gewissen Regelmäßigkeit" über einen längeren Zeitraum erbracht. Darüber hinaus wird gegen die Anwendung des § 22 S. 1 Nr. 1 EStG eingewendet, dass den Zahlungen eigene Beiträge zugrunde gelegen haben.[646]

    2. Die Steuerpflicht der Streikunterstützung lässt sich auch nicht aus § 22 Nr. 3 EStG begründen. Unter diese Vorschrift fallen nur Zahlungen, die im Sinne einer **echten wirtschaftlichen Gegenleistung** durch eine Leistung veranlasst sind.[647] Die Streikunterstützung wird jedoch nicht als Gegenleistung für die Teilnahme des Gewerkschaftsmitglieds am Streik gewährt.[648]

Ergebnis: Die Streikunterstützung ist keiner Einkunftsart zuzuordnen und kann daher nicht bei der Einkünfteermittlung erfasst werden.

---

2. Sachbezüge, Personalrabatte, private Kfz-Nutzung

a) Sachbezüge

313   Zum Arbeitslohn gehören auch Vorteile, die nicht in Geld bestehen (sogenannte Sachbezüge). Sie sind grundsätzlich mit den um übliche Preisnachlässe geminderten üblichen Endpreisen am Abgabeort anzusetzen (§ 8 Abs. 2 S. 1 EStG). Ein Ansatz erfolgt jedoch nur, wenn die sich nach Anrechnung der vom Stpfl. gezahlten Entgelte ergebenden Vorteile 44 € je Kalendermonat übersteigen (§ 8 Abs. 2 S. 9 EStG). Soweit amtliche Sachbezugswerte nach dem Sozialleistungsrecht bestehen, sind diese auch steuerlich maßgebend (§ 8 Abs. 2 S. 6, 7 EStG).[649]

---

642 BFH v. 24.10.1990 – X R 161/88, BStBl. II 1991, 337.

643 BFH v. 11.01.2005 – IX R 67/02, BFH/NV 2005, 1044.

644 Zur Kritik an Begründung und Ergebnis vgl. Knobbe-Keuk DB 1992 Beilage 6.

645 BFH v. 20.07.1971 – VIII 24/65, BStBl. II 1972, 170.

646 Vgl. v. Bornhaupt NWB Fach 6, 3325 ff.; krit. Knobbe-Keuk, a.a.O.

647 BFH v. 21.09.1982 – VIII R 73/79, BStBl. II 1983, 201.

648 BFH v. 24.10.1990 – X R 161/88, BStBl. II 1991, 337; insoweit zust. Knobbe-Keuk, a.a.O.

649 Zur Verfassungsmäßigkeit dieser Differenzierung vgl. BFH v. 23.06.1992 – VI R 102/90, BStBl. II 1993, 47.

Beispiel: Gewährt der Arbeitgeber seinen Arbeitnehmern arbeitstäglich ein unentgeltliches Kantinenessen, ist der maßgebliche Sachbezugswert anzusetzen. Der Arbeitgeber kann diese Zuwendung gemäß § 40 Abs. 2 EStG mit einem Pauschsteuersatz von 25% der LSt unterwerfen, die er dann als Unternehmensteuer eigener Art gemäß § 40 Abs. 3 EStG selbst schuldet.[650]

> **Fall 43: Tankgutscheine als steuerbefreiter Sachlohn?**
>
> Die X-GmbH räumte ihren Arbeitnehmern das Recht ein, auf ihre Kosten gegen Vorlage einer Tankkarte bei einer bestimmten Tankstelle bis zu einem Höchstbetrag von 44 € monatlich zu tanken. Während die X-GmbH diese Zuwendungen jeweils als Sachlohn beurteilte und angesichts der Freigrenze des § 8 Abs. 2 S. 9 EStG keine Lohnsteuer einbehielt, ging das FA von nicht steuerbefreitem Barlohn aus. Zu Recht?

I. Zum steuerpflichtigen Arbeitslohn i.S.d. § 19 Abs. 1 S. 1 Nr. 1 EStG gehören alle Einnahmen, die dem Arbeitnehmer aus dem Dienstverhältnis zufließen. Dazu rechnen nach § 8 Abs. 1 EStG alle Einnahmen in Geld oder Geldeswert. Zu diesen Einnahmen gehören daher auch die Sachbezüge, nämlich die nicht in Geld bestehenden Einnahmen, wie in § 8 Abs. 2 S. 1 EStG im Klammerzusatz als Regelbeispiel aufgeführt „(Wohnung, Kost, Waren, Dienstleistungen und sonstige Sachbezüge)". Diese Sachbezüge bleiben nach § 8 Abs. 2 S. 9 EStG außer Ansatz, wenn die sich nach Anrechnung der vom Steuerpflichtigen gezahlten Entgelte ergebenden Vorteile insgesamt 44 € im Kalendermonat nicht übersteigen. **314**

1. Ob die vom Arbeitgeber zugewandten Vorteile Sachbezüge i.S.d. § 8 Abs. 2 S. 1 und 9 EStG oder Barlöhne darstellen, entscheidet sich allerdings nicht allein danach, ob der Arbeitnehmer tatsächlich entweder eine Sach- oder Dienstleistung oder Geld erlangt. Denn ein Zufluss von Geld kann auch dann vorliegen, wenn der Barlohn nicht an den Arbeitnehmer ausbezahlt, sondern auf seine Weisung anderweitig verwendet wird, z.B. zur Erfüllung einer Verbindlichkeit des Arbeitnehmers aus Kauf, Miete, Darlehen usw. Eine derartige Verwendung des (Bar-)Lohns stellt lediglich eine Abkürzung des Zahlungswegs dar und lässt den Charakter der Zahlung als Barlohnzuwendung unberührt.[651] Dementsprechend kann aber auch Sachlohn vorliegen, wenn der Weg der Sachleistung derart abgekürzt ist, dass der Arbeitgeber die Ware nicht selbst dem Arbeitnehmer aushändigt, sondern der Arbeitnehmer von einem Dritten die vom Arbeitgeber zugesagte Sache oder Dienstleistung erwirbt und der Arbeitgeber das Entgelt dafür dem Dritten gegenüber erbringt.

2. Sachbezüge sind alle nicht in Geld bestehenden Einnahmen (§ 8 Abs. 2 S. 1 EStG). Ob Barlöhne oder Sachbezüge vorliegen, entscheidet sich nach dem Rechtsgrund des Zuflusses, nämlich auf Grundlage der arbeitsvertraglichen Vereinbarungen danach, welche Leistung der Arbeitnehmer vom Arbeitgeber beanspruchen kann. Sachbezug unterscheidet sich von Barlohn durch die Art des arbeitgeberseitig zugesagten und daher arbeitnehmerseitig zu beanspruchenden Vorteils selbst und nicht durch die Art und Weise der Erfüllung des Anspruchs auf den Vor- **315**

---

650 Vgl. Schmidt/Krüger § 40 EStG Rn. 22 ff. m.w.N.
651 BFH v. 06.03.2008 – VI R 6/05, BStBl. II 2008, 530.

teil. Kann der Arbeitnehmer lediglich die Sache selbst beanspruchen, liegen daher Sachbezüge i.S.d. § 8 Abs. 2 S. 1 EStG vor, die unter den weiteren Voraussetzungen des § 8 Abs. 2 S. 9 EStG außer Ansatz bleiben. Unerheblich ist dann, ob der Arbeitnehmer die Sache unmittelbar vom Arbeitgeber bezieht oder ob der Arbeitnehmer die Sache von einem Dritten auf Kosten des Arbeitgebers bezieht. Hat der Arbeitnehmer dagegen auch einen Anspruch darauf, dass sein Arbeitgeber ihm anstelle der Sache den Barlohn in Höhe des Werts der Sachbezüge ausbezahlt, liegen auch dann keine Sachbezüge, sondern Barlohn vor, wenn der Arbeitgeber die Sache zuwendet. Dementsprechend hatte der BFH auch schon **Einkaufsgutscheine**, die der Arbeitnehmer vom Arbeitgeber statt der Barauszahlung des tarifvertraglichen Urlaubsgeldes wahlweise bezogen hatte, nach der ihnen zugrunde liegenden arbeitsrechtlichen Anspruchsgrundlage beurteilt und den Erwerb der entsprechenden Ware oder Dienstleistung nicht als Sachbezug, sondern als Barlohnverwendung qualifiziert, wenn der Arbeitnehmer statt des Gutscheins auch Geld beanspruchen konnte.[652]

316   3. Ein Sachbezug, nämlich eine nicht in Geld bestehende Einnahme i.S.d. § 8 Abs. 2 S. 1 EStG, liegt auch dann vor, wenn der Arbeitgeber dem Arbeitnehmer ein Recht, nämlich einen Anspruch, eine Sach- oder Dienstleistung beziehen zu können, einräumt. Denn Sachbezüge sind alle Einnahmen, die nicht in Geld bestehen; zu den nicht in Geld bestehenden Vorteilen zählen deshalb auch Rechte. Also steht der Qualifikation als Sachbezug nicht entgegen, dass Arbeitnehmer keine konkreten Sachen oder konkreten Dienstleistungen erhalten. Ein Sachbezug liegt auch vor, wenn Arbeitnehmern lediglich **Gutscheine** überlassen werden, die sie zum Bezug einer von ihnen selbst auszuwählenden Sach- oder Dienstleistung berechtigen und die bei einem Dritten einzulösen oder auf den Kaufpreis anzurechnen sind. Unerheblich ist insoweit, dass solche Gutscheine, je nach Aussteller, im täglichen Leben ähnlich dem Bargeld verwendbar sein mögen. Denn trotz einer gewissen Handelbarkeit oder Tauschfähigkeit besteht ein solcher Gutschein nicht in Geld i.S.d. Negativabgrenzung in § 8 Abs. 2 S. 1 EStG und bleibt daher Sachbezug.

317   a) **Einnahmen in Geld** i.S.d. § 8 Abs. 2 S. 1 EStG sind dagegen solche in Form der im Inland gültigen gesetzlichen Zahlungsmittel, daneben jedenfalls auch Zahlungen in einer gängigen, frei konvertiblen und im Inland handelbaren ausländischen Währung. Einnahmen in Geld sind mit Sachbezügen der Art, wie sie vom Gesetz ausdrücklich als solche bezeichnet werden (Wohnung, Kost, Waren und Dienstleistungen), nicht vergleichbar; insbesondere auch nicht mit Gutscheinen. Denn solchen Gutscheinen haftet zwar ein abstrakter Wert an, der erst durch eine unter Umständen mit erheblichen Schwierigkeiten verbundene Bewertung als Einnahme erfasst werden muss.[653] Daraus kann indessen nicht gefolgert werden, dass Sachen, deren Wert sich einfach bestimmen lässt, weil dafür täglich etwa an der Börse ein Wert ermittelt wird – z.B. Aktien, andere Wertpapiere oder Edelmetalle –, als Geld i.S.d. § 8 Abs. 2 S. 1 EStG gelten.

---

652   BFH v. 06.03.2008 – VI R 6/05, BStBl. II 2008, 530.
653   BFH v. 27.10.2004 – VI R 29/02, BStBl. II 2005, 135.

b) Eine **Ausdehnung der Freigrenze des § 8 Abs. 2 S. 9 EStG auf Barlohnzah-**   **318**
   lungen scheidet aus, weil die Freigrenze nicht bezweckt, dem Arbeitgeber zu
   ermöglichen, seinen Arbeitnehmern auf wie auch immer geartete Weise einen
   monatlichen Gegenwert von 44 € steuerfrei zukommen zu lassen.[654] Daraus
   lassen sich indessen keine Grundsätze für eine Unterscheidung zwischen Barlohn und Sachlohn herleiten und dies rechtfertigt es auch nicht, den durch das
   Tatbestandsmerkmal Geld gekennzeichneten Barlohn zugunsten des Begriffs
   Sachlohn einzuengen. Denn die Freigrenze gestattet letztlich doch, sämtliche
   nicht in Geld bestehenden Vorteile, also Sachbezüge, dem Arbeitnehmer in
   unterschiedlicher Weise bis zu der vom Gesetz festgelegten Höhe steuerfrei
   zukommen zu lassen. Auch aus den dazu veröffentlichten Gesetzesmaterialien
   ergibt sich nichts Gegenteiliges. Denn ungeachtet der Frage, inwieweit eine
   Gesetzesbegründung eine dem Wortlaut der Norm entgegenstehende Auslegung überhaupt stützen könnte, bezeichnet die Gesetzesbegründung[655] die
   Freigrenze lediglich als einen weiteren „Beitrag zur Steuervereinfachung",
   ohne auf die Abgrenzung zwischen Barlohn und Sachbezug näher einzuge-
   hen.

II. Die steuerliche Behandlung eines bei einem Dritten einzulösenden Gutscheins ist   **319**
    umstritten.

Nach Auffassung der Finanzverwaltung[656] ist ein bei einem Dritten einzulösender
Gutschein dann kein Sachbezug, wenn neben der Bezeichnung der abzugebenden
Ware oder Dienstleistung auch ein anzurechnender Betrag oder ein Höchstbetrag
angegeben ist.

Nach der aktuellen Rspr. des BFH ist auch bei unmittelbarer Überlassung eines Geldbetrags an den Arbeitnehmer eine Sachlohnzuwendung im Wege der abgekürzten
Leistungserbringung anzunehmen, wenn der Arbeitnehmer vom Arbeitgeber lediglich die Übernahme der Kosten für einen Sach- oder Dienstleistungsbezug oder dessen Bezuschussung beanspruchen kann, der arbeitsrechtliche Anspruch also nicht
auf eine reine Geldleistung gerichtet ist. Infolgedessen ist es auch unerheblich, ob
der Arbeitnehmer selbst Vertragspartner des die Leistung erbringenden Dritten –
etwa der Tankstelle – wird oder ob der Arbeitgeber die Sachleistung beim Dritten bezieht und sie an den Arbeitnehmer weitergibt oder abtritt. Denn lohnsteuerrechtlich
ist nicht der zwischen Arbeitnehmer und ggf. Drittem zustande gekommene Kaufvertrag, sondern der zwischen Arbeitnehmer und Arbeitgeber bestehende Dienst-
vertrag entscheidend.[657]

III. Folgt man dem BFH, ist auch ein solcher Gutschein keine in Geld bestehende Einnah-
     me i.S.d. § 8 Abs. 2 S. 1 EStG. Denn die Zuwendung eines Sachwerts wird nicht da-
     durch zu einer Geldzuwendung, dass der Zuwendende eine Wertobergrenze für die
     zu beziehende Sache bestimmt. Die Festlegung der Wertobergrenze in Form einer

---

654 BFH v. 27.10.2004 – VI R 51/03, BStBl. II 2005, 137.
655 BT-Drs. 13/1686, S. 8.
656 R 31 Abs. 1 S. 7 LStR.
657 BFH v. 11.11.2010 – VI R 27/09, BStBl. II 2011, 386.

Währungseinheit folgt vielmehr aus der Notwendigkeit, für steuerliche Zwecke auch eine nicht in Geld bestehende Zuwendung in Geld bewerten zu müssen; dies gilt indessen für alle Formen einer Sachzuwendung.

Ergebnis: Die steuerliche Behandlung der Überlassung der Tankkarte als steuerbefreiter Sachlohn ist nicht zu beanstanden.

---

b) Personalrabatte

> **Fall 44: Jahreswagen mit Rabatt**
>
> Die Automobilherstellerin D-AG gewährt ihren Arbeitnehmern beim Kauf eines Neuwagens 20% Rabatt auf den Listenpreis. Üblicherweise gewährt ein Autohaus, das diese Neuwagen verkauft, ohne Preis- und Vertragsverhandlungen auf erste Anfrage auf die unverbindliche Preisempfehlung des Automobilherstellers einen Preisnachlass in Höhe von 10%. Arbeitnehmer A erwirbt am 10.03.2014 einen Pkw für (50.000 € ./. 10.000 € Rabatt) = 40.000 €, den er frühestens nach Ablauf einer Sperrfrist von einem Jahr weiterveräußern darf. Lohnsteuerliche Folgen?

320 I. Zum Arbeitslohn gehören nach § 19 Abs. 1 S. 1 Nr. 1 EStG neben Gehältern, Löhnen, Gratifikationen, Tantiemen und anderen Bezügen auch Vorteile, die für eine Beschäftigung im öffentlichen oder privaten Dienst gewährt werden. Das sind nach § 8 Abs. 1 EStG alle in Geld oder Geldeswert bestehenden Güter, die dem Steuerpflichtigen im Rahmen der Einkunftsart des § 2 Abs. 1 S. 1 Nr. 4 EStG zufließen. § 8 Abs. 2 S. 1 EStG benennt die geldeswerten Güter oder Vorteile (Einnahmen, die nicht in Geld bestehen), nämlich „Wohnung, Kost, Waren, Dienstleistungen und sonstige Sachbezüge".

321 II. Zu den nach § 8 EStG zu bewertenden und zu Einnahmen führenden Vorteilen i.S.d. § 19 Abs. 1 S. 1 EStG gehören auch solche, die Arbeitnehmern daraus entstehen, dass ihnen ihre Arbeitgeber Waren – z.B. „Jahreswagen" – aufgrund des Dienstverhältnisses verbilligt überlassen (Personalrabatte). Preisnachlässe, die auch im normalen Geschäftsverkehr erzielt werden können, gehören dagegen nicht zum steuerpflichtigen Arbeitslohn. Denn in diesem Fall fehlt es an einem aus dem Arbeitsverhältnis stammenden Vorteil als einer Grundvoraussetzung für Einkünfte i.S.d. § 19 Abs. 1 S. 1 EStG.[658] Erhält ein Arbeitnehmer aufgrund seines Dienstverhältnisses Waren oder Dienstleistungen, die vom Arbeitgeber nicht überwiegend für den Bedarf seiner Arbeitnehmer hergestellt, vertrieben oder erbracht werden und deren Bezug nicht nach § 40 EStG pauschal versteuert wird, so gelten nach § 8 Abs. 3 S. 1 EStG als deren Werte abweichend von Abs. 2 die um 4% geminderten Endpreise, zu denen der Arbeitgeber oder der dem Abgabeort nächstansässige Abnehmer die Waren oder Dienstleistungen fremden Letztverbrauchern im allgemeinen Geschäftsverkehr anbietet.

---

658 BFH v. 04.05.2006 – VI R 28/05, BStBl. II 2006, 781.

III. Ausgangsgröße der Ermittlung des geldwerten, lohnsteuerrechtlich erheblichen, durch einen Personalrabatt veranlassten Vorteils ist nach § 8 Abs. 3 S. 1 EStG der Endpreis, zu dem das fragliche Fahrzeug fremden Letztverbrauchern im allgemeinen Geschäftsverkehr angeboten wird, der „Angebotspreis".[659] Endpreis i.S.d. § 8 Abs. 3 EStG ist der am Ende von Verkaufsverhandlungen als letztes Angebot stehende Preis und umfasst deshalb auch Rabatte.[660] Dieser Preis ist aber kein typisierter und pauschalierter Wert, wie etwa der „inländische Listenpreis" i.S.d. § 6 Abs. 1 Nr. 4 S. 2 EStG. Er gilt daher nur dann, wenn nicht nach den Gepflogenheiten im allgemeinen Geschäftsverkehr tatsächlich ein niedrigerer Preis gefordert wird.[661]

322

IV. Da nach dem Sachverhalt das Autohaus üblicherweise bereits auf erste Anfrage ohne Preis- und Vertragsverhandlungen einen Preisnachlass von 10% gewährt, kann vorliegend unter Berücksichtigung der vorgenannten Rechtsprechungsgrundsätze höchstens dieser Preis von 45.000 € (50.000 € ./. 10%) der angebotene Endpreis i.S.d. § 8 Abs. 3 EStG sein. Denn zu diesem Preis wurde das fragliche Fahrzeug im allgemeinen Geschäftsverkehr angeboten. Unter Berücksichtigung dieses Preises ergibt sich auf Grundlage des § 8 Abs. 3 S. 1 EStG mit dem dort geregelten weiteren Abschlag in Höhe von 4% und der Berücksichtigung des Freibetrags nach § 8 Abs. 3 S. 2 EStG in Höhe von 1.080 € pro Kalenderjahr **(Rabattfreibetrag)** folgender lohnsteuerpflichtiger Vorteil:

Endpreis i.S.v. § 8 Abs. 3 EStG		45.000 €
davon 4% Abschlag	./.	1.800 €
geminderter Endpreis		43.200 €
gezahltes Entgelt	./.	40.000 €
geldwerter Vorteil		3.200 €
Rabattfreibetrag	./.	1.080 €
steuerpflichtiger Vorteil		2.120 €

V. Der Arbeitgeber hat die auf den steuerpflichtigen geldwerten Vorteil entfallende LSt unter Anwendung der Jahreslohnsteuertabelle zu ermitteln.

Der Arbeitgeber kann jedoch den geldwerten Vorteil bis zu einem Betrag von 1.000 € auch nach § 40 EStG der LSt mit einem nach § 38a EStG zu ermittelnden Pauschsteuersatz der sogenannten **Pauschversteuerung** unterwerfen. In diesem Fall sind jedoch Preisabschlag und Rabattfreibetrag nicht zu gewähren (§ 8 Abs. 3 S. 1 EStG).

Ergebnis: Sofern die D-AG nicht die Pauschversteuerung wählt, hat sie den A gewährten geldwerten Vorteil mit einem Betrag von 2.120 € im Monat 03/13 als Arbeitslohn beim Lohnsteuerabzug zu berücksichtigen.

---

659 BFH v. 26.07.2012 – VI R 30/09, BStBl. II 2013, 400.
660 BFH v. 26.07.2012 – VI R 30/09, BStBl. II 2013, 400.
661 BFH v. 26.07.2012 – VI R 30/09, BStBl. II 2013, 400.

c) Private Kfz-Nutzung

323 Von großer praktischer Bedeutung sind Sachzuwendungen in Form der **Kraftfahrzeuggestellung**. Die Bewertung erfolgt seit 1996 nach der gesetzlichen Regelung des § 8 Abs. 2 S. 2–5 EStG (vgl. dazu R 8 Abs. 9 LStR 2015).

Private Pkw-Nutzung		
Private Nutzung	Fahrten Wohnung – erste Tätigkeitsstätte	Familienheimfahrten bei doppelter Haushaltsführung
1% des Bruttolistenpreises = geldwerter Vorteil je Monat	0,03% des Bruttolistenpreises x Entfernungs-km = geldwerter Vorteil je Monat	0,002% des Bruttolistenpreises x Entfernungs-km = geldwerter Vorteil je Familienheimfahrt

324 Alternativ kann der geldwerte Vorteil mit den tatsächlichen Kosten angesetzt werden. Voraussetzung dafür sind ein belegmäßiger Nachweis der Gesamtkosten und ein ordnungsgemäßes Fahrtenbuch.

Der **Begriff des ordnungsgemäßen Fahrtenbuchs** ist gesetzlich nicht näher bestimmt. Durch die Rspr. des BFH ist mittlerweile geklärt, welche Anforderungen an ein ordnungsgemäßes Fahrtenbuch zu stellen sind:[662] Ein ordnungsgemäßes Fahrtenbuch muss hiernach **zeitnah und in geschlossener Form** geführt werden. Die zu erfassenden Fahrten einschließlich des an ihrem Ende erreichten Gesamtkilometerstands müssen im Fahrtenbuch **vollständig und in ihrem fortlaufenden Zusammenhang** wiedergegeben werden. Dabei ist jede einzelne berufliche Verwendung grundsätzlich für sich und mit dem bei Abschluss der Fahrt erreichten Gesamtkilometerstand des Fahrzeugs aufzuzeichnen. Besteht eine einheitliche berufliche Reise aus mehreren Teilabschnitten, so können diese Abschnitte miteinander zu einer zusammenfassenden Eintragung verbunden werden. Es genügt dann die Aufzeichnung des am Ende der gesamten Reise erreichten Kfz-Gesamtkilometerstands, wenn zugleich die einzelnen Kunden oder Geschäftspartner im Fahrtenbuch in der zeitlichen Reihenfolge aufgeführt werden, in der sie aufgesucht worden sind. Wird andererseits der berufliche Einsatz des Fahrzeugs zugunsten einer privaten Verwendung unterbrochen, so stellt diese Nutzungsänderung wegen der damit verbundenen unterschiedlichen steuerlichen Rechtsfolgen einen Einschnitt dar, der im Fahrtenbuch durch Angabe des bei Abschluss der beruflichen Fahrt erreichten Kilometerstands zu dokumentieren ist.

Die Aufzeichnungen im Fahrtenbuch müssen außerdem eine **hinreichende Gewähr für ihre Vollständigkeit und Richtigkeit** bieten. Sie müssen mit vertretbarem Aufwand auf ihre materielle Richtigkeit hin überprüfbar sein. Weisen die Fahrtenbücher **inhaltliche Unregelmäßigkeiten** auf, kann dies die materielle Richtigkeit der Kilometerangaben infrage stellen.[663] Ebenso wie eine Buchführung trotz einiger formeller Mängel aufgrund der Gesamtbewertung noch als formell ordnungsgemäß erscheinen kann,[664] führen jedoch auch kleinere Mängel nicht zur Verwerfung des Fahrtenbuchs und Anwendung der 1%-Regelung, wenn die Angaben insgesamt plausibel sind.[665] Maßgeblich ist, ob trotz der Mängel noch eine hinreichende Gewähr für die Vollständigkeit und Richtigkeit der Angaben gegeben und der Nachweis des zu versteuernden Privatanteils an der Gesamtfahrleistung des Dienstwagens möglich ist.[666]

---

662 Vgl. BFH v. 16.03.2006 – VI R 87/04, BStBl. II 2006, 625; v. 01.03.2012 – VI R 33/10, BStBl. II 2012, 505.

663 BFH v. 01.03.2012 – VI R 33/10, BStBl. II 2012, 505.

664 Vgl. dazu Tipke/Kruse § 158 AO Rn. 13, m.w.N.

665 BFH v. 01.03.2012 – VI R 33/10, BStBl. II 2012, 505.

666 BFH v. 10.04.2008 – VI R 38/06, BStBl. II 2008, 768.

> **Fall 45: Privatnutzung eines Werkstattwagens?**
>
> Der Arbeitgeber A betreibt eine Werkstatt. A stellt seinem Arbeitnehmer B einen Opel Combo als Firmenfahrzeug zur Verfügung. Es handelt sich dabei um einen zweisitzigen Kastenwagen, dessen fensterloser Aufbau mit Materialschränken und -fächern sowie Werkzeug ausgestattet und mit einer auffälligen Beschriftung versehen ist. Eine Lohnversteuerung einer Privatnutzung unterblieb, da das Fahrzeug kraftfahrzeugsteuer- und verkehrsrechtlich als Lkw klassifiziert wird. Nach einer Lohnsteuer-Außenprüfung erließ das Finanzamt gegen A Haftungsbescheide wegen der auf die private Nutzung des Opel Combo entfallenden Lohnsteuer. Das FA setzte für den Opel Combo einen privaten Nutzungswert von 1% des Listenpreises sowie zusätzlich 0,03% des Listenpreises pro Kilometer der Entfernung zwischen Wohnung und erster Tätigkeitsstätte an. Zu Recht?

I. Gemäß § 42d Abs. 1 Nr. 1 EStG haftet der Arbeitgeber für die Lohnsteuer, die er einzubehalten und abzuführen hat. Die Lohnsteuer wird bei Einkünften aus nichtselbstständiger Arbeit erhoben, soweit der Arbeitslohn von einem inländischen Arbeitgeber gezahlt wird (§ 38 Abs. 1 S. 1 EStG). **325**

II. Zum Arbeitslohn gehören nach § 19 Abs. 1 S. 1 Nr. 1 i.V.m. § 8 Abs. 1 EStG alle geldwerten Vorteile, die für eine Beschäftigung im öffentlichen oder privaten Dienst gewährt werden. Auch die **unentgeltliche bzw. verbilligte Überlassung eines Dienstwagens** durch den Arbeitgeber an den Arbeitnehmer für dessen Privatnutzung führt zu einer Bereicherung des Arbeitnehmers und damit zum Lohnzufluss.[667] Dies gilt – nach Änderung der bisherigen BFH-Rspr. – unabhängig davon, ob und in welchem Umfang der Arbeitnehmer das Fahrzeug tatsächlich privat nutzt.[668]

III. Gemäß § 8 Abs. 2 S. 2 EStG gilt für die **Nutzung eines betrieblichen Kraftfahrzeugs zu privaten Fahrten** die in § 6 Abs. 1 Nr. 4 S. 2 EStG getroffene Regelung entsprechend; diese Nutzung ist daher für jeden Kalendermonat mit 1% des inländischen Listenpreises im Zeitpunkt der Erstzulassung zuzüglich der Kosten für Sonderausstattungen einschließlich der Umsatzsteuer anzusetzen (1%-Regelung).[669] Steht ein betriebliches Kfz **mehreren Arbeitnehmern** zur privaten Nutzung zur Verfügung, beläuft sich der zu ermittelnde geldwerte Vorteil für jeden Kalendermonat auf insgesamt 1% des inländischen Listenpreises.[670] Dieser Betrag ist entsprechend der Zahl der Nutzungsberechtigten aufzuteilen.

Dieser Wert erhöht sich gemäß § 8 Abs. 2 S. 3 EStG für jeden Kalendermonat um 0,03% des genannten Listenpreises für jeden Kilometer der Entfernung zwischen Wohnung und erster Tätigkeitsstätte (Zuschlag), wenn das Fahrzeug für solche Fahrten genutzt werden kann.

---

667 BFH v. 04.04.2008 – VI R 68/05, BStBl. II 2008, 890.
668 BFH v. 21.03.2013 – VI R 31/10, BStBl. II 2013, 700.
669 BFH v. 13.12.2012 – VI R 51/11, BStBl. II 2013, 385:1%-Regelung verfassungsrechtlich unbedenklich.
670 BFH v. 15.05.2002 – VI R 132/00, BStBl. II 2003, 311.

326 **Der Begriff der ersten Tätigkeitsstätte (bis einschließlich VZ 2013: regelmäßige Arbeitsstätte) ist mit Wirkung vom 01.01.2014 in § 9 Abs. 4 EStG geregelt.**[671] Nach § 9 Abs. 4 S. 1 EStG n.F. ist erste Tätigkeitsstätte die **ortsfeste betriebliche Einrichtung des Arbeitgebers**, eines verbundenen Unternehmens (§ 15 AktG) oder **eines vom Arbeitgeber bestimmten Dritten, der der Arbeitnehmer dauerhaft zugeordnet ist**. Maßgebend für diese Zuordnung sind dienst- oder arbeitsrechtliche Festlegungen sowie die diese ausfüllenden Absprachen und Weisungen. Von einer dauerhaften Zuordnung ist insbesondere auszugehen, wenn der Arbeitnehmer unbefristet, für die Dauer des Dienstverhältnisses oder über einen Zeitraum von 48 Monaten hinaus an einer solchen Tätigkeitsstätte tätig werden soll (§ 9 Abs. 4 S. 2 und 3 EStG n.F.).

Fehlt eine solche dienst- oder arbeitsrechtliche Festlegung auf eine Tätigkeitsstätte oder ist sie nicht eindeutig, ist erste Tätigkeitsstätte die betriebliche Einrichtung, an der der Arbeitnehmer typischerweise arbeitstäglich oder je Arbeitswoche zwei volle Arbeitstage oder mindestens ein Drittel seiner vereinbarten regelmäßigen Arbeitszeit tätig werden soll. Pro Dienstverhältnis hat der Arbeitnehmer höchstens eine erste Tätigkeitsstätte. Kommen **mehrere Tätigkeitsstätten** in Frage (z.B. mehrere Filialen) richtet sich die erste Tätigkeitsstätte nach der Bestimmung des Arbeitgebers („Steuerrecht" folgt „Arbeitsrecht") oder ersatzweise nach der Nähe zur Wohnung (§ 9 Abs. 4 S. 4–7 EStG n.F.). Als erste Tätigkeitsstätte gilt auch eine **Bildungseinrichtung**, die außerhalb eines Dienstverhältnisses zum Zwecke eines Vollzeitstudiums oder einer vollzeitigen Bildungsmaßnahme aufgesucht wird (§ 9 Abs. 4 S. 8 EStG n.F.).

Auch für **Arbeitnehmer ohne erste Tätigkeitsstätte** hat der Gesetzgeber eine – gegenüber der bisherigen Rechtslage verschärfende – Regelung getroffen. Gemeint sind Arbeitnehmer, die sich ständig auf Auswärtstätigkeiten befinden, aber aufgrund arbeitsvertraglicher Festlegung dauerhaft denselben Ort oder arbeitstäglich dasselbe weitläufige Tätigkeitsgebiet aufsuchen (z.B. Hafenarbeiter, Zusteller, Forstarbeiter, Busfahrer, Schornsteinfeger).[672] In diesen Fällen ist der Ort bzw. das weitläufige Arbeitsgebiet erste Tätigkeitsstätte (§ 9 Abs. 1 S. 3 Nr. 4a S. 3 EStG n.F.).[673]

Mit der Festlegung des Ortes der ersten Tätigkeitsstätte bewirkt der Gesetzgeber, dass Fahrten vom Wohnort zur ersten Tätigkeitsstätte mit dem Ansatz der Entfernungspauschale abgegolten sind und im Falle der Dienstwagengestellung insoweit ein geldwerter Vorteil (0,03%-Zuschlag, § 8 Abs. 2 S. 3 EStG) zu erfassen ist.[674]

327 **Besonderheiten bei der Zuschlagsregelung:**

■ Kann nachgewiesen werden, dass der Dienstwagen weniger als 15 Mal pro Monat (z.B. nur einmal wöchentlich) für Fahrten zwischen Wohnung und erster Tätigkeitsstätte genutzt wird, so hängt

---

671 Durch das Unternehmenssteuerreformgesetz ist das Reisekostenrecht in § 9 Abs. 1 S. 3 Nr. 4a, Abs. 4, Abs. 4a EStG n.F. mit Wirkung ab 01.01.2014 neu gefasst worden. Zu den Auswirkungen s. oben unten V.2; zu Einzelheiten des neuen Reisekostenrechts siehe BMF v. 24.10.2014 – IV C 5 – S 2353/14/10002, BStBl. I 2014, 1412.

672 Vgl. Grune, AktStR 2/2013, 199, 204.

673 Kritisch Schneider, NWB Beilage zu Heft 9/2013, 44. 48.

674 Wünnemann/Gödtel, NWB Beilage zu Heft 9/2013, 36, 39.

der Zuschlag nach § 8 Abs. 2 S. 3 EStG allein von der Anzahl der tatsächlich durchgeführten Fahrten ab. Zur Ermittlung des Zuschlags ist dann eine Einzelbewertung der Fahrten mit 0,002% des Listenpreises i.S.d. § 6 Abs. 1 Nr. 4 S. 2 EStG je Entfernungskilometer vorzunehmen.[675]

■ Der nach § 8 Abs. 2 S. 3 EStG bei Überlassung eines Dienstwagens für Fahrten zwischen Wohnung und erster Tätigkeitsstätte an einen Arbeitnehmer anzusetzende Zuschlag bildet einen Korrekturposten zur Entfernungspauschale. Für die Ermittlung des Zuschlags kommt es ebenso wie bei der Entfernungspauschale auf die tatsächlichen Nutzungsverhältnisse an. Wird der Dienstwagen auf dem Weg zwischen Wohnung und Tätigkeitsstätte nur auf einer Teilstrecke eingesetzt (bei teilweiser Nutzung der Bahn), beschränkt sich der Zuschlag auf diese Teilstrecke.[676]

IV. Fraglich ist, ob der Opel Combo ein solches **„Kraftfahrzeug"** ist, für das die 1%-Regelung gilt.   **328**

1. Das Einkommensteuergesetz definiert den Begriff „Kraftfahrzeug" weder in § 6 Abs. 1 Nr. 4 S. 2 EStG noch in § 8 Abs. 2 S. 2 EStG. Nach dem Wortlaut der Vorschriften wird von den Regelungen jedwedes zum Betriebsvermögen des Arbeitgebers rechnende „Kraftfahrzeug" erfasst. Nach der Rspr. des BFH ist es nach Sinn und Zweck jedoch geboten, bestimmte Arten von Kraftfahrzeugen, namentlich auch Lkw, von der Anwendung der 1%-Regelung auszunehmen.[677] Unter dem Begriff Lkw werden üblicherweise solche Kraftfahrzeuge erfasst, die nach ihrer Bauart und Einrichtung ausschließlich oder vorwiegend zur Beförderung von Gütern dienen.[678]

2. Vorliegend spricht zunächst die **kraftfahrzeugsteuer- und verkehrsrechtliche Einordnung** als Lkw gegen die Behandlung als Kraftfahrzeug. Zwar ist nach der bisherigen BFH-Rspr.[679] diese Klassifizierung für die Feststellung des sachlichen Anwendungsbereichs des § 6 Abs. 1 Nr. 4 S. 2 EStG unmaßgeblich (zumindest zweifelhaft nach Aufhebung des § 23 Abs. 6a der Straßenverkehrs-Zulassungsordnung).[680] Denn jedenfalls ist das Fahrzeug der A als **Werkstattwagen** aufgrund seiner **objektiven Beschaffenheit und Einrichtung** typischerweise so gut wie ausschließlich nur zur Beförderung von Gütern bestimmt. Ein Fahrzeug dieser Art wird allenfalls gelegentlich und ausnahmsweise auch für private Zwecke eingesetzt. Insbesondere die Anzahl der Sitzplätze (zwei), das äußere Erscheinungsbild, der fensterlose Aufbau mit Materialschränken und -fächern sowie die Ausstattung mit Werkzeug machen deutlich, dass das Fahrzeug für private Zwecke nicht geeignet ist.

Die Vorschrift des § 8 Abs. 2 S. 2 EStG ist damit im Ergebnis nicht anwendbar.

Ergebnis: Der Haftungsbescheid gegenüber A ist zu Unrecht ergangen und muss aufgehoben werden. Der Opel Combo fällt als Werkstattwagen nicht in den Anwendungs-   **329**

---

675   BFH v. 28.08.2008 – VI R 52/07, BStBl. II 2009, 280; die Finanzverwaltung ist dieser Rspr. nunmehr gefolgt: BMF v. 01.04.2011 – IV C 5-S 2334/08/10010, 2011/0250056, BStBl. I 2011, 301.

676   BFH v. 04.04.2008 – VI R 68/05, BStBl. II 2008, 890.

677   BFH v. 13.02.2003 – X R 23/01, BStBl. II 2003, 472.

678   BFH v. 21.08.2006 – VII B 333/05, BStBl. II 2006, 721.

679   BFH v. 13.02.2003 – X R 23/01, BStBl. II 2003, 472.

680   Vgl. dazu BFH v. 21.08.2006 – VII B 333/05, BStBl. II 2006, 721; Strodthoff, Kraftfahrzeugsteuer, § 2 Rn. 4, § 8 Rn. 18 i.

bereich der 1%-Regelung. Mangels Feststellung einer tatsächlichen Privatnutzung hat eine Lohnversteuerung eines Privatanteils zu unterbleiben.[681]

III. Aufmerksamkeiten, Betriebsveranstaltungen

1. Aufmerksamkeiten

330   Nach Ansicht der Verwaltung zählen sogenannte Aufmerksamkeiten nicht zum Arbeitslohn. Darunter sind Sachleistungen des Arbeitgebers zu verstehen,

- die auch im gesellschaftlichen Verkehr üblicherweise ausgetauscht werden und

- zu keiner ins Gewicht fallenden Bereicherung des Arbeitnehmers führen (R 19.6 LStR).

Aufmerksamkeiten sind **Sachzuwendungen bis zu einem Wert von 60 €**, z.B. Blumen, Genussmittel, ein Buch oder ein Tonträger, die dem Arbeitnehmer oder seinen Angehörigen aus Anlass eines besonderen persönlichen Ereignisses zugewendet werden. Geldzuwendungen gehören stets zum Arbeitslohn, auch wenn ihr Wert gering ist (R 19.6 Abs. 1 S. 2 LStR).

Als Aufmerksamkeiten gehören auch Getränke und Genussmittel, die der Arbeitgeber den Arbeitnehmern zum Verzehr im Betrieb unentgeltlich oder teilentgeltlich überlässt, nicht zum Arbeitslohn. Dasselbe gilt für Speisen, die der Arbeitgeber den Arbeitnehmern anlässlich und während eines außergewöhnlichen Arbeitseinsatzes, z.B. während einer außergewöhnlichen betrieblichen Besprechung oder Sitzung, im ganz überwiegenden betrieblichen Interesse an einer günstigen Gestaltung des Arbeitsablaufs unentgeltlich oder teilentgeltlich überlässt und deren Wert 60 € nicht überschreitet (R 19.6. Abs. 2 LStR).

2. Betriebsveranstaltungen

331   Mit Wirkung vom 01.01.2015 hat der Gesetzgeber die bisherigen Verwaltungsgrundsätze hierzu, die in R 19.5 LStR geregelt waren, gesetzlich in § 19 Abs. 1 Nr. 1a EStG verankert. Danach gehören zum Arbeitslohn auch Zuwendungen des Arbeitgebers an seinen Arbeitnehmer und dessen Begleitpersonen anlässlich von Veranstaltungen auf betrieblicher Ebene mit gesellschaftlichem Charakter (Betriebsveranstaltung). Zuwendungen sind dabei alle Aufwendungen des Arbeitgebers einschließlich Umsatzsteuer unabhängig davon, ob sie einzelnen Arbeitnehmern individuell zurechenbar sind oder ob es sich um einen rechnerischen Anteil an den Kosten der Betriebsveranstaltung handelt, die der Arbeitgeber gegenüber Dritten für den äußeren Rahmen der Betriebsveranstaltung aufwendet. Soweit solche Zuwendungen den Betrag von **110 € je Betriebsveranstaltung und teilnehmenden Arbeitnehmer** nicht übersteigen, gehören sie nicht zu den Einkünften aus nichtselbständiger Arbeit, wenn die Teilnahme an der Betriebsveranstaltung allen Angehörigen des Betriebs oder eines Betriebsteils offensteht.

---

681   So auch BFH v. 18.12.2008 – VI R 34/07, BFH/NV 2009, 481.

Diese Regelung gilt für bis zu **zwei Betriebsveranstaltungen** jährlich. Die Neuregelung setzt die Verwaltungsauffassung gegenüber der günstigeren BFH-Rspr. durch, wonach Gemeinkosten, insbesondere für den äußeren Rahmen einer Veranstaltung, ebenso wenig zu einem geldwerten Vorteil des Arbeitnehmer führen wie Zuwendungen an dessen Begleitung.[682]

Besteuerung der Zuwendungen: Bei einer Betriebsveranstaltung gehören die gesamten Zuwendungen an die Arbeitnehmer, einschließlich der Aufwendungen für den äußeren Rahmen, zum Arbeitslohn. Für die Erhebung der Lohnsteuer gelten die allgemeinen Vorschriften; § 40 Abs. 2 EStG ist anwendbar. Das gilt auch für Zuwendungen, bei denen die 110-€-Grenze überschritten wird, sowie für nicht übliche Zuwendungen, z.B. Geschenke, deren Gesamtwert 60 € übersteigt, oder Zuwendungen an einzelne Arbeitnehmer, aus Anlass – nicht nur bei Gelegenheit – einer Betriebsveranstaltung (R 19.5 Abs. 6 LStR).

332

IV. Steuerfreie Bezüge

Bestimmte Bar- und Sachbezüge sind durch Befreiungsvorschriften von der Steuerpflicht ausgenommen. Aus dem Katalog der §§ 3, 3b EStG sind insbesondere zu nennen:

333

- Wehrsold (§ 3 Nr. 5 EStG);

- Reisekosten und Umzugskostenvergütungen (§ 3 Nr. 13 u. Nr. 16 EStG);

- Sammelbeförderung zur Arbeitsstätte, soweit betrieblich notwendig (§ 3 Nr. 32 EStG);

- Bestimmte Serviceleistungen des Arbeitgebers (§ 3 Nr. 34a EStG);

- Vorteile des Arbeitnehmers aus der privaten Nutzung betrieblicher PCs oder Telekommunikationsgeräte (§ 3 Nr. 45 EStG);

- durchlaufende Gelder und Auslagenersatz (§ 3 Nr. 50 EStG);

- Trinkgelder (§ 3 Nr. 51 EStG);

- Zukunftssicherungsleistungen nach Maßgabe des § 3 Nr. 62 EStG;

- Zuschläge für Kindererziehungszeiten (§ 3 Nr. 67 EStG);

- bestimmte Zuschläge für Sonntags-, Feiertags- oder Nachtarbeit gemäß § 3b EStG.

V. Ermittlung der Einkünfte aus nichtselbstständiger Arbeit

Die Einkünfte aus nichtselbstständiger Arbeit werden gemäß § 2 Abs. 2 S. 1 Nr. 2 EStG als Überschuss der Einnahmen über die Werbungskosten ermittelt. Dabei ist nach folgendem Schema zu verfahren:

334

Einnahmen i.S.d. § 8 EStG

./. steuerfreie Einnahmen (§§ 3, 3b EStG)

./. Versorgungsfreibetrag (§ 19 Abs. 2 EStG)

---

682 BFH v. 16.05.2013 – VI R 94/10, BStBl. II 2015, 186 (gilt bis einschl. VZ 2014).

./. Werbungskosten (§ 9 EStG) bzw.

Arbeitnehmer-Pauschbetrag (§ 9a S. 1 Nr. 1 Buchst. a) EStG)

Einkünfte (ggf. negative Einkünfte)

1. Versorgungsbezüge und Versorgungsfreibetrag/Zuschlag zum Versorgungsfreibetrag (§ 19 Abs. 2 EStG)

335 Für Versorgungsbezüge im Sinne des § 19 Abs. 2 S. 2 EStG (insbesondere Beamtenpensionen; nicht jedoch Ansprüche aus der gesetzlichen Rentenversicherung) gewährt der Gesetzgeber einen Versorgungsfreibetrag, der sich bildet aus einem Prozentsatz der Versorgungsbezüge und einem Höchstbetrag, sowie einen Zuschlag zum Versorgungsfreibetrag (§ 19 Abs. 2 S. 3 EStG).

Wer im **Jahr 2005** in den Ruhestand ging, profitierte als letzter Jahrgang vom vollen Versorgungsfreibetrag (40% der Versorgungsbezüge, max. 3.000 €) sowie dem Zuschlag zum Versorgungsfreibetrag (900 €). Mit der Neuregelung der Besteuerung der Alterseinkünfte, insbesondere der – nach einer Übergangsfrist – nachgelagerten vollständigen Besteuerung der Renteneinkünfte, wurde für die Folgejahre zur Angleichung an die Rentenbesteuerung auch die Regelung des § 19 Abs. 2 EStG angepasst.

336 Bei **Neupensionären, die ab 2006 in den Ruhestand gehen**, werden für jeden neu in den Ruhestand tretenden Jahrgang der Versorgungsfreibetrag und der Zuschlag zum Versorgungsfreibetrag stufenweise abgebaut, und zwar im gleichen Maße, wie der Besteuerungsanteil z.B. der Renten aus der gesetzlichen Rentenversicherung zunimmt. Der Abbau des Versorgungsfreibetrags und des Zuschlags zum Versorgungsfreibetrag erfolgen wie beim Rentenfreibetrag der Rentner nach dem sogenannten **Kohortenprinzip**. Das heißt: Der Versorgungsfreibetrag und der Zuschlag werden zu Beginn der Pension ermittelt und für die Zukunft als jährlich zu gewährender persönlicher Freibetrag festgeschrieben.

Pensionäre, die erst ab 2040 in den Ruhestand gehen, erhalten keinen Versorgungsfreibetrag und damit auch keinen Zuschlag mehr, da ihre Pensionen zu 100% nachgelagert versteuert werden müssen. Die Höhe des Versorgungsfreibetrags und des Zuschlags zum Versorgungsfreibetrag in der Übergangszeit von 35 Jahren sind der in § 19 Abs. 2 S. 3 EStG eingefügten Tabelle zu entnehmen.

337 **Keine Anwendung des Arbeitnehmer-Pauschbetrags:** Obwohl ein Pensionär ebenso wie ein aktiver Beamter weiterhin als Arbeitnehmer gilt, steht ihm ab 2005 der Arbeitnehmer-Pauschbetrag von 1.000 € (§ 9a S. 1 Nr. 1 Buchst. a) EStG) nicht mehr zu. Für Versorgungsbezüge i.S.d. § 19 Abs. 2 EStG gibt es keinen Arbeitnehmer-Pauschbetrag mehr. Stattdessen erhalten Pensionäre – wie Rentner – ab 2005 einen Werbungskosten-Pauschbetrag von 102 € (§ 9a S. 1 Nr. 1 Buchst. b) EStG).

338 **Höhere tatsächliche Werbungskosten:** Dem Versorgungsempfänger bleibt es natürlich unbenommen, höhere tatsächliche Werbungskosten geltend zu machen. So sind z.B. Ausgleichszahlungen, die ein zum **Versorgungsausgleich** verpflichteter Ehegatte aufgrund einer nach § 10 oder § 14 des VersorgungsausgleichsG durchgeführten Teilung an den anderen Ehegatten leistet, um Kürzungen seiner Versorgungsbezüge (§ 19 Abs. 1 S. 1 Nr. 2 EStG) zu vermeiden, sofort als Werbungskosten abziehbar.[683]

2. Werbungskosten (§§ 9, 9a EStG)

Werbungskosten sind – über den Wortlaut des § 9 Abs. 1 S. 1 EStG hinaus – bei den Einkünften aus nichtselbstständiger Arbeit alle Aufwendungen, die durch das Dienstverhältnis veranlasst sind. Berufliche Veranlassung in diesem Sinn liegt vor, wenn ein objektiver Zusammenhang der Aufwendungen mit dem Beruf besteht und subjektiv die Aufwendungen zur Förderung des Berufs gemacht werden.[684]

339

Begrenzt ist der Werbungskostenabzug

- durch besondere gesetzliche Regelungen

- durch das Abzugsverbot des § 12 Nr. 1 S. 2 EStG (kein Abzug untrennbar gemischter Aufwendungen) und

- weitere Abzugsbeschränkungen und -verbote (z.B. § 9 Abs. 5 EStG i.V.m. § 4 Abs. 5 Nr. 1–4, 6b – 8a, 10, 12, Abs. 6 EStG und § 9 Abs. 6 EStG).

Vereinfacht wird der Werbungskostenabzug durch die Pauschbeträge. In erster Linie kommt der **Arbeitnehmer-Pauschbetrag** in Höhe von 1.000 € nach § 9a S. 1 Nr. 1 Buchst. a) EStG (abziehbar nur bis zur Höhe der Einnahmen) in Betracht und der **Pauschbetrag für Versorgungsbezüge** nach § 9a S. 1 Nr. 1 Buchst. b) EStG in Höhe von 102 € (abziehbar nur bis zur Höhe der um die Versorgungsfreibeträge geminderten Versorgungsbezüge). Diese Pauschbeträge sind zu gewähren, wenn nicht höhere Werbungskosten nachgewiesen sind. Der Stpfl. kann also nicht den Pauschbetrag und andererseits noch Werbungskosten im Wege des Einzelnachweises abziehen.

Neben der allgemeinen Werbungskostendefinition enthält § 9 EStG eine Fülle von weiteren Regelungen zu bestimmten Werbungskosten. Folgende Aufwendungsarten sind in der Besteuerungspraxis von besonderer Bedeutung:

340

a) Fahrten zwischen Wohnung und erster Tätigkeitsstätte

Fall 46: Außergewöhnliche Wegekosten

X ist Arbeitnehmer der EDV-GmbH. Auf dem täglichen Weg zu seiner Arbeitstelle blieb er mit seinem Pkw wegen eines Motorschadens liegen und musste zur nächsten Werkstatt abgeschleppt werden. Dort wurde festgestellt, dass der Schaden infolge einer kurz zuvor erfolgten Falschbetankung verursacht worden war. Wegen eines erheblichen Mitverschuldens des X lehnte die Versicherung eine Schadensübernahme ab. X fragt an, ob er die Reparaturkosten steuerlich als Werbungskosten in seiner Einkommensteuererklärung 2014 geltend machen kann.

---

683 BFH v. 08.03.2006 – IX R 107/00, BStBl. II 2006, 446.
684 BFH v. 06.02.1981 – VI R 30/77, BStBl. II 1981, 362.

341 Fraglich ist, ob Kosten für die Reparatur eines Motorschadens, der sich auf dem Weg zur ersten Tätigkeitsstätte ereignet, abzugsfähige Werbungskosten i.S.d. § 9 EStG sind.

I. Nach § 9 Abs. 1 Satz 3 Nr. 4 Satz 1 EStG sind Werbungskosten auch die Aufwendungen des Arbeitnehmers für die Wege zwischen Wohnung und ersten Tätigkeitsstätte (zum Begriff s. Rn. 326). Zur Abgeltung dieser Aufwendungen ist nach § 9 Abs. 1 S. 3 Nr. 4 S. 2 EStG für jeden Arbeitstag, an dem der Arbeitnehmer die regelmäßige Arbeitsstätte aufsucht, eine Entfernungspauschale für jeden vollen Kilometer der Entfernung zwischen Wohnung und regelmäßiger Arbeitsstätte von 0,30 € anzusetzen. Nach § 9 Abs. 2 S. 1 EStG sind durch die Entfernungspauschalen „sämtliche Aufwendungen" abgegolten, die durch die Wege zwischen Wohnung und erster Tätigkeitsstätte veranlasst sind.

342 II. Umstritten ist, ob die gesetzlich normierte Abgeltungswirkung in § 9 Abs. 2 S. 1 EStG alle Arten von Wegekosten oder nur gewöhnliche Kfz-Kosten umfasst.

1. Die Finanzverwaltung lässt den Abzug von Unfallkosten neben der Entfernungspauschale gemäß § 9 Abs. 1 S. 1 EStG zu (H 9.10 LStH 2014). Zur Begründung verweist sie auf die Begründung des Gesetzes zur Fortführung der Gesetzeslage 2006 bei der Entfernungspauschale (BT-Drs. 16/12099). Alle weiteren außergewöhnlichen Wegekosten wie Reparaturkosten infolge Motorschadens sollen danach aber vom Abzug ausgeschlossen sein.

2. Nach teilweise in der steuerlichen Lit. vertretener Auffassung hat die Abgeltungswirkung zur Folge, dass (nur) gewöhnliche mit dem Betrieb eines Kfz anfallende Kosten (AfA, übliche Reparaturen, Garagenmiete, Parkkosten, Leasingsonderzahlungen oder Tunnelmaut) neben der Entfernungspauschale nicht mehr abziehbar sind. Nicht abgegolten sollen dagegen Unfallkosten und sonstige Kosten sein, die ihrer Natur nach außergewöhnlich sind und sich einer Pauschalierung entziehen.[685]

3. Nach Auffassung des BFH ergibt sich dagegen aus dem klaren Wortlaut der Norm, dass auch außergewöhnliche Kosten unabhängig von ihrer Höhe unter die Abgeltungswirkung fallen. Das Wort „sämtliche" sei insoweit eindeutig. Es begegne keinen verfassungsrechtlichen Bedenken, dass durch die Entfernungspauschale auch außergewöhnliche Aufwendungen abgegolten werden.[686]

Ergebnis: Folgt man der Auffassung des BFH, kann X die Kosten für die Reparatur des Motorschadens nicht neben der Entfernungspauschale als Werbungskosten geltend machen.

---

685 Schmidt/Loschelder § 9 EStG Rn. 126 unter Hinweis auf Niedersächsisches FG v. 24.04.2013 – 9 K 218/12, EFG 2013, 1104, aufgehoben durch BFH v. 20.03.2014 – VI R 29/13, BStBl. II 2014, 849.

686 BFH v. 20.03.2014 – VI R 29/13, BStBl. II 2014, 849.

b) Reisekosten bei Auswärtstätigkeiten

Eine auswärtige Tätigkeit liegt nach der gesetzlichen Definition in § 9 Abs. 4a S. 2 EStG vor, wenn der Arbeitnehmer außerhalb seiner Wohnung und der ersten Tätigkeitsstätte beruflich tätig wird. Reisekosten sind Fahrtkosten (§ 9 Abs. 1 S. 3 Nr. 4a EStG, R 9.5 LStR), Verpflegungsmehraufwendungen (§ 9 Abs. 4a EStG, R 9.6 LStR), Übernachtungskosten (§ 9 Abs. 1 S. 3 Nr. 5a EStG, R 9.7 LStR) und Reisenebenkosten (R 9.8 LStR), soweit diese durch eine beruflich veranlasste Auswärtstätigkeit (§ 9 Abs. 4a Satz 2 und 4 EStG) des Arbeitnehmers entstehen. Die Finanzverwaltung verlangt, dass die berufliche Veranlassung der Auswärtstätigkeit, die Reisedauer und den Reiseweg vom Arbeitnehmer aufzuzeichnen und anhand geeigneter Unterlagen, z.B. Fahrtenbuch, Tankquittungen, Hotelrechnungen, Schriftverkehr, nachzuweisen oder glaubhaft zu machen ist (R 9.4 S. 5 LStR).[687]

Fahrtkosten: Fahrtkosten sind die **tatsächlichen Aufwendungen**, die dem Arbeitnehmer durch die persönliche Benutzung eines Beförderungsmittels entstehen. Bei Benutzung eines eigenen Kfz können entweder die tatsächlichen Kosten (zur Ermittlung siehe R 9.5 Abs. 1 S. 3 und 4 LStR) oder **Pauschsätze** pro gefahrenen Kilometer ansetzen (R 9.5 Abs. 1 S. 5 LStR; in der Regel 0,30 €/km).

Verpflegungsmehraufwendungen: Die dem Arbeitnehmer tatsächlich entstandenen, beruflich veranlassten Mehraufwendungen für Verpflegung sind unter den Voraussetzungen des § 9 Abs. 4a EStG mit den dort genannten Pauschbeträgen anzusetzen. Der Einzelnachweis von Verpflegungsmehraufwendungen berechtigt nicht zum Abzug höherer Beträge.

In § 9 Abs. 4a EStG hat der Gesetzgeber die bis zum VZ 2013 geltende dreistufige Staffelung der Verpflegungspauschalen durch eine zweistufige ersetzt. Ab 2014 gelten für beruflich veranlasste Auswärtstätigkeiten im **Inland** folgende Pauschalen:

Verpflegungspauschalen Inland ab 2014	
Dauer der Abwesenheit	**Pauschbetrag**
24 Stunden	24 €
An- und Abreisetag (ohne Mindestabwesenheit)	je 12 €
weniger als 24 Stunden, aber mindestens 8 Stunden	12 €

Auch bei **Auslandtätigkeiten** gibt es nur noch zwei Verpflegungspauschalen. Bei einer Tätigkeit im Ausland treten an die Stelle der Inlandspauschbeträge länderweise unterschiedliche Pauschbeträge, die mit 120% sowie 80% der Auslandstagegelder nach dem Bundesreisekostengesetz vom Bundesministerium der Finanzen im Einvernehmen mit den obersten Finanzbehörden der Länder festgesetzt werden;[688] dabei bestimmt sich der Pauschbetrag nach dem Ort, den der Arbeitnehmer vor 24 Uhr Ortszeit zuletzt

---

687 Vgl. zu weiteren Einzelheiten zum Reisekostenrecht bei Auswärtstätigkeiten: BMF v. 24.10.2014 – IV C 5 –S 2353/14/10002, BStBl. I 2014, 1412.

688 Zu den Länderpauschbeträgen siehe BdF v. 11.11.2013 – IV C 5-S 2353/08/10006:004, BStBl. I 2013, 1467.

erreicht, oder, wenn dieser Ort im Inland liegt, nach dem letzten Tätigkeitsort im Ausland (§ 9 Abs. 4a S. 5 EStG):

Verpflegungspauschalen Ausland ab 2014	
Dauer der Abwesenheit	**Pauschbetrag**
ganztägige Abwesenheit	120% des Pausch-betrags
mindestens 8 Stunden Abwesenheit	80% des Pausch-betrags

Wie nach bisheriger Rechtslage bleibt der Abzug der Verpflegungspauschalen auf einen Zeitraum von **drei Monaten** einer Tätigkeit bei derselben Tätigkeitsstätte begrenzt. Dieser Zeitraum beginnt unabhängig vom Anlass bei jeglicher Unterbrechung von vier Wochen von Neuem zu laufen (§ 9 Abs. 4a S. 6, 7 EStG). Stellt der Arbeitgeber Mahlzeiten zur Verfügung, erfolgt eine **Kürzung der Pauschalen** nach Maßgabe der Sätze 8 bis 10 des § 9 Abs. 4a EStG.

Übernachtungskosten: Übernachtungskosten sind die tatsächlichen Aufwendungen, die dem Arbeitnehmer für die persönliche Inanspruchnahme einer Unterkunft zur Übernachtung entstehen. Ist die Unterkunft am auswärtigen Tätigkeitsort die einzige Wohnung/Unterkunft des Arbeitnehmers, liegt kein beruflich veranlasster Mehraufwand i.S.d. § 9 Abs. 1 S. 3 Nr. 5a EStG vor. Die tatsächlichen Übernachtungskosten können bei einer Auswärtstätigkeit als Reisekosten angesetzt und als Werbungskosten abgezogen werden, soweit sie nicht vom Arbeitgeber nach § 3 Nr. 13 oder 16 EStG steuerfrei ersetzt werden (zu Einzelheiten der Arbeitgebererstattung siehe R 9.7 Abs. 3 LStR).

Reisenebenkosten: Reisenebenkosten werden unter den Voraussetzungen von R 9.4 LStR in tatsächlicher Höhe berücksichtigt und können als Werbungskosten abgezogen werden, soweit sie nicht vom Arbeitgeber steuerfrei erstattet wurden.

c) Mehraufwendungen anlässlich einer doppelten Haushaltsführung

343 Notwendige Mehraufwendungen, die einem Arbeitnehmer wegen einer beruflich veranlassten doppelten Haushaltsführung entstehen sind gemäß § 9 Abs. 1 S. 3 Nr. 5 EStG als Werbungskosten abzugsfähig. Eine doppelte Haushaltsführung liegt nur vor, wenn der Arbeitnehmer außerhalb des Ortes seiner ersten Tätigkeitsstätte einen eigenen Hausstand unterhält und auch am Ort der ersten Tätigkeitsstätte wohnt. Das Vorliegen eines eigenen Hausstandes setzt ab 2014 das Innehaben einer Wohnung sowie eine finanzielle Beteiligung an den Kosten der Lebensführung voraus (§ 9 Abs. 1 S. 3 Nr. 5 S. 3 EStG).[689]

aa) Begriff der doppelten Haushaltsführung: Eine doppelte Haushaltsführung liegt nur vor, wenn der Arbeitnehmer außerhalb des Ortes seiner ersten Tätigkeitsstätte ei-

---

689 Vgl. zu weiteren Einzelheiten bei doppelter Haushaltsführung: BMF v. 24.10.2014 – IV C 5 – S 2353/14/10002, BStBl. I 2014, 14.12.

nen eigenen Hausstand unterhält und auch am Ort der ersten Tätigkeitsstätte wohnt; die Anzahl der Übernachtungen ist dabei unerheblich (R 9.11 Abs. 1 LStR). Eine doppelte Haushaltsführung liegt nicht vor, solange die auswärtige Beschäftigung als Auswärtstätigkeit anzuerkennen ist. Auch ein alleinstehender Arbeitnehmer kann einen doppelten Haushalt führen.[690]

bb) Berufliche Veranlassung: Das Gesetz verlangt zudem eine berufliche Veranlassung der doppelten Haushaltsführung. Das Beziehen einer Zweitwohnung ist regelmäßig bei einem Wechsel des Beschäftigungsorts auf Grund einer Versetzung, des Wechsels oder der erstmaligen Begründung eines Dienstverhältnisses beruflich veranlasst. Beziehen beiderseits berufstätige Ehegatten am gemeinsamen Beschäftigungsort eine gemeinsame Zweitwohnung, liegt ebenfalls eine berufliche Veranlassung vor (R 9.11 Abs. 2 LStR). Eine aus beruflichem Anlass begründete doppelte Haushaltsführung liegt auch dann vor, wenn ein Arbeitnehmer seinen Haupthausstand aus privaten Gründen vom Beschäftigungsort wegverlegt und er darauf in einer Wohnung am Beschäftigungsort einen Zweithaushalt begründet, um von dort seiner Beschäftigung weiter nachgehen zu können (sogenannter **Wegverlegungsfall**).[691]

344

cc) Eigener Hausstand: Nach dem Gesetz ist zwischen dem Wohnen in einer Zweitwohnung am Beschäftigungsort und dem Unterhalten eines eigenen Hausstands außerhalb dieses Orts zu unterscheiden. Mit dem „Hausstand" ist der Ersthaushalt (Hauptwohnung) umschrieben, an dem sich der Arbeitnehmer – abgesehen von den Zeiten der Arbeitstätigkeit und ggf. Urlaubsfahrten – regelmäßig aufhält, den er fortwährend nutzt und von dem aus er sein Privatleben führt, d.h., wo er seinen Lebensmittelpunkt hat. Das „**Innehaben**" einer Wohnung erfordert eine Nutzung aus eigenem Recht (Eigentum, Mietvertrag oder sonstige Nutzungsgestattung). Nach der mit Wirkung vom 01.01.2014 eingetretenen Gesetzesänderung setzt ein eigener Hausstand eine eingerichtete, den Lebensbedürfnissen entsprechende Wohnung des Arbeitnehmers sowie die **finanzielle Beteiligung** an den Kosten der Lebensführung (laufende Kosten der Haushaltsführung) voraus (§ 9 Abs. 1 S. 3 Nr. 5 Satz 3 EStG). Dabei stellt sich der Gesetzgeber gegen die aktuelle Rspr. des BFH, nach der es nicht erforderlich ist, dass sich der Arbeitnehmer an den Kosten einer Wohnung am Haupthausstand finanziell beteiligt. Maßgebend war danach nur das Vorliegen eines eigenen Hausstandes, der auch im Rahmen eines Mehrgenerationenhaushalts geführt werden konnte.[692]

345

In dieser Wohnung muss der Arbeitnehmer einen Haushalt unterhalten, das heißt, er muss die Haushaltsführung bestimmen oder wesentlich mitbestimmen. Es ist nicht erforderlich, dass in der Wohnung am Ort des eigenen Hausstands hauswirtschaftliches Leben herrscht, z. B. wenn der Arbeitnehmer seinen nicht berufstätigen Ehegatten an den auswärtigen Beschäftigungsort mitnimmt oder der Arbeitnehmer nicht verheiratet ist. Das Vorhalten einer Wohnung außerhalb des Beschäftigungsorts für gelegentliche Besuche oder für Ferienaufenthalte ist nicht als Unterhalten eines Hausstands zu werten.

690 BFH v. 16.01.2013 – VI R 46/12, BFH/NV 2013, 1015.
691 BFH v. 06.05.2010 – VI R 34/09, BFH/NV 2010, 2046.
692 BFH v. 20.03.2012 – VI R 25/11, BFH/NV 2012, 1525.

Ob die außerhalb des Beschäftigungsorts belegene Wohnung des Arbeitnehmers als **Mittelpunkt seiner Lebensinteressen** anzusehen ist und deshalb seinen Hausstand darstellt, ist anhand einer Gesamtwürdigung aller Umstände des Einzelfalls festzustellen.[693] Bei nicht verheirateten Arbeitnehmern spricht, je länger die Auswärtstätigkeit dauert, immer mehr dafür, dass die eigentliche Haushaltsführung und auch der Mittelpunkt der Lebensinteressen an den Beschäftigungsort verlegt wurden und die Heimatwohnung nur noch für Besuchszwecke vorgehalten wird.[694] Eine besondere Prüfung, ob der Lebensmittelpunkt gewechselt hat, ist daher angezeigt. Indizien können sein, wie oft und wie lange sich der Arbeitnehmer in der einen und der anderen Wohnung aufhält, wie beide Wohnungen ausgestattet und wie groß sie sind. Von Bedeutung sind auch die Dauer des Aufenthalts am Beschäftigungsort, die Entfernung beider Wohnungen sowie die Zahl der Heimfahrten. Erhebliches Gewicht hat ferner der Umstand, zu welchem Wohnort die engeren persönlichen Beziehungen bestehen.[695]

346 **dd) Abzugsfähige Mehraufwendungen:** Als notwendige Mehraufwendungen wegen einer doppelten Haushaltsführung kommen in Betracht:

- die **Fahrtkosten** aus Anlass der Wohnungswechsel zu Beginn und am Ende der doppelten Haushaltsführung (tatsächliche Kosten) sowie für wöchentliche Heimfahrten an den Ort des eigenen Hausstands (Entfernungspauschale, § 9 Abs. 1 S. 3 Nr. 5 S. 6 EStG) für jeweils eine tatsächlich durchgeführte Heimfahrt wöchentlich oder Aufwendungen für wöchentliche Familienferngespräche (vgl. R 9.11 Abs. 6 LStR).

- Privat veranlasste Kosten für **umgekehrte Familienheimfahrten** (= Fahrten des am Familienwohnsitz lebenden Ehegatten zur Wohnung des andernorts beschäftigten Ehegatten zu Besuchszwecken) sind nicht abzugsfähig.[696] Höchstrichterlich noch nicht geklärt ist die Frage, ob solche Kosten allerdings dann abzugsfähig sind, wenn der Arbeitnehmer aus beruflichen Gründen nicht zum Familienwohnsitz fahren kann.[697]

- **Verpflegungsmehraufwendungen** (vgl. R 9.11 Abs. 7 LStR);

  Die dem Arbeitnehmer im Rahmen einer doppelten Haushaltsführung tatsächlich entstandenen, beruflich veranlassten Mehraufwendungen für Verpflegung sind unter den Voraussetzungen des § 9 Abs. 4a S. 12 und 13 EStG für einen Zeitraum von drei Monaten mit den dort genannten Pauschbeträgen anzusetzen.

- **Aufwendungen für die Zweitwohnung** (vgl. R 9.11 Abs. 8 LStR);

  Bei einer doppelten Haushaltsführung im Inland sind ab VZ 2014 die tatsächlichen Kosten für die Zweitwohnung im Rahmen des Höchstbetrags nach § 9 Abs. 1 S. 3 Nr. 5 S. 4 EStG (1.000 €/Monat) anzuerkennen. Die von der BFH-Rspr. getroffene Begrenzung der Abzugsfähigkeit von Unterkunftskosten im Rahmen einer doppelten Haus-

---

693 St.Rspr., z.B. BFH v. 16.01.2013 – VI R 46/12, BFH/NV 2013, 1015.

694 Vgl. BFH v. 16.01.2013 – VI R 46/12, BFH/NV 2013, 1015.

695 BFH v. 16.01.2013 – VI R 46/12, BFH/NV 2013, 1015.

696 BFH v. 02.02.2011 – BStBl. II 2011, 456.

697 Siehe hierzu FG Münster v. 28.08.2013 – 12 K 339/10 E, EFG 2014, 1289: Werbungskostenabzug für sogenannte „umgekehrte Familienheimfahrten"; Rev. beim BFH unter dem Az. VI R 22/14 anhängig.

haltsführung auf den durchschnittlichen Mietzins für eine 60 qm-Wohnung hat der Gesetzgeber nicht übernommen.[698]

■ **Umzugskosten** (R 9.11 Abs. 9 LStR).

Umzugskosten anlässlich der Begründung, Beendigung oder des Wechsels einer doppelten Haushaltsführung sind abzugsfähig, wenn der Umzug beruflich veranlasst ist. Der Nachweis der Umzugskosten i.S.d. § 10 BUKG ist notwendig bei einem Umzug anlässlich der Begründung, Beendigung oder des Wechsels einer doppelten Haushaltsführung, weil dafür die Pauschalierung nicht gilt.

■ **Erstattung durch den Arbeitgeber** (R 9.11 Abs. 10 LStR).

Die vorgenannten notwendigen Mehraufwendungen können als Werbungskosten abgezogen werden, soweit sie nicht vom Arbeitgeber steuerfrei erstattet werden. Die Erstattung der Mehraufwendungen bei doppelter Haushaltsführung durch den Arbeitgeber ist nach § 3 Nr. 13 oder 16 EStG steuerfrei, soweit keine höheren Beträge erstattet werden, als Werbungskosten abgezogen werden können.

d) Aufwendungen des Arbeitnehmers für Arbeitsmittel

Fall 47: Häuslicher Computer als Arbeitsmittel

A ist Technischer Angestellter bei einem Telekommunikationsunternehmen. Am 01.04.2014 erwarb er für sein häusliches Arbeitszimmer einen PC für 1.200 €, einen Scanner für 90 €, einen Drucker für 150 € und weiteres Computerzubehör (Maus, Verbindungskabel etc.) für 50 €. A nutzt den PC und die Peripheriegeräte im erheblichen Maße auch für berufliche Zwecke und zur Arbeitsvorbereitung. A möchte wissen, in welcher Höhe er die entstandenen Kosten als Werbungskosten bei seiner Einkommensteuererklärung 2014 ansetzen kann.

I. Werbungskosten sind nach der Rspr. des BFH alle Aufwendungen, die durch den Beruf des Steuerpflichtigen veranlasst sind.[699] Eine solche Veranlassung liegt vor, wenn ein objektiver Zusammenhang mit dem Beruf besteht und wenn die Aufwendungen subjektiv zur Förderung des Berufs getätigt werden.[700] **347**

II. Zu den Werbungskosten gehören auch **Aufwendungen für Arbeitsmittel** (§ 9 Abs. 1 S. 3 Nr. 6 EStG). Arbeitsmittel sind alle Wirtschaftsgüter, die ausschließlich – oder doch nahezu ausschließlich – und unmittelbar zur Erledigung der dienstlichen Aufgaben dienen.[701] Bei Gegenständen, die auch im Rahmen der allgemeinen Lebensführung (§ 12 Nr. 1 S. 2 EStG) genutzt werden können, ist für die Einordnung als Arbeitsmittel der tatsächliche Verwendungszweck im Einzelfall entscheidend.[702]

---

698 So noch BFH v. 09.08.2007 VI R 10/06, BStBl. II 2007, 020.

699 BFH v. 23.03.2001 – VI R 175/99, BStBl. II 2001, 585 m.w.N.

700 BFH v. 17.12.2002 – VI R 137/01, BStBl. II 2003, 407 m.w.N.

701 St.Rspr., vgl. BFH v. 08.11.1996 – VI R 22/96, BFH/NV 1997, 341.

702 BFH v. 08.11.1996 – VI R 22/96, BFH/NV 1997, 341.

Dabei schließt allein die theoretische Möglichkeit einer privaten Nutzung die Berücksichtigung als Arbeitsmittel nicht aus.[703]

Nach diesen Grundsätzen kann auch ein privat angeschaffter, aber beruflich genutzter PC ein Arbeitsmittel sein. Die private Mitbenutzung ist unschädlich, soweit sie einen Nutzungsanteil von etwa 10% nicht übersteigt.[704]

III. Fraglich ist aber, wie zu verfahren ist, wenn – wie im vorliegenden Fall – der PC gemischt genutzt wird und der Privatanteil nicht unerheblich ist.

Nach der Entscheidung des Großen Senats des BFH vom 21.09.2009 [705] steht ein aus § 12 Nr. 1 S. 2 EStG abgeleitetes allgemeines Aufteilungs- und Abzugsverbot für gemischte Aufwendungen einer Aufteilung der Aufwendungen nur noch dann entgegen, wenn die beruflichen und privaten Veranlassungsstränge derart ineinander greifen, dass eine Trennung unmöglich wäre und nur willkürlich erfolgen könnte.[706] Danach ist auch für den vorliegenden Fall grundsätzlich eine Aufteilung in einen abzugsfähigen beruflichen und einen nicht abzugsfähigen privaten Anteil geboten.

Der BFH hält es aus Vereinfachungsgründen regelmäßig für vertretbar, dass typisierend und pauschalierend von einer jeweils hälftigen privaten bzw. beruflichen Nutzung des PC ausgegangen wird.[707] Eine Abweichung hiervon ist möglich, wenn der Steuerpflichtige oder das Finanzamt besondere Umstände darlegen bzw. glaubhaft machen.

IV. Ausgehend von einer hälftigen beruflichen Nutzung stellt sich die Frage, in welcher Höhe ein Werbungskostenabzug für 2014 in Betracht kommt.

1. Erstreckt sich die Verwendung oder Nutzung des Arbeitsmittels auf mehr als ein Jahr, sind die Aufwendungen auf die voraussichtliche Nutzungsdauer zu verteilen (§ 9 Abs. 1 S. 3 Nr. 6 S. 2 und Nr. 7 EStG i.V.m. § 7 Abs. 1 EStG). **Geringwertige Wirtschaftsgüter**, die einer selbstständigen Nutzung fähig sind (vgl. § 6 Abs. 2 S. 2 EStG), sind allerdings bis zur Höhe von 410 € sofort als Werbungskosten abzugsfähig (§ 9 Abs. 1 S. 3 Nr. 7 S. 2 EStG).

   Die Anschaffungskosten des PC übersteigen diese Grenze von 410 €. Die Peripheriegeräte wie Scanner und Drucker sind für sich betrachtet zwar geringwertige Wirtschaftsgüter. Da diese Geräte jedoch einer selbstständigen Nutzung nicht fähig sind, sieht der BFH die Peripherie-Geräte einer PC-Anlage regelmäßig nicht als geringwertige Wirtschaftsgüter an.[708]

2. Ausgehend von einer Nutzungsdauer von drei Jahren und unter Berücksichtigung des Anschaffungszeitpunkts (1.4.) ergibt sich danach für die gesamte PC-Anlage folgender als Werbungskosten ansetzbarer Abschreibungsbetrag:

---

703 Vgl. BFH 19.10.1970 – GrS 2/70, BStBl. II 1971, 17, 21.

704 Vgl. hierzu auch BFH v. 02.10.2003 – IV R 13/03, BFH/NV 2004, 132.

705 BFH v. 21.09.2009 – GrS 1/06, BStBl. II 2010, 672.

706 Schmidt/Loschelder § 12 EStG Rn. 1; Pezzer DStR 2010, 93.

707 BFH v. 19.02.2004 – VI R 135/01, BStBl. II 2004, 958.

708 BFH v. 19.02.2004 – VI R 135/01, BStBl. II 2004, 958.

1.490 € (Gesamtkosten der PC-Anlage) x 33% (AfA-Satz) x 2/3 (anteilige Jahres-AfA, § 7 Abs. 1 S. 4 EStG) = 327,80 €.

Ergebnis: A kann in 2014 einen Betrag i.H.v. 327,80 € für Arbeitsmittel als Werbungskosten bei der Ermittlung der Einkünfte aus nichtselbstständige Arbeit in Abzug bringen.

---

e) Werbungskosten und Abzugsbeschränkungen

Auch im Bereich der Einkünfte aus nichtselbstständiger Arbeit ergeben sich bereits aus dem Gesetz Beschränkungen für den Abzug dem Grunde und der Höhe nach. Über § 9 Abs. 5 EStG gelten die dort im Einzelnen aufgezählten, für betriebliche Einkünfte geltenden Abzugsbeschränkungen des § 4 Abs. 5 EStG entsprechend. Betroffen sind etwa Bewirtungskosten (§ 4 Abs. 5 S. 1 Nr. 1 EStG) oder Aufwendungen für ein häusliches Arbeitszimmer (§ 4 Abs. 5 S. 1 Nr. 6b EStG).

Fall 48: Empfang und Betriebsfest eines Chefarztes als Werbungskosten

Prof. Dr. A ist als Chefarzt an einer Universitätsklinik tätig und bezieht aus dieser Tätigkeit Einkünfte aus nichtselbstständiger Arbeit. In 2014 hielt er als neuer Ordinarius in den Räumen der Universität seine Antrittsvorlesung. An dem anschließenden Empfang nahmen 270 geladene Gäste teil, von denen 15 seinem privaten Umfeld zuzurechnen sind. Die Kosten des Empfangs in Höhe von 9.000 € trug A. Ebenfalls in 2014 richtete er auf seine Kosten für die Mitarbeiter der von ihm geleiteten Klinik in den Räumen der Klinik der Universität ein Betriebsfest aus. Daran nahmen 118 Personen teil. Die Kosten beliefen sich auf 4.000 €. Das zuständige FA hat den von A begehrten Werbungskostenabzug wegen privater Mitveranlassung abgelehnt. Zu Recht?

I. Fraglich ist, ob die Aufwendungen des Prof. Dr. A für den Empfang anlässlich seiner **348** Antrittsvorlesung und die Betriebsfeier für die Mitarbeiter Werbungskosten bei den Einkünften aus nichtselbstständiger Arbeit im Sinne des § 19 EStG sind.

   1. Werbungskosten sind Aufwendungen zur Erwerbung, Sicherung und Erhaltung der Einnahmen (§ 9 Abs. 1 S. 1 EStG). Hierzu können nach § 9 Abs. 5 EStG i.V.m. § 4 Abs. 5 S. 1 Nr. 2 EStG auch Bewirtungsaufwendungen eines Arbeitnehmers zählen. Nach st.Rspr. des BFH liegen Werbungskosten dann vor, wenn zwischen den Aufwendungen und den steuerpflichtigen Einnahmen ein Veranlassungszusammenhang besteht. Eine berufliche Veranlassung ist gegeben, wenn die Aufwendungen objektiv mit dem Beruf zusammenhängen und subjektiv zu dessen Förderung erbracht werden.[709] Ob der Steuerpflichtige Aufwendungen aus beruflichem Anlass tätigt oder ob es sich um Aufwendungen für die Lebensführung i.S.v. § 12 Nr. 1 S. 2 EStG handelt, muss anhand einer Würdigung aller Umstände des Einzelfalls entschieden werden.[710]

---

709   Z.B. BFH v. 01.02.2007 – VI R 25/03, BStBl. II 2007, 459 m.w.N.
710   St.Rspr.; vgl. z.B. BFH v. 01.02.2007 – VI R 25/03, BStBl. II 2007, 459.

349   2. Für die Beurteilung, ob die Aufwendungen für eine Feier beruflich oder privat veranlasst sind, ist nach st.Rspr. des BFH in erster Linie auf den **Anlass der Feier** abzustellen.[711] Indes ist der Anlass einer Feier nur ein erhebliches Indiz, nicht aber das allein entscheidende Kriterium für die Beurteilung der beruflichen oder privaten Veranlassung der Bewirtungsaufwendungen. Trotz eines herausgehobenen persönlichen Ereignisses kann sich aus den übrigen Umständen des Einzelfalls ergeben, dass die Aufwendungen für die Feier beruflich veranlasst sind. Für die Zuordnung der Aufwendungen zum beruflichen oder privaten Bereich ist daher auch von Bedeutung, wer als Gastgeber auftritt, wer die Gästeliste bestimmt, ob es sich bei den Gästen um Kollegen, Geschäftsfreunde oder Mitarbeiter (des Steuerpflichtigen oder des Arbeitgebers), um Angehörige des öffentlichen Lebens, der Presse, um Verbandsvertreter oder um private Bekannte oder Angehörige des Steuerpflichtigen handelt. Zu berücksichtigen ist außerdem, an welchem Ort die Veranstaltung stattfindet, ob sich die finanziellen Aufwendungen im Rahmen vergleichbarer betrieblicher Veranstaltungen bewegen und ob das Fest den Charakter einer privaten Feier aufweist oder ob das nicht der Fall ist.[712] Dem beruflichen Veranlassungszusammenhang der Bewirtungsaufwendungen steht nicht entgegen, dass der Arbeitnehmer keine erfolgsabhängigen Einnahmen erzielt.[713]

III. Überträgt man die vorstehenden Grundsätze auf den Fall, so ergibt sich Folgendes:

1. Die Hochschullehrertätigkeit und damit auch die Antrittsvorlesung sind Teil der beruflichen Tätigkeit des Prof. Dr. A. Der Empfang stand in sachlichem und zeitlichem Zusammenhang mit der Antrittsvorlesung. Dies deutet auf die Berufsbezogenheit auch dieser Veranstaltung hin. Es sind keine Anhaltspunkte ersichtlich, die es rechtfertigen könnten, den Anlass der Antrittsvorlesung und des anschließenden Empfangs unterschiedlich zu beurteilen.[714]
Einer Aufteilung nach Köpfen bedarf es hinsichtlich der den Empfang betreffenden Aufwendungen nicht. Denn die Teilnahme von 15 Personen aus dem privaten Umfeld des A ist im Verhältnis zur Gesamtzahl der Gäste (270) als nicht erheblich einzustufen. Eine untergeordnete private Bedeutung ist zumindest im Regelfall dann anzunehmen, wenn der Zusammenhang mit der Lebensführung weniger als 10% beträgt.[715]

Die Bewirtungskosten anlässlich des Empfangs sind danach in voller Höhe als Werbungskosten abzugsfähig.

2. Es bestehen weiterhin keine Anhaltspunkte dafür, dass die von A ausgerichtete Betriebsfeier den Charakter eines privaten Festes aufweist. Für die berufliche Veranlassung sprechen vielmehr die Teilnehmer (nur Mitarbeiter) und der Ort der Veranstaltung (Klinikräume), sodass im Ergebnis ebenfalls eine berufliche Veranlassung angenommen werden kann.

---

711 Vgl. BFH v. 01.02.2007 – VI R 25/03, BStBl. II 2007, 459 m.w.N.
712 BFH v. 06.03.2008 – VI R 68/06, BFH/NV 2008, 1316.
713 BFH v. 06.03.2008 – VI R 68/06, BFH/NV 2008, 1316 unter Hinweis auf BFH v. 24.05.2007 – VI R 78/04, BStBl. II 2007, 721: variable, vom Erfolg seiner Arbeit abhängige Entlohnung ein gewichtiges Indiz für berufliche Veranlassung.
714 So auch BFH v. 06.03.2008 – VI R 68/06, BFH/NV 2008, 1831.
715 Vgl. BFH v. 20.07.2006 – VI R 94/01, BStBl. II 2007, 121.

3. Fraglich ist aber, ob die **Abzugsbeschränkung gemäß § 9 Abs. 5 EStG i.V.m. § 4** **350**
Abs. 5 S. 1 Nr. 2 S. 1 EStG für Bewirtungskosten auch dann zur Anwendung
kommt, wenn auf dem Betriebsfest ausschließlich Arbeitnehmer der von A geleiteten Klinik bewirtet worden sind. Aufwendungen für die Bewirtung von Personen aus geschäftlichem Anlass zählen danach zu den nicht abzugsfähigen Betriebsausgaben, soweit sie 70% der Aufwendungen übersteigen, die nach der allgemeinen Verkehrsauffassung als angemessen anzusehen sind.

Nach der Rspr. des BFH ist für die Anwendung des § 4 Abs. 5 S. 1 Nr. 2 S. 1 EStG auf
Werbungskosten bei den Einkünften aus nichtselbstständiger Arbeit davon auszugehen, dass der Begriff des „geschäftlichen Anlasses" nicht mit dem in st.Rspr.
des BFH zur Definition der Werbungskosten (§ 9 Abs. 1 S. 1 EStG) verwendeten Begriff der „beruflichen Veranlassung" identisch ist. Dies hat für Werbungskosten
bei den Einkünften aus nichtselbstständiger Arbeit zur Folge, dass diese Abzugsbeschränkung nicht greift, wenn ein Arbeitnehmer aus beruflichem Anlass Aufwendungen für die Bewirtung von Arbeitskollegen trägt.[716]

Auch im betrieblichen Bereich greift die Abzugsbeschränkung des § 4 Abs. 5 S. 1 Nr. 2 S. 1 EStG
nach der Rspr. des BFH[717] bei rein betriebsinterner Arbeitnehmerbewirtung nicht ein. Die Möglichkeit des unbeschränkten Abzugs über den Bereich der Arbeitnehmerbewirtung hinaus besteht bei der jetzigen Rechtslage jedoch nicht.

Prof. Dr. A kann danach auch die Aufwendungen für die Ausrichtung des Betriebs-
festes als Werbungskosten abziehen, und zwar in voller Höhe.

Ergebnis: Das Finanzamt hat zu Unrecht die Bewirtungsaufwendungen nicht zum Werbungskostenabzug zugelassen.

Fall 49: Kosten für Telearbeitsplatz als Werbungskosten?

X ist als Oberregierungsrat bei der Stadt Z nichtselbstständig beschäftigt. Er einigte
sich mit seinem Dienstherrn über die Einrichtung eines Telearbeitsplatzes. Danach
verpflichtete er sich, in seiner Wohnung einen geeigneten Arbeitsbereich zur Verfü-
gung zu stellen. Von der regelmäßigen wöchentlichen Arbeitszeit sollten 24 Stunden
(Dienstag, Mittwoch und Donnerstag) in der Dienststelle, die restliche Arbeitszeit zu
Hause abgeleistet werden. Eine Kostenerstattung für Raumnutzung, Energie und
Mobiliar war nicht vorgesehen. Während der Heimarbeitszeit stand der dienstliche
Arbeitsplatz weiterhin zur uneingeschränkten Nutzung zur Verfügung. Als Wer-
bungskosten machte X Kosten für ein Arbeitszimmer in Höhe von 1.500 € geltend. Zu
Recht?

I. Fraglich ist, ob die geltend gemachten Kosten für den Telearbeitsplatz als Werbungs- **351**
kosten bei den Einkünften aus nichtselbstständiger Arbeit (§ 19 EStG) zu berücksichtigen sind.

---

716 BFH v. 06.03.2008 – VI R 68/06, BFH/NV 2008, 1831.
717 BFH v. 18.09.2007 – I R 75/06, BStBl. II 2008, 116; v. 07.09.2011 – I R 12/11, BStBl. II 2012, 194.

1. Gemäß § 9 Abs. 5 i.V.m. § 4 Abs. 5 S. 1 Nr. 6b S. 1 EStG kann ein Steuerpflichtiger Aufwendungen für ein häusliches Arbeitszimmer nicht als Werbungskosten abziehen. Dies gilt nicht, wenn für die betriebliche oder berufliche Tätigkeit kein anderer Arbeitsplatz zur Verfügung steht (§ 4 Abs. 5 S. 1 Nr. 6b S. 2 EStG). In diesem Fall wird die Höhe der abziehbaren Aufwendungen auf 1.250 € begrenzt; die Beschränkung der Höhe nach gilt nicht, wenn das Arbeitszimmer den Mittelpunkt der gesamten betrieblichen und beruflichen Betätigung bildet (§ 4 Abs. 5 S. 1 Nr. 6b S. 3 EStG).

352

a) Der im Gesetz nicht näher bestimmte **Begriff des häuslichen Arbeitszimmers** erfasst nach der mittlerweile st.Rspr. des BFH das häusliche Büro, d.h. einen Arbeitsraum, der seiner Lage, Funktion und Ausstattung nach in die häusliche Sphäre des Steuerpflichtigen eingebunden ist und vorwiegend der Erledigung gedanklicher, schriftlicher oder verwaltungstechnischer Arbeiten dient. Der Nutzung entsprechend ist das häusliche Arbeitszimmer typischerweise mit Büromöbeln eingerichtet, wobei der Schreibtisch regelmäßig das zentrale Möbelstück darstellt.[718] Anderes gilt für Räumlichkeiten, die ihrer Ausstattung und Funktion nach nicht einem Büro entsprechen. Solche Räume sind nicht dem Typus des häuslichen Arbeitszimmers zuzuordnen. Dies gilt auch dann, wenn sie nach ihrer Lage mit dem Wohnraum des Steuerpflichtigen verbunden und deswegen in dessen häusliche Sphäre eingebunden sind (z.B. Lager, Werkstätten, Arztpraxen oder Ausstellungsräume).[719] Ist eine Zuordnung zum Typus des häuslichen Arbeitszimmers nicht möglich, so sind die durch die berufliche Nutzung veranlassten Aufwendungen grundsätzlich unbeschränkt als Werbungskosten gemäß § 9 Abs. 1 S. 1 EStG abziehbar, sofern die betreffenden Räumlichkeiten nahezu ausschließlich beruflich genutzt werden.[720]

b) Höchstrichterlich noch nicht abschließend geklärt ist die Rechtsfrage, ob der Begriff des häuslichen Arbeitszimmers voraussetzt, dass der jeweilige Raum (nahezu) ausschließlich für betriebliche/berufliche Zwecke genutzt wird oder ob die Aufwendungen für ein häusliches Arbeitszimmer vielmehr entsprechend den Grundsätzen des Beschlusses des Großen Senats des BFH vom 21.09.2009[721] aufzuteilen sind. Der IX. Senat des BFH hat hierzu den Großen Senat des BFH angerufen und um Klärung gebeten.[722]

c) Bei einem Stpfl., der lediglich **eine einzige berufliche Tätigkeit** – teilweise zu Hause und teilweise auswärts – ausübt, bestimmt sich der **Mittelpunkt** danach, ob er im Arbeitszimmer diejenigen Handlungen vornimmt und Leistungen erbringt, die für den ausgeübten Beruf wesentlich und prägend sind. Die für den Beruf wesentlichen und prägenden Leistungen werden auch mit dem Begriff des inhaltlichen (qualitativen) Schwerpunkts der betrieblichen und be-

---

718 BFH v. 08.12.2011 – VI R 13/11, BStBl. II 2012, 236.
719 BFH v. 26.02.2014 – VI R 40/12, BStBl. II 2014, 568.
720 BFH v. 22.11.2006 – X R 1/05, BStBl. II 2007, 304
721 GrS 1/06, BStBl. II 2010, 672.
722 BFH (Vorlagebeschluss) v. 21.11.2013 – IX R 23/12, BStBl. II 2014, 312.

ruflichen Betätigung des Steuerpflichtigen umschrieben. Maßgebend ist, ob – unter Berücksichtigung der Verkehrsanschauung – das qualitativ für eine bestimmte steuerbare Tätigkeit Typische im häuslichen Arbeitszimmer ausgeübt wird.[723] Auch bei Stpfl., die **mehreren Tätigkeiten** zur Einkünfteerzielung nachgehen, ist der Schwerpunkt qualitativ im Rahmen einer umfassenden Wertung der Gesamttätigkeit des Steuerpflichtigen festzustellen. Dabei kommt es entscheidend darauf an, ob die Tätigkeit im Arbeitszimmer für das Berufsbild prägend ist.[724]

d) Ein **„anderer Arbeitsplatz"** im Sinne der Abzugsbeschränkung ist grundsätzlich jeder Arbeitsplatz, der zur Erledigung büromäßiger Arbeiten geeignet ist. Weitere Anforderungen an seine Beschaffenheit sind grundsätzlich nicht zu stellen. Er steht aber nur dann „für die betriebliche oder berufliche Tätigkeit ... zur Verfügung", wenn ihn der Stpfl. in dem konkret erforderlichen Umfang und in der konkret erforderlichen Art und Weise tatsächlich nutzen kann (st.Rspr. des BFH).[725]

II. Überträgt man die vorstehenden Grundsätze auf den Fall, so ergibt sich Folgendes:

1. Der Telearbeitplatz des X entspricht dem Typus des häuslichen Arbeitszimmers. Denn der Raum wird im Sinne der vorgenannten Rechtsgrundsätze büromäßig genutzt und dient der Erledigung gedanklicher, schriftlicher und verwaltungstechnischer Arbeiten. Der als Arbeitszimmer genutzte Raum zuhause weist auch ansonsten keine Besonderheiten auf, die den Raum nicht als typisches häusliches Arbeitszimmer erscheinen ließen. Anhaltspunkte für eine nicht ausschließliche berufliche Nutzung des Arbeitszimmers bestehen nach dem Sachverhalt nicht.

2. X übt als mit der Stadt angestellter Oberregierungsrat das qualitativ für eine bestimmte steuerbare Tätigkeit Typische nicht im häuslichen Arbeitszimmer ausgeübt, sondern in seinem Dienstzimmer als Dienstort. Der Mittelpunkt der Tätigkeit des X befindet sich damit nicht im häuslichen Arbeitszimmer.[726]

3. Dem X stand auch ein anderer Arbeitsplatz i.S.d. § 9 Abs. 5 i.V.m. § 4 Abs. 5 S. 1 Nr. 6b S. 2, 3 EStG zur Verfügung. Während der Heimarbeitzeit stand der dienstliche Arbeitsplatz weiterhin zur uneingeschränkten Nutzung zur Verfügung.

Ergebnis: Die Arbeitszimmerkosten des X erfüllen zwar grundsätzlich wegen der ausschließlichen beruflichen Veranlassung den Werbungskostenbegriff; sie sind aber wegen den Abzugsverbots des § 9 Abs. 5 i.V.m. § 4 Abs. 5 S. 1 Nr. 6b EStG nicht abzugsfähig.

---

723 BFH v. 16.07.2014 – X R 49/11, BFH/NV 2015, 177.

724 BFH v. 16.07.2014 – X R 49/11, BFH/NV 2015, 177.

725 BFH v. 26.02.2014 – VI R 11/12, BStBl II 2014, 674.

726 Ähnlich BFH v. 08.12.2011 – VI R 13/11, BStBl. II 2012, 236 betr. Arbeitszimmer eines Richters.

f) Kleines ABC der Werbungskosten

353   **Arbeitsmittel:** Siehe oben Fall 47.

Arztkosten: Aufwendungen zur Behandlung von Gesundheitsschäden können Werbungskosten sein, wenn es sich um typische Berufskrankheiten handelt.[727]

Ausbildungskosten (Berufsausbildungskosten): Sofern es sich um die Zweitausbildung handelt, sind die Aufwendungen als Werbungskosten abzugsfähig. Erstausbildungskosten fallen unter das Abzugsverbot des § 9 Abs. 6 EStG (streitig). Kosten für die eigene Ausbildung sind begrenzt bis zur Höhe von 6.000 € im Kalenderjahr als Sonderausgaben nach § 10 Abs. 1 Nr. 7 EStG abziehbar; die Eltern erhalten ggf. die Ausbildungsfreibeträge nach § 33a Abs. 2 EStG.

Auslandsgruppenreise: Haben nicht nur berufliche Gründe den Steuerpflichtigen bewogen, die Reisekosten zu tragen, ist zu prüfen, ob die beruflichen und privaten Veranlassungsbeiträge voneinander abgrenzbar sind. Im Fall der Abgrenzbarkeit sind die Reisekosten in Werbungskosten und Aufwendungen für die private Lebensführung aufzuteilen. Als sachgerechter Aufteilungsmaßstab kommt vor allem das Verhältnis der beruflich und privat veranlassten Zeitanteile in Betracht.[728]

354   **Auslandssprachkurs:** Kosten einer Sprachreise können Werbungskosten sein; auch die in einer Fremdsprache vermittelten fachspezifischen Informationen etwa in Form wirtschaftswissenschaftlicher Vorlesungen können der Erweiterung der Sprachkompetenz förderlich und damit beruflich veranlasst sein.[729]

BAföG-Rückzahlungen: Darlehensfinanzierte Aufwendungen sind bereits im Veranlagungszeitraum der Verausgabung der Darlehensmittel steuerermäßigend abzusetzen; Tilgungsraten auf ein BAföG-Darlehen können nach Studienabschluss nicht steuermindernd berücksichtigt werden.[730]

Beiträge zu Berufsverbänden: Werbungskosten (§ 9 Abs. 1 S. 3 Nr. 3 EStG)

Berufskleidung: Die Aufwendungen für typische Berufskleidung sind abzugsfähig. Anschaffungskosten für „bürgerliche Kleidung" unterliegen demgegenüber grundsätzlich dem Aufteilungs- und Abzugsverbot des § 12 Nr. 1 S. 2 EStG.[731] Entscheidend ist, ob das Kleidungsstück üblicherweise auch für die private Lebensführung verwendet werden kann. Beispiele für die Abgrenzungsproblematik: Das Uniformhemd mit Rangabzeichen eines Flugpiloten ist Berufskleidung; nicht abziehbar sind dagegen die Anschaffungskosten für die zur Uniform zu tragenden schwarzen Schuhe;[732] der Lodenmantel mit Dienstabzeichen eines Forstbeamten ist wiederum keine Berufskleidung.[733]

Bewirtungskosten: Siehe Fall 48.

Brille: Aufwendungen für eine zur Korrektur einer Sehschwäche dienende Brille sind selbst dann nicht abziehbar, wenn die Brille ausschließlich am Bildschirmarbeitsplatz getragen wird.[734]

Cash-Settlement: Der vom Stillhalter einer Kaufoption auf den DAX an den Optionsberechtigten gezahlte Barausgleich (cash-settlement) ist nicht als Werbungskosten bei den Einkünften gemäß § 22 Nr. 3 EStG abziehbar;[735] anders sogenannte Glattstellungsaufwendungen.[736]

Deutschkurs: Aufwendungen eines in Deutschland lebenden Ausländers für das Erlernen der deutschen Sprache gehören regelmäßig auch dann zu den nichtabziehbaren Kosten der Lebensführung, wenn zur Fortsetzung der bereits im Ausland ausgeübten beruflichen Tätigkeit ein ergänzendes Studium erforderlich ist, dessen Aufnahme den Nachweis von Deutschkenntnissen voraussetzt. Das Erlernen

---

727   BFH v. 26.03.1965 – VI 150/64 U, BStBl. III 1965, 358.

728   BFH v. 21.04.2010 – VI R 5/07, BStBl. II 2010, 687 betr. Fortbildungsreise für Englischlehrer nach Dublin.

729   BFH v. 10.04.2008 – VI R 13/07, BFH/NV 2008, 1356.

730   BFH v. 07.02.2008 – VI R 41/05, BFH/NV 2008, 1136.

731   BFH v. 20.03.1992 – VI R 55/89, BStBl. II 1993, 192.

732   Hessisches FG v. 28.11.1988 – 9 K 292/87, EFG 1989, 173.

733   BFH v. 19.01.1996 – VI R 73/94, BStBl. II 1996, 202.

734   BFH v. 23.10.1992 – VI R 31/92, BStBl. II 1993, 193.

735   BFH v. 13.02.2008 – IX R 68/07, BStBl. II 2008, 522.

736   BFH v. 17.04.2007 – IX R 23/06, BStBl. II 2007, 606.

der deutschen Sprache fördert in erster Linie die Allgemeinbildung und stellt damit keine Berufsausbildung i.S.d. § 10 Abs. 1 Nr. 7 EStG dar.[737]

Doktortitel: Promotionskosten und Kosten eines Promotionsstudiums können bei beruflicher Veranlassung Werbungskosten sein; nicht jedoch bei Kauf eines Doktortitels.[738]

Doppelte Haushaltsführung: Einzelheiten siehe oben Rn. 343 ff.

Einbürgerungskosten: Aufwendungen zum Erwerb der deutschen Staatsangehörigkeit sind stets nicht abzugsfähige Kosten der Lebensführung.[739]

Fachbücher und Fachzeitschriften: Arbeitsmittel

Fahrten zwischen Wohnung und erster Tätigkeitsstätte: Vgl. oben Fall 46

Fehlgelder bei Kassenführung: Der Fehlbestand, den ein Kassierer gegenüber dem Arbeitgeber tragen muss, gehört zu den Werbungskosten.

Fernsprechgebühren: Siehe Telefonkommunikationskosten

Fortbildungskosten: Fortbildungskosten sind in der Regel Werbungskosten.

355

Führerschein: Die Aufwendungen sind nur dann Werbungskosten, wenn der Erwerb des Führerscheins unmittelbare Voraussetzung zur Berufsausübung ist, z.B. bei einem Lkw- oder einem Taxifahrer.[740]

Geldstrafen, Geldbußen: Nicht abzugsfähig, §§ 9 Abs. 5, 4 Abs. 5 Nr. 8 und 12 Nr. 4 EStG

Habilitationskosten: Abzugsfähig[741]

Hochschulstudium: Keine Werbungskosten, sofern Erststudium (§§ 9 Abs. 6, 12 Nr. 5 EStG); aber Sonderausgabenabzug gemäß § 10 Abs. 1 Nr. 7 EStG.[742]

Kindergarten: Aufwendungen berufstätiger Eheleute für den Kindergartenbesuch ihrer Kinder sind keine Werbungskosten.[743] Ggf. aber Abzug als Kinderbetreuungskosten nach § 10 Abs. 1 Nr. 5 EStG.

Kongress: Aufwendungen für die Teilnahme an den von der Bundesapothekerkammer in Meran veranstalteten Kongressen können Werbungskosten sein. Für die Frage, ob der berufliche bzw. private Nutzungsanteil von untergeordneter Bedeutung ist, kommt es auf das Verhältnis der beruflich zu den privat veranlassten Zeitanteilen an.[744]

Kontoführungsgebühren: Werbungskosten, soweit sie durch Gehaltsüberweisungen oder andere beruflich veranlasste Überweisungen entstanden sind[745]

Krankheitskosten: Siehe Arztkosten

NLP-Kurse: Aufwendungen einer leitenden Redakteurin für NLP-Kurse zur Verbesserung beruflicher Kommunikationsfähigkeit sind Werbungskosten.[746]

Personal-Computer: siehe oben Fall 47.

---

737 Vgl. BFH v. 05.07.2007 – VI R 72/06, BFH/NV 2007, 2096.
738 BFH v. 04.11.2003 – VI R 96/01, BStBl. II 2004, 891.
739 BFH v. 18.05.1984 – VI R 130/80, BStBl. II 1984, 588.
740 BFH v. 20.02.1969 – IV R 119/66, BStBl. II 1969, 433.
741 BFH v. 07.08.1967 – VI R 25/67, BStBl. III 1967, 778.
742 Vgl. hierzu auch Schmidt/Kr § 19 EStG Rn. 60 „Ausbildungskosten".
743 BFH v. 23.02.1968 – VI R 292/66, BStBl. II 1968, 434.
744 BFH v. 22.07.2008 – VI R 2/07, BFH/NV 2008. 1837.
745 BFH v. 09.05.1984 – VI R 63/80, BStBl. II 1984, 560.
746 BFH v. 28.08.2008 – VI R 44/04, BStBl. II 2009, 106.

Prozesskosten: Werbungskosten, sofern der Prozess beruflich bedingt ist.[747] Bei allgemeiner Straftat kein Werbungskostenabzug, selbst wenn auf Wiedereinstellung und Rücknahme von Gehaltskürzungen geklagt wird.[748]

Reinigungskosten: Reinigungskosten für typische Berufskleidung sind in angemessener Höhe, die erforderlichenfalls zu schätzen ist, als Werbungskosten abziehbar.[749]

Reisekosten: Im Rahmen einer beruflich veranlassten Auswärtstätigkeit angefallene Reisekosten (Fahrtkosten, Unterbringungskosten, Verpflegungsmehraufwendungen) sind als Werbungskosten abzugsfähig. Zu weiteren Einzelheiten siehe oben V 2 a) bis c).

Schadensersatz: Schadensersatzleistungen sind als Werbungskosten abzugsfähig, wenn der Schaden auf der Tätigkeit als Arbeitnehmer und nicht auf persönlichem Fehlverhalten beruht.[750]

Schmiergelder: Werbungskosten, sofern sie aus beruflichem Anlass zugewendet sind; Einschränkung gemäß § 9 Abs. 5 i.V.m. § 4 Abs. 5 Nr. 10 EStG

Seminare für Persönlichkeitsentfaltung: Aufwendungen für Seminare zur Persönlichkeitsentfaltung sind beruflich veranlasst, wenn die Veranstaltungen primär auf die spezifischen Bedürfnisse des vom Steuerpflichtigen ausgeübten Berufs ausgerichtet sind.[751]

356 **Studienreisen:** Auch Aufwendungen für Reisen, die der beruflichen Fortbildung dienen, sind dann als Werbungskosten abziehbar, wenn sie durch den Beruf veranlasst sind. Ob dies zutrifft, ist durch die Würdigung aller Umstände des Einzelfalls zu beurteilen. Der uneingeschränkte Abzug der Reisekosten setzt voraus, dass die Reise ausschließlich oder nahezu ausschließlich der beruflichen Sphäre zuzuordnen ist. Das ist zum einen der Fall, wenn der Reise ein unmittelbarer beruflicher Anlass zugrunde liegt und die Verfolgung privater Reiseinteressen nicht den Schwerpunkt der Reise bildet. Gleiches gilt, wenn die berufliche Veranlassung bei weitem überwiegt und die Befriedigung privater Interessen, wie z.B. Erholung, Bildung und Erweiterung des allgemeinen Gesichtskreises, nach dem Anlass der Reise, dem vorgesehenen Programm und der tatsächlichen Durchführung nicht ins Gewicht fällt und nur von untergeordneter Bedeutung ist. Ist eine Bildungsreise gemischt veranlasst, ist nach den Grundsätzen, die der Große Senat des BFH[752] in seinem Beschluss vom 21.09.2009 aufgestellt hat, (nur) der beruflich veranlasste Teil der Reisekosten zum Abzug als Werbungskosten zuzulassen.[753]

Tageszeitung: Grundsätzlich Kosten der Lebenshaltung;[754] Ausnahme ggf. beim „Handelsblatt"[755]

Telekommunikationskosten: Eigene Kosten für Telefon, Handy, Internet usw. können bei beruflicher Veranlassung Werbungskosten sein.[756]

Umschulungskosten: Aufwendungen für eine Umschulungsmaßnahme, die die Grundlage dafür bildet, von einer Berufs- oder Erwerbsart zu einer anderen überzuwechseln, können vorab veranlasste Werbungskosten sein.[757]

Umzugskosten: Nach st.Rspr. des BFH stellen Aufwendungen für einen Umzug Werbungskosten dar, wenn infolge des Umzugs eine arbeitstägliche Fahrzeitverkürzung von mindestens einer Stunde eintritt. In einem solchen Fall treten mit einem Umzug einhergehende private Begleitumstände regelmäßig in den Hintergrund und können deshalb vernachlässigt werden.[758]

---

747 Vgl. BFH v. 09.02.2012 – VI R 23/10, BStBl. II 2012, 829.
748 BFH v. 08.09.2003 – VI B 109/03, BFH/NV 2004, 42.
749 BFH v. 29.06.1993 – VI R 77/91, BStBl. II 1993, 837.
750 Vgl. BFH v. 21.08.2012 – IX R 21/11, BFH/NV 2013, 22.
751 BFH v. 28.08.2008 – VI R 44/04, BFH/NV 2008, 2108.
752 BFH v. 21.09.2009 – GrS 1/06, BStBl. II 2010, 672.
753 BFH v. 21.04.2010 – VI R 5/07, BStBl. II 2010, 687.
754 BFH v. 07.09.1989 – IV R 128/88, BStBl. II 1990, 19.
755 Vgl. BFH v. 12.11.1982 – VI R 193/79, DB 1983, 372.
756 Vgl. Schmidt/Krüger § 19 EStG Rn. 60 „Telekommunikationsaufwendungen".
757 BFH v. 04.12.2002 – VI R 120/01, FR 2003, 195.
758 BFH v. 12.11.2008 – VI B 85/08, BFH/NV 2009, 171.

Unfallkosten: Abzugsverbot für Unfallkosten, die durch die private Mitveranlassung auf einer Dienstreise ausgelöst werden (z.B. Trunkenheit[759])

Verpflegungsmehraufwendungen: Werbungskosten bei doppelter Haushaltsführung, bei Auswärtstätigkeiten und bei Fortbildungsmaßnahmen.

Versicherungsbeiträge: Abzugsfähige Werbungskosten, wenn ein ausschließlich berufsbedingtes Risiko abgesichert wird

Zeitschriften: Auch allgemein bildende Zeitschriften (z.B. „Kosmos", „Das Tier") können Arbeitsmittel sein, wenn die berufliche Verwendung im Unterricht bzw. zu dessen Vorbereitung so sehr im Vordergrund steht, dass eine daneben gegebene private Nutzung bedeutungslos wird.[760]

Zinsen: Zinsen für aus beruflichen Gründen aufgenommene Kredite sind Werbungskosten. Zinsen zur Anschaffung eines für Fahrten zwischen Wohnung und Arbeitsstätte genutzten Pkw sind durch die Pauschbeträge abgegolten.

---

759 Vgl. auch BFH v. 01.12.2005 – IV R 26/04, BStBl. II 2006, 182.
760 BFH v. 21.06.1989 – VI R 138/86, BFH/NV 1990, 89.

357

Einkünfte aus nichtselbstständiger Arbeit, § 19 EStG

Arbeitnehmer

- Begriff: § 1 LStDV
- Öffentliches oder privates Arbeitsverhältnis
- Merkmale: Schulden der Arbeitskraft, Eingliederung in Betrieb, Weisungsgebundenheit, geregelte Arbeits- und Urlaubszeit, kein Unternehmerrisiko

Aktive Arbeitnehmer	Versorgungsempfänger
■ § 19 Abs. 1 S. 1 Nr. 1 EStG	■ § 19 Abs. 1 S. 1 Nr. 2 EStG

Arbeitslohn / Versorgungsbezüge

Arbeitslohn

- Barlohn
- Sachlohn
- Personalrabatte
- Private Nutzung eines Dienstwagens

Versorgungsbezüge

- § 19 Abs. 2 S. 2 EStG, insbesondere Beamtenpensionen
- Nicht Bezüge aus der gesetzlichen Rentenversicherung

Steuerfreie Bezüge / Versorgungsfreibetrag

Steuerfreie Bezüge

- Steuerbefreiung für bestimmte Bar- und Sachbezüge, §§ 3, 3b EStG, z.B. Reisekosten- und Umzugskostenvergütung, § 3 Nr. 13 u. § 3 Nr. 16 EStG
- Sammelbeförderung, § 3 Nr. 32 EStG
- Privatnutzung betriebl. PC u. Telekommunikation, § 3 Nr. 45 EStG
- Trinkgelder, § 3 Nr. 51 EStG
- Zuschläge für Sonntags-, Feiertags- und Nachtarbeit, § 3b EStG

Versorgungsfreibetrag

- § 19 Abs. 2 S. 1 EStG
- %-Satz der Versorgungsbezüge, abhängig vom Versorgungsbeginn
- max. 3.000 € Zuschlag zum Versorgungsfreibetrag
- § 19 Abs. 2 S. 1 EStG
- Abhängig vom Versorgungsbeginn
- max. 900 €

Werbungskostenabzug

Werbungskostenabzug (Aktive Arbeitnehmer)

- Tatsächliche Werbungskosten, § 9 EStG, insbesondere
  - Fahrten zur ersten Tätigkeitsstätte, § 9 Abs. 1 S. 3 Nr. 4 EStG
  - Mehraufwendungen anlässlich einer doppelten Haushaltsführung, § 9 Abs. 1 S. 3 Nr. 5 EStG
  - Arbeitsmittel, § 9 Abs. 1 S. 3 Nr. 6 EStG
- Häusliches Arbeitszimmer, § 9 Abs. 5 i.V.m. § 4 Abs. 5 Nr. 6b EStG
- alt. Werbungskostenpauschbetrag gem. § 9a Nr. 1 Buchst. a) EStG

Werbungskostenabzug (Versorgungsempfänger)

- Tatsächliche Werbungskosten, § 9 EStG
- Kein Arbeitnehmerpauschbetrag nach § 9a Nr. 1 Buchst. a) EStG!
- alt. Werbungskostenpauschbetrag § 9a Nr. 1 Buchst. b) EStG i.H.v. 102 €

E. Einkünfte aus Kapitalvermögen (§ 20 EStG)

I. Allgemeines

Die Besteuerung der Einkünfte aus Kapitalvermögen hat mit der Einführung der Abgel-   **358**
tungsteuer mit Wirkung zum 01.01.2009 eine grundlegende systematische Veränderung erfahren. Das neue Konzept sieht – im Unterschied zur Gesetzeslage bis zum
31.12.2008 – zum einen keine Trennung zwischen Quellen- und Veräußerungseinkünften mehr vor.[761] Die Kapitalveräußerungseinkünfte, die bislang nur im Rahmen des § 23
Abs. 1 Nr. 2 EStG a.F. erfasst wurden, werden nunmehr durch § 20 Abs. 2 EStG den Einkünften aus Kapitalvermögen und damit dem Anwendungsbereich der Abgeltungsteuer zugewiesen (z.B. Veräußerung von Aktien). Diese systematische Verbindung zwischen Quelleneinkünften (= laufende Kapitaleinkünfte) und Veräußerungseinkünften
bewirkt im Ergebnis, dass eine bisher notwendige Differenzierung zwischen steuerpflichtigen Quellenerträgen nach § 20 EStG und gemäß § 23 Abs. 1 EStG steuerbaren
oder nicht steuerbaren „Stammvermögenserträgen" entbehrlich geworden ist.[762] Die
Systemumstellung auf die Abgeltungsteuer hat zum anderen Besonderheiten im Hinblick auf die Einkünfteermittlung und den Werbungskostenabzug, den Sondertarif mit
abgeltender Wirkung und die Veranlagung mit sich gebracht.

Das Rechtsgebiet ist insgesamt sehr schwierig, unübersichtlich und teilweise verfassungsrechtlich bedenklich.[763] Zu vielen Einzelfragen im Bereich der Abgeltungsteuer
hat die Finanzverwaltung in einem umfangreichen BMF-Schreiben Stellung genommen.[764]

II. Subsidiarität der Kapitaleinkünfte

Wie bisher sind die Einkünfte aus Kapitalvermögen auch nach der Systemumstellung   **359**
subsidiär gegenüber den Einkünften aus Land- und Forstwirtschaft (§§ 13–14a EStG),
den Einkünften aus Gewerbebetrieb (§§ 15–17 EStG), also insbesondere den Einkünften
aus der Veräußerung von Kapitalgesellschaftsanteilen i.S.v. § 17 EStG, den Einkünften
aus selbstständiger Arbeit (§ 18 EStG) und den Einkünften aus Vermietung und Verpachtung (§ 21 EStG). Diese Subsidiarität bewirkt eine vorrangige Zuordnung zu diesen Einkunftsarten, soweit der Tatbestand erfüllt ist (vgl. § 20 Abs. 8 EStG). Mit dieser Zuord-
nungsregelung wird gleichzeitig auch der Anwendungsbereich der Abgeltungsteuer
bestimmt. Nicht erfasst von der Subsidiaritätsregelung ist das Verhältnis der Kapitaleinkünfte zu den Einkünften aus nichtselbstständiger Arbeit (§ 19 EStG).

---

761 Zu den Begrifflichkeiten siehe Tipke/Lang § 8 Rn. 493.
762 Vgl. Tipke/Lang § 8 Rn. 493.
763 Vgl. zu den verfassungsrechtlichen Bedenken: Tipke/Lang § 8 Rn. 505.
764 BMF v. 09.10.2012 – IV C 1-S 2252/10/10013, 2011/0948384, BStBl. I 2012, 953.

III. Laufende Einkünfte aus Kapitalvermögen

360 Grundsätzlich erzielt derjenige laufende Kapitaleinkünfte, der Kapitalvermögen gegen Entgelt zur Nutzung überlässt.[765]

Der Katalog des § 20 Abs. 1 EStG bestimmt folgende laufende Einnahmen aus Kapitalvermögen:

■ Bezüge aus Kapitalgesellschaften (§ 20 Abs. 1 Nr. 1 und 2 EStG);

■ Einnahmen aus der Beteiligung an einem Handelsgewerbe als typischer stiller Gesellschafter und aus partiarischen Darlehen (§ 20 Abs. 1 Nr. 4 EStG);

■ Zinsen aus Hypotheken/Grundschulden und Renten aus Rentenschulden (§ 20 Abs. 1 Nr. 5 EStG);

■ Erträge aus Lebensversicherungen (§ 20 Abs. 1 Nr. 6 EStG);

■ Erträge aus sonstigen Kapitalforderungen (§ 20 Abs. 1 Nr. 7 EStG);

■ Diskontbeträge von Wechseln und Anweisungen (§ 20 Abs. 1 Nr. 8 EStG);

■ Quasi-Gewinnausschüttungen von nicht befreiten Körperschaftsteuer-Subjekten i.S.v. § 1 Abs. 1 Nr. 3–5 KStG (§ 20 Abs. 1 Nr. 9 EStG);

■ Leistungen, verdeckte Gewinnausschüttungen von Betrieben gewerblicher Art und wirtschaftlichen Geschäftsbetrieben (§ 20 Abs. 1 Nr. 10 EStG);

■ Stillhalterprämien, die für die Einräumung von Optionen vereinnahmt werden (§ 20 Abs. 1 Nr. 11 EStG).

Aus den vorstehenden Gruppen von laufenden Kapitalerträgen sind die folgenden von besonderer Bedeutung:

1. Beteiligungserträge

361 Von § 20 Abs. 1 Nr. 1 und 2 EStG werden Bezüge aus Kapitalgesellschaften und anderen Körperschaften, AG, KGaA und GmbH, erfasst. Dazu zählen:

■ Gewinnanteile (Dividenden),

■ offene und verdeckte Gewinnausschüttungen,

■ Genussrechte,

■ ausschüttungsgleiche Erträge,

■ Zwischengewinn im Sinne des § 2 Investmentsteuergesetzes,

■ besondere Entgelte und Vorteile im Sinne des § 20 Abs. 3 EStG,

■ Bezüge aufgrund von Kapitalherabsetzung und Liquidationen (§ 20 Abs. 1 Nr. 2 EStG).

---

765 BFH v. 13.12.2006 – VIII R 79/03, BStBl. II 2007, 562.

Diese Bezüge sind dem jeweiligen Anteilseigner zuzurechnen (§ 20 Abs. 5 EStG).

Auch **Vorteile von dritter Seite** sind zu erfassen.[766]   362

Besteuerung der Beteiligungserträge: Infolge der Änderung der mit § 20 EStG in Zusammenhang stehenden Vorschriften hat sich die Besteuerung der Beteiligungserträge fundamental verändert. Dabei hängen die Besteuerungsfolgen davon ab, ob die Erträge aus Beteiligungen dem Betriebsvermögen oder dem Privatvermögen zuzurechnen sind:

Ab 01.01.2009 unterliegen **laufende Erträge aus Beteiligungen im Betriebsvermögen** dem **Teileinkünfteverfahren**. Dabei werden die Erträge nach § 3 Nr. 40 EStG zu einem Anteil von 40% freigestellt. Gleichzeitig bewirkt § 3c Abs. 2 EStG ein Abzugsverbot in gleicher Höhe.

Laufende Erträge aus Beteiligungen im Privatvermögen unterfallen dagegen § 20   363
Abs. 1 EStG und damit der **Abgeltungsteuer**. Die Abgeltungsteuer ersetzt das bis zum
31.12.2008 geltende Halbeinkünfteverfahren. Der Anteilseigner hat jedoch ein **Optionsrecht**: Er kann nach § 32d Abs. 2 Nr. 3 EStG zum Teileinkünfteverfahren optieren,
wenn die Beteiligung mindestens 25% oder mindestens 1% beträgt und der Steuerpflichtige für die Kapitalgesellschaft beruflich tätig ist.

364

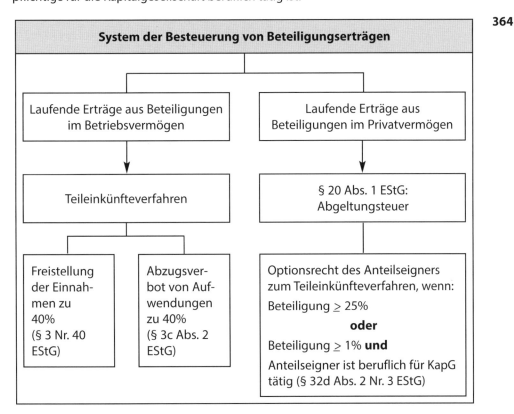

System der Besteuerung von Beteiligungserträgen

Laufende Erträge aus Beteiligungen im Betriebsvermögen → Teileinkünfteverfahren → Freistellung der Einnahmen zu 40% (§ 3 Nr. 40 EStG) / Abzugsverbot von Aufwendungen zu 40% (§ 3c Abs. 2 EStG)

Laufende Erträge aus Beteiligungen im Privatvermögen → § 20 Abs. 1 EStG: Abgeltungsteuer → Optionsrecht des Anteilseigners zum Teileinkünfteverfahren, wenn: Beteiligung ≥ 25% **oder** Beteiligung ≥ 1% **und** Anteilseigner ist beruflich für KapG tätig (§ 32d Abs. 2 Nr. 3 EStG)

---

766   Vgl. BFH v. 07.12.2004 – VIII R 70/02, BStBl. II 2005, 468 betr. Zuteilung von Telekom-Bonusaktien.

365 Der Gewinn von Körperschaften unterliegt auf der **Gesellschaftsebene** der Körperschaftsteuer und der Gewerbesteuer. Auch hier haben sich die steuerlichen Bedingungen verändert, bereits aber mit Wirkung zum 01.01.2008: Der Körperschaftsteuersatz ist von 25% auf 15% gesunken, die Gewerbesteuermesszahl von 5% auf 3,5%.

Danach lassen sich die **Besteuerungsfolgen auf Gesellschafts- und Gesellschafterebene** (unterteilt nach Privatvermögen und Betriebsvermögen) ab 01.01.2009 zahlenmäßig bei Vollausschüttung wie folgt darstellen:[767]

Gesellschaftsebene	bisher	2009 PV	2009 BV
Gewinn vor Steuern	100	100	100
GewSt	16,67	14[*]	14
KSt	20,83	15	15
verbleiben	1,15	0,83	0,83
Belastung	61,35	70,17	70,17
Gesellschafterebene			
Zufluss	61,35	70,17	70,17
ESt	12,88[**]	17,54[***]	18,95[****]
SolZ	0,71	0,96	1,04
verbleiben	47,76	51,67	50,18
Belastung	52,24%	48,33%	49,82%

Erläuterungen:

[*] 100 x 3,5% x 400%;
[**] Steuersatz: 42%;
[***] 70,17 x 25%;
[****] stpfl. 42,1 x 45%

Das Halten der Beteiligung im Privatvermögen ist steuerlich vorteilhaft, wenn der persönliche Einkommensteuersatz 45% beträgt. Ansonsten ist das Halten der Beteiligung im Betriebsvermögen günstiger. Der Steuervorteil erhöht sich noch, wenn Beteiligungsaufwand angefallen ist, der im Privatvermögen nur in Höhe des Sparer-Pauschbetrags und im Betriebsvermögen wegen des Teileinkünfteverfahrens zu 60% abzugsfähig ist (§ 3c Abs. 2 EStG).[768]

2. Einnahmen aus stillen Gesellschaften und partiarischen Darlehen

366 Nach § 20 Abs. 1 Nr. 4 EStG zählen zu den Einkünften aus Kapitalvermögen auch die Erträge aus stillen Gesellschaften und partiarischen Darlehen. Partiarisch sind Darlehen, für die der Darlehensgeber einen Gewinnanteil an der Gesellschaft erhält, dem das Darlehen dient.[769] Die Vergütung muss dem Umstand Rechnung tragen, dass der partiarische Darlehensgeber nicht an Verlusten teilnimmt. Hierzu zählen nicht atypisch stille Gesellschaften, bei denen die Gesellschafter Mitunternehmer i.S.d. § 15 Abs. 1 S. 1 Nr. 2 EStG sind. § 20 Abs. 1 Nr. 4 EStG ist auch nach Einführung der Abgeltungsteuer unver-

767 Vgl. Kirchhof/von Beckerath § 20 EStG Rn. 47.
768 Kirchhof/von Beckerath § 20 EStG Rn. 48.
769 Kirchhof/von Beckerath § 20 EStG Rn. 95.

ändert geblieben. Zu beachten ist allerdings § 20 Abs. 2 Nr. 4 EStG, wonach nunmehr zu den Einkünften aus Kapitalvermögen auch der Gewinn aus der Veräußerung von Wirtschaftsgütern gehört, die Erträge i.S.v. § 20 Abs. 1 Nr. 4 EStG erzielen.

3. Sonstige Kapitalforderungen

§ 20 Abs. 1 Nr. 7 EStG enthält einen **Auffangtatbestand** zu den Tatbeständen des § 20 Abs. 1 Nr. 1–6, 8 EStG. Erfasst werden Erträge aus Kapitalforderungen jeder Art. Dazu zählen insbesondere Zinsen und nach dem Willen des Gesetzgebers auch alle laufenden Erträge aus reinen Spekulationsanlagen (sogenannte Vollrisikozertifikate).[770] Voraussetzung ist, dass die Rückzahlung des Kapitalvermögens oder ein Entgelt für die Überlassung des Kapitalvermögens zugesagt oder geleistet worden ist. Unerheblich ist, ob die Höhe der Rückzahlung oder des Entgelts von einem ungewissen Ereignis abhängt.[771]

367

Durch das JStG 2010 hat der Gesetzgeber § 20 Abs. 1 Nr. 7 EStG um einen S. 3 ergänzt. Dadurch sollte klargestellt werden, dass Erstattungszinsen i.S.d. § 233a AO zu den Erträgen aus sonstigen Kapitalforderungen zählen. Die Ergänzung war erforderlich geworden, da der BFH zuvor seine Rspr. dergestalt geändert hatte, dass gesetzliche Zinsen, die das FA aufgrund von Einkommensteuererstattungen an den Stpf. zahlt (sogenannte **Erstattungszinsen**) nicht mehr der Einkommensteuer unterliegen.[772] Dies stand im Widerspruch zur bisherigen Rechtsauslegung durch die Finanzverwaltung. Die Anpassung gilt rückwirkend in allen noch offenen Fällen (§ 52a Abs. 8 S. 2 EStG).

Gewinne aus der Abtretung von Kapitalforderungen werden von § 20 Abs. 2 Nr. 7 EStG erfasst.

4. Stillhalterprämien

Mit Einführung der Abgeltungsteuer wurde die Regelung des § 20 Abs. 1 Nr. 11 EStG mit der Erfassung der Stillhalterprämien neu in den Katalog der laufenden Kapitaleinkünfte aufgenommen.

368

Begriff des Optionsgeschäfts: Inhalt des Optionsgeschäfts ist der Erwerb oder die Veräußerung des Rechts, eine bestimmte Menge eines Basiswerts (insbesondere Aktien, Indizes oder festverzinsliche Wertpapiere) jederzeit während der Laufzeit der Option zu einem im Voraus vereinbarten Preis (Basispreis) entweder vom Kontrahenten (Stillhalter) zu kaufen oder an ihn zu verkaufen. Für dieses Recht hat der Inhaber der Option bei Abschluss des Geschäfts eine Optionsprämie (Stillhalterprämie) zu zahlen. Die **Stillhalterprämie** ist das Entgelt, dass der Stillhalter als Entschädigung für die Bindung und die Risiken, die er durch die Begebung des Optionsrechts eingeht, unabhängig vom Zustandekommen des Wertpapiergeschäfts allein für die Stillhaltung erhält.[773]

---

770 Vgl. BT-Drs. 16, 4841, S. 54.
771 Tipke/Lang § 8 Rn. 496.
772 BFH v. 15.06.2010 – VIII R 33/07, BFH/NV 2010, 1917.
773 Vgl. BT-Drs. 16/4841, S. 54; Kirchhof/von Beckerath § 20 EStG Rn. 115.

Bisherige Rechtslage (bis 31.12.2008): Nach der Rspr. des BFH gehörten Stillhalterprämien zu den sonstigen Einkünften im Sinne des § 22 Nr. 3 EStG.[774] Vergütungen für die Glattstellung des Optionsgeschäfts waren Werbungskosten bei diesen Einkünften. Termingeschäfte selbst waren nach § 23 Abs. 1 Nr. 4 EStG steuerbar, sofern der Zeitraum zwischen Erwerb und Veräußerung nicht mehr als ein Jahr betrug.

369 **Neue Rechtslage (ab VZ 2009):** Nach der gesetzlichen Zuweisung des § 20 Abs. 1 Nr. 11 EStG rechnen nunmehr die Stillhalterprämien zu den Einkünften aus Kapitalvermögen. Schließt der Stillhalter ein **Glattstellungsgeschäft** ab, mindern sich gemäß § 20 Abs. 1 Nr. 11 Hs. 2 EStG die Einnahmen aus den Stillhalterprämien um die im Glattstellungsgeschäft gezahlten Prämien. **Veräußerungsgewinne bei Termingeschäften** und Gewinne aus der Veräußerung eines als Termingeschäft ausgestalteten Finanzinstruments werden nunmehr in § 20 Abs. 2 S. 1 Nr. 3 Buchst. a) und 3 Buchst. b) EStG erfasst.

IV. Kapitalveräußerungseinkünfte

370 Bereits nach § 20 Abs. 2 EStG in der Fassung bis VZ 2008 wurde die Veräußerung von Erträgen (sogenannten Einnahmesurrogate) aus den sogenannten Finanzinnovationen erfasst. Finanzinnovationen verfolgen das Ziel, Kapitalerträge in die nicht steuerbare Sphäre des Stammvermögens zu verlagern. Mit der Neufassung des § 20 Abs. 2 EStG ab VZ 2009 erweiterte der Gesetzgeber den Anwendungsbereich des § 20 Abs. 2 EStG auf alle Einkünfte aus der Veräußerung von Kapitalanlagen, mit denen laufende Erträge im Sinne des § 20 Abs. 1 S. 1 EStG erzielt werden oder die sonst mit Einkünften aus § 20 Abs. 1 EStG zusammenhängen.

Erfasst werden also alle Wertzuwächse, die der Steuerpflichtige durch die Veräußerung der Kapitalanlagen, deren Einlösung, Rückzahlung, Abtretung und deren verdeckte Einlage in eine Kapitalgesellschaft erzielt.

§ 20 Abs. 2 EStG zählt die zu erfassenden Gewinne in Orientierung an den Einnahmetatbeständen des § 20 Abs. 1 EStG auf, um bei der Regelung der §§ 43, 43a EStG für den vorzunehmenden Steuerabzug vom Kapitalertrag an die einzelnen Tatbestände des § 20 Abs. 2 EStG anknüpfen zu können.[775]

Veräußerung von Anteilen an einer Körperschaft: Der wichtigste Veräußerungstatbestand ist § 20 Abs. 2 S. 1 Nr. 1 EStG. Erfasst werden hier Gewinne aus der Veräußerung von Anteilen an einer Körperschaft, insbesondere Anteile an einer AG oder GmbH. Ab dem VZ 2009 wird die Besteuerung der Kapitalveräußerungseinkünfte an dieser Stelle auch insoweit erweitert, als die Steuerbarkeit der aus dem § 23 Abs. 1 S. 1 Nr. 2 EStG herausgeschnittenen Kapitalveräußerungseinkünfte nicht mehr von einer Jahresfrist abhängt.[776]

---

774 BFH v. 17.04.2007 – IX R 40/06, BStBl. II 2007, 608.

775 BT-Drs. 16/4841, S. 54 f.

776 Vgl. Tipke/Lang § 8 Rn. 498.

V. Einkünfteermittlung/Werbungskostenabzug

Das übliche System der Einkünfteermittlung gilt für die Einkünfte aus Kapitalvermögen, **371** soweit diese abgeltend besteuert werden (vgl. §§ 32d, 43 Abs. 5 EStG), seit dem VZ 2009 nicht mehr. Dies wird gesetzestechnisch durch § 2 Abs. 5b EStG erreicht, in dem diese Vorschrift derartige Kapitalerträge aus der einkommensteuerlichen Bemessungsgrundlage aussondert und einer Sonderbesteuerung zuführt. Gemäß § 20 Abs. 9 EStG wird dabei der Abzug tatsächlicher Werbungskosten bei der Ermittlung der Einkünfte aus Kapitalvermögen ausgeschlossen. Abgezogen werden kann nurmehr ein sogenannter Sparer-Pauschbetrag i.H.v. 801 € (gemeinsamer Sparer-Pauschbetrag bei Ehegatten: 1.602 €). Beide Pauschbeträge dürfen nicht höher sein als die anzusetzenden Kapitalerträge; ein Verlust kann also insoweit nicht entstehen (§ 20 Abs. 9 S. 4 EStG). Durch den Ausschluss des Abzugs tatsächlicher Werbungskosten wird das objektive Nettoprinzip (Unterprinzip des Leistungsfähigkeitsprinzips) stark eingeschränkt.[777]

> **Fall 50: Nachträgliche Werbungskosten nach Veräußerung einer Beteiligung?**
>
> A hielt ab 1999 eine Beteiligung von 20% am Stammkapital der T-GmbH. Im September 2007 veräußerte er seine Beteiligung zu einem Kaufpreis von je 1 €. Zudem verzichtete A u.a. auf die Rückzahlung eines Gesellschafterdarlehens, welches er bei einer Bank refinanziert hatte. A fragt an, ob er die auf die Finanzierung des Gesellschafterdarlehens entfallenden Schuldzinsen (2.000 € jährlich) auch nach Einführung der Abgeltungsteuer als nachträgliche Werbungskosten bei der Ermittlung der Einkünfte aus Kapitalvermögen geltend machen kann. Erzielt S Einkünfte aus Kapitalvermögen?

I. Schuldzinsen für die Anschaffung einer im Privatvermögen gehaltenen wesentli- **372** chen Beteiligung (dazu gehören auch die Kosten für das ausgefallene Gesellschafterdarlehen als nachträgliche Anschaffungskosten), die auf Zeiträume nach der Veräußerung der Beteiligung oder Auflösung der Gesellschaft entfallen, können nach der geänderten Rspr. des BFH[778] wie nachträgliche Betriebsausgaben als Werbungskosten bei den Einkünften aus Kapitalvermögen i.S.d. § 20 Abs. 1 Nr. 1 EStG geltend gemacht werden. Danach wären die dem A entstandenen Schuldzinsen für Finanzierung des Gesellschafterdarlehens grundsätzlich als nachträgliche Werbungskosten bei den Einkünften aus Kapitalvermögen abzugsfähig.

II. Fraglich ist aber, ob diese steuerrechtliche Beurteilung auch noch nach der Systemumstellung zur Abgeltungsteuer gilt, denn der Gesetzgeber hat ab VZ 2009 in § 20 Abs. 9 EStG ein generelles Abzugsverbot für Werbungskosten eingeführt. Entscheidend ist diesem Zusammenhang, ob § 20 Abs. 9 EStG auf die vorliegende Fallkonstellation überhaupt anwendbar ist.

1. Nach § 52a Abs. 10 Satz 10 EStG kommt § 20 Abs. 9 EStG erstmals auf nach dem 31.12.2008 zufließende Kapitalerträge zur Anwendung. Danach könnte entscheidend sein, in welchem Jahr Kapitaleinnahmen zufließen bzw. zufließen könnten; auf

---

777 Vgl. Tipke/Lang § 8 Rn. 494.
778 BFH v. 16.03.2010 – VIII R 20/08, BStBl. II 2010, 787 sowie v. 29.10.2013 – VIII R 13/11, BStBl II 2014, 251.

das Jahr des Abflusses von damit zusammenhängenden Aufwendungen käme es dann nicht an. Für den vorliegenden Fall würde das bedeuten, dass § 20 Abs. 9 EStG dem Werbungskostenabzug nicht entgegensteht, denn A hat seine Beteiligung bereits 2007 veräußert mit der Folge, dass die von ihm geltend gemachten Schuldzinsen daher nicht im Zusammenhang mit Kapitalerträgen stehen können, die nach dem 31. 12.2008 zufließen.

2. Die aktuelle Rspr. des BFH[779] vertritt jedoch eine gegenteilige Auffassung. Danach schließt das Abzugsverbot des § 20 Abs. 9 EStG auch die Geltendmachung nachträglicher Schuldzinsen, die durch eine vor 2009 veräußerte Beteiligung entstehen, aus. Der BFH, der von einer Verfassungsmäßigkeit des Abzugsverbots ausgeht, ist der Auffassung, dass sich aus der Anwendungsregelung des § 52a Abs. 10 Satz 10 EStG nichts anderes ergeben kann. Aus dem Wortlaut dieser Regelung kann danach nicht geschlossen werden, dass in Fällen fremdfinanzierter Kapitalanlagen bzw. Beteiligungen oder damit in Zusammenhang stehender Aufwendungen, die ebenfalls kreditfinanziert sind, die damit zusammenhängenden Schuldzinsen unabhängig von der Regelung des § 20 Abs. 9 EStG stets vollständig als Werbungskosten abziehbar sind, sofern aus der Kapitalanlage – jedenfalls nach 2009 – keine Erträge fließen. Eine solche einschränkende Betrachtung auf den Zufluss von Kapitalerträgen erst nach dem 31.12.2008 würde weder dem Wortlaut der Regelung noch den Besonderheiten der Abgeltungsteuer gerecht.

III. Folgt man der Auffassung des BFH, steht einem Abzug der nachträglichen Schuldzinsen, die grundsätzlich den Werbungskostenbegriff erfüllen, das Abzugsverbot des § 20 Abs. 9 EStG entgegen.

Ergebnis: A kann die Schuldzinsen für seine 2007 veräußerte GmbH-Beteiligung nicht als nachträgliche Werbungskosten abziehen.

---

1. Gewinne aus der Veräußerung von Kapitalvermögen

373 Gewinne aus der Veräußerung von Kapitalvermögen werden gemäß § 20 Abs. 4 S. 1 EStG wie folgt ermittelt:

Veräußerungseinnahmen

./. Veräußerungsaufwendungen

./. Anschaffungskosten

Veräußerungsgewinn

2. Verluste aus Kapitalvermögen

374 Die Möglichkeit, Verluste aus Kapitalvermögen mit Einkünften aus anderen Einkunftsarten zu verrechnen, ist gesetzlich ausgeschlossen (§ 20 Abs. 6 S. 2 EStG). Eine Verrechnung der Verluste ist grundsätzlich nur innerhalb der Einkünfte aus Kapitalvermögen er-

---

779   BFH v. 01.07.2014 – VIII R 53/12, BStBl. II 2014, 975.

laubt. **Verluste aus privaten Aktiengeschäften** dürfen sogar – zur Vermeidung von Haushaltsrisiken – nach dem Willen des Gesetzgebers nur mit Gewinnen aus privaten Aktiengeschäften verrechnet werden (§ 20 Abs. 6 S. 5 EStG).

Positive Einkünfte aus Kapitalvermögen dürfen dagegen innerhalb einer Übergangsfrist bis zum 31.12.2013 mit Altverlusten aus privaten Veräußerungsgeschäften, die bis zum 31.12.2008 entstanden sind, verrechnet werden (§§ 23 Abs. 3 S. 9 u.10, 52a Abs. 11 S. 11 EStG).

Das Stufensystem der Verlustverrechnung innerhalb der Einkünfte aus Kapitalvermögen ist kompliziert.[780] Die danach verbleibenden Verluste eines VZ werden schließlich nicht zurückgetragen in einen vorhergehenden VZ, sondern nach § 20 Abs. 6 S. 3 und §§ 4, 10d Abs. 4 EStG zur Verrechnung mit zukünftigen Einkünften aus Kapitalvermögen in einem folgenden VZ vorgetragen.

VI. Abgeltungsteuer

Mit der Einführung der Abgeltungsteuer werden mit abgeltender Wirkung Kapitalerträge besteuert, die dem Gläubiger nach dem 31.12.2008 zufließen (§ 52a Abs. 1 EStG). Die abgeltende Wirkung bei den Kapitalveräußerungseinkünften tritt ein für alle Erwerbe nach dem 31.12.2008 (§ 52a Abs. 10 EStG).   **375**

1. Anwendungsbereich

Systematisch setzt die Abgeltungsteuer den Kapitalertragsteuerabzug voraus.[781] Welche Kapitalerträge dem Kapitalertragsteuerabzug unterliegen, regelt im Einzelnen § 43 EStG. Die Vorschrift knüpft dabei an die Tatbestände des § 20 Abs. 1 und Abs. 2 EStG an. In § 43 Abs. 5 S. 1 EStG ist angeordnet, dass für diejenigen Kapitalerträge i.S.v. § 20 EStG, die der Kapitalertragsteuer unterlegen haben, die ESt mit dem Steuerabzug grundsätzlich abgegolten ist (Abgeltungswirkung).

Die Abgeltungsteuer kommt insbesondere in folgenden Fällen jedoch nicht zur Anwendung: **376**

- Kapitalerträge sind den Einkünften aus §§ 13, 15, 18, 21 EStG zuzuordnen (§ 43 Abs. 5 S. 2 EStG);

- bei Kapitalerträgen aus stillen Beteiligungen oder Darlehen, die nach § 32d Abs. 2 Nr. 1 EStG von der Abgeltungsteuer ausgeschlossen sind (§ 43 Abs. 5 S. 2 EStG);

- bei Kapitalerträgen aus Kapitalgesellschaften, wenn der Anteilseigner von seinem Optionsrecht zum Teileinkünfteverfahren Gebrauch macht (§ 32d Abs. 2 Nr. 3 EStG);

- Kapitalerträge übersteigen nicht den Sparer-Pauschbetrag und es liegt ein Freistellungsauftrag vor (§ 44a Abs. 1 Nr. 1, Abs. 2 S. 1 Nr. 1 EStG);

- eine Einkommensteuerveranlagung ist nicht durchzuführen und eine Nicht-Veranlagungsbescheinigung (NV-Bescheinigung) des Wohnsitzfinanzamts liegt vor (§ 44a Abs. 1 Nr. 2, Abs. 2 S. 1 Nr. 2 EStG).

---

780 Vgl. hierzu Tipke/Lang § 8 Rn. 500.
781 Vgl. Tipke/Lang § 8 Rn. 501.

2. Gesonderter Steuertarif

377 Die ESt für Einkünfte aus Kapitalvermögen, die nicht aus Subsidiaritätsgründen (vgl. § 20 Abs. 8 EStG) einer anderen Einkunftsart zuzurechnen sind, beträgt 25 v.H (§ 32d Abs. 1 S. 1 EStG). Sie wird im Anwendungsbereich der Abgeltungsteuer nach § 43 Abs. 5 EStG durch Kapitalertragsteuerabzug von 25% mit abgeltender Wirkung erhoben. Aber auch in den Fällen, in denen steuerpflichtige Kapitalerträge nicht dem Kapitalertragsteuerabzug unterlegen haben, wird der Steuersatz von 25% im Rahmen der Veranlagung angewandt (§ 32d Abs. 3 EStG). Der gesonderte Steuertarif findet keine Anwendung in den in § 32d Abs. 2 EStG geregelten Ausnahmefällen:

- Einkünfte im Sinne des § 20 Abs. 1 Nr. 4 und 7 EStG;

- nahe stehende Personen;

- Beteiligungen von mindestens 10%;

- Back-to-back-Finanzierungen;

- typischerweise unternehmerische Beteiligungen;

- Kapitalerträge i.S.v. § 20 Abs. 1 Nr. 6 S. 2 EStG, die zur Hälfte steuerbefreit sind;

- Fälle, in denen die tarifliche ESt günstiger ist (§ 32d Abs. 6 EStG).

VII. Veranlagungsarten

378 Im Bereich der Besteuerung der Einkünfte aus Kapitalvermögen sind vier verschiedene Arten der Steuerveranlagung zu unterscheiden:[782]

- **Pflichtveranlagung zum individuellen Steuersatz**
  Keine Änderung ergibt sich hinsichtlich der Veranlagungsart, wenn die Abgeltungsteuer nicht zur Anwendung gelangt (§ 43 Abs. 5 S. 2 EStG; vgl. oben „Anwendungsbereich", Rn. 376; z.B. Kapitalerträge sind den Einkünften aus Vermietung und Verpachtung zuzuordnen). Hier bleibt es wie bisher bei der verpflichtenden Veranlagung zum individuellen Einkommensteuersatz.

- **Pflichtveranlagung zum Abgeltungsteuersatz**

  Eine verpflichtende Veranlagung zum Abgeltungsteuersatz kommt gemäß § 32d Abs. 3 EStG in Betracht, soweit Kapitalerträge nicht dem Kapitalertragsteuerabzug unterlegen haben. Die tarifliche ESt erhöht sich für diese nach § 32d Abs. 3 S. 1 EStG zu deklarierenden Kapitalerträge um den Abgeltungsteuersatz von 25% (§ 32d Abs. 1, Abs. 3 S. 2 EStG). Betroffen sind insbesondere Gewinne aus der Veräußerung von GmbH-Anteilen bei nicht wesentlicher Beteiligung (unter 1%), Gewinne aus der Veräußerung von Lebensversicherungen und Zinszahlungen unter Privatpersonen.

- **Antragsveranlagung zum individuellen Steuersatz**

  Der Steuerpflichtige kann von dem Wahlrecht zur Veranlagung zum individuellen Steuersatz Gebrauch machen, wenn sein persönlicher Grenzsteuersatz niedriger ist

---

782 Zu den einzelnen Veranlagungstatbeständen des § 32d EStG vgl. Günther EStB 2010, 113.

als der Abgeltungsteuersatz (§ 32d Abs. 6 EStG). Hier werden also auf Antrag die Kapitaleinkünfte den übrigen Einkünften hinzugerechnet und der tariflichen ESt unterworfen, sofern dies nach der **amtlichen Günstigerprüfung**[783] zu einer niedrigeren festzusetzenden ESt führt. Bei der Günstigerprüfung ist nicht allein auf die festgesetzte Einkommensteuer, sondern auf die gesamte Steuerbelastung einschließlich Zuschlagsteuern (z.B. Solidaritätszuschlag) abzustellen (§ 32d Abs. 6 S. 1 EStG). Diese optionale Veranlagung kann nur einheitlich – aber für jeden VZ getrennt – für alle Kapitalerträge (auch bei Ehegatten) beantragt werden (§ 32d Abs. 6 S. 2 und 3 EStG).

■ **Antragsveranlagung zum Abgeltungsteuersatz**

Der Steuerpflichtige kann die Veranlagung der Kapitaleinkünfte aber auch beantragen zur Geltendmachung steuermindernder Umstände, die beim Kapitalertragsteuerabzug nicht berücksichtigt worden sind (§ 32d Abs. 4 EStG).[784] In Betracht kommt diese Option z.B., wenn der Sparer-Pauschbetrag nicht vollständig ausgeschöpft worden ist oder bei nicht berücksichtigten Verlusten. Auf der Grundlage der nacherklärten steuermindernden Umstände erhöht sich die tarifliche ESt um den Abgeltungsteuersatz (§ 32d Abs. 3 S. 2, Abs. 4 EStG).

379

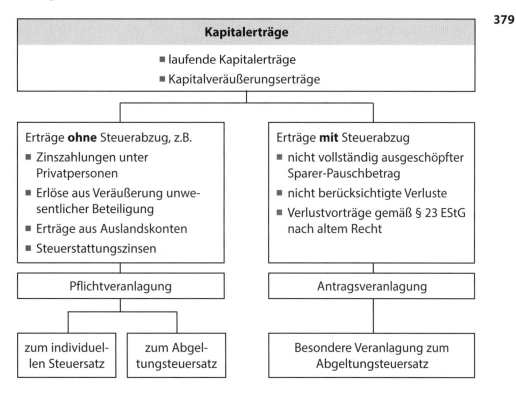

783 Vgl. BT-Drs. 16/4841, S. 62.
784 BT-Drs. 16/4841, S. 61.

380

Einkünfte aus Kapitalvermögen, § 20 EStG

Subsidiariät der Kapitaleinkünfte, § 20 Abs. 8 EStG

- Vorrangige Zuordnung zu den Einkünften aus
  - Land- und Forstwirtschaft
  - Gewerbebetrieb, insbesondere Veräußerung von Kapitalgesellschaftsanteilen
  - selbstständiger Arbeit
  - Vermietung und Verpachtung

Laufende Kapitalerträge	Kapitalveräußerungseinkünfte

■ Nutzung von Kapitalvermögen gegen Entgelt, § 20 Abs. 1 EStG, insbesondere
  ▪ Beteiligungserträge, § 20 Abs. 1 EStG
  ▪ Einnahmen aus stillen Gesellschaften und partiarischen Darlehen, § 20 Abs. 1 Nr. 4 EStG
■ Sonstige Kapitalforderungen, § 20 Abs. 1 Nr. 7 EStG
■ Stillhalterprämien, § 20 Abs. 1 Nr. 11 EStG
	■ Wertzuwächse aus der Veräußerung, Einlösung, Rückzahlung, Abtretung von Kapitalanlagen und deren verdeckte Einlage, § 20 Abs. 2 EStG
	■ Insbes. Veräußerung von Anteilen an einer Körperschaft, § 20 Abs. 2 Nr. 1 EStG

Einkünfteermittlung	Einkünfteermittlung

■ Aussonderung der Kapitalerträge, die der Abgeltungsteuer unterliegen, § 2 Abs. 5b EStG
■ Keine übliche Einkünfteermittlung
■ Kein Abzug tatsächlicher Werbungskosten, § 20 Abs. 9 EStG
■ Abzug eines Sparer-Pauschbetrags, § 20 Abs. 9 S. 1 EStG, bis zur Höhe der anzusetzenden Kapitalerträge
	■ § 20 Abs. 4 S. 1 EStG
	  Veräußerungseinnahmen
	  ./. Veräußerungsaufwendungen
	  ./. Anschaffungskosten
	  = Veräußerungsgewinn
	■ Besonderheiten bei der Verlustverrechnung, § 20 Abs. 6 EStG

Abgeltungsteuer

- Abgeltungswirkung für Kapitaleinkünfte, die dem Kapitalertragsteuerabzug unterliegen, § 43 Abs. 5 S. 1 EStG
- Insbesondere keine Abgeltungsteuer für Kapitalerträge
  - die §§ 13, 15, 18, 21 EStG zuzuordnen sind
  - aus stillen Beteiligungen oder Darlehen, die nach § 32d Abs. 2 Nr. 1 EStG ausgeschlossen sind
  - aus Kapitalgesellschaften, wenn Anteilseigner zum Teileinkünfteverfahren optiert hat, § 32d Abs. 2 Nr. 3 EStG

Gesonderter Steuertarif

- 25%, § 32d Abs. 1 S. 1 EStG
- Im Anwendungsbereich der Abgeltungsteuer mit abgeltender Wirkung, § 43 Abs. 5 EStG
- Anwendung des gesonderten Steuertarifs auch auf nicht dem Kapitalertragsteuerabzug unterliegende Kapitalerträge bei der Veranlagung, § 32d Abs. 3 EStG
- Keine Anwendung in bestimmten Ausnahmefällen, § 32d Abs. 2 EStG

F. Einkünfte aus Vermietung und Verpachtung (§ 21 EStG)

I. Allgemeines

1. Einkünftetatbestände i.S.d. § 21 Abs. 1 EStG

§ 21 EStG erfasst die Einkünfte aus der Vermietung und Verpachtung der in der Vor- **381**
schrift abschließend aufgeführten Gegenstände. Der Katalog des § 21 Abs. 1 EStG unterscheidet vier Gruppen von Gegenständen:

a) Unbewegliches Vermögen (§ 21 Abs. 1 S. 1 Nr. 1 EStG)

Hauptanwendungsgebiet des § 21 EStG ist die Vermietung und Verpachtung unbeweg- **382**
lichen Vermögens. Darunter fallen

- Grundstücke, bebaut oder unbebaut,

- Grundstücksteile, insbesondere Wohnungen,

- Rechte, die den Vorschriften des bürgerlichen Rechts über Grundstücke unterliegen
  (grundstücksgleiche Rechte), z.B. Erbbaurecht, Mineralgewinnungsrecht,

- ins Schiffsregister eingetragene Schiffe.

b) Sachinbegriffe (§ 21 Abs. 1 S. 1 Nr. 2 EStG)

Unter Sachinbegriff ist eine Mehrzahl von beweglichen Sachen zu verstehen, die funk- **383**
tionell und technisch so aufeinander abgestimmt sind, dass sie eine wirtschaftliche Einheit bilden.[785] § 21 Abs. 1 S. 1 Nr. 2 EStG nennt in diesem Zusammenhang insbesondere
Betriebsvermögen. Das ist missverständlich, weil es im Rahmen der Einkunftsart des
§ 21 EStG kein Betriebsvermögen gibt. Gemeint ist die Vermietung und Verpachtung einer Sachgesamtheit früheren Betriebsvermögens nach Aufgabe des Betriebs.

Beispiel: Verpachtung des landwirtschaftlichen Inventars nach Betriebsaufgabe

Die entgeltliche Überlassung **einzelner beweglicher Gegenstände** fällt nicht unter
§ 21 EStG, wird aber durch den Besteuerungstatbestand des § 22 Nr. 3 EStG erfasst, soweit keine Gewerblichkeit gegeben ist.[786] Die Unterscheidung ist vor allem deshalb von
Bedeutung, weil bei Einkünften aus § 22 Nr. 3 EStG ein Verlustausgleich mit anderen Einkünften ausgeschlossen ist (§ 22 Nr. 3 S. 3 EStG).

c) Zeitlich begrenzte Überlassung von Rechten (§ 21 Abs. 1 S. 1 Nr. 3 EStG)

Erfasst wird nur die zeitlich begrenzte, nicht aber die endgültige Überlassung (Veräuße- **384**
rung, Abtretung) von Rechten. Als Rechte bezeichnet das Gesetz insbesondere „schriftstellerische, künstlerische und gewerbliche Urheberrechte". Der Anwendungsbereich

---

785 Schmidt/Kulosa § 21 EStG Rn. 53.
786 Vgl. z.B. BFH v. 22.01.2003 – X R 37/00, BStBl. II 2003, 464 zur Vermietung und Verkauf von Wohnmobilen.

dieser Vorschrift ist jedoch stark eingeschränkt durch den Vorrang anderer Einkunftsarten gemäß § 21 Abs. 3 EStG: Der Erfinder oder Urheber, der seine Urheber- oder Schutzrechte verwertet, erzielt regelmäßig freiberufliche Einkünfte i.S.d. § 18 Abs. 1 Nr. 1 EStG; soweit gewerbliche Schutzrechte im Rahmen eines Gewerbebetriebs entwickelt worden sind, gehören die aus der Nutzungsüberlassung erzielten Einnahmen zu den Einkünften aus Gewerbebetrieb (§ 15 EStG). Auch der Gesamtrechtsnachfolger eines Urhebers erzielt im Regelfall keine Einkünfte aus § 21 Abs. 1 S. 1 Nr. 3 EStG, sondern nachträgliche Einkünfte i.S.d. § 24 Nr. 2 EStG, deren Einordnung sich nach der Einkunftsart richtet, die der Rechtsvorgänger (Erblasser) erzielte.

In den Anwendungsbereich des § 21 Abs. 1 S. 1 Nr. 3 EStG fallen danach vor allem zeitlich begrenzte Überlassungen von in das Privatvermögen erworbenen Urheberrechten.

Beispiel: Der Stpfl. hat von dem Erfinder ein Patent erworben, das er an einen Dritten im Rahmen eines Lizenzvertrags zur Nutzung überlässt.

d) Veräußerung von Miet- und Pachtzinsforderungen (§ 21 Abs. 1 S. 1 Nr. 4 EStG)

385 Ein Anwendungsfall des § 21 Abs. 1 S. 1 Nr. 4 EStG liegt insbesondere bei Abtretung rückständiger Miet- und Pachtzinsforderungen im Zusammenhang mit der Veräußerung eines Gebäudes vor. Wurde ein einheitlicher Gesamtkaufpreis gebildet, ist der auf die Veräußerung der Miet- oder Pachtzinsansprüche entfallende Teil der Einnahme herauszurechnen und bei der Ermittlung der Einkünfte aus § 21 EStG zu erfassen.[787]

2. Begriff der „Vermietung und Verpachtung"

386 Nach bürgerlichem Recht ist Vermietung die zeitlich befristete entgeltliche Gebrauchsüberlassung von Sachen und Rechten (§ 535 BGB). Im Falle der Verpachtung tritt die Verpflichtung des Verpächters hinzu, dem Pächter das Recht auf Fruchtziehung zu gewähren (§ 581 BGB). Der steuerrechtliche Begriff der „Vermietung und Verpachtung" deckt sich mit der bürgerlich-rechtlichen Begriffsbestimmung nicht. Nach der Rspr. ist unter Vermietung und Verpachtung im einkommensteuerlichen Sinne jede zeitlich begrenzte Überlassung eines Gegenstands zum Gebrauch oder zur Nutzung zu verstehen. Die Überlassung muss gegen Entgelt erfolgen.[788] Ob das Nutzungsverhältnis ein obligatorisches oder – wie z.B. im Falle des Nießbrauchs – ein dingliches Recht ist, ist unerheblich. Grundlage für die Überlassung braucht auch kein zivilrechtliches Rechtsverhältnis zu sein. Daher können auch Nutzungsentschädigungen der öffentlichen Hand zu den Einkünften aus Vermietung und Verpachtung gehören.[789]

---

787 Vgl. Schmidt/Kulosa § 21 EStG Rn. 55.
788 Vgl. BFH v. 17.03.1992 – IX R 264/87, BStBl. II 1992, 1009.
789 Vgl. Nachw. bei Schmidt/Kulosa § 21 EStG Rn. 1 ff.

3. Endgültiger Entschluss zur Vermietung (Einkünfteerzielungsabsicht)

Fall 51: Vermietungsabsicht bei leer stehender Wohnung

X, wohnhaft in Köln, hat von seinem Vater im Jahr 2004 ein in Magdeburg belegenes EFH geerbt. Das Haus befand sich seinerzeit in einem nicht vermietbaren Zustand. In der Folgezeit begann X, der nicht über ausreichende Mittel für eine umfassende Sanierung verfügt, das Haus in Eigenleistung sukzessive zu renovieren. Konkrete Vermietungsbemühungen hat X wegen des Zustands des Hauses noch nicht unternommen. Die in den Jahren 2005 bis 2013 im Hinblick auf die beabsichtigte Vermietung geltend gemachten Werbungskosten bei den Einkünften aus Vermietung und Verpachtung hat das FA vorläufig (§ 165 AO) anerkannt. Als nach den Angaben des X bei der ESt-Veranlagung 2014 ein Abschluss der Renovierungsarbeiten nicht absehbar ist, erkennt das FA den geltend gemachten Verlust aus Vermietung und Verpachtung nicht mehr an und versagt auch den in den Vorjahren vorläufig anerkannten Verlusten endgültig die Anerkennung. Zu Recht?

I. Die Renovierungsaufwendungen in den Jahren 2005 bis 2014 könnten als vorab ent-   **387**
standenen Werbungskosten bei den Einkünften aus Vermietung und Verpachtung
anzuerkennen sein (§§ 9 Abs. 1 S. 1, 21 Abs. 1 S. 1 Nr. 1 EStG).

   1. Nach § 9 Abs. 1 S. 1 EStG sind Werbungskosten Aufwendungen zur Erwerbung, Sicherung und Erhaltung der Einnahmen aus Vermietung und Verpachtung. Sie sind nach § 9 Abs. 1 S. 2 EStG bei der Einkunftsart Vermietung und Verpachtung abzuziehen, wenn sie bei ihr erwachsen, d.h. durch sie veranlasst sind.[790] Fallen solche Aufwendungen schon an, bevor mit dem Aufwand zusammenhängende Einnahmen erzielt werden, können sie als **vorab entstandene Werbungskosten** berücksichtigt werden, wenn ein ausreichend bestimmter wirtschaftlicher Zusammenhang zwischen den Aufwendungen und der Einkunftsart besteht, in deren Rahmen der Abzug begehrt wird.[791]

   2. Aufwendungen für eine leer stehende Wohnung können als vorab entstandene Werbungskosten abziehbar sein, wenn der Stpfl. sich endgültig entschlossen hat, daraus durch Vermieten Einkünfte nach § 21 Abs. 1 S. 1 Nr. 1 EStG zu erzielen und diese Entscheidung später nicht wieder aufgegeben hat.[792] Der endgültige Entschluss zur Vermietung – die sogenannte **Einkünfteerzielungsabsicht** – ist eine innere Tatsache, die wie alle sich in der Vorstellung von Menschen abspielenden Vorgänge nur anhand äußerlicher Merkmale beurteilt werden kann. Aus objektiven Umständen muss auf das Vorliegen oder Fehlen der Absicht geschlossen werden. Daher muss sich der endgültige Entschluss des Stpfl. zur Vermietung anhand objektiver Umstände belegen lassen. Derartige Umstände, aus denen sich der endgültige Entschluss zu vermieten ergibt, sind zum einen ernsthafte und nach-

---

790 St.Rspr.: z.B. BFH v. 15.01.2008 – IX R 45/07, BStBl. II 2008, 572.

791 BFH v. 11.01.2005 – IX R 15/03, BStBl. II 2005, 477.

792 St.Rspr.: vgl. BFH v. 11.12.2012 – IX R 14/12, BStBl. II 2013, 279.

haltige Vermietungsbemühungen des Stpfl.[793] Für die Feststellung des Bestehens einer Einkünfteerzielungsabsicht hinsichtlich renovierungsbedürftiger – und deshalb länger leer stehender – Objekte können zum anderen der zeitliche Zusammenhang zwischen Aufwendungen und späterer Vermietung, die Dauer der Renovierung zur Vorbereitung einer Vermietung oder auch die (fehlende) Absehbarkeit, ob und ggf. wann die Räume im Rahmen der Einkunftsart Vermietung und Verpachtung genutzt werden sollen, als Indizien herangezogen werden.[794]

II. Unter Berücksichtigung der vorstehenden Grundsätze stellen die Renovierungsaufwendungen aus den Jahren 2005 bis 2014 keine vorab entstandenen Werbungskosten dar. Es ist nicht zu erkennen, dass die Renovierung zielgerichtet zur Vorbereitung einer Vermietung erfolgt. Vielmehr fehlen besondere Umstände, die Rückschlüsse auf das Bestehen einer Einkünfteerzielungsabsicht zulassen, wie sie etwa die Dauer der Renovierung oder deren zeitlicher Zusammenhang mit einer späteren Vermietung oder konkreten Vermietungsbemühungen (z.B. Beauftragung eines Maklers) darstellen können. Vorliegend lässt sich nach einem längeren Zeitraum von mehr als zehn Jahren nach Renovierungsbeginn nicht absehen, ob und ggf. wann das Objekt im Rahmen der Einkunftsart Vermietung und Verpachtung genutzt werden wird.[795]

Ergebnis: Das FA hat danach zu Recht die in den Jahren 2005 bis 2014 geltend gemachten Renovierungskosten nicht zum Werbungskostenabzug zugelassen.

---

4. Überschusserzielungsabsicht

388 Auch im Rahmen der Überschusseinkünfte gilt der Grundsatz, dass positive oder negative Einkünfte nur erzielt werden können, wenn der Stpfl. bei dem einzelnen Objekt mit Überschusserzielungsabsicht tätig wird.[796] Überschusserzielungsabsicht ist das Streben nach einem **Totalüberschuss innerhalb der voraussichtlichen Vermögensnutzung**. Der Totalüberschuss muss sich aus den voraussichtlichen Einnahmen abzüglich der Werbungskosten ergeben. Zukünftige Veräußerungsgewinne bleiben unberücksichtigt, da solche Gewinne bei der Veräußerung von Privatvermögen nicht erfasst werden.[797]

> **Fall 52: Überschusserzielungsabsicht bei der Vermietung einer historischen Mühle**
>
> A erwarb im Jahr 1995 eine unter Denkmalschutz stehende Mühle. Er baute den Mühlenstumpf zu einer Wohnung aus, die er ab dem Jahr 1997 vermietete. Die Anschaffungs- und Herstellungskosten der Mühle betrugen 200.000 €, die A ebenso wie Erhaltungsaufwendungen in den Folgejahren fremdfinanzierte. Im Jahr 2005 schul-

---

793 BFH v. 28.10.2008 – IX R 1/07, BStBl. II 2009, 848.
794 BFH v. 31.07.2007 – IX R 30/05, BFH/NV 2008, 202.
795 So im Ergebnis auch BFH v. 11.08.2010 – IX R 3/10, BFH/NV 2011, 122 für einen vergleichbaren Sachverhalt.
796 BFH v. 08.11.1993 – IX R 42/92, BStBl. II 1995, 102.
797 Vgl. Schmidt/Kulosa § 21 EStG Rn. 11 ff.

dete er um; die Darlehen über insgesamt 350.000 € sollen in den Jahren 2016 und 2018 durch die Auszahlung von Lebensversicherungen getilgt werden. A erzielte aus seiner Vermietungstätigkeit bislang ausschließlich Werbungskostenüberschüsse. Das FA ist der Auffassung, die Verluste aus Vermietung und Verpachtung seien steuerlich wegen fehlender Einkünfteerzielungsabsicht nicht anzuerkennen. Ist diese Auffassung zutreffend?

I. Die Einkünfte aus der Vermietung der Mühle, die A nach § 2 Abs. 1 S. 1 Nr. 6 EStG **389** i.V.m. § 21 Abs. 1 S. 1 Nr. 1 EStG erzielt, unterliegen der ESt, wenn diese Einkünfte durch eine zielgerichtete Vermögensnutzung erwirtschaftet werden, um auf Dauer einen Totalüberschuss der Einnahmen über die Werbungskosten zu erreichen.

II. Fraglich ist, ob die Vermietung der Mühle mit Überschusserzielungsabsicht erfolgt.

1. Nach dem Regelungszweck des § 21 Abs. 1 S. 1 Nr. 1 EStG ist bei einer auf Dauer angelegten Vermietungstätigkeit grundsätzlich und typisierend davon auszugehen, dass der Steuerpflichtige beabsichtigt, letztlich einen Einnahmeüberschuss zu erwirtschaften, auch wenn sich über längere Zeiträume Werbungskostenüberschüsse ergeben.[798] **Auf Dauer angelegt** ist eine Vermietung dann, wenn sie nach den bei Beginn der Vermietung ersichtlichen Umständen keiner Befristung unterliegt; dies gilt auch bei mehreren aufeinander folgenden Mietverträgen.[799] Unschädlich ist dann die spätere Veräußerung aufgrund eines neu gefassten Entschlusses.[800] Diese Grundsätze gelten nur für die Vermietung von Wohnungen, nicht für die Vermietung von Gewerbeobjekten.[801] Hier muss die Überschusserzielungsabsicht stets konkret nachgewiesen werden.

2. Ausnahmen von diesem Grundsatz gelten aber, wenn besondere Umstände ge- **390** gen das Vorliegen der Einkünfteerzielungsabsicht sprechen, insbesondere:

■ Bei **Vermietung von Ferienwohnungen**, wenn die Wohnung nicht ausschließlich an wechselnde Feriengäste vermietet und dauerhaft nur für diesen Zweck bereitgehalten wird[802] oder wenn die ortsübliche Vermietungszeit mindestens um 25% unterschritten wird;[803]

■ bei **verbilligter Vermietung** (vgl. § 21 Abs. 2 EStG):[804] Zur Vermeidung einer – bis zum VZ 2011 erforderlichen – aufwendigen Prüfung der Einkünfteerzielungsabsicht hat der Gesetzgeber in § 21 Abs. 2 S. 2 EStG typisierend mit Wirkung ab dem VZ 2012 angeordnet, dass bei einer vereinbarten Miete oberhalb von **65% der ortsüblichen Marktmiete** die Vermietungstätigkeit (als **vollent-**

---

798 St.Rspr. des BFH, grundlegend BFH v. 30.09.1997 – IX R 80/94, BStBl. II 1998, 771; gleicher Ansicht BMF v. 08.10.2004 – IV C 3-S 2253-91/04, BStBl. I 2004, 933.

799 BFH v. 14.12.2004 – IX R 1/04, BStBl. II 2005, 211.

800 Vgl. z.B. BFH v. 18.01.2006 – IX R 18/04, BFH/NV 2006, 1078; BMF v. 08.10.2004 – IV C 3-S 2253-91/04, BStBl. I 2004, 933 Tz. 4.

801 BFH v. 20.07.2010 – IX R 49/09, BStBl. II 2010, 1038.

802 Vgl. dazu BFH v. 20.09.2006 – IX B 102/05, BFH/NV 2007, 32.

803 Vgl. hierzu BFH v. 24.06.2008 – IX R 12/07, BFH/NV 2008, 1484 zum Begriff der Ortsüblichkeit.

804 Erforderlichkeit der Prüfung der Einkünfteerzielungsabsicht entsprechend BFH v. 05.11.2002 – IX R 48/01, BStBl. II 2003, 646 betr. Rechtslage bis VZ 2011; zu Einzelheiten zur vorherigen dreistufigen Prüfung siehe Kirchhof/von Beckerath § 21 EStG Rn. 79, 80.

geltliches Geschäft) der Besteuerung zugrunde gelegt wird, d.h. ohne Prüfung einer Überschusserzielungsabsicht werden Einnahmen und Werbungskosten – auch bei langjährigen Verlusten – berücksichtigt.[805] Unterschreitet die tatsächliche Miete diese maßgebende Grenze, ist die Vermietungstätigkeit in einen entgeltlichen und einen unentgeltlichen Teil aufzuteilen; im Ergebnis führt dies zu einer nur anteiligen Berücksichtigung der Werbungskosten.

- bei **befristeter Vermietung**,[806] z.B. bei geplanter Selbstnutzung nach befristeter Vermietungszeit,[807] Verkauf des Vermietungsobjekts war bei Erwerb bereits ernsthaft in Betracht gezogen worden,[808] Verkaufsabsicht als Ursache für Wohnungsleerstand;[809] ein gegen die Einkünfteerzielungsabsicht sprechendes Indiz liegt vor, wenn der Steuerpflichtige ein bebautes Grundstück innerhalb eines engen zeitlichen Zusammenhangs – von in der Regel bis zu fünf Jahren – seit der Anschaffung oder Herstellung wieder veräußert;[810]

- bei **aufwendig gestalteten und ausgestatteten Wohngebäuden**, wenn die am Wohnungsmarkt erzielbare Miete den besonderen Wohnwert offensichtlich nicht angemessen widerspiegelt.[811]

Die vorstehenden Ausnahmen von der typisierenden Annahme einer Einkünfteerzielungsabsicht sind vorliegend nicht einschlägig. A hat die Vermietung der Mühle eindeutig auf Dauer angelegt.

3. Die Einkünfteerzielungsabsicht ist auch deshalb nicht zu prüfen, weil A nach dem **Finanzierungskonzept** die Anschaffungs- oder Herstellungskosten des Vermietungsobjekts sowie anfallende Schuldzinsen mittels Darlehen finanziert hat, die zwar nicht getilgt, indes bei Fälligkeit durch den Einsatz von parallel laufenden Lebensversicherungen abgelöst werden sollen.[812] Eine derartige Finanzierung ist vielmehr marktgerecht und auch vom Gesetzgeber[813] zur langfristigen Finanzierung eines Mietwohngebäudes akzeptiert.

4. Allein die historische Bausubstanz einer denkmalgeschützten alten Mühle schließt es nicht aus, dass die am Wohnungsmarkt erzielbare Miete den besonderen Wohnwert angemessen widerspiegelt.[814] Anhaltspunkte dafür, dass die Mühle besonders aufwendig gestaltet und ausgestattet wurde, liegen nach dem Sachverhalt nicht vor.

---

805 Kirchhof/von Beckerath § 21 EStG Rn. 80a.

806 Vgl. BMF v. 08.10.2004 – IV C 3-S 2253-91/04, BStBl. I 2004, 933 Tz. 5 ff.

807 BFH v. 04.11.2003 – IX R 55/02, BFH/NV 2004, 484; anders bei bloß indifferenten Überlegungen einer möglichen Selbstnutzung, BFH v. 02.04.2008 – IX R 63/07, BFH/NV 2008, 1323.

808 BFH v. 06.11.2001 – IX R 44/99, BFH/NV 2002, 773.

809 BFH v. 05.04.2005 – IX R 48/04, BFH/NV 2005, 1299.

810 BFH v. 09.07.2002 – IX R 47/99, BStBl. II 2003, 580.

811 BFH v. 06.10.2004 – IX R 30/03, BB 2005, 422.

812 So auch BFH v. 19.04.2005 – IX R 10/04, BStBl. II 2005, 692.

813 Vgl. BT-Drs. 12/1108, S. 55 zu Nummer 9 – § 10 EStG.

814 BFH v. 19.04.2005 – IX R 10/04, BStBl. II 2005, 692; anders bei aufwendig gestalteten und ausgestatteten Objekten, BFH v. 06.10.2004 – IX R 30/03, BStBl. II 2005, 386.

Ergebnis: Entgegen der Auffassung des FA ist ohne weitere Prüfung eine Einkünfteerzielungsabsicht zu unterstellen mit der Folge, dass die Werbungskostenüberschüsse steuermindernd zu berücksichtigen sind.

5. Mietverhältnisse mit Angehörigen

a) Voraussetzungen für die steuerliche Anerkennung

Die steuerrechtliche Anerkennung von Vertragsverhältnissen zwischen nahestehenden Personen ist u.a. davon abhängig, dass der maßgebliche Vertrag bürgerlich-rechtlich wirksam vereinbart worden ist und sowohl seine Gestaltung als auch die tatsächliche Durchführung des Vereinbarten dem zwischen Fremden Üblichen entspricht.[815] Diese Anforderungen gründen auf der Überlegung, dass es zwischen diesen Personen typischerweise an einem Interessengegensatz mangelt und somit zivilrechtliche Gestaltungsmöglichkeiten steuerrechtlich missbraucht werden können. Im Interesse einer effektiven Missbrauchsbekämpfung ist es daher geboten und zulässig, an den Beweis des Abschlusses und an den Nachweis der Ernstlichkeit von Vertragsgestaltungen zwischen nahe stehenden Personen strenge Anforderungen zu stellen.[816] Nach neuerer Rspr. des BFH führt aber nicht jede Abweichung vom Vereinbarten und Üblichen (z.B. unregelmäßige Mietzahlung, Ungenauigkeit bei Nebenkosten) zur Versagung der steuerlichen Anerkennung. Entscheidend ist danach vielmehr die Gesamtheit der objektiven Gegebenheiten.[817] Ein Mietvertrag zwischen nahen Angehörigen ist jedoch nicht anzuerkennen, wenn die Parteien in miteinander verflochtenen Wohnbereichen in familiärer Weise zusammenleben.[818]

391

b) Missbrauch von rechtlichen Gestaltungsmöglichkeiten

Entsprechen Mietverhältnisse den unter a), Rn. 391 genannten Anforderungen, ist weiterhin stets zu prüfen, ob ein Missbrauch der Gestaltungsrechte i.S.v. § 42 AO vorliegt. Hier sind in der steuerlichen Praxis drei wichtige Fallgruppen zu unterscheiden:

392

- ■ **Mietzahlung aus Barunterhalt:** Bislang ging der BFH von einem Missbrauch von Gestaltungsmöglichkeiten i.S.d. § 42 AO aus, wenn durch die Wohnungsüberlassung lediglich ein bestehender Unterhaltsanspruch (§ 1612 Abs. 2 S. 1 BGB) erfüllt wird[819] und damit das Abzugsverbot des § 12 Nr. 2 EStG umgangen werden soll. Daher waren z.B. Mietverhältnisse mit unterhaltsberechtigten Kindern grundsätzlich dann nicht anzuerkennen, wenn die Miete aus dem laufenden Barunterhalt gezahlt wird.[820] Nunmehr hat der BFH seine Rspr. aus 1988 revidiert und es bei Vermietung

---

815 BFH v. 22.01.2013 – IX R 70/10, BFH/NV 2013, 1067.

816 BFH v. 31.07. 2007 – IX R 8/07, BFH/NV 2008, 350, m.w.N.

817 Vgl. zur umfangreichen Rspr.: Schmidt/K ulosa§ 21 EStG Rn. 65 Stichwort „Angehörige".

818 BFH v. 26.02.2008 – IX B 226/07, BFH/NV 2008, 791.

819 Vgl. auch Schmidt/Kulosa § 21 EStG Rn. 65 „Angehörige".

820 BFH v. 23.02.1988 – IX R 157/84, BStBl. II 1988, 604; dazu krit. insbesondere bei volljährigen unterhaltsberechtigten Kindern Pezzer DStR 1995, 1898.

an volljährige unterhaltsberechtigte Kinder als unschädlich angesehen, wenn die Miete aus dem Barunterhalt gezahlt oder mit dem Barunterhalt verrechnet wird.[821] Entscheidend ist dabei für den BFH, dass Eltern grundsätzlich die Möglichkeit haben, die Art der Unterhaltsleistung (Bar- oder Naturalunterhalt) zu bestimmen (§ 1612 Abs. 2 S. 1 BGB). Wenn sich die Eltern dann für den Barunterhalt entscheiden, seien Unterhaltszahlung und Erfüllung des Mietvertrags bürgerlich-rechtlich zwei Vorgänge, die auch steuerlich getrennt beurteilt werden müssten.

- **Mietzahlung aus eigenen Mitteln:** Verfügt das Kind über eigene Mittel zur Begleichung der Miete, ist der Mietvertrag anzuerkennen. Unschädlich ist auch, wenn die Mittel zuvor von den Eltern geschenkt worden sind.[822]

- **Wechselseitige Vermietungen:** Wechselseitige Vermietungen zwischen Ehegatten sind dann rechtsmissbräuchlich, wenn planmäßig zwei gleichwertige Wohnungen angeschafft werden, um sie quasi „über Kreuz" dem anderen zu vermieten, sodass sich die Vorgänge wirtschaftlich neutralisieren.[823] Gleiches gilt bei Überkreuzvermietung nach Umwandlung von Miteigentum in Wohnungseigentum.[824] Gestaltungsmissbrauch liegt auch vor, wenn der Partner einer nichtehelichen Lebensgemeinschaft den hälftigen Anteil an einer gemeinsam genutzten, ihm gehörenden Wohnung an den anderen Partner vermietet.[825] Unschädlich ist jedoch, wenn ein Kind den Eltern eine Wohnung vermietet und selbst unentgeltlich in einem Haus der Eltern wohnt.[826]

6. Subsidiarität der Vermietungseinkünfte

393 § 21 EStG ist subsidiär. Daher ist vor der Anwendung des § 21 EStG stets zu prüfen, ob die Miet- und Pachteinnahmen im Rahmen einer anderen Einkunftsart angefallen sind (§ 21 Abs. 3 EStG).

Abgrenzung zwischen Mieteinnahmen i.S.d. § 21 EStG und gewerblichen Mieteinnahmen (§ 15 EStG): Die Vermietung einer Wohnung ist regelmäßig keine gewerbliche Betätigung, weil die Vermietung in der Regel über den Rahmen der privaten Vermögensverwaltung nicht hinausgeht.[827] Anders ist es dann, wenn die Wohnung in hotelmäßiger Weise angeboten wird. Dies setzt voraus, dass neben der Bereithaltung der Räumlichkeiten sachliche und personelle Vorkehrungen erforderlich sind, wie sie mit der üblichen Vermietung von Wohnungen nicht verbunden sind. Eine solche hotelmäßige und damit gewerbliche Vermietung hat der BFH angenommen, wenn eine für kurzfristiges Wohnen voll eingerichtete und ausgestattete Eigentumswohnung in einem Feriengebiet im Verbund mit einer Vielzahl gleichartig genutzter Wohnungen anderer Wohnungseigentümer liegt und zu einer einheitlichen Wohnanlage gehört

---

821 BFH v. 19.10.1999 – IX R 30/98, BStBl. II 2000, 223.
822 BFH v. 28.03.1995 – IX R 47/93, BStBl. II 1996, 59.
823 BFH v. 22.01.2013 – IX R 18/12, BFH/NV 2013, 1094.
824 Anders bei wechselseitiger Vermietung nach Verkauf von Wohnungseigentum: BFH v. 12.09.1995 – IX R 54/93, BStBl. II 1996, 158.
825 BFH v. 30.01.1996 – IX R 100/93, BStBl. II 1996, 359.
826 BFH v. 14.01.2003 – IX R 5/00, BStBl. II 2003, 509.
827 BFH v. 14.07.2004 – IX R 69/02, BFH/NV 2004, 1640, m.w.N.

sowie die Werbung für kurzfristige Vermietung und die Verwaltung einer für die Wohnanlage bestehenden Feriendienstorganisation übertragen wurde.[828] Ebenso hat der BFH eine gewerbliche Vermietung angenommen, wenn eine einzelne Eigentumswohnung außerhalb des Verbunds einer Ferienanlage in hotelmäßiger Weise angeboten wird.[829] Unabhängig davon, ob eine Wohnung in hotelmäßiger Weise zur kurzfristigen Überlassung angeboten wird, kann auch die Übernahme von Sonderleistungen dazu führen, dass die Vermietung als gewerbliche Betätigung zu beurteilen ist. Dies gilt nicht nur dann, wenn Teile einer Wohnung an Dritte zwar (langfristig) zur Nutzung überlassen werden, aber zusätzlich Sonderleistungen erbracht werden, die vergleichbar einem gewerblichen Beherbergungsbetrieb eine unternehmerische Organisation erfordern. Diese Grundsätze gelten vielmehr in gleicher Weise, wenn eine unternehmerische Organisation erfordernde Zusatzleistungen im Rahmen der Überlassung einer Wohnung erbracht werden, die nicht zu einer Ferienanlage gehört.[830]Die Gewerblichkeit der Vermietung kann sich im Übrigen auch als Folge einer Betriebsaufspaltung ergeben.[831]

II. Einkünfte aus § 21 Abs. 1 S. 1 Nr. 1 EStG im Einzelnen

1. Das Erbbaurecht

Das Erbbaurecht ist ein auf einem Grundstück lastendes beschränkt dingliches Recht, auf oder unter der Oberfläche des Grundstücks ein Bauwerk zu errichten und zu nutzen. Das Recht ist veräußerlich und vererblich (§ 1 Abs. 1 ErbbauVO). Die Verpflichtung, ein Erbbaurecht zu bestellen oder zu erwerben, bedarf der notariellen Beurkundung. Das Erbbaurecht wird rechtlich im Wesentlichen wie ein Grundstück behandelt (§ 11 ErbbauRG). Einkommensteuerlich ist das Erbbaurecht ein grundstücksgleiches Recht i.S.d. § 21 Abs. 1 S. 1 Nr. 1 EStG.   **394**

a) Steuerliche Folgen für den Grundstückseigentümer

Der Grundstückseigentümer (Besteller) erzielt mit dem Zufluss von Erbbauzinsen Einnahmen i.S.d. § 21 Abs. 1 S. 1 Nr. 1 EStG, auch bei Zahlung des Entgelts in größeren Beträgen oder einer Summe.[832] Bei Einmalzahlungen oder Vorauszahlungen auf das Erbbaurecht hat der Empfänger das (Verteilungs-)Wahlrecht nach § 11 Abs. 1 S. 3 EStG. Die vom Erbbauberechtigten übernommenen Erschließungskosten sind Anschaffungskosten des Erbbaurechts und nicht sofort abzugsfähige Werbungskosten.[833]   **395**

Geht das vom Erbbauberechtigten errichtete Gebäude beim Erlöschen oder **Heimfall** des Erbbaurechts auf den Grundstückseigentümer über, kann dieser die an den Erbbauberechtigten zu zahlende Entschädigung als Anschaffungskosten des Gebäudes im

828   BFH v.17.03.2009 – IV B 52/08, BFH/NV 2009, 1114.

829   BFH v. 14.12.2004 – IX R 70/02, BFH/NV 2005, 1040.

830   BFH v. 28.09.2010 – X B 42/10, BFH/NV 2011, 37.

831   Vgl. BFH v. 10.04.1997 – IV R 73/94, BStBl. II 1997, 569: Vermietung der Wohnungseigentümerschaft an personenidentische Betriebs-GmbH.

832   St.Rspr.: BFH v. 20.09.2006 – IX R 17/04, BStBl. II 2007, 112.

833   FG Köln v. 11.03.1992 – 11 K 1059/89, EFG 1992, 593.

Wege der AfA absetzen. Sofern das vom Erbbauberechtigten in Ausübung des Erbbaurechts errichtete Gebäude nach Beendigung des Erbbaurechts entsprechend den Bestimmungen des Erbbaurechtsvertrags entschädigungslos auf den Erbbauverpflichteten übergeht, führt dies beim Erbbauverpflichteten zu einer zusätzlichen Vergütung für die vorangegangene Nutzungsüberlassung.[834]

b) Steuerliche Folgen beim Erbbauberechtigten

396 Einnahmen, die der Erbbauberechtigte durch Vermietung des auf dem Grundstück errichteten Gebäudes erzielt, sind ebenfalls Einkünfte i.S.d. § 21 Abs. 1 S. 1 Nr. 1 EStG.

Die gezahlten **Erbbauzinsen** sind im Grundsatz sofort abzugsfähige Werbungskosten i.S.d. § 9 Abs. 1 S. 1 EStG und sind bei den Einkünften aus Vermietung und Verpachtung im Kalenderjahr ihrer Leistung abziehbar.[835] Bei Vorauszahlung in einem Einmalbetrag ist jedoch § 11 Abs. 2 S. 3 EStG zu beachten. Nach dieser Vorschrift sind Ausgaben, die für eine Nutzungsüberlassung von mehr als fünf Jahren im Voraus geleistet werden, auf den Zeitraum gleichmäßig zu verteilen, für den die Vorauszahlung geleistet wird. Dabei handelt es sich um eine zwingende Abflussregelung (kein Wahlrecht).

Der Erbbauberechtigte ist im Regelfall nicht wirtschaftlicher Eigentümer des belasteten Grundstücks. Da er aber zivilrechtlicher und in der Regel auch wirtschaftlicher Eigentümer des auf dem Erbbaugrundstück errichteten Gebäudes ist (§ 95 Abs. 1 S. 2 BGB), kann er die **Abschreibung auf das Gebäude** geltend machen. Stellt der Erbbauberechtigte das Gebäude her, sind seine Herstellungskosten AfA-Bemessungsgrundlage.

2. Nießbrauch und andere Nutzungsrechte an Grundstücken

a) Unentgeltlicher Zuwendungsnießbrauch

Fall 53: Kinderreich mit reichen Kindern

E ist Eigentümer eines vermieteten Geschäftsgrundstücks in Köln. Er räumt seinen vier minderjährigen Kindern zu je 1/4 mit Wirkung ab 01.01.2014 den Nießbrauch an dem Grundstück ein. Nach den unter Mitwirkung eines Ergänzungspflegers getroffenen Vereinbarungen gelten hinsichtlich der Lastentragung die gesetzlichen Regelungen (§§ 1041 ff. BGB). Der Nießbrauch wird am 01.12.2013 im Grundbuch eingetragen. Die Mieter erhalten eine Mitteilung von der Nießbrauchbestellung und werden angewiesen, die Mieten ab 01.01.2014 auf ein auf den Namen der Kinder eingerichtetes Konto bei der B-Bank zu überweisen.

E gibt für die Kinder in 2014 eine Erklärung zur einheitlichen und gesonderten Feststellung der Einkünfte aus Vermietung und Verpachtung ab. Danach betragen die in 2014 vereinnahmten Mieteinnahmen 100.000 €. Als Werbungskosten werden geltend gemacht:

---

834 BFH v. 11.12.2003 – IV R 42/02, BStBl. II 2004, 353.
835 BFH v. 23.09.2003 – IX R 65/02, BStBl. II 2005, 159.

1. Zinsen i.H.v. 30.000 € für ein von E zur Anschaffung des Grundstücks aufgenommenes Darlehen. Die Zinsen wurden von einem Konto des E bezahlt.

2. Laufender Erhaltungsaufwand 10.000 €, von dem Konto der Kinder beglichen.

3. Gebäude-AfA 30.000 €, wie bisher von E (der Höhe nach zutreffend) in Anspruch genommen.

Haben die Kinder, ggf. in welcher Höhe, Einkünfte aus Vermietung und Verpachtung erzielt?

I. Für die Kinder ist gemäß § 180 Abs. 1 Nr. 2 Buchst. a) AO eine **einheitliche und gesonderte Festellung** durchzuführen, wenn sie an den Mieteinkünften aus dem Geschäftshaus beteiligt und ihnen die Einkünfte steuerlich zuzurechnen sind. **397**

   1. Einkünfte sind demjenigen zuzurechnen, der den konkreten **Tatbestand der Einkunftserzielung** erfüllt. Für den Bereich des § 21 Abs. 1 EStG erfüllt derjenige den Tatbestand der Einkunftserzielung, der die dort genannten Wirtschaftsgüter anderen entgeltlich auf Zeit zur Nutzung überlässt. Er muss also Träger der Rechte und Pflichten eines Vermieters oder Verpächters aus dem Rechtsverhältnis der Vermietung oder Verpachtung sein.[836]

   2. Die minderjährigen Kinder des E sind aufgrund der Bestellung des Nießbrauchs kraft Gesetzes (§§ 577, 571 BGB) in die Vermieterstellung des E eingerückt und damit **Träger der Rechte und Pflichten eines Vermieters** geworden. Sie sind auch nach außen als Einkunftserzieler aufgetreten, weil den Mietern eine entsprechende Mitteilung gemacht worden ist.[837]

   3. Vorliegend bestehen auch keine Bedenken gegen die **bürgerlich-rechtliche Wirksamkeit** der Nießbrauchsvereinbarung. Wegen der mit der Bestellung des Nießbrauchs verbundenen rechtlichen Nachteile (Verpflichtungen gegenüber dem Eigentümer und den Mietern) war E nach § 181 BGB gehindert, seine minderjährigen Kinder bei dem Vertragsschluss mit sich selbst zu vertreten. Die ordnungsgemäße Vertretung ist durch den vom Amtsgericht bestellten Ergänzungspfleger (§ 1909 BGB) erfolgt.[838] Der Anordnung eines Ergänzungspflegers für die Dauer des Nießbrauchs bedarf es nicht.[839]

   4. Der von den Vertragspartnern gewählten Gestaltung ist auch nicht wegen Missbrauchs von Gestaltungsmöglichkeiten nach § 42 AO die Anerkennung zu versagen. Ein **Gestaltungsmissbrauch** kommt insbesondere in Betracht, wenn mit der Bestellung des Nießbrauchs das Abzugsverbot aus § 12 Nr. 2 EStG umgangen werden soll und die Einräumung des Nutzungsrechts wirtschaftlich Unterhaltsleistungen gleichkommt.[840] Im vorliegenden Fall sind solche verdeckten Unterhaltsleistungen nicht gegeben, da die Mieterträge nicht für den Unterhalt der Kinder verwendet worden sind.

---

836 BFH v. 31.10.1989 – IX R 216/84, BStBl. II 1992, 506.

837 Zum Erfordernis des Auftretens nach außen vgl. BFH v. 13.05.1980 – VIII R 63/79, BStBl. II 1981, 295; vgl. auch BMF v. 24.07.1998 – Nießbrauchserlass – IV B 3-S 2253-59/98, BStBl. I 1998, 914 Tz. 14–17.

838 BFH v. 31.10.1989 – IX R 216/84, BStBl. II 1992, 506.

839 BFH v. 13.05.1980 – VIII R 63/79, BStBl. II 1981, 295.

840 Vgl. BFH v. 18.10.1990 – IV R 36/90, BStBl. II 1991, 205.

398 II. Die Höhe der von den Kindern erzielten und ihnen anteilig zuzurechnenden Mieteinkünfte ergibt sich als **Überschuss der Einnahmen über die Werbungskosten** (§ 2 Abs. 2 S. 1 Nr. 2 EStG).

1. Die **Mieteinnahmen** betragen lt. Sachverhalt 100.000 €.

2. **Werbungskosten**

   a) **Laufende Aufwendungen** 10.000 €: Diese Aufwendungen sind Werbungskosten i.S.d. § 9 Abs. 1 S. 1 EStG, da sie durch die Erzielung der Einkünfte veranlasst sind.

   b) **Zinsen** 30.000 €: Schuldzinsen gehören nach § 9 Abs. 1 S. 3 Nr. 1 EStG zu den Werbungskosten, sofern sie mit der entsprechenden Einkunftsart in wirtschaftlichem Zusammenhang stehen. Der wirtschaftliche Zusammenhang ist vorliegend gegeben, da die Zinsen für ein zur Finanzierung des Mietobjekts aufgenommenes Darlehen gezahlt werden und die Kinder als Nießbraucher gemäß § 1047 BGB verpflichtet sind, diese Aufwendungen zu tragen.

399 Der Abzug könnte allerdings ausgeschlossen sein, weil die Zinsen nicht von dem Konto der Kinder beglichen, sondern von E bezahlt worden sind (sogenannter **Drittaufwand**).

Nach der Rspr. des Großen Senats des BFH kann Drittaufwand grundsätzlich nicht als Betriebsausgabe oder Werbungskosten geltend gemacht werden.[841] Im vorliegenden Fall könnte der Werbungskostenabzug gleichwohl zu gewähren sein. Denn E wollte mit den Zinszahlungen Zuwendungen an die Kinder erbringen, die nach § 1047 BGB die Zinsen für das Mietobjekt tragen mussten. Um den Zahlungsweg abzukürzen, hat er die erforderlichen Geldbeträge nicht an die Kinder, bei denen die entsprechende Verpflichtung durch einen „aufwandsverursachenden" Vorgang entstanden ist, sondern an den Gläubiger der Zinsen überwiesen. In Fällen des **abgekürzten Zahlungswegs** wird von der Rspr. die Geltendmachung des Drittaufwands grundsätzlich anerkannt,[842] denn es handelt sich dann um eigenen Aufwand des Stpfl. Bei Dauerschuldverhältnissen soll dies jedoch nur dann gelten, wenn der Stpfl. im Innenverhältnis verpflichtet ist, den Dritten von der Verpflichtung zur Zins- und Tilgungszahlung freizustellen.[843] Da die Kinder eine solche Freistellungsverpflichtung nicht haben, können sie den Zinsaufwand nicht geltend machen.

   c) **Gebäude-AfA** 30.000 €: Ob der Nießbraucher, der weder rechtlicher noch wirtschaftlicher Eigentümer des Gebäudes ist, Gebäude-AfA als sogenannte Dritt-AfA als Werbungskosten nach § 9 Abs. 1 S. 3 Nr. 7 EStG geltend machen kann, war lange umstritten. Nun hat der Große Senat des BFH insoweit eine Klärung herbeigeführt, als der Abzug von Drittaufwand grundsätzlich abgelehnt wird.[844]

---

841 BFH v. 23.08.1999 – GrS 2/97, BStBl. II 1999, 782.
842 BFH v. 23.08.1999 – GrS 2/97, BStBl. II 1999, 782.
843 BFH v. 25.06.2008 – X R 36/05, DStR 2008, 2204.
844 BFH v. 23.08.1999 – GrS 2/97, BStBl. II 1999, 782.; vgl. auch Nießbraucherlass, a.a.O., Tz. 19, 20.

Unter Zugrundelegung dieser Rspr. kann bei Ermittlung der Einkünfte der Kinder die Gebäude-AfA nicht als Werbungskosten angesetzt werden.

Ergebnis: Die Einkünfte aus Vermietung und Verpachtung betragen (Einnahmen 100.000 € ./. laufende Aufwendungen 10.000 €) = 90.000 € und sind den Kindern entsprechend dem Beteiligungsverhältnis zu je 1/4, d.h. in Höhe von je 22.500 €, zuzurechnen.

Hinweis: *E bezieht infolge der unentgeltlichen Nießbrauchsbestellung keine Einkünfte mehr. Er kann daher auch keine Werbungskosten mehr geltend machen und insbesondere auch nicht mehr die Gebäude-AfA einkünftemindernd ansetzen.[845] Die unentgeltliche Bestellung des Nießbrauchs ist daher **wirtschaftlich nicht vorteilhaft**, wenn es sich um ein Objekt handelt, für das noch hohe AfA-Beträge geltend gemacht werden können.[846]*

b) Unentgeltliches obligatorisches Nutzungsrecht

Beispiel: A überlässt B aufgrund eines schriftlichen Vertrags unentgeltlich die Nutzung einer Eigentumswohnung für die Dauer von fünf Jahren.   **400**

Ein unentgeltlich eingeräumtes, nicht dingliches, sondern nur schuldrechtliches Nutzungsrecht wird steuerlich wie ein Nießbrauchsrecht behandelt, wenn der Nutzende eine gesicherte Rechtsposition innehat.[847] Das setzt nach Ansicht der Finanzverwaltung[848] voraus, dass der Überlassungsvertrag schriftlich abgeschlossen und das Nutzungsrecht für einen festgelegten Zeitraum, mindestens für die Dauer von einem Jahr, vereinbart worden ist.

Der obligatorisch Nutzungsberechtigte, der das Objekt aufgrund einer gesicherten Rechtsposition nutzt, erzielt im Fall der Fremdvermietung Einkünfte nach § 21 Abs. 1 S. 1 Nr. 1 EStG. Voraussetzung ist, dass er nach außen als Einkunftserzieler auftritt. Da § 577 BGB bei obligatorischen Nutzungsrechten nicht eingreift, kann der Nutzungsberechtigte nur mit Zustimmung des Mieters unter Umwandlung des Mietverhältnisses in die Vermieterstellung einrücken und damit den Tatbestand der Einkunftserzielung begründen.[849]

Die **Gebäude-AfA** geht – wie im Falle des Nießbrauchs – verloren, da der Eigentümer keine Einnahmen mehr erzielt und daher auch keine Werbungskosten mehr geltend machen kann.

c) Entgeltlicher Zuwendungsnießbrauch

Beispiel: A räumt B entgeltlich den Nießbrauch an einem Grundstück ein.   **401**

---

845 BFH v. 13.05.1980 – VIII R 128/78, BStBl. II 1981, 299; Nießbrauchserlass, a.a.O., Tz. 24.
846 Vgl. Korn DStR 1999, 1461 ff.
847 BFH v. 29.11.1983 – VIII R 215/79, BStBl. II 1984, 366.
848 Vgl. Nießbrauchserlass v. 24.07.1998, a.a.O., Tz. 6 u. 7.
849 Nießbrauchserlass v. 24.07.1998, a.a.O., Tz. 36.

Der **Nießbraucher** erzielt im Falle der Vermietung Einnahmen aus Vermietung und Verpachtung nach § 21 Abs. 1 S. 1 Nr. 1 EStG. Die mit der Vermietung in Zusammenhang stehenden Aufwendungen sind als Werbungskosten abzugsfähig. Das vom Nießbraucher für die Bestellung des Nießbrauchs gezahlte Entgelt stellt Anschaffungskosten eines immateriellen Wirtschaftsguts (Nießbrauch) dar. Auf dieses Wirtschaftsgut kann der Nießbraucher die AfA vornehmen.[850]

Der **Eigentümer** erzielt beim entgeltlich bestellten Nießbrauch (oder sonstigem Nutzungsrecht) Einnahmen aus Vermietung und Verpachtung nach § 21 Abs. 1 S. 1 Nr. 1 EStG.[851] Die Einnahmen sind im Jahr des Zuflusses zu erfassen. Erfolgt die Gegenleistung in Form einer Einmalzahlung, lässt die Verwaltung aus Billigkeitsgründen zu, dass die Einnahmen auf mehrere Jahre verteilt werden.[852]

d) Vorbehaltsnießbrauch

402 **Beispiel:** A überträgt unentgeltlich auf B ein Grundstück, behält sich aber an dem Grundstück ein Nießbrauchsrecht vor.

Der **Nießbraucher** (früherer Eigentümer) erzielt durch die Vermietung wie bisher Einkünfte aus Vermietung und Verpachtung. Er kann die Aufwendungen als Werbungskosten absetzen, die er nach dem Gesetz (z.B. §§ 1041, 1045 u. 1047 BGB) oder nach den vertraglichen Regeln zu tragen hat.[853] Das gilt auch für außergewöhnliche Reparaturmaßnahmen, wenn das bei Nießbrauchsbestellung vereinbart worden ist.[854] Die Gebäude-AfA steht dem Vorbehaltsnießbraucher ohne Rücksicht darauf zu, ob er zumindest wirtschaftlicher Eigentümer des Gebäudes geblieben ist.[855] Dies ergibt sich aus dem allen Einkunftsarten zugrunde liegenden Nettoprinzip. Danach sind die von einem Stpfl. zur Einkunftserzielung getätigten Aufwendungen auch dann abziehbar, wenn und soweit diese Aufwendungen auf in fremdem Eigentum stehende Wirtschaftsgüter erbracht werden. Solange der Stpfl. das Wirtschaftsgut weiterhin für Zwecke der Einkunftserzielung nutzen darf, kann er den (eigenen) Aufwand in Form der Abschreibung geltend machen. Die Abschreibung selbst richtet sich nach der Art des Wirtschaftsguts, für das der Stpfl. die Aufwendungen getätigt hat.[856] Demnach sind die Vorschriften über die Gebäude-AfA anzuwenden.

Der **Erwerber** des Grundstücks (Eigentümer) hat keine Einnahmen und erzielt daher keine Einkünfte i.S.d. § 21 Abs. 1 S. 1 Nr. 1 EStG.

e) Vermächtnisnießbrauch (§§ 2147 ff. BGB)

403 Der Vermächtnisnehmer ist nicht berechtigt, AfA-Beträge aufgrund der Anschaffungs- und Herstellungskosten des Rechtsvorgängers in Anspruch zu nehmen. Die Aufwen-

---

850 BFH v. 27.06.1978 – VIII R 12/72, BStBl. II 1979, 38.
851 BFH v. 27.06.1978 – VIII R 12/72, BStBl. II 1979, 38.
852 Nießbraucherlass v. 24.07.1998, a.a.O. Tz. 29.
853 Nießbraucherlass v. 24.07.1998, a.a.O., Tz. 43.
854 Schmidt/Kulosa § 21 EStG Rn. 41.
855 BFH v. 28.03.1995 – IX R 126/89, BStBl. II 1997, 121.
856 Vgl. Nießbraucherlass v. 24.07.1998, a.a.O., Tz. 42.

dungen des Erblassers gehen nicht auf den Vermächtnisnehmer, sondern auf den Erben als Gesamtrechtsnachfolger über.[857]

f) Dingliches Wohnrecht (§ 1093 BGB)

404 Auf das dingliche Wohnrecht sind die für den Nießbrauch geltenden Grundsätze entsprechend anzuwenden.[858]

Zu beachten ist insbesondere, dass der Eigentümer, der unentgeltlich ein dingliches Wohnrecht eingeräumt hat, auf das Gebäude insoweit keine AfA geltend machen kann, als sie auf den mit dem Wohnrecht belasteten Gebäudeanteil entfällt. Entsprechendes gilt für den Abzug anderer Aufwendungen.[859]

III. Ermittlung der Einkünfte aus Vermietung und Verpachtung

405 Die Einkünfte aus Vermietung und Verpachtung werden gemäß § 2 Abs. 2 S. 1 Nr. 2 EStG als Überschuss der Einnahmen über die Werbungskosten ermittelt. Hat der Stpfl. mehrere Mietobjekte (Einkünftequellen), wird in der Praxis für jedes dieser Objekte eine besondere Überschussrechnung erstellt.

1. Einnahmen aus Vermietung und Verpachtung

406 Einnahmen aus Vermietung und Verpachtung sind alle Vermögensvorteile, die dem Stpfl. zugeflossen sind und nach ihrem wirtschaftlichen Gehalt als Gegenleistung für die Überlassung des Gebrauchs oder der Nutzung des Mietobjekts anzusehen sind.[860] Zu den Einnahmen gehören insbesondere Miet- oder Pachtzinsen und sogenannte Nebenleistungen des Mieters (Umlagen für Müllabfuhr, Straßenreinigungskosten, Wassergeld etc.).

407 ■ Bei **Schadensersatzleistungen** des Mieters oder Dritter ist zu unterscheiden, ob es sich um Ersatz für

- ▪ entgehende oder entgangene Einnahmen oder
- ▪ Vermögensschäden handelt:

Ersatzleistungen für entgangene oder entgehende Einnahmen sind gemäß § 24 Nr. 1 Buchst. a) EStG als Einnahmen zu erfassen.

Beispiel: Ein Mietinteressent leistet eine sogenannte Abstandszahlung für die Entlassung aus dem Vormietvertrag.[861]

Keine Mieteinnahmen sind Zahlungen, die der Vermieter/Verpächter als Schadensersatz für die Beschädigung oder die Zerstörung der Mietsache erhält.[862]

---

857 Nießbrauchserlass v. 24.07.1998, a.a.O., Tz. 32.
858 Vgl. BFH v. 07.12.1982 – VIII R 166/80, BStBl. II 1983, 660; Nießbrauchserlass v. 24.07.1990, a.a.O. Tz. 33 und 49.
859 Nießbrauchserlass v. 24.07.1998, a.a.O., Tz. 34.
860 BFH v. 21.08.1990 – VIII R 17/86, BStBl. II 1991, 76.
861 BFH v. 21.08.1990 – VIII R 17/86, BStBl. II 1991, 76.
862 Vgl. BFH v. 29.11.1968 – VI R 316/66, BStBl. II 1969, 184.

408 ■ Bei **werterhöhenden Aufwendungen des Mieters/Pächters** stellt sich die Frage, wann der Vermögensvorteil dem Vermieter/Verpächter zugeflossen ist. Nur wenn der Verpächter/Vermieter zumindest das wirtschaftliche Eigentum schon mit der Errichtung eines Mietereinbaus/Gebäudes erlangt, muss er den entsprechenden Zufluss mit der Fertigstellung als Einnahme erfassen.

409 ■ **Mietvorauszahlungen** und Mieterzuschüsse müssen grundsätzlich im Zeitraum des Zuflusses als Mieteinnahmen angesetzt werden (seit 2004: Wahlrecht gemäß § 11 Abs. 1 S. 3 EStG).

2. Werbungskosten

410 Werbungskosten i.S.d. § 9 Abs. 1 S. 1 EStG sind alle Aufwendungen, die durch die Erzielung steuerpflichtiger Einnahmen veranlasst sind. Das ist bei den Einkünften aus Vermietung und Verpachtung der Fall, wenn die Aufwendungen objektiv in wirtschaftlichem Zusammenhang mit dieser Einkunftsart stehen und sie subjektiv zur Förderung der Einkunftserzielung gemacht werden. Zu den Werbungskosten können darüber hinaus Wertabgaben gehören, die den Stpfl. unfreiwillig treffen. Voraussetzung dafür ist, dass das auslösende Moment für die Wertabgabe im Bereich der Einkunftserzielung liegt.[863]

411 Werbungskosten können bereits vor Beginn der auf die Einnahmeerzielung gerichteten Tätigkeit anfallen (sogenannte **vorab veranlasste Werbungskosten**). Voraussetzung dafür ist, dass die Absicht zur Einnahmeerzielung anhand objektiver Umstände feststellbar ist.[864] So können etwa Aufwendungen für ein nach Anmietung leerstehendes Gewerbeobjekt als vorab entstandene Werbungskosten abziehbar sein, wenn der Steuerpflichtige – als gewerblicher Zwischenmieter – die Einkünfteerzielungsabsicht hinsichtlich dieses Objekts erkennbar aufgenommen und sie später nicht aufgegeben hat.

Nachträgliche Werbungskosten sind Aufwendungen, die erst nach Aufgabe der auf die Einnahmeerzielung gerichteten Tätigkeit anfallen, mit dieser (früheren) Tätigkeit jedoch noch in wirtschaftlichem Zusammenhang stehen, etwa wenn noch Verpflichtungen aus aktiver Zeit beglichen werden.[865] Zu den Besonderheiten beim **Schuldzinsenabzug** nach Veräußerung der vermieteten Immobilie siehe unten.

Von den nachträglichen Werbungskosten sind Aufwendungen abzugrenzen, die nicht in wirtschaftlichem Zusammenhang mit der Nutzung, sondern mit der Veräußerung eines Grundstücks stehen. Da die Veräußerung des zum Privatvermögen gehörenden Wirtschaftsguts ein **nicht einkommensteuerbarer Vorgang** der privaten Vermögenssphäre ist (Ausnahme § 22 Nr. 2, § 23 EStG), sind die damit in wirtschaftlichem Zusammenhang stehenden Aufwendungen nicht abziehbar.[866]

412 **Typische Werbungskosten i.S.d. § 9 Abs. 1 S. 1 EStG** sind Heizungskosten, Kosten der Hausverwaltung und Aufwendungen für Strom-, Gas- und Wasserversorgung.

Zu den **Werbungskosten i.S.d. § 9 Abs. 1 S. 3 Nr. 2 EStG** gehören insbesondere Grundsteuer, Müllabfuhr, Kanalbenutzungs- und Straßenreinigungsgebühren sowie Versicherungsaufwendungen.

Unter **§ 9 Abs. 1 S. 3 Nr. 3 EStG** fallen die Beiträge zu Haus- und Grundbesitzervereinen.

---

863 Vgl. BFH v. 20.12.1994 – IX R 122/92, BStBl. II 1995, 534; siehe ferner oben 2. Abschnitt Rn. 109 f.
864 BFHv. 19.02.2013 – IX R 7/10, BFH/NV 2013, 1019.
865 Grundlegend BFH v. 20.06.2012 – IX R 67/10, BStBl. II 2013, 275.
866 BFH v. 01.08.2012 – IX R 8/12, BStBl. II 2012, 781.

Von besonderem wirtschaftlichen Gewicht ist der Abzug von **Schuldzinsen** als Werbungskosten nach § 9 Abs. 1 S. 3 Nr. 1 EStG und die **Absetzungen für Abnutzung** gemäß § 9 Abs. 1 S. 3 Nr. 7 EStG.

Folgende **Besonderheiten** sind im Bereich der Werbungskosten bei den Einkünften aus Vermietung/Verpachtung zu beachten:

a) Aufteilung von Schuldzinsen bei gemischter Gebäudenutzung

> **Fall 54: „Fifty-Fifty" (Schuldzinsenabzug bei Erwerb oder Errichtung gemischt genutzter Gebäude)**
>
> A erwarb 2014 ein ZFH. Die Erdgeschosswohnung wollte er mit seiner Familie bewohnen, die gleich große Wohnung im Obergeschoss sollte an fremde Dritte vermietet werden. Ein Darlehen, das der Kaufpreissumme der vermieteten Wohnung entsprach, ordnete A dieser zu. Den restlichen Kaufpreis deckte er mit Eigenkapital ab. Entsprechend dieser Zuordnung zahlte A den Gesamtkaufpreis in zwei Tranchen auf das Notaranderkonto ein. Von dort aus wurde der Gesamtkaufpreis in einer Summe an den Verkäufer ausgezahlt. In der Steuererklärung 2014 machte A die gesamten Schuldzinsen als Werbungskosten aus Vermietung und Verpachtung geltend. Das FA berücksichtigte entsprechend dem Verhältnis der vermieteten Wohnfläche zur Gesamtwohnfläche des Hauses die Schuldzinsen lediglich anteilig in Höhe von 50%. Wie ist die Rechtslage?

I. Nach § 9 Abs. 1 S. 3 Nr. 1 EStG sind Schuldzinsen (und sonstige Kreditkosten) als Werbungskosten abziehbar, soweit sie mit einer bestimmten Einkunftsart in wirtschaftlichem Zusammenhang stehen. Ein solcher wirtschaftlicher Zusammenhang ist dann gegeben, wenn die Schuldzinsen für eine Verbindlichkeit geleistet worden sind, die durch die Einkünfteerzielung veranlasst ist. Diese Voraussetzung ist erfüllt, wenn und soweit das Darlehen tatsächlich zum Erzielen von Einkünften aus Vermietung und Verpachtung verwendet worden ist.[867]   **413**

II. Fraglich ist, wie der für den Abzug der Schuldzinsen erforderliche Veranlassungszusammenhang zu beurteilen ist, wenn das mit Fremdmitteln finanzierte Gebäude nur teilweise der Einkünfteerzielung dient. Hierzu hat der BFH folgende Grundsätze aufgestellt:

1. **Grundsatz der Aufteilung:** Dient ein Gebäude nicht nur dem Erzielen von Einkünften aus Vermietung und Verpachtung, sondern auch der Selbstnutzung und werden die Darlehensmittel lediglich teilweise zur Einkünfteerzielung verwandt, so sind die für den Kredit entrichteten Zinsen nur anteilig als Werbungskosten abziehbar.[868]

2. **Ausnahme bei konkreter Zuordnung:** In vollem Umfang sind sie nur dann zu berücksichtigen, wenn der Stpfl. ein Darlehen mit steuerrechtlicher Wirkung ge-

---

867 Z.B. BFH v. 27.10.1998 – IX R 44/95, BStBl. II 1999, 676 m.w.N.
868 Z.B. BFH v. 27.10.1998 – IX R 44/95, BStBl. II 1999, 676.

zielt einem bestimmten, der Einkünfteerzielung dienenden Gebäudeteil zuordnet, indem er mit den als Darlehen empfangenen Mitteln tatsächlich die Aufwendungen begleicht, die der Anschaffung oder Herstellung dieses Gebäudeteils konkret zuzurechnen sind.[869]

a) **Konkrete Zuordnung in Errichtungsfällen:** Der Werbungskostenabzug der Schuldzinsen setzt bei einem vom Stpfl. errichteten Gebäude voraus, dass die Herstellungskosten den eigenständige Wirtschaftsgüter bildenden Gebäudeteilen zugeordnet werden und dass diese gesondert zugeordneten Herstellungskosten (Entgelte für Lieferungen und Leistungen) auch tatsächlich mit Darlehensmitteln gezahlt werden.[870]

b) **Konkrete Zuordnung in Erwerbsfällen:** Diese Grundsätze gelten nach Auffassung des BFH entsprechend, wenn der Stpfl. ein Grundstück erwirbt.[871] Danach gilt: Finanziert der Steuerpflichtige die Anschaffung eines Gebäudes, das nicht nur dem Erzielen von Einkünften aus Vermietung und Verpachtung, sondern auch der (nicht steuerbaren) Selbstnutzung dient, mit Eigenmitteln und Darlehen, kann er die Darlehenszinsen insoweit als Werbungskosten bei den Einkünften aus Vermietung und Verpachtung abziehen, als er das Darlehen tatsächlich zur Anschaffung des der Einkünfteerzielung dienenden Gebäudeteils verwendet. Der Werbungskostenabzug setzt voraus, dass der Steuerpflichtige die Anschaffungskosten im Rahmen seiner Finanzierungsentscheidung dem ein eigenständiges Wirtschaftsgut bildenden Gebäudeteil gesondert zuordnet und die so zugeordneten Anschaffungskosten mit Geldbeträgen aus dem dafür aufgenommenen Darlehen zahlt.[872] Soweit der Stpfl. keine nach außen hin erkennbare Zuordnungsentscheidung trifft, sind die Anschaffungskosten anteilig zuzuordnen. Maßstab hierfür ist das Verhältnis der selbstgenutzten Wohn-/Nutzflächen des Gebäudes zu denen, die der Einkünfteerzielungsabsicht dienen.[873] Die Finanzverwaltung hat sich dieser Auffassung angeschlossen.[874]

III. Im vorliegenden Fall hat A eine Zuordnung im Sinne der BFH-Rspr. getroffen und das Darlehen, das für den vermieteten Teil des Gebäudes bestimmt war und der Höhe nach dem entsprechenden Kaufpreisanteil entsprach, auch getrennt auf das Notaranderkonto eingezahlt. Der Umstand, dass dann später der Gesamtkaufpreis in einer Summe – also unter Einbeziehung des Eigenkapitals – vom Notaranderkonto an den Veräußerer gezahlt wird, steht dann dieser Zuordnung nicht entgegen.[875]

Ergebnis: Danach hat das FA die Schuldzinsen zu Unrecht nur anteilig zum Abzug zugelassen. Durch die erfolgte Zuordnung der Darlehensmittel zur vermieteten Wohnung

---

869 Vgl. i.E. BFH v. 27.10.1998 – IX R 44/95, BStBl. II 1999, 676.

870 BFH BFH v. 27.10.1998 – IX R 44/95, BStBl. II 1999, 676; vgl. hierzu auch BMF v. 16.04.2004 – IV C 3-S 2211-36/04, BStBl. I 2004, 464.

871 BFH v. 25.03.2003 – IX R 22/01, BStBl. II 2004, 348.

872 BFH v. 25.03.2003 – IX R 22/01, BStBl. II 2004, 348.

873 Vgl. BFH v. 24.06.2008 – IX R 26/06, BFH/NV 2008, 1482.

874 BMF v. 16.04.2004 – IV C 3-S 2211-36/04, BStBl. I 2004, 464.

875 So auch BFH v. 09.07.2002 – IX R 65/00, BFH/NV 2002, 1646; BFH v. 25.05.2011 – IX R 22/10, BFH/NV 2012, 14.

und der entsprechenden Auszahlung ist der erforderliche wirtschaftliche Zusammenhang der Schuldzinsen zur Einkunftsart Vermietung und Verpachtung in vollem Umfang gegeben.

b) Werbungskosten bei Unterbrechung der Vermietung

Vorübergehende Unterbrechung: Das vorübergehende Fehlen steuerrelevanter Einnahmen schließt entsprechend den Grundsätzen des Veranlassungsprinzips die Geltendmachung von Werbungskosten nicht aus. Für die steuerliche Qualifikation kommt es unabhängig von zeitlichen Einnahmefiktionen – wie bei vorab veranlassten Aufwendungen – allein darauf an, ob die betrachteten Aufwendungen – bei Berücksichtigung des Wesentlichkeitserfordernisses und den verfahrensrechtlichen Nachweisgeboten – durch die auf Einkunftserzielung ausgerichtete Erwerbstätigkeit unverändert wirtschaftlich ausgelöst sind, solange der Stpfl. den Entschluss zur Einkünfteerzielung nicht endgültig aufgegeben hat (z.B. bei vorübergehend leer stehender Wohnung).[876]

414

So besteht bei vorübergehend leer stehender Wohnung der Veranlassungszusammenhang von Aufwendungen mit der Erwerbstätigkeit fort, wenn sich der Steuerpflichtige **ernsthaft und nachhaltig um die Vermietung der Wohnung bemüht**, selbst wenn er das Vermietungsobjekt daneben – z.B. wegen der Schwierigkeiten einer Vermietung – auch zum Erwerb anbietet.[877]

Selbst wenn die vorübergehende Einnahmeunterbrechung später unbeabsichtigt zu einer endgültigen erstarkt, bleibt der Abzug der Werbungskosten bis zum Aufgabestichtag erhalten.

Endgültige Unterbrechung: Ein Werbungskostenabzug ist ausgeschlossen, falls anlässlich einer Unterbrechung des Erwerbsengagements die Einkünfteerzielungsabsicht gänzlich aufgegeben wird; der erforderliche Veranlassungszusammenhang wird dann durchtrennt.

Beispiele:

- Unbedingter Maklerauftrag für die Veräußerung eines leer stehenden Hauses[878]

- Keine Einnahmen werden erzielt, weil das Mietobjekt auf unabsehbare Zeit leer steht.[879]

- Das Mietobjekt wird unentgeltlich an einen Dritten zur Nutzung überlassen.[880]

Weder laufende Kosten noch AfA können **nach Aufgabe der Vermietungstätigkeit** als Werbungskosten abgezogen werden.[881]

---

876 Allgemeine Meinung: z.B. BFH v. 21.09.2000 – IX B 75/00, BFH/NV 2001, 585; Schmidt/Loschelder § 9 EStG Rn. 60; Blümich/Thürmer § 9 EStG Rn. 168; Kreft in Herrmann/Heuer/Raupach § 9 EStG Rn. 167.

877 BFH v. 09.07.2003 – IX R 102/00, BStBl. II 2003, 940.

878 BFH v. 25.09.2002 – IX B 4/02, BFH/NV 2003, 160.

879 Vgl. BFH v. 29.10.2002 – VIII B 125/01, BFH/NV 2003, 314,

880 Vgl. BFH v. 14.12.1994 – X R 1-2/90, X R 1/90, X R 2/90, BStBl. II 1996, 680.

881 Vgl. BFH v. 25.09.2002 – IX B 4/02, BFH/NV 2003, 160 betr. AfA für ein ursprünglich für die Vermietung bestimmtes Gebäude nach Aufgabe der Vermietungsabsicht; s. aber BFH v. 11.03.2003 – IX R 16/99, BFH/NV 2003, 1043: Aufwendungen zwischen Auszug des letzten Mieters und Veräußerung können noch durch die Vermietungstätigkeit veranlasst sein.

c) Werbungskosten am Ende der Vermietungszeit

415 Neben dem Problembereich des Abzugs von Schuldzinsen als nachträgliche Werbungs-kosten (dazu unter ee)) ist gerade im Bereich der Einkünfte aus Vermietung und Ver-pachtung der Werbungskostenabzug am Ende der Vermietungszeit problematisch:

aa) Typisierter Werbungskostenabzug

416 Soweit Aufwendungen, die der Steuerpflichtige nach Auszug des letzten Mieters und vor Veräußerung einer Immobilie tätigt, auf die Vermietungszeit entfallen, handelt es sich nach der Rspr. auch nach Aufgabe der Einkünfteerzielungsabsicht typisierend noch um Werbungskosten aus Vermietung und Verpachtung, danach um nicht abziehbare, durch die spätere Veräußerung veranlasste Aufwendungen.[882]

Hinsichtlich des für diese Typisierung entscheidenden Zeitpunkts der Beendigung der Vermietungstätigkeit hat der BFH folgende Grundsätze aufgestellt: Solange der Vermie-ter dem Mieter die Nutzung der Mietsache überlässt, dauert die Vermietungstätigkeit an; die Vermietungszeit endet mit dem Wegfall des Nutzungsrechts des Mieters. An-haltspunkte dafür können z.B. ein ausdrücklicher oder konkludent geschlossener Auf-hebungsvertrag, die Kündigung, ein Übergabeprotokoll als Dokumentation der endgül-tigen Rückgabe der Mietsache oder der Umstand sein, bis zu welchem Zeitpunkt der Mieter den Mietzins entrichtet bzw. der Vermieter Mieteinnahmen erklärt hat.[883] Bei **mehreren Vermietungsobjekten** ist die Beendigung der Vermietungstätigkeit ge-trennt für jede Immobilie festzustellen.

bb) Gebäudeabbruch als letzter Akt der Vermietungstätigkeit

417 Die Abbruch- und Aufräumkosten für ein Gebäude, das ein Stpfl. zunächst zur Erzielung von Vermietungseinkünften nutzt, das dann aber wirtschaftlich und technisch ver-braucht ist, sind in der Regel ebenso wie die Absetzung für außergewöhnliche techni-sche oder wirtschaftliche Abnutzung (AfaA) als Werbungskosten abziehbar.[884] Der Ent-schluss des Steuerpflichtigen, ein Gebäude abzubrechen, bringt in diesen Fällen die Tat-sache seines wirtschaftlichen Verbrauchs zum Ausdruck, und zwar ohne dass es darauf ankommt, ob an die Stelle des abgebrochenen Gebäudes ein dem gleichen Zweck ge-widmeter Neubau tritt.[885]

cc) Reparaturaufwendungen nach Aufgabe der Vermietungstätigkeit

418 Unstreitig sind Erhaltungsaufwendungen nach Aufgabe der Vermietungstätigkeit und vor Selbstnutzung dann als nachträgliche Werbungskosten abzugsfähig, wenn sie zur Beseitigung von Schäden dienen, die die gewöhnliche Abnutzung der Mietsache über-steigen (z.B. mutwillig verursachte Zerstörung) oder wenn die Reparaturen aus mit der

---

882 BFH v. 11.03.2003 – IX R 16/99, BFH/NV 2003, 1043; einschränkend aber BMF v. 26.11.2001 – IV C 3-S 2211-53/01, BStBl. I 2001, 868 für Maßnahmen, die auf künftige Wohnbedürfnisse des Stpfl. zugeschnitten sind.

883 BFH v. 11.03.2003 – IX R 16/99, BFH/NV 2003, 1043.

884 BFH v. 01.12.1992 – IX R 333/87, BStBl. II 1994, 12.

885 BFH v. 31.03.1998 – IX R 26/96, BFH/NV 1998, 1212; zur Problematik der Abzugsfähigkeit von Aufwendungen im Zusam-menhang mit der Einstellung der Einkunftserzielung siehe Schmidt/LoschelderL § 9 EStG Rn. 42, 45.

als Einnahme erfassten Mietkaution finanziert werden.[886] Fallen allerdings (normale) Schönheitsreparaturen oder Aufwendungen zur Beseitigung kleinerer Schäden in diesem Zeitraum an, ist die Rspr. restriktiver und lässt die Aufwendungen selbst dann nicht zum Abzug zu, wenn vertragsgemäß der Mieter die Aufwendungen hätte tragen müssen und der Stpfl. diesen Anspruch wegen Zahlungsunfähigkeit des Mieters nicht durchsetzen kann.[887]

dd) Schuldzinsen auf ein Darlehen zur Finanzierung von Werbungskosten

Nach Aufgabe der Vermietungstätigkeit gezahlte Schuldzinsen sind nach Auffassung des BFH als nachträgliche Werbungskosten bei den Einkünften aus Vermietung und Verpachtung zu berücksichtigen, wenn mit dem Kredit Aufwendungen finanziert worden sind, die während der Vermietungstätigkeit als sofort abziehbare Werbungskosten (z.B. Erhaltungsaufwendungen, laufende Hauskosten) zu beurteilen waren.[888] Dabei kommt es nicht darauf an, ob ein etwaiger Veräußerungserlös zur Schuldentilgung ausgereicht hätte.[889] Löst ein Stpfl. allerdings seine Darlehensschuld vorzeitig ab, um sein bisher vermietetes Objekt lastenfrei übereignen zu können, so kann er die dafür an den Darlehensgeber zu entrichtende Vorfälligkeitsentschädigung auch dann nicht als Werbungskosten bei den Einkünften aus Vermietung und Verpachtung abziehen, wenn er mit dem Kredit Aufwendungen finanziert hatte, die während der Vermietungstätigkeit als sofort abziehbare Werbungskosten zu beurteilen waren.[890]

419

ee) Schuldzinsen nach Veräußerung des Mietobjekts als nachträgliche Werbungskosten

> **Fall 55: Veräußerung „unter Wert"**
>
> X erwarb in 2005 ein Wohngebäude, um damit Einkünfte aus Vermietung und Verpachtung zu erzielen. Die Anschaffungskosten finanzierte er größtenteils über ein Bank-Darlehen. Wegen einer finanziellen Schieflage musste X das Objekt Ende 2013 „unter Wert" veräußern. Der aus der Veräußerung des Objekts erzielte Erlös reichte nicht aus, um die im Veräußerungszeitpunkt noch bestehenden Darlehen abzulösen. Für die – nach vollständiger Verwendung des Veräußerungserlöses zur Schuldentilgung – noch verbliebene Darlehensschuld wandte X im Jahr 2014 Schuldzinsen in Höhe von 20.000 € auf, die er in seiner Einkommensteuererklärung als Werbungskosten bei den Einkünften aus Vermietung und Verpachtung geltend machte. Zu Recht?

I. Fraglich ist, ob die geltend gemachten nachträglichen Schuldzinsen als Werbungskosten bei der Ermittlung der Einkünfte aus Vermietung und Verpachtung berücksichtigt werden können.

---

886 BFH v. 17.12.2002 – IX R 6/99, BFH/NV 2003, 610.

887 BFH v. 17.12.2002 – IX R 6/99, BFH/NV 2003, 610; a.A.: Schmidt/LoschelderL § 9 EStG Rn. 42; v. Bornhaupt BB 1998, 136; Rauch, Nachträgliche Werbungskosten – zu späte Aufwendungen, Diss., 1996, 96 ff.

888 BFH v. 16.09.1999 – IX R 42/97, BStBl. II 2001, 528.

889 BFH v. 12.10.2005 – IX R 28/04, BStBl. II 2006, 407; so jetzt auch BMF v. 03.05.2006 – IV C 3-S 2211-11/06, BStBl. I 2006, 363.

890 BFH v. 23.09.2003 – IX R 20/02, BStBl. II 2004, 57.

Werbungskosten sind nach § 9 Abs. 1 S. 1 EStG Aufwendungen zur Erwerbung, Sicherung und Erhaltung der Einnahmen. Hierzu zählen auch Schuldzinsen, soweit diese mit einer Einkunftsart, vorliegend den Einkünften aus Vermietung und Verpachtung i.S.d. § 21 Abs. 1 S. 1 Nr. 1 EStG, im wirtschaftlichen Zusammenhang stehen (§ 9 Abs. 1 S. 3 Nr. 1 S. 1 EStG).

1. Als maßgebliches Kriterium für einen steuerrechtlich anzuerkennenden wirtschaftlichen Zusammenhang zwischen Aufwendungen und einer Einkunftsart wird die wertende Beurteilung des die betreffenden Aufwendungen „auslösenden Moments" sowie dessen „Zuweisung zur einkommensteuerrechtlich relevanten Erwerbssphäre" angesehen.[891] Bei Einkünften aus Vermietung und Verpachtung kommt einerseits dem **mit der Schuldaufnahme verfolgten Zweck**, welcher auf die Erzielung von Einnahmen aus Vermietung und Verpachtung gerichtet sein muss, und andererseits der **zweckentsprechenden Verwendung der Mittel** entscheidende Bedeutung zu. Der notwendige Veranlassungszusammenhang von Schuldzinsen mit Einkünften aus Vermietung und Verpachtung ist danach als gegeben anzusehen, wenn ein objektiver Zusammenhang dieser Aufwendungen mit der Überlassung eines Vermietungsobjektes zur Nutzung besteht und subjektiv die Aufwendungen zur Förderung dieser Nutzungsüberlassung gemacht werden. Mit der erstmaligen Verwendung einer Darlehensvaluta zur Anschaffung eines Vermietungsobjektes wird die maßgebliche Verbindlichkeit diesem Verwendungszweck unterstellt.[892]

2. Nach den **in der älteren Rspr. vertretenen Grundsätzen** besteht der Zweck, sofern das Darlehen nicht vorher abgelöst wird, jedenfalls solange fort, bis die Vermietungsabsicht aufgegeben wird und die Vermietungstätigkeit bzw. das Rechtsverhältnis im Sinne der Einkunftsart endet, mit der Konsequenz, dass die auf das Darlehen gezahlten Schuldzinsen nach § 9 Abs. 1 S. 3 Nr. 1 S. 1 EStG zwar in dem genannten Zeitraum als Werbungskosten bei den Einkünften aus Vermietung und Verpachtung berücksichtigt, nach Ende der Vermietungstätigkeit jedoch grundsätzlich nicht mehr als solche anerkannt wurden – und zwar auch dann nicht, wenn der Erlös aus der Veräußerung eines zuvor zur Vermietung genutzten Grundstücks nicht ausreichte, um das ursprünglich zur Anschaffung des Grundstücks aufgenommene Darlehen abzulösen.[893]

Diese ältere Rspr. zur beschränkten Abziehbarkeit nachträglicher Schuldzinsen bei den Einkünften aus Vermietung und Verpachtung hat sich maßgebend von der Erwägung leiten lassen, dass der ursprünglich bestehende wirtschaftliche Zusammenhang zwischen dem zur Finanzierung von Anschaffungskosten aufgenommenen Darlehen und den Einkünften aus Vermietung und Verpachtung mit der Veräußerung des Grundstücks beendet sei und das anschließend fortbestehende (Rest-)Darlehen seine Ursache in dem im privaten Vermögensbereich erlittenen, nicht steuerbaren Veräußerungsverlust habe; Aufwendungen hierauf sei-

---

891 BFH v. 21.09. 2009 – GrS 1/06, BStBl. II 2010, 672.

892 BFH v. 27.10.1998 – IX R 44/95, BStBl. II 1999, 676; Bergkemper in Herrmann/Heuer/Raupach § 9 EStG Rn. 362; Blümich/Thürmer § 9 EStG Rn. 203.

893 Etwa BFH v. 25.01.2001 – IX R 27/97, BStBl. II 2001, 573.

en nur noch Gegenleistung für die Überlassung von Kapital, das nicht mehr der Erzielung von steuerbaren Einnahmen diene.

3. Hieran hat der BFH in seiner aktuellen Rspr. im Hinblick auf die Verlängerung der Veräußerungsfrist für Grundstücke auf zehn Jahre durch § 23 Abs. 1 S. 1 Nr. 1 EStG nicht mehr festgehalten.[894] Nach der Änderung der Rspr. können Schuldzinsen, die auf Verbindlichkeiten entfallen, welche der Finanzierung von Anschaffungskosten eines zur Erzielung von Einkünften aus Vermietung und Verpachtung genutzten Wohngrundstücks dienten, auch nach einer gemäß § 23 Abs. 1 S. 1 Nr. 1 EStG steuerbaren Veräußerung der Immobilie weiter als (nachträgliche) Werbungskosten abgezogen werden, wenn und soweit die Verbindlichkeiten durch den Veräußerungserlös nicht getilgt werden können. Kein fortdauernder Veranlassungszusammenhang von nachträglichen Schuldzinsen mit früheren Einkünften i.S.d. § 21 EStG ist danach aber anzunehmen, wenn der Steuerpflichtige zwar ursprünglich mit Einkünfteerzielungsabsicht gehandelt hat, seine Absicht zu einer (weiteren) Einkünfteerzielung jedoch bereits vor der Veräußerung des Immobilienobjekts aus anderen Gründen weggefallen ist. Damit hat der BFH eine Gleichbehandlung zu der rechtlichen Behandlung nachträglicher Schuldzinsen auf Betriebsschulden nach Aufgabe oder Veräußerung des Betriebs als Betriebsausgaben hergestellt.[895] Diese vorstehenden Grundsätze gelten auch dann, wenn die Veräußerungsfrist des § 23 Abs. 1 S. 1 Nr. 1 EStG bei Veräußerung des Mietobjekts bereits abgelaufen ist.[896]

II. Unter Berücksichtigung dieser neuen Rechtsprechungsgrundsätze kommt für X dem Grunde und der Höhe nach ein Abzug der Schuldzinsen als nachträgliche Werbungskosten in Betracht. Die Schuldzinsen waren ursprünglich – mittelbar über die Verwendung der Darlehensvaluta für die Anschaffung des Vermietungsobjekts – durch die Vermietungstätigkeit veranlasst. Dieser fortdauernde Veranlassungszusammenhang ist auch nicht vor der Veräußerung weggefallen. Damit bleiben die Schuldzinsen, die auf das nach Tilgung durch den Veräußerungserlös verbleibende Restdarlehen entfallen, weiterhin durch die Vermietungstätigkeit veranlasst.

Ergebnis: Unter Anwendung der geänderten Rspr. des BFH kann X die Schuldzinsen ab 2014 als nachträgliche Werbungskosten bei den Einkünften aus Vermietung und Verpachtung steuermindernd berücksichtigen.

---

d) Fehlgeschlagene Aufwendungen

Besondere steuerliche Probleme mit Fehlaufwendungen ergeben sich wegen der Abgrenzung zur steuerneutralen Vermögenssphäre und der Abschreibungsregelung des § 9 Abs. 1 S. 1 Nr. 7 EStG bei den Einkünften aus Vermietung und Verpachtung.[897] **420**

---

894 BFH v. 20.06.2012 – IX R 67/10, BStBl. II 2013, 275.
895 Etwa BFH v. 28.03.2007 – X R 15/04, BStBl. II 2007, 642.
896 BFH v. 08.04.2014 – IX R 45/13, BFH/NV 2014, 1151.
897 Siehe hierzu ausführlich Kreft in Herrmann/Heuer/Raupach § 9 EStG Rn. 166.

Fall 56: Verlorene Aufwendungen bei Anschaffung

Die Eheleute A und B schlossen in 2013 einen Kaufvertrag über eine Eigentumswohnung ab. Die zur Vermietung vorgesehene Eigentumswohnung sollte im Laufe des Jahres 2014 fertiggestellt werden. Im Dezember 2013 überwiesen die Eheleute den Kaufpreis an den Verkäufer. Im Jahr 2015 traten sie jedoch vom o.a. Kaufvertrag zurück, da der Baufortschritt nicht den vertraglichen Vereinbarungen entsprach. Anschließend erhielten sie den für die Eigentumswohnung gezahlten Betrag zurück. A und B fragen an, wie der Vorgang steuerlich zu behandeln ist.

421 I. Bei der im Jahr 2013 geleisteten Kaufpreiszahlung könnte es sich um Werbungskosten handeln.

1. Werbungskosten sind gemäß § 9 Abs. 1 S. 1 EStG Aufwendungen zur Erwerbung, Sicherung und Erhaltung von Einnahmen. Bei den Einkünften aus Vermietung und Verpachtung (§ 21 Abs. 1 EStG) sind Werbungskosten grundsätzlich alle durch diese Einkunftsart veranlassten Aufwendungen.[898] Sie können schon zu einem Zeitpunkt anfallen, in dem mit den Aufwendungen zusammenhängende Einnahmen noch nicht erzielt werden. Voraussetzung für die Berücksichtigung vorab entstandener Werbungskosten ist, dass ein ausreichend bestimmter wirtschaftlicher Zusammenhang zwischen den Aufwendungen und der Einkunftsart besteht, in deren Rahmen der Abzug begehrt wird. Führen Aufwendungen nicht zum beabsichtigten Erfolg, bleibt hiervon ihre Abziehbarkeit als Werbungskosten unberührt.[899]

2. Nach der ständigen Rspr. des BFH[900] sind Anschaffungs- oder Herstellungskosten eines zur Erzielung von Überschusseinkünften vorgesehenen (abnutzbaren) Wirtschaftsguts regelmäßig nur im Rahmen der Absetzung für Abnutzung – AfA – (§ 9 Abs. 1 S. 3 Nr. 7 i.V.m. § 7 EStG) oder – neben der Normal-AfA nach § 7 Abs. 1 oder 4 EStG (§ 7a Abs. 4 EStG) – im Rahmen von Sonderabschreibungen zu berücksichtigen. Daher bleiben (Voraus-)Zahlungen auf Anschaffungskosten im Zeitpunkt ihrer Leistung an den Veräußerer einkommensteuerrechtlich zunächst ohne Auswirkung. Sie wirken sich im Fall der Normal-AfA gemäß § 9 Abs. 1 S. 3 Nr. 7 i.V.m. § 7 EStG erst ab Anschaffung des Wirtschaftsguts – verteilt auf dessen Nutzungsdauer – als Werbungskosten aus.[901] Voraussetzung ist jedoch, dass das betreffende Wirtschaftsgut letztlich auch angeschafft wurde.

3. Werden die Herstellungsleistungen später allerdings nicht erbracht oder ist das angestrebte Anschaffungsgeschäft nicht zustande gekommen und kann eine Rückzahlung nicht erlangt werden, können hingegen auch (Voraus-)Zahlungen in vollem Umfang abziehbar sein. Derartige **verlorene Aufwendungen** (An- oder Vorauszahlungen auf Anschaffungs- oder Herstellungsvorgänge) sind nach ständiger BFH-Rspr. als Werbungskosten gemäß § 11 Abs. 2 S. 1 EStG in dem Zeitpunkt

---

898 Vgl. BFH v. 10.10.2000 – IX R 15/96, BStBl. II 2001, 787.

899 Vgl. BFH v. 04.07.1990 – GrS 1/89, BStBl. II 1990, 830.

900 Z.B. BFH v. 12.09.2001 – IX R 52/00, BFH/NV 2002, 966.

901 Vgl. bereits BFH v. 04.07.1990 – GrS 1/89 BStBl. II 1990, 830, unter C. III. 2. c.

abzuziehen, in dem deutlich wird, dass sie ohne Gegenleistung bleiben und eine Rückzahlung nicht zu erlangen ist, es also zu keiner Verteilung der Aufwendungen im Wege der AfA gemäß § 9 Abs. 1 S. 3 Nr. 7 EStG kommen wird.[902]

II. Unter Berücksichtigung der vorstehenden Grundsätze ist die Kaufpreiszahlung von A und B im Zahlungsjahr 2013 nicht als Werbungskosten abziehbar.

Sie haben mit der Zahlung des gesamten Kaufpreises zunächst Aufwendungen erbracht, um ein zur Erzielung von Vermietungseinkünften vorgesehenes Wirtschaftsgut zu erwerben (Anschaffungskosten i.S.d. § 255 Abs. 1 HBG). Das Anschaffungsgeschäft ist indes aufgrund des Rücktritts vom Vertrag nicht zustande gekommen. Mangels verwirklichter Anschaffung scheidet eine AfA nach § 9 Abs. 1 S. 3 Nr. 7 EStG vorliegend aus.

Auch eine Berücksichtigung als verlorene Aufwendungen kommt nicht in Betracht. Denn es war im Zeitpunkt der Zahlung im Dezember 2013 unmittelbar nach Abschluss des Kaufvertrags (auch aus Sicht von A und B) nicht davon auszugehen, dass diese „Vorauszahlung" ohne Gegenleistung bleiben würde. Zudem ist zwar die für die geleistete Zahlung erwartete Gegenleistung ausgeblieben, die Eheleute haben aber nach ihrem Rücktritt vom Kaufvertrag den Kaufpreis vollständig zurückerhalten.

Ergebnis: A und B können den vorausgezahlten Kaufpreis in 2013 nicht als Werbungskosten bei den Einkünften aus Vermietung und Verpachtung absetzen.

3. Anschaffungs-/Herstellungskosten und Erhaltungsaufwand

Gemäß § 9 Abs. 1 S. 3 Nr. 7 EStG gehören zu den Werbungskosten auch Absetzungen für   **422** Abnutzung (AfA) und für Substanzverringerung und erhöhte Absetzungen. Nach § 7 Abs. 1 EStG sind die Anschaffungs- oder Herstellungskosten für Wirtschaftsgüter, deren Verwendung oder Nutzung durch den Stpfl. zur Erzielung von Einkünften sich erfahrungsgemäß auf einen Zeitraum von mehr als einem Jahr erstreckt, auf die Jahre der betriebsgewöhnlichen Nutzungsdauer zu verteilen. Für Wirtschaftsgüter, die sich erfahrungsgemäß nicht abnutzen (insbesondere Grund und Boden), sind keine AfA vorzunehmen.

a) Anschaffungskosten: Begriff und Umfang der Anschaffungskosten bestimmen sich   **423** für die Gewinn- und Überschusseinkünfte, mithin auch für die Einkünfte aus Vermietung und Verpachtung, nach § 255 HGB.[903] Anschaffungskosten eines Gebäudes sind danach die Aufwendungen, die geleistet werden, um das Gebäude zu erwerben und in einen **betriebsbereiten Zustand** zu versetzen, soweit sie dem Gebäude einzeln zugeordnet werden können (§ 255 Abs. 1 S. 1 HGB).[904] Ein Gebäude ist betriebsbereit, wenn es entsprechend seiner Zweckbestimmung genutzt werden kann.[905]

---

902 Vgl. BFH v. 20.06.2002 – IX R 51/01, BStBl. II 2002, 758.
903 Vgl. BFH v. 12.09.2001 – IX R 39/97, BStBl. II 2003, 569; zum Begriff der Anschaffungskosten siehe auch Weber-Grellet, Bilanzsteuerrecht, 5. Abschnitt B. I.
904 Vgl. zum Begriff der Anschaffungskosten BMF v. 18.07.2003 – IV C 3-S 2211-94/03, BStBl. I 2003, 386 Tz. 1 ff.
905 BFH v. 12.09.2001 – IX R 39/97, BStBl. II 2003, 569.

Nutzt der Erwerber das Gebäude ab dem Zeitpunkt der Anschaffung zur Erzielung von Einkünften aus Vermietung und Verpachtung oder zu eigenen Wohnzwecken, ist es ab diesem Zeitpunkt grundsätzlich betriebsbereit. Instandsetzungs- und Modernisierungsaufwendungen können in diesem Fall grundsätzlich keine Anschaffungskosten i.S.d. § 255 Abs. 1 S. 1 HGB sein.[906]

Wird das Gebäude im Zeitpunkt der Anschaffung nicht genutzt, ist zunächst offen, ob es aus Sicht des Erwerbers betriebsbereit ist. Führt der Erwerber im Anschluss an den Erwerb und vor der erstmaligen Nutzung Baumaßnahmen durch, um das Gebäude entsprechend seiner Zweckbestimmung nutzen zu können, sind die Aufwendungen hierfür Anschaffungskosten.

Die Anschaffungskosten setzen sich danach aus den Kosten des Erwerbs eines bereits bestehenden Vermögensgegenstands, der aus fremder in die eigene wirtschaftliche Verfügungsmacht überführt wird, und den Kosten zusammen, die in einem unmittelbaren wirtschaftlichen Zusammenhang mit der Anschaffung stehen, insbesondere zwangsläufig im Gefolge der Anschaffung anfallen (sogenannte **Anschaffungsnebenkosten**).

Beispiele für Nebenkosten als Teile der Anschaffungskosten: Kosten für die Begutachtung des Kaufpreisgegenstands, Fahrtkosten anlässlich des Erwerbs eines Grundstücks, Grundbuchgebühren beim Grundstückserwerb, Maklergebühren, Notariatsgebühren, Vermittlungsprovisionen.

Daneben gibt es auch sogenannte **nachträgliche Anschaffungskosten** (§ 255 Abs. 1 S. 2 HGB). Hierzu zählen z.B. nachträglich entstehende Grunderwerbsteuer und Beiträge zur Errichtung erstmaliger Erschließungsanlagen.

Beim Erwerb eines **bebauten Grundstücks** sind die angefallenen Anschaffungskosten nach Verkehrswerten auf Grund und Boden und Gebäude **aufzuteilen**.[907]

Finanzierungs- und Geldbeschaffungskosten stellen Nebenkosten einer Darlehensaufnahme dar und rechnen wie die Schuldzinsen nicht zu den Anschaffungskosten.

424 **b) Herstellungskosten** sind gemäß § 255 Abs. 2 S. 1 HGB die Aufwendungen, die durch den Verbrauch von Gütern und die Inanspruchnahme von Diensten für die Herstellung eines Vermögensgegenstands, seine Erweiterung oder für eine über seinen ursprünglichen Zustand hinausgehende wesentliche Verbesserung entstehen. Hierzu gehören insbesondere das Material, die Löhne sowie angemessene Teile der Fertigungs- und Materialgemeinkosten (§ 255 Abs. 2 S. 3 HGB).[908] Herstellungskosten eines Gebäudes sind nach § 255 Abs. 2 S. 1 HGB Aufwendungen für die Herstellung eines Gebäudes sowie Aufwendungen, die für die Erweiterung oder für die über den ursprünglichen Zustand hinausgehende wesentliche Verbesserung eines Gebäudes entstehen.[909]

Anschaffungsnaher Aufwand: Zu den Herstellungskosten eines Gebäudes gehören auch Aufwendungen für Instandsetzungs- und Modernisierungsmaßnahmen, die innerhalb von drei Jahren nach der Anschaffung des Gebäudes durchgeführt werden,

---

906 BMF v. 18.07.2003 – IV C 3-S 2211-94/03, BStBl. I 2003, 386.
907 BFH v. 10.10.2000 – IX R 86/97, BStBl. II 2001, 183.
908 Vgl. auch Weber-Grellet, Bilanzsteuerrecht, 5. Abschnitt B. II.
909 Zu weiteren Einzelheiten siehe BMF v. 18.07.2003 – IV C 3-S 2211-94/03, BStBl. I 2003, 386 Tz. 17 ff.

wenn die Aufwendungen ohne Umsatzsteuer 15% der Anschaffungskosten des Gebäudes übersteigen. Zu diesen Aufwendungen gehören aber nicht die Aufwendungen für Erweiterungen i.S.d. § 255 Abs. 2 S. 1 HGB sowie Aufwendungen für Erhaltungsarbeiten, die jährlich üblicherweise anfallen (§ 6 Abs. 1a EStG).

Nachträgliche Herstellungskosten setzen die Veränderung eines bereits bestehenden Gebäudes im Rahmen eines weiteren Herstellungsvorgangs voraus. Davon ist nur im Fall der Erweiterung des Gebäudes oder einer über den ursprünglichen Zustand des Gebäudes hinausgehenden wesentlichen Verbesserung auszugehen (§ 255 Abs. 2 S. 1 2. und 3. Alt. HGB). Eine Verbesserung ist in diesem Sinne wesentlich, wenn über die zeitgemäße Erneuerung hinaus nach objektiven Maßstäben der Gebrauchswert des Gebäudes im Ganzen deutlich erhöht wird; dies ist der Fall, wenn die Veränderungen zu einer höherwertigen Nutzbarkeit des Gebäudes führen.[910]

Keine nachträglichen Herstellungskosten, sondern **Herstellungskosten für ein anderes Wirtschaftsgut** entstehen, wenn das bisherige Wirtschaftsgut im Wesen geändert und so tiefgreifend umgestaltet oder in einem solchen Ausmaß erweitert wird, dass die eingefügten neuen Teile der Gesamtsache das Gepräge geben und die verwendeten Altteile bedeutungs- und wertmäßig untergeordnet erscheinen.

c) Erhaltungsaufwand sind alle Aufwendungen zur Erhaltung oder Wiederherstellung **425** der Substanz oder der Verwendungs- und Nutzungsmöglichkeit eines Wirtschaftsguts, die somit das Wirtschaftsgut in ordnungsmäßigem Zustand halten sollen, die Wesensart des Wirtschaftsguts nicht ändern und (in der Regel) in ungefähr gleicher Höhe wiederkehren. Erhaltungsaufwand ist gemäß § 11 Abs. 2 EStG im Kalenderjahr der Verausgabung abzugsfähig.

4. AfA bei Gebäuden/Lineare AfA

Für Gebäude gelten nach § 7 Abs. 4 EStG grundsätzlich sogenannte **typisierte Ab-** **426** **schreibungssätze**. Es wird also nicht auf die tatsächliche, sondern auf eine unterstellte Nutzungsdauer abgestellt (Ausnahme: § 7 Abs. 4 S. 2 EStG).

Das Gesetz unterscheidet bei zum Betriebsvermögen gehörenden Gebäuden zwischen solchen,

- die nicht Wohnzwecken dienen (Wirtschaftsgebäuden), und

- solchen, die nicht Wirtschaftsgebäude sind (andere Gebäude).

Bei **Wirtschaftsgebäuden**, für die der Bauantrag nach dem 31.03.1985 gestellt worden ist, beträgt der AfA-Satz jährlich **3%**. Bei den **anderen Gebäuden** beträgt der AfA-Satz **2%** (bei **Altgebäuden** mit Fertigstellung vor dem 01.01.1925 **2,5%**). Bei jedem Eigentumswechsel werden die entsprechenden Anschaffungskosten erneut mit der typisierten AfA abgeschrieben, sofern nicht eine verkürzte Nutzungsdauer glaubhaft gemacht wird (§ 7 Abs. 4 S. 2 EStG).

---

910 BFH v. 25.01.2006 – I R 58/04, BStBl. II 2006, 707.

a) Degressive AfA

427   Bei in einem Mitgliedstaat der EU/EWR gelegenen Gebäuden kann der Stpfl. die degressive AfA nach Maßgabe des § 7 Abs. 5 EStG geltend machen, wenn er

- das Gebäude hergestellt oder

- bis zum Ende des Jahres der Fertigstellung angeschafft hat.

Die jeweiligen AfA-Sätze hängen vom Datum des Kaufvertrags bzw. Bauantrags ab (vgl. § 7 Abs. 5 Nr. 1–3 EStG). Für nach dem 01.01.2006 angeschaffte oder hergestellte Gebäude kann die degressive AfA nicht mehr in Anspruch genommen werden.

b) Absetzung für außergewöhnliche technische oder wirtschaftliche Abnutzung

428   Nach § 9 Abs. 1 S. 3 Nr. 7 i.V.m. § 7 Abs. 1 S. 7 EStG sind Absetzungen für außergewöhnliche technische oder wirtschaftliche Abnutzung (AfaA) zulässig. Durch die AfaA werden besondere, in den planmäßigen Abschreibungen nicht erfasste Umstände berücksichtigt. Eine außergewöhnliche **technische** Abnutzung ist beispielsweise gegeben, wenn ein Gebäude durch einen Brand ganz oder teilweise zerstört wird. Eine außergewöhnliche **wirtschaftliche** Abnutzung liegt vor, wenn die wirtschaftliche Nutzbarkeit des Anlageguts durch besondere Umstände gesunken ist. Das ist beispielsweise der Fall, wenn ein nach den speziellen Bedürfnissen des Erstmieters errichtetes Gebäude nach Beendigung des Mietvertrags nur eingeschränkt vermietbar ist.[911]

Die AfaA ist grundsätzlich in dem Veranlagungszeitraum vorzunehmen, in dem die außergewöhnliche Abnutzung eingetreten ist, spätestens aber in dem Veranlagungszeitraum, in dem der Stpfl. die außergewöhnliche Abnutzung entdeckt hat.[912]

c) Sonderabschreibungen, erhöhte Absetzungen

Das Institut der Abschreibung wird vom Gesetzgeber im besonderen Maße für „wirtschaftslenkende Steuervergünstigungen" eingesetzt. Zu unterscheiden sind:

- erhöhte Absetzungen, die an die Stelle der „normalen" AfA treten, und

- Sonderabschreibungen, die neben der „normalen" AfA geltend gemacht werden können.[913]

Erhöhte Absetzungen begründen z.B. die Regelungen in § 7c EStG (begünstigter Mietwohnungsbau), § 7h EStG (Gebäude in Sanierungsgebieten und städtebaulichen Entwicklungsgebieten) oder § 7i EStG (Erhöhte Absetzungen bei Baudenkmalen).

Allgemeine Regelungen für erhöhte Abschreibungen und Sonderabschreibungen ergeben sich aus § 7a EStG.

---

911 BFH v. 28.10.1980 – VIII R 34/76, BStBl. II 1981, 161.

912 BFH v. 13.03.1998 – VI R 27/97, BStBl. II 1998, 443.

913 Vgl. Schmidt/Kulosa § 7a EStG Rn. 1.

5. Unentgeltlicher Erwerb und Erbauseinandersetzung über Grundstücke des Privatvermögens

a) Unentgeltlicher Erwerb

Beim unentgeltlichen Erwerb von Wirtschaftsgütern, die nicht zu einem Betriebsvermögen gehören, greifen die Rechtsfolgen des § 11d EStDV ein. Danach tritt der Erwerber (Einzelrechtsnachfolger oder Gesamtrechtsnachfolger) in die Rechtsstellung seines Rechtsvorgängers ein: Er führt sowohl die AfA-Bemessungsgrundlage als auch den AfA-Satz sowie das AfA-Volumen des Rechtsvorgängers fort (§ 11d Abs. 1 EStDV). **429**

Unentgeltlicher Erwerb mit der Rechtsfolge des § 11d EStDV liegt auch dann vor, wenn im Rahmen der vorweggenommenen Erbfolge der Erwerber dem (bisherigen) Vermögensinhaber Versorgungsleistungen zusagt.[914]

b) Erbauseinandersetzung über Privatvermögen (insbesondere Grundstücke)

Erbfall und Erbauseinandersetzung sind nach der Rspr. des Großen Senats[915] zwei verschiedene – wie im Zivilrecht – getrennt zu beurteilende Rechtsvorgänge: **430**

- Der **Erbfall** ist ein nicht einkommensteuerbarer Erwerbsakt. Die Miterben eines Unternehmers rücken in dessen Rechtsstellung ein und sind bis zur Erbauseinandersetzung Mitunternehmer. Privatvermögen ist den Miterben gemäß § 39 Abs. 2 Nr. 2 AO wie bei einer Bruchteilsgemeinschaft zuzurechnen.

- Die Buchwerte des Erblassers sind bei Betriebsvermögen nach § 6 Abs. 3 EStG, bei Privatvermögen gemäß § 11d EStDV fortzuführen.

- Die **Erbauseinandersetzung** wird bei Betriebsvermögen und Privatvermögen grundsätzlich gleich behandelt. In beiden Fällen kann es zu Anschaffungskosten und Veräußerungsgewinnen kommen.

aa) Realteilung ohne Ausgleichszahlung

Wird ein Nachlass, der nur aus Privatvermögen (z.B. Mietwohngrundstück) besteht, in der Weise auseinandergesetzt und aufgeteilt, dass jeder der Miterben Wirtschaftsgüter nach Maßgabe seiner Erbquote zu Alleineigentum erhält, handelt es sich nicht um einen Tauschvorgang. Vielmehr erwirbt jeder Miterbe die zugeteilten Wirtschaftsgüter einkommensteuerrechtlich unentgeltlich i.S.d. § 11d Abs. 1 EStDV.[916] **431**

Beispiele:

A und B sind Miterben zu je 1/2. Der Nachlass (Gesamtwert 1 Mio. €) umfasst ein Mietwohngrundstück (500.000 €), ein Einfamilienhaus (300.000 €) und Aktien (200.000 €). A übernimmt das Mietwohngrundstück, während B das Einfamilienhaus und die Aktien erhält.

914 BFH v. 05.07.1990 – GrS 4-6/89 – GrS 4/89, GrS 5/89, GrS 6/89, BStBl. II 1990, 847; dazu BMF v. 13.01.1993 – IV B 3-S 2190-37/92, BStBl. I 1993, 80 u. vom 16.09.2004 – IV C 3-S 2255-354/04, BStBl. I 2004, 922.

915 BFH v. 05.07.1990 – GrS 4-6/89 – GrS 4/89, GrS 5/89, GrS 6/89, BStBl. II 1990, 847; dazu BMF v. 14.03.2006 – IV C 3-S 2255-354/04, BStBl. I 2006, 253.

916 BMF v. 14.03.2006 – IV C 3-S 2255-354/04, BStBl. I 2006, 253, Tz. 22 und Tz. 23 ff. zur Behandlung von Nachlassverbindlichkeiten.

A und B erwerben jeweils voll unentgeltlich. A muss den Steuerwert des Mietwohngrundstücks gemäß § 11d Abs. 1 EStDV fortführen. B hat für das Einfamilienhaus keine eigenen Anschaffungskosten.

bb) Realteilung mit Ausgleichszahlung

432 Wird im Rahmen einer Erbauseinandersetzung ein Nachlass real geteilt und erhält ein Miterbe wertmäßig mehr, als ihm nach seiner Erbquote zusteht, und zahlt er für dieses „Mehr" an seine Miterben eine Abfindung, liegt insoweit – wie bei der Erbauseinandersetzung über Betriebsvermögen – ein Anschaffungs- und Veräußerungsvorgang vor. In Höhe der Abfindungszahlung entstehen Anschaffungskosten. Das gilt auch, soweit sich die Erbengemeinschaft durch Zwangsversteigerung zum Zwecke der Aufhebung der Gemeinschaft auseinandersetzt. Wird ein Wirtschaftsgut gegen Abfindungszahlung erworben, berechnen sich der entgeltlich und der unentgeltlich erworbene Teil des Wirtschaftsguts nach dem Verkehrswert.[917] In der Regel kann davon ausgegangen werden, dass der Verkehrswert dem Wert entspricht, den die Miterben der Erbauseinandersetzung zugrunde legen (Anrechnungswert).

Beispiel: A und B sind Miterben zu je 1/2. Der Nachlass besteht aus einem Gebäude auf einem Erbbaugrundstück (Verkehrswert 1 Mio. €) und Bargeld (500.000 €). A erhält das Gebäude und zahlt an B eine Abfindung i.H.v. 250.000 €. B erhält das Bargeld und die Abfindungszahlung. A hat Anschaffungskosten in Höhe von 250.000 €. Es ist unerheblich, aus welchem Vermögensbereich der die Abfindung Zahlende die Mittel für die Abfindungszahlung entnimmt. A zahlt die Abfindung nicht für das ganze Gebäude, auch nicht für den gesamten Anteil des B an dem Gebäude (1/2), sondern nur für das wertmäßige „Mehr", das er bei der Erbteilung erhalten hat. Das Gebäude ist 1 Mio. € wert. 750.000 € stehen A nach seiner Erbquote zu, sodass A mithin 1/4 des Gebäudes für 250.000 € entgeltlich und 3/4 des Gebäudes unentgeltlich erworben hat.

cc) Ausgleich aus liquiden Mitteln

433 Soweit eine Abfindungszahlung dem Wert übernommener liquider Mittel des Nachlasses (z.B. Bargeld, Sparguthaben, Schecks) entspricht, liegen keine Anschaffungskosten vor, weil es sich um einen Leistungsaustausch „Geld gegen Geld" handelt, der wirtschaftlich einer Rückzahlung der Abfindungszahlung entspricht.[918]

Beispiel: Ein Nachlass besteht aus einem Grundstück (Verkehrswert 2 Mio. €) und aus Bankguthaben (Verkehrswert 2 Mio. €). Miterben sind A und B zu je 1/2. A erhält das Grundstück und das Bankguthaben und zahlt an B eine Abfindung von 2 Mio. €. Es ist steuerlich davon auszugehen, dass der Nachlass im Wege der Naturalteilung verteilt wurde, bei der A das Grundstück und B das Bankguthaben erhalten hat. A hat deshalb keine Anschaffungskosten.

dd) Übernahme von Nachlassverbindlichkeiten

434 Ist der Nachlass mit Nachlassverbindlichkeiten belastet und werden diese von einem Miterben übernommen, führt das nicht zu Anschaffungskosten der übernommenen Nachlassgegenstände, soweit ein Miterbe im Saldo von zugeteilten aktiven Wirtschaftsgütern und übernommenen Schulden nicht mehr erhält, als seinem aus der Erbquote errechneten Anteil am Nettowert des Nachlasses entspricht.[919]

---

917 Vgl. BMF v. 14.03.2006 – IV C 3-S 2255-354/04, BStBl. I 2006, 253 Tz. 26.
918 Vgl. BMF v. 14.03.2006 – IV C 3-S 2255-354/04, BStBl. I 2006, 253 Tz. 30.
919 Sogenannte Saldothese, vgl. BFH v. 05.07.1990 – GrS 4-6/89, GrS 4/89, GrS 5/89, GrS 6/89, BStBl. II 1990, 847.

Beispiel:[920] A und B sind Erben zu je 1/2. Der Nachlass (Gesamtwert 700.000 €) umfasst ein Mietwohn-grundstück I (Wert 600.000 €), ein Mietwohngrundstück II (Wert 300.000 €) und Schulden in Höhe von 200.000 €. A übernimmt das Grundstück I und alle Schulden, also netto 400.000 €, B übernimmt das Grundstück II, also 300.000 €; A zahlt an B 50.000 €.

A hat das Grundstück I im Verhältnis der Ausgleichszahlung (50.000 €) zum Nettowert des übernomme-nen Vermögens (600.000 € ./. 200.000 € = 400.000 €), also zu 1/8 entgeltlich mit Anschaffungskosten von 50.000 € und im Übrigen (zu 7/8) unentgeltlich erworben.

Überquotale Schuldübernahme: Nach der neueren Rspr. des BFH bilden die von ei-nem Miterben im Rahmen einer Erbauseinandersetzung übernommenen Schulden der Erbengemeinschaft insoweit Anschaffungskosten der von ihm übernommenen Nach-lassgegenstände, als sie seinen Anteil am Nachlass übersteigen.[921]

ee) Teilauseinandersetzungen

Auf Teilauseinandersetzungen sind die für die Gesamtauseinandersetzung maßgeben-den Grundsätze sinngemäß anzuwenden.[922] **435**

ff) Erbauseinandersetzung über Betriebsvermögen und Privatvermögen (Mischnachlass)

Umfasst der Nachlass sowohl Betriebsvermögen als auch Privatvermögen, sind die für die Erbauseinandersetzung geltenden Grundsätze für Betriebsvermögen (vgl. Rn. 299 ff., 430) und Privatvermögen „kombiniert" anzuwenden.[923] **436**

---

920 Nach Schmidt/Wacker § 16 EStG Rn. 630.

921 BFH v. 14.07.2009 – IX R 48/08, BFH/NV 2009, 1808.

922 Vgl. dazu BMF v. 14.03.2006 – IV C 3-S 2255-354/04, BStBl. I 2006, 253 Tz. 56 ff.

923 BMF v. 14.03.2006 – IV C 3-S 2255-354/04, BStBl. I 2006, 253. Tz. 44 ff.; vgl. auch Schmidt/Wacker § 16 Rn. 636 ff.

437

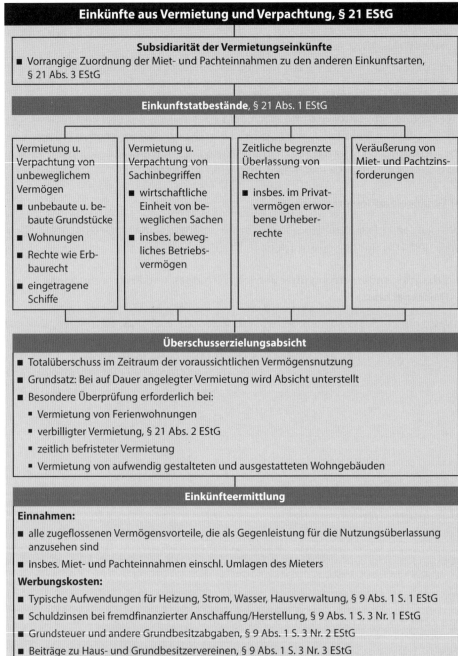

Einkünfte aus Vermietung und Verpachtung, § 21 EStG

Subsidiarität der Vermietungseinkünfte

■ Vorrangige Zuordnung der Miet- und Pachteinnahmen zu den anderen Einkunftsarten, § 21 Abs. 3 EStG

Einkunftstatbestände, § 21 Abs. 1 EStG

Vermietung u. Verpachtung von unbeweglichem Vermögen ■ unbebaute u. bebaute Grundstücke ■ Wohnungen ■ Rechte wie Erbbaurecht ■ eingetragene Schiffe	Vermietung u. Verpachtung von Sachinbegriffen ■ wirtschaftliche Einheit von beweglichen Sachen ■ insbes. bewegliches Betriebsvermögen	Zeitliche begrenzte Überlassung von Rechten ■ insbes. im Privatvermögen erworbene Urheberrechte	Veräußerung von Miet- und Pachtzinsforderungen

Überschusserzielungsabsicht

■ Totalüberschuss im Zeitraum der voraussichtlichen Vermögensnutzung

■ Grundsatz: Bei auf Dauer angelegter Vermietung wird Absicht unterstellt

■ Besondere Überprüfung erforderlich bei:
  ▪ Vermietung von Ferienwohnungen
  ▪ verbilligter Vermietung, § 21 Abs. 2 EStG
  ▪ zeitlich befristeter Vermietung
  ▪ Vermietung von aufwendig gestalteten und ausgestatteten Wohngebäuden

Einkünfteermittlung

Einnahmen:

■ alle zugeflossenen Vermögensvorteile, die als Gegenleistung für die Nutzungsüberlassung anzusehen sind

■ insbes. Miet- und Pachteinnahmen einschl. Umlagen des Mieters

Werbungskosten:

■ Typische Aufwendungen für Heizung, Strom, Wasser, Hausverwaltung, § 9 Abs. 1 S. 1 EStG

■ Schuldzinsen bei fremdfinanzierter Anschaffung/Herstellung, § 9 Abs. 1 S. 3 Nr. 1 EStG

■ Grundsteuer und andere Grundbesitzabgaben, § 9 Abs. 1 S. 3 Nr. 2 EStG

■ Beiträge zu Haus- und Grundbesitzervereinen, § 9 Abs. 1 S. 3 Nr. 3 EStG

■ Gebäudeabschreibung, § 9 Abs. 1 S. 3 Nr. 7 i.V.m. § 7 Abs. 4 EStG

■ Besonderheiten beim Werbungskostenabzug sind zu beachten bei:
  ▪ gemischter Gebäudenutzung (Aufteilung)
  ▪ Unterbrechung der Vermietung
  ▪ vor Beginn und am Ende der Vermietung
  ▪ bei sog. Fehlaufwendungen

G. Sonstige Einkünfte (§§ 22, 23 EStG)

I. Allgemeines

Die sonstigen einkommensteuerpflichtigen Einkünfte sind in §§ 22, 23 EStG geregelt. **438** Gegenüber den anderen sechs Einkunftsarten sind die sonstigen Einkünfte **subsidiär** (vgl. § 22 Nr. 1 S. 1, Nr. 3 EStG). Dies bedeutet aber nicht, dass es sich um einen Auffangtatbestand für alle denkbaren – nicht den anderen Einkunftsarten zuzurechnenden – Einnahmen handelt.[924] Unter die sonstigen Einkünften fallen vielmehr nur die folgenden, abschließend in § 22 EStG aufgeführten **Tatbestände**:

- § 22 Nr. 1 EStG: Einkünfte aus wiederkehrenden Bezügen

- § 22 Nr. 1a EStG: Einkünfte aus Unterhaltsleistungen

- § 22 Nr. 1b und 1c EStG: Einkünfte aus bestimmten Versorgungsleistungen

- § 22 Nr. 2 i.V.m. § 23 EStG: Einkünfte aus privaten Veräußerungsgeschäften

- § 22 Nr. 3 EStG: Einkünfte aus (sonstigen) Leistungen

- § 22 Nr. 4 EStG: Leistungen aufgrund der Abgeordnetengesetze

- § 22 Nr. 5 EStG: Leistungen aus der privaten Altersvorsorge

Ist keiner der vorstehenden Tatbestände einschlägig, sind die betreffenden Einnahmen nicht einkommensteuerbar (z.B. Spiel-, Sport-, Wett- und Lotteriegewinne; Streikunterstützung; Reuegeld wegen Rücktritts vom Vertrag).

II. Einkünfte aus wiederkehrenden Bezügen

Die Vorschrift des § 22 Nr. 1 EStG (Einkünfte aus wiederkehrenden Bezügen) ist der kom- **439** plizierteste Tatbestand innerhalb der sonstigen Einkünfte.

1. Wiederkehrende Bezüge

Wiederkehrende Bezüge sind Einnahmen in Geld oder Geldeswert, die nicht Kaufpreis- **440** raten sind und die einer Person aufgrund eines bestimmten Verpflichtungsgrundes (Gesetz, Vertrag, Testament) oder wenigstens aufgrund eines einheitlichen Entschlusses für eine gewisse Zeit periodisch wiederkehrend zufließen.[925]

Da § 22 Nr. 1 S. 2 Buchst. a) und b), S. 3 Buchst. a) und b) EStG sowie § 22 Nr. 1a EStG Spezialfälle von wiederkehrenden Bezügen regeln, kommt der Tatbestand des § 22 Nr. 1 EStG nur für alle verbleibenden weiteren wiederkehrenden Bezüge zur Anwendung.

---

924 Vgl. Birk/Desens/Tappe, Steuerrecht, Rn. 788.
925 Tipke/Lang § 8 Rn. 523.

> **Fall 57: Steuerbarkeit einer Schadensersatzrente**
>
> Der Ehemann der B ist an den Folgen eines ärztlichen Fehlers im April 2013 verstorben. Die Versicherung des Arbeitgebers des behandelnden Arztes zahlte der B aufgrund eines im Oktober 2014 geschlossenen Vergleichs ab dem Todestag des Ehemannes eine Schadensersatzrente nach § 844 Abs. 2 BGB in Höhe von 1.000 €. Von der monatlichen Zahlung entfiel ein Betrag in Höhe von 600 € auf den materiellen Unterhaltsschaden und 400 € auf den Haushaltsführungsschaden. Im Einkommensteuerbescheid 2014 berücksichtigte das Finanzamt die Schadensersatzrente in voller Höhe als steuerpflichtige sonstige Einkünfte nach § 22 Nr. 1 EStG. Zu Recht?

441 Fraglich ist, ob die Schadensersatzrente, die B nach § 844 Abs. 2 BGB für den Verlust von Unterhaltsansprüchen gewährt wird, zu steuerbaren Bezügen i.S.d. § 22 Nr. 1 EStG führt.

I. Bei der Anwendung und Auslegung des § 22 Nr. 1 EStG sind die normativen Grundaussagen des § 2 Abs. 1 EStG zu beachten. Diese Vorschrift gestaltet das Objekt „Einkommen" in der Weise aus, dass die Erwerbsgrundlage unvermindert erhalten bleibt; erfasst wird von der ESt grundsätzlich nur ein „erzielter" Zuwachs an wirtschaftlicher Leistungsfähigkeit. Der Besteuerungstatbestand des § 22 Nr. 1 EStG ist deshalb regelmäßig nur dann erfüllt, wenn die Leistungen andere steuerbare Einnahmen ersetzen, im Falle der Korrespondenz (Realsplitting, dauernde Last) unabhängig von der Geltung eines allgemeinen Prinzips, sowie in Fällen, in denen die Zahlungen einen Zinsanteil enthalten. Eine Steuerbarkeit wegen der äußeren Form kennt das Einkommensteuerrecht nicht. Ist eine Leistung als Einmalzahlung nicht steuerbar, wird sie es nicht dadurch, dass sie als zeitlich gestreckt vereinbart wird.[926]

II. Unter Berücksichtigung dieser Rechtsprechungsgrundsätze ist zweifelhaft, ob die Unterhaltsrente nach § 844 Abs. 2 BGB steuerbar ist, denn sie gleicht lediglich den durch das schädigende Ereignis entfallenden, nicht steuerbaren Unterhaltsanspruch aus und ist gerade nicht Ersatz für entgangene oder entgehende Einnahmen i.S.d. in § 2 Abs. 1 S. 1 Nr. 1–7 EStG genannten Einkunftsarten (vgl. § 24 Nr. 1 Buchst. a) EStG).

1. Anspruchsberechtigt nach § 844 Abs. 2 BGB ist derjenige, dem der Getötete Unterhalt kraft Gesetzes schulden würde (sogenannte Unterhaltsrente). Die Rente gemäß § 844 Abs. 2 BGB ist ihrer Rechtsnatur nach kein Unterhalt, sondern Schadensersatz.[927] Diese Anspruchsqualität führt dazu, dass die Verhältnisse des Ersatzpflichtigen ohne Bedeutung sind; nur der tatsächliche Ausfall an Unterhalt ist zu ersetzen.[928] Zudem sind die für den Unterhaltsanspruch geltenden speziellen Vorschriften nicht anwendbar.[929] War der Getötete zum Barunterhalt verpflichtet, hat der Ersatzverpflichtete den gesetzlich geschuldeten fiktiven Unterhalt auszugleichen.[930]

---

926 BFH v. 31.07.2002 – X R 39/01, BFH/NV 2002, 1575.

927 BGH v. 23.04.1974 – VI ZR 188/72, NJW 1974, 1373.

928 Palandt/Sprau, BGB, 74. Aufl. 2015, § 844 Rn. 8.

929 BGH v. 03.02.2004 – VI ZR 119/03, FamRZ 2004, 526.

930 Vgl. z.B. BGH v. 04.11.2003 – VI ZR 346/02, NJW 2004, 358.

Soweit der Getötete im Rahmen seiner unterhaltsrechtlichen Verpflichtung den Haushalt geführt oder im Beruf bzw. Geschäft des anderen Ehegatten mitgearbeitet hat (sogenannter Naturalunterhalt), ist auch dies bei der Berechnung des Unterhaltsschadens zu beachten.

2. Auch wenn die Rente nach § 844 Abs. 2 BGB ihrer Rechtsnatur nach kein Unterhalts-, sondern ein Schadensersatzanspruch ist, stützt sich der Anspruch aus § 844 Abs. 2 BGB aus Sicht der B als Geschädigter unmittelbar auf unterhaltsgesetzliche Regeln (§§ 1360 ff. BGB). Die Unterhaltsrente nach § 844 Abs. 2 BGB gleicht keine steuerbaren Einnahmen, sondern den vom Getöteten geschuldeten fiktiven Unterhalt aus. Die Höhe der Unterhaltsrente nach § 844 Abs. 2 BGB richtet sich danach, wie sich die Unterhaltsbeziehungen zwischen dem Unterhaltsberechtigten und dem Unterhaltsverpflichteten bei Unterstellung seines Fortlebens nach dem Unfall entwickelt haben würden. Alle vorhersehbaren Veränderungen der Unterhaltsbedürftigkeit des Berechtigten und der (hypothetischen) Leistungsfähigkeit des Unterhaltpflichtigen, wäre er noch am Leben, sind bei der Bemessung der Unterhaltsrente einzubeziehen.[931] Deshalb greift ertragsteuerlich die Nichtsteuerbarkeit der Unterhaltsleistungen nach § 2 i.V.m. §§ 13 ff. EStG und insbesondere nach § 22 Nr. 1 EStG, wonach „Bezüge ... an eine gesetzlich unterhaltsberechtigte Person" in der Regel nicht steuerpflichtig sind. Der Bezug von Unterhalt und damit auch die Unterhaltsrente i.S.v. § 844 Abs. 2 BGB sind **mangels marktwirtschaftlicher Betätigung** zur Einkunfterzielung nicht einkommensteuerbar.[932] Schadensersatzleistungen nach § 844 Abs. 2 BGB erhöhen – gleichgültig, ob sie den Bar- oder Naturalunterhalt ausgleichen – nicht die wirtschaftliche Leistungsfähigkeit des Empfängers.[933] Sie dienen ausschließlich dazu, die durch das Schadensereignis entfallene wirtschaftliche Absicherung des Empfängers wiederherzustellen. Es fehlt die **Absicht, Überschüsse zu erzielen.**[934]

3. Auch das sogenannte **Korrespondenzprinzip** gebietet nicht die Steuerbarkeit einer Unterhaltsrente; aus dem EStG lässt sich die generelle Geltung eines solchen Prinzips für die wiederkehrenden Bezüge nicht entnehmen.[935] Die Abziehbarkeit beim Leistenden und die Besteuerung des Geleisteten beim Empfänger sind zwei verschiedene, voneinander unabhängige Vorgänge. Da die Besteuerung nach der wirtschaftlichen Leistungsfähigkeit das die Einkommensbesteuerung rechtfertigende, bestimmende und von Verfassungs wegen begrenzende Prinzip ist, sind Schadensersatzleistungen beim Verpflichteten abziehbar, wenn sie betrieblich oder beruflich veranlasst sind und seine Leistungsfähigkeit mindern. Ob der Empfänger der Leistungen diese versteuern muss, ist unerheblich.

4. Gegen die Steuerbarkeit spricht zudem, dass in den einzelnen Rentenleistungen zudem **kein steuerpflichtiger Zinsanteil** enthalten ist. Wird ein Vermögensanspruch in wiederkehrenden Leistungen erfüllt, umfassen diese zwar grundsätz-

---

931 BGH v. 04.11.2003 – VI ZR 346/02, NJW 2004, 358
932 So auch Beiser DB 2001, 1900, 1902.
933 So auch BMF v. 15.07.2009 – IV C 3-S 2255/08/10012, BStBl. I 2009, 836.
934 P. Fischer in Kirchof/Söhn/Mellinghoff § 22 EStG Rn. B 408.
935 BFH v. 12.05.2003 – GrS 1/00, BStBl. II 2004, 95.

lich von Beginn an einen – steuerbaren – Zinsanteil.[936] Insoweit sind dieselben Grundsätze wie bei langfristiger Stundung eines Zahlungsanspruchs anwendbar; dort beinhaltet die jeweilige Teilleistung einen Zinsanteil.[937] Dies ist indessen nicht auf Unterhaltsrenten nach § 844 Abs. 2 BGB übertragbar. Ansprüche auf die einzelnen Leistungen entstehen von Gesetzes wegen sukzessiv (vgl. § 844 Abs. 2 S. 1 Hs. 1 BGB). Nur bei Vorliegen eines wichtigen Grundes kann der Unterhaltsberechtigte vom Schädiger eine Abfindung in Kapital verlangen (§ 844 Abs. 2 S. 1 Hs. 2 i.V.m. § 843 Abs. 3 BGB). Der Ersatzverpflichtete hat kein Recht, den unterhaltsberechtigten Dritten in Kapital abzufinden.[938] Daher ist die Vorstellung, die Schadensersatzrente enthalte wirtschaftliche Elemente einer darlehensähnlichen Überlassung von Kapital, verfehlt.[939] Mit dem Ertragsanteil steuerbar wäre nur die vertragliche Verrentung eines – und sei es aufgrund eines Vergleichs (§ 779 BGB) – der Höhe nach feststehenden Schadensersatzanspruchs; durch die Vereinbarung einer zeitlichen Streckung überlässt der Gläubiger dem Schädiger Kapital zur Nutzung.

Nach dem vorliegenden Sachverhalt sind diese Voraussetzungen aber nicht gegeben.

Ergebnis: Die Schadensersatzrente, die B für den Verlust von Unterhaltsansprüchen gewährt wird, führt zu keinen steuerbaren Bezügen i.S.d. § 22 Nr. 1 EStG.[940]

2. Leibrenten

445 Als Beispiel für wiederkehrende Bezüge nennt das Gesetz die Leibrenten (§ 22 Nr. 1 S. 3 Buchst. a) EStG).

a) Alterseinkünfte

446 Gemäß § 22 Nr. 1 S. 3 Buchst. a) aa) EStG zählen zu den Leibrenten insbesondere:

- Renten aus der gesetzlichen Rentenversicherung,

- Renten aus berufsständischen Versorgungseinrichtungen sowie

- Renten aus privaten Altersvorsorgeverträgen i.S.v. § 10 Abs. 1 Nr. 2 Buchst. b) EStG.

Nicht zu den Leibrenten gehören die **Versorgungsbezüge der Beamten** (Pensionen). Diese werden als Einkünfte aus nichtselbstständiger Arbeit gemäß § 19 EStG in voller Höhe besteuert.

Nach dem bis VZ 2004 geltenden Recht wurden dagegen die Renten aus der gesetzlichen Rentenversicherung lediglich mit einem sogenannten Ertragsanteil versteuert.

---

936 BFH v. 26.11.2008 – X R 31/07, BFH/NV 2009, 470.
937 BFH v. 26.11.2008 – X R 31/07, BFH/NV 2009, 470.
938 Palandt/Sprau, BGB, 74. Aufl. 2015, § 843 Rn. 18.
939 P. Fischer in Kirchhof/Söhn/Mellinghoff § 22 Rn. B 457.
940 So auch BFH v. 26.11.2008 – X R 31/07, BFH/NV 2009, 470.

Diese Ungleichbehandlung verstieß jedoch gegen den Gleichheitssatz des Art. 3 GG.[941] Dem Auftrag des BVerfG folgend hat der Gesetzgeber im Alterseinkünftegesetz die Besteuerung der Alterseinkünfte und der Altersvorsorgeaufwendungen reformiert. Die Ertragsanteilsbesteuerung gilt ab dem VZ 2005 nur noch in den Fällen des § 22 Nr. 1 S. 3 Buchst. a) bb) EStG.

aa) Grundsätze der nachgelagerten Besteuerung

Entsprechend den Vorgaben des BVerfG hat der Gesetzgeber nunmehr auch für Renten **447** eine vollständige – nachgelagerte – Besteuerung vorgesehen, während Rentenbeiträge (als Sonderausgaben) steuerfrei gestellt werden.

Diesen Systemwechsel hat der Gesetzgeber vor allem aus fiskalischen Gründen nicht zu einem Stichtag durchgeführt, sondern im Rahmen einer komplexen Übergangsregelung. Danach wird ein vollständiger Systemwechsel erst im Jahr 2040 erreicht werden. Bis dahin steigt der sogenannte Besteuerungsanteil der Renten – ausgehend von einem steuerpflichtigen Anteil von 50% der Rentenbezüge bei Rentenbeginn im VZ 2005 oder früher – stufenweise bis 100% im Jahr 2040 an. Der jeweilige Vomhundertsatz zur Ermittlung des Besteuerungsanteils, der sich nach dem Rentenbeginn richtet, ist der in S. 3 des § 22 Nr. 1 Buchst. a) aa) EStG abgedruckten Tabelle zu entnehmen.

Beispiel: Der Besteuerungsanteil der Rente beträgt bei Rentenbeginn im Jahr 2013 danach 66%.

bb) Sonderausgabenabzug für Altersvorsorgeaufwendungen

Korrespondierend dazu steigt auch die Abzugsfähigkeit der Aufwendungen zur Alters- **448** vorsorge an. Der komplizierte Sonderausgabenabzug ist in der Vorschrift des § 10 Abs. 1 Nr. 2 S. 1 Buchst. a) EStG (i.V.m § 10 Abs. 3 EStG) geregelt.[942]

Gemäß § 10 Abs. 1 Nr. 2 Buchst. b) EStG gilt der Sonderausgabenabzug auch für bestimmte Beiträge zum Aufbau einer eigenen kapitalgedeckten Altersversorgung (**„Rürup-Rente"**).[943]

b) Übrige Leibrenten

Zu den wiederkehrenden Bezügen gehören auch die übrigen Leibrenten, die nicht Al- **449** terseinkünfte im Sinne von § 22 Nr. 1 S. 3 Buchst. a) aa) EStG sind und bei denen in den einzelnen Bezügen Einkünfte aus Erträgen des Rentenrechts enthalten sind. Leibrenten werden auf Lebenszeit eines Berechtigten, Verpflichteten oder eines Dritten gewährt. Kennzeichnend ist ferner, dass die Renteneinkünfte gleich bleibende Leistungen sind.

Für diese Gruppe von Leibrenten gilt weiterhin die bis VZ 2004 für alle Leibrenten geltende Ertragsanteilsbesteuerung. Der anzuwendende Ertragsanteil kann dabei der im Gesetz zu dieser Vorschrift abgedruckten Tabelle entnommen werden. Dieser Vomhundertsatz hängt vom bei Rentenbeginn vollendeten Lebensjahr des Rentenberechtigten ab.

---

941 Vgl. BVerfG v. 06.03.2002 – 2 BvL 17/99, BVerfGE 105, 124.

942 Zur Anwendung siehe BMF v. 30.01.2008 – IV C 8-S 2222/07/0003, BStBl. I 2008, 390; hierzu Risthaus DStR 2008, 797.

943 Vgl. hierzu Dommermuth/Hauer FR 2005, 57.

Vom Grundtatbestand des § 22 Nr. 1 S. 1 EStG erfasst werden auch sogenannte **Zeitrenten**, obwohl sie im Gesetz nicht erwähnt werden.

Zeitrenten werden für eine bestimmte Zeit gezahlt und hängen nicht von der Lebensdauer des Empfängers ab. Werden die Zeitrenten als Gegenleistung für einen Vermögensgegenstand gezahlt, so handelt es sich steuerlich nicht um eine Rente, sondern ohne Rücksicht auf die Laufzeit um Kaufpreisraten.[944] Der Empfänger hat ggf. einen Veräußerungsgewinn (gemäß § 15 Abs. 1 EStG bei Betriebsvermögen bzw. § 22 Nr. 2 i.V.m. § 23 EStG bei Privatvermögen) und einen Zinsanteil (§ 20 Abs. 1 Nr. 7 EStG) zu versteuern.

Fall 58: Mindestzeitrente als Leibrente

A erzielt in 2014 u.a. Einkünfte aus der Vermietung eines im Jahr 2005 erworbenen bebauten Grundstücks. Als Kaufpreis für dieses Grundstück musste er einen Betrag von 50.000 € in bar leisten und verpflichtete sich überdies zur Zahlung einer monatlichen – wertgesicherten – Rente von 750 € an die bei Abschluss des Kaufvertrags 58-jährige Verkäuferin auf deren Lebenszeit. Bei ihrem Ableben sollte die Rente bis zum Ablauf von zehn Jahren an ihre Erben gezahlt werden. Die durchschnittliche Lebenserwartung der Bezugsberechtigten überstieg die vereinbarte Mindestzeit um mehr als das Doppelte. Im Rahmen der Einkommensteuererklärung für 2014 ermittelte er den in den Rentenzahlungen enthaltenen Zinsanteil im Wege der Gegenüberstellung der Rentenbarwerte (Barwertminderung) und setzte den so ermittelten Zinsanteil als Werbungskosten ab. Das Finanzamt (FA) vertritt dagegen die Auffassung, die Rente stelle ungeachtet der Mindestlaufzeit von zehn Jahren eine Leibrente dar, mit der Folge, dass nach § 9 Abs. 1 S. 3 Nr. 1 S. 2 EStG nur der auch den Erhöhungsbetrag aufgrund der Wertsicherungsklausel umfassende Ertragsanteil der Rente als Werbungskosten abziehbar sei. Zu Recht?

---

450   I.   Fraglich ist, ob A lediglich den Ertragsanteil der Rente als Werbungskosten bei der Einkunftsart Vermietung und Verpachtung ansetzen kann.

Nach § 9 Abs. 1 S. 1 EStG sind Werbungskosten Aufwendungen zur Erwerbung, Sicherung und Erhaltung von Einnahmen, die bei der Einkunftsart abzusetzen sind, bei der sie erwachsen sind (§ 9 Abs. 1 S. 2 EStG). Gemäß § 9 Abs. 1 S. 3 Nr. 1 EStG rechnen zu den Werbungskosten u.a. auch auf besonderen Verpflichtungsgründen beruhende Renten und dauernde Lasten, soweit sie mit einer Einkunftsart im Zusammenhang stehen. Bei Leibrenten kann nur der in § 22 Nr. 1 S. 3 Buchst. a) bb) EStG näher geregelte Ertragsanteil abgezogen werden.

II.   Vorliegend kommt es demnach entscheidend darauf an, ob der nicht in bar geleistete Teil des Kaufpreises als Leibrente zu beurteilen ist.

1.   Unter Leibrenten versteht man neben weiteren, hier nicht problematischen Bedingungen, wiederkehrende Zahlungen, die für die Dauer der Lebenszeit einer

---

944   BFH v. 19.05.1992 – VIII R 37/90, BFH/NV 1993, 87.

Bezugsperson gezahlt werden[945] (vgl. auch § 759 Abs. 1 BGB). Erlischt die Rente erst nach einer Mindestzeit mit dem Tod des Berechtigten, so hängt ihre einkommensteuerrechtliche Behandlung davon ab, ob die laufenden Zahlungen mehr von den begrifflichen Merkmalen einer Leibrente oder mehr von denjenigen einer **(Kaufpreis-)Rate** geprägt werden.[946] Eine – wie hier – einheitliche Rente ist nicht in eine **Zeitrente** und in eine durch den Ablauf der Mindestlaufzeit aufschiebend bedingte Leibrente aufzuspalten.[947] Da nach den Wertungen des Gesetzes bei einer Abhängigkeit der Laufzeit von der voraussichtlichen durchschnittlichen Lebensdauer der Bezugsperson der Ertragsanteil mittels der Tabelle zu ermitteln ist, so auch dann, wenn die vereinbarte Mindestlaufzeit kürzer ist als die durchschnittliche Lebensdauer.[948] Denn hier ist die durch die Lebensdauer des Berechtigten bestimmte Wagniskomponente gerade nicht zugunsten eines vorausbestimmten Leistungsvolumens ausgeschaltet.

2. Nach diesen Grundsätzen ist die hier streitige Rente eine Leibrente, sodass lediglich der in § 22 Nr. 1 S. 3 Buchst. a) bb) EStG bestimmte Ertragsanteil als Werbungskosten abgezogen werden kann.[949] Entscheidend ist, dass die durchschnittliche Lebenserwartung der Bezugsberechtigten die vereinbarte Mindestzeit um mehr als das Doppelte überstieg. Der Abzug des Ertragsanteils nach § 22 Nr. 1 S. 3 Buchst. a) bb) EStG als Rechtsfolge ergibt sich **zwingend** aus § 9 Abs. 1 S. 3 Nr. 1 S. 2 EStG, sodass es entgegen dem Begehren des A nicht auf eine Gegenüberstellung der Rentenbarwerte (Barwertminderung) ankommt.[950]

Die vorliegende Veräußerungsrente ist auch insoweit nur mit dem Ertragsanteil als Werbungskosten abziehbar, als sie auf einer Wertsicherungsklausel beruht.[951] Deshalb ist auch der Erhöhungs- oder Mehrbetrag nur mit dem Ertragsanteil als Werbungskosten zu berücksichtigen.

Ergebnis: Das FA hat die strittigen wiederkehrenden Zahlungen, die als Teil des Kaufpreises für das (vermietete) Grundstück grundsätzlich Werbungskosten bilden, zutreffend als Leibrente beurteilt und deshalb lediglich den Ertragsanteil als Werbungskosten erfasst.

III. Unterhaltsleistungen an den geschiedenen oder dauernd getrennt lebenden Ehegatten

Freiwillige oder aufgrund einer freiwillig begründeten Rechtspflicht gewährte Unterhaltsleistungen an den geschiedenen oder getrennt lebenden Ehegatten fallen grund-

451

---

945 BFH v. 15.07.1991 – GrS 1/90, BStBl. II 1992, 78, unter C.II.2.

946 BFH v. 29.10.1974 – VIII R 131/70, BStBl. II 1975, 173.

947 So zutreffend Blümich/Stuhrmann § 22 EStG Rn. 114, m.w.N.; Schmidt/Weber-Grellet§ 22 EStG Rn. 112 m.w.N.

948 Eingehend dazu P. Fischer in Kirchhof/Söhn/Mellinghoff § 22 EStG Rn. B 126.

949 So auch BFH v. 19.08.2008 – IX R 56/07, BFH/NV 2009, 254.

950 Vgl. zu betrieblichen Renten: BFH v. 31.08.1994 – X R 58/92, BStBl. II 1996, 672 und v. 09.02.1994 – IX R 110/90, BStBl. II 1995, 47.

951 St. Rspr., vgl. BFH v. 10.07.1990 – IX R 138/86, BFH/NV 1991, 227 m.w.N.

sätzlich unter das Abzugsverbot des § 12 Nr. 2 EStG und sind deshalb nach § 22 Nr. 1 S. 2 EStG auch nicht als wiederkehrende Bezüge zu versteuern. Durch Einführung des sogenannten **Realsplitting** hat der Gesetzgeber eine wichtige Ausnahmeregelung geschaffen: Der Unterhalt leistende (getrennt lebende oder geschiedene) Ehegatte kann gemäß § 10 Abs. 1 Nr. 1 EStG jährlich bis zu 13.805 € als Sonderausgaben geltend machen, wenn der Empfänger dem Sonderausgabenabzug zustimmt. Das Gesetz verlangt die Zustimmung, weil der Empfänger aufgrund der korrespondierenden Regelung des § 22 Nr. 1a EStG die **entsprechenden Zuwendungen als wiederkehrende Bezüge** versteuern muss.

Die Bezeichnung Realsplitting beruht darauf, dass das Ehegatteneinkommen durch die Zuwendungen des einen an den anderen Ehegatten real „gesplittet" wird und die Aufteilung durch die Zurechnungsregelungen der § 10 Abs. 1 Nr. 1 und § 22 Nr. 1 a EStG steuerlich berücksichtigt wird. Zu einer Steuerersparnis führt das Realsplitting, wenn der Unterhaltsverpflichtete in einem höheren Progressionsbereich als der Empfänger liegt.

IV. Leistungen aus bestimmten Versorgungsleistungen

452 Die Tatbestände des § 22 Nr. 1b EStG und § 22 Nr. 1c EStG stehen in unmittelbarem Zusammenhang mit den korrespondierenden Regelungen zum Sonderausgabenabzug für auf besonderen Verpflichtungsgründen beruhende, lebenslange und wiederkehrende Versorgungsleistungen (§ 10 Abs. 1 Nr. 1a EStG) und für Leistungen aufgrund eines schuldrechtlichen Versorgungsausgleichs (§ 10 Abs. 1 Nr. 1b EStG).

Alle Tatbestände wurden zum 01.01.2008 neu gefasst.

1. Lebenslange und wiederkehrende Versorgungsleistungen

453 Die Vorschriften der §§ 22 Nr. 1b und 10 Abs. 1 Nr. 1a EStG kommen insbesondere in Betracht bei Vermögensübergaben gegen Versorgungsleistungen im Rahmen der vorweggenommenen Erbfolge (z.B. bei Übertragungen eines Betriebs von den Eltern auf die Kinder gegen Geldrente).

Gegenüber der bis zum 31.12.2007 geltenden Rechtslage kommen die Vorschriften aber nur noch zur Anwendung, wenn der Übergeber auf den Empfänger

- einen Mitunternehmeranteil (§ 10 Abs. 1 Nr. 1a S. 2 Buchst. a) EStG),

- einen Betrieb oder Teilbetrieb (§ 10 Abs. 1 Nr. 1a S. 2 Buchst. b) EStG) oder

- eine Beteiligung an einer GmbH (mindestens 50%) mit gleichzeitiger Nachfolge in der Geschäftsführerstellung (§ 10 Abs. 1 Nr. 1a S. 2 Buchst. c) EStG) überträgt und

- Übergeber und Empfänger unbeschränkt einkommensteuerpflichtig sind.

Nach dem Willen des Gesetzgebers soll sich der Anwendungsbereich damit auf Fälle der **vorweggenommenen betrieblichen Unternehmensnachfolge** beschränken.[952] Diese Einschränkung betrifft insbesondere die Übertragungen privater Kapitalanlagen (Geldvermögen, Wertpapiere, typisch stille Beteiligungen) und privaten Grundvermö-

---

952 BT-Drs. 16/6290, S. 53.

gens (vermietetes und selbst genutztes Wohnungseigentum), die noch bis 31.12.2007 ebenfalls vom Regelungsbereich umfasst waren[953] (zum Bestandsschutz für Altverträge siehe § 52 Abs. 23e EStG).

Rechtsfolgen: Der Empfänger hat die Versorgungsleistungen (in der Regel Geldrente) gemäß § 22 Nr. 1b EStG in voller Höhe zu versteuern, während dem Übergeber in gleicher Höhe der Sonderausgabenabzug zusteht (Korrespondenzprinzip).

2. Leistungen aufgrund eines schuldrechtlichen Versorgungsausgleichs

Seit dem 01.01.2008 sind der Sonderausgabenabzug und die Versteuerung der Leistungen aufgrund eines schuldrechtlichen Versorgungsausgleichs in eigenständigen Vorschriften geregelt, §§ 10 Abs. 1 Nr. 1b, 22 Nr. 1c EStG. Der Abzug hängt davon ab, in welchem Umfang (in voller Höhe oder nur mit dem Ertragsanteil) die zugrunde liegenden Leistungen, die der Ausgleichsverpflichtete an den Ausgleichsberechtigten weitertransferiert, bereits beim Ausgleichsverpflichteten nach §§ 19, 22 EStG steuerpflichtig waren. Auf der anderen Seite ist beim Empfänger eine Versteuerung nach § 22 Nr. 1c EStG auch nur in dem Umfang vorzunehmen, in dem die Zahlungen beim Ausgleichsverpflichteten als Sonderausgaben abziehbar waren.

454

V. Einkünfte aus privaten Veräußerungsgeschäften (§§ 22 Nr. 2, 23 EStG)

1. Allgemeines

Überschüsse oder Verluste, die bei der Veräußerung von Gegenständen des Privatvermögens entstehen, werden nach dem Einkünftesystem des EStG grundsätzlich nicht erfasst. Das gilt auch bei der Veräußerung solcher Wirtschaftsgüter, die bei den Überschusseinkünften i.S.d. § 2 Abs. 1 S. 1 Nr. 4–6 EStG die sogenannte Einkunftsquelle bilden (insbesondere Mietgrundstücke, Kapitalvermögen). Ausnahmsweise kommt eine Versteuerung bei **Veräußerung von Gegenständen des Privatvermögens** in folgenden Fällen in Betracht:

455

■ Veräußerung einer wesentlichen Beteiligung i.S.d. § 17 EStG,

■ entgeltliche Veräußerung von sogenannten Ertragsforderungen (§ 20 Abs. 2 und § 21 Abs. 1 Nr. 4 EStG),

■ Veräußerung sogenannter einbringungsgeborener Anteile an Kapitalgesellschaften unter den Voraussetzungen des § 21 Abs. 1 UmwStG und

■ private Veräußerungsgeschäfte i.S.d. § 23 EStG.

Der Besteuerungstatbestand des § 23 EStG ist im Verhältnis zu den anderen Einkunftsarten grundsätzlich **subsidiär** (§ 23 Abs. 2 S. 1 EStG).

---

953 Vgl. Birk/Desens/Tappe, Steuerrecht, Rn. 1042.

2. Private Veräußerungsgeschäfte, Veräußerungsfrist

a) Gegenstand von privaten Veräußerungsgeschäften (§ 23 Abs. 1 EStG)

456 Das Gesetz unterscheidet seit dem 01.01.2009 nur noch:

- Veräußerung von **Grundstücken** und grundstücksgleichen Rechten (§ 23 Abs. 1 S. 1 Nr. 1 EStG); einzubeziehen sind Gebäude und Außenanlagen, soweit sie innerhalb der Veräußerungsfrist (s.u. Rn. 458) errichtet, ausgebaut und erweitert werden (§ 23 Abs. 1 S. 1 Nr. 1, S. 2 EStG). Ausgenommen ist – unter bestimmten zeitlichen Voraussetzungen – die Veräußerung selbst genutzten Wohneigentums.

- Veräußerung von **anderen Wirtschaftsgütern** (§ 23 Abs. 1 S. 1 Nr. 2 EStG). Veräußerungen von **Wertpapieren** und im Zusammenhang mit **Termingeschäften** unterfallen ab dem 01.01.2009 ausschließlich den Einkünften aus Kapitalvermögen, § 20 Abs. 2 EStG (und ggf. § 17 EStG: § 23 Abs. 2 EStG).

- Im Rahmen des Jahressteuergesetzes 2010 hat der Gesetzgeber – quasi rechtsprechungsbrechend – in § 23 Abs. 1 S. 1 Nr. 2 S. 2 EStG Veräußerungen von **Gegenständen des täglichen Gebrauchs** aus der Steuerbarkeit herausgenommen. Zuvor hatte der BFH die Veräußerung eines Gebrauchtwagens innerhalb der Jahresfrist als steuerbar angesehen.[954] Hintergrund der Änderung ist die Verhinderung der Geltendmachung von Veräußerungsverlusten im Privatbereich durch Veräußerung von Gebrauchsgegenständen.

b) Anschaffung, Veräußerung

457 § 23 EStG setzt grundsätzlich einen Anschaffungs- und einen Veräußerungsvorgang voraus. Anschaffung und Veräußerung sind Übertragungsvorgänge, die **dinglich** (also nicht nur obligatorisch) und **entgeltlich** sind. Die obligatorischen Elemente des Veräußerungsvorgangs (insbesondere Kauf und Verkauf) sind nur für die Fristberechnung von Bedeutung.

Nach § 23 Abs. 1 S. 2 EStG gilt als Anschaffung auch die **Überführung eines Wirtschaftsguts in das Privatvermögen** durch Entnahme oder Betriebsaufgabe.

Bei **unentgeltlichem Erwerb** ist nicht nur dem Gesamtrechtsnachfolger, sondern nach § 23 Abs. 1 S. 3 EStG auch dem Einzelrechtsnachfolger die Anschaffung des Rechtsvorgängers zuzurechnen. Für den Fristbeginn kommt es auf die Anschaffung des Rechtsvorgängers an.

---

954 BFH v. 22.04.2008 – IX R 29/06, DStR 2008, 1191.

Zudem hat der Gesetzgeber durch Einfügung des § 23 Abs. 1 S. 5 EStG auch das sogenannte „Einlagemodell" (= Umgehung der Besteuerung durch Einlage eines Wirtschaftsguts aus dem Privatvermögen in das Betriebsvermögen und anschließende Veräußerung) verhindert. Diese Lücke hat der Gesetzgeber dadurch geschlossen, dass folgende Vorgänge als **fiktive Veräußerungen** qualifiziert werden:

- Einlage eines Wirtschaftsguts in das Betriebsvermögen, wenn die Veräußerung im
  betrieblichen Bereich innerhalb eines Zeitraums von zehn Jahren seit Anschaffung
  des Wirtschaftsguts erfolgt;

- verdeckte Einlage eines Grundstücks in eine Kapitalgesellschaft.

c) Veräußerungsfristen

Die privaten Veräußerungsvorgänge sind nur steuerbar, wenn die Veräußerung inner-   **458**
halb bestimmter Fristen seit der Anschaffung erfolgt. Die Frist beträgt

- bei Grundstücken und grundstücksgleichen Rechten **zehn Jahre** (§ 23 Abs. 1 S. 1
  Nr. 1 EStG) und

- bei sonstigen Wirtschaftsgütern **ein Jahr** (§ 23 Abs. 1 S. 1 Nr. 2 EStG).

Maßgebend für die Berechnung der Frist ist **jeweils der Zeitpunkt des obligatorischen** (schuldrechtlichen) **Geschäfts**. Danach ist beispielsweise bereits ein bindendes
Verkaufsangebot für die Fristberechnung relevant.[955]

3. Ermittlung des privaten Veräußerungsgewinns

Der Gewinn oder Verlust aus Veräußerungsgeschäften ist gemäß § 23 Abs. 3 EStG wie   **459**
folgt zu ermitteln:

```
    Veräußerungspreis
./. Anschaffungs- bzw. Herstellungskosten
./. Werbungskosten
=   Privater Veräußerungsgewinn (-verlust)
```

Die Anschaffungs- oder Herstellungskosten mindern sich um Absetzungen für Abnutzung, erhöhte Absetzungen und Sonderabschreibungen, soweit sie bei der Ermittlung
der Einkünfte aus nichtselbstständiger Arbeit, Kapitalvermögen oder Vermietung und
Verpachtung abgezogen wurden (§ 23 Abs. 3 S. 4 EStG).

Statt der Anschaffungs- bzw. Herstellungskosten ist nach einer Entnahme der Teilwert,
nach einer Betriebsaufgabe oder Umwandlung der gemeine Wert anzusetzen (§ 23
Abs. 3 S. 3 EStG).

Veräußerungsgewinne bleiben steuerfrei, falls sie in dem Veranlagungszeitraum niedriger als 600 € sind (§ 23 Abs. 3 S. 5 EStG). Diese **Freigrenze** ist bei zusammenveranlagten
Ehegatten für jeden Ehegatten zu berücksichtigen.

---

955 BFH v. 15.01.1974 – VIII R 63/68, BStBl. II 1974, 606.

Verluste aus privaten Veräußerungsgeschäften dürfen nach § 23 Abs. 3 S. 7 u. 8 EStG nur mit Gewinnen aus privaten Veräußerungsgeschäften ausgeglichen werden. Auch ein Vortrag nach § 10d EStG ist nur insoweit zulässig[956] (zur Verlustfeststellung siehe § 23 Abs. 3 S. 8 EStG).

VI. Einkünfte aus (sonstigen) Leistungen i.S.d. § 22 Nr. 3 EStG

460 Steuerbar nach § 22 Nr. 3 EStG sind **„Einkünfte aus Leistungen"**, soweit sie nicht zu den anderen Einkunftsarten oder zu anderen Einkünften i.S.d. § 22 Nr. 1, 1a, 2 oder 4 EStG gehören. Beispielhaft nennt das Gesetz dazu Einkünfte aus gelegentlichen Vermittlungen und aus der Vermietung beweglicher Gegenstände.

Weitere Beispiele: Vergütungen für die Mitnahme im Pkw; Mieterabfindungen für die vorzeitige Räumung der Wohnung;[957] Einsammeln und Rückgabe von Pfandflaschen;[958] Erfolgsbeteiligungen für das Geben eines werthaltigen Tipps[959]

Ob die erbrachte Leistung sittenwidrig ist, ist unerheblich. Früher wurde auch der Dirnenlohn einer Prostituierten unter § 22 Nr. 3 subsumiert.[960] Nunmehr hat der Große Senat des BFH im Beschluss vom 20.02.2013[961] klargestellt, dass selbstständig tätige Prostituierte Einkünfte aus Gewerbebetrieb erzielen.

Einkünfte aus Leistungen sind nur dann nicht einkommensteuerpflichtig, wenn sie weniger als 256 € im Kalenderjahr **(Freigrenze)** betragen haben (§ 22 Nr. 3 S. 2 EStG).

Fall 59: Preisgeld für Teilnahme an Fernsehshow

B übernahm die weibliche Hauptrolle in der von einem Fernsehsender ausgestrahlten sechs Folgen umfassenden sogenannten Dating-Show. Ihre Aufgabe und die des Schauspieler-Partners war es, ihren Familien glaubwürdig zu vermitteln, dass sie sich während dieser „Dating-Show" kennen und lieben gelernt hätten und innerhalb von 14 Tagen heiraten würden. Für den Fall, dass B sämtliche Vertragsverpflichtungen erfüllt, sollte sie ein Preisgeld von 250.000 € erhalten. Nachdem B aufgrund ihres Auftritts in der Show das Preisgeld erhalten hatte, unterwarf das FA das gezahlte Preisgeld in Höhe von jeweils 250.000 € der ESt nach § 22 Nr. 3 EStG. Zu Recht?

---

461 I. Fraglich ist, ob die Teilnahme an einer Fernsehshow den Tatbestand des § 22 Nr. 3 EStG erfüllt.

Nach § 22 Nr. 3 EStG sind sonstige Einkünfte (§ 2 Abs. 1 S. 1 Nr. 7 EStG) Einkünfte aus Leistungen, soweit sie weder zu anderen Einkunftsarten noch zu den Einkünften i.S.d. Nummern 1, 1a, 2 oder 4 der Vorschrift gehören, z.B. Einkünfte aus gelegentlichen Vermittlungen.

---

956 Vgl. BFH v. 18.12.2001 – IX R 74/98, BFH/NV 2002, 643.

957 BFH v. 05.08.1976 – VIII R 117/75, BStBl. II 1977, 27.

958 BFH v. 15.06.1973 – VI R 12/73, VI R 255/71, BStBl. II 1973, 737.

959 BFH v. 26.10.2004 – IX R 53/02, BStBl. II 2005, 167.

960 BFH v. 23.06.1964 – GrS 1/64 S, BStBl. III 1964, 500.

961 GrS 1/12, BFH/NV 2013, 1029.

1. Der Tatbestand ist vorliegend dann erfüllt, wenn sich die Teilnahme an der Fernsehshow als „Leistung" darstellt.

   a) Eine (sonstige) Leistung i.S.d. § 22 Nr. 3 EStG ist **jedes Tun, Dulden oder Unterlassen**, das weder eine Veräußerung noch einen veräußerungsähnlichen Vorgang im privaten Bereich betrifft,[962] Gegenstand eines entgeltlichen Vertrags sein kann und eine Gegenleistung auslöst. Entscheidend ist danach, ob die Gegenleistung (das Entgelt) durch das Verhalten des Steuerpflichtigen veranlasst ist; dafür genügt schon die Annahme einer für das Verhalten gewährten Gegenleistung.[963]

   b) Das Preisgeld könnte aber ebenso wie **Spiel- und Wettgewinne** auch unter keine der in § 2 Abs. 1 S. 1 Nr. 1–7 EStG aufgeführten Einkunftsarten fallen.

   Gewinne aus Rennwetten, die nicht in einem gewerblichen oder landwirtschaftlichen Betrieb anfallen, unterliegen nicht der ESt; denn es fehlt – ebenso wie bei Spielgewinnen – am Verhältnis von Leistung und Gegenleistung. Weder die Spieltätigkeit noch der Spieleinsatz stellen Leistungen dar, die durch den Spielgewinn vergütet werden.[964]

   c) Von derartigen Wettgewinnen unterscheidet sich indessen das streitige Preisgeld, weil B mit der **Teilnahme an der Fernsehshow eine Leistung** gegenüber dem Produzenten bzw. dem Fernsehsender erbracht hat und das Preisgeld Entgelt für diese Leistung ist. Shows der hier zu beurteilenden Art stellen nämlich Unterhaltungssendungen dar, die nahezu ausschließlich von der Mitwirkung von Kandidaten „leben" und nur deshalb den Veranstalter veranlassen, ihnen für ihre Teilnahme eine Chance auf einen (hohen) Preis einzuräumen.

   Stellt sich danach die Chance, den für die Teilnahme an einer solchen Veranstaltung ausgesetzten Preis zu gewinnen, als Gegenleistung für die Teilnahme dar, so kommt es für die Beantwortung der Steuerbarkeit des tatsächlich erzielten Preisgeldes nicht darauf an, wie groß die Gewinnchance ist.[965]

   Die Teilnahme an der Dating-Show ist danach eine Leistung im Sinne des § 22 Nr. 3 EStG.

2. Der Steuerbarkeit könnte aber entgegenstehen, dass sich die Teilnahme an der Fernsehshow als **einmaliger Vorgang** darstellt. **462**

   So wird im steuerrechtlichen Schrifttum[966] die Auffassung vertreten, die Teilnahme an Fernsehshows und Radioquizsendungen könne nicht nach § 22 Nr. 3 EStG steuerbar sein, wenn sie nur „gelegentlich" erfolge.

---

962 Vgl. BFH v. 26.10.2004 – IX R 53/02, BStBl. II 2005, 167 m.w.N.

963 BFH v. 21.09.2004 – IX R 13/02, BStBl. II 2005, 44 m.w.N.

964 BFH v. 19.07.1990 – IV R 82/89, BStBl. II 1991, 333.

965 BFH v. 19.07.1990 – IV R 82/89, BStBl. II 1991, 333.

966 P. Fischer in Kirchhof/Söhn/Mellinghoff § 22 EStG Rn. D 120; Schmidt/Weber-Grellet § 22 EStG Rn. 150 „Preise"; Musil in Herrmann/Heuer/Raupach § 2 EStG Rn. 80 „Preise", „Preisausschreiben", „Spielgewinne".

Der BFH vertritt dagegen in st.Rspr. die Auffassung, dass der Tatbestand des § 22 Nr. 3 EStG auch bei nur einmaliger Tätigkeit gegeben ist.[967]

Folgt man dem BFH, kommt eine Steuerbarkeit auch bei einmaligen Leistungen in Betracht.

463 3. B kann sich auch nicht auf die **fehlende Wiederholungsabsicht** berufen. Der BFH hat zwar entschieden, dass Amateursportvereine für ihre Sportler trotz gelegentlich erzielter Preise wegen fehlender Einkünfteerzielung nach § 19 Abs. 1 EStG nicht lohnsteuerabzugspflichtig sind.[968] Dabei ist aber zu berücksichtigen, dass es nur für die Einkünfte nach § 19 Abs. 1 EStG oder ggf. (bei selbstständigen Berufssportlern) nach § 15 EStG – anders als für die Einkünfte nach § 22 Nr. 3 EStG – auch auf die Absicht der Wiederholung hinsichtlich der Erzielung von Preisen ankommt.[969]

II. Nach alledem erfüllt das Verhalten der B (Teilnahme an einer Fernsehshow) den Tatbestand des § 22 Nr. 3 EStG, weil es Gegenstand eines entgeltlichen – und weder eine Veräußerung noch einen veräußerungsähnlichen Vorgang betreffenden – Vertrags war.[970]

Ergebnis: Das FA hat zu Recht das Preisgeld in Höhe von 250.000 € als Einkünfte aus Leistungen im Sinne des § 22 Nr. 3 EStG der Besteuerung unterworfen.

---

464 **Verluste bei § 22 Nr. 3 EStG:** Übersteigen die Werbungskosten die Einnahmen, so darf der übersteigende Betrag bei Ermittlung des Einkommens nicht ausgeglichen werden; er darf auch nicht nach § 10d EStG abgezogen werden (§ 22 Nr. 3 S. 3 EStG). Möglich ist allein eine Verrechnung im Rahmen eines Verlustrück- und -vortrags mit Einkünften, die der Steuerpflichtige in dem unmittelbar vorangegangenen Veranlagungszeitraum oder in den folgenden Veranlagungszeiträumen aus Leistungen erzielt hat oder erzielt (§ 22 Nr. 3 S. 4 EStG). Hinsichtlich der Feststellung des verbleibenden Verlustvortrags gilt § 10d Abs. 4 EStG entsprechend.

VII. Leistungen aufgrund der Abgeordnetengesetze und vergleichbare Leistungen

465 Zu den sonstigen Einkünfte gehören auch die im Einzelnen in § 22 Nr. 4 S. 1 EStG aufgezählten Bezüge, die aufgrund der Abgeordnetengesetze geleistet werden.

---

967 Vgl. BFH v. 27.06.2006 – IX R 25/05, BFH/NV 2007, 657.
968 Vgl. BFH v. 23.10.1992 – VI R 59/91, BStBl. II 1993, 303.
969 Vgl. BFH v. 23.10.1992 – VI R 59/91, BStBl. II 1993, 303.
970 So auch BFH v. 28.11.2007 – IX R 39/06, BFH/NV 2008, 642.

Besonders umstritten ist die **Verfassungsmäßigkeit der steuerfreien Kostenpauschale** der Abgeordneten. Der BFH hat allerdings von einer Vorlage an das BVerfG wegen angeblich gleichheitswidriger Begünstigung durch steuerfreie Kostenpauschale der Bundestagsabgeordneten abgesehen.[971]

VIII. Leistungen aus begünstigten Altersvorsorgeverträgen

Einkünfte durch Leistungen aus begünstigten Altersvorsorgeverträgen gehören zu den sonstigen Einkünften im Sinne des § 22 Nr. 5 EStG, wenn die Beiträge abzugsfähig oder zulagebegünstigt sind (sogenannte „Riester-Rente").[972]   **466**

Der damit korrespondierende Sonderausgabenabzug der Beiträge zu einer zusätzlichen Altersversorgung ist in § 10a EStG geregelt. Danach sind Beiträge jährlich bis zu einem Höchstbetrag von 2.100 € als **Sonderausgaben** abzugsfähig. Der Sonderausgabenabzug hängt aber davon ab, ob die steuerliche Auswirkung günstiger ist als die zunächst gewährte staatliche Zulage zur zusätzlichen Altersvorsorge (§ 10a Abs. 2 EStG).

---

971 BFH v. 11.09.2008 – VI R 13/06, BStBl. II 2008, 928; das BVerG hat die eingelegte Verfassungsbeschwerde nicht zur Entscheidung angenommen, vgl. BVerfG v. 26.07.2010 – 2 BvR 2228/08, FR 2010, 992; dagegen ist Beschwerde beim EuGH für Menschenrechte eingelegt worden.

972 Vgl. hierzu Wagner DStZ 2006, 580.

467

Sonstige Einkünfte (Auffangtatbestand), § 22 EStG

Subsidiarität der sonstigen Einkünfte
■ Besteuerung nach §§ 13–21 EStG geht vor, §§ 22 Nr. 1 S. 1, 22 Nr. 3 S. 1, 22 Nr. 2 i.V.m. § 23 Abs. 2 EStG

Einkunftstatbestände
■ Einkünfte aus wiederkehrenden Bezügen, § 22 Nr. 1 EStG
■ Leibrenten, insbes. Renten aus der gesetzlichen Rentenversicherung, aus berufsständischen Versorgungseinrichtungen u. privaten Altersvorsorgeverträgen
■ Übrige Leibrenten
(**Beachte:** Ertragsanteilsbesteuerung)
■ Einkünfte aus Unterhaltszahlungen, sofern Sonderausgabenabzug beim Geber, § 22 Nr. 1a EStG i.V.m. § 10 Nr. 1 EStG
■ Einkünfte aus bestimmten Versorgungsleistungen, § 22 Nr. 1b u. § 22 Nr. 1c EStG
■ Einkünfte aus privaten Veräußerungsgeschäften, § 22 Nr. 2 i.V.m. § 23 EStG
■ insbesondere Grundstücksveräußerungen innerhalb der Jahresfrist
■ Einkünfte aus (sonstigen) Leistungen, § 22 Nr. 3 EStG
■ Leistungen aufgrund des Abgeordnetengesetzes und vergleichbare Leistungen, § 22 Nr. 4 EStG
■ Leistungen aus begünstigten Altersvorsorgeverträgen, § 22 Nr. 5 EStG

Überschusserzielungsabsicht
■ Erforderlich ist die Absicht der Erzielung eines Totalüberschusses

Einkünfteermittlung

Bei Einkünften i.S.v. § 22 Nr. 1, Nr. 3–5 EStG:	**Bei privaten Veräußerungsgeschäften, § 22 Nr. 2 EStG, 23 Abs. 3 EStG:**
Einnahmen abzgl. tatsächlicher Werbungskosten, § 9 EStG oder Werbungskostenpauschbetrag, § 9a Nr. 2 EStG	Veräußerungspreis abzgl. Anschaffungs-/Herstellungskosten abzgl. Werbungskosten = Privater Veräußerungsgewinn/-verlust
Beachte: Freibegrenze von 256 € für Einkünfte aus sonstigen Leistungen gem. § 22 Nr. 3 EStG	**Beachte:** Freigrenze von 600 €

Verlust
Besondere Verlustausgleichsbeschränkungen und Verlustvortragsregelungen für
■ Verluste aus sonstigen Leistungen (§ 22 Nr. 3 S. 4–6 EStG) und
■ aus privaten Veräußerungsgeschäften (§ 23 Abs. 3 S. 7 bis 10 EStG)

4. Abschnitt: Ermittlung des zu versteuernden Einkommens und der Einkommensteuer

A. Gesamtbetrag der Einkünfte (§ 2 Abs. 3 EStG)

Der Gesamtbetrag der Einkünfte ermittelt sich nach der gesetzlichen Definition in § 2 Abs. 3 EStG wie folgt: **468**

> Summe der Einkünfte
> ./. Altersentlastungsbetrag (§ 24a EStG)
> ./. Entlastungsbetrag für Alleinerziehende (§ 24b EStG)
> ./. Freibetrag für Land- und Forstwirte (§ 13 Abs. 3 EStG)
> Gesamtbetrag der Einkünfte

I. Summe der Einkünfte und Verlustausgleich/-abzug

Die Summe der Einkünfte ergibt sich aus der Zusammenfassung der Einkünfte der sieben Einkunftsarten. Grundsätzlich können Verluste, die aus einzelnen Einkunftsquellen innerhalb einer Einkunftsart entstehen, mit positiven Einkünften derselben Einkunftsart verrechnet (genannt interner oder horizontaler Verlustausgleich) und (verbleibende) Verluste aus einer Einkunftsart mit positiven Einkünften anderer Einkunftsarten ausgeglichen werden (genannt externer oder vertikaler Verlustausgleich). Verbleiben danach noch nicht ausgeglichene Verluste, kommt das Institut des Verlustrücktrags und -vortrags nach § 10d EStG zur Anwendung. **469**

1. Horizontaler Verlustausgleich

Der Verlustausgleich innerhalb der jeweiligen Einkunftsarten ist in bestimmten Fällen in der Weise eingeschränkt, dass ein Verlustausgleich nur mit gleichartigen Einkunftsquellen möglich ist: **470**

- Nach § 2a EStG dürfen **negative Einkünfte aus einem Drittstaat** grundsätzlich nur mit positiven Einkünften jeweils derselben Art aus demselben Staat ausgeglichen werden. Dieses Verlustausgleichsverbot, das zunächst für alle ausländischen Staaten galt, wurde als Reaktion des Gesetzgebers auf die Rspr. des EuGH[973] europarechtskonform neu geregelt. Nach der Neufassung des § 2a EStG ist das Verlustausgleichs- und -abzugsverbot auf Tatbestände außerhalb der EU- bzw. EWR-Staaten beschränkt und gilt damit nur noch für Drittstaaten.

- Für Verluste aus **gewerblicher Tierzucht** gilt die Verrechnungsbeschränkung nach § 15 Abs. 4 S. 1 und 2 EStG.

- Ein Verlustausgleichsverbot gilt gemäß § 15 Abs. 4 S. 6 EStG auch für **Verluste aus stillen Gesellschaften, Unterbeteiligungen oder sonstigen Innengesellschaften an Kapitalgesellschaften**, bei denen der Gesellschafter oder Beteiligte als Mitunternehmer anzusehen ist.

---

973 Urt. v. 29.03.2007 – Rs. C-347/04 „Rewe Zentralfinanz", BStBl. II 2007, 492.

- Der Verlustausgleich für einen **Kommanditisten mit negativem Kapitalkonto** ist gemäß § 15a EStG grundsätzlich dem Haftungsumfang angepasst.

- Bei **Steuerstundungsmodellen** ergibt sich das Verlustausgleichsverbot aus § 15b EStG (i.V.m. § 20 Abs. 7 und § 21 Abs. 1 S. 2 EStG).

- Für bestimmte **Verluste aus der Veräußerung von Anteilen an Kapitalgesellschaften** gilt § 17 Abs. 2 S. 6 EStG.

- Ein Verlustausgleichsverbot bei den Einkünften aus **Kapitalvermögen** ergibt sich ab dem VZ 2009 aus § 20 Abs. 6 S. 2 und 3 EStG.

- Bei Verlusten aus **privaten Veräußerungsgeschäften** (§ 22 Nr. 2 EStG) kommen die Verrechnungsbeschränkungen des § 23 Abs. 3 EStG zur Anwendung.

- Eine entsprechende Verlustverrechnungsbeschränkung gilt für negative Einkünfte aus **sonstigen Leistungen** (§ 22 Nr. 3 EStG).

2. Vertikaler Verlustausgleich

471 Im aktuellen Einkommensteuerrecht ist eine Verrechnung negativer Einkünfte aus einer Einkunftsart mit positiven Einkünften aus einer anderen Einkunftsart, also externer oder vertikaler Verlustausgleich, bei der Bildung der Summe der Einkünfte (§ 2 Abs. 3 EStG) grundsätzlich möglich. Ausgenommen vom vertikalen Verlustausgleich sind ab dem VZ 2009 allerdings die Verluste aus Kapitalvermögen (§ 20 Abs. 6 S. 2 EStG). Mit der Einführung der Abgeltungsteuer werden diese Einkünfte einer Sonderbesteuerung zugeführt.

3. Verlustabzug nach § 10d EStG

472 Die ESt wird zwar als periodische Steuer nach dem Einkommen im Kalenderjahr (Veranlagungszeitraum) bemessen (§ 25 Abs. 1 EStG). Das sogenannte **Periodizitätsprinzip** (= Abschnittsprinzip) führt aber zu Härten, wenn das Einkommen erheblichen Schwankungen unterliegt. In diesen Fällen können ggf. Verluste eines Jahres nicht mit anderen positiven Einkünften ausgeglichen werden. Durch den Verlustabzug nach § 10d EStG werden deshalb unter bestimmten Voraussetzungen Verlustausgleichsmöglichkeiten in anderen Besteuerungszeiträumen gewährt (sogenannter periodenübergreifender Verlustabzug). Nach der Rspr. des BVerfG ist ein solcher periodenübergreifender Verlustabzug zumindest für Einkünfte aus einer Einkunftsart verfassungsrechtlich geboten.[974]

Die **Systematik des Verlustabzugs** stellt sich wie folgt dar:

473 **Verlustrücktrag:** Als gesetzlichen Regelfall sieht § 10d Abs. 1 S. 1 EStG zunächst den sogenannten Verlustrücktrag vor. Abzugsfähig ist danach der (negative) Betrag, der sich bei der Ermittlung des Gesamtbetrags der Einkünfte ergibt. Dieser Betrag ist bis zur Höhe von 1.000.000 € (Ehegatten: 2.000.000 €) vom Gesamtbetrag der Einkünfte des unmittelbar vorangehenden VZ abzuziehen. Dieser für den Verlustrücktrag zur Verfügung stehende Betrag wird nach § 10d Abs. 1 S. 2 EStG allerdings um die Beträge gemindert,

---

974 BVerfG v. 30.09.1998 – 2 BvR 1818/91, BVerfGE 99, 88.

für die der Steuerpflichtige die Tarifbegünstigung für nicht entnommene Gewinne aus Gewinneinkünften nach § 34a EStG in Anspruch genommen hat. Liegt im Fall des Verlustrücktrags für den vorausgegangenen VZ bereits ein Einkommensteuerbescheid vor, ist dieser nach § 10d Abs. 1 S. 3 und 4 EStG zu ändern.

■ **Verlustvortrag:** Können Verluste durch den Verlustrücktrag wegen Übersteigens   **474**
des Höchstbetrags oder zu geringen Gesamtbetrags der Einkünfte des Vorjahres nicht ausgeglichen werden, gestattet § 10d Abs. 2 EStG einen zeitlich unbegrenzten Verlustvortrag in die auf das Verlustjahr folgenden, frühestmöglichen VZ. Der Vortrag wird aber in der Höhe auf 1.000.000 € (Ehegatten: 2.000.000 €) begrenzt (sogenannter Sockelbetrag). Über diese Beträge hinaus können 60% des übersteigenden Gesamtbetrags als Verlustvortrag abgezogen werden. Auch der Verlustvortrag hat vorrangig **vor** Sonderausgaben, außergewöhnlichen Belastungen und sonstigen privaten Abzugsbeträgen zu erfolgen. Der am Schluss eines VZ verbleibende Verlustvortrag wird gesondert festgestellt (§ 10d Abs. 4 S. 1 EStG). Hierzu ergeht ein eigenständiger Feststellungsbescheid.

■ **Rücktragswahlrecht:** § 10d Abs. 1 S. 5 und 6 EStG räumen dem Steuerpflichtigen ein   **475**
Wahlrecht ein. Per Antrag kann er auf den als gesetzlichen Regelfall vorgesehenen Verlustrücktrag ganz oder teilweise verzichten. Im Wege der Ausübung dieses Wahlrechts kann erreicht werden, dass sich die Verluste steuerlich optimal auswirken. So wird der Steuerpflichtige davon Gebrauch machen, wenn die erwarteten Gewinne in der Zukunft höher sind als im Vorjahr und damit einer höheren Progressionsbelastung unterliegen würden. Der Verlustvortrag würde damit die zukünftige Progressionsbelastung mindern.

Beispiel: A hat in den Jahren 01 bis 03 jeweils folgenden Gesamtbetrag der Einkünfte erzielt:

01: 250.000 €; 02: ./. 400.000 €; 03: 250.000 €; abzugsfähige Sonderausgaben jeweils: 10.000 €

Ohne Ausübung des Wahlrechts ergeben sich folgende Auswirkungen:

VZ 01:

Gesamtbetrag der Einkünfte:	250.000 €
Verlustabzug:	./. 250.000 €
Sonderausgaben:	ohne Auswirkung
z.v.E.	0 €
ESt	0 €

VZ 03:

Gesamtbetrag der Einkünfte:	250.000 €
Verlustabzug:	./. 150.000 €
Sonderausgaben:	./. 10.000 €
z.v.E.	90.000 €
ESt	29.561 €

Beantragt A den Verlustrücktrag unter Berücksichtigung der vorrangig abziehbaren Ausgaben nur jeweils bis zur Höhe des Grundfreibetrags, ergeben sich folgende Auswirkungen:

VZ 01:

Gesamtbetrag der Einkünfte:	250.000 €
Verlustabzug:	./. 231.646 €
Sonderausgaben:	./. 10.000 €
z.v.E.	8.354 €
ESt	0 €

VZ 03:

Gesamtbetrag der Einkünfte:	250.000 €
Verlustabzug:	./. 168.354 €
Sonderausgaben:	./. 10.000 €
z.v.E.	71.646 €
ESt	21.852 €

476 **Verlustabzug im Erbfall:** Lange Zeit war in der Finanzrechtsprechung und der steuer-rechtlichen Lit. umstritten, ob ein Erbe einen beim Erblasser entstandenen Verlust steuermindernd von seinem eigenen Einkommen absetzen kann, soweit der Erblasser den Verlust ohne sein Versterben noch gemäß § 10d EStG hätte geltend machen können. Dem hat der Große Senat des BFH[975] nunmehr endgültig eine Absage erteilt.[976] Damit verfällt der beim Erblasser nicht verbrauchte Verlust.

II. Altersentlastungsbetrag (§ 24a EStG)

477 Von der Summe der Einkünfte ist der Altersentlastungsbetrag nach § 24a EStG abzuziehen (§ 2 Abs. 3 EStG).

Der Altersentlastungsbetrag bildet sich rechnerisch bis zu einem Höchstbetrag aus einem Prozentsatz des Arbeitslohns und der positiven Summe der übrigen Einkünfte, die nicht solche aus nichtselbstständiger Arbeit sind (§ 24a S. 1 EStG).

In den Genuss des Abzugsbetrags kommen Steuerpflichtige, die vor Beginn des Veranlagungszeitraums das 64. Lebensjahr vollendet haben. Zweck der Gewährung des Altersentlastungsbetrags ist die Entlastung der Steuerpflichtigen im Alter, sofern sie nicht bereits durch die nur teilweise Besteuerung der in § 24a S. 2 Nr. 1–5 EStG genannten Einkünfte (insbesondere Versorgungsbezüge und Leibrenten) steuerlich begünstigt sind. Im Zuge der schrittweisen Umstellung der Besteuerung der Alterseinkünfte auf eine nachgelagerte Besteuerung wird der Altersentlastungsbetrag – ausgehend von einem Prozentsatz von 40% bei einem Höchstbetrag von 1.900 € im Jahr 2005 – nach Maßgabe der in § 24a S. 5 EStG abgedruckten Tabelle bis zum Jahr 2040 kontinuierlich abgeschmolzen.

III. Entlastungsbetrag für Alleinerziehende (§ 24b EStG)

478 Als Ersatz für den ab dem VZ 2004 ersatzlos entfallenden Haushaltsfreibetrag erhalten „echte" Alleinerziehende nach § 24b EStG einen Entlastungsbetrag in Höhe von 1.308 € jährlich. Der Entlastungsbetrag soll die regelmäßig höheren Lebensführungskosten bei alleinstehenden Steuerpflichtigen berücksichtigen, die einen gemeinsamen Haushalt nur mit ihren Kindern führen.[977] Wie der Altersentlastungsbetrag wird auch der Entlastungsbetrag für Alleinerziehende von der Summe der Einkünfte abgezogen (§ 2 Abs. 3 S. 1 EStG). Neben dem „Status" des Steuerpflichtigen als alleinstehend im Sinne des § 24b Abs. 2 EStG (in der Regel unverheiratet oder verheiratet, aber getrennt lebend; keine Haushaltsgemeinschaft mit anderen volljährigen Personen, Vermutungsregeln in

---

975 BFH v.17.12.2007 – GrS 2/04, DStR 2008, 545.

976 Vgl. hierzu Dötsch DStR 2008, 641; Kanzler FR 2008, 465; Paus FR 2008, 452.

977 Vgl. BT-Drs. 15/1751, S. 6.

§ 24b Abs. 2 S. 2 und 3 EStG) ist Voraussetzung für die Gewährung des Entlastungsbetrags, dass zum Haushalt mindestens ein Kind gehört, für das dem Steuerpflichtigen ein Freibetrag nach § 32 Abs. 6 EStG oder Kindergeld zusteht (§ 24b Abs. 1 S. 1 EStG). Die **Haushaltszugehörigkeit** wird vermutet, wenn das Kind bei dem alleinstehenden Steuerpflichtigen mit Haupt- oder Nebenwohnsitz gemeldet ist.[978] Ist das Kind bei mehreren (alleinstehenden) Steuerpflichtigen gemeldet, so steht nach der **Konkurrenzklausel** in § 24b Abs. 1 S. 3 EStG der Entlastungsbetrag demjenigen zu, der die Voraussetzung für die Auszahlung des Kindergeldes nach § 64 Abs. 2 S. 1 EStG erfüllt. Danach kommt es auf die Haushaltsaufnahme an; bei mehrfacher Haushaltsaufnahme entscheidet, welche überwiegt.[979]

IV. Freibetrag für Land- und Forstwirte (§ 13 Abs. 3 EStG)

Die Einkünfte aus Land- und Forstwirtschaft werden bei der Ermittlung des Gesamtbetrags der Einkünfte nur berücksichtigt, soweit sie den Betrag von 670 € bzw. bei zusammenveranlagten Ehegatten den Betrag von 1.340 € übersteigen (§ 13 Abs. 3 EStG). **479**

Nach § 13 Abs. 3 S. 2 und 3 EStG wird der Freibetrag nur gewährt, wenn die Summe der Einkünfte nicht mehr als 30.700 € bzw. bei Ehegatten nicht mehr als 61.400 € beträgt.

B. Ermittlung des Einkommens (§ 2 Abs. 4 EStG)

Der Gesamtbetrag der Einkünfte ist die Ausgangsgröße für die Ermittlung des Einkommens (§ 2 Abs. 4 EStG). Dieses ergibt sich aus folgender Formel: **480**

Gesamtbetrag der Einkünfte
./. Verlustabzug (§ 10d EStG; siehe Rn. 472 ff.)
./. Sonderausgaben (§§ 10–10c EStG)
./. außergewöhnliche Belastungen (§§ 33–33b EStG)
./. Steuerbegünstigungen nach §§ 10e–10i EStG)
= Einkommen

Die Abzugsfähigkeit der Sonderausgaben, außergewöhnlichen Belastungen und sonstigen Steuervergünstigungen trägt dem Umstand Rechnung, dass die ESt nicht allein an die objektive Leistungsfähigkeit, sondern auch an die subjektive Leistungsfähigkeit anknüpft. Zur **Ermittlung der subjektiven Leistungsfähigkeit** wird daher der existenziell notwendige private Aufwand abgezogen, soweit dies entgegen der Regel des § 12 Nr. 1 EStG vom Gesetzgeber ausdrücklich zugelassen ist.

I. Sonderausgaben

Der Begriff der Sonderausgaben ist gesetzlich in § 10 EStG nicht definiert, vielmehr findet sich dort nur eine Aufzählung bestimmter Aufwendungen, die als Kosten der Lebensführung dem Einkommensverwendungsbereich zuzuordnen sind.[980] Sonderaus- **481**

---

978 Vgl. Schmidt/Loschelder § 24b EStG Rn. 7.
979 Vgl. Schmidt/Weber-Grellet § 63 EStG Rn. 5.
980 Vgl. Birk/Desens/Tappe, Steuerrecht, Rn. 1038.

gaben sind danach private Aufwendungen, die nicht in wirtschaftlichem Zusammenhang mit einer der sieben Einkunftsarten stehen und daher weder Werbungskosten noch Betriebsausgaben darstellen dürfen. Solche Privatausgaben sind zur Ermittlung des Einkommens zu berücksichtigen, wenn dies gesetzlich zugelassen ist. Die §§ 10 ff. EStG enthalten insoweit eine **abschließende Aufzählung**.

1. Allgemeine Regeln für den Sonderausgabenabzug

482 **a)** Sonderausgaben setzen **Aufwendungen** voraus, die den Abzugsberechtigten **wirtschaftlich** belasten.[981]

Besteht daher bereits im Zeitpunkt der Zahlung ein nicht zu versteuernder Erstattungsanspruch gegen Dritte, ist die Zahlung nicht als Sonderausgabe absetzbar.[982]

Aufwendungen, die ein Stpfl. als Sonderausgaben geltend gemacht hat, werden dem Stpfl. gelegentlich in Folgejahren erstattet (z.B. Erstattung von Versicherungsprämien). Solche **Erstattungsbeträge** werden grundsätzlich im Jahr der Erstattung mit gleichartigen Sonderausgaben kompensiert.[983] Übersteigen bei den Sonderausgaben nach § 10 Abs. 1 Nr. 2 bis 3a EStG die im VZ erstatteten Aufwendungen die geleisteten Aufwendungen (**Erstattungsüberhang**), ist nach dem mit Wirkung ab dem VZ 2012 eingefügten § 10 Abs. 4b EStG der Erstattungsüberhang mit anderen im Rahmen der jeweiligen Nr. anzusetzenden Aufwendungen zu verrechnen. Ein verbleibender Betrag des sich bei den Aufwendungen nach § 10 Abs. 1 Nr. 3 und 4 EStG (Krankenversicherungsbeiträge und Kirchensteuer) ergebenden Erstattungsüberhangs ist dem Gesamtbetrag der Einkünfte hinzuzurechnen. Obwohl es sich also nicht um Einkünfte i.S.d. § 2 EStG handelt, werden diese Erstattungsüberhänge quasi als negative Sonderausgaben dem Gesamtbetrag der Einkünfte hinzugerechnet, mit der Folge, dass dadurch die sonstigen Sonderausgabenabzüge und außergewöhnlichen Belastungen gemindert werden.[984] Bei nachträglich rückwirkendem Wegfall der Abzugsvoraussetzungen lässt die Rspr. die Verrechnung im Erstattungsjahr mit gleichartigen Sonderausgaben zu und erst subsidiär die Verrechnung im Zahlungsjahr über § 175 AO.[985]

483 **b)** Problematisch ist in der Praxis häufig die **persönliche Abzugsberechtigung**, soweit Dritte betroffen sind.

Dem vorstehenden Grundsatz der wirtschaftlichen Belastung des Steuerpflichtigen folgend kommt grundsätzlich nur eine eigene Zahlung oder eine Zahlung durch den Bevollmächtigten in Betracht. Folgende Besonderheiten gelten bei der Beteiligung Dritter:

■ **Zahlungen zugunsten Dritter:** Nach der Rspr. des BFH handelt es sich nur dann um Sonderausgaben des Zahlenden, wenn unmittelbare Rechtsbeziehungen zwischen diesem und dem Empfänger bestehen. So kann z.B. Versicherungsaufwendungen nur der Versicherungsnehmer absetzen. Dieser Grundsatz hindert nicht den Sonder-

---

981 Vgl. Schmidt/Heinicke § 10 EStG Rn. 4 m.w.N.

982 BFH v. 28.02.1996 – X R 65/93, BStBl. II 1996, 566.

983 Vgl. Schmidt/Heinicke § 10 Rn. 7 mit Beispielen aus der Rspr.

984 Schmidt/Heinicke § 10 EStG Rn. 9 u. zur alten Rechtslage bis VZ 2011 siehe dort Rn. 8.

985 Vgl. BFH v. 23.02.2005 – XI R 68/03, BFH/NV 2005, 1304.

ausgabenabzug eigener Beiträge des Steuerpflichtigen als Versicherungsnehmer im Rahmen von Verträgen zugunsten Dritter.[986]

■ **Aufwendungen eines Dritten:** Aus dem Erfordernis der Belastung des Abzugsberechtigten ergibt sich ferner, dass sogenannter **Drittaufwand** grundsätzlich nicht zu berücksichtigen ist. Eine Ausnahme gilt nach der Rspr. des BFH nur dann, wenn dem Steuerpflichtigen die Zahlung des Dritten als eigene Belastung zugerechnet werden kann. Hiervon geht die Rspr. in folgenden Fallgruppen aus:

- Die Aufwendungen des Dritten stellen sich als **Abkürzung des Zahlungswegs** dar.[987]

- Der Dritte schließt im eigenen Namen für den Stpfl. einen Vertrag ab und leistet hierauf, sofern es sich um ein Geschäft des täglichen Lebens handelt (**„abgekürzter Vertragsweg"**).[988]

- Der Dritte leistet auf eine im eigenen Namen, aber im wirtschaftlichen Interesse des Stpfl. eingegangene Verbindlichkeit, hat aber einen Rechtsanspruch auf Ersatz.[989]

c) Für den Zeitpunkt des Abzugs gilt das **Abflussprinzip** des § 11 Abs. 2 EStG. Aufwendungen können daher nur in dem Kalenderjahr abgezogen werden, in dem der Stpfl. die entsprechende Leistung erbracht hat.　　**484**

d) Aufwendungen, die einerseits in Zusammenhang mit einer Einkunftsart stehen und andererseits auch den Sonderausgaben zuzuordnen sind, müssen im Wege sachgerechter Schätzung **aufgeteilt** werden.

---

986 Z.B. BFH v. 29.11.1973 – VI R 6/72, BStBl. II 1974, 265 zur Mitversicherung Familienangehöriger.

987 BFH v. 07.02.2008 – VI R 41/05, BFH/NV 2008, 1136.

988 BFH v. 15.01.2008 – IX R 45/07, 2008, 572.

989 BFH v. 23.01.2001 – VIII R 48/98, BStBl. II 2001, 395.

485

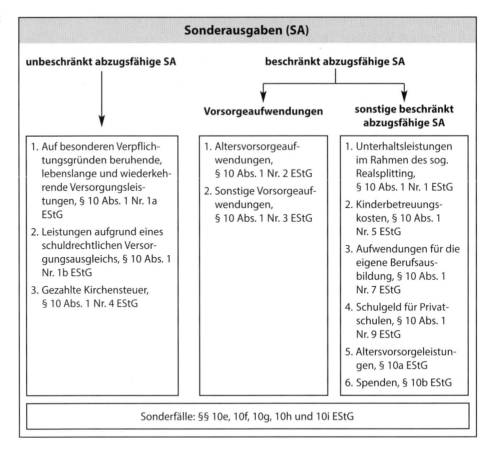

2. Unbeschränkt abzugsfähige Sonderausgaben

a) Versorgungsleistungen (§ 10 Abs. 1 Nr. 1a EStG)

486 Ohne Höchstbetragsbegrenzung als Sonderausgaben abzugsfähig sind auf besonderen Verpflichtungsgründen (Gesetz, Vertrag oder letztwillige Anordnung) beruhende, lebenslange und wiederkehrende Versorgungsleistungen (§ 10 Abs. 1 Nr. 1a EStG). Dieser Abzugstatbestand korrespondiert mit dem Tatbestand des § 22 Nr. 1b EStG, der Einkünfte aus Versorgungsleistungen nur erfasst, soweit sie bei Zahlungsverpflichteten nach § 10 Abs. 1 Nr. 1a EStG als Sonderausgaben abgezogen werden können.

487 **Begriff der Versorgungsleistungen:** Versorgungsleistungen sind in gleicher Weise zu bestimmen wie in § 22 Nr. 1b EStG. Vereinbaren miteinander verwandte Personen Vermögensübertragungen gegen wiederkehrende Leistungen, besteht – anders als bei Verträgen unter fremden Dritten – die Notwendigkeit, drei Fallgruppen voneinander zu unterscheiden:

- wiederkehrende Leistungen im Austausch mit einer Gegenleistung,

- Versorgungsleistungen und

- Unterhaltsleistungen.

Dabei setzt die steuerliche Qualifizierung wiederkehrender Leistungen als **Versorgungsleistungen** i.S.v. §§ 10 Abs. 1 Nr. 1a, 22 Nr. 1b EStG voraus, dass die Übertragung des Vermögens selbst unentgeltlich ist, weil die erzielbaren laufenden Nettoerträge des übergebenen Vermögens ausreichen, die wiederkehrenden Leistungen zu erbringen.[990]

Im Gegensatz zu dieser hier relevanten Gruppe der (unentgeltlichen) Übertragung sogenannten Ertrag bringenden Vermögens sind bei der Gruppe **„wiederkehrende Leistungen im Austausch mit einer Gegenleistung"** nach dem Willen der Beteiligten Leistung und Gegenleistung nach kaufmännischen Gesichtspunkten gegeneinander abgewogen; die Beteiligten gehen von subjektiver Gleichwertigkeit aus. Bei Veräußerung von Betriebsvermögen gegen eine Geldrente kann es hier ggf. zu einem nach § 16 EStG zu versteuernden Veräußerungsgewinn kommen.

Unterhaltsleistungen liegen dagegen vor, wenn der Zahlung der wiederkehrenden Leistung keine Gegenleistung gegenübersteht. Dies ist dann der Fall, wenn das übertragende Vermögen weder über einen positiven Substanz- noch einen positiven Ertragswert verfügt oder wenn der Unternehmenswert so gering ist, dass der Wert des übertragenden Vermögens weniger als 50% des Kapitalwerts der zugesagten wiederkehrenden Leistung beträgt.[991]

488

---

990 BFH v. 12.05.2003 – GrS 1/00, BStBl. II 2004, 95.
991 BFH v. 12.05.2003 – GrS 2/00, BStBl. II 2004, 100.

489

Wiederkehrende Leistungen unter Angehörigen		
Wiederkehrende Leistung im Austausch mit einer Gegenleistung	**Versorgungsleistung**	**Unterhaltsleistung**
1. Ausgeglichenheit von Leistung und Gegenleistung **oder** 2. Wert des unternehmerischen Vermögens beträgt mind. 50% des Barwerts der wiederkehrenden Leistung **und** die Nettoerträge des Vermögens reichen nicht aus, die wiederkehrende Leistung zu erbringen	Keine Ausgeglichenheit von Leistung und Gegenleistung **und** die Nettoerträge des unternehmerischen Vermögens reichen aus, die wiederkehrende Leistung zu erbringen	1. Übertragenes „Vermögen" hat keinen Ertrags- und Substanzwert **oder** 2. Wert des unternehmerischen Vermögens beträgt weniger als 50% des Barwerts der wiederkehrenden Leistung **und** die Nettoerträge des unternehmerischen Vermögens reichen nicht aus, die wiederkehrende Leistung zu erbringen
↓	↓	↓
Gegenleistung besteht aus nicht steuerbarer oder steuerbarer Vermögensumschichtung und aus einem Zinsanteil **Verpflichteter:** ■ Tilgungsanteil evtl. Anschaffungskosten ■ Zinsanteil als BA/WK **Berechtigter:** ■ Tilgungsanteil evtl. Veräußerungsgewinn ■ Zinsanteil als Einkünfte aus Kapitalvermögen	Kein entgeltliches Rechtsgeschäft (widerlegbare Vermutung), weder Veräußerungsentgelt noch Anschaffungskosten **Verpflichteter:** ■ Sonderausgaben gemäß § 10 Abs. 1 Nr. 1a EStG in voller Höhe (dauernde Last) **Berechtigter:** ■ Wiederkehrende Bezüge gemäß § 22 Nr. 1b EStG in voller Höhe (dauernde Last)	Abzugsverbot gemäß § 12 Nr. 2 EStG

490 **Eingeschränkter Anwendungsbereich:** Mit Wirkung ab dem VZ 2008 ist der Anwendungsbereich der §§ 10 Abs. 1 Nr. 1a, 22 Nr. 1b EStG stark beschränkt worden, und zwar auf Fälle **vorweggenommener <u>betrieblicher</u> Unternehmensnachfolge**.[992]

Beispiel: Übertragung eines Betriebs zu Lebzeiten von den Eltern auf das Kind gegen Zahlung einer Geldrente, die sich am Versorgungsbedürfnis der Eltern orientiert

Dieses gesetzgeberische Ziel wird erreicht durch Anknüpfung der Abzugsfähigkeit der Versorgungsleistungen an die Übertragung eines Mitunternehmeranteils an einer ge-

---

992 So die Gesetzesbegründung: BT-Drs. 16/6290, S. 53.

werblichen Personengesellschaft (§ 10 Abs. 1 Nr. 1a Buchst. a) EStG), eines Betriebs oder Teilbetriebs (§ 10 Abs. 1 Nr. 1a Buchst. b) EStG) oder eines mindestens hälftigen Anteils an einer GmbH, in der der Übernehmer die bisher vom Übertragenden ausgeübte Geschäftsführertätigkeit übernimmt (§ 10 Abs. 1 Nr. 1a Buchst. c) EStG). Zur einkommensteuerrechtlichen Behandlung von wiederkehrenden Leistungen im Zusammenhang mit einer Vermögensübertragung hat die Finanzverwaltung mittlerweile ein an diese neue Gesetzeslage angepasstes BMF-Schreiben erlassen.[993]

Gegenüber der Rechtslage bis zum 31.12.2007 nicht mehr begünstigt sind damit die Übertragung privater Kapitalanlagen (z.B. Wertpapiere) und insbesondere privaten Grundvermögens (vermietetes oder selbstgenutztes Wohneigentum). Für **Altfälle** (Vermögensübergabe vor dem 01.01.2008 gilt jedoch weiterhin § 10 Abs. 1 Nr. 1a EStG a.F. (Bestandsschutz für Altverträge gemäß § 52 Abs. 23e EStG).

Fall 60: Teil-Übertragungen von GmbH-Anteilen gegen Versorgungsleistungen

V ist zu 80% an der X-GmbH beteiligt. Außerdem ist er Geschäftsführer der X-GmbH. V überträgt am 10.01.2012 einen 20% betragenden Anteil an der X-GmbH auf seinen Sohn S. S verpflichtet sich dafür, wiederkehrende Leistungen i.H.v. monatlich 200 € an V zu zahlen. Am 01.01.2015 überträgt V den restlichen Anteil an der X-GmbH (60%) auf S. S wird Geschäftsführer der X-GmbH, V zieht sich aus der Geschäftsführertätigkeit vollständig zurück. S verpflichtet sich im Zuge dieser Übertragung, V zusätzlich monatliche Versorgungsleistungen i.H.v. 2.000 € zu zahlen. Kann S die Zahlungen als Sonderausgaben abziehen?

Eine begünstigte Vermögensübertragung i.S.d. § 10 Abs. 1 Nr. 1a EStG liegt nur vor bei **491** Versorgungsleistungen im Zusammenhang mit der Übertragung

- eines Mitunternehmeranteils an einer Personengesellschaft, die eine Tätigkeit i.S.d. §§ 13, 15 Abs. 1 S. 1 Nr. 1 oder des § 18 Abs. 1 EStG ausübt,

- eines Betriebs oder Teilbetriebs sowie

- eines mindestens 50% betragenden Anteils an einer Gesellschaft mit beschränkter Haftung (GmbH), wenn der Übergeber als Geschäftsführer tätig war und der Übernehmer diese Tätigkeit nach der Übertragung übernimmt.

I. Zu einer begünstigten Vermögensübertragung im Zusammenhang mit Versorgungsleistungen führt nur die Übertragung eines mindestens 50% betragenden Anteils an einer GmbH (einschließlich Unternehmergesellschaft, § 5a GmbHG), wenn der Übergeber als Geschäftsführer tätig war und der Übernehmer die Geschäftsführertätigkeit nach der Übertragung übernimmt. Begünstigt ist auch die Übertragung von Anteilen an einer der GmbH vergleichbaren Gesellschaftsform eines anderen Mitgliedstaats der EU oder des EWR. Werden Anteile an anderen Körperschaften im Zusammenhang mit wiederkehrenden Leistungen übertragen, liegt keine begünstigte Vermögensübertragung nach § 10 Abs. 1 Nr. 1a EStG vor.

---

993 Zu den Einzelheiten siehe BMF v. 11.03.2010 – IV C 3-S 2221/09/10004, BStBl. I 2010, 227.

Es ist nicht erforderlich, dass der Übergeber seinen gesamten Anteil überträgt, sofern der übertragene Anteil mindestens 50% beträgt. Dabei sind Teilübertragungen jeweils isoliert zu betrachten.

II. Die wiederkehrenden Leistungen, die S im Zusammenhang mit der ersten Teilübertragung an V zu leisten hat, stellen danach keine Leistungen aufgrund einer nach § 10 Abs. 1 Nr. 1a S. 2 Buchst. c) EStG begünstigten Vermögensübertragung dar, weil der übertragene GmbH-Anteil nicht mindestens 50% betragen hat. Im Übrigen hat S die Geschäftsführertätigkeit von V zu diesem Zeitpunkt noch nicht übernommen. Die Übertragung des 60% betragenden GmbH-Anteils stellt hingegen eine begünstigte Übertragung dar, weil isoliert betrachtet alle Voraussetzungen des § 10 Abs. 1 Nr. 1a S. 2 Buchst. c) EStG erfüllt sind.

Ergebnis: S kann daher ab dem 01.01.2015 einen Betrag i.H.v. 2.000 € monatlich als Sonderausgabe geltend machen.

b) Leistungen aufgrund eines schuldrechtlichen Versorgungsausgleichs (§ 10 Abs. 1 Nr. 1b EStG)

492 Der Sonderausgabenabzug für Leistungen aufgrund eines schuldrechtlichen Versorgungsausgleichs korrespondiert mit der Erfassung der Einkünfte auf der Empfängerseite nach § 22 Nr. 1c EStG.

c) Gezahlte Kirchensteuer (§ 10 Abs. 1 Nr. 4 EStG)

493 Kirchensteuern können in der im Veranlagungszeitraum entrichteten Höhe als Sonderausgaben abgezogen werden. Dies gilt nicht, sofern die Kirchensteuer auf Kapitaleinkünfte entfällt, bei denen die gezahlte Kirchensteuer bereits pauschal bei der Berechnung der Abgeltungsteuer (§ 32d Abs. 1 S. 3 EStG) einkommensteuerlich berücksichtigt wurde. Erstattete Kirchensteuer ist mit der im Erstattungsjahr gezahlten Kirchensteuer zu verrechnen; hinsichtlich etwaiger Erstattungsüberhänge gilt ab VZ 2012 die gesetzliche Regelung des § 10 Abs. 4b S. 3 EStG (Hinzurechnung zum Gesamtbetrag der Einkünfte als quasi negative Sonderausgaben). Kirchensteuern i.S.d. § 10 Abs. 1 Nr. 4 EStG sind nur Geldleistungen an eine als Körperschaft des öffentlichen Rechts anerkannte inländische Religionsgemeinschaft.[994]

d) Steuerberatungskosten (§ 10 Abs. 1 Nr. 6 EStG i.d.F. bis VZ 2005)

494 Steuerberatungskosten waren bis einschließlich VZ 2005 unbeschränkt abzugsfähige Sonderausgaben, soweit sie nicht Betriebsausgaben oder Werbungskosten waren. Die Abschaffung dieses Tatbestands ist wegen der Kompliziertheit des Steuerrechts verfassungsrechtlich umstritten.[995] Von besonderer Bedeutung ist seither die Abgrenzung

---

994 BVerfG v. 04.06.1975 – I R 250/73, BStBl. II 1975, 708; krit. Tipke/Lang § 8 Rn. 712: Die Beschränkung des Abzugs auf deutsche Kirchensteuer ist gleichheitswidrig und wegen Diskriminierung von EU-Ausländern auch EU-rechtswidrig.

995 Vgl. hierzu BFH v. 04.02.2010 – X R 10/08, BStBl. II 2010, 617: Abschaffung verfassungsgemäß.

der dem Erwerbsbereich zuzuordnenden – abzugsfähigen – Steuerberatungskosten von den der privaten Lebensführung zuzurechnenden – nicht abzugsfähigen – Steuerberatungskosten.[996]

3. Beschränkt abzugsfähige Sonderausgaben

a) Altersvorsorgeaufwendungen (§ 10 Abs. 1 Nr. 2 EStG)

Mit dem Alterseinkünftegesetz[997] hat der Gesetzgeber mit der Einführung der sogenannten nachgelagerten Besteuerung der Alterseinkünfte (§ 22 Nr. 1 S. 3 Buchst. a) aa) EStG) auch die steuerliche Berücksichtigung der Altersvorsorgeaufwendungen reformiert. Der neu konzipierte Sonderausgabenabzug ist in § 10 Abs. 1 Nr. 2 EStG i.V.m. § 10 Abs. 3 EStG (Höchstbetragsregelung) geregelt.

495

Danach gilt für **Beiträge zu der gesetzlichen Rentenversicherung** oder vergleichbarer Versorgungseinrichtungen (§ 10 Abs. 1 Nr. 2 S. 1 Buchst. a) EStG) Folgendes:

Zunächst sind die Arbeitnehmeranteile zur gesetzlichen Rentenversicherung um die nach § 3 Nr. 62 EStG steuerfreien Arbeitgeberanteile zu erhöhen (§ 10 Abs. 1 Nr. 2 S. 2 EStG). Auf die Summe aus beiden Anteilen (bis zu einer Höhe von max. 20.000 € bzw. 40.000 € bei Ehegatten, § 10 Abs. 3 S. 1 und 2 EStG) ist dann ein Prozentsatz anzuwenden, der sich aus § 10 Abs. 3 S. 4 und 6 EStG errechnet.[998] Für das Jahr 2005 betrug der Prozentsatz 60%; bis zum vollen Abzug im Jahr 2025 steigt der abzugsfähige Anteil jährlich um 2% an (§ 10 Abs. 3 S. 6 EStG). Nach § 10 Abs. 3 S. 5 EStG ist von dem Produkt aus erhöhten Beiträgen und Prozentsatz der Arbeitgeberanteil abzuziehen.

Der entsprechende Sonderausgabenabzug für bestimmte Beiträge zum Aufbau einer eigenen kapitalgedeckten Altersversorgung (sogenannte **Rürup-Rente**) ist in § 10 Abs. 1 Nr. 2 S. 1 Buchst. b) EStG geregelt.

b) Sonstige Vorsorgeaufwendungen (§ 10 Abs. 1 Nr. 3, 3a EStG)

Zu den sonstigen Vorsorgeaufwendungen zählt das EStG Beiträge zu Arbeitslosen-, Erwerbs- und Berufsunfähigkeits-, Kranken-, Pflege-, Unfall- oder Haftpflichtversicherungen sowie vor 2005 begonnene Rentenversicherungen. Der Höchstbetrag für diese Sonderausgaben beträgt grundsätzlich 2.800 € (§ 10 Abs. 4 S. 1 EStG). Für Beamte, Arbeitnehmer und Rentner gilt gemäß § 10 Abs. 4 S. 2 EStG jedoch ein ermäßigter Höchstbetrag von 1.900 €, weil diese Berufsgruppen einen Anspruch auf vollständige oder teilweise Übernahme der Kosten haben (so Beamte) oder ihr Arbeitgeber oder der Träger der Rentenversicherung (bei Rentnern) nach § 3 Nr. 14 bzw. § 3 Nr. 62 EStG steuerfreie Leistungen an die Krankenversicherung zahlen.

496

Soweit Kranken- und Pflegeversicherungsbeiträge auf eine Basisversicherung (= Sozialhilfeniveau) des Stpfl. entfallen (§ 10 Abs. 1 Nr. 3 Buchst. a) und b) EStG), sind sie seit dem

---

996 Vgl. hierzu BMF v. 21.12.2007 – IV B 2-S 2144/07/0002, BStBl. I 2008, 256.

997 BGBl. I 2004, 1427.

998 Birk/Desens/Tappe, Steuerrecht, Rn. 791.

01.01.2010 unbeschränkt abzugsfähig (§ 10 Abs. 4 S. 4 EStG). Diese Gesetzesänderung geht zurück auf die Entscheidung des BVerfG vom 13.02.2008.[999] Das BVerfG hält es für geboten, dass Beiträge in einer Höhe abzugsfähig sind, die dem Stpfl. und seiner Familie eine sozialhilfegleiche Kranken- und Pflegeversorgung gewährleisten.

497

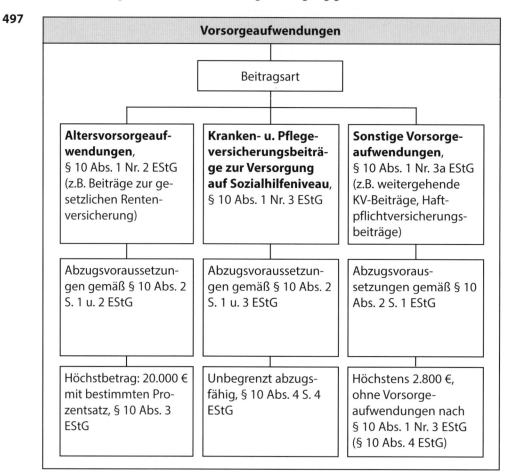

c) Realsplitting (§ 10 Abs. 1 Nr. 1 EStG)

498 Unterhaltsleistungen an den geschiedenen oder dauernd getrennt lebenden unbeschränkt einkommensteuerpflichtigen Ehegatten können entweder

■ als Sonderausgaben (höchstens 13.805 €) gemäß § 10 Abs. 1 Nr. 1 EStG oder

■ als außergewöhnliche Belastung nach § 33a Abs. 1 EStG geltend gemacht werden.

Abzugsvoraussetzungen: Der Sonderausgabenabzug hängt – wegen der korrespondierenden Besteuerung beim Empfänger – von der **unbeschränkten Einkommensteuerpflicht und der Zustimmung des Unterhaltsempfängers** ab. Dieser ist nach Treu und Glauben (§ 242 BGB) zivilrechtlich verpflichtet, die Zustimmung zu erteilen, sofern

---

999 BVerfG v. 13.02.2008 – 2 BvL 1/06, BVerfGE 120, 125.

er keinen finanziellen Nachteil hat.[1000] Die Zustimmung ist selbst im Falle missbräuchlicher Verweigerung Abzugsvoraussetzung.[1001] Der leistende Ehegatte ist daher ggf. darauf angewiesen, die Zustimmung auf zivilprozessualem Wege einzuklagen und die Vollstreckung durch die Fiktion des § 894 Abs. 1 ZPO herbeizuführen. Die Zustimmung ist mit Ausnahme der nach § 894 Abs. 1 ZPO als erteilt geltenden bis auf Widerruf wirksam (§ 10 Abs. 1 Nr. 1 S. 4 EStG). Der Widerruf ist vor Beginn des Kalenderjahres, für das die Zustimmung erstmals nicht gelten soll, gegenüber dem Finanzamt zu erklären (§ 10 Abs. 1 Nr. 1 S. 5 EStG).

Ferner ist der Sonderausgabenabzug **antragsgebunden**. Der Antrag kann nur für ein Kalenderjahr gestellt und nicht zurückgenommen werden (§ 10 Abs. 1 Nr. 1 S. 3 EStG).

Rechtsfolgen: Liegen die vorgenannten Voraussetzungen vor, können Unterhaltsaufwendungen beim Zahlenden bis zur Höchstgrenze von 13.805 € als Sonderausgaben abgezogen werden. Im Antrag kann der Abzug aber auch auf einen geringeren Betrag begrenzt werden. Werden Unterhaltszahlungen oberhalb des Höchstbetrags gewährt, kommt zudem ein Abzug als außergewöhnliche Belastungen nach § 33a Abs. 1 EStG in Betracht.[1002] Auf der anderen Seite versteuert der Unterhaltsempfänger die tatsächlich beim Zahlenden als Sonderausgaben abgezogenen Unterhaltszahlungen.

d) Private Kinderbetreuungskosten (§ 10 Abs. 1 Nr. 5 EStG)

Ab dem VZ 2012 (bis VZ 2011: § 9c EStG a.F.) hat der Gesetzgeber unter Aufhebung der Unterscheidung zwischen erwerbsbedingten (Werbungskosten/Betriebsausgaben) und privaten Betreuungskosten die privaten Kinderbetreuungskosten dem Sonderausgabenbereich in § 10 Abs. 1 Nr. 5 EStG zugeordnet. Abzugsfähig sind zwei Drittel der Aufwendungen, höchstens 4.000 € je Kind, für Dienstleistungen zur Betreuung eines zum Haushalt des Steuerpflichtigen gehörenden Kindes i.S.d. § 32 Abs. 1 EStG. Gegenüber der Vorgängerregelung sind alle Anspruchsvoraussetzungen bei den Eltern entfallen. Das Kind darf das 14. Lebensjahr noch nicht vollendet haben oder wegen einer vor Vollendung des 25. Lebensjahres eingetretenen körperlichen, geistigen oder seelischen Behinderung außerstande sein, sich selbst zu unterhalten.

Nicht abzugsfähig sind Aufwendungen für Unterricht, die Vermittlung besonderer Fähigkeiten sowie für sportliche und andere Freizeitbetätigungen.

Voraussetzung für den Abzug der Kinderbetreuungskosten ist, dass der Steuerpflichtige für die Aufwendungen eine Rechnung erhalten hat und die Zahlung auf das Konto des Erbringers der Leistung erfolgt ist (§ 10 Abs. 1 Nr. 5 S. 4 EStG).

1000 BGH v. 29.01.1992 – XII ZR 248/90, NJW 1992, 1391.
1001 BFH v. 25.07.1990 – X R 137/88, BStBl. II 1990, 1022.
1002 BFH v. 07.11.2000 – III R 23/98, BStBl. II 2001, 338.

e) Aufwendungen für die eigene Berufsausbildung (§ 10 Abs. 1 Nr. 7 EStG)

499 **Definition der Berufsausbildung:** Unter Berufsausbildung i.S.v. § 10 Abs. 1 Nr. 7 EStG wird allgemein das Erlernen der für eine erste oder weitere zukünftige berufliche Tätigkeit erforderlichen Grundkenntnisse verstanden.[1003] Darunter versteht das Gesetz alle Maßnahmen, durch die „erst das für den Beruf typische Können und schließlich eine selbstständige, gesicherte Lebensstellung erworben werden sollen".[1004] Bloße **Allgemeinbildung** zählt nicht dazu.[1005]

Höchstbetrag: Aufwendungen für die eigene Berufsausbildung sind (personenbezogen) bis zur Höhe von 6.000 € im Kalenderjahr als Sonderausgaben abzugsfähig. Ein Verlustvortrag nach § 10d EStG ist nicht möglich. Zu den abzugsfähigen Aufwendungen gehören z.B.:

■ Lehrgangs-, Schul- oder Studiengebühren, Arbeitsmittel, Fachliteratur,

■ Fahrten zwischen Wohnung und Ausbildungsort,

■ Mehraufwendungen für Verpflegung,

■ Mehraufwendungen wegen auswärtiger Unterbringung.

Für den Abzug von Aufwendungen für eine auswärtige Unterbringung ist nicht erforderlich, dass die Voraussetzungen einer doppelten Haushaltsführung vorliegen.[1006]

Abgrenzung zu Werbungskosten/Betriebsausgaben: Problematisch ist die Abgrenzung solcher Berufsausbildungskosten von den – unbeschränkt abzugsfähigen – vorweggenommenen (besser: vorab veranlassten) Erwerbsaufwendungen, denn bei typischen Berufsausbildungskosten wird in aller Regel der Werbungskosten- bzw. Betriebsausgabenbegriff erfüllt sein.[1007] Nachdem der BFH mehrfach entschieden hatte, dass Aufwendungen für die erste Berufsausbildung trotz der Vorschrift des § 12 Nr. 5 EStG Erwerbsaufwendungen sein können,[1008] hat der Gesetzgeber quasi rechtsprechungsbrechend ein **Abzugsverbot für Erstausbildungskosten in §§ 4 Abs. 9, 9 Abs. 6 EStG** eingeführt und zudem ab 01.01.2005 den Begriff der erstmaligen Berufsausbildung in § 9 Abs. 6 S. 2 – 5 EStG legal definiert. Die Verfassungsmäßigkeit dieser Abzugsverbote ist umstritten.[1009]

Der Gesetzgeber weist im Ergebnis (durch das Verbot des Abzugs bei den einzelnen Einkunftsarten) die Kosten für eine **erste Ausbildung und das Erststudium** (Uni, FH, einschließlich des berufsbegleitenden Erststudiums nach vorangegangener Berufsausbil-

---

1003 Vgl. Schmidt/Heinicke § 10 EStG Rn. 120.

1004 BT-Drucks V/3420 S. 8.

1005 Vgl. etwa BFH v. 15.03.2007 – VI R 14/04, BStBl. II 2007, 814; BFH/NV 2007, 2096 betr. Erlernen der deutschen Sprache; BFH v. 22.06.2006 – VI R 5/04, BStBl. II 2006, 717 betr. Besuch einer allgemeinbildenden Fachoberschule.

1006 BMF v. 22.09.2010 – IV C 4 – S 2227/07/10002:002, BStBl. I 2010, 721.

1007 BFH v. 27.10.2011 – VI R 29/11, BFH/NV 2012, 216.

1008 Etwa BFH v. 28.07.2011 – VI R 8/09, BFH/NV 2011, 2038.

1009 Siehe aktuell Vorlagebeschlüsse des BFH v. 17.07.2014 – VI R 61/11, VI R 2/12, VI R 8/12, VI R 38/12, VI R 2/13, 72/13, etwa BFH/NV 2014, 1954 sowie DStR 2014, 2216; Az. des BVerfG: 2 BvL 22 ff./14; hierzu ausführlich Kreft, SteuerStud 2014, 599 sowie Bergkemper in Herrmann/Heuer/Raupach § 9 Rn. 708 ff. und Kreft in Herrmann/Heuer/Raupach § 9 Rn. 9.

dung), die nicht im Rahmen eines Dienstverhältnisses stattfinden, dem Bereich der Berufsausbildungskosten i.S.v. § 10 Abs. 1 Nr. 7 EStG zu.

Nicht dem beschränkten Sonderausgabenabzug unterliegen dagegen:[1010]

- Fortbildungs- bzw. Weiterbildungskosten in einem bereits ausgeübten Beruf,

- Habilitationskosten,

- Kosten eines Erststudiums im Rahmen eines Dienstverhältnisses,

- Kosten eines Zweitstudiums,

- Umschulungskosten,

- Promotionskosten,

- Kosten für Postgraduierten-Studiengänge (LL.M.; EMBA),

- Kosten eines Masterstudiums, dass den Abschluss eines Bachelor-Studiums voraussetzt,

- Kosten für berufsbegleitende Praktika, die nicht Bestandteil eines Erststudiums sind,

- Kosten für ein Erststudium nach abgeschlossener Erstausbildung.

f) Schulgeld (§ 10 Abs. 1 Nr. 9 EStG)

500 Nach § 10 Abs. 1 Nr. 9 EStG können 30% des Entgelts für den Besuch anerkannter Privatschulen als Sonderausgaben abgesetzt werden. Durch das JStG 2009 wurde der Abzugstatbestand EU-rechtskonform erweitert und nunmehr auch ein Abzug des Schulgeldes einer Schule im EG/EWR-Ausland zugelassen, wenn deren Abschluss in Deutschland anerkannt wird. Dafür ist der Abzug in allen Fällen auf einen Betrag von 5.000 € beschränkt. Nach der Neuregelung sind damit Schulgelder bis zur Höhe von 16.666 € (ohne Entgelt für Beherbergung, Betreuung und Verpflegung) steuerlich abzugsfähig.

g) Beiträge zur zusätzlichen Altersvorsorge (§ 10a EStG)

aa) Grundsätze des Förderungskonzepts

501 Im Zuge der Rentenreform 2001 wurden auch Teile der beschlossenen gesetzlichen Neuregelungen in das EStG aufgenommen. Diese Regelungen betreffen die steuerliche Förderung von Aufwendungen zur zusätzlichen Altersversorgung (sogenannte Riester-Rente). Das Gesamtkonzept der steuerlichen Förderung der privaten Altersversorgung besteht – nach dem Vorbild des Familienleistungsausgleichs (§ 31 EStG) – grundsätzlich aus einer Kombination von zusätzlichem Sonderausgabenabzug und einer progressionsabhängigen Zulage (§§ 10a, 79 ff. EStG).

1010 Zu weiteren Einzelheiten zu den Begriffen erstmalige Berufsausbildung und Erststudium siehe BMF v. 22.09.2010 – IV C 4 – S 2227/07/10002:002, BStBl. I 2010, 721 und BFH v. 28.02.2013 – VI R 6/12, DStR 2013, 1223.

Jeder Förderberechtigte erhält zunächst eine Zulage aus seinem Altersvorsorgevertrag überwiesen, wenn er einen zertifizierten Vertrag abgeschlossen und auf diesen eigene Beiträge eingezahlt hat und diese Beiträge begünstigt i.S.v. § 82 EStG sind. Die staatliche Zulage erhöht die für diesen Vertrag getätigten Aufwendungen. Das Finanzamt prüft dann im Rahmen der Einkommensteuerveranlagung auf Antrag, ob der zusätzliche Sonderausgabenabzug für die Altersvorsorgeaufwendungen (geleistete Eigenbeträge zzgl. staatliche Zulagen) für den Berechtigten günstiger ist. Ist dies der Fall, erhält der Begünstigte im Rahmen der Veranlagung die über die Zulage hinausgehende gesondert festgestellte Steuerermäßigung, die im Gegensatz zur Zulage nicht auf den Altersvorsorgevertrag überwiesen wird. Die späteren Leistungen aus dem Altersvorsorgevertrag werden in voller Höhe (!) als sonstige Einkünfte nach der Neuregelung des § 22 Nr. 5 EStG versteuert (nachgelagerte Besteuerung).

bb) Sonderausgabenabzug nach § 10a EStG

502 Im Rahmen dieser neuen Förderung der privaten Altersvorsorge kann ein Stpfl., sofern er zum begünstigten Personenkreis des § 10a Abs. 1 EStG gehört (Beamte; Personen, die Pflichtbeiträge in die gesetzliche Rentenversicherung zahlen; bestimmte Landwirte) unabhängig vom individuellen Einkommen Altersvorsorgeleistungen (Eigenbeiträge zzgl. Zulage) bis zur Höhe von 2.100 € geltend machen.

Es handelt sich dabei nicht um einen Freibetrag, sondern um einen Höchstbetrag, bis zu dem die Sparbeiträge zugunsten eines Altersvorsorgevertrags im Rahmen der Einkommensteuerveranlagung berücksichtigt werden können.

cc) Altersvorsorgezulage

503 Die Zulage setzt sich der Höhe nach aus einer **Grundzulage** (§ 84 EStG) und einer **Kinderzulage** (§ 85 EStG) zusammen. Die Kinderzulage wird dabei für jedes Kind gewährt, für das der Zulagenberechtigte Kindergeld erhält. Insgesamt kann der Stpfl., sofern er die besonderen gesetzlichen Voraussetzungen erfüllt (u.a. Mindesteigenbeitrag), folgende Höchstbeträge erzielen:

	Grundzulage	Kinderzulage
Ab VZ 2008	154 €	185 €

Die Kinderzulage steht bei Ehegatten, die die Voraussetzungen des § 26 Abs. 1 EStG erfüllen, grundsätzlich der Mutter zu, es sei denn, es wird eine anderweitige Zurechnung beschlossen.

dd) Schädliche Verwendung

504 Bei Verstoß gegen die besonderen Förderbedingungen (schädliche Verwendung des Altersvorsorgevertrags) werden die Zulage und evtl. darüber hinausgehende steuerliche Vorteile, die zu diesem Zweck gesondert festgestellt werden (§ 10a Abs. 4 EStG), zurückgefordert. Dies gilt sowohl in der Anspar- als auch in der Auszahlungsphase (§ 93 Abs. 1 S. 1 und 2 EStG). Die im schädlich ausgezahlten Kapital enthaltenen Erträge und Wertsteigerungen sind außerdem nach § 22 Nr. 5 S. 4 EStG zu versteuern.

h) Spenden (§ 10b EStG)

aa) Zuwendungen an gemeinnützige Körperschaften

Die Vorschrift des § 10b Abs. 1 EStG (siehe auch § 9 Abs. 1 Nr. 2 KStG und § 9 Nr. 5 Gew-StG) regelt den Sonderausgabenabzug für Zuwendungen (Spenden und Mitgliedsbeiträge) zur Förderung steuerbegünstigter Zwecke im Sinne der §§ 52 bis 54 AO (gemeinnützige, mildtätige, kirchliche Zwecke). Bestimmte Mitgliedsbeiträge (insbesondere solche an Sportvereine) sind jedoch vom Abzug ausgenommen (§ 10b Abs. 1 S. 2 EStG).

505

Die Zuwendungen können in **Geld- oder Sachzuwendungen** bestehen. Ausgenommen sind gemäß § 10b Abs. 3 S. 1 EStG Nutzungen und Leistungen, soweit sie nicht mit einer Wertabgabe aus dem Vermögen des Zuwendenden verbunden sind.[1011] Hinsichtlich der **Bewertung von Sachspenden** sieht ab 01.01.2009 die Vorschrift des § 10b Abs. 3 S. 3 und 4 EStG eine zwingende Bewertungsregelung vor: Ansatz des gemeinen Werts für Sachspenden aus dem Privatvermögen nur noch, wenn durch die Spende kein Besteuerungstatbestand vorliegt bzw. keine Gewinnrealisierung eintritt; ansonsten Ansatz der fortgeführten Anschaffungs- oder Herstellungskosten.

Spenden sind **unentgeltliche** Zuwendungen. Erhält der Spender eine Gegenleistung, ist die „Spende" nicht (auch nicht teilweise) abziehbar.[1012]

Spenden setzen **Freiwilligkeit** voraus. Der Spender muss also freiwillig leisten oder – bei rechtlicher Verpflichtung – die Rechtspflicht freiwillig eingegangen sein.

Zuwendungsempfänger muss eine inländische juristische Person des öffentlichen Rechts, eine inländische Dienststelle oder eine nach § 5 Abs. 1 Nr. 9 KStG steuerbefreite Körperschaft, Personenvereinigung oder Vermögensmasse sein (§ 10b Abs. 1 S. 1 EStG).

Die Anforderungen an den **Spendennachweis** finden sich in § 50 EStDV. Diese Vorschrift enthält insbesondere eine Kleinbetragsregelung (Erleichterter Nachweis für Kleinspenden bis 200 €).

Höchstbetragsregelung: Der Abzug der Zuwendungen ist der Höhe nach begrenzt auf insgesamt 20% des Gesamtbetrags der Einkünfte oder 4 v.T. der Summe der gesamten Umsätze und der im Kalenderjahr aufgewendeten Löhne und Gehälter. Bis zur Höhe von 1 Mio. € sind darüber hinaus Zuwendungen an Stiftungen i.S.v. § 10b Abs. 1a EStG abzugsfähig. Für nicht abgeschöpfte Zuwendungsbeträge sieht § 10b Abs. 1 S. 3 und 4 EStG die Möglichkeit des Feststellung und des Vortrags in folgende Veranlagungszeiträume vor.

Abgrenzung zu Betriebsausgaben: Ein Sonderausgabenabzug kommt nicht in Betracht, wenn es sich bei den Zuwendungen um Betriebsausgaben handelt. Dies ist z.B. der Fall, wenn sich der Zuwendende mit der Zuwendung eine Sicherung oder Erhöhung seines Ansehens oder einen Werbeeffekt verspricht.[1013]

1011 Schmidt/Heinicke § 10b EStG Rn. 2.

1012 Vgl. BFH v. 25.08.1987 – IX R 24/85, BStBl. II 1987, 850 zu Elternzahlungen an gemeinnützigen Träger einer Privatschule.

1013 Vgl. BFH v. 01.08.2002 – V R 21/01, BStBl. II 2003, 438; siehe auch Sponsoringerlass des BMF v. 18.02.1998 – IV B 2-S 2144-40/98, BStBl. I 1998, 212.

bb) Zuwendungen an politische Parteien

506 Sonderregeln gelten für Mitgliedsbeiträge und Spenden an politische Parteien: Nach § 34g EStG wird eine Steuerermäßigung gewährt, und zwar in Höhe von 50% der Ausgaben, höchstens i.H.v. 825 € (Ehegatten: höchstens 1.650 €). Dieser sogenannte Tarifabzug sichert einen gleichmäßigen Entlastungseffekt bei Klein- und Spitzenverdienern.

Seit 1994 sind Parteispenden und -beiträge, die die nach § 34g EStG zu berücksichtigenden Beträge übersteigen, gemäß § 10b Abs. 2 EStG bis zur Höhe von 1.650 € (Ehegatten bei Zusammenveranlagung 3.300 €) jährlich als Sonderausgaben abzugsfähig.

4. Pauschalierter Sonderausgabenabzug

507 Ähnlich dem Werbungskosten-Pauschbetrag gemäß § 9a EStG kommt von Amts wegen ein sogenannter **Sonderausgaben-Pauschbetrag** i.H.v. 36 € (bei zusammenveranlagten Ehegatten: 72 €) zum Ansatz, wenn der Stpfl. keine höheren Sonderausgaben i.S.d. § 10 Abs. 1 Nr. 1, 1a, 4, 7 und 9 EStG (betr. Sonderausgaben, die nicht Vorsorgeaufwendungen i.S.v. § 10 Abs. 1 Nr. 2 EStG sind) bzw. Spenden gemäß § 10b EStG nachweist (§ 10c Abs. 1 EStG).

Die bis einschließlich VZ 2009 gewährte Vorsorgepauschale gemäß § 10c Abs. 2–4 EStG a.F. wird ab dem 01.01.2010 nicht mehr angewendet. Stattdessen werden nur noch die tatsächlichen geleisteten Beiträge zur Kranken- und Pflegeversicherung bis zu den Höchstbeträgen berücksichtigt.

II. Außergewöhnliche Belastungen (§§ 33–33b EStG)

508 Aus dem Verfassungsprinzip der Steuergerechtigkeit (Art. 3 Abs. 1 GG) ergibt sich, dass die Besteuerung des Einkommens an der Leistungsfähigkeit des Stpfl. ausgerichtet sein muss. Daraus folgt, dass zwangsläufige Sonderbelastungen bei der Besteuerung berücksichtigt werden müssen. Das Gesetz trägt diesem Prinzip u.a. mit den Regelungen über außergewöhnliche Belastungen (§§ 33, 33a und 33b EStG) Rechnung.

1. Einteilung der außergewöhnlichen Belastungen

509 Das Gesetz unterscheidet zwischen

- außergewöhnlichen Belastungen allgemeiner Art (§ 33 EStG),

- außergewöhnliche Belastungen in besonderen Fällen (§ 33a EStG),

- Pauschbeträgen für Behinderte, Hinterbliebene und Pflegepersonen (§ 33b EStG).

2. Außergewöhnliche Belastungen nach § 33 EStG

510 Für den Abzug einer außergewöhnlichen Belastung sind nach der Generalklausel des § 33 EStG folgende Voraussetzungen erforderlich:

Aufwendungen,

- die nicht Betriebsausgaben, Werbungskosten oder Sonderausgaben sind,

- außergewöhnlich und

- zwangsläufig sind,

- den Stpfl. belasten,

- die zumutbare Belastung übersteigen und

- deren Abzug beantragt ist.

Die Berechnung der **zumutbaren Belastung** erfolgt nach der Tabelle in § 33 Abs. 3 EStG. Danach wird die zumutbare Belastung von dem Gesamtbetrag der Einkünfte mit einem Prozentsatz ermittelt, der von der Höhe des Gesamtbetrags der Einkünfte, dem Familienstand und der Zahl der Kinder abhängig ist.

Fall 61: Sanierung eines dioxinbelasteten Grundstücks als außergewöhnliche Belastung

A ist Eigentümer eines mit einem EFH bebauten Grundstücks. Anfang 2013 teilt ihm das zuständige Landratsamt mit, dass bei einer vom Amt für Wasserwirtschaft und Bodenschutz veranlassten Dioxinanalyse eine die zulässigen Grenzwerte übersteigende Dioxinbelastung festgestellt worden ist. Das Landratsamt wies auf die bodenschutzrechtlich bestehende Verpflichtung zur Sanierung hin. Nach einem daraufhin erstellten amtlichen technischen Gutachten ging auch von dem gesamten Grundstück einschließlich EFH eine konkrete Gesundheitsgefährdung aus. Daraufhin schloss A mit der X-GmbH einen Grundstückssanierungsvertrag ab. Die entstandenen Kosten für die in 2014 durchgeführte Sanierung beliefen sich auf 20.000 € (= Eigenanteil des A). Kann A diese Kosten als außergewöhnliche Belastungen in Ansatz bringen?

Nach § 33 Abs. 1 EStG wird die ESt auf Antrag ermäßigt, wenn einem Steuerpflichtigen zwangsläufig größere Aufwendungen als der überwiegenden Mehrzahl der Steuerpflichtigen gleicher Einkommensverhältnisse, gleicher Vermögensverhältnisse und gleichen Familienstands erwachsen (außergewöhnliche Belastung). **511**

I. **Aufwendungen** sind bewusste und gewollte Vermögensminderungen, also Geldausgaben oder Zuwendungen von Sachwerten.[1014] Unabhängig von einer etwaigen Fremdfinanzierung sind solche Aufwendungen in dem VZ zu berücksichtigen, in dem die Mittel verausgabt werden (Abflussprinzip des § 11 Abs. 2 EStG).[1015]

Bei den Sanierungsaufwendungen des A handelt es sich eindeutig um Aufwendungen in diesem Sinne.

II. Die Aufwendungen müssen A zudem auch **„erwachsen"** sein, d.h., sie müssen zu einer endgültigen Belastung in der Einkommens- und Vermögenssphäre führen, seine Leistungsfähigkeit beeinträchtigen.[1016] **512**

1014 BFH v. 15.03.1991 – III R 26/89, BFH/NV 1991, 669.
1015 Vgl. BFH v. 30.07.1982 – VI R 67/79, BStBl. II 1982, 744.
1016 Birk/Desens/Tappe, Steuerrecht, Rn. 1064.

Eine solche Belastung liegt nach bisheriger st.Rspr. des BFH nicht vor, wenn der Steuerpflichtige Gegenstände anschafft, die für ihn einen Gegenwert zu den aufgewandten Kosten darstellen (sogenannte **Gegenwertlehre**). Denn dann handelt es sich um eine bloße Umschichtung von Vermögenswerten, die den Steuerpflichtigen nicht (außergewöhnlich) „belastet". Nur soweit Werte aus seinem Vermögen oder seinem laufenden Einkommen endgültig abfließen, liegt bei ihm – anders als bei einer reinen Vermögensumschichtung – eine Belastung vor.[1017] Nach diesen Grundsätzen waren u.a. Aufwendungen für den krankheitsbedingten Einbau eines Fahrstuhls in bzw. an einem Einfamilienhaus keine außergewöhnliche Belastung.[1018] Von der Anwendung der Gegenwerttheorie wurde aber als Quasi-Korrektur der Folgen abgesehen bei der Anschaffung medizinischer Hilfsmittel, die ausschließlich für den Erkrankten bestimmt und wegen fehlender **Marktgängigkeit** nur von diesem nutzbar sind,[1019] und bei der Beseitigung von Schäden an Vermögensgegenständen, wenn der Schaden auf einem unabwendbaren Ereignis (z.B. Brand, Diebstahl, Hochwasser) beruht (sogenannter **verlorener Aufwand**).[1020]

Der seit 2009 für die außergewöhnlichen Belastungen zuständige VI. Senat des BFH hat neuerdings die Gegenwerttheorie zwar nicht ausdrücklich aufgegeben, aber doch stark in Zweifel gezogen. Im Urteil vom 22.10.2009 hat er Aufwendungen für den behindertengerechten Umbau eines Hauses als außergewöhnliche Belastungen anerkannt, weil sie so stark unter dem Gebot der sich aus der Situation ergebenden Zwangsläufigkeit stehen, dass die etwaige Erlangung eines Gegenwerts in Anbetracht der Gesamtumstände des Einzelfalls in den Hintergrund tritt.[1021]

Im vorliegenden Fall bestehen gegen den Abzug auch bei Anwendung der Gegenwerttheorie keine Bedenken, denn es handelt sich um Aufwendungen zur Beseitigung von Schäden, die durch ein unabwendbares Ereignis entstanden sind.

III. Die Sanierungsaufwendungen müssten auch außergewöhnlich sein.

513 Aufwendungen sind **außergewöhnlich**, wenn sie nicht nur ihrer Höhe, sondern auch ihrer Art und dem Grunde nach außerhalb des Üblichen liegen. Ziel des § 33 EStG ist es, zwangsläufige Mehraufwendungen für den existenznotwendigen Grundbedarf zu berücksichtigen, die sich wegen ihrer Außergewöhnlichkeit einer pauschalen Erfassung in allgemeinen Freibeträgen entziehen. Aus dem Anwendungsbereich des § 33 EStG ausgeschlossen sind dagegen die üblichen Aufwendungen der Lebensführung, die in Höhe des Existenzminimums durch den Grundfreibetrag abgegolten sind.[1022]

Sanierungsaufwendungen sind in diesem Sinne außergewöhnlich, wenn den Grundstückseigentümer kein Verschulden an der Belastung trifft, die Belastung für ihn zum Zeitpunkt des Grundstückserwerbs nicht erkennbar war und realisierbare Ersatzan-

---

1017 Vgl. etwa BFH v. 15.12.2005 – III R 10/04, BFH/NV 2006, 931.
1018 BFH v. 25.01.2007 – III R 7/06, BFH/NV 2007, 1081.
1019 BFH v. 09.08.1991 – III R 54/90, BStBl. II 1991, 920: Prothesen.
1020 BFH v. 06.05.1994 – III R 27/92, BStBl. II 1995, 104.
1021 BFH v. 22.10.2009 – VI R 7/09, BStBl. II 2010, 280.
1022 Vgl. BFH v. 03.03.2005 – III R 12/04, BFH/NV 2005, 1287 m.w.N.

sprüche gegen Dritte nicht gegeben sind. Dem steht nicht entgegen, dass der Erwerb eines Grundstücks typischerweise das Existenzminimum nicht berührt und deshalb steuerlich als Vorgang der normalen Lebensführung erscheint.[1023] Denn das die Sanierungsaufwendungen auslösende Ereignis ist nicht der Erwerb des Grundstücks, sondern die Feststellung der Sanierungspflichtigkeit des Grundstücks durch die Bodenschutzbehörde. Dieser Vorgang liegt außerhalb der normalen Lebensführung; üblicherweise muss der Grundstückserwerber nicht damit rechnen, dass er eine von ihm nicht verursachte Dioxinbelastung zu beseitigen hat. Anhaltspunkte dafür, dass A bereits bei Erwerb des Grundstücks von einer möglichen Belastung wusste oder realisierbare Ansprüche gegen Dritte gegeben waren, sind nicht ersichtlich. Die Sanierungsaufwendungen sind damit außergewöhnlich.

IV. Die Sanierungsaufwendungen müssen A aber auch **zwangsläufig** erwachsen sein.   **514**

Aufwendungen erwachsen dem Steuerpflichtigen zwangsläufig, wenn er sich ihnen aus **rechtlichen, tatsächlichen oder sittlichen Gründen** nicht entziehen kann, soweit die Aufwendungen den Umständen nach notwendig sind und einen angemessenen Betrag nicht übersteigen (§ 33 Abs. 2 S. 1 EStG). Die Gründe müssen von außen derart auf die Entschließung des Steuerpflichtigen einwirken, dass er ihnen nicht ausweichen kann. Entscheidend ist, ob das Ereignis, dessen Folge die Aufwendungen oder die Verpflichtung zum Bestreiten dieser Aufwendungen sind, für den Steuerpflichtigen zwangsläufig war.[1024]

Beispiele für zwangsläufige Aufwendungen: Krankheitskosten, sofern die Ausgaben unmittelbar der Heilung dienen;[1025] Heilung oder Linderung der Spielsucht;[1026] Pflegekosten[1027] (ggf. ist vorrangig der Pflege-Pauschbetrag gemäß § 33b Abs. 6 EStG zu berücksichtigen); bei Vorliegen eines technischen Gutachtens die Kosten für Schutzmaßnahmen gegen Mobilfunkwellen;[1028] Aufwendungen zur Beseitigung unzumutbarer Beeinträchtigungen (außer Baumängel);[1029] Asbestsanierung.[1030]

Gehen von einem **Gegenstand des existenznotwendigen Bedarfs** konkrete Gesundheitsgefährdungen aus, entstehen die Aufwendungen zur Beseitigung dieser Gefährdung dem Steuerpflichtigen nach der Rspr. des BFH aus tatsächlichen Gründen zwangsläufig (§ 33 Abs. 2 EStG) und sind deshalb grundsätzlich als außergewöhnliche Belastung abziehbar. Die von den Gegenständen ausgehende konkrete Gesundheitsgefährdung ist durch ein vor Durchführung der Beseitigungsmaßnahmen erstelltes amtliches technisches Gutachten nachzuweisen.[1031]

1023 Vgl. BFH v. 19.05.1995 – III R 12/92, BStBl. II 1995, 774, zum Erwerb eines Einfamilienhauses.
1024 BFH v. 19.05.1995 – III R 12/92, BStBl. II 1995, 774.
1025 BFH v. 25.10.2007 – III R 63/06, BFH/NV 2008, 544.
1026 BFH v. 21.07.1998 – III R 25/97, BFH/NV 1999, 300.
1027 BFH v. 10.05.2007 – III R 39/05, BStBl. II 2007, 764.
1028 BFH v. 29.01.2007 – III B 137/06, BFH/NV 2007, 893.
1029 BFH v. 29.03.2012 – VI R 21/11, BStBl. II 2012, 574.
1030 BFH v. 29.03.2012 – VI R 47/10, BStBl. II 2012, 570.
1031 BFH v. 09.08.2001 – III R 6/01, BStBl. II 2002, 240 betr. Aufwendungen für die Asbestsanierung der Außenfassade eines Wohnhauses, und BFH v. 23.05.2002 – III R 52/99, BStBl. II 2002, 592 betr. Aufwendungen für den Austausch mit Formaldehyd verseuchter Möbel; BFH v. 29.01.2007 – III B 137/06, BFH/NV 2007, 893 betr. Schutzmaßnahmen gegen Mobilfunkwellen; BFH v. 20.12.2007 – III R 56/04, BFH/NV 2008, 937 betr. Sanierung dioxinbelasteter Flurstücke.

Der Steuerpflichtige ist nach der Rspr. des BFH existenziell betroffen, wenn das (tatsächliche) Wohnen entscheidend beeinträchtigt wird. Das Wohnen in einem eigenen ("kleinen") Einfamilienhaus ist dabei nicht als ungewöhnlich und unnötig anzusehen.[1032] Zum existenznotwendigen Wohnbedarf gehört nicht nur der unmittelbare Wohnbereich, sondern auch das Hausgrundstück, soweit es nach seiner Größe nicht über das Notwendige und Übliche hinausgeht.

Das Grundstück des A ist in diesem Sinne als Gegenstand des existenznotwendigen Bedarfs zu beurteilen.

Von dem Grundstück des A geht auch eine konkrete Gesundheitsgefährdung aus. Dies ergibt sich bereits typisierend durch die im Rahmen der Dioxinanalyse festgestellte Überschreitung der zulässigen Grenzwerte. Zudem lag vor Durchführung der Sanierungsarbeiten ein amtliches technisches Gutachten vor, das die konkrete Gesundheitsgefährdung feststellte.

Damit sind die Sanierungsaufwendungen A auch zwangsläufig erwachsen.

Ergebnis: Die A im VZ 2014 entstandenen Sanierungsaufwendungen stellen dem Grunde nach außergewöhnliche Belastungen im Sinne des § 33 EStG dar. Die Aufwendungen können nach Abzug der zumutbaren Eigenbelastung gemäß § 33 Abs. 3 EStG steuermindernd berücksichtigt werden.

---

a) Krankheitskosten als außergewöhnliche Belastungen

515 Zu dem Kernbereich der als außergewöhnliche Belastungen abzugsfähigen Aufwendungen gehören die **Krankheitskosten**: In st.Rspr. geht der BFH davon aus, dass Krankheitskosten – ohne Rücksicht auf die Art und die Ursache der Erkrankung – dem Steuerpflichtigen aus tatsächlichen Gründen zwangsläufig erwachsen. Sie sind auch dann zwangsläufig, wenn sie der Heilung oder Linderung einer Krankheit dienen, unter der ein unterhaltsberechtigtes minderjähriges Kind des Steuerpflichtigen leidet.[1033] Allerdings werden nur solche Aufwendungen als Krankheitskosten berücksichtigt, die zum Zwecke der Heilung einer Krankheit (z.B. Medikamente, Operation) oder mit dem Ziel getätigt werden, die Krankheit erträglich zu machen, beispielsweise Aufwendungen für einen Rollstuhl.

Aufwendungen für die **eigentliche Heilbehandlung** werden typisierend als außergewöhnliche Belastung berücksichtigt, ohne dass es im Einzelfall der nach § 33 Abs. 2 S. 1 EStG an sich gebotenen Prüfung der Zwangsläufigkeit des Grundes und der Höhe nach bedarf. Eine derart typisierende Behandlung der Krankheitskosten ist zur Vermeidung eines unzumutbaren Eindringens in die Privatsphäre geboten. Dies gilt aber nur dann, wenn die Aufwendungen nach den Erkenntnissen und Erfahrungen der Heilkunde und nach den Grundsätzen eines gewissenhaften Arztes zur Heilung oder Linderung der

---

1032 Vgl. BFH v. 06.05.1994 – III R 27/92, BFH BStBl. II 1995, 104 m.w.N.
1033 BFH v. 15.03.2007 – III R 28/06, BFH/NV 2007, 1841.

Krankheit angezeigt (vertretbar) sind und vorgenommen werden, also medizinisch indiziert sind.[1034] Allerdings hat der Steuerpflichtige die Zwangsläufigkeit von Aufwendungen im Krankheitsfall in einer Reihe von Fällen formalisiert nachzuweisen (dazu unter b).

b) Nachweisanforderungen

Für die mitunter schwierige Trennung von echten Krankheitskosten einerseits und **lediglich gesundheitsfördernden Vorbeuge- oder Folgekosten** andererseits fordert der BFH in der Vergangenheit regelmäßig die Vorlage eines zeitlich vor der Leistung von Aufwendungen erstellten amts- oder vertrauensärztlichen Gutachtens bzw. eines Attestes eines anderen öffentlich-rechtlichen Trägers, aus dem sich die Krankheit und die medizinische Indikation der den Aufwendungen zugrunde liegenden Behandlung zweifelsfrei entnehmen lässt.[1035]

516

Auch bei Aufwendungen für Maßnahmen, die ihrer Art nach nicht eindeutig nur der Heilung oder Linderung einer Krankheit dienen können und deren medizinische Indikation deshalb schwer zu beurteilen ist, verlangte der BFH diesen formalisierten Nachweis.[1036]

An diesem formalisierten Nachweisverlangen hat der ab 2009 zuständig gewordene VI. Senat des BFH nicht länger festgehalten. Denn derartige Nachweispflichten ergeben sich nicht aus dem Gesetz. Danach hat der Steuerpflichtige die Entstehung außergewöhnlicher Belastungen – ggf. im Gerichtsverfahren – nachzuweisen. Als Nachweisverpflichteter trägt er das Risiko, dass im Nachhinein die medizinische Indikation der streitigen Behandlung möglicherweise nicht mehr verlässlich festgestellt werden kann.[1037]

Der Gesetzgeber wiederum hat dieser bürgerfreundlichen Rspr. des VI. Senates des BFH bereits im Jahr 2011 wieder Einhalt geboten (Einfügung des § 33 Abs. 4 EStG): Bei krankheitsbedingten Aufwendungen für Arznei-, Heil- und Hilfsmittel (§§ 2, 23, 31 bis 33 SGB V) ist dieser Nachweis nach § 64 Abs. 1 Nr. 1 EStDV i.d.F. des StVereinfG 2011 durch eine Verordnung eines Arztes oder Heilpraktikers zu führen; bei Aufwendungen für Maßnahmen, die ihrer Art nach nicht eindeutig nur der Heilung oder Linderung einer Krankheit dienen können und deren medizinische Indikation deshalb schwer zu beurteilen ist, verlangt § 64 Abs. 1 Nr. 2 EStDV i.d.F. des StVereinfG 2011 ein vor Beginn der Heilmaßnahme oder dem Erwerb des medizinischen Hilfsmittels ausgestelltes amtsärztliches Gutachten oder eine vorherige ärztliche Bescheinigung eines Medizinischen Dienstes der Krankenversicherung (§ 275 SGB V). Ein solcher qualifizierter Nachweis ist beispielsweise bei Bade- und Heilkuren (§ 64 Abs. 1 Nr. 2 S. 1 Buchst. a EStDV i.d.F. des StVereinfG 2011) sowie bei medizinischen Hilfsmitteln, die als allgemeine Gebrauchsgegenstände des täglichen Lebens i.S.v. § 33 Abs. 1 SGB V anzusehen sind (§ 64 Abs. 1 Nr. 2 S. 1 Buchst. e

---

1034 Aus der neueren Rspr.: BFH v. 26.02.2014 – VI R 27/13, BStBl. II 2014, 824 betr. Heileurythmie als außergewöhnliche Belastung; BFH v. 06.02.2014 – VI R 61/12, BStBl. II 2014, 458 betr. Treppenlift; BFH v. 09.11.2010 – VI B 101/10, BFH/NV 2011, 588; BFH v. 16.12.2010 – VI R 43/10, DStR 2011, 356 betr. Aufwendungen für heterologe künstliche Befruchtung; BFH v. 09.12.2010 – VI R 14/09, BStBl. II 2011, 1011 betr. behinderungsbedingte Heimunterbringung; BFH v. 13.10.2010 – VI R 38/09 BFH/NV 2011, 351 betr. Heimunterbringung; BFH v. 02.09.2010 – VI R 11/09, BStBl. II 2011, 119 betr. Aufwendungen für Immunbiologische Krebsabwehrtherapie; BFH v. 15.04.2010 – VI R 51/09, BStBl. II 2010, 794 betr. Heimkosten des nicht pflegebedürftigen Ehegatten.

1035 Z.B. BFH v. 15.11.2007 – III B 205/06, BFH/NV 2008, 368 betr. Delfintherapie.

1036 Z.B. BFH v. 24.11.2006 – III B 57/06, BFH/NV 2007, 438 betr. Aufwendungen für Fettabsaugung.

1037 BFH v. 11.11.2010 – VI R 17/09, DStR 2011, 115.

EStDV i.d.F. des StVereinfG 2011), erforderlich. Diesem formalisierten Nachweisverlangen ist auch in allen zurückliegenden offenen Fällen Rechnung zu tragen (vgl. § 84 Abs. 3f EStDV i.d.F. des StVereinfG 2011).

Weder die in § 33 Abs. 4 EStG i.d.F. des StVereinfG 2011 normierte Verordnungsermächtigung noch der auf ihrer Grundlage ergangene § 64 Abs. 1 EStDV i.d.F. des StVereinfG 2011 begegnet aus Sicht des BFH rechtsstaatlichen Bedenken. Die in § 84 Abs. 3f EStDV i.d.F. des StVereinfG 2011 angeordnete rückwirkende Geltung des § 64 EStDV i.d.F. des StVereinfG 2011 ist danach unter verfassungsrechtlichen Gesichtspunkten ebenfalls nicht zu beanstanden. [1038]

3. Außergewöhnliche Belastungen nach § 33a EStG

517 § 33a EStG enthält typisierende und abschließende Regelungen für bestimmte besonders häufige Fälle der außergewöhnlichen Belastung. Der Abzug nach § 33a EStG ist auf Höchstbeträge begrenzt; andererseits entfällt die Kürzung um die zumutbare Belastung. Die Anwendung des § 33 EStG neben § 33a EStG ist durch § 33a Abs. 4 EStG ausgeschlossen.[1039]

a) Unterhaltsaufwendungen i.S.d. § 33a Abs. 1 EStG

518 § 33a Abs. 1 EStG betrifft zwangsläufige Aufwendungen für den Unterhalt und die Berufsausbildung von Personen, für die weder der unterhaltsleistende Stpfl. noch eine andere Person Anspruch auf einen Kinderfreibetrag oder Kindergeld hat (§ 33a Abs. 1 S. 1 und 3 EStG).

Kein Anspruch auf Kinderfreibetrag/Kindergeld: Der sogenannte Familienleistungsausgleich (§ 31 EStG) ist nach der Vorstellung des Gesetzgebers durch den Kinderfreibetrag/das Kindergeld und die davon abhängigen weiteren Steuervergünstigungen abschließend geregelt. Daher kommt § 33a Abs. 1 EStG nicht für solche Kinder in Betracht, für die ein Anspruch auf einen Kinderfreibetrag/Kindergeld besteht (§ 33a Abs. 1 S. 4 EStG).

Da für den Kinderfreibetrag/das Kindergeld ab 1996 das Monatsprinzip gilt, genügt es, wenn der Stpfl. für einen oder mehrere Monate im Veranlagungszeitraum keinen Kinderfreibetrag/kein Kindergeld mehr erhält und ansonsten die Voraussetzungen des § 33a Abs. 1 EStG in diesen Zeiträumen erfüllt.

Unterhalts- und Berufsausbildungsaufwendungen: Unter § 33a Abs. 1 EStG fallen nur die **typischen Unterhaltsaufwendungen**.[1040] Für den Unterhalt i.S.v. § 33a Abs. 1 EStG bestimmt sind nur Aufwendungen, die den laufenden Lebensbedarf der unterstützten Person zumindest für eine gewisse Zeit decken. Sie können in der Regel nicht auf den Monat vor dem Zahlungstermin zurückbezogen werden.[1041]

1038 BFH v. 19.04.2012 – VI R 74/10, BStBl. II 2012, 577.

1039 Zu Ausnahmefällen vgl. BFH v. 26.06.1992 – III R 83/91, BStBl. II 1993, 212.

1040 Z.B. BFH v. 28.05.1998 – III B 5/98, BFH/NV 1998, 1352: Aufwendungen für Ernährung, Kleidung, Wohnung, Kindergarten, Krankenversicherungsbeiträge; BFH v. 18.04.2002 – III R 15/00, BStBl. II 2003, 70: Unterbringung im Altersheim.

1041 Vgl. Schmidt/Loschelder § 33a EStG Rn. 10 m.w.N.

Berufsausbildung ist jede ernsthaft betriebene Vorbereitung auf einen künftigen Beruf. Zur Berufsausbildung gehört nach h.M. die gesamte Schulbildung, also auch der Besuch allgemein bildender Schulen.[1042]

Zwangsläufigkeit: Nach § 33a Abs. 1 EStG ist Voraussetzung, dass die Aufwendungen für den Unterhalt/die Berufsausbildung einer dem Stpfl. oder seinem Ehegatten gegenüber gesetzlich unterhaltsberechtigten Person oder diesen gleichgestellten Person erwachsen sind.

Die **gesetzliche Unterhaltspflicht** ergibt sich vor allem aus dem BGB (dort §§ 1361 ff., 1601 ff.) und ggf. aus dem LPartG (dort §§ 5, 12, 16). Ausreichend ist in diesem Zusammenhang die abstrakte gesetzliche Verpflichtung. Die gesetzliche Unterhaltspflicht besteht aber nur dann, wenn dem Unterhaltleistenden nach Abzug des geleisteten Unterhalts noch angemessene Mittel zur Bestreitung des eigenen Lebensunterhalts verbleiben.[1043]

Der **gesetzlich unterhaltsberechtigten Person gleichgestellt** ist eine Person, wenn bei ihr zum Unterhalt bestimmte inländische öffentliche Mittel (z.B. Arbeitslosengeld II)[1044] mit Rücksicht auf die vom Steuerpflichtigen erhaltenen Unterhaltsleistungen gekürzt werden (§ 33a Abs. 1 S. 3 EStG).

Begrenzung der Höhe nach: Gemäß § 33a Abs. 1 S. 1 EStG sind die abzugsfähigen Beträge für jede unterhaltene Person der Höhe nach auf 8.384 € begrenzt. Dieser Höchstbetrag vermindert sich bei eigenen Einkünften oder Bezügen[1045] der unterhaltenen Person um den Betrag, um den diese Einkünfte oder Bezüge 624 € übersteigen sowie um öffentliche Ausbildungszuschüsse (§ 33a Abs. 1 S. 5 EStG).

Nach § 33a Abs. 1 S. 4 letzter Hs. EStG darf die unterhaltene Person „kein oder nur ein geringes Vermögen besitzen". Nach Verwaltungsauffassung ist darunter ein Vermögen bis zu einem Verkehrswert von 15.500 € anzusehen (R 33a Abs. 2 EStR 2012). Vermögensgegenstände, die einen besonderen persönlichen Wert, z. B. Erinnerungswert, für den Unterhaltsempfänger haben oder zu seinem Hausrat gehören, und ein angemessenes Hausgrundstück i.S.d. § 90 Abs. 2 Nr. 8 SGB XII bleiben dabei außer Betracht, wenn der Unterhaltsempfänger das Hausgrundstück allein oder zusammen mit Angehörigen bewohnt, denen es nach seinem Tode weiter als Wohnung dienen soll (R 33a Abs. 2 S. 4 EStR 2012).

b) Ausbildungsfreibeträge (§ 33a Abs. 2 EStG)

519 Nach § 33a Abs. 2 EStG wird nur noch ein über die Ausbildungskomponente im Familienleistungsausgleich hinausgehender Sonderbedarf für die Ausbildung bei **auswärtig untergebrachten, volljährigen Kindern** in Höhe eines Freibetrags von 924 € gewährt. Dieser Ausbildungsfreibetrag vermindert sich nach Maßgabe des § 33a Abs. 2 S. 2 EStG

1042 Schmidt/Loschelder § 32 EStG Rn. 26, 27; BFH v. 09.11.2012 – III B 98/12, BFH/NV 2013, 102 betr. Schulausbildung im Selbstunterricht.
1043 BFH v. 11.12.1997 – III R 214/94, BStBl. II 1998, 292.
1044 Vgl. BFH v. 20.04.2006 – III R 23/05, BStBl. II 2007, 41.
1045 Zum Begriff vgl. Schmidt/Loschelder § 33a EStG Rn. 32 ff.

jeweils um eigene Einkünfte und Bezüge der Kinder, soweit diese 1.848 € übersteigen, sowie um bestimmte Ausbildungszuschüsse. Im Hinblick auf die weiteren Freibeträge für Kinder (§ 32 Abs. 6 EStG) erachtet der BFH den Ausbildungsfreibetrag als verfassungskonform.[1046]

4. Pauschbeträge für Behinderte, Hinterbliebene und Pflegepersonen (§ 33b EStG)

520   **Behinderte** können wegen der ihnen durch die Behinderung erwachsenen außergewöhnlichen Aufwendungen die nach dem Grad der Behinderung gestaffelten Pauschbeträge des § 33b Abs. 3 EStG (im Höchstfall 3.700 €) geltend machen. Diese Pauschbeträge gelten alle mit der Behinderung typischerweise zusammenhängenden außergewöhnlichen Belastungen, wie Hilfeleistungen, Erholungen oder typische Erschwernisaufwendungen, ohne Einzelnachweis ab.[1047] Alternativ kann der Steuerpflichtige aber auch auf die Anwendung des § 33b EStG verzichten und die Aufwendungen im Rahmen des § 33 EStG nachweisen oder glaubhaft machen.[1048] Hier ist dann allerdings die zumutbare Eigenbelastung nach § 33 Abs. 3 EStG zu berücksichtigen.

Hinterbliebene erhalten unter den Voraussetzungen des § 33b Abs. 4 EStG den Hinterbliebenen-Pauschbetrag von 370 €.

Der Pflege-Pauschbetrag (924 €) wird gemäß § 33b Abs. 6 EStG der **Pflegeperson** zur Abgeltung von deren außergewöhnlichen Belastungen gewährt. Alternativ können auch hier die tatsächlichen Aufwendungen im Rahmen des § 33 EStG geltend gemacht werden.

5. Kleines ABC der außergewöhnlichen Belastungen

521   **Adoptionskosten:** Nicht zwangsläufig[1049]

Allergiebettzeug: Allergiebettzeug gehört nicht – wie z.B. Brillen, Hörgeräte usw. – zu den Heilmitteln im engeren Sinne, die ohne besondere Nachweise typisierend als außergewöhnliche Belastung berücksichtigt werden.[1050]

Anschaffungskosten für ein Grundstück: Mehrkosten für die Anschaffung eines größeren Grundstücks zum Bau eines behindertengerechten Bungalows sind nicht als außergewöhnliche Belastung i.S.d. § 33 EStG zu berücksichtigen.[1051]

Altersheim: Kosten für die eigene Unterbringung im Altersheim sind grundsätzlich nicht außergewöhnlich;[1052] anders bei Heimunterbringung wegen Pflegebedürftigkeit (siehe unten).

Arzneimittel: Nach st.Rspr. können Aufwendungen für Arzneimittel als außergewöhnliche Belastung in der Regel nur anerkannt werden, wenn ihre durch Krankheit bedingte Zwangsläufigkeit und Notwendigkeit durch eine ärztliche Verordnung nachgewiesen ist.[1053]

1046   BFH v. 17.12.2009 – VI R 63/08, BStBl. II 2010, 341.
1047   BFH v. 15.10.1999 – VI R 183/97, BFH/NV 2000, 374.
1048   Vgl. Schmidt/Loschelder § 33b EStG Rn. 4.
1049   BFH v. 13.03.1987 – III R 301/84, BStBl. II 1987, 495.
1050   BFH v. 14.12.2007 – III B 178/06, BFH/NV 2008, 561.
1051   BFH v. 17.07.2014 – VI R 42/13, BStBl. II 2014, 931.
1052   BFH v. 29.09.1989 – III R 129/86, BStBl. II 1990, 418.
1053   BFH v. 06.04.1990 – III R 60/88, BStBl. II 1990, 958.

Asbestbelastung: Dacherneuerung wegen Asbestbelastung nur bei unmittelbarer und konkreter Gesundheitsgefährdung.[1054]

Aussteuer: Aussteueraufwendungen sind grundsätzlich keine außergewöhnlichen Belastungen.[1055]

Baumängel: Baumängel sind keineswegs unüblich und nicht mit ungewöhnlichen Ereignissen wie etwa Hochwasserschäden vergleichbar; Aufwendungen zur Beseitigung von Baumängeln sind grundsätzlich nicht als außergewöhnliche Belastungen abziehbar.[1056]

Beerdigungskosten: Keine außergewöhnliche Belastung, soweit sie aus dem Nachlass bestritten werden können.[1057] Ist der Nachlass überschuldet, keine rechtliche (allenfalls sittliche) Verpflichtung wegen der Möglichkeit, die Erbschaft auszuschlagen.[1058] Reisekosten zur Teilnahme an der Beerdigung eines nahen Angehörigen sind nicht außergewöhnlich.[1059]

Behinderungsbedingte Umbaumaßnahmen: Aufwendungen können als außergewöhnliche Belastungen abziehbar sein, wenn sie so stark unter dem Gebot der sich aus der Situation ergebenden Zwangsläufigkeit stehen, dass die etwaige Erlangung eines Gegenwerts in Anbetracht der Gesamtumstände des Einzelfalls in den Hintergrund tritt.[1060]

522

Bekleidungskosten: Aufwendungen für die Anschaffung von Kleidung und Schuhen, die ein Transsexueller zur Vorbereitung auf die Geschlechtsumwandlung während eines Alltagstests trägt, sind nicht als außergewöhnliche Belastung abziehbar.[1061]

Berufsausbildung: Kosten für eine eigene Berufsausbildung sind bis zu 4.000 € bzw. 8.000 € als Sonderausgaben nach § 10 Abs. 1 Nr. 7 EStG abziehbar; Aufwendungen für die Berufsausbildung anderer Personen ggf. außergewöhnliche Belastung gemäß § 33a Abs. 1 EStG.

Besuchsfahrten: Zu den nicht außergewöhnlichen, bei typisierender Betrachtung abgegoltenen Aufwendungen gehören in der Regel die Kosten für Fahrten, um nahe Angehörige zu besuchen.[1062]

Betrug: Verluste durch Betrug sind regelmäßig nicht abziehbar, da es im Allgemeinen an der Zwangsläufigkeit, häufig aber auch an der Außergewöhnlichkeit der Aufwendungen fehlt.[1063]

Delfintherapie: Aufwendungen für Behandlungen mit wissenschaftlich umstrittenen Methoden wie für eine Delfintherapie sind – mögen sie auch nicht auf den ersten Blick wertlos sein – grundsätzlich nur dann als außergewöhnliche Belastung abziehbar, wenn die medizinische Indikation durch ein vor der Behandlung ausgestelltes amtsärztliches oder vertrauensärztliches Gutachten oder ein Attest eines anderen öffentlich-rechtlichen Trägers nachgewiesen wird.[1064]

Doktortitel: Kosten sind keine außergewöhnliche Belastung,[1065] aber Sonderausgaben gemäß § 10 Abs. 1 Nr. 7 EStG oder Werbungskosten.

Ehescheidung: Abzug als außergewöhnliche Belastung wegen § 33 Abs. 2 S. 4 EStG umstritten.[1066]

Fahrtkosten: Steuerpflichtige, die so gehbehindert sind, dass sie sich außerhalb des Hauses nur mithilfe eines Kfz bewegen können, können grundsätzlich alle Kfz-Kosten als außergewöhnliche Belastung geltend machen. Angemessen sind nur Aufwendungen für Fahrten bis zu 15.000 km im Jahr und nur bis zur Höhe der Kilometerpauschbeträge, die in den Einkommensteuer-Richtlinien und Lohnsteuer-

1054 BFH v. 28.02.2008 – III B 119/07, BFH/NV 2008, 1194.

1055 BFH v. 28.02.2008 – III B 119/07, BStBl. II 1987, 779.

1056 BFH v. 29.03.2012 – VI R 21/11, BStBl. II 2012, 574.

1057 Schmidt/Loschelder § 33 EStG Rn. 35.

1058 BFH v. 24.07.1987 – III R 208/82, BStBl. II 1987, 715.

1059 BFH v. 17.06.1994 – III R 42/93, BStBl. II 1994, 754.

1060 BFH v. 22.10.2009 – VI R 7/09, BStBl. II 2010, 280.

1061 BFH v. 25.10.2007 – III R 63/06, BFH/NV 2008, 544.

1062 BFH v. 27.09.2007 – III R 28/05, BStBl. II 2008, 287.

1063 BFH v. 19.05.1995 – III R 12/92, BStBl. II 1995, 774.

1064 BFH v. 15.11.2007 – III B 205/06, BFH/NV 2008, 368.

1065 BFH v. 07.08.1967 – VI R 297/66, BStBl. III 1967, 789.

1066 Vgl. Niedersächsisches FG v. 18.02.2015 – 3 K 297/14 m.w.N.

Richtlinien für den Abzug von Kfz-Kosten als Werbungskosten oder Betriebsausgaben festgelegt sind.[1067]

Geburt: Entbindungskosten sind wie Krankheitskosten außergewöhnliche Belastung; nicht dagegen die Kosten für die Erstausstattung des Kindes.[1068]

Geldstrafen und Geldbußen: Nicht zwangsläufig[1069]

Hausschwamm: Aufwendungen zur Sanierung eines mit echtem Hausschwamm befallenen Gebäudes können im Einzelfall ein unabwendbares Ereignis sein, wenn der Befall unentdeckt bleibt, die konkrete Gefahr der Unbewohnbarkeit eines Gebäudes droht und daraus eine aufwendige Sanierung folgt.[1070]

Heileurythmie: Aufwendungen für eine heileurythmische Behandlung können als außergewöhnliche Belastungen i.S.d. § 33 EStG zu berücksichtigen sein.[1071]

Heilkuren: Aufwendungen für Heilkuren können wie Krankheitskosten geltend gemacht werden, wenn die Notwendigkeit durch amts- oder vertrauensärztliches Zeugnis nachgewiesen ist.[1072] Es ist auch ausreichend, wenn eine gesetzliche Krankenkasse aufgrund der Prüfung durch ihren Medizinischen Dienst einen Zuschuss zu den Kosten der Unterkunft und Verpflegung für den Kuraufenthalt gewährt.[1073] Nicht abzugsfähig sind Aufwendungen für Badekuren.[1074]

523 **Heimunterbringung:** Wer in einem den Regelungen des Heimgesetzes unterliegenden Seniorenheim und Pflegeheim untergebracht ist, kann die ihm gesondert in Rechnung gestellten Pflegesätze als außergewöhnliche Belastung abziehen.[1075] Bei einem durch Krankheit veranlassten Aufenthalt in einem Seniorenheim sind die Kosten für die Unterbringung als außergewöhnliche Belastungen gemäß § 33 Abs. 1 EStG abziehbar.[1076] Heimkosten des nicht pflegebedürftigen Ehegatten sind keine außergewöhnlichen Belastungen.[1077]

Hochzeit: Aufwendungen für Hochzeit und Verlobung sind grundsätzlich nicht abzugsfähig.[1078]

Immunbiologische Krebsabwehrtherapie: Krankheitskosten, denen es objektiv an der Eignung zur Heilung oder Linderung mangelt, können zwangsläufig erwachsen, wenn der Steuerpflichtige an einer Erkrankung mit einer nur noch begrenzten Lebenserwartung leidet, die nicht mehr auf eine kurative Behandlung anspricht. Dies gilt selbst dann, wenn sich der Stpfl. für eine aus schulmedizinischer oder naturheilkundlicher Sicht nicht anerkannte Heilmethode entscheidet. Ihre Grenze findet die Abzugsfähigkeit von Aufwendungen für Außenseitermethoden nach § 33 EStG allerdings, wenn die Behandlung von einer Person vorgenommen wird, die nicht zur Ausübung der Heilkunde zugelassen ist.[1079]

In-vitro-Fertilisation: Bei Verheirateten sind die Kosten außergewöhnliche Belastungen; bei Unverheirateten nur, wenn eine festgefügte Partnerschaft besteht und feststeht, dass der Lebensgefährte die Vaterschaft an dem mit seinem Samen gezeugten Kind anerkennen wird.[1080]

Kfz-Kosten: Steuerpflichtige, die sich außerhalb des Hauses nur mit einem Kfz fortbewegen können, können in einem angemessenen Rahmen alle Kfz-Kosten, soweit sie nicht Werbungskosten oder Betriebsausgaben sind, als außergewöhnliche Belastung abziehen.[1081]

1067 BFH v. 21.02.2008 – III R 105/06, BFH/NV 2008, 1141.
1068 BFH v. 28.02.1964 – VI 168/63 U, BStBl. III 1964, 302.
1069 BFH v. 08.04.1964 – VI 83/63 U, BStBl. III 1964, 333.
1070 BFH v. 09.03.2012 – VI R 70/10, BStBl. II 2012, 572
1071 BFH v. 26.02.2014 – VI R 27/13, BStBl. II 2014, 824.
1072 BFH v. 11.12.1987 – III R 95/85, BStBl. II 1988, 275.
1073 BFH v. 30.06.1995 – III R 52/93, BStBl. II 1995, 614.
1074 BFH v. 14.02.1980 – VI R 218/77, BStBl. II 1980, 295.
1075 BFH v. 25.07.2007 – III R 64/06, BFH/NV 2008, 200.
1076 BFH v. 13.10.2010 – VI R 38/09, BFH/NV 2011, 351.
1077 BFH v. 15.04.2010 – VI R 51/09, BStBl. II 2010, 794; BFH v. 08.11.2012 – VI B 82/12, BFH/NV 2013, 525.
1078 BFH v, 15.04.1992 – III R 11/91, BStBl. II 1992, 821.
1079 BFH v. 02.09.2010 – VI R 11/09, BFH/NV 2011, 125.
1080 BFH v. 10.05.2007 – III R 47/05, BStBl. II 2007, 871.
1081 BFH v. 21.12.2007 – III B 154/06, BFH/NV 2008, 780.

Krankheitskosten: Abzugsfähig, selbst wenn der Stpfl. durch Verschulden erkrankt ist.[1082] Nicht abzugsfähig sind Kosten, die nur mittelbar durch die Krankheit verursacht sind, z.B. Kosten für Besuchsfahrten des Ehegatten;[1083] Aufwendungen für krankheitsbedingten Wohnsitzwechsel.[1084]

Mietzahlungen: Mietzahlungen, die einen zusätzlichen, weiteren Wohnbedarf abdecken, weil die Wohnung, die den existenziellen, ersten Wohnbedarf abdecken sollte, nicht mehr bewohnbar ist, können außergewöhnliche und aus tatsächlichen Gründen zwangsläufige Aufwendungen sein.[1085]

Praxisgebühr: Zuzahlungen nach § 28 Abs. 4 SGB V (sogenannte „Praxisgebühren") sind keine Beiträge zu Krankenversicherungeni.S.d. § 10 Abs. 1 Nr. 3 Buchst. a EStG, sondern eine Form der Selbstbeteiligung.[1086]

Prozesskosten: Aufwendungen für die Führung eines Rechtsstreits (Prozesskosten) sind ab VZ 2013 vom Abzug ausgeschlossen, es sei denn, es handelt sich um Aufwendungen, ohne die der Stpfl. Gefahr liefe, seine Existenzgrundlage zu verlieren und seine lebensnotwendigen Bedürfnisse in dem üblichen Rahmen nicht mehr befriedigen zu können (§ 33 Abs. 2 S. 4 EStG).[1087]

Schuldentilgung: Nur in Ausnahmefällen abzugsfähig.[1088]

Schuldzinsen: Abzugsfähig, wenn die Darlehensaufnahme zwangsläufig war.

Strafverteidigungskosten: Die einem wegen einer vorsätzlichen Tat verurteilten Steuerpflichtigen entstandenen Kosten seiner Strafverteidigung sind nicht als außergewöhnliche Belastungen abziehbar[1089]   **524**

Studiengebühren: Aufwendungen für den Besuch einer (privaten) Hochschule sind weder nach § 33a Abs. 2 EStG noch nach § 33 EStG als außergewöhnliche Belastung abziehbar.[1090]

Studium: Abzugsfähig nach § 33a Abs. 2 EStG der Ausbildungsfreibetrag.

Treppenlift: Aufwendungen für den Einbau eines Treppenlifts können als außergewöhnliche Belastung zu berücksichtigen sein, wenn diese Maßnahme aufgrund gesundheitlicher Beschwerden medizinisch angezeigt ist. Ob es sich bei einem Treppenschräglift um ein medizinisches Hilfsmittel im engeren Sinne (etwa Brillen, Hörgeräte oder Rollstühle) oder um ein Hilfsmittel handelt, welches nicht nur von Kranken, sondern etwa der Bequemlichkeit wegen-- auch von Gesunden angeschafft wird, ist ohne Belang.[1091]

Umzugskosten: Regelmäßig keine außergewöhnliche Belastung,[1092] ggf. Werbungskosten. Privat veranlasste Umzugskosten sind unabhängig vom Grund ihres Entstehens grundsätzlich keine außergewöhnliche Belastung, weil sie typische Lebenshaltungskosten darstellen, mit denen jedermann zu rechnen hat.[1093]

Unfall: Der BFH erkennt nur Aufwendungen für die Wiederbeschaffung oder Instandsetzung infolge höherer Gewalt untergegangener lebensnotwendiger Haushaltsgeräte als außergewöhnliche Belastung an.[1094]

1082 BFH v. 26.06.1992 – III R 83/91, BStBl. II 1993, 212.
1083 BFH v. 06.04.1990 – III R 60/88, BStBl. II 1990, 958.
1084 BFH v. 20.11.1987 – I R 296/84, BStBl. II 1988, 137.
1085 BFH v. 21.04.2010 – VI R 62/08, BStBl. II 2010, 965.
1086 BFH v. 18.07.2012 – X R 41/11, BStBl. II 2012, 821.
1087 Für VZ bis 2012 können nach dem BFH-Urteil vom 12.05. 2011 (VI R 42/10, BStBl. II 2011, 1015) Zivilprozesskosten – in Änderung der bis dato st.Rspr. – unabhängig vom Gegenstand des Prozesses aus rechtlichen Gründen zwangsläufig erwachsen.
1088 Schmidt/Loschelder § 33 EStG Rn. 35 m.w.N.
1089 BFH v. 16.04.2013 – IX R 5/12, BStBl. II 2013, 806.
1090 BFH v. 17.12.2009 VI R 63/00, BStBl. II 2010, 341.
1091 BFH v. 05.10.2011 – VI R 14/11, BFH/NV 2012, 39; BFH v. 06.02.2014 – VI R 61/12, BStBl. II 2014, 458.
1092 BFH v. 28.02.1975 – VI R 120/73, BStBl. II 1975, 482.
1093 BFH v. 08.10.2008 – VI B 66/08, BFH/NV 2009, 149.
1094 BFH v. 17.10.1973 – VI R 84/70, BStBl. II 1974, 104.

Unterbringung in Seniorenstift: Aufwendungen für die krankheitsbedingte Unterbringung in einem Seniorenwohnstift sind zwangsläufig i.S.d. § 33 EStG. Sie sind nach Maßgabe der für Krankheitskosten geltenden Grundsätze als außergewöhnliche Belastungen zu berücksichtigen, soweit sie nicht außerhalb des Rahmens des Üblichen liegen.[1095]

Unterhaltszahlungen: Nur im Rahmen des § 33a Abs. 1 EStG abzugsfähig. Typische Unterhaltsleistungen können nur dann als außergewöhnliche Belastung abgezogen werden, wenn der Empfänger nach inländischen Maßstäben gesetzlich unterhaltsberechtigt ist. Dies trifft auf Angehörige in der Seitenlinie nicht zu.[1096]

Versorgungsausgleich: Aufwendungen sind keine außergewöhnliche Belastung.[1097] Keine Abziehbarkeit von Zahlungen für den Ausschluss eines schuldrechtlichen Versorgungsausgleichs.[1098]

Veruntreuung: Keine außergewöhnliche Belastungen[1099]

Vorzeitiger Erbausgleich: Zahlungen im Zusammenhang mit dem vorzeitigen Erbausgleich sind keine außergewöhnlichen Belastungen.[1100]

C. Ermittlung des zu versteuernden Einkommens (§ 2 Abs. 5 EStG)

525 Vom Einkommen werden gemäß § 2 Abs. 5 EStG zur Ermittlung des zu versteuernden Einkommens noch folgende Beträge abgezogen:

- Freibeträge für Kinder (§§ 31, 32 Abs. 6 EStG),
- Härteausgleichsbetrag (§ 46 Abs. 3 EStG, § 70 EStDV).

I. Freibeträge für Kinder (§ 32 Abs. 6 EStG)

1. Familienleistungsausgleich

526 Seit 1996 wird die Förderung der Familien durch den sogenannten Familienleistungsausgleich grundlegend neu gestaltet. Dabei erfolgt ein steuerlicher Ausgleich für die Belastungen, die durch die Unterhaltspflicht der Eltern gegenüber ihren Kindern entstehen. Die steuerliche Freistellung eines Einkommensbetrags in Höhe des Existenzminimums eines Kindes einschließlich des Bedarfs für Betreuung und Erziehung oder Ausbildung wird gemäß § 31 S. 1 EStG entweder durch Gewährung der Freibeträge nach § 32 Abs. 6 EStG oder durch Auszahlung von **Kindergeld** bewirkt. Danach wird zunächst monatlich das Kindergeld als Steuervergütung (§ 31 S. 3 EStG) ausgezahlt (vgl. §§ 62–78 EStG). Das Kindergeld beträgt seit 01.01.2010 monatlich für das erste und zweite Kind 184 €, für das dritte Kind 190 € und für das vierte und jedes weitere Kind jeweils 215 € (§ 66 Abs. 1 EStG).

Wird dadurch eine Freistellung eines der Unterhaltspflicht entsprechenden Einkommensbetrags nicht erreicht, kommen die Freibeträge nach § 32 Abs. 6 EStG zum Ansatz. Das Kindergeld wird dann verrechnet (§ 31 S. 1 EStG). Bei niedrigen Einkommen ist in der Regel die steuerliche Auswirkung der Freibeträge geringer als das ausgezahlte Kindergeld.

1095 BFH v. 14.11.2013 – VI R 20/12, BStBl. II 2014, 456.
1096 BFH v. 31.03.2008 – III B 28/07, BFH/NV 2008, 1320.
1097 BFH v. 21.10.1983 – VI R 198/79, BStBl. II 1984, 106.
1098 BFH v. 15.06.2010 – X R 23/08, BFH/NV 2010, 1807; BFH v. 05.11.2014 – X B 223/13, BFH/NV 2015, 202.
1099 BFH v. 17.11.2009 – VI B 18/09, BFH/NV 2010, 206.
1100 BFH v. 28.04.2010 – VI B 167/09, BStBl. II 2010, 747.

2. Freibeträge

Bei der Veranlagung wird zunächst für jedes zu berücksichtigende Kind ein **Kinderfrei-** **527**
betrag i.H.v. 2.184 € (bei Ehegatten: 4.368 €) für das sächliche Existenzminimum des Kindes gewährt (§ 32 Abs. 6 S. 1 EStG). Daneben wird der **Betreuungs- und Erziehungs-**
oder Ausbildungsbedarf durch einen einheitlichen Freibetrag i.H.v. 1.320 € (Ehegatten: 2.640 €) berücksichtigt. Die Freibeträge werden bei zusammenveranlagten Ehegatten vollständig und bei getrennt veranlagten Ehegatten entweder bei einem Elternteil vollständig oder bei jedem Elternteil hälftig berücksichtigt.

3. Kindbegriff des EStG

Ob ein Kinderfreibetrag/Kindergeld zu gewähren ist, hängt u.a. vom Verwandtschafts- **528**
grad, dem Alter des Kindes und der Höhe der eigenen Einkünfte und Bezüge des Kindes ab (§ 32 Abs. 1–5 EStG).

- § 32 Abs. 1 und 2 EStG regelt den (steuerlichen) **Kindbegriff** (in der Regel leibliche Kinder des Steuerpflichtigen und Pflegekinder).

- Nach § 32 Abs. 3 EStG werden Kinder bis zur **Vollendung des 18. Lebensjahres** uneingeschränkt berücksichtigt.

- Kinder **zwischen 18 und 21 Jahren** werden berücksichtigt, wenn sie nicht in einem Beschäftigungsverhältnis stehen und bei der Agentur für Arbeit im Inland arbeitssuchend gemeldet sind (§ 32 Abs. 4 S. 1 Nr. 1 EStG).

- Kinder **zwischen 18 und 25 Jahren** werden auch berücksichtigt, wenn einer der Tatbestände des § 32 Abs. 4 Nr. 2 EStG, z.B. Berufsausbildung, Wartezeiten auf einen Ausbildungsplatz, vorliegt. Bundeswehr und Zivildienstzeiten werden nicht eingerechnet (§ 32 Abs. 5 EStG). Anders als in den Zeiträumen bis 2011 sind eigene Einkünfte und Bezüge des Kindes im Rahmen der erstmaligen Berufsausbildung oder eines Erststudiums unschädlich. Nach Abschluss einer erstmaligen Berufsausbildung oder eines Erststudiums wird ein Kind jedoch nur berücksichtigt, wenn es keiner Erwerbstätigkeit nachgeht (§ 32 Abs. 4 S. 2 EStG).[1101]

- **Ohne Altersbeschränkung** werden berücksichtigt Kinder, die infolge einer Behinderung nicht in der Lage sind, sich selbst zu unterhalten; die Behinderung muss dabei vor Vollendung des 25. Lebensjahres eingetreten sein (§ 32 Abs. 4 S. 1 Nr. 3 EStG).

4. Berücksichtigung von Kinderaufwendungen

Neben den Freibeträgen nach § 32 Abs. 6 enthält das EStG eine Reihe von anderen kin- **529**
derbedingten Erleichterungen. Auch für die Gewährung dieser Entlastungen (z.B. §§ 10 Abs. 1 Nr. 5, 24b, 33 Abs. 3, 33a Abs. 2 EStG) kommt es darauf an, ob die Berücksichtigungsvoraussetzungen nach § 32 Abs. 1–6 EStG vorliegen.

Von besonderer praktischer Bedeutung ist dabei insbesondere die Abzugsfähigkeit von **Kinderbetreuungskosten im Rahmen des § 10 Abs. 1 Nr. 5 EStG**. Erfasst werden hier

---

1101 Eine Erwerbstätigkeit mit bis zu 20 Stunden regelmäßiger wöchentlicher Arbeitszeit, ein Ausbildungsdienstverhältnis oder ein geringfügiges Beschäftigungsverhältnis i.S.d. §§ 8 und 8a SGB IV sind unschädlich.

Dienstleistungen zur Betreuung eines zum Haushalt des Steuerpflichtigen gehörenden Kindes i.S.d. § 32 Abs. 1 EStG, welches das 14. Lebensjahr noch nicht vollendet hat oder wegen einer vor Vollendung des 25. Lebensjahres eingetretenen körperlichen, geistigen oder seelischen Behinderung außerstande ist, sich selbst zu unterhalten. Der Abzug ist auf 2/3 der Aufwendungen, höchstens 4.000 € je Kind, begrenzt. Nicht begünstigt sind Aufwendungen für Unterricht, die Vermittlung besonderer Fähigkeiten sowie für sportliche und andere Freizeitbetätigungen.

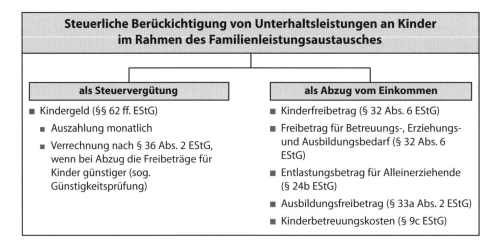

Steuerliche Berückichtigung von Unterhaltsleistungen an Kinder im Rahmen des Familienleistungsaustausches

als Steuervergütung	**als Abzug vom Einkommen**

■ Kindergeld (§§ 62 ff. EStG)
 	
  ■ Auszahlung monatlich
 	
  ■ Verrechnung nach § 36 Abs. 2 EStG, wenn bei Abzug die Freibeträge für Kinder günstiger (sog. Günstigkeitsprüfung)
	■ Kinderfreibetrag (§ 32 Abs. 6 EStG)
	
	■ Freibetrag für Betreuungs-, Erziehungs- und Ausbildungsbedarf (§ 32 Abs. 6 EStG)
	
	■ Entlastungsbetrag für Alleinerziehende (§ 24b EStG)
	
	■ Ausbildungsfreibetrag (§ 33a Abs. 2 EStG)
	
	■ Kinderbetreuungskosten (§ 9c EStG)

II. Sonstige vom Einkommen abzuziehende Beträge (§§ 46 Abs. 3 EStG, 70 EStDV)

530 Nebeneinkünfte bleiben aufgrund der Freigrenze des § 46 Abs. 2 Nr. 1 EStG bis zu 410 € unversteuert. Soweit wegen eines besonderen Veranlagungstatbestands eine Veranlagung durchgeführt werden muss, werden die Härten, die sich aus der vollen Versteuerung der Nebeneinkünfte ergeben, nach § 46 Abs. 3 EStG und § 70 EStDV gemildert.

D. Ermittlung der festzusetzenden Einkommensteuer

531 Das zu versteuernde Einkommen ist Bemessungsgrundlage für die Ermittlung der **tariflichen ESt** (§ 32a Abs. 1 S. 1 EStG). Nach Abzug u.a. der Steuerermäßigungen errechnet sich aus der tariflichen ESt **die festzusetzende** ESt (§ 2 Abs. 6 EStG).

I. Einkommensteuertarif

532 Auf das zu versteuernde Einkommen wird nach § 32a EStG der **Einkommensteuertarif** angewendet. Der Steuertarif besteht aus einem System mathematischer Formeln, wonach sich die tarifliche ESt errechnen lässt (§ 32a Abs. 1 Nr. 1–4 EStG).[1102] Aus § 32a EStG ergibt sich grob folgender Aufbau des Einkommensteuertarifs:

■ Grundfreibetrag, sogenannte Nullzone

■ Progressionszone mit ansteigenden Grenzsteuersätzen

1102 Zur Berechnungsformel: Keß SteuerStud 2004, 639.

- Obere Progressionszone mit konstantem Grenzsteuersatz ab einem bestimmten zu versteuernden Einkommen

Die vom Gesetz als **Grundfreibetrag** bezeichnete Nullzone des § 32a Abs. 1 Nr. 1 EStG soll dabei den existenznotwendigen Grundbedarf des Stpfl., im Falle des Ehegatten-splittings auch den des Ehegatten, steuerfrei stellen.[1103] Die Nullzone, in der keine ESt anfällt, geht ab dem VZ 2014 von einem z.v.E. von 0–8.354 €. Bei Verheirateten mit Split-tingtarif verdoppeln sich diese Beträge.

An die Nullzone schließt sich die **Progressionszone** mit steigenden Grenzsteuersätzen an (§ 32a Abs. 1 Nr. 2, 3 EStG). Die Besteuerung beginnt hier mit dem ersten, die Grund-freibeträge übersteigenden EURO, und zwar mit dem sogenannten **Eingangssteuer-satz**. Der Eingangssteuersatz beträgt ab VZ 2009 14%.

533

Mit steigendem zu versteuerndem Einkommen steigt in dieser Zone auch der **Grenz-steuersatz** (= Prozentsatz, mit dem Einkommenszuwächse bzw. -verringerungen steu-erlich be- und entlastet werden). Zwischen 8.355 € und 13.469 € werden die Einkom-menszuwächse mit einem von 14% bis 23,97% stetig steigenden Steuersatz (linear pro-gressiv) besteuert (= untere Progressionszone, § 32a Abs. 1 S. 2 Nr. 2 EStG). Daran schließt sich zwischen 13.470 € und 52.881 € die obere Progressionszone an. Hier wer-den Einkommenszuwächse mit einem stetig ansteigenden Steuersatz (linear progres-siv) von 23,97% bis 42% belastet.

Ab einem zu versteuernden Einkommen von 52.882 € beginnt die **erste obere Propor-tionalzone** (§ 32a Abs. 1 S. 2 Nr. 4 EStG). Die Einkommenszuwächse werden proportio-nal mit einem Steuersatz von 42% besteuert. Für Steuerpflichtige mit einem zu versteu-ernden Einkommen von über 250.000 € (500.000 € für Verheiratete) erfolgt eine steuer-liche Belastung der Einkommenszuwächse in einer **zweiten oberen Proportionalzone** proportional mit einem **Spitzensteuersatz** von 45% (§ 32a Abs. 1 S. 2 Nr. 5 EStG; soge-nannte **„Reichensteuer"**).

Die progressive Besteuerung von Einkommensteilen führt zu der praktisch wichtigen Unterscheidung zwischen dem **Grenzsteuersatz** für die jeweils letzte Einheit der Be-messungsgrundlage und dem **Durchschnittssteuersatz** für das insgesamt zu besteu-ernde Einkommen.

II. Grundtarif/Splittingtarif (§ 32a EStG)

Grundsätzlich wird jeder Stpfl. nach Ablauf des Kalenderjahres einzeln veranlagt. In Ab-weichung von diesem Grundsatz können Ehegatten (und wegen der Gleichstellung in § 2 Abs. 8 EStG auch Lebenspartner und Lebenspartnerschaften, nicht jedoch nicht ein-getragene Lebenspartner)[1104] nach § 26 EStG unter bestimmten Voraussetzungen wäh-len, ob sie

534

- nach § 26b EStG zusammen oder

- nach § 26a EStG einzeln

zur Einkommensteuer veranlagt werden.

1103 Tipke/Lang § 8 Rn. 81.
1104 BFH v. 26.06.2014 – III R 14/05, BStBl. II 2014, 829.

1. Zusammenveranlagung

Fall 62: Wegfall des Veranlagungswahlrechts von Ehegatten

A ist verheiratet und lebte mit seiner Ehefrau B bis November 2013 in einer gemeinsamen Wohnung. Im November 2013 teilte diese A mit, dass sie sich von ihm trennen wolle. Vom 04.12.2013 bis zum 24.01.2014 war A wegen einer Kur abwesend. Nach seiner Rückkehr holte er den wesentlichen Teil seiner persönlichen Gegenstände ab und zog in eine andere Wohnung. In der Einkommensteuererklärung 2014 beantragte A die Zusammenveranlagung mit der B. Das FA führte jedoch für ihn und die B Einzelveranlagungen durch und erließ entsprechende Einkommensteuerbescheide. Zu Recht?

---

535 I. Ehegatten, die beide unbeschränkt einkommensteuerpflichtig i.S.d. § 1 Abs. 1 oder Abs. 2 EStG oder des § 1a EStG sind und die nicht dauernd getrennt leben und bei denen diese Voraussetzungen zu Beginn des Veranlagungszeitraums vorgelegen haben oder im Laufe des Veranlagungszeitraums eingetreten sind, können nach § 26 Abs. 1 S. 1 EStG zwischen Einzelveranlagung (§ 26a EStG) und Zusammenveranlagung (§ 26b EStG) wählen. Sie leben dauernd getrennt, wenn die zum Wesen der Ehe gehörende Lebens- und Wirtschaftsgemeinschaft nach dem Gesamtbild der Verhältnisse nicht mehr besteht.[1105]

II. Der Begriff der ehelichen Lebensgemeinschaft umfasst die räumliche, persönliche und geistige Gemeinschaft der Ehegatten. Dazu gehört die gemeinsame Erledigung der sie gemeinsam berührenden wirtschaftlichen Fragen des Zusammenlebens. Das Bestehen einer ehelichen Lebens- und Wirtschaftsgemeinschaft beruht zwar auch auf inneren Vorgängen und persönlichen Einstellungen der Eheleute. Diese sind aber in erster Linie aufgrund objektiver Umstände, nach dem Gesamtbild der äußerlich erkennbaren Merkmale zu beurteilen, wobei dem räumlichen Zusammenleben oder einer räumlichen Trennung besondere Bedeutung zukommt.[1106]

III. Nach diesen Grundsätzen lebten A und B nicht an allen Tagen des Jahres 2014 dauernd getrennt. Zu Beginn dieses Jahres, als sich der A außerhalb der gemeinsamen Wohnung zur Kur aufhielt, war nicht aufgrund äußerer Umstände erkennbar, dass die beiden Ehegatten die Lebens- und Wirtschaftsgemeinschaft nicht wieder herstellen würden. Die bloße Ankündigung der B im November 2013, sich von A trennen zu wollen, war für eine Beendigung der Lebens- und Wirtschaftsgemeinschaft nicht ausreichend. Diese endete vielmehr erst, als A nach der Kur, im Januar 2014, seine persönlichen Gegenstände aus der Wohnung abholte und in eine andere Wohnung zog.

Ergebnis: Das FA hat auf das Wahlrecht von A und B hin für das Jahr 2014 die Einzelsteuerbescheide aufzuheben und eine Zusammenveranlagung durchzuführen.

1105 St.Rspr., z.B. BFH v. 07.12.2001 – III B 129/01, BFH/NV 2002, 483.
1106 BFH v. 07.12.2001 – III B 129/01, BFH/NV 2002, 483.

Rechtsfolgen: Die Wahl der Zusammenveranlagung führt nach § 26b EStG dazu, dass   536

■ die Einkünfte der Ehegatten zunächst für jeden Ehegatten getrennt ermittelt und dann zusammengerechnet werden und sodann

■ von dem zusammengerechneten Gesamtbetrag der Einkünfte ausgehend ein gemeinsames Ehegatteneinkommen ermittelt wird.

Da die Ehegatten – von der getrennten Ermittlung der Einkünfte abgesehen – wie ein Stpfl. behandelt werden, ist es unerheblich, bei welchem Ehegatten Aufwendungen, wie z.B. Sonderausgaben oder außergewöhnliche Belastungen, angefallen sind. Diese Beträge sind für die Ehegatten einheitlich zu ermitteln und abzuziehen.

Auf das so ermittelte zu versteuernde Einkommen der Ehegatten wird der **Splitting-Tarif** des § 32a Abs. 5 EStG angewendet. Dabei wird das gemeinsam zu versteuernde Einkommen halbiert und auf den so ermittelten hälftigen Betrag der **Grundtarif** des § 32a Abs. 1 bis 3 EStG angewandt. Der nach diesem Verfahren ermittelte Betrag wird schließlich verdoppelt. Durch das Splitting-Verfahren wird der Zustand hergestellt, der bestünde, wenn beide Ehegatten gleich viel verdienten und einzeln veranlagt (Grundtarif) würden.[1107]

2. Einzelveranlagung

Nach § 26 Abs. 2 S. 1 EStG werden die Ehegatten einzeln veranlagt, wenn einer der Ehegatten die getrennte Veranlagung wählt. Die Wahl wird für den betreffenden VZ durch Angabe in der Steuererklärung getroffen. Die Wahl der Veranlagungsart innerhalb eines VZ kann nach Eintritt der Unanfechtbarkeit des Steuerbescheids nach § 26 Abs. 2 S. 4 EStG nur noch geändert werden, wenn   537

■ ein Steuerbescheid, der die Ehegatten betrifft, aufgehoben, geändert oder berichtigt wird und

■ die Änderung der Wahl der Veranlagungsart der zuständigen Finanzbehörde bis zum Eintritt der Unanfechtbarkeit des Änderungs- oder Berichtigungsbescheids schriftlich oder elektronisch mitgeteilt oder zur Niederschrift erklärt worden ist und

■ der Unterschiedsbetrag aus der Differenz der festgesetzten Einkommensteuer entsprechend der bisher gewählten Veranlagungsart und der festzusetzenden Einkommensteuer, die sich bei einer geänderten Ausübung der Wahl der Veranlagungsarten ergeben würde, positiv ist. Die Einkommensteuer der einzeln veranlagten Ehegatten ist hierbei zusammenzurechnen.

Wird von dem Veranlagungswahlrecht nicht oder nicht wirksam Gebrauch gemacht, so ist eine Zusammenveranlagung durchzuführen (§ 26 Abs. 3 EStG).

Die Einzelveranlagung führt gemäß § 26a Abs. 1 EStG dazu, dass jedem Ehegatten die von ihm bezogenen Einkünfte zugerechnet werden. Sonderausgaben, außergewöhnliche Belastungen und die Steuerermäßigung nach § 35a EStG werden demjenigen Ehe-

---

1107   Birk/Desens/Tappe, Steuerrecht, Rn. 639.

gatten zugerechnet, der die Aufwendungen wirtschaftlich getragen hat (§ 26a Abs. 2 EStG). Auf übereinstimmenden Antrag der Ehegatten werden sie jeweils zur Hälfte abgezogen. Der Antrag des Ehegatten, der die Aufwendungen wirtschaftlich getragen hat, ist in begründeten Einzelfällen ausreichend.

Die tarifliche ESt bemisst sich nach § 32a Abs. 1 EStG (Grundtarif). In aller Regel ist die Zusammenveranlagung der Ehegatten günstiger als die Einzelveranlagung.

538

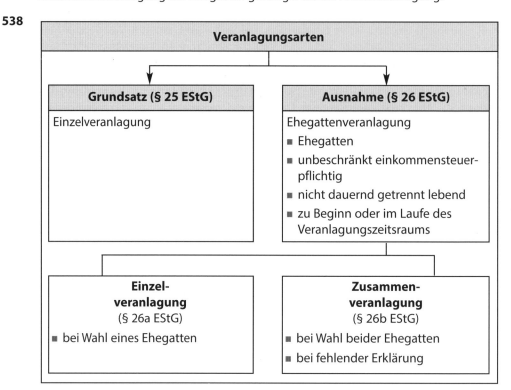

III. Progressionsvorbehalt (§ 32b EStG)

539 Werden bei einem Stpfl. bestimmte Einkünfte bei der Besteuerung außer Ansatz gelassen, erzielt der Stpfl. in der Regel einen doppelten Vorteil: Die betreffenden Einkünfte bleiben unversteuert, und für die übrigen Einkünfte kommt – infolge der Progression – nur ein niedrigerer Steuersatz zur Anwendung. Dieses Ergebnis korrigiert das Gesetz in den Fällen des § 32b Abs. 1 EStG durch den sogenannten Progressionsvorbehalt. Danach wird der Steuersatz so bemessen, wie wenn die steuerbefreiten Einkünfte bei der Einkommensteuerberechnung einbezogen würden. Die Regelung ist verfassungsgemäß.[1108]

Der Progressionsvorbehalt erstreckt sich auf

■ steuerfreie **Lohnersatzleistungen** i.S.d. § 32b Abs. 1 Nr. 1 Buchst. a)–j) EStG (z.B. Arbeitslosengeld, Kurzarbeitergeld, Krankengeld, Mutterschaftsgeld, Elterngeld),

---

1108 BVerfG v. 03.05.1995 – 1 BvR 1176/88, BStBl. II 1995, 758.

- ausländische **Einkünfte** bei wechselnder bzw. zeitlich begrenzter Steuerpflicht (§ 32b Abs. 1 Nr. 2 EStG) und

- **ausländische Einkünfte**, die nach einem Doppelbesteuerungsabkommen (DBA) steuerfrei bleiben (§ 32b Abs. 1 Nr. 3 und Abs. 1 a EStG).

Fall 63: Verlustträchtige Auslandsimmobilie

A hat einen Wohnsitz in Deutschland und ist daher unbeschränkt einkommensteuerpflichtig. Er erzielt neben anderen inländischen Einkünften auch Einkünfte aus der Vermietung einer Immobilie in Frankreich (1. Alternative: Spanien; 2. Alternative: Kanada; 3. Alternative: Schweiz; 4. Alternative: Monaco). A möchte wissen, wie die im Jahr 2014 erzielten Vermietungsverluste steuerlich zu behandeln sind.

Immobilie in Frankreich (EU-Fall): 540

Das Besteuerungsrecht hat in diesem Fall Frankreich als Belegenheitsstaat (Art. 3 DBA-Frankreich). Nach dem DBA sind die Gewinne von der deutschen Besteuerung unter Progressionsvorbehalt freigestellt (Art. 20 Abs. 1 Buchst. a) DBA-Frankreich). Nach der mit Wirkung zum VZ 2008 geänderten Fassung des § 32b EStG[1109] ist ein negativer oder positiver Progressionsvorbehalt nur noch bei Verlusten aus Vermietung und Verpachtung aus Drittstaaten anzuwenden.

Ergebnis: Die Verluste aus der Vermietung der in Frankreich belegenen Immobilie können weder direkt mit inländischen Einkünften verrechnet noch im Rahmen des negativen Progressionsvorbehalts berücksichtigt werden.

Immobilie in Spanien (EU-Fall):

Auch der Belegenheitsstaat Spanien hat das Besteuerungsrecht (Art. 6 DBA-Spanien). Die Einkünfte werden jedoch nicht von der Besteuerung freigestellt, vielmehr kommt nach Art. 23 Abs. 1 Buchst. b) ee) DBA-Spanien die Anrechnungsmethode zur Anwendung. Die Einkünfte werden danach in Deutschland versteuert und eine spanische Einkommensteuer kann nach § 34c Abs. 1 und 2 EStG auf die deutsche ESt angerechnet oder bei der Ermittlung der Einkünfte abgezogen werden.[1110] Die Veräußerung einer in Spanien gelegenen Wohnung ist deshalb auch als privates Veräußerungsgeschäft i.S.d. § 23 Abs. 1 S. 1 Nr. 1 EStG in Deutschland steuerpflichtig, wenn zwischen der Anschaffung und Veräußerung nicht mehr als zehn Jahre lagen.[1111]

Ergebnis: Die Verluste aus der Vermietung der in Spanien belegenen Immobilie können vollständig mit inländischen Einkünften ausgeglichen werden.[1112]

Immobilie in Kanada (Drittstaaten-Fall):

Auch Kanada hat das Besteuerungsrecht hinsichtlich der Vermietungseinkünfte (Art. 6 DBA-Kanada). In Deutschland erfolgt eine Freistellung unter Progressionsvorbehalt

---

1109 Die Änderung erfolgt im Hinblick auf die Rspr. des EuGH, Urt. v. 21.02.2006 – C-152/03, DStR 2006, 362, Rs. Ritter-Coulais.
1110 Vgl. Auer, Praxis internationale Besteuerung 2011, 34, 37.
1111 Niedersächsisches FG v. 04.03.2010 – 10 K 259/08, EFG 2010, 1133.
1112 So auch FG Münster v. 16.02.2009 – 9 K 463/04 K, F, EFG 2009, 1222.

(Art. 23 Abs. 1 Buchst. a) DBA-Kanada). Da es sich jedoch um sogenannte schädliche Verluste aus einem Drittstaat (außerhalb EU) handelt, ist § 2a Abs. 1 Nr. 6 Buchst. a) EStG zu beachten. Danach könnten Verluste aus Drittstaaten nur im Rahmen des § 2a EStG berücksichtigt werden. § 32b EStG ist in diesem Fall nicht anwendbar.

Ergebnis: Die Verluste aus der Vermietung der in Kanada belegenen Immobilie können weder direkt mit inländischen Einkünften verrechnet noch im Rahmen eines negativen Progressionsvorbehalts berücksichtigt werden.

Immobilie in der Schweiz: (Drittstaaten-Fall):

Der Belegenheitsstaat Schweiz hat das Besteuerungsrecht hinsichtlich der Vermietungseinkünfte. Die Vermietungseinkünfte werden jedoch in Deutschland nicht freigestellt, die schweizerische Steuer könnte aber angerechnet oder abgezogen werden (Art. 6 i.V.m. Art. 24 Abs. 1 Nr. 2 DBA-Schweiz i.V.m. § 34c Abs. 6 S. 2 i.V.m. Abs. 1 S. 2 bis 5 und Abs. 2 EStG). Ein Verlustausgleich kommt wegen § 2a Abs. 1 Nr. 6 Buchst. a) EStG nicht in Betracht.[1113] Mangels Freistellung scheidet auch eine Berücksichtigung im Rahmen eines negativen Progressionsvorbehalts aus.

Ergebnis: Die Verluste aus der Vermietung der in der Schweiz belegenen Immobilie können im Inland ausschließlich innerhalb des besonderen Verrechnungskreises des § 2a EStG berücksichtigt werden.

Immobilie in Monaco (Nicht-DBA-Fall):

Liegt die Immobilie in Monaco, ein Staat, mit dem Deutschland kein Doppelbesteuerungsabkommen abgeschlossen hat, können die Verluste nicht mit inländischen Einkünften verrechnet, sondern nur im Rahmen einer gesonderten Feststellung in das Folgejahr vorgetragen und mit Einkünften der jeweils selben Art und aus demselben Staat ausgeglichen werden (§ 2a Abs. 1 Nr. 6 Buchst. a) EStG).[1114]

Ergebnis: Die Verluste aus der Vermietung der in Monaco belegenen Immobilie können weder direkt mit inländischen Einkünften verrechnet noch im Rahmen eines negativen Progressionsvorbehalts, sondern allein im Rahmen des § 2a EStG berücksichtigt werden.

IV. Steuerermäßigungen

541 Die Steuerermäßigungen lassen sich begrifflich einteilen in

- Steuersatzermäßigungen (§§ 34, 34a, 34b EStG) und

- Steuerbetragsermäßigungen (§§ 34c, 34e–g, 35, 35a, 35b EStG).

1113 Auer, Praxis internationale Besteuerung 2011, 34, 38.
1114 Auer, Praxis internationale Besteuerung 2011, 34, 38.

1. Tarifbegünstigung für außerordentliche Einkünfte i.S.d. § 34 EStG

Für außerordentliche Einkünfte i.S.d. § 34 Abs. 2 EStG wird auf unwiderruflichen Antrag 542 eine Steuerbegünstigung gewährt. Außerordentliche Einkünfte sind insbesondere Veräußerungsgewinne nach §§ 14, 14a Abs. 1, 16, 18 Abs. 3 EStG (mit Ausnahme des steuerpflichtigen Teils der Veräußerungsgewinne, der schon nach § 3 Nr. 40 S. 1 Buchst. b) i.V.m. § 3c Abs. 2 EStG teilweise steuerbefreit ist), Entschädigungen nach § 24 Nr. 1 EStG und Vergütungen für mehrjährige Tätigkeiten. Letztere sind aber nur gegeben, wenn die zu begünstigenden Einkünfte in einem Veranlagungszeitraum zu erfassen sind und durch die Zusammenballung von Einkünften erhöhte steuerliche Belastungen entstehen.[1115]

Für diese außerordentlichen Einkünfte sieht das Gesetz zwei Arten von Tarifermäßigung vor: die sogenannte „Fünftel-Regelung" (§ 34 Abs. 1 EStG) und die Anwendung eines ermäßigten Steuersatzes (§ 34 Abs. 3 EStG: 56% des durchschnittlichen Steuersatzes). Das Wahlrecht zur Inanspruchnahme des ermäßigten Steuersatzes ist an folgende Voraussetzungen geknüpft:

- einmaliges Optionsrecht,

- Vollendung des 55. Lebensjahres oder dauerhaft berufsunfähig,

- Betriebsaufgabe oder -veräußerung,

- Aufgabe- oder Veräußerungsgewinn,

- im Rahmen der Betragsgrenze des § 34 Abs. 3 EStG.

Wählt der Steuerpflichtige die Ermäßigung nach § 34 Abs. 3 EStG, beträgt der ermäßigte Steuersatz 56% des durchschnittlichen Steuersatzes, der sich ergeben würde, wenn die tarifliche ESt nach dem gesamten zu versteuernden Einkommen zzgl. der dem Progressionsvorbehalt unterliegenden Einkünfte zu bemessen wäre, mindestens jedoch 15%.

Bei der Fünftel-Regelung des § 34 Abs. 1 EStG wird die außerordentliche Progressionsbelastung gemindert, indem sie rechnerisch auf fünf Jahre verteilt wird.[1116]

2. Begünstigung für nicht entnommene Gewinne (§ 34a EStG)

Zur Herstellung der Belastungsneutralität zwischen den unterschiedlichen Rechtsfor- 543 men hat der Gesetzgeber mit Wirkung ab dem VZ 2008 eine **Thesaurierungsbegünstigung** für nicht entnommene Gewinne in § 34a EStG aufgenommen. Die Vorschrift gilt für bilanzierende Einzelunternehmen und natürliche Personen als Mitunternehmer von Personengesellschaften, die den Gewinn nach § 4 Abs. 1 EStG durch Betriebsvermögensvergleich ermitteln. Der Steuersatz für nicht entnommene und damit begünstigungsfähige Gewinne (zum Begriff siehe § 34a Abs. 3 EStG) beträgt 28,25% (§ 34a Abs. 1 EStG). Wird der begünstigte Gewinn in späteren VZ entnommen, erfolgt eine **Nachver-**

1115 BFH v. 26.01.2011 – IX R 20/10, BStBl. II 2012, 659.
1116 Vgl. hierzu Birk/Desens/Tappe, Steuerrecht, Rn. 647 mit Beispielen zu verfassungsrechtlichen Bedenken wegen Übermaßbesteuerung.

steuerung des so genannten nachversteuerungspflichtigen Betrags in Höhe von 25% (§ 34a Abs. 4 EStG). Der Entnahme werden nach § 34a Abs. 6 EStG gleichgestellt:[1117]

■ Veräußerung oder Aufgabe des Unternehmens,

■ Einbringung oder Formwechsel,

■ Wechsel der Gewinnermittlungsart,

■ Antrag des Steuerpflichtigen,

■ der nachversteuerungspflichtige Betrag, der jährlich für den Betrieb oder für den Mitunternehmer gesondert festzustellen ist (§ 34a Abs. 3 S. 3 EStG), ist dabei grundsätzlich der begünstigte Gewinn abzüglich der Vorbelastung.

3. Steuerermäßigung bei außerordentlichen Einkünften aus Forstwirtschaft

544 Der mit Wirkung ab dem VZ 2008 neu gefasste § 34b EStG sieht eine Tarifvorschrift und unter den Voraussetzungen des § 34b Abs. 4 EStG besondere Steuersätze für bestimmte, im Einzelnen in § 34b Abs. 1 EStG aufgeführte außerordentliche Einkünfte aus Forstwirtschaft (insbesondere Holznutzungen) vor.

4. Steuerermäßigung bei Auslandseinkünften (§ 34c EStG)

545 Auslandseinkünfte eines unbeschränkt Stpfl. werden – soweit die Doppelbesteuerung nicht durch ein Doppelbesteuerungsabkommen vermieden wird – der deutschen ESt und der entsprechenden ausländischen Steuer unterworfen. Diese Doppelbelastung korrigiert § 34c EStG, indem im Wege des sogenannten **Anrechnungsverfahrens** die ausländische Steuer auf die inländische ESt angerechnet oder bei der Ermittlung der Einkünfte abgezogen wird (§ 34c Abs. 2 EStG).

5. Steuerermäßigung für Mitgliedsbeiträge und Spenden an politische Parteien und unabhängige Wählervereinigungen (§ 34g EStG)

546 Die Steuerermäßigung nach § 34g EStG beträgt 50% der Ausgaben, höchstens 825 € (bei Zusammenveranlagung von Ehegatten 1.650 €). Übersteigende Mitgliedsbeiträge und Spenden für Parteien können nach Maßgabe des § 10b Abs. 2 EStG als Sonderausgaben geltend gemacht werden.

6. Steuerermäßigung bei Einkünften aus Gewerbebetrieb (§ 35 EStG)

547 Seit Abschaffung des Betriebsausgabenabzugs für die Gewerbesteuer (§ 4 Abs. 5b EStG) wird die Doppelbelastung gewerblicher Erträge mit Gewerbesteuer (§§ 2, 6, 7 GewStG) und ESt (§ 15 Abs. 1 S. 1 Nr. 1–3 EStG) allein durch § 35 EStG kompensiert. Diese Vor-

---

1117 Zu weiteren Einzelheiten und Kritik siehe T/L § 8 Rn. 828 ff.

schrift ermöglicht eine **pauschale Anrechnung der Gewerbesteuer** in Gestalt einer Steuerbetragsermäßigung. Ob die Gesamtkonzeption des Gesetzgebers mit dem Verfassungsrecht im Einklang steht, ist umstritten.[1118] Die tarifliche ESt, vermindert um die sonstigen Steuerermäßigungen mit Ausnahme der §§ 34f und 34g EStG, ermäßigt sich, soweit sie anteilig auf im zu versteuernden Einkommen enthaltene gewerbliche Einkünfte entfällt (sogenannter **Ermäßigungshöchstbetrag**), ab 2008 um das 3,8-fache des jeweils für den dem VZ entsprechenden Erhebungszeitraum nach § 14 GewStG für das Unternehmen festgesetzten Gewerbesteuermessbetrags (§ 35 Abs. 1 Nr. 1 EStG); dies entspricht der typisierten Belastung durch die ab VZ 2008 nicht mehr als Betriebsausgaben abziehbare Gewerbesteuer bei einem Hebesatz von 400%.[1119] Höchstgrenze für den Abzug der Steuerermäßigung ist zur Vermeidung einer Überkompensation die tatsächlich zu zahlende Gewerbesteuer (§ 35 Abs. 1 S. 5 EStG).

Die Anrechnung der Gewerbesteuer bei **Mitunternehmerschaften** regelt § 35 Abs. 1 Nr. 2 i.V.m. § 35 Abs. 2 und 3 EStG. Hier ist der anteilige Gewerbesteuermessbetrag zugrunde zu legen. Maßgeblich ist der Gewinnverteilungsschlüssel; Vorabgewinnanteile sind nicht zu berücksichtigen (§ 35 Abs. 2 S. 2 EStG).

7. Steuerermäßigung bei Aufwendungen für haushaltsnahe Beschäftigungsverhältnisse und für die Inanspruchnahme haushaltsnaher Dienstleistungen (§ 35a EStG)

Besondere steuerliche Begünstigungen für haushaltsnahe Beschäftigungsverhältnisse und die Inanspruchnahme von haushaltsnahen Dienst-, Pflege- und Betreuungsleistungen sowie Handwerkerleistungen sieht § 35a EStG vor.

548

a) Haushaltsnahe Beschäftigungsverhältnisse

Der Begriff des haushaltsnahen Beschäftigungsverhältnisses ist gesetzlich nicht definiert. Im Rahmen eines solchen Beschäftigungsverhältnisses werden Tätigkeiten ausgeübt, die einen engen Bezug zum Haushalt haben. Zu diesen Tätigkeiten gehören u. a. die Zubereitung von Mahlzeiten im Haushalt, die Reinigung der Wohnung des Steuerpflichtigen, die Gartenpflege und die Pflege, Versorgung und Betreuung von Kindern sowie von kranken, alten oder pflegebedürftigen Personen. Die Erteilung von Unterricht (z. B. Sprachunterricht), die Vermittlung besonderer Fähigkeiten sowie sportliche und andere Freizeitbetätigungen fallen nicht darunter.[1120]

549

Die Steuerermäßigung nach § 35a Abs. 1 S. 1 Nr. 1 EStG kann der Steuerpflichtige aber nur beanspruchen, wenn es sich bei dem haushaltsnahen Beschäftigungsverhältnis um eine **geringfügige Beschäftigung im Sinne des § 8a SGB IV** handelt. Es handelt sich nur dann um ein geringfügiges Beschäftigungsverhältnis im Sinne dieser Vorschrift, wenn der Steuerpflichtige am Haushaltsscheckverfahren teilnimmt.

1118 Zur Verfassungsmäßigkeit siehe BVerfG v. 21.06.2006 – 2 BvL 2/99, BVerfGE 116, 164 betr. Vorgängerregelung des § 32c EStG; BFH v. 16.01.2014 – I R 21/12, BStBl. II 2014, 531 betr. Nichtabzugsfähigkeit der Gewerbesteuer, Verfassungsbeschwerde eingelegt, Az. des BVerfG: 2 BvR 1559/14.

1119 Vgl. Tipke/Lang § 9 Rn. 841.

1120 Vgl. BMF v. 10.01.2014 – IV C 4-S 2296-b/07/0003:004, BStBl. I 2014, 75, Tz. 1.

Die Entlastung erfolgt hierbei in Form einer Steuerermäßigung, deren Höhe sich nach der Art des Beschäftigungsverhältnisses richtet:

- 20% der Aufwendungen, höchstens 510 € bei geringfügigen Beschäftigungsverhältnissen in Privathaushalten nach § 8a SGB IV;

- 20% der Aufwendungen, höchstens 4.000 €, wenn für das Beschäftigungsverhältnis Pflichtbeiträge zur Sozialversicherung zu entrichten sind.

b) Haushaltsnahe Dienst-, Pflege- Betreuungs- und Handwerkerleistungen

550 Kosten für haushaltsnahe Dienst-, Pflege oder Handwerkerleistungen[1121] werden seit VZ 2009 nunmehr wie die haushaltsnahen Beschäftigungsverhältnisse in Höhe von einheitlich 20% der Aufwendungen (nur Arbeitskosten) begünstigt. Für Dienst-, Pflege- und Betreuungsleistungen gibt es ebenfalls einen Höchstbetrag von 4.000 €; für die Inanspruchnahme von Handwerkerleistungen für Renovierungs-, Erhaltungs- und Modernisierungsmaßnahmen[1122] beträgt der Höchstbetrag 1.200 € (§ 35a Abs. 2 S. 1 bzw. Abs. 3 S. 1 EStG).

8. Steuerermäßigung bei Belastung mit Erbschaftsteuer (§ 35b EStG)

551 Die Steuerermäßigung des § 35b EStG, die mit Inkrafttreten der Erbschaftsteuerreform mit Wirkung zum 01.01.2009 ins EStG eingefügt wurde, dient der Verringerung der Doppelbelastung mit ESt und Erbschaftsteuer. Die Ermäßigung kommt auf Antrag zur Anwendung, wenn bei der Ermittlung des Einkommens Einkünfte berücksichtigt worden sind, die im VZ oder in den vier vorangegangenen VZ als Erwerb von Todes wegen der Erbschaftsteuer unterlegen haben. Die um sonstige Steuerermäßigungen gekürzte tarifliche ESt, die auf diese Einkünfte entfällt, ermäßigt sich um einen nach Maßgabe des § 35b S. 2 EStG im Einzelfall zu ermittelnden Prozentsatz.

§ 35b EStG kommt dagegen nicht zur Anwendung, soweit Erbschaftsteuer nach § 10 Abs. 1 Nr. 1a EStG abgezogen wird.

1121 Zu den Begriffen siehe BMF v. 10.01.2014 – IV C 4-S 2296-b/07/0003:004, BStBl. I 2014, 75, Tz. 7 ff..

1122 Z.B. Aufwendungen für eine Dichtheitsprüfung einer Abwasserleitung (BFH v. 06.11.2014 – VI R 1/13) oder Winterdienst auf öffentlichen Gehwegen (BFH v. 20.03.2014 – VI R 55/12, BStBl. II 2014, 880).

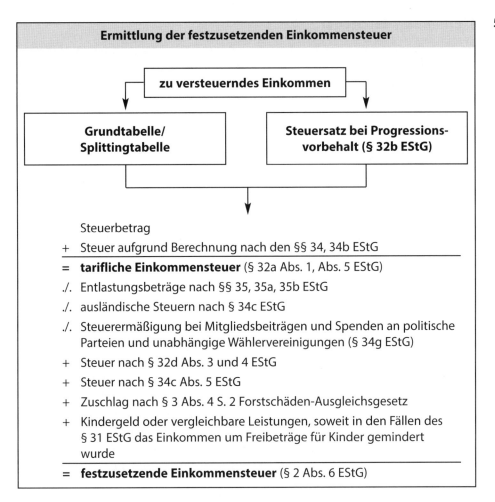

Innerhalb des Bildes:

Ermittlung der festzusetzenden Einkommensteuer

zu versteuerndes Einkommen

Grundtabelle/ Splittingtabelle

Steuersatz bei Progressions- vorbehalt (§ 32b EStG)

Steuerbetrag

\+ Steuer aufgrund Berechnung nach den §§ 34, 34b EStG

\= **tarifliche Einkommensteuer** (§ 32a Abs. 1, Abs. 5 EStG)

./. Entlastungsbeträge nach §§ 35, 35a, 35b EStG

./. ausländische Steuern nach § 34c EStG

./. Steuerermäßigung bei Mitgliedsbeiträgen und Spenden an politische Parteien und unabhängige Wählervereinigungen (§ 34g EStG)

\+ Steuer nach § 32d Abs. 3 und 4 EStG

\+ Steuer nach § 34c Abs. 5 EStG

\+ Zuschlag nach § 3 Abs. 4 S. 2 Forstschäden-Ausgleichsgesetz

\+ Kindergeld oder vergleichbare Leistungen, soweit in den Fällen des § 31 EStG das Einkommen um Freibeträge für Kinder gemindert wurde

\= **festzusetzende Einkommensteuer** (§ 2 Abs. 6 EStG)

E. Entstehung und Erhebung der ESt

I. Entstehung der Steuer

Die ESt entsteht grundsätzlich mit Ablauf des Veranlagungszeitraums (§ 36 Abs. 1 EStG).   **553**

Davon abweichend entsteht

- die Lohnsteuer mit dem Zeitpunkt des Zuflusses des Arbeitslohns (§ 38 Abs. 2 S. 2 EStG),

- die KapErtrSt in dem Zeitpunkt, in dem die Kapitalerträge dem Gläubiger zufließen (§ 44 Abs. 1 S. 2 EStG),

- die ESt-Vorauszahlung jeweils mit Beginn des Kalendervierteljahres (§ 37 Abs. 1 S. 2 EStG).

II. Erhebung der Steuer

554 Die ESt ist **Veranlagungssteuer**, d.h., sie wird durch Steuerbescheid nach Ablauf des Veranlagungszeitraums festgesetzt (§ 25 EStG). Zur Sicherung eines möglichst frühzeitigen und stetigen Steueraufkommens sind auf die voraussichtliche ESt vierteljährlich Vorauszahlungen zu leisten (§ 37 Abs. 1 EStG).

In vier Fällen wird die Steuererhebung durch einen **Quellenabzug** vorgenommen:

1. Bei der **LSt** (§§ 38 ff. EStG) wird die ESt durch Abzug vom Arbeitslohn erhoben (§ 38 Abs. 1 EStG).

Der Arbeitgeber hat die Steuer einzubehalten, anzumelden und an das FA abzuführen.

2. Bei der **KapErtrSt** (§§ 43 ff. EStG) müssen der Schuldner der Kapitalerträge bzw. die Zahlstelle den Steuerabzug für Rechnung des Gläubigers vornehmen und die einbehaltene Steuer an das FA abführen.

3. Bei bestimmten Vergütungen an beschränkt Steuerpflichtige wird die ESt ebenfalls im Wege des Quellenabzugs erhoben (§ 50a EStG).

4. Das Gesetz zur Eindämmung illegaler Betätigung im Baugewerbe vom 30.08. 2001[1123] sieht einen Steuerabzug durch den Auftraggeber i.H.v. 15% der Gegenleistung für Rechnung des Leistenden vor (sogenannte **Bauabzugssteuer**; § 48 EStG). Voraussetzung für die Verpflichtung zum Steuerabzug ist, dass Bauleistungen an einen Unternehmer i.S.d. § 2 UStG oder eine juristische Person des öffentlichen Rechts erbracht werden. Ausnahmsweise kann der Abzug unterbleiben, wenn eine Freistellungsbescheinigung vorgelegt werden kann oder wenn die Gegenleistung im laufenden Kalenderjahr 5.000 € voraussichtlich nicht übersteigen wird. Außerdem ist eine Befreiung von Vermietern bei Bauleistungen bis zu einer Höhe von 15.000 € vorgesehen.

Die im Wege des Quellenabzugs erhobenen Steuern werden **angerechnet**, sofern nachfolgend eine Veranlagung durchgeführt wird (§ 36 Abs. 2 EStG).

1123 BGBl. I 2001, 602.

Stichwortverzeichnis

Die Zahlen verweisen auf die Randnummern.